Volvo V70
Gör-det-själv-handbok

Chris Randall

Modeller som behandlas   *(5574 - 304)*

V70 modeller med 1,6 liter (1560cc), 2,0 liter (1998cc & 1984cc) & 2,4 liter (2400cc) fyr- och fem-cylindriga turbodieselmotorer

Behandlar inte 2,4 liters dieselmotor med dubbel turbo, modeller med bensinmotorer,
"FlexiFuel"-modeller eller bilar med AWD eller växellådan "Powershift"

ABCDE
FGHIJ
KLMN

© Haynes Publishing 2012

En bok i **Haynes** serie Gör-det-själv handböcker

ISBN 978 1 78521 351 9

Tryckt i Malaysia

Haynes Publishing
Sparkford, Yeovil, Somerset BA22 7JJ, England

Haynes North America, Inc
859 Lawrence Drive, Newbury Park, California 91320, USA

Printed using NORBRITE BOOK 48.8gsm (CODE: 40N6533) from NORPAC; procurement system certified under Sustainable Forestry Initiative standard. Paper produced is certified to the SFI Certified Fiber Sourcing Standard (CERT - 0094271)

Innehåll

DIN VOLVO V70

Inledning	Sidan	**0•4**
Säkerheten främst!	Sidan	**0•5**

Reparationer vid vägkanten

Inledning	Sidan	**0•6**
Om bilen inte startar	Sidan	**0•6**
Starthjälp	Sidan	**0•7**
Hjulbyte	Sidan	**0•8**
Hitta läckor	Sidan	**0•9**
Bogsering	Sidan	**0•10**

Veckokontroller

Inledning	Sidan	**0•11**
Kontrollpunkter i motorrummet	Sidan	**0•11**
Kylvätskenivå	Sidan	**0•11**
Motoroljenivå	Sidan	**0•12**
Broms- (och kopplings) oljenivå	Sidan	**0•13**
Däckskick och tryck	Sidan	**0•14**
Servooljenivå	Sidan	**0•15**
Spolarvätskenivå	Sidan	**0•15**
Batteri	Sidan	**0•16**
Elsystem	Sidan	**0•17**
Torkarblad	Sidan	**0•17**

Smörjmedel och vätskor

	Sidan	**0•18**

Däcktryck

	Sidan	**0•18**

UNDERHÅLL

Rutinunderhåll och service	Sidan	**1•2**
Underhållsschema	Sidan	**1•3**
Underhållsanvisningar	Sidan	**1•5**

Innehåll

REPARATIONER & RENOVERING

Motor och tillhörande system

Reparationer med 1,6-liters motor kvar i bilen	Sidan 2A•1
Reparationer med fyrcylindriga 2,0-liters motorer kvar i bilen	Sidan 2B•1
Reparationer med 5-cylindriga motor kvar i bilen	Sidan 2C•1
Motor – demontering och reparationer	Sidan 2D•1
Kyl-, värme- och luftkonditioneringssystem	Sidan 3•1
Bränsle- och avgassystem	Sidan 4A•1
Avgasreningssystem	Sidan 4B•1
Start- och laddningssystem	Sidan 5A•1
Förvärmningssystem	Sidan 5B•1

Växellåda

Koppling	Sidan 6•1
Manuell växellåda	Sidan 7A•1
Automatväxellåda	Sidan 7B•1
Drivaxel	Sidan 8•1

Bromsar och fjädring

Bromssystem	Sidan 9•1
Fjädring och styrning	Sidan 10•1

Kaross och utrustning

Kaross och detaljer	Sidan 11•1
Karossens elsystem	Sidan 12•1

Kopplingsscheman

	Sidan 12•23

REFERENS

Mått och vikter	Sidan REF•1
Alternativa bränslen	Sidan REF•2
Inköp av reservdelar	Sidan REF•3
Identifikationsnummer	Sidan REF•3
Allmänna reparationsanvisningar	Sidan REF•4
Lyftning och stödpunkter	Sidan REF•5
Verktyg och arbetsutrymmen	Sidan REF•6
Kontroller inför bilbesiktningen	Sidan REF•8
Felsökning	Sidan REF•14
Teknisk ordlista	Sidan REF•25

Sakregister

	Sidan REF•30

Volvo V70 kombimodeller introducerades år 2000 och de baserades på plattformen till modellen S80 som introducerades ett år tidigare. Efter en ansiktslyftning år 2004 introducerades en ny modell (som denna handbok behandlar) år 2007. Även om den visuellt är väldigt lik den gamla V70 introducerades en uppsättning förbättrade dieselmotorer med den nya modellen inklusive en ekonomifokuserad "DRIVe"-motor från 2009 och från 2010 byttes den fyrcylindriga 2,0-liters motorn mot en 5-cylindrig med samma effekt. Andra nyheter för denna modell var en ny utformning av interiören och en uppsättning nya komfort- och säkerhetsegenskaper.

Denna handbok behandlar hela det utbud av dieselmotorer som erbjuds. Det enda undantaget är 2,4-liters motorn med dubbel turbo som introducerades för modellåret 2011.

Växellådorna är antingen femväxlade eller sexväxlade manuella växellådor eller sexväxlade "Geartronic" automatväxellådor med datorstyrning. Automatväxellådorna har två lägen som låter föraren välja mellan växlingsegenskaper som lämpar sig för normala eller vinter körförhållanden.

Låsningsfria bromsar (ABS) runt om och servostyrning är standard på alla modeller.

Ett stort utbud av standard- och extrautrustning finns som tillval för hela serien för att tillfredsställa så gott som alla smaker. Precis som med alla Volvo-modeller är säkerheten av största vikt och det omfattande krockkudds- och sidokrockskyddssystemet (SIPS) ger en genomgående mycket hög säkerhetsnivå för både förare och passagerare.

Under förutsättning att regelbunden service utförs i enlighet med tillverkarens rekommendationer bör Volvo V70 ge många års körning utan problem. Trots motorns komplexitet är motorrummet relativt rymligt, och de flesta komponenter som behöver regelbunden översyn är placerade lättåtkomligt.

Din Volvo-handbok

Syftet med den här handboken är att hjälpa dig att få så stor glädje av din bil som möjligt. Det kan göras på flera sätt. Boken är till hjälp vid beslut om vilka åtgärder som ska vidtas (även då en verkstad anlitas för att utföra själva arbetet). Den ger även information om rutinunderhåll och service, och föreslår arbetssätt för ändamålsenliga åtgärder och diagnos om slumpmässiga fel uppstår. Förhoppningsvis kommer handboken dock att användas till försök att klara av arbetet på egen hand. Vad gäller enklare jobb kan det till och med gå snabbare att ta hand om det själv än att först boka tid på en verkstad och sedan ta sig dit två gånger, en gång för att lämna bilen och en gång för att hämta den. Och kanske viktigast av allt: en hel del pengar kan sparas genom att man undviker de avgifter verkstäder tar ut för att kunna täcka arbetskraft och chefslöner.

Handboken innehåller teckningar och beskrivningar som förklarar de olika komponenternas funktion och utformning. Alla arbetsförfaranden är beskrivna och fotograferade i tydlig ordningsföljd, steg för steg. Bilderna är numrerade efter det avsnitt och den punkt som de illustrerar. Om det finns fler än en bild per punkt anges ordningsföljden mellan bilderna 1a, 1b, osv.

Hänvisningar till "vänster" eller "höger" avser vänster eller höger för en person som sitter i förarsätet och tittar framåt.

Tack till...

Tack till Draper Tools Limited, som stod för en del av verktygen, samt till alla på Sparkford som hjälpte till att producera den här boken.

Vi strävar efter att ge noggrann information i denna handbok, men tillverkarna gör ibland ändringar i funktion och design under produktionen av en viss modell utan att informera oss. Författarna och förlaget kan inte ta på sig något ansvar för förluster, skador eller personskador till följd av fel eller ofullständig information i denna bok.

Projektbilar

Den bil som huvudsakligen har används vid förberedelsearbetet inför denna handbok och som förekommer på många av bildsekvenserna är Volvo V70 2009 utrustad med den 5-cylindriga dieselmotorn 2.4 D5.

Att arbeta på din bil kan vara farligt. Den här sidan visar potentiella risker och faror och har som mål att göra dig uppmärksam på och medveten om vikten av säkerhet i ditt arbete.

Allmänna faror

Skållning

• Ta aldrig av kylarens eller expansionskärlets lock när motorn är het.
• Motorolja, automatväxellådsolja och styrservovätska kan också vara farligt varma om motorn just varit igång.

Brännskador

• Var försiktig så att du inte bränner dig på avgassystem och motor. Bromsskivor och -trummor kan också vara heta efter körning.

Lyftning av fordon

• Vid arbete nära eller under ett lyft fordon, använd alltid extra stöd i form av pallbockar eller använd ramper. *Arbeta aldrig under en bil som endast stöds av en domkraft.*
• När muttrar eller skruvar med högt åtdragningsmoment skall lossas eller dras, bör man lossa dem något innan bilen lyfts och göra den slutliga åtdragningen när bilens hjul åter står på marken.

Brand och brännskador

• Bränsle är mycket brandfarligt och bränsleångor är explosiva.
• Spill inte bränsle på en het motor.
• Rök inte och använd inte öppen låga i närheten av en bil under arbete. Undvik också gnistbildning (elektrisk eller från verktyg).
• Bensinångor är tyngre än luft och man bör därför inte arbeta med bränslesystemet med fordonet över en smörjgrop.
• En vanlig brandorsak är kortslutning i eller överbelastning av det elektriska systemet. Var försiktig vid reparationer eller ändringar.
• Ha alltid en brandsläckare till hands, av den typ som är lämplig för bränder i bränsle- och elsystem.

Elektriska stötar

• Högspänningen i tändsystemet kan vara farlig, i synnerhet för personer med hjärtbesvär eller pacemaker. Arbeta inte med eller i närheten av tändsystemet när motorn går, eller när tändningen är på.

• Nätspänning är också farlig. Se till att all nätansluten utrustning är jordad. Man bör skydda sig genom att använda jordfelsbrytare.

Giftiga gaser och ångor

• Avgaser är giftiga. De innehåller koloxid vilket kan vara ytterst farligt vid inandning. Låt aldrig motorn vara igång i ett trångt utrymme, t ex i ett garage, med stängda dörrar.

• Även bensin och vissa lösnings- och rengöringsmedel avger giftiga ångor.

Giftiga och irriterande ämnen

• Undvik hudkontakt med batterisyra, bränsle, smörjmedel och vätskor, speciellt frostskyddsvätska och bromsvätska. Sug aldrig upp dem med munnen. Om någon av dessa ämnen sväljs eller kommer in i ögonen, kontakta läkare.
• Långvarig kontakt med använd motorolja kan orsaka hudcancer. Bär alltid handskar eller använd en skyddande kräm. Byt oljeindränkta kläder och förvara inte oljiga trasor i fickorna.
• Luftkonditioneringens kylmedel omvandlas till giftig gas om den exponeras för öppen låga (inklusive cigaretter). Det kan också orsaka brännskador vid hudkontakt.

Asbest

• Asbestdamm kan ge upphov till cancer vid inandning, eller om man sväljer det. Asbest kan finnas i packningar och i kopplings- och bromsbelägg. Vid hantering av sådana detaljer är det säkrast att alltid behandla dem som om de innehöll asbest.

Speciella faror

Flourvätesyra

• Denna extremt frätande syra bildas när vissa typer av syntetiskt gummi i t ex O-ringar, tätningar och bränsleslangar utsätts för temperaturer över 400 ˚C. Gummit omvandlas till en sotig eller kladdig substans som innehåller syran. *När syran väl bildats är den farlig i flera år. Om den kommer i kontakt med huden kan det vara tvunget att amputera den utsatta kroppsdelen.*
• Vid arbete med ett fordon, eller delar från ett fordon, som varit utsatt för brand, bär alltid skyddshandskar och kassera dem på ett säkert sätt efteråt.

Batteriet

• Batterier innehåller svavelsyra som angriper kläder, ögon och hud. Var försiktig vid påfyllning eller transport av batteriet.
• Den vätgas som batteriet avger är mycket explosiv. Se till att inte orsaka gnistor eller använda öppen låga i närheten av batteriet. Var försiktig vid anslutning av batteriladdare eller startkablar.

Airbag/krockkudde

• Airbags kan orsaka skada om de utlöses av misstag. Var försiktig vid demontering av ratt och/eller instrumentbräda. Det kan finnas särskilda föreskrifter för förvaring av airbags.

Dieselinsprutning

• Insprutningspumpar för dieselmotorer arbetar med mycket högt tryck. Var försiktig vid arbeten på insprutningsmunstycken och bränsleledningar.

> ⚠ *Varning: Exponera aldrig händer eller annan del av kroppen för insprutarstråle; bränslet kan tränga igenom huden med ödesdigra följder*

Kom ihåg...

ATT

• Använda skyddsglasögon vid arbete med borrmaskiner, slipmaskiner etc, samt vid arbete under bilen.

• Använda handskar eller skyddskräm för att skydda händerna.

• Om du arbetar ensam med bilen, se till att någon regelbundet kontrollerar att allt står väl till.

• Se till att inte löst sittande kläder eller långt hår kommer i vägen för rörliga delar.

• Ta av ringar, armbandsur etc innan du börjar arbeta på ett fordon - speciellt med elsystemet.

• Försäkra dig om att lyftanordningar och domkraft klarar av den tyngd de utsätts för.

ATT INTE

• Ensam försöka lyfta för tunga delar - ta hjälp av någon.

• Ha för bråttom eller ta osäkra genvägar.

• Använda dåliga verktyg eller verktyg som inte passar. De kan slinta och orsaka skador.

• Låta verktyg och delar ligga så att någon riskerar att snava över dem. Torka upp olje- och bränslespill omgående.

• Låta barn eller husdjur leka nära en bil under arbetets gång.

Följande sidor är tänkta att vara till hjälp vid hantering av vanligt förekommande problem. Mer detaljerad information om felsökning finns i slutet av boken, och beskrivningar av reparationer finns i bokens olika huvudkapitel.

Om bilen inte startar och startmotorn inte går runt

☐ Om det är en modell med automatväxellåda, se till att växelväljaren står på P eller N.

☐ Öppna motorhuven och kontrollera att batteripolerna är rena och sitter fast ordentligt.

☐ Slå på strålkastarna och försök starta motorn. Om strålkastarljuset försvagas mycket under startförsöket är batteriet troligen urladdat. Lös problemet genom att använda startkablar och en annan bil.

Om bilen inte startar trots att startmotorn går runt som vanligt

☐ Finns det bensin i tanken?

☐ Finns det fukt i elsystemet under motorhuven? Slå av tändningen och torka bort synlig fukt med en torr trasa. Spraya vattenavstötande medel (WD-40 eller liknande) på tändningen och bränslesystemets elektriska kontaktdon av den typ som visas på bilden.

A Kontrollera att kablaget till bränsleinsprutningssystemets luftflödesmätare sitter fast ordentligt.

B Kontrollera batterianslutningarnas tillstånd och att de sitter fast ordentligt.

C Kontrollera säkringarna i panelen under motorhuven.

Kontrollera att alla elektriska anslutningar sitter korrekt (med tändningen avstängd) och spreja dem med vattenavstötande medel av typen WD-40 om problemet misstänks bero på fukt.

Starthjälp

När en bil startas med hjälp av ett laddningsbatteri, observera följande:

✔ Innan det fulladdade batteriet ansluts, kontrollera att tändningen är avslagen.

✔ Se till att all elektrisk utrustning (lysen, värme, vindrutetorkare etc.) är avslagen.

✔ Observera eventuella speciella föreskrifter som är tryckta på batteriet.

✔ Kontrollera att laddningsbatteriet har samma spänning som det urladdade batteriet i bilen.

✔ Om batteriet startas med startkablar från batteriet i en annan bil, får bilarna INTE VIDRÖRA varandra.

✔ Växellådan ska vara i neutralt läge (PARK för automatväxellåda).

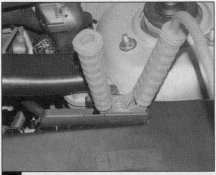

1 Anslut den ena änden av den röda startkabeln till den positiva (+) polen på det urladdade batteriet.

2 Koppla den andra änden av den röda startkabeln till laddningsbatteriets pluspol (+).

3 Koppla den ena änden av den svarta startkabeln till laddningsbatteriets minuspol (-).

4 Koppla den andra änden av den svarta startkabeln till en bult eller fästbygel på motorblocket på den bil som ska startas.

5 Se till att startkablarna inte kommer åt fläkten, drivremmarna eller andra rörliga delar i motorn.

6 Starta motorn och låt den gå på snabbtomgång. Koppla ifrån startkablarna i motsatt ordning mot ditsättningen.

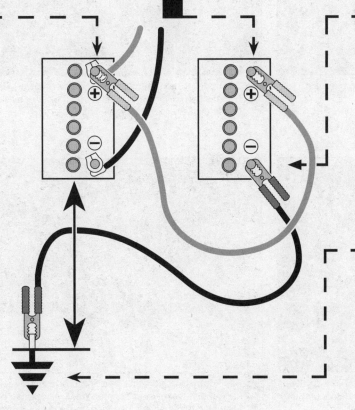

Hjulbyte

En del av de detaljer som visas här varierar beroende på modell. En del modeller har exempelvis stålfälgar med plastkåpor i stället för de lättmetallfälgar som visas.

 Varning: Byt aldrig hjul i en situation där du riskerar att skadas av en annan bil. Försök att stanna på en parkeringsficka eller på en mindre avtagsväg om du befinner dig på en hårt trafikerad väg. Håll uppsikt över passerande trafik när du byter däck. Det är lätt att bli distraherad av arbetet med hjulbytet.

Förberedelser

☐ Vid punktering ska du stanna så snart det är säkert för dig och dina medtrafikanter.

☐ Parkera om möjligt på plan mark där du inte hamnar i vägen för annan trafik.

☐ Använd varningsblinkers om det behövs.

☐ Använd en varningstriangel (obligatorisk utrustning) för att göra andra trafikanter uppmärksamma på bilens närvaro.

☐ Dra åt handbromsen och lägg i ettan eller backen (eller parkeringsläge på modeller med automatväxellåda).

☐ Använd en brädbit för att fördela tyngden under domkraften om marken är mjuk.

Hjulbyte

1 Reservhjulet förvaras under bagageutrymmets golvskydd. Domkraften och verktygssatsen är placerad i en låda i reservhjulet. Lyft ut lådan, skruva loss plastmuttern och lyft upp reservhjulet från baljan i golvet.

2 Klossa ett fram- eller bakhjul beroende på vilket som är bäst.

3 På modeller med lättmetallfälgar kan en Volvo-hylsa behövas till hylsnyckeln för att ta bort säkerhetsbulten – hylsan bör finnas i handskfacket eller i verktygslådan.

4 Lossa varje hjulbult ett halvt varv med fälgkorset. STÅ ALDRIG på fälgkorset om bultarna sitter för hårt för att lossa dem - ring efter hjälp i stället.

5 Fäst domkraftsskallen i den förstärkta fästbygeln i mitten av karmunderstycket som finns på båda sidorna av bilen (lyft aldrig bilen med domkraften mot någon annan del av karmunderstycket).

6 Vrid handtaget medurs tills hjulet är helt upplyft från marken. Skruva sedan loss hjulbultarna och ta bort hjulet.

7 När hjulet har demonterats ska det placeras under tröskeln som en försiktighetsåtgärd om domkraften skulle falla.

Slutligen...

☐ Ta bort hjulblockeringen.

☐ Lägg tillbaka domkraften och verktygen i bilen.

☐ Kontrollera lufttrycket i det nymonterade däcket. Om det är lågt eller om en tryckmätare inte finns tillgänglig, kör långsamt till närmaste bensinstation och kontrollera/justera trycket.

☐ Se till att det skadade däcket eller hjulet repareras så snart som möjligt.

Observera: *Om ett temporärt utrymmes-besparande reservhjul har monterats gäller speciella villkor för användning av detta. Denna typ av reservhjul är endast avsedd för användning i nödfall och ska inte vara monterat längre än det tar att reparera det punkterade hjulet. Under tiden som det temporära hjulet används ska du inte köra snabbare än 80 km/h och undvika kraftig acceleration, inbromsning eller kurvtagning. Observera att det temporära reservhjulet har mindre diameter utöver att det är smalare än ett normalt hjul. Därför ska du vara försiktig vid körning på ojämnt underlag eftersom markfrigången är något reducerad vid användning av det temporära reservhjulet.*

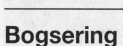

8 Montera reservhjulet och se till att det placeras korrekt på navet.

9 Dra åt bultarna måttligt med fälgkorset med reservhjulet monterat. Sänk ner bilen på marken och dra sedan åt hjulbultarna slutgiltigt i diagonal ordningsföljd. Montera tillbaka hjulkåporna/bultkåporna efter tillämplighet. Observera att hjulbultarna ska dras åt till angivet moment så snart som möjligt.

Bogsering

När ingenting annat hjälper kan du behöva bli bogserad hem. Eller kanske är det du som får hjälpa någon annan med bogsering. Hur som helst underlättar det om du vet hur man går tillväga. Bogsering längre sträckor bör överlåtas till verkstäder eller bärgningsfirmor. Kortare sträckor går det utmärkt att låta en annan privatbil bogsera, men tänk på följande:

☐ Använd en riktig bogserlina eller en massiv bogserstång – de är inte dyra.

☐ Sätt alltid in fjärrenheten när bilen bogseras så att rattlåset är upplåst och så att körriktningsvisarna och bromsljusen fungerar.

☐ Det finns en bogseringsögla bak under höger sida av stötfångaren. Den främre bogseringsöglan sitter bakom kåpan på höger sida av den främre stötfångaren – dra bort kåpan från stötfångaren och skruva in bogserkroken som finns i bilen **(se bilder)**.

☐ Lossa handbromsen och lägg växeln i friläge innan bogseringen börjar. Modeller med automatväxellåda får inte bogseras längre än 50 km med en max. hastighet på 50 km/h.

Bogsera inte om du är tveksam eftersom växellådan kan skadas.

☐ Observera att du behöver trycka hårdare än vanligt på bromspedalen när du bromsar eftersom vakuumservon bara fungerar när motorn är igång.

☐ Det krävs även större kraft än vanligt för att vrida på ratten.

☐ Föraren av den bogserade bilen måste

vara noga med att hålla bogserlinan spänd hela tiden för att undvika ryck.

☐ Försäkra er om att båda förarna känner till den planerade färdvägen innan ni startar.

☐ Bogsera aldrig längre sträcka än nödvändigt och håll lämplig hastighet. Kör försiktigt och sakta ner mjukt och långsamt innan korsningar.

Att hitta läckor

Pölar på garagegolvet (eller där bilen parkeras) eller våta fläckar i motorrummet tyder på läckor som man måste försöka hitta. Det är inte alltid så lätt att se var läckan är, särskilt inte om motorrummet är mycket smutsigt. Olja eller andra vätskor kan spridas av fartvinden under bilen och göra det svårt att avgöra var läckan egentligen finns.

 Varning: De flesta oljor och andra vätskor i en bil är giftiga. Vid spill bör man tvätta huden och byta indränkta kläder så snart som möjligt

 Lukten kan vara till hjälp när det gäller att avgöra varifrån ett läckage kommer och vissa vätskor har en färg som är lätt att känna igen. Det är en bra idé att tvätta bilen ordentligt och ställa den över rent papper över natten för att lättare se var läckan finns. Tänk på att motorn ibland bara läcker när den är igång.

Olja från sumpen

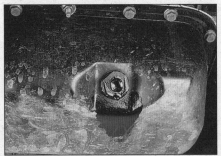

Motorolja kan läcka från avtappningspluggen . . .

Olja från oljefiltret

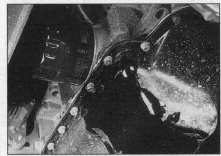

. . . eller från oljefiltrets packning.

Växellådsolja

Växellådsolja kan läcka från tätningarna i ändarna på drivaxlarna.

Frostskydd

Läckande frostskyddsvätska lämnar ofta kristallina avlagringar liknande dessa.

Bromsvätska

Läckage vid ett hjul är nästan alltid bromsvätska.

Servostyrningsvätska

Servostyrningsvätska kan läcka från styrväxeln eller dess anslutningar.

Inledning

Det finns ett antal mycket enkla kontroller som endast tar några minuter i anspråk, men som kan bespara dig mycket besvär och stora kostnader.

Dessa *Veckokontroller* kräver inga större kunskaper eller specialverktyg, och den korta tid de tar att utföra kan visa sig vara väl använd;

☐ Att hålla ett öga på däckens skick och lufttryck förebygger inte bara att de slits ut i förtid utan kan också rädda liv.

☐ Många motorhaverier orsakas av elektriska problem. Batterirelaterade fel är särskilt vanliga och genom regelbundna kontroller kan de flesta av dessa förebyggas.

☐ Om det uppstår en läcka i bromssystemet kanske den upptäcks först när bromsarna slutar att fungera. Vid regelbundna kontroller av bromsoljenivån uppmärksammas sådana fel i god tid.

☐ Om olje- eller kylvätskenivån blir för låg är det betydligt billigare att laga läckan direkt, än att bekosta dyra reparationer av de motorskador som annars kan uppstå.

Kontrollpunkter i motorrummet

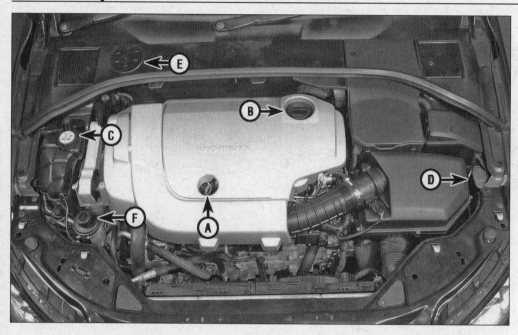

◄ **2,4-liters motorn visas, andra modeller är snarlika**

A *Oljemätsticka*

B *Oljepåfyllningslock*

C *Expansionskärl*

D *Spolarvätskebehållare*

E *Bromsoljebehållare*

F *Servooljebehållare*

Kylvätskenivå

 Varning: Skruva aldrig av expansionskärlets lock när motorn är varm på grund av risken för brännskador. Låt inte behållare med kylvätska stå öppna eftersom vätskan är giftig.

Bilvård

● I ett slutet kylsystem ska det aldrig vara nödvändigt att fylla på kylvätska regelbundet. Om kylvätskan behöver fyllas på ofta har bilen troligen en läcka i kylsystemet. Kontrollera kylaren, alla slangar och fogytor efter stänk och våta märken och åtgärda eventuella problem.

● Det är viktigt att frostskyddsmedel används i kylsystemet året runt, inte bara under vintermånaderna. Fyll inte på med enbart vatten, då sänks koncentrationen av frostskyddsvätska.

1 Kylvätskenivån varierar med motorns temperatur. När motorn är kall bör nivån ligga mellan MAX- och MIN-markeringen.

2 Vänta med att fylla på kylvätska tills motorn är kall. Skruva loss locket långsamt för att släppa ut eventuellt tryck som finns i kylsystemet och ta bort locket.

3 Häll en blandning av vatten och frostskyddsvätska i expansionskärlet tills kylvätskan når rätt nivå.

Motoroljenivå

Innan arbetet påbörjas

✔ Se till att bilen står på plan mark.
✔ Oljenivån måste kontrolleras innan bilen körs, eller tidigast 5 minuter efter det att motorn stängts av.

HAYNES TiPS *Om oljenivån kontrolleras direkt efter att bilen körts, kommer en del av oljan att vara kvar i den övre delen av motorn. Detta ger felaktig avläsning på mätstickan.*

Korrekt oljetyp

Moderna motorer ställer höga krav på oljans kvalitet. Det är mycket viktigt att man använder en lämplig olja till sin bil (se *Smörjmedel och vätskor*).

Bilvård

● Om oljan behöver fyllas på ofta bör bilen kontrolleras med avseende på oljeläckor. Lägg ett rent papper under motorn över natten och se om det finns fläckar på det på morgonen. Om det inte finns några läckor kanske motorn bränner olja.
● Oljenivån ska alltid vara någonstans mellan oljestickans övre och nedre markering. Om oljenivån är för låg kan motorn ta allvarlig skada. Oljetätningarna kan gå sönder om man fyller på för mycket olja.

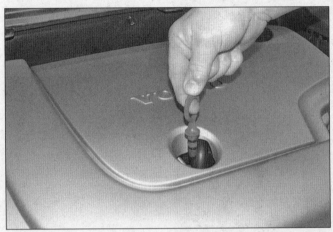

1 Mätstickan är placerad framtill på motorn (se *Kontrollpunkter i motorrummet* för den exakta placeringen). Dra upp oljemätstickan.

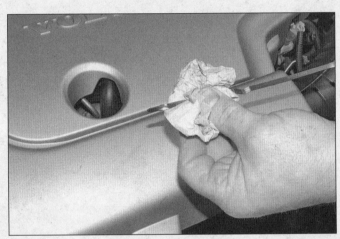

2 Använd en ren trasa eller en pappershandduk för att ta bort all olja från mätstickan. Stick in den rena mätstickan i röret och dra ut den igen.

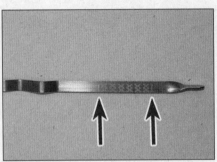

3 Observera oljenivån på mätstickans ände som ska vara mellan den övre och den nedre markeringen. Det skiljer ungefär en liter olja mellan minimi- och maximinivån.

4 Oljan fylls på genom påfyllningslocket. Vrid locket ett kvarts varv moturs och ta bort det.

5 Fyll på nivån. Med en tratt minimeras oljespillet. Häll i oljan långsamt och kontrollera på mätstickan så att behållaren fylls med rätt mängd. Överfyll inte.

Broms- och kopplingsoljenivå

⚠️ **Varning:**
● Bromsolja kan skada dina ögon och bilens lack, så var ytterst försiktig när du arbetar med den.
● Använd inte olja ur kärl som har stått öppna en längre tid. Bromsolja drar åt sig fuktighet från luften vilket kan försämra bromsegenskaperna avsevärt.

● Oljenivån i behållaren kommer att sjunka något allt eftersom bromsklossarna slits, men nivån får aldrig hamna under MIN-markeringen.

HAYNES TiPS Se till att bilen står på plan mark.

Säkerheten främst!

● Om du måste fylla på behållaren ofta har bilen fått en läcka i systemet. Detta måste undersökas omedelbart.
● Vid en misstänkt läcka i systemet får bilen inte köras förrän bromssystemet har kontrollerats. Ta aldrig några risker med bromsarna.

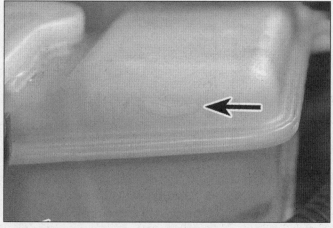

1 MAX- och MIN-markeringarna sitter på behållaren. Oljenivån måste alltid hållas mellan dessa två markeringar.

2 Skruva loss locket på höger sida av plenumkammarens lock. Rengör området runt påfyllningslocket för att förhindra att smuts kommer in i hydraulsystemet.

3 Skruva loss locket och undersök behållaren – om vätskan är smutsig ska hydraulsystemet tömmas och fyllas på (se kapitel 1).

4 Tillsätt olja försiktigt och se till så att du inte spiller den på omgivande komponenter. Använd endast den angivna oljan eftersom blandning av olika typer kan leda till skador på systemet. Skruva på locket ordentligt när vätskan är påfylld och torka bort eventuellt spill.

Däck – skick och tryck

Det är viktigt att däcken är i bra skick och att de har rätt tryck. Om ett däck går sönder vid hög hastighet kan det vara väldigt farligt.

Däckens slitage påverkas av körstil – hårda inbromsningar och accelerationer eller tvära kurvtagningar leder till högt slitage. Generellt sett slits framdäcken ut snabbare än bakdäcken. Axelvis byte mellan fram och bak kan jämna ut slitaget, men om detta är effektivt kan du komma att behöva byta ut alla fyra däcken samtidigt!

Ta bort spikar och stenar som fastnat i däckmönstret så att de inte orsakar punktering. Om det visar sig att däcket är punkterat när en spik tas bort, sätt tillbaka spiken för att märka ut platsen för punkteringen. Byt sedan omedelbart ut det punkterade däcket och lämna in det till en däckverkstad för reparation.

Kontrollera regelbundet däcken med avseende på skador i form av rispor eller bulor, särskilt på däcksidorna. Skruva loss däcken med jämna mellanrum för att rengöra dem invändigt och utvändigt. Undersök hjulfälgarna efter rost, korrosion eller andra skador. Lättmetallfälgar skadas lätt om man kör på trottoarkanten vid parkering. Stålhjul kan också bli buckliga. Om ett hjul är svårt skadat är ett hjulbyte ofta den enda lösningen.

Nya däck ska balanseras när de monteras men de kan också behöva balanseras om i takt med att de slits ut eller om motvikten på hjulfälgen ramlar av. Obalanserade däck slits ut snabbare än balanserade och orsakar dessutom onödigt slitage på styrning och fjädring. Vibrationer är ofta ett tecken på obalanserade hjul, särskilt om vibrationerna förekommer vid en viss hastighet (oftast runt 70 km/tim). Om vibrationerna endast känns genom styrningen är det troligen bara framhjulen som behöver balanseras. Om vibrationerna däremot känns i hela bilen är det antagligen bakhjulen som är obalanserade. Balansering av hjul ska utföras av en lämpligt utrustad verkstad.

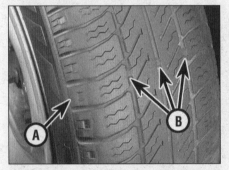

1 Mönsterdjup - visuell kontroll

Originaldäcken har slitagevarningsband (B), som blir synliga när däcken slitits ner till ungefär 1,6 mm. En trekantig markering på däcksidan (A) anger bandens placering.

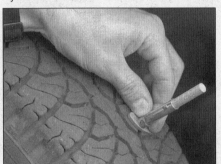

2 Mönsterdjup - manuell kontroll

Mönsterdjupet kan också kontrolleras med hjälp av en enkel och billig mönsterdjups-mätare.

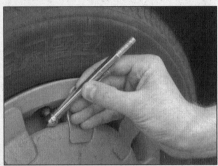

3 Däcktryck – kontroll

Kontrollera däcktrycket regelbundet när däcken är kalla. Justera inte däcktrycket omedelbart efter det att bilen har använts, det kommer att resultera i felaktigt tryck.

Däckslitage

Slitage på sidorna

Lågt däcktryck (slitage på båda sidorna)
Är trycket i däcken för lågt kommer däcket att överhettas på grund av för stora rörelser och mönstret kommer att ligga an mot underlaget på ett felaktigt sätt. Det bidrar till sämre väggrepp och betydande slitage och risken för punktering på grund av upphettning ökar.
Kontrollera och justera trycket
Felaktig cambervinkel (slitage på en sida)
Reparera eller byt ut fjädringsdetaljer
Hård kurvtagning
Sänk hastigheten!

Slitage i mitten

För högt däcktryck
För högt lufttryck orsakar snabbt slitage av mittersta delen av däcket, dessutom sämre väggrepp, stötigare gång och risk för stöt-skador i korden.
Kontrollera och justera trycket

Om däcktrycket ibland måste ändras till högre tryck avsett för maximal lastvikt eller ihållande hög hastighet, glöm inte att minska trycket efteråt.

Ojämnt slitage

Framdäcken kan slitas ojämnt på grund av felaktig hjulinställning. De flesta däckåter-försäljare och verkstäder kan kontrollera och justera hjulinställningen till en låg kostnad.
Felaktig camber- eller castervinkel
Reparera eller byt ut fjädringsdetaljer
Defekt fjädring
Reparera eller byt ut fjädringsdetaljer
Obalanserade hjul
Balansera hjulen
Felaktig toe-inställning
Justera framhjulsinställningen
Observera: *Den fransiga ytan i mönstret, ett typiskt tecken på toe-slitage, kontrolleras bäst genom att man känner med handen över ytan.*

Servooljenivå

Innan arbetet påbörjas

✔ Parkera bilen på plan mark.
✔ Placera ratten i helt rakt läge.
✔ Motorn ska vara avstängd.

Säkerheten främst!

● Servooljebehållaren sitter på motorrummets högra sida, alldeles framför expansionskärlet.

● Leta efter läckor om du ofta behöver fylla på. Kör inte bilen utan vätska i behållaren.

1 MAX- och MIN-markeringarna sitter på behållaren. Oljenivån måste alltid hållas mellan dessa två markeringar.

2 Om påfyllning är nödvändig ska du torka rent området runt påfyllningsröret och skruva loss det från behållaren. Använd ren olja av den angivna typen (se *Smörjmedel och vätskor*).

Spolarvätskenivå

● Spolarvätskekoncentrat rengör inte bara rutan utan fungerar även som frostskydd så att spolarvätskan inte fryser under vintern, då

den behövs som mest. Fyll inte på med enbart vatten eftersom spolarvätskan då späds ut för mycket och kan frysa.

⚠ *Varning: Använd aldrig kylvätska i spolarsystemet. Det kan missfärga eller skada lacken.*

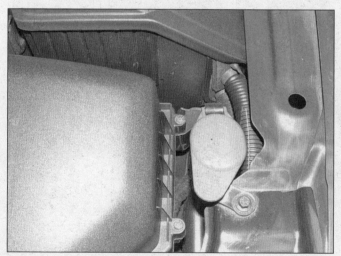

1 Spolarvätskebehållarens påfyllningsrör är placerat framtill till vänster i motorrummet (själva behållaren är placerad bakom den främre stötfångaren).

2 När behållaren fylls på bör spolarvätskekoncentrat tillsättas enligt rekommendationerna på flaskan.

Batteri

Varning: Innan något arbete utförs på batteriet, läs föreskrifterna i Säkerheten främst! i början av denna handbok.

✔ Se till att batterilådan är i gott skick och att klämman sitter ordentligt. Rost på plåten, hållaren och batteriet kan avlägsnas med en lösning av vatten och bikarbonat. Skölj noggrant alla rengjorda delar med vatten. Alla rostskadade metalldelar ska först målas med en zinkbaserad grundfärg och därefter lackeras.

✔ Kontrollera regelbundet (ungefär var tredje månad) batteriets laddningstillstånd enligt kapitel 5A.

✔ Om batteriet är tomt och du måste använda startkablar för att starta bilen, se *Reparationer vid vägkanten*.

Korrosion på batteriet kan minimeras genom att man stryker lite vaselin på batteriklämmorna och polerna när man dragit åt dem.

1 Batteriet sitter under ett skydd på motorrummets vänstra sida. Kontrollera åtdragningen av pluspolens (+) klämmor . . .

2 . . . och minuspolens (-) klämma. Det ska inte gå att rubba dem.

3 Kontrollera också varje kabel efter sprickor eller fransade ledare.

4 Om synlig korrosion finns (vita porösa avlagringar) ska du ta bort kablarna från batteripolerna och rengöra dem med en liten stålborste. Sätt sedan tillbaka dem. I biltillbehörsbutiker kan man köpa ett särskilt verktyg för rengöring av batteripoler . . .

5 . . . och batteriets kabelklämmor.

Elsystem

✔Kontrollera alla yttre lampor samt signalhornet. Se aktuella avsnitt i kapitel 12 för närmare information om någon av kretsarna inte fungerar.

✔ Se över alla tillgängliga kontaktdon, kablar och kabelklämmor så att de sitter ordentligt och inte är skavda eller skadade.

HAYNES TiPS *Om bromsljus och körriktningsvisare behöver kontrolleras när ingen medhjälpare finns till hands, backa upp mot en vägg eller garageport och sätt på ljusen. Ljuset som reflekteras visar om de fungerar eller inte.*

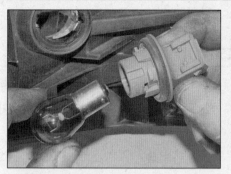

1 Om en blinker, ett bromsljus eller en strålkastare har slutat fungera är det troligt att en glödlampa har gått sönder och måste bytas. Se kapitel 12 för mer information. Om båda bromsljusen har slutat fungera, kan det bero på att bromspedalkontakten har gått sönder. Se kapitel 9 för mer information.

2 Säkringarna är placerade i säkringsdosan på motorrummets vänstra sida.

3 Byt säkring genom att använda plastpincetten för att dra ut den säkring som behöver bytas. Montera en ny säkring med samma kapacitet (se kapitel 12). Om säkringen går sönder igen måste orsaken till detta fastställas. I kapitel 12 beskrivs en fullständig kontroll.

4 Det finns fler säkringar i bagageutrymmet bakom sidoklädselpanelen på vänster sida.

Torkarblad

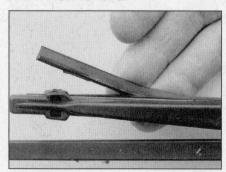

1 Kontrollera torkarbladens skick; Om de är spruckna eller ser slitna ut, eller om rutan inte torkas ordentligt, ska de bytas ut. Torkarbladen ska bytas en gång om året.

2 Beroende på vilken typ av torkarblad som är monterat vrider du bladet 90 grader, trycker på låsfliken med ett finger och för ut bladet från armens böjda ände.

3 Alternativt kan du dra bort armen helt från rutan tills det låses. Kläm ihop fästklämmorna och dra bort dem från bladet, för sedan bladet från armens ände. Montera bladet genom att trycka tillbaka det ordentligt.

Smörjmedel och vätskor

Motor	Multigrade motorolja, viskositet SAE 0W-30
Kylsystem	Kontakta en verkstad

Växellåda:

Manuell växellåda	Volvo olja MTF 97309
Automatväxellåda	Volvo olja till automatväxellådor JWS 3309
Broms- och kopplingssystem	Hydraulvätska DOT 4+
Servostyrningssystem	Volvo servoolja M2C204-A

Däcktryck

Observera: *Rekommenderade däcktryck anges på en etikett i dörröppningen på förarsidan. De angivna trycken gäller för originaldäcken – de rekommenderade trycken kan variera om ett annat märke eller an annan typ av däck används. Kontrollera med däcktillverkaren eller leverantören för att få de senaste rekommendationerna.*

Kapitel 1
Rutinunderhåll och service

Innehåll

Automatväxellåda – nivåkontroll............................ 24
Avgassystem – kontroll 12
Batteriets elektrolytnivå – kontroll 10
Bromsklosslitage – kontroll 4
Bromsvätska – byte 28
Bränslefilter – byte 25
Bränslefilter – tömning 21
Byte av motorolja och filter (till modellår 2010) 3
Drivaxeldamask – kontroll 7
Dörr, baklucka och motorhuv – kontroll och smörjning 15
Fjädring och styrning – kontroll 6
Fjärrkontroll batteri – byte 22
Frostskyddsvätskans koncentration – kontroll................. 17
Handbroms – kontroll och justering 13
Inledning... 1

Kamrem och spännare – byte 26
Kontroll under motorhuven – slangar och läckage............. 5
Koppling – kontroll 8
Kylvätska – byte 29
Landsvägsprov.. 19
Luftfilter – byte 23
Luftkonditioneringssystem – kontroll 20
Multirem – byte 27
Pollenfilter – byte 9
Rutinunderhåll 2
Serviceindikator – återställning 18
Strålkastarinställning – kontroll............................. 16
Säkerhetsbälte – kontroll 14
Underrede och bränsle-/bromsledningar – kontroll 11

Svårighetsgrad

Enkelt, passar novisen med lite erfarenhet	Ganska enkelt, passar nybörjaren med viss erfarenhet	Ganska svårt, passar kompetent hemmamekaniker	Svårt, passar hemmamekaniker med erfarenhet	Mycket svårt, för professionell mekaniker	

Smörjmedel och vätskor

Se slutet av *Veckokontroller.*

Volymer

Motorolja

Tömning och påfyllning inklusive filterbyte:

1,6 liter (D4164T)	4,0 liter
2,0 liter:	
4-cylindrig (D4204T)	4,3 liter
5-cylindrig (D5204T2)	5,9 liter
2,4 liter (D5244T4 till T19)	5,5 liter

Kylsystem

Alla modeller	12,5 liter

Bränsletank

Alla modeller	70 liter

Manuell växellåda

MTX75	2,1 liter
M66	1,9 liter
MMT6	1,65 liter

Automatväxellåda

Tömning och påfyllning	7,0 liter (ung.)

Kylsystem

Angiven frostskyddsblandning	50% frostskyddsvätska/50% vatten

Observera: *Se kapitel 3 för ytterligare information.*

Bromsar

Bromsbeläggens minimitjocklek	2,0 mm

Fjärrkontroll batteri

Typ	CR 2032 3V

Åtdragningsmoment

	Nm
Automatväxellåda:	
Dräneringsplugg	35
Nivåplugg	8
Påfyllningsplugg	35
Hjulbultar	140
Multiremsspännare	24
Oljedräneringsplugg:	
1,6 liter	34
Alla andra motorer	38
Oljefilterkåpa	25

Underhållsintervallen i denna handbok förutsätter att arbetet utförs av en hemmamekaniker och inte av en verkstad. Dessa är genomsnittliga underhållsintervall som rekommenderas av tillverkaren för bilar som körs dagligen under normala förhållanden. Räkna med att intervallen varierar något beroende på i vilken miljö bilen används och vilka påfrestningar den utsätts för. Om bilen konstant ska hållas i toppskick bör vissa moment utföras oftare. Vi rekommenderar regelbundet underhåll eftersom det höjer bilens effektivitet, prestanda och andrahandsvärde.

Medan bilen är ny skall underhållsservice utföras av auktoriserad verkstad så att garantin ej förverkas. Biltillverkaren kan avslå garantianspråk om du inte kan bevisa att service har utförts på det sätt och vid de tidpunkter som har angivits, och då endast med originalutrustning eller delar som har godkänts som likvärdiga.

Om bilen körs på dammiga vägar, används till bärgning, körs mycket i kösituationer eller korta körsträckor, ska intervallerna kortas av.

Var 400:e km eller en gång i veckan

☐ Se *Veckokontroller*.

Var 15 000:e km eller var 6:e månad, det som inträffar först

☐ Byt motoroljan och filtret – modeller upp till 2010 (avsnitt 3).

Observera: *Även om Volvo rekommenderar att motoroljan och filtret ska bytas var 30 000:e km eller var tolfte månad, är det bra för motorn om man utför täta olje- och filterbyten. Vi rekommenderar därför att du byter oljan oftare.*

Observera: *I senare modeller kräver detta tillvägagångssätt användning av specialverktyg för kontroll av oljetemperaturen och oljenivån.*

Var 30 000:e km eller var 12:e månad, det som inträffar först

Förutom de åtgärder som räknas upp ovan ska följande vidtas:
☐ Kontrollera bromsklossarnas skick (avsnitt 4).
☐ Undersök motorrummet noga efter oljeläckage (avsnitt 5).
☐ Kontrollera styrningens och fjädringens komponenter med avseende på skick och säkerhet (avsnitt 6).
☐ Kontrollera drivaxeldamaskernas skick (avsnitt 7).
☐ Kontrollera kopplingskomponenterna (avsnitt 8).
☐ Byt pollenfiltret (avsnitt 9).
☐ Kontrollera batteriets elektrolytnivå (avsnitt 10).
☐ Undersök underredet, bromsarnas hydraulrör och slangar samt bränsleledningarna (avsnitt 11).

Var 30 000:e km eller var 12:e månad, det som inträffar först (forts)

☐ Kontrollera avgassystemet med avseende på skick och säkerhet (avsnitt 12).
☐ Kontrollera handbromsen (avsnitt 13).
☐ Kontrollera skicket på säkerhetsbältena (avsnitt 14).
☐ Smörj låsen och gångjärnen (avsnitt 15).
☐ Kontrollera strålkastarinställningen (avsnitt 16).
☐ Kontrollera frostskyddsblandningen (avsnitt 17).
☐ Återställ serviceindikatorn (avsnitt 18).
☐ Landsvägsprov (avsnitt 19).
☐ Kontrollera luftkonditioneringssystemets funktion (avsnitt 20).
☐ Tappa ut vatten ur bränslefiltret (avsnitt 21).
☐ Byt fjärrkontrollens batteri (avsnitt 22).

Var 60 000:e km eller vart 2:e år, beroende på vad som kommer först

Förutom de åtgärder som räknas upp ovan ska följande vidtas:
☐ Byt ut luftfilterinsatsen (avsnitt 23).
☐ Kontrollera växellådsoljans nivå (avsnitt 24).
☐ Byt ut bränslefiltret (avsnitt 25).

Var 150 000:e km eller vart 5:e år, beroende på vad som kommer först

Förutom de åtgärder som räknas upp ovan ska följande vidtas:
☐ Byt kamremmen och spännaren (avsnitt 26).
Observera: *Vi rekommenderar att detta intervall förkortas på bilar som används intensivt, dvs. framförallt för kortare resor eller täta start och stopp. Det faktiska bytesintervallet för remmen är därför upp till den enskilde ägaren, men tänk på att allvarliga motorskador blir följden om remmen går sönder.*
☐ Byt ut multiremmen (avsnitt 27).

Vartannat år, oberoende av körsträcka

☐ Byt ut bromsoljan (avsnitt 28).

Vart 3:e år, oberoende av körsträcka

☐ Byt ut kylvätskan (avsnitt 29).
Observera: *Detta arbete ingår inte i Volvos schema, och ska inte behövas om man använder det frostskyddsmedel som Volvo rekommenderar.*

Översikt över det främre underredet

1 Oljedräneringsplugg
2 Oljenivågivare
3 Luftkonditioneringskompressor
4 Motoroljekylare
5 Nedre styrarm
6 Styrstag

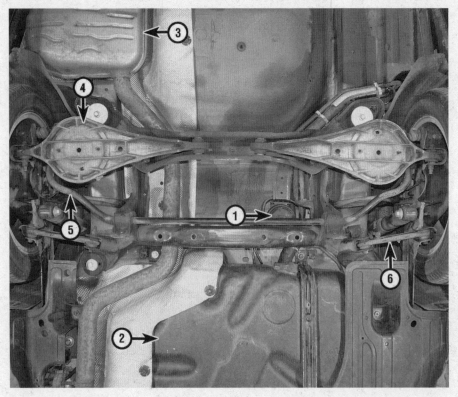

Bakre underrede

1 Bränslefilter
2 Bränsletank
3 Bakljuddämpare
4 Nedre arm
5 Krängningshämmare
6 Styrarm

Översikt över motorrummet på en 2,4-liters modell. Andra modeller är snarlika

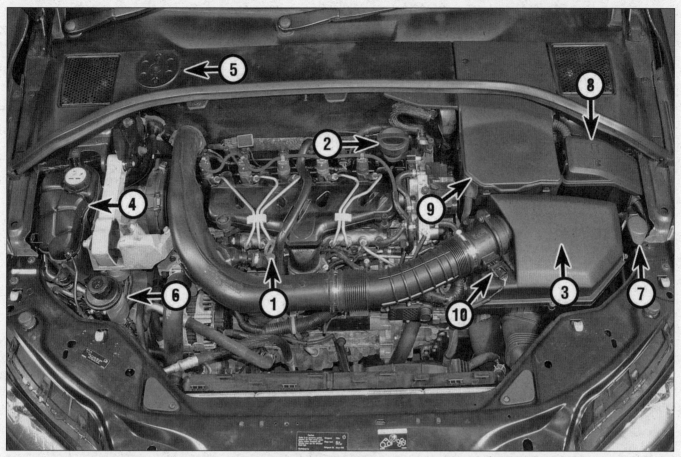

1 Oljemätsticka
2 Oljepåfyllningslock
3 Luftfilter
4 Kylvätskebehållare

5 Bromsoljebehållare
6 Servooljebehållare
7 Spolarvätskebehållare

8 Säkringsdosa
9 Batteri
10 Luftflödesgivare

Underhållsanvisningar

1 Inledning

Syftet med det här kapitlet är att hjälpa hemmamekaniker att underhålla sina bilar för att de ska få så bra säkerhet, driftekonomi, livslängd och prestanda som möjligt.

Kapitlet innehåller ett underhållsschema som följs av avsnitt som i detalj behandlar åtgärderna i schemat. Bland annat behandlas användbara saker som kontroller, justeringar och byte av delar.. På de tillhörande bilderna av motorrummet och bottenplattan visas de olika delarnas placering.

Underhåll av bilen enligt schemat för tid/ körsträcka och de följande avsnitten bör resultera i att bilen håller länge och uppträder

pålitligt. Planen är heltäckande så om man väljer att bara underhålla vissa delar, men inte andra, vid angivna tidpunkter går det inte att garantera samma goda resultat.

Under arbetet med bilen kommer det att visa sig att många arbeten kan – och bör – utföras samtidigt, antingen på grund av den typ av åtgärd som ska utföras eller helt enkelt för att två separata delar råkar vara placerade nära varandra. Om bilen lyfts av någon orsak bör till exempel kontroll av avgassystemet utföras samtidigt som styrning och fjädring kontrolleras.

Första steget i detta underhållsprogram är att vidta förberedelser innan arbetet påbörjas. Läs igenom relevanta avsnitt, gör sedan upp en lista på vad som behövs och skaffa verktyg och delar. Om problem dyker upp, rådfråga en specialist på reservdelar eller vänd dig till återförsäljarens serviceavdelning.

Servicedisplay

Alla modeller är utrustade med en serviceindikator på instrumentbrädan. När en förutbestämd sträcka, tidsperiod eller ett förutbestämt antal timmar med motorn igång har förlupit sedan displayen senast återställdes kommer serviceindikatorn att tändas som påminnelse om när det är dags för nästa service.

Displayen behöver inte följas rigoröst för att avgöra när bilen behöver service, men den är bra som påminnelse så att den regelbundna servicen inte glöms bort av misstag. Äldre bilar eller bilar som inte körs så långt årligen kan behöva service oftare. I sådana fall är servicedisplayen mindre relevant.

Se avsnitt 18 för tillvägagångssättet vid återställning.

2 Rutinunderhåll

1 Om underhållsschemat följs noga från det att bilen är ny och om vätske- och oljenivåerna och de delar som är utsatta för stort slitage kontrolleras enligt denna handboks rekommendationer, kommer motorn att hållas i bra skick och behovet av extra arbete minimeras.

2 Ibland går motorn dåligt på grund av bristande underhåll. Risken för detta ökar om bilen är begagnad och inte fått tät och regelbunden service. I sådana fall kan extra arbeten behöva utföras, utöver det normala underhållet.

3 Om motorslitage misstänks ger ett kompressionstest (se del 2 i kapitel 2A, 2B och 2C) värdefull information när det gäller de inre huvuddelarnas totala prestanda. Ett kompressionsprov kan användas för att avgöra omfattningen på det kommande arbetet. Om provet avslöjar allvarligt inre slitage är det slöseri med tid och pengar att utföra underhåll på det sätt som beskrivs i detta kapitel, om inte motorn först renoveras (kapitel 2D).

4 Följande åtgärder är de som oftast behöver vidtas för att förbättra prestanda hos en motor som går dåligt:

I första hand

a) Rengör, undersök och kontrollera batteriet (se Veckokontroller och avsnitt 10).

b) Kontrollera alla motorrelaterade oljor och vätskor (se Veckokontroller).
c) Byt drivremmen (avsnitt 27).
d) Kontrollera luftrenarens filterelement och byt ut det om det behövs (avsnitt 23).
e) Byt bränslefilter (avsnitt 25).
f) Kontrollera skicket på samtliga slangar och leta efter läckor (avsnitt 5).

5 Om ovanstående åtgärder inte ger fullständiga resultat, gör följande:

Sekundära åtgärder

Alla åtgärder som anges under *I första hand*, samt följande:

a) Kontrollera laddningssystemet (kapitel 5A).
b) Kontrollera bränslesystemet (kapitel 4A).
c) Kontrollera förvärmningsystemet (kapitel 5B).

Var 15 000:e km eller var 6:e månad

3 Byte av motorolja och filter (till modellår 2010)

Observera: *I senare modeller kräver detta tillvägagångssätt användning av speciella diagnostiska verktyg för kontroll av oljetemperaturen och oljenivån. Det fanns ingen tillgänglig information i skrivande stund.*

1 Se till att alla nödvändiga verktyg finns tillgängliga innan arbetet påbörjas. Se även till att ha gott om trasor och tidningar till hands för att torka upp allt spill. Oljan ska helst bytas medan motorn fortfarande är uppvärmd till normal arbetstemperatur, just när den blivit körd; varm olja och varmt slam blir nämligen

mer lättflytande. Se dock till att inte vidröra avgassystemet eller andra heta delar vid arbete under bilen. Använd handskar för att undvika skållning och för att skydda huden mot irritationer och skadliga föroreningar i begagnad motorolja.

2 Det går att komma åt bilens undersida om bilen kan lyftas, köras upp på en ramp eller ställas på pallbockar (se *Lyftning och stödpunkter*). Oavsett metod, se till att bilen står plant, eller om den lutar, att sumpens dräneringsplugg befinner sig nederst på motorn. Lossa skruvarna och ta bort motorns undre skyddskåpa **(se bild)** för att komma åt sumpen och avtappningspluggen.

3 Placera behållaren under dräneringspluggen och skruva loss pluggen **(se bild)**. Om det går,

försök pressa pluggen mot sumpen när den skruvas loss för hand de sista varven.

4 Låt oljan rinna ut i behållaren och kassera pluggens tätningsbricka. En ny en måste användas

5 Ge den gamla oljan tid att rinna ut. Observera att det kan bli nödvändigt att flytta behållaren när oljeflödet minskar; när all olja har runnit ut, torka av dräneringspluggen och dess gängor i sumpen. Sätt sedan tillbaka pluggen med en ny bricka och dra åt den till angivet moment.

6 Ta bort behållaren med gammal olja och verktygen under bilen. Sänk sedan ner bilen.

7 Byt oljefiltret enligt beskrivningen nedan.

8 Ta bort mätstickan och oljepåfyllningslocket från motorn. Fyll motorn med rätt klass och

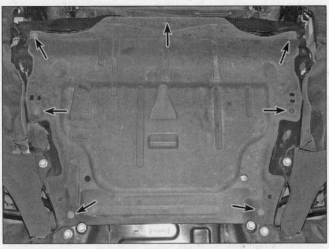

3.2 Skruva loss skruvarna (markerade med pilar) och ta bort motorns undre skyddskåpa

3.3 Skruva loss oljedräneringspluggen (markerad med pil)

typ av olja (se *Smörjmedel och vätskor* och Specifikationer). Häll först i hälften av den angivna mängden olja. Vänta sedan några minuter så att oljan hinner rinna ner i sumpen. Fortsätt hälla i olja, lite i taget, tills nivån når upp till mätstickans nedre nivåmarkering. Om ytterligare ungefär 1,2 liter olja fylls på kommer nivån att höjas till stickans maximinivå **(se bild)**.

9 Starta motorn. Det tar några sekunder innan varningslampan för oljetryck slocknar eftersom filtret måste hinna fyllas med olja; starta inte motorn medan lampan lyser. Kör motorn i några minuter och leta under tiden efter läckor runt oljefiltertätningen och dräneringspluggen. Montera tillbaka motorns undre skyddskåpa.

10 Stäng av motorn och vänta ett par minuter på att oljan ska rinna tillbaka till sumpen. Kontrollera oljenivån igen när den nya oljan har cirkulerat och filtret är fullt. Fyll på mer olja om det behövs.

11 Ta hand om den använda motoroljan på ett säkert sätt och i enlighet med gällande miljöförordningar (se *Allmänna reparationsanvisningar*).

Oljefilter – byte

1,6-liters motor

12 Oljefiltret sitter på motorns framsida och kan nås från ovan. Ta bort plastkåpan från motorn.

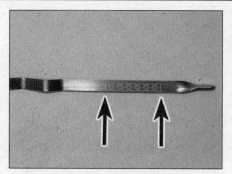

3.8 Max.- och min.-markeringarna (se pilar) sitter på änden av mätstickans skårade ände

13 Lossa klämmorna och ta loss luftslangen mellan luftrenarhuset och turboaggregatet. Skruva loss fästbulten för luftrörets fästbygel alldeles bredvid oljefilterhuset och flytta röret åt ena sidan.

14 Använd en hylsa eller en förlängningsstång, skruva loss oljefilterhusets kåpa. Lyft upp kåpan med filterinsatsen i. Kassera filtret och O-ringstätningen runt kåpans omkrets.

2,0- och 2,4-liters motorer

15 Oljefiltret sitter på motorns framsida och kan nås från ovan. Dra plastkåpan ovanpå

3.16 Använd en hyls- eller skiftnyckel för att skruva loss oljefilterkåpan (markerad med pil)

motorn rakt uppåt för att lossa den från fästena.

16 Använd en hylsa eller en skiftnyckel, skruva loss filterkåpan och ta bort den **(se bild)**, följt av det gamla filtret. Kassera filterkåpans O-ringstätning, en ny måste monteras.

17 Rengör insidan av filtret och kåpan med en ren, luddfri trasa.

18 Stryk på ett tunt lager ren motorolja på den nya O-ringstätningen och sätt dit den på filterkåpan. Sätt in filtret i kåpan, skruva sedan filterkåpan på plats på motorn och dra åt den till angivet moment.

Var 30 000:e km eller var 12:e månad

4 Bromsklosslitage – kontroll

1 Lyft upp framvagnen eller bakvagnen i tur och ordning och ställ den på pallbockar (se *Lyftning och stödpunkter*).

2 Ta bort hjulen för att komma åt bromsoken bättre.

3 Titta genom inspektionsfönstret i bromsoket och kontrollera att friktionsbeläggens tjocklek på bromsklossarna inte understiger den rekommenderade minimitjocklek som

anges i Specifikationer **(se bild)**. Om någon av bromsklossarna är nedsliten till eller under minimitjockleken måste *alla fyra* bromsklossarna bytas ut samtidigt (d.v.s. alla främre bromsklossar eller alla bakre bromsklossar).

4 Om en fullständig kontroll ska utföras bör bromsklossarna demonteras och rengöras. Bromsklossarnas funktion kan då kontrolleras och bromsskivorna kan undersökas noga. Se kapitel 9 för mer information.

4.3 Kontrollera tjockleken för bromsbeläggets friktionsmaterial

HAYNES **TiPS**

En läcka i kylsystemet syns normalt som vita eller frostskyddsmedel färgade avlagringar på området runt läckan

5 Kontroll under motorhuven – slangar och läckage

Varning: Byte av luftkonditioneringens slangar måste överlåtas till återförsäljarens verkstad eller till en specialist på luftkonditionering med tillgång till utrustning för att tryckutjämna systemet på ett säkert sätt. Ta aldrig bort slangar eller komponenter från luftkonditioneringen innan systemet har tryckutjämnats.

Allmänt

1 Höga temperaturer i motorrummet kan leda till att slangar av gummi och plast åldras. Kontrollera alla sådana slangar regelbundet och leta efter sprickor, lösa klämmor, hårdnat material och läckor.

2 Kontrollera noggrant de stora övre och nedre kylarslangarna **(se Haynes tips)**, liksom kylsystemets andra mindre slangar och metallrör. Glöm inte värmeslangarna/rören som går från motorn till mellanväggen. Undersök varje slang i dess helhet och byt ut de slangar som är spruckna, som har svällt eller som visar tecken på att ha torkat. Eventuella sprickor syns bättre om slangen kläms ihop.

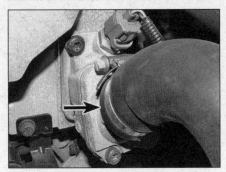

5.4 Kontrollera att alla slangar sitter ordentligt och inte läcker

6.2 Kontrollera skicket på kuggstångens gummidamasker

6.5 Kontrollera om hjullagren är slitna genom att ta tag i hjulet och försöka vicka på det.

3 Se till att alla slanganslutningar sitter ordentligt. Om fjäderklämmorna som används för att fästa vissa av slangarna verkar sitta löst ska de bytas ut mot klämmor av skruvtyp för att förhindra att läckor uppstår.

4 Vissa av de övriga slangarna sitter fästa med klämmor av skruvtyp. Om klämmor av skruvtyp används ska dessa kontrolleras så att de inte har lossnat och läckage uppstått. Om inga klämmor används måste slangarna kontrolleras så att de inte har förstorats och/ eller hårdnat där de sitter över anslutningarna och på så sätt gett upphov till läckor **(se bild)**.

5 Kontrollera alla olje- och vätskebehållare, påfyllningslock, dräneringspluggar och fästen etc. Leta efter tecken på läckage av olja, hydraulvätska från växellådan eller bromsarna, kylvätska och servostyrningsvätska. Om bilen regelbundet parkeras på samma plats, visar en närmare kontroll av marken under bilen om det förekommer några läckor. Bry dig inte om den vattenpöl som luftkonditioneringssystemet lämnar efter sig. Så snart en läcka har upptäckts måste orsaken spåras och åtgärdas. Om olja har fått läcka en tid krävs ofta en ångtvätt, högtryckstvätt eller liknande för att det ska gå att tvätta bort den samlade smutsen så att den exakta källan till läckan kan lokaliseras.

Vakuumslangar

6 Vakuumslangar, särskilt i avgassystemet, är ofta märkta med nummer eller färgkoder, eller med färgade ränder. Olika system kräver slangar med olika väggtjocklek, hållbarhet och temperaturtålighet. När slangarna byts ut ska de alltid ersättas med nya slangar av samma typ och material.

7 Ofta måste en slang tas bort helt från bilen för att kunna kontrolleras effektivt. Om fler än en slang tas bort måste slangarna och fästena märkas så att återmonteringen blir korrekt.

8 Kom ihåg att också kontrollera alla T-anslutningar av plast när vakuumslangarna kontrolleras. Undersök fästena och leta efter sprickor och kontrollera slangarna där de sitter över fästena så att de inte är åldrade och kan börja läcka.

9 En bit vakuumslang kan användas som stetoskop för att avslöja vakuumläckage. Håll ena änden av slangen mot örat och sondera området runt vakuumslangarna och deras anslutningar. Lyssna efter det karaktäristiska väsande som hörs från vakuumläckage.

 Varning: Var noga med att inte låta "stetoskopslangen" komma i kontakt med rörliga motorkomponenter som multiremmen, kylarfläkten etc.

Bränsleslangar

 Varning: Innan arbetet påbörjas, se föreskrifterna i Säkerheten främst! i början av denna handbok och följ dem till punkt och pricka. Bensin är en ytterst brandfarlig vätska och säkerhetsföreskrifterna för hantering kan inte nog betonas.

10 Kontrollera alla bränsleslangar och leta efter tecken på åldrande och skavning. Leta extra noga efter sprickor på de ställen där slangarna böjs och precis framför fästen, som t.ex. där en slang sitter fast vid bränslefiltret.

11 Bränsleledningar av hög kvalitet, ofta med ordet Fluoroelastomer tryckt på slangen, ska användas om någon bränsleledning måste bytas ut. Använd aldrig under några som helst förhållanden oförstärkt vakuumslang, genomskinliga plaströr eller vattenslangar som bränsleledningar.

12 Klämmor av fjädertyp används ofta till bränsleledningar. Dessa klämmor förlorar ofta sin spänning med tiden och kan töjas ut vid demonteringen. Byt ut alla klämmor av fjädertyp mot klämmor av skruvtyp när en slang byts ut.

13 Kom ihåg att en misstänkt bränsleläcka är lättare att upptäcka när systemet är helt trycksatt, som när motorn är igång eller strax efter att motorn stängts av.

Metalledningar

14 Metallrör används ofta som bränsleledningar mellan bränslefiltret och motorn. Kontrollera noga att metallrören inte är böjda eller veckade, och att de inte börjat spricka.

15 Om en bränsleledning av metall måste bytas ut ska endast skarvlösa stålrör användas, eftersom koppar- och aluminiumrör inte är tillräckligt starka för att hålla för normala motorvibrationer.

16 Kontrollera bromsledningarna av metall efter sprickor i ledningarna eller lösa anslutningar på de ställen där de leder in i huvudcylindern och ABS-systemets hydraulenhet. Alla tecken på bromsoljeläckage kräver omedelbar och noggrann kontroll av hela bromssystemet.

6 Fjädring och styrning – kontroll

Framfjädring och styrning

1 Dra åt handbromsen. Lyft upp framvagnen och ställ den på pallbockar (se *Lyftning och stödpunkter*).

2 Undersök spindelledernas dammskydd och styrinrättningens damasker. De får inte vara spruckna eller skavda och gummit får inte ha torkat **(se bild)**. Slitage på någon av dessa delar gör att smörjmedel läcker ut och att smuts och vatten kan tränga in, vilket snabbt sliter ut spindellederna eller styrinrättningen.

3 Kontrollera servostyrningens oljeslangar och leta efter tecken på skavning och åldrande och undersök rör- och slanganslutningar efter oljeläckage. Leta även efter läckor under tryck från styrinrättningens gummidamasker, vilket indikerar trasiga tätningar i styrinrättningen.

4 Leta efter tecken på oljeläckage runt fjäderbenets hus, eller från gummidamasken runt vevstaken (i förekommande fall). Om det finns spår av olja är stötdämparen defekt och ska bytas.

5 Ta tag i hjulet längst upp och längst ner och försök vicka på det **(se bild)**. Ett ytterst litet spel kan märkas, men om rörelsen är stor krävs en närmare undersökning för att fastställa orsaken. Fortsätt rucka på hjulet medan en medhjälpare trycker på bromspedalen. Om spelet försvinner eller minskar markant är det troligen fråga om ett defekt hjullager. Om spelet finns kvar när bromsen är nedtryckt rör det sig om slitage i fjädringens leder eller fästen.

6 Greppa sedan hjulet på sidorna och försök rucka på det igen. Märkbart spel beror antingen på slitage på hjullager eller på styrstagets spindelleder. Om den yttre

7.1 Kontrollera skicket på drivaxeldamaskerna

styrstagsänden är sliten är det synliga spelet tydligt. Om den inre drivknuten misstänks vara defekt, kan detta kännas genom att man lägger en hand på kuggstångens gummidamask och tar tag i styrstaget. När hjulet ruckas kommer rörelsen att kännas vid den inre spindelleden om den är sliten.

7 Använd en stor skruvmejsel eller ett plattjärn och leta efter glapp i fjädringsfästenas bussningar genom att bända mellan relevant komponent och dess fästpunkt. En viss rörelse är att vänta eftersom bussningarna är av gummi, men eventuellt större slitage visar sig tydligt. Kontrollera även skicket på synliga gummibussningar, leta efter bristningar, sprickor eller föroreningar i gummit.

8 Ställ bilen på marken och låt en medhjälpare vrida ratten fram och tillbaka ungefär en åttondels varv åt vardera hållet. Det ska inte finnas något, eller bara ytterst lite, spel mellan rattens och hjulens rörelser. Om spelet är större ska spindellederna och fästena som beskrivs ovan undersökas noga. Dessutom ska rattstångens kardanknutar kontrolleras och leta efter tecken på slitage och kuggstångsstyrningens drev kontrolleras.

9 Stötdämparens effektivitet kan kontrolleras genom att bilen gungas i de båda främre

hörnen. I normala fall ska bilen återta planläge och stanna efter en nedtryckning. Om den höjs och återvänder med en studs är troligen stötdämparen defekt. Undersök även om stötdämparens övre och nedre fästen visar tecken på slitage eller oljeläckage.

Bakfjädring

10 Klossa framhjulen och ställ bakvagnen på pallbockar (se *Lyftning och stödpunkter*).

11 Kontrollera de bakre hjullagren efter slitage. Använd samma metod som beskrevs för de främre hjullagren (punkt 5).

12 Använd en stor skruvmejsel eller ett plattjärn och leta efter glapp i bussningarna genom att bända mellan relevant komponent och dess fästpunkt. En viss rörelse är att vänta eftersom bussningarna är av gummi, men eventuellt större slitage visar sig tydligt. Kontrollera stötdämparnas skick enligt beskrivningen ovan.

7 Drivaxeldamask – kontroll

1 Hissa upp bilen och stöd den på pallbockar (se *Lyftning och stödpunkter*), vrid ratten till fullt utslag och vrid sedan hjulet långsamt. Undersök konditionen för de yttre drivknutarnas gummidamasker, och tryck på damaskerna så att vecken öppnas **(se bild)**. Leta efter spår av sprickor, bristningar och åldrat gummi som kan släppa ut fett och släppa in vatten och smuts i drivknuten. Kontrollera även damaskernas klamrar vad gäller åtdragning och skick. Upprepa dessa kontroller på de inre drivknutarna. Om skador eller åldrande upptäcks bör damaskerna bytas enligt beskrivningen i kapitel 8.

2 Kontrollera samtidigt drivknutarnas allmänna

skick genom att hålla fast drivaxeln och samtidigt försöka vrida hjulet. Håll sedan fast innerknuten och försök vrida på drivaxeln. Varje märkbar rörelse är ett tecken på slitage i drivknutarna, slitage i drivaxelspårningen eller på lösa fästmuttrar/bultar till drivaxeln.

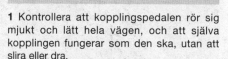

8 Koppling – kontroll

1 Kontrollera att kopplingspedalen rör sig mjukt och lätt hela vägen, och att själva kopplingen fungerar som den ska, utan att slira eller dra.

2 Skruva loss de båda skruvarna och ta bort den nedre panelen (ovanför pedalerna) för att komma åt kopplingspedalen, och stryk på ett par droppar tunn olja på pedalens svängtapp. Montera tillbaka panelen.

3 Arbeta i motorrummet och kontrollera skicket på vätskerören och slangarna.

9 Pollenfilter – byte

1 Skruva loss de två skruvarna och ta bort passagerarsidans nedre panel från instrumentbrädan.

2 Ta bort den främre delen av mittkonsolens vänstra sidopanel på det sätt som visas i kapitel 11.

3 Dra tillbaka mattan något och lossa kåpan till pollenfiltret. Ta bort filtret **(se bilder)**. Denna operation visas med värmeenheten borttagen för tydlighetens skull.

4 För det nya filtret på plats, montera det nya filtret, montera tillbaka kåpan och montera tillbaka instrumentbrädan och sidopanelen.

9.3a Lossa kåpan . . .

9.3b . . . och ta bort pollenfiltret

11.4a Kontrollera bränsleslangarnas skick genom att leta efter tecken på läckor

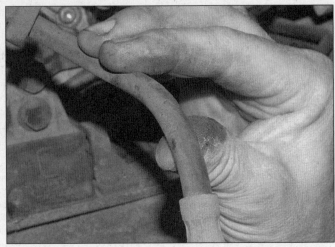

11.4b Kontrollera skicket på bromsgummislangarna genom att böja dem lite och leta efter sprickor

10 Batteriets elektrolytnivå – kontroll

⚠️ **Varning: Elektrolyten i ett batteri består av utspädd syra och det är klokt att använda gummihandskar under hanteringen. Fyll inte batericellerna för mycket så att elektrolyten svämmar över. Vid spill måste elektrolyten sköljas bort omedelbart. Montera locken till batericellerna och skölj batteriet med stora mängder rent vatten. Försök inte sifonera ut överflödig elektrolyt.**

1 Batteriet sitter på motorrummets vänstra sida.

2 Vissa modeller som tas upp av denna handbok kan ha ett underhållsfritt batteri som standardutrustning, eller kan ha ett monterat som ersättning. Om batteriet är märkt med "Freedom", "Maintenance-Free" eller något liknande behöver inte elektrolytnivån kontrolleras (batteriet är ofta fullständigt förseglat och kan inte fyllas på).

3 Batterier där elektrolytnivån måste kontrolleras känns igen på de löstagbara locken över de sex batericellerna. Ibland är dessutom batterihöljet genomskinligt för att elektrolytnivån ska gå att kontrollera lättare.

4 Ta loss locken från cellerna och titta antingen in i batteriet för att kontrollera nivån, eller kontrollera nivån med markeringarna på batterihuset. Elektrolyten ska täcka batteriplattorna med ungefär 15 mm.

5 Om batteriet behöver fyllas på ska det fyllas på med destillerat vatten lite i taget, tills nivån är korrekt i alla sex cellerna. Fyll inte på cellerna upp till kanten. Torka upp eventuellt spill och sätt tillbaka locken.

6 Ytterligare information om batteri, laddning och starthjälp finns i början av den här handboken och i kapitel 5A.

11 Underrede och bränsle-/bromsledningar – kontroll

1 Lyft upp bilen och ställ den på pallbockar (se *Lyftning och stödpunkter*), eller parkera den över en smörjgrop. Undersök underredet och hjulhusen noga och leta efter tecken på skador och korrosion. Undersök undersidan av sidokarmunderstyckena extra noga samt alla områden där lera kan samlas.

2 Om tydlig korrosion och rost förekommer, tryck och knacka på den angripna panelen med en skruvmejsel och kontrollera om angreppet är så allvarligt att panelen behöver repareras. Om panelen inte är allvarligt angripen räcker det med att tvätta bort rosten och applicera ett nytt lager med underredsbehandling. I kapitel 11 finns mer information om karossreparationer.

3 Undersök samtidigt skicket på de behandlade, nedre karosspanelerna och leta efter stenskott.

4 Undersök alla olje- och bromsledningar på underredet och leta efter skador, rost, korrosion och läckage. Se även till att de sitter ordentligt i sina klämmor. Kontrollera om PVC-lagret på ledningarna är skadat, där ett sådant finns **(se bilder)**.

5 Undersök bromsslangarna i närheten av de främre bromsoken och bakaxeln, där de utsätts för störst rörelser. Böj dem mellan fingrarna (men böj dem inte för mycket, då kan höljet skadas) och kontrollera att inga sprickor, skåror eller delningar förekommer.

12 Avgassystem – kontroll

1 Se till att motorn är kall (det ska ha gått minst tre timmar sedan den kördes). Kontrollera hela avgassystemet från startpunkten till slutet av det bakre avgasröret. Detta ska helst utföras på en lyft där man har obehindrad åtkomst. Om det inte finns någon lyft tillgänglig lyfter du upp och stöder fordonet på pallbockarna (se *Lyftning och stödpunkter*).

2 Kontrollera rören och anslutningarna efter tecken på läckor, allvarlig korrosion eller skador. Kontrollera att alla byglar och gummifästen är i god kondition och att de sitter ordentligt; om något av fästena ska bytas, se till att de nya fästena är av rätt typ **(se bild)**. Läckage i någon fog eller annan del visar sig vanligen som en sotfläck i närheten av läckan.

3 Undersök samtidigt bilens undersida efter hål, korrosion, öppna skarvar och liknande som kan leda till att avgaser kommer in i passagerarutrymmet. Täta alla karossöppningar med silikon eller karosskitt. Ta hänsyn till värmen från avgassystemet och avgaserna.

4 Skaller och andra missljud kan ofta härledas till avgassystemet, speciellt till gummifästen. Försök rubba systemet, ljuddämparen/-dämparna och katalysatorn. Om några komponenter kan komma i kontakt med karossen eller fjädringen ska avgassystemet säkras med nya fästen.

12.2 Se till att gummiavgasfästena är i gott skick

13 Handbroms – kontroll och justering

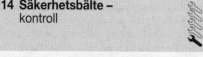

Justering av handbromsen utförs med Volvos diagnostiska system. Arbetet bör överlåtas till en Volvo-återförsäljare eller lämpligt utrustad specialist.

14 Säkerhetsbälte – kontroll

1 Kontrollera att säkerhetsbältena fungerar ordentligt och är i gott skick. Undersök om bältesväven är fransad eller har revor. Kontrollera att bältena dras tillbaka mjukt och inte kärvar i spolarna.
2 Kontrollera säkerhetsbältenas fästen och se till att alla bultar är ordentligt åtdragna.

15 Dörr, baklucka och motorhuv – kontroll och smörjning

1 Kontrollera att dörrarna, motorhuven och bakluckan går att stänga ordentligt. Kontrollera att motorhuvens säkerhetsspärr fungerar som den ska. Kontrollera att dörrhållarremmarna fungerar.
2 Smörj gångjärnen, dörrhållarremmarna, låsblecken och motorhuvens spärr lätt med lite olja eller fett.
3 Om någon av dörrarna eller motorhuven inte går att stänga helt, eller inte är i samma nivå som de omgivande panelerna, ska relevanta justeringar utföras enligt beskrivningen i kapitel 11.

16 Strålkastarinställning – kontroll

Korrekt inställning av strålkastarna kan endast utföras med optisk utrustning och ska därför överlåtas till en Volvo-verkstad eller en annan lämpligt utrustad verkstad.

Grundläggande inställning kan göras i nödfall. Ytterligare information finns i kapitel 12.

17 Frostskyddsvätskans koncentration – kontroll

1 Kylsystemet ska fyllas på med rekommenderat frostskyddsmedel och rostskyddsvätska. Efter ett tag kan vätskans koncentration sjunka på grund av påfyllningar (detta kan man undvika genom att fylla på med rätt blandning av frostskyddsmedel) eller vätskeförlust. Om det är uppenbart att kylvätskan har läckt är det viktigt att man utför de reparationer som krävs innan man fyller

på med ny vätska. Exakt vilken blandning av frostskyddsvätska och vatten som ska användas beror på väderförhållandena. Blandningen ska innehålla minst 40 % frostskyddsmedel, men inte mer än 70 %. Läs uppställningen över blandningsförhållanden på behållaren innan du fyller på kylvätska. Använd frostskyddsvätska som uppfyller biltillverkarens specifikationer.
2 När motorn är helt kall kan expansionskärlets påfyllningslock försiktigt tas bort. Om motorn inte är helt kall, lägg en trasa över locket innan du tar bort det, och ta bort locket långsamt så att eventuellt tryck kan ta sig ut.
3 Frostskyddsmedelmätarna går att köpa i biltillbehörsbutiker. Dra upp lite kylvätska från expansionskärlet och observera hur många plastbollar som flyter i testverktyget. Normalt sett ska två eller tre bollar flyta om frostskyddsmedlets koncentration är korrekt, men följ tillverkarens instruktioner.
4 Om koncentrationen är felaktig måste man antingen ta bort en del kylvätska och fylla på frostskyddsmedel, eller tömma ut den gamla kylvätskan och fylla på ny kylvätska i rätt koncentration.

18 Serviceindikator – återställning

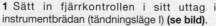

1 Sätt in fjärrkontrollen i sitt uttag i instrumentbrädan (tändningsläge I) **(se bild)**.
2 Tryck på trippmätarens återställningsknapp och håll den intryckt, tryck sedan snabbt på start/stop-knappen (tändningsläge II) **(se bild)**.
3 Vänta ungefär 10 sekunder och släpp trippmätarens återställningsknapp när informationslampan börjar blinka.

19 Landsvägsprov

Bromssystem

1 Kontrollera att bilen inte drar åt ena hållet vid inbromsning, och att hjulen inte låser sig vid hård inbromsning.
2 Kontrollera att ratten inte vibrerar vid inbromsning. Observera att det är normalt att

känna vissa vibrationer genom bromspedalen vid kraftig inbromsning. Vibrationerna uppstår när de låsningsfria bromsarna (ABS-systemet) arbetar och är normalt inte ett tecken på att något är fel.
3 Kontrollera att handbromsen fungerar ordentligt, utan för stort spel i spaken, och att den kan hålla bilen stilla i en backe.
4 Kontrollera bromsservoenhetens funktion enligt följande, med motorn avstängd. Tryck ner fotbromsen fyra eller fem gånger för att släppa ut vakuumet. Starta sedan motorn. När motorn startar ska pedalen ge efter märkbart medan vakuumet byggs upp. Låt motorn gå i minst två minuter och stäng sedan av den. Om bromspedalen nu trycks ner igen ska det gå att höra ett väsande ljud från servon medan pedalen trycks ner. Efter ungefär fyra eller fem nedtryckningar ska väsandet inte längre höras, och pedalen ska kännas betydligt fastare.

Fjädring och styrning

5 Leta efter onormalt uppträdande i styrning, fjädring, köregenskaper eller "vägkänsla".
6 Kör bilen och var uppmärksam på ovanliga vibrationer eller ljud.
7 Kontrollera att styrningen känns bra, utan överdrivet fladder eller kärvningar, och lyssna efter fjädringsmissljud vid kurvtagning och gupp.

Drivlina

8 Kontrollera funktionen hos motorn, växellådan och kardanaxeln.
9 Kontrollera att motorn startar som den ska både när den är kall och när den är varm.
10 Lyssna efter onormala ljud från motorn och växellådan.
11 Kontrollera att motorn går jämnt på tomgång, och att den inte tvekar vid acceleration.
12 Kontrollera att alla växlar kan läggas i jämnt och utan missljud, och att växelspakens rörelse inte är onormalt vag eller hackig.
13 På modeller med automatväxellåda, kontrollera att drivningen verkar smidig utan att hoppa och utan att motorvarvtalet ökar. Kontrollera att alla växellägen kan väljas när bilen står still.

Koppling

14 Kontrollera att kopplingspedalen rör sig mjukt och lätt hela vägen, och att själva

18.1 Sätt in fjärrkontrollen i uttaget i instrumentbrädan

18.2 Tryck på trippmätarens återställningsknapp

kopplingen fungerar som den ska, utan att slira eller dra. Om rörelsen är ojämn eller stel på vissa ställen ska systemets komponenter undersökas enligt instruktionerna i kapitel 6.

Instrument och elektrisk utrustning

15 Kontrollera funktionen hos alla instrument och den elektriska utrustningen.
16 Kontrollera att instrumenten ger korrekta avläsningar och slå i tur och ordning på all elektrisk utrustning för att kontrollera att den fungerar korrekt.

20 Luftkonditionering – kontroll

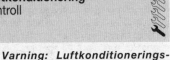

⚠️ **Varning: Luftkonditionerings-systemet är mycket högt trycksatt. Lossa inte några fästen och ta inte bort några komponenter förrän systemet har tömts. Luftkonditioneringens kylmedia måste kastas i en särskild sorts godkänd behållare, på en verkstad eller hos en specialist på luftkonditioneringssystem med möjlighet att hantera kylmedia säkert. Bär alltid skyddsglasögon när luftkonditioneringssystemet komponenter lossas.**

1 Följande underhållskontroller ska utföras regelbundet för att systemet ska fortsätta fungera med största möjliga effektivitet:
a) *Kontrollera multiremmen. Om den är sliten eller åldrad ska den bytas ut (se avsnitt 27).*

b) *Kontrollera systemets slangar. Leta efter sprickor, bubblor, hårdnader och tecken på åldrande. Undersök slangarna och alla fästen efter oljebubblor och genomsippring. Vid tecken på slitage, skador eller läckage ska slangen/slangarna bytas ut.*
c) *Undersök om kondensorflänsarna är förorenade av löv, insekter eller annat. Använd en borste eller tryckluft för att rengöra kondensorn.*
d) *Kontrollera att dräneringsröret från förångarens främre del inte är igentäppt. Observera att medan systemet arbetar är det normalt att klar vätska (vatten) droppar från röret i sådan mängd att en ganska stor vattenpöl kan bildas under bilen när den står parkerad.*

⚠️ **Varning: Bär skyddsglasögon vid arbete med tryckluft.**

2 Det är klokt att låta systemet arbeta i ungefär 30 minuter minst en gång i månaden, särskilt under vintern. Om systemet inte använts på länge kan tätningarna hårdna och sluta fungera.
3 Eftersom luftkonditioneringssystemet är mycket komplext och det behövs specialutrustning för att serva det, behandlas inte några större ingrepp i den här handboken, förutom de procedurer som tas upp i kapitel 3.
4 Den vanligaste orsaken till dålig kylning är att systemet helt enkelt innehåller för lite kylmedia. Om en försämring av luftkylningen kan märkas kan följande snabba kontroll vara till hjälp för att avgöra om kylmedienivån är låg.

5 Värm upp motorn till normal arbetstemperatur.
6 Ställ luftkonditioneringens temperaturreglage i det kallaste läget och vrid upp fläkten så högt det går. Öppna dörrarna så att luftkonditioneringssystemet inte stängs av så snart det har kylt ner passagerarutrymmet.
7 Låt kompressorn vara igång och känn på dess insugnings- och utloppsrör. Kopplingen kommer att ge ifrån sig ett klickande och mitten av kopplingen kommer att rotera. En sida ska vara kall och den andra varm. Om det inte är någon kännbar skillnad mellan de två rören är någonting fel på kompressorn eller systemet. Det kan bero på för lite kylmedium, men det kan också bero på något annat. Ta bilen till en verkstad eller till en specialist på luftkonditioneringar.

21 Bränslefilter – tömning

1 Bränslefiltret är placerat nära höger bakhjul i bakhjulsupphängningens hjälpram. Anslut en slang till dräneringsskruven och placera den öppna änden i en behållare. Lossa dräneringsskruven på filtrets undersida högst fyra varv **(se bild)**.
2 Tappa ur ungefär 100 dl vätska och dra åt dräneringsskruven.
3 Starta motorn och leta efter läckor.

22 Fjärrkontroll batteri – byte

1 Ta bort nödnyckeln från kontrollen, använd sedan en liten, flatbladig skruvmejsel för att försiktigt bända upp kåpans bakkant på fjärrkontrollen **(se bilder)**. Ta bort kåpan.
2 Ta bort batteriet från fjärrkontrollen, observera hur det sitter **(se bilder)**. Undvik att röra batteriet och kontakterna med fingrarna.
3 Placera det nya batteriet i kontrollen, sätt sedan tillbaka kåpan och nödnyckeln.

21.1 Anslut en slang och lossa bränslefiltrets dräneringsskruv (markerad med pil)

22.1a Ta bort nödnyckeln av plast från fjärrkontrollen

22.1b Använd en skruvmejsel för att bända upp kåpan

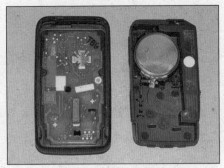

22.2a Ta bort batteriet från kåpan. Observera dess riktning

22.2b Placera det nya batteriet i kåpan

Var 60 000:e km eller vartannat år

23 Luftfilter – byte

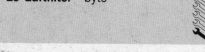

Observera: *2,4-liters motorn användes för fotografering men processen är snarlik för alla motorerna.*

1 Skruva loss fästskruvarna och lyft upp luftrenarhusets kåpa **(se bild)**.
2 Lyft bort luftfilterinsatsen från sin placering och observera hur den är monterad **(se bild)**.
3 Montera den nya insatsen, montera tillbaka kåpan och dra åt fästskruvarna.

24 Automatväxellådans oljenivå – kontroll

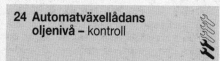

Observera: *Om lampan för oljebyte i växellådan tänds kan den endast återställas med särskild testutrustning från Volvo. Arbetet bör överlåtas till en Volvo-återförsäljare eller lämpligt utrustad specialist.*

Allmänt

1 Om växellådan måste fyllas på regelbundet är detta ett tecken på läckage. Läckaget måste då snarast spåras och åtgärdas.
2 Vätskans skick ska kontrolleras i samband med nivåkontrollen. Om vätskan på mätstickan är svart eller mörkt rödbrun, eller om den luktar bränt, ska den bytas ut. Om osäkerhet råder beträffande vätskans skick kan dess färg och lukt jämföras med ny vätska.
3 Om bilen används regelbundet för kortare resor, taxiarbete eller om den ofta används med släp måste växellådsoljan bytas ut regelbundet. Om bilen har körts en längre sträcka eller om bilens historia är okänd kan det också vara klokt att byta ut oljan. Normalt behöver dock oljan inte bytas ut.

23.1 Skruva loss de skruvar som håller fast luftrenarhusets kåpa

Vätskenivåkontroll

4 Automatväxellådans vätska måste hela tiden hålla rätt nivå. Låg vätskenivå kan leda till att utväxlingen slirar eller slutar fungera, medan för hög nivå kan leda till skumbildning, läckage och skadad växellåda.
5 Idealt ska växellådsvätskenivån kontrolleras när växellådan är varm (50° till 60°C).
6 Parkera bilen på plant underlag, lägg i handbromsen och ta bort motorns nedre skyddskåpa
7 Ta bort luftrenarhuset enligt beskrivningen i kapitel 4A.
8 Rengör området ovanpå växellådan, runt påfyllningspluggen. Använd sedan ett T55-torxbit och skruva loss påfyllningspluggen **(se bild)**.
9 Passa in en slangände i påfyllningsöppningen och fäst en tratt i andra änden. Montera provisoriskt tillbaka luftrenarhuset.
10 Starta motorn. Med motorn på tomgång trycker du ner bromspedalbrytaren och flyttar växelväljaren genom alla växellägen (stanna två sekunder på varje läge). Avsluta med att återgå till läge P.
11 Med motorn igång, skruva loss nivåpluggen från mitten av växellådans avtappningsplugg med ett T40-torxbit **(se bild)**. Om det inte kommer någon vätska från

23.2 Lyft upp kåpan och ta bort luftrenarelementet

spaköppningen, fyll på den angivna vätskan (se *Smörjmedel och vätskor*) genom tratten och slangen tills det kommer ut vätska. Sätt tillbaka dräneringspluggen, med en ny tätningsbricka om det behövs, och dra åt den till angivet moment.
12 Stanna motorn, ta bort luftrenarhuset och dra åt vätskepåfyllningspluggen till angivet moment. Sätt dit en ny tätningsbricka.
13 Sätt tillbaka luftrenarhuset enligt beskrivningen i kapitel 4A och sätt sedan tillbaka motorns/växellådans undre skyddskåpa.

Vätskepåfyllning

Observera: *Automatväxelolja behöver normalt inte bytas. Det måste endast utföras på bilar som huvudsakligen används för bogsering eller som taxibilar.*

14 Helst ska växellådans olja tappas ur när växellådan är varm (vid normal arbetstemperatur). Observera att vätsketemperaturen inte får överstiga 60°C, annars blir den uppmätta nivån felaktig.
15 Lyft upp framvagnen och bakvagnen i tur och ordning och ställ den på pallbockar (se *Lyftning och stödpunkter*). Bilen måste stå på plan mark.
16 Skruva loss skruvarna och ta bort motorns undre skyddskåpa.
17 Placera ett kärl under växellådan och skruva loss nivåpluggen från mitten av dräneringspluggen med hjälp av ett T40-torxbit **(se bild 24.11)**.
18 Skruva loss dräneringspluggen från växellådan och låt vätskan rinna ut. Montera

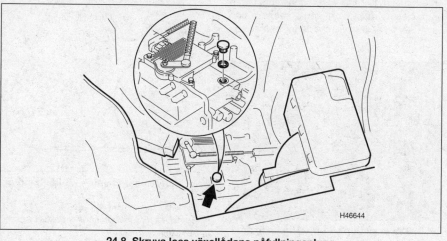

24.8 Skruva loss växellådans påfyllningsplugg

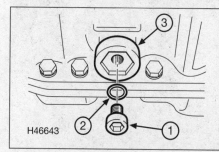

24.11 Växellåda nivåplugg (1), dräneringsplugg (3) och tätningsbricka (2)

tillbaka dräneringspluggen med en ny tätning, och dra åt den till angivet moment.

19 Montera tillbaka nivåpluggen men dra endast åt den för hand på det här stadiet.

20 Ta bort luftrenarhuset enligt beskrivningen i kapitel 4A.

21 Rengör området ovanpå växellådan, runt påfyllningspluggen. Använd sedan ett T55-torxbit och skruva loss påfyllningspluggen **(se bild 24.8)**.

22 Lossa vätskereturslangen från kylenheten bredvid kylaren och fäst en bit genomskinlig slang på kylenheten. Volvos specialverktyg nr 999 7363 kan vara användbart för detta arbete. Stick in slangen i dräneringsbehållaren.

23 Använd en tratt och fyll på 4,0 liter av den angivna vätskan i växellådshuset genom påfyllningshålet.

24 Montera tillbaka luftrenaren temporärt. Dra åt handbromsen och kontrollera att växelspaken är i läge P.

25 Starta motorn och låt den gå på tomgång. Lägg i alla växellägen, stanna två sekunder på varje läge. Slå av motorn när det syns luftbubblor i den genomskinliga slangen som är fäst på kylenheten.

26 Fyll på 2,0 liter av den angivna vätskan.

Starta sedan motorn igen och låt den gå på tomgång. Slå av motorn när det syns luftbubblor i den genomskinliga slangen.

27 Koppla loss den genomskinliga slangen från kylenheten och återanslut vätskereturslangen.

28 Skruva loss nivåpluggen från mitten av avtappningspluggen och fyll på vätska genom påfyllningshålet tills den börjar rinna ut genom nivåpluggshålet. Montera tillbaka nivå och påfyllningspluggen och dra åt dem till angivet moment.

29 Montera tillbaka luftrenarhuset.

25 Bränslefilter – byte

Observera: *Se till att bränsletanken är mindre än 3/4 full innan du tar bort filtret.*

1 Bränslefiltret är placerat nära höger bakhjul i bakhjulsupphängningens hjälpram **(se bild)**.

2 Placera ett kärl under filtret och lossa dräneringsskruven på filtrets undersida.

3 Använd en universalavdragare eller ett

25.1 Bränslefiltret är placerat under bilens högra sida i bakhjulsupphängningens hjälpram

filterborttagningsverktyg för att skruva loss filtret från huset. Var beredd på spill. .

4 Se till att den lilla O-ringstätningen sitter på filtrets övre del, och sätt sedan dit den stora O-ringstätningen på filterhuset. Montera det nya filtret i filterhuset och sätt sedan dit filterhållaren, se till att hållarens övre del passar in i huset. Dra åt filtret för hand tills tätningen kommer i kontakt med huset. Dra sedan åt den ytterligare 1/2 till 3/4 varv.

5 Starta motorn och leta efter läckor.

Var 150 000:e km eller vart 5:e år

26 Kamrem och spännare – byte

Se kapitel 2A, 2B eller 2C.

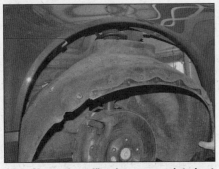

27.2 Skruva loss fästskruvarna och ta bort hjulhusfodret på höger sida fram

27.4 Använd en 15 mm öppen nyckel för att vrida spännaren medurs

27 Multirem – byte

1 Multiremmen överför kraft från vevaxelns remskiva till generatorn, servostyrningspumpen och luftkonditioneringskompressorn (efter tillämplighet).

2 För att ta bort remmen ställer du först framvagnen på pallbockar (se *Lyftning och stödpunkter*). Skruva loss hållarna och ta bort motorns undre skyddskåpa. Ta bort höger framhjul och hjulhusfoder **(se bild)**. Ta bort plastkåpan från motorn.

3 Drivremmen hålls ständigt korrekt spänd av en automatisk justerar- och spännarenhet. Den här enheten är fäst på motorns framsida och innehåller en fjäderstyrd överföringsremskiva.

27.5 Sätt in en borrbit/en stång på 5 mm i hålet (markerat med pil) i spännarhuset

1,6-liters motor

4 Använd en 15 mm skiftnyckel för att vrida spännaren samtidigt som en medhjälpare lyfter av remmen från remskivorna **(se bild)**.

5 Montera verktyget eller spännarmen och vrid spännaren medurs tills spännarmen passerar hålet i huset och ett 5,0 mm borrbit kan sättas in och låsa spännaren på plats **(se bild)**.

6 Observera hur remmen är dragen, ta sedan bort remmen från remskivorna **(se bild)**.

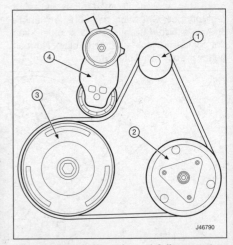

27.6 Multiremsdragning – 1,6-liters motor

1   Generatorns remskiva
2   Remskiva för luftkonditioneringskompressor
3   Vevaxelns remskiva
4   Spännare

27.8 Vrid spännarremskivans bult moturs, sätt sedan in en borrbit/en stång på 5 mm genom låshålen när de är i linje (markerade med pilar)

7 Montera en ny drivrem på vevaxeln, luftkonditioneringskompressorn, generatorn och spännar-/tomgångsremskivorna. Håll spännaren stilla med skiftnyckeln och ta bort låsborrbitet. Låt spännarmen rotera långsamt och spänn remmen. Ta bort spännaren.

2,0-liters motor med 4 cylindrar

8 Använd en skiftnyckel på spännarens mittre bult, vrid spännaren medurs för att lossa drivremmens spänning, sätt sedan in en borrbit eller en stång på 5 mm i armen/stommen när de är inriktade för att låsa spännaren i detta läge (se bild).
9 Observera hur drivremmen är dragen, ta sedan bort remmen från remskivorna (se bild).
10 Montera en ny drivrem på vevaxeln, luftkonditioneringskompressorn, generatorn

27.12a Använd en spännare (markerad med pil) . . .

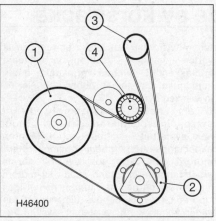

H46400

27.9 Multiremsdragning – 2,0-liters motor med 4-cylindrar

1 Vevaxelremskiva
2 Remskiva för luftkonditioneringskompressor
3 Generatorns remskiva
4 Spännare

och spännarremskivorna. Använd en skiftnyckel för att hålla spännarens mittbult, ta sedan bort låsborrbitet/stången och låt spännaren rotera moturs och spänn remmen försiktigt.

5-cylindriga motorer

11 Lossa servostyrningsslangen från fästbygeln, skruva sedan loss de 2 torxbultarna och ta bort remkåpan.

27.12b . . . på ett T60-torxbit för att rotera spännaren medurs

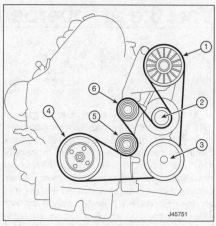

J45751

27.14 Multiremsdragning – 5-cylindriga motorer

1 Servostyrningspumpens remskiva
2 Generatorns remskiva
3 Remskiva för luftkonditioneringskompressor
4 Vevaxelremskiva
5 Tomgångsöverföring
6 Spännare

12 Använd Volvos verktyg nr 999 7109 eller ett T60-torxbit och nyckel för att vrida spännaren medurs och på så sätt lossa remspänningen. Dra bort remmen från alla remskivor. Ta sedan loss spännaren och ta bort remmen (se bilder).
13 Kontrollera spännaren och tomgångsremskivorna och leta efter ojämnheter och skador. Byt om det behövs.
14 Montera den nya remmen löst över remskivorna och spännarhjulet och se till att den är korrekt placerad. Lämna dock den övre remskivan (servostyrningspumpe) (se bild).
15 Vrid spännaren medurs och lirka sedan drivremmen över den övre remskivan. Lossa spännaren så att den automatiskt justerar remmens spänning.

Alla motorer

16 Montera den inre hjulhuspanelen om den tagits bort. Montera sedan hjulet och sänk ner bilen. Dra åt hjulbultarna till angivet moment.

Vartannat år, oberoende av körsträcka

28 Bromsolja – byte

⚠ **Varning: Hydraulisk bromsolja kan skada ögonen och bilens lack, så var ytterst försiktig vid**

hanteringen. Använd aldrig olja som stått i ett öppet kärl under någon längre tid eftersom den absorberar fukt från luften. För mycket fukt i bromsoljan kan medföra att bromseffekten minskar, vilket är livsfarligt.

Rutinen liknar den för att lufta hydraulsystemet, som beskrivs i kapitel

9, förutom att bromsvätskebehållaren ska tömmas genom sifonering, och att den gamla vätskan måste rinna ut ur kretsen när en del av kretsen ska luftas.

Eftersom kopplingens hydraulsystem använder samma hydraulolja och behållare som bromssystemet behöver antagligen även det systemet luftas (se kapitel 6)

Vart 3:e år, oberoende av körsträcka

29 Kylvätska – byte

⚠️ *Varning: Vänta till dess att motorn är helt kall innan arbetet påbörjas. Låt inte frostskyddsmedel komma i kontakt med huden eller med lackerade ytor på bilen. Spola omedelbart bort eventuellt spill med stora mängder vatten. Lämna aldrig frostskyddsmedel stående i en öppen behållare eller i en pöl på marken eller garagegolvet. Barn och husdjur kan attraheras av den söta doften och frostskyddsmedel kan vara livsfarligt att förtära.*

Observera: *Om Volvos egen kylvätska har använts i angiven mängd under en längre tid behöver kylvätskan normalt inte bytas ut. För att man ska kunna vara riktigt säker på att kylvätskans frostskyddande och rostskyddande egenskaper bör den dock bytas ut regelbundet.*

Tömning av kylsystemet

1 Töm systemet genom att först ta bort expansionskärlets påfyllningslock (se *Veckokontroller*).
2 Lyft upp framvagnen och ställ den på pallbockar om det behövs större utrymme för att kunna komma åt (se *Lyftning och stödpunkter*).
3 Skruva loss skruvarna och ta bort motorns undre skyddskåpa. Placera sedan en stor avrinningsbricka under kylaren.
4 Lossa dräneringstappen i botten av kylarens vänstra hörn och låt kylvätskan rinna ner i behållaren. Om det inte finns någon dräneringstapp, lossa försiktigt klämman och koppla loss kylarens nedre slang **(se bild)**.

Spolning av systemet

5 Med tiden kan kylsystemet gradvis förlora effekt allt eftersom kylaren fylls med rost och andra avlagringar. Detta är framförallt troligt om man har använt en sämre sorts frostskyddsmedel. För att minimera risken för att detta händer bör endast den angivna

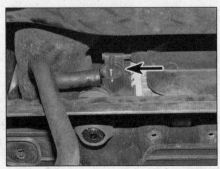

29.4 Kylarens tömningskran (markerad med pil)

typen av frostskyddsvätska och rent mjukt vatten användas. Dessutom bör systemet spolas enligt följande varje gång någon komponent i systemet rubbas och/eller när kylvätskan byts ut.
6 Töm hela kylsystemet. Stäng avtappningspluggarna och fyll sedan hela systemet med rent vatten. Montera expansionskärlets påfyllningslock, starta motorn och värm upp den till normal arbetstemperatur. Stäng sedan av motorn, låt den svalna helt och töm systemet igen. Upprepa om det behövs tills endast rent vatten kommer ut ur systemet. Avsluta med att fylla på med angiven kylvätskeblandning.
7 Om endast rent, mjukt vatten och frostskyddsvätska av hög kvalitet används, och om kylvätskan har bytts ut vid de angivna intervallen, räcker ovanstående åtgärder för att hålla systemet rent under en lång tid. Om systemet har försummats på något sätt krävs dock en noggrannare metod, enligt följande.
8 Tappa först ur kylvätskan. Koppla sedan loss kylarens övre och nedre slang. Stick in en trädgårdsslang i den övre slangen och låt vattnet cirkulera genom kylaren tills rent vatten kommer ut från det nedre hålet.
9 Motorn spolas på följande sätt: Ta bort termostaten (se kapitel 3), stick in trädgårdsslangen i termostathuset och låt vatten cirkulera tills det kommer ut rent vatten från den nedre slangen. Om det efter en rimlig tid fortfarande inte kommer ut rent vatten ska kylaren spolas ur med kylarrengöringsmedel.
10 Vid allvarligare föroreningar kan kylaren behöva spolas bakifrån. Gör detta genom att ta bort kylaren (se kapitel 3), vänd den upp och ned och stick in trädgårdsslangen i bottenhålet. Fortsätt spola tills rent vatten rinner från det övre hålet. Värmepaketet kan spolas på liknande sätt.
11 Använd kemiska rengöringsmedel endast som en sista utväg. Normalt förebygger användning av rätt kylvätska att systemet smutsas ner.

Påfyllning av kylvätska

12 När kylsystemet är tömt och spolat, se till att alla komponenter som rubbats och alla slanganslutningar sitter ordentligt och att dräneringstappen är ordentligt åtdragen. Montera motorns undre skyddskåpor som togs bort för att förbättra åtkomligheten. Sänk ner bilen, om den är upplyft.
13 Förbered en tillräcklig mängd av den angivna kylvätskeblandningen (se Specifikationer). se till att ha lite för mycket så att du kan fylla på igen senare.
14 Fyll långsamt systemet genom expansionskärlet; eftersom tanken är den högsta punkten i systemet ska all luft i systemet hamna i tanken allt eftersom vätskan stiger. Långsam påfyllning minskar risken att luft stängs in och bildar hindrande bubblor. Det är också bra att klämma

försiktigt på de stora kylarslangarna under påfyllningen.
15 Fortsätt påfyllningen tills kylvätskenivån når expansionskärlets MAX-markering. Vänta sedan i några minuter. Fortsätt att klämma på kylarslangarna under tiden. Fyll på till MAX-markeringen igen när vätskan har slutat sjunka och skruva på expansionskärlets lock.
16 Starta motorn och kör den på tomgång tills den har värmts upp till normal arbetstemperatur. Om nivån i expansionskärlet sjunker märkbart, fyll på till MAX-nivån för att minimera mängden luft som cirkulerar i systemet.
17 Stäng av motorn och låt den svalna **helt** (över natten om det är möjligt). Ta sedan bort expansionskärlets påfyllningslock och fyll på kärlet till MAX-nivån. Montera påfyllningslocket och dra åt det ordentligt. Spola av allt kylvätskespill från motorrummet och karossen.
18 Kontrollera alltid alla komponenter i systemet noga efter påfyllningen och leta efter tecken på kylvätskeläckage (var extra noga med de anslutningar som rubbats vid tömning och spolning). Ny frostskyddsvätska har en sökfunktion som snabbt avslöjar alla svaga punkter i systemet.

Luftfickor

19 Om symptom på överhettning märks, efter tömning och påfyllning av systemet, som inte fanns där innan, beror det nästan alltid på att luft som stängts in i systemet blockerar och begränsar kylvätskeflödet; luft fastnar vanligtvis på grund av att systemet fylls på för snabbt.
20 Om en luftficka misstänks ska först alla synliga kylvätskeslangar klämmas försiktigt. En kylvätskeslang som är full av luft känns helt annorlunda än en slang fylld med kylvätska när man klämmer på den. När systemet har fyllts på försvinner de flesta luftfickor efter att systemet har svalnat och fyllts upp.
21 Låt motorn gå i arbetstemperatur. Sätt på värmeenheten och värmefläkten och kontrollera värmeeffekten. Om det finns tillräckligt med kylvätska i systemet kan bristande värme bero på en luftficka i systemet.
22 Luftfickor kan ha allvarligare effekter än att bara försämra värmeeffekten. En allvarlig luftficka kan försämra kylvätskeflödet i motorn. Kontrollera att kylarens övre slang är varm när motorn har nått arbetstemperatur. En kall överslang kan orsakas av en luftficka (eller av en stängd termostat).
23 Om problemet består, stäng av motorn och låt den svalna **helt**, innan expansionskärlets påfyllningslock skruvas loss eller några slangar kopplas loss för att släppa ut luften. I värsta fall kan systemet behöva tömmas delvis eller helt (den här gången kan kylvätskan sparas för återanvändning) och spolas för att få bort problemet.

Kapitel 2 Del A:
Reparationer med 1.6-liters motor kvar i bilen

Innehåll

Allmän information 1
Kamaxlar, vipparmar och ventillyftare – demontering, kontroll och
   montering 9
Kamrem – demontering, kontroll, återmontering och spänning..... 7
Kamremsdrev och spännare – demontering och montering 8
Kamremskåpor – demontering och montering..................... 6
Kompressionsprov och läcktest – beskrivning och tolkning 2
Motorenhet/inställningshål – allmän information och användning... 3
Motorns/växellådsfästen – kontroll och byte 17

Oljekylare – demontering och montering 13
Oljepump – demontering, kontroll och montering 12
Oljetryckskontakt – demontering och montering............... 15
Oljetätningar – byte 14
Sump – demontering och montering 11
Svänghjul – demontering, kontroll och återmontering 16
Topplock – demontering och montering....................... 10
Ventilkåpa/grenrör – demontering och montering 4
Vevaxelremskiva – demontering och montering................. 5

Svårighetsgrader

Enkelt, passer novisen med lite erfarenhet	Ganska enkelt, passar nybörjaren med viss erfarenhet 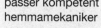	Ganska svårt, passer kompetent hemmamekaniker	Svårt, passer hemmamekaniker med erfarenhet	Mycket svårt, för professionell mekaniker

Specifikationer

Allmänt

Motortyp	Dubbel överliggande kamaxel (DOHC) med 16 ventiler. Direktinsprutning och med turbo med fyra cylindrar
Motorkod*..	D4164T
Effekt	1560 cc
Lopp	75,0 mm
Slaglängd	88,3 mm
Vevaxelns rotationsriktning.........................	Medurs (sett från bilens högra sida)
Placering för cylinder 1............................	Växellådsänden
Maximal utgående effekt	80 kW @ 4000 varv/minut
Maximal utgående moment	240 Nm @ 1750 varv/minut
Kompressionsförhållande............................	18.0:1

* Motorkoden är stämplad på en platta som är fäst på motorblocket bredvid oljefiltret

Topplockspackning

	Kolvens utbuktning	Packningstjocklek
1 skåra	0,53 till 0,63 mm	1,35 mm
2 skåror.....................................	0,63 till 0,68 mm	1,25 mm
3 skåror.....................................	0,68 till 0,73 mm	1,30 mm
4 skåror.....................................	0,73 till 0,78 mm	1,40 mm
5 skåror.....................................	0,78 till 0,89 mm	1,45 mm

Kamaxel

Drivning	Tandad rem till insugskamaxeln och sedan en kedja till avgaskamaxeln

Smörjningssystem

Oljepumpstyp......................................	Kugghjultyp, drivs direkt från vevaxelns högra ände
Oljetryck – minimum (motor i arbetstemperatur):	
Vid tomgång	1,0 till 2,0 bar
Vid 2000 varv/minut	2,3 till 3,7 bar

Ventiler

Ventilspel	Hydrauliska kompensatorer – ingen justering behövs

Åtdragningsmoment

	Nm
Bränslepumpsdrev	50
Bultar till kylvätskeutloppshus	8
EGR-ventil	10
Fästbultar mellan motor och växellåda	50
Kamaxeldrev	43
Kamaxelgivarbult	5
Kamaxelkåpa/ramlager:	
Steg 1	5
Steg 2	10
Kamaxellageröverfall	10
Kamkedjespännare	10
Kamremmens tomgångsremskiva	45
Kamremskåpans bultar	5
Kamremsspännarremskiva	30
Kolvoljesprutmunstyckens bult	20
Motorfästen:	
Vänster motor/växellådsfäste:	
Centrummutter mellan fäste och fästbygel	148
Övre fästbygel:	
M8	24
M12	80
Höger motorfäste:	
Centrumfästbult	130
Mellan fäste och motor	80
Mellan fäste och hjälpramen	80
Övre fästbygel:	
M8	24
M12	80
Nedre momentstag:	
Stav på motor	50
Centrumlänkbult	80
Stång på hjälpram	80
Multiremsspännarrulle	24
Oljefilterkåpa	25
Oljekylarens fästbultar	10
Oljepump på motorblock	10
Oljetrycksbrytare	30
Oljeupptagarrör	10
Ramlagerhållare på motorblock:	
Steg 1	10
Steg 2	Lossa 180°
Steg 3	30
Steg 4	Vinkeldra ytterligare 140°
Storändens bultar:*	
Steg 1	10
Steg 2	Lossa 180°
Steg 3	10
Steg 4	Vinkeldra ytterligare 130°
Sumpbultar/muttrar	10
Sumpens dräneringsplugg	34
Svänghjulsbultar:*	
Steg 1	30
Steg 2	Vinkeldra ytterligare 90°
Topplocksbultar:*	
Steg 1	20
Steg 2	40
Steg 3	Vinkeldra ytterligare 220°
Vakuumpump	20
Ventilkåpa/grenrör	10
Vevaxelläge/hastighetsgivarmutter	10
Vevaxelremskiva/drevsbult:*	
Steg 1	30
Steg 2	Vinkeldra ytterligare 180°
Yttre skarvbultar till ramlagerhållaren:	
Steg 1	6
Steg 2	8

* Återanvänds inte

1 Allmän information

Inledning

Motorerna 1,6 liter DRIVe är resultatet av ett utvecklingssamarbete mellan Citroën/ Peugeot och Ford. Motorn är av typen med dubbel överliggande kamaxel (DOHC) och 16 ventiler. Den fyrcylindriga motorn med direktinsprutning och turbo har tvärställd montering med växellådan monterad på vänster sida.

En tandad kamrem driver insugskamaxeln och kylvätskepumpen. Insugskamaxeln driver avgaskamaxeln via en kedja. Kamaxlarna styr insugs- och avgasventilerna via vipparmar som stöttas vid styrbultsändarna av hydrauliska självjusterande ventillyftare. Kamaxlarna stöttas av lager som är bearbetade direkt i topplocket och kamaxellagerhuset.

Högtrycksbränslepumpen matar bränsle till bränslefördelarskenan och därefter till de elektriskt drivna insprutningsventilerna som sprutar in bränsle direkt i förbränningskamrarna. Denna utformning skiljer sig från den tidigare typen där en insprutningspump matar bränslet med högt tryck till varje insprutningsventil. Den tidigare konventionella typen av insprutningspump krävde finkalibrering och tidsinställning och dessa funktioner slutförs nu av högtryckspumpen, elektroniska insprutningsventiler och motorstyrmodulen (ECM).

Vevaxeln löper i fem huvudlager av den vanliga skåltypen. Axialspelet regleras av tryckbrickor på båda sidorna av ramlager nr 2.

Kolvarna väljs så att de har överensstämmande vikt och har helt flytande kolvbultar som hålls fast av låsringar.

Vad innehåller detta kapitel

Den här delen av kapitel 2 beskriver de reparationer som kan utföras med motorn monterad i bilen. Om motorn har tagits ur bilen och tagits isär enligt beskrivningen i del D, kan alla preliminära isärtagningsinstruktioner ignoreras.

Observera även om det är möjligt att fysiskt renovera delar som kolven/vevstaken medan motorn sitter i bilen, så utförs sällan sådana åtgärder separat. Normalt måste flera ytterligare åtgärder utföras (för att inte nämna rengöring av komponenter och smörjkanaler); Av den anledningen klassas alla sådana åtgärder som större renoveringsåtgärder, och beskrivs i del D i det här kapitlet.

Del D beskriver demontering av motor/ växellåda från bilen samt tillvägagångssättet för de renoveringar som då kan utföras med motorn/växellådan demonterad.

Försiktighetsåtgärder för reparationsarbeten

Motorn är en komplex enhet med ett antal tillbehör och extra komponenter. Utformningen av motorrummet är sådan att allt utrymme som går att använda har utnyttjats och åtkomsten till praktiskt taget alla motorkomponenter är mycket begränsad. I många fall måste extra komponenter tas bort eller flyttas till en sida och kablage, rör och slangar måste lossas eller tas bort från diverse kabelklämmor och stödfästbyglar.

Läs igenom hela detta avsnitt och tänk ut en arbetsgång baserat på egen erfarenhet och på vilka verktyg, hur lång tid och hur stort arbetsutrymme som finns tillgängligt. Avsätt avsevärt med tid till alla arbeten och var beredd på oväntade företeelser.

På grund av den begränsade åtkomsten har många av de fotografier av motorn som förekommer i detta kapitel av nödvändighet tagits med motorn uttagen från bilen.

⚠️ **Varning: Det är ytterst viktigt att följa strikta föreskrifter vid arbeten på komponenterna till motorns bränslesystem. Innan motorarbeten som medför arbete på eller nära någon del av bränslesystemet hänvisas till den särskilda information som finns i kapitel 4A.**

Reparationer med motorn kvar i bilen

a) Kompressionstryck – kontroll.
b) Ventilkåpa – demontering och montering.
c) Vevaxelremskiva – demontering och montering.
d) Kamremskåpor – demontering och montering.
e) Kamrem – demontering, återmontering och justering.
f) Kamremsdrev och spännare – demontering och montering.
g) Kamaxelns oljetätning – byte.
h) Kamaxel, vipparmar och hydrauliska ventillyftar – demontering, kontroll och återmontering.
i) Sump – demontering och montering.
j) Oljepump – demontering och montering.
k) Vevaxelns oljetätningar – byte.
l) Motor-/växellådsfästen – kontroll och byte.
m) Svänghjul – demontering, kontroll och montering.

2 Kompressionsprov och läcktest – beskrivning och tolkning

Kompressionsprov

Observera: *För detta prov måste en kompressionsprovare speciellt avsedd för dieselmotorer användas..*

1 Om motorns prestanda sjunker, eller om misständningar uppstår som inte kan hänföras till bränslesystemet, kan ett kompressionsprov ge en uppfattning om motorns skick. Om kompressionsprov tas regelbundet kan de ge förvarning om problem innan några andra symptom uppträder.

2 En kompressionsprovare speciellt avsedd för dieselmotorer måste användas eftersom trycket är högre. Provaren är ansluten till en adapter som är inskruvad i glödstifts- eller insprutningshålet. På denna motor krävs det en adapter som är lämplig för användning i glödstiftshålen för att inte störa bränslesystemets komponenter. Det är inte troligt att det är ekonomiskt försvarbart att köpa en sådan provare för sporadiskt bruk, men det kan gå att låna eller hyra en. Om detta inte är möjligt, låt en verkstad utföra kompressionsprovet.

3 Såvida inte specifika instruktioner som medföljer provaren anger annat ska följande iakttagas:
a) Batteriet ska vara väl laddat, luftfiltret måste vara rent och motorn ska hålla normal arbetstemperatur.
b) Alla glödstift ska tas bort enligt beskrivningen i kapitel 5B innan provet påbörjas.
c) Lossa bränsleinsprutningsventilernas anslutningskontakter.

4 De uppmätta kompressionstrycken är inte lika viktiga som balansen mellan cylindrarna. Du bör rådfråga en Volvo-verkstad om kompressionstrycken.

5 Orsaken till dålig kompression är svårare att fastställa på en dieselmotor än en bensinmotor. Effekten av att föra in olja i cylindrarna (våt testning) är inte helt tillförlitlig, eftersom det finns risk att oljan fastnar i virvelkammaren eller i skåran i kolvkronan istället för att passera till ringarna. Följande kan dock användas som en grov diagnos.

6 Trycket i alla cylindrarna bör hamna på i stort sett samma värde. Observera att kompressionen ska byggas upp snabbt i en fungerande motor; om kompressionen är låg i det första kolvslaget och sedan ökar gradvis under följande slag är det ett tecken på slitna kolvringar. Lågt tryck som inte höjs är ett tecken på läckande ventiler eller trasig topplockspackning (eller ett sprucket topplock). Avlagringar på undersidan av ventilhuvudena kan också orsaka dålig kompression.

7 Ett lågt värde från två intilliggande cylindrar beror nästan alltid på att topplockspackningen mellan dem är sönder. om det finns kylvätska i motoroljan bekräftar detta felet.

8 Om kompressionsvärdet är onödigt högt är förmodligen topplocksytorna, ventilerna och kolvarna belagda med sotavlagringar. I så fall bör topplocket demonteras och sotas (se del D). **Observera:** *När detta test har gjorts kan en felkod genereras och sparas i styrmodulens minne. Låt styrmodulens självdiagnosfunktion avfrågas av en Volvo-verkstad eller en lämpligt utrustad specialist och få felkoden raderad.*

Läcktest

9 Ett läcktest mäter hur snabbt trycket sjunker på tryckluft som förs in i cylindern. Det är ett alternativ till kompressionsprov som på många sätt är överlägset, eftersom den utströmmande luften anger var tryckfallet uppstår (kolvringar, ventiler eller topplockspackning).

3.9 Sätt in en borrbit/en stång på 5 mm genom det runda hålet i drevets fläns i hålet i oljepumphuset (nedre kamremskåpan borttagen för tydlighetens skull)

3.10 Sätt in en borrbit/en stång på 8 mm genom hålet i kamaxeldrevet i motsvarande hål i topplocket

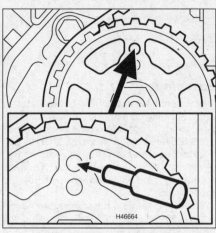

3.11 Sätt in Volvo-verktyget eller en borrbit/en stång på 5 mm genom hålet i bränslepumpsdrevet i bränslepumpens fästbygel

10 Den utrustning som krävs för läcktest är som regel inte tillgänglig för hemmamekaniker. Om dålig kompression misstänks måste detta prov därför utföras av en verkstad med lämplig utrustning.

3 Motorenhet/inställningshål – allmän information och användning

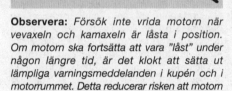

Observera: *Försök inte vrida motorn när vevaxeln och kamaxeln är låsta i position. Om motorn ska fortsätta att vara "låst" under någon längre tid, är det klokt att sätta ut lämpliga varningsmeddelanden i kupén och i motorrummet. Detta reducerar risken att motorn dras runt av startmotorn vilket troligen skulle leda till skador med låssprintarna på plats.*

1 Inställningshål eller inställningsspår är endast placerade på vevaxelremskivans fläns och kamaxeldrevets nav. Hålen/spåren används för att placera kolvarna halvvägs upp i cylinderloppen. Detta säkerställer att ventiltidsinställningen upprätthålls under arbeten som kräver demontering och montering av kamremmen. När hålen/spåren är i linje med de motsvarande hålen i motorblocket och topplocket kan bultar/sprintar av lämplig diameter sättas in för att låsa vevaxeln och kamaxeln på plats för att förhindra rotation.

2 Observera att det bränslesystem som används till dessa motorer inte har någon konventionell dieselinsprutningspump utan istället använder en högtryckspump. Bränslepumpdrevet måste dock fästas på plats på ett liknande sätt som kamaxeldrevet.

3 Gör så här för att rikta in motorenheten/inställningshålen.

4 Dra åt handbromsen. Lyft upp framvagnen och ställ den på pallbockar (se *Lyftning och stödpunkter*). Demontera höger framhjul.

5 För att komma åt vevaxelremskivan så att motorn kan vridas måste hjulhusfodret av plast tas bort. Fodret hålls fast av flera expanderande nitar/muttrar/bultar av plast. För att ta bort nitarna trycker du in mittsprintarna en aning och bänder sedan upp klämmorna från deras placering. Ta bort fodret under

framskärmen. Vevaxeln kan sedan vridas med en lämplig hylsa och förlängningstång monterad på remskivans bult.

6 Ta bort den övre och nedre kamremskåpan enligt beskrivningen i avsnitt 6.

7 Montera temporärt tillbaka vevaxelremskivans bult, ta bort vevaxelns låsverktyg, vrid sedan vevaxeln tills inställningshålet i kamaxeldrevets nav är i linje med motsvarande hål i topplocket. Observera att vevaxeln alltid måste vridas medurs (sett från bilens högra sida). Använd en liten spegel så att placeringen av drevnavets inställningsspår kan observeras. När spåret är i linje med motsvarande hål i topplocket är kamaxeln korrekt placerad.

8 Ta bort vevaxelremskivan enligt beskrivningen i avsnitt 5.

9 Sätt in en bult, stång eller ett borr med 5 mm diameter i vevaxeldrevets fläns och i motsvarande hål i oljepumpen **(se bild)** vid behov och vrid försiktigt vevaxeln åt endera hållet tills stången kommer i inställningshålet i blocket.

10 Sätt in en bult, en stång eller ett borr på 8 mm genom hålet i kamaxeldrevets nav så att den går i ingrepp med topplocket **(se bild)**.

11 Vid återmontering av kamremmen ska du sätta in Volvo-verktyget genom hålet i bränslepumpdrevet och in i motsvarande hål i bränslepumpens fästbygel **(se bild)**. Använd en bult eller en borrbit på 5 mm om du inte har tillgång till detta verktyg.

12 Vevaxeln och kamaxeln är nu låsta i läge för att förhindra onödig rotation.

4 Ventilkåpa/grenrör – demontering och montering

Demontering

1 Koppla loss och ta bort batteriets jordledning enligt beskrivningen i kapitel 5A.

2 Ta bort plastkåpan från motorns överdel.

3 Ta bort EGR kylaren (om en sådan finns) enligt beskrivningen i kapitel 4B.

4 Skruva loss de tre bultarna och ta bort motorkåpans fästbygel från topplockets ände.

5 Lossa anslutningskontakterna längst upp på varje insprutningsventil, skruva loss styrbultarna, se sedan till att alla kabelhärvor har lossats från eventuella fästbyglar på ventilkåpan/insugsgrenröret **(se bilder)**. Lossa eventuella vakuumrör om det är nödvändigt men observera först deras monteringslägen. Ta bort bränsleinjektorerna enligt beskrivningen i kapitel 4A.

6 Tryck in lossningsknapparna och lossa bränslematnings- och returslangarna på topplockets högra sida, lossa sedan bränsletemperaturgivarens anslutningskontakt och flytta rörenheten bakåt **(se bild)**. Täpp igen öppningen för att hindra smuts från att tränga in.

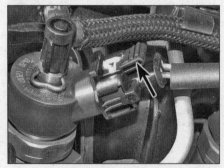

4.5a Tryck in klämman (markerad med pil) och ta loss anslutningskontakten

4.5b Skruva loss bultarna (markerade med pilar) och ta bort styrhylsan

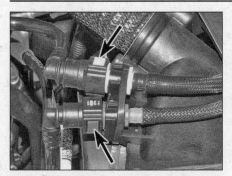

4.6 Tryck in lossningsknapparna (markerade med pilar) och lossa bränslerören

7 Skruva loss de tre bultarna och lossa luftinsugsröret på ventilkåpans högra sida, skruva sedan loss de två torxbultar som håller fast EGR-röret.
8 Skruva loss fästbultarna och ta bort oljeseparatorn (om en sådan finns) från topplockets ovansida **(se bild)**. Ta loss gummitätningen.
9 Skruva loss de bultar som håller fast ventilkåpan/insugsgrenröret. Lyft bort enheten **(se bild)**. Ta loss grenrörets gummitätningar.

Montering

10 Monteringen sker i omvänd ordningsföljd. Tänk på följande:
a) Undersök tätningarna efter tecken på skador eller åldrande och byt ut dem om det behövs. Smörj lite vaselin på tätningarna.

5.2 Låsstiftet/låsstången (markerat/d med pil) måste vara placerat/d i hålet i svänghjulet (markerat med pil) för att förhindra rotation

6.5a Kamkåpans övre bultar (markerade med pilar)

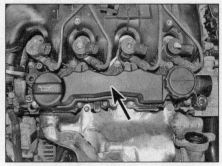

4.8 Skruva loss bultarna och ta bort oljeavskiljaren (markerad med pil)

b) Byt högtrycksrören till bränsleinjektorerna – se kapitel 4A.

5 Vevaxelremskiva – demontering och montering

Demontering

1 Ta bort multiremmen enligt beskrivningen i kapitel 1.
2 För att låsa vevaxeln arbetar du under motorn, sätter in Volvo-verktyg nr 999 7169 i hålet i höger yta på motorblockets gjutgods över svänghjulets nedre del. Vrid vevaxeln tills verktyget går i ingrepp i motsvarande hål i svänghjulet. Om du inte har något

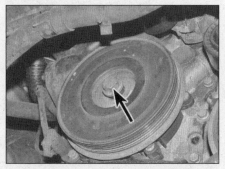

5.3 Skruva loss vevaxelremskivans fästbult (markerad med pil)

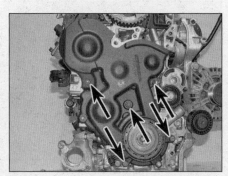

6.5b Kamkåpans nedre bultar (markerade med pilar)

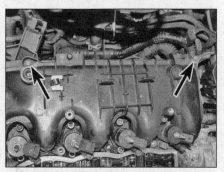

4.9 Skruva loss de 2 resterande bultar (markerade med pilar) och dra kåpan/grenröret uppåt

Volvo-verktyg sätter du in en stång eller ett borr på 12 mm i hålet **(se bild)**. **Observera:** *Hålet i gjutningen och hålet i svänghjulet är endast avsedda för låsning av vevaxeln när remskivans bult skruvas loss, det placerar* **inte** *vevaxeln i ÖD.*
3 Använd en lämplig hylsa och förlängningsstång för att skruva loss fästbulten, ta bort brickan, för sedan av remskivan från vevaxelns ände **(se bild)**. Om remskivan är ordentligt monterad kan den dras av vevaxeln med en lämplig avdragare. Om en avdragare används ska du montera tillbaka remskivans fästbult utan brickan för att undvika att vevaxeln skadas när avdragaren dras åt.

Montering

4 Montera tillbaka remskivan på vevaxeländen.
5 Rengör gängorna grundligt, applicera sedan en beläggning av låsmassa på bultens gängor.
6 Montera tillbaka vevaxelremskivans fästbult och bricka. Dra åt bulten till angivet moment, sedan till den angivna vinkeln för att förhindra att vevaxeln vrids med den metod som användes vid demonteringen.
7 Montera tillbaka och spänn multiremmen enligt beskrivningen i kapitel 1.

6 Kamremskåpor – demontering och montering

Varning: Se den varnande informationen som finns i avsnitt 1 innan du fortsätter.

Demontering

1 Ta bort plastkåpan från motorn.
2 Ta bort motorns undre skyddskåpa.
3 Lossa rören från fästbygeln på den övre kåpans överdel.
4 Ta bort vevaxelremskiva enligt beskrivningen i avsnitt 5.
5 Skruva loss de 5 bultarna och ta bort toppkåpan. Skruva loss de 5 bultarna och ta bort den nedre kåpan **(se bilder)**.

Montering

6 Återmontering av alla kåpor görs i omvänd ordningsföljd jämfört med det relevanta tillvägagångssättet för demontering och du måste se till att varje kåpsektion placeras korrekt och att kåpans fästbultar dras åt ordentligt. Se till att alla rubbade slangar återansluts och fästs i relevanta klämmor.

7 Kamrem – demontering, kontroll, återmontering och spänning

Allmänt

1 Kamremmen driver insugskamaxeln, högtrycksbränslepumpen och kylvätskepumpen från ett tandat drev på vevaxelns ände. Om remmen går sönder eller slirar under gång är det troligt att kolvarna träffar ventilhuvudena vilket leder till dyra skador.
2 Kamremmen ska bytas med angivna intervaller eller tidigare om den är förorenad med olja eller om den ger ifrån sig oljud under gång (ett skrapande oljud på grund av ojämnt slitage).
3 Om kamremmen tas bort är det en klok försiktighetsåtgärd att kontrollera kylvätskepumpens skick samtidigt (kontroll om det finns tecken på kylvätskeläckage). Detta kan leda till att behovet att ta bort kamremmen igen vid ett senare tillfälle undviks om kylvätskepumpen slutar fungera.

Demontering

4 Dra åt handbromsen. Lyft upp framvagnen och ställ den på pallbockar (se *Lyftning och stödpunkter*). Ta bort höger framhjul, hjulhusfoder (för att exponera vevaxelns remskiva) och motorns undre skyddskåpa. Hjulhusfodret är fäst med skruvar. Motorns undre skyddskåpa hålls fast av flera fästanordningar.
5 Ta bort den övre och nedre kamremskåpan, enligt beskrivningen i avsnitt 6.
6 Placera en garagedomkraft under motorn. Placera en träbit på domkraftens lyftsadel, lyft sedan för att ta upp motorns vikt. Skruva loss muttrarna/bultarna och ta bort höger motorfäste enligt beskrivningen i kapitel 2C.

7.7 Skruva loss bulten (markerad med pil) och ta bort vevaxelns lägesgivare

7 Skruva loss och ta bort vevaxelns lägesgivare bredvid vevaxeldrevets fläns och flytta den åt ena sidan **(se bild)**.
8 Skruva loss de 4 bultarna och ta bort plattan under kamaxeldrevet.
9 Skruva loss fältbulten och ta bort kamremmens skyddsfästbygel, igen, bredvid vevaxeldrevets fläns **(se bild)**.
10 Lås vevaxeln och kamaxeln i korrekt läge enligt beskrivningen i avsnitt 3. Montera tillbaka vevaxelremskivans bult så att det går att vrida vevaxeln om det behövs.
11 Sätt in en sexkantsnyckel i remspännarremskivans mitt, lossa remskivans bult och låt spännaren rotera och minska remspänningen **(se bild)**. Dra åt remskivans bult temporärt med remmen lossad.
12 Observera hur kamremmen ligger och ta sedan bort kamremmen från dreven.

Kontroll

13 Byt remmen som en självklarhet oavsett dess synbara skick. Kostnaden för en ny rem är försumbar i jämförelse med kostnaderna för de motorreparationer som skulle behövas om remmen gick av under drift. Om du hittar tecken på föroreningar ska du spåra källan till oljeläckan och åtgärda den. Tvätta rent området kring kamremmen och tillhörande delar fullständigt, så att varje spår av olja avlägsnas. Kontrollera att spännaren och tomgångsskivan roterar fritt utan tecken på ojämnheter och kontrollera dessutom att kylvätskepumpens remskiva roterar fritt. Byt dessa artiklar om det behövs.

7.9 Ta bort kamremsskyddets fästbygel

Montering och spänning

14 Börja återmonteringen genom att se till att synkroniseringsstiften till vevaxelns, kamaxelns och bränslepumpens drev är placerade enligt beskrivningen i avsnitt 3.
15 Placera kamremmen på vevaxeldrevet, placera den sedan, samtidigt som du håller den spänd, runt tomgångsremskivan, kamaxeldrevet, högtryckspumpens drev, kylvätskepumpens drev och spännrullen **(se bild)**.
16 Montera tillbaka kamremmens skyddsfästbygel och dra åt fästbulten ordentligt.
17 Lossa spännarremskivans bult och använd en sexkantsnyckel för att vrida spännaren moturs vilket flyttar inställningsarmen medurs tills den är inriktad på det sätt som visas **(se bild)**.
18 Ta bort synkroniseringsstiften till kamaxelns, vevaxelns och bränslepumpens drev (om tillämpligt) och rotera vevaxeln tio kompletta varv med hjälp av vevaxelremskivans bult. Montera tillbaka vevaxeln och kamaxelns låssprintar.
19 Kontrollera att spännarens inställningsarm är inriktad mellan kanterna i det visade området. Om den inte är det ska du ta bort remmen igen och börja återmonteringen igen och börja med punkt 14.
20 Resten av monteringen sker i omvänd ordningsföljd mot demonteringen. Dra åt alla hållare till angivet moment.

7.11 Lossa bulten och låt spännaren rotera samtidigt som du minskar spänningen på remmen

7.15 Kamremsdragning

7.17 Inställningsarmen måste vara i jämnhöjd med tappen (markerade med pilar)

Verktygstips: *Ett drevfasthållnings-verktyg kan tillverkas av två stålremsor som bultas ihop så att de bildar en gaffelformad ände. Borra hål och sätt i bultar i gaffelns ändar så att de går i ingrepp med drevets ekrar.*

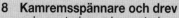

8 Kamremsspännare och drev
– demontering och montering

Kamaxeldrev

1 Demontera kamremmen enligt beskrivningen i avsnitt 7.
2 Ta bort låsverktyget från kamaxeldrevet/nav. Lossa drevets navfästbult. För att förhindra att kamaxeln roterar när bulten lossas krävs det ett fasthållning verktyg för drevet. Om du inte har tillgång till specialverktyget från Volvo kan en godtagbar ersättning tillverkas hemma **(se Verktygstips)**. *Försök inte använda* inställningslåsverktyget för att förhindra att drevet roterar när bulten är lossad.
3 Ta bort fästbulten och för av drevet och navet från kamaxeländen.
4 Rengör kamaxeldrevet grundligt och byt det om det finns tecken på slitage, skador eller sprickor.
5 Montera tillbaka kamaxeldrevet på kamaxeln **(se bild)**.
6 Montera tillbaka drevnavets fästbult. Dra åt bulten till angivet moment och förhindra att kamaxeln roterar som under demonteringen.
7 Rikta in motorenhets-/tidsinställningsspåret i kamaxeldrevets nav mot hålet i topplocket och montera tillbaka synkroniseringsstiftet för att låsa kamaxeln på plats.
8 Montera kamremmen runt pumpdrevet och kamaxeldrevet och spänn kamremmen enligt beskrivningen i avsnitt 7.

Vevaxeldrev

9 Demontera kamremmen enligt beskrivningen i avsnitt 7.
10 Kontrollera att motorenhets-/inställningshålen fortfarande är i linje enligt beskrivningen i avsnitt 3 och att kamaxeldrevet och svänghjulet är låsta på plats.
11 För av drevet från vevaxelns ände och ta hand om Woodruffkilen **(se bilder)**.
12 Undersök vevaxelns oljetätning med

8.5 Se till att tappen på drevets nav går i ingrepp med springan på kamaxelns ände (markerade med pilar)

8.11b . . . och ta loss Woodruffkilen

avseende på tecken på oljeläckage och byt den enligt beskrivningen i avsnitt 14 om det behövs.
13 Rengör kamaxeldrevet grundligt och byt det om det finns tecken på slitage, skador eller sprickor. Ta loss kamaxelns inställningsnyckel.
14 Montera tillbaka nyckeln på kamaxelns ände, montera sedan tillbaka vevaxelns drev (med flänsen riktad mot vevaxeldrevet).
15 Montera kamremmen runt vevaxeldrevet och spänn kamremmen enligt beskrivningen i avsnitt 7.

Bränslepumpdrev

16 Demontera kamremmen enligt beskrivningen i avsnitt 7.
17 Använd en lämplig hylsa och skruva loss pumpdrevets fästmutter. Drevet kan hållas stationärt genom att en låssprint, ett borr eller en stång i lämplig storlek sätts in genom hålet i drevet och in i motsvarande hål i stödplattan **(se bild)** eller genom att ett lämpligt gaffelformat verktyg som är i ingrepp med hålen i drevet används **(se Verktygstips)**.
18 Pumpdrevet är monterat på pumpaxeln och det är nödvändigt att ordna ett annat verktyg för att lossa den från konan **(se Verktygstips)**.
19 Skruva ut drevets fästmutter delvis, montera det egentillverkade redskapet och fäst det på drevet med två lämpliga bultar. Förhindra drevet från att rotera på samma sätt som tidigare och skruva loss drevets fästmutter. Muttern vilar på verktyget när den skruvas loss och tvingar drevet av axelns

8.11a För drevet bort från kamaxeln. . .

8.17 Sätt in en lämplig borrbit genom drevet i hålet i stödplattan

kona. När konan är lossad ska du ta bort verktyget, skruva loss muttern helt och ta bort drevet från pumpaxeln.
20 Rengör drevet grundligt och byt det om det finns tecken på slitage, skador eller sprickor.
21 Montera tillbaka pumpens drev och fästmuttern och dra åt muttern till angivet moment. Förhindra drevet från att rotera när muttern dras åt med drevfasthållningsverktyget.
22 Montera tillbaka kamremmen enligt beskrivningen i avsnitt 7.

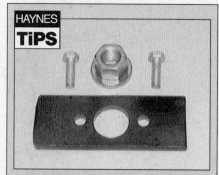

Tillverka ett drevlossningsverktyg av en kort remsa av stål. Borra två hål i remsan som stämmer överens med de två hålen i drevet. Borra ett tredje hål som är precis stort nog för att klara de platta delarna på drevets fästmutter.

8.31 Fästmutter till kamremmens tomgångsremskiva (markerad med pil)

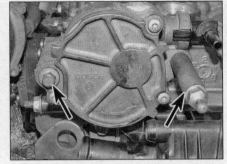

9.5 Vakuumpumpens bultar (markerade med pilar)

9.7 Inre kamremskåpans bultar (markerade med pilar)

Kylvätskepumpens drev

23 Kylvätskepumpens drev är inbyggt i pumpen och går inte att ta bort. Demonteringen av kylvätskepumpen beskrivs i kapitel 3.

Spännarremskiva

24 Demontera kamremmen enligt beskrivningen i avsnitt 7.
25 Ta bort spännarremskivans fästbult och för av remskivan från dess pinnbult.
26 Rengör spännarremskivan men använd inte något starkt lösningsmedel som kan komma in i remskivans lager. Kontrollera att remskivan roterar fritt utan tecken på kärvning eller fritt spel. Byt remskivan om du är tveksam

om dess skick eller om det finns uppenbara tecken på slitage eller skador.
27 Undersök remskivans pinnbult med avseende på tecken på skador och byt den om det behövs.
28 Montera tillbaka spännarremskivan på dess pinnbult och montera fästbulten.
29 Montera tillbaka kamremmen enligt beskrivningen i avsnitt 7.

Tomgångsremskiva

30 Demontera kamremmen enligt beskrivningen i avsnitt 7.
31 Skruva loss fästbulten/muttern och ta bort remskivan från motorn (se bild).
32 Rengör tomgångsremskivan men använd

inte något starkt lösningsmedel som kan komma in i lagren. Kontrollera att remskivan roterar fritt utan tecken på kärvning eller fritt spel. Byt remskivan om du är tveksam om dess skick eller om det finns uppenbara tecken på slitage eller skador.
33 Placera remskivan på motorn, och montera fästbulten/muttern. Dra åt bulten/muttern till angivet moment.
34 Montera tillbaka kamremmen enligt beskrivningen i avsnitt 7.

9 Kamaxlar, vipparmar och ventillyftar – demontering, kontroll och montering

Demontering

1 Ta bort ventilkåpan/grenröret enligt beskrivningen i avsnitt 4.
2 Ta bort insprutningsventilerna enligt beskrivningen i kapitel 4A.
3 Demontera kamaxeldrevet enligt beskrivningen i avsnitt 8.
4 Montera tillbaka höger motorfäste men dra endast åt bultarna måttligt. Detta håller motorn stöttad under demonteringen av kamaxeln.
5 Skruva loss bultarna och ta bort vakuumpumpen (se kapitel 9). Ta loss pumpens O-ringstätningar (se bild).
6 Ta bort bränslefiltret (se kapitel 4A), skruva sedan loss bultarna och ta bort bränslefiltrets fästbygel.
7 Lossa kabelhärvans klämmor, skruva sedan loss de tre bultarna och ta bort kamkedjans inre och övre kåpa (se bild).
8 Lossa anslutningskontakten, skruva loss fästbulten och ta bort kamaxellägesgivaren från kamaxelkåpan/ramlagret.
9 Skruva loss bultarna/muttern och ta bort de övre bakre sektionerna av turboaggregatets värmeskydd, arbeta sedan gradvis och jämnt för att lossa och ta bort bultarna som håller fast kamaxellagret/ramlagret på topplocket i sekvens (se bilder). Lyft kåpan/lagret från dess placering komplett med kamaxlarna.
10 Skruva loss fästbultarna och ta bort lageröverfallen. Observera hur de är monterade eftersom de måste monteras tillbaka på ursprungsplatserna (se bild). Observera att lageröverfallen är markerade

9.9a Skruva loss muttrarna/bultarna (markerade med pilar) och ta bort turbovärmeskyddets övre, yttre del...

9.9b ... följt av den inre delens bultar (markerade med pilar)

9.9c Ordningsföljd vid lossning av kamaxelkåpans/ramlagrets bult

9.10 Kamaxellageröverfallen är numrerade 1 till 4 från svänghjulsänden. A för inlopp och E for avgas (markerad med pil)

9.11a Skruva loss spännarbultarna (markerade med pilar) . . .

9.11b . . . lyft sedan bort kamaxlarna, kedjan och spännaren

A för insug och E för avgas och 1 till 4 från topplockets svänghjulsände.

11 Skruva loss de bultar som håller fast kedjespännaren på kamaxelkåpan/ramlagret, lyft upp kamaxlarna, kedjan och spännaren från deras placering **(se bilder)**. Kassera kamaxelns packbox.

12 Ordna 16 små, rena plastbehållare och numrera dem 1 till 8 insug och 1 till 8 avgas. Dela alternativt in en större behållare i 16 fack.

13 Lyft ut varje vipparm. Placera vipparmarna i deras respektive positioner i boxen eller behållarna.

9.21 Montera tillbaka de hydrauliska ventillyftarna . . .

14 Det krävs nu en uppdelad behållare som är fylld med motorolja för att förvara de hydrauliska ventillyftarna när de är borttagna från topplocket. Ta bort varje hydraulisk lyftare och placera den i behållaren. Se till att alla är identifierade för korrekt återmontering. Ventillyftarna måste vara helt nedsänkta i olja för att förhindra att luft tränger in i dem.

Kontroll

15 Undersök kamloberna och kamaxellagertapparna och leta efter repor eller andra synliga tecken på slitage. När kamlobernas hårda yta väl har slitits bort, kommer slitaget att gå snabbt. **Observera:** *Om dessa symptom är synliga på kamlobernas spetsar ska du kontrollera motsvarande vipparm eftersom den förmodligen också slits.*

16 Undersök lagerytornas skick i topplocket och kamaxellagerhuset. Om slitage är uppenbart måste både topplocket och lagerhuset bytas eftersom de är en enhet som hör ihop.

17 Undersök vipparmarna och ventillyftarna med avseende på nötning, sprickbildning eller andra skador och byt komponenterna vid behov. Kontrollera dessutom skicket för ventillyftarnas lopp i topplocket. På samma sätt som gäller för kamaxlarna nödvändiggör eventuellt slitage i detta område byte av topplocket.

Montering

18 Rengör topplockets och kamaxellagerhusets fogytor grundligt från tätningsmedel. Använd en lämplig lösningsvätska för flytande packningar tillsammans med en mjuk spackelkniv; använd inte en metallskrapa, då skadas ytorna. Eftersom ingen konventionell packning används, är fogytornas kondition av yttersta vikt. Bänd upp oljeinsprutningsventilens oljetätningar från kamaxellagerhuset.

19 Ta bort all olja, smuts och fett från båda delarna och torka av dem med en ren, luddfri trasa. Se till att alla smörjkanaler är helt rena.

20 Smörj de hydrauliska ventillyftarnas hål rikligt med ren motorolja.

21 Sätt in de hydrauliska ventillyftarna i deras ursprungliga hål i topplocket om de inte har bytts **(se bild)**.

22 Smörj vipparmarna och placera dem över deras respektive ventillyftare och ventilskaft **(se bild)**.

23 Lägg på kamkedjan runt kamaxeldreven, rikta in de svarta länkarna mot de markerade kuggarna på kamaxeldreven **(se bild)**. Om den svarta färgen har gått förlorad måste det vara 12 kedjelänksprintar mellan märkena på dreven.

24 Montera kedjespännaren mellan kedjans

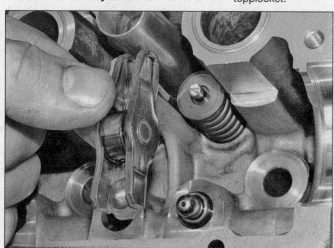

9.22 . . . och vipparmarna

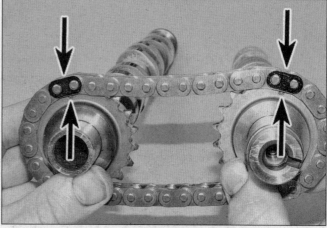

9.23 Rikta in markeringarna på dreven mot mitten av de svarta kedjelänkarna (markerade med pilar). Det måste vara tolv stift mellan markeringarna på drevet

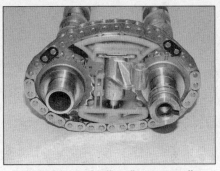

9.24a Montera kedjespännaren mellan kedjans övre och nedre lopp . . .

9.24b . . . och sänk ner kamaxeln, kedjan och spännaren på plats

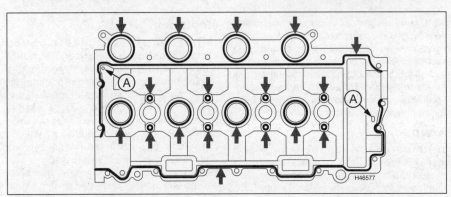

9.25 Applicera tätningsmedel på kamaxelkåpan/ramlagret på det sätt som indikeras av de tjocka linjerna. Se till att tätningsmedel inte kommer in i spännarens oljehål som är markerade med A

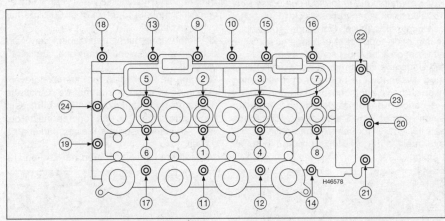

9.26 Ordningsföljd vid lossning av kamaxelkåpans/ramlagrets bult

9.32a Montera den nya tätningen runt en hylsa med en ytterdiameter på 20 mm. . .

9.32b . . . och tryck den på plats

övre och nedre banor, smörj sedan lagerytorna med ren motorolja och montera kamaxlarna på plats på kamaxelkåpans/ramlagrets undersida. Montera tillbaka lagerkåporna på deras ursprungsplatser och dra åt fästbultarna till angivet moment **(se bilder)**. Dra åt spännarens fästbultar till angivet moment.

25 Applicera en droppe silikontätningsmedel på kamaxelns/ramlagrets fogyta på det sätt som visas **(se bild)**. Låt inte tätningsmedel täppa till oljekanalerna för den hydrauliska kedjespännaren.

26 Kontrollera att de svarta länkarna på kedjan fortfarande är inriktade mot markeringarna på kamaxeldreven, montera sedan tillbaka kamaxelkåpan/ramlagret och dra åt fästbultarna gradvis och jämnt tills kåpan/lagret är i kontakt med topplocket. Dra åt bultarna till angivet moment i ordningsföljd **(se bild)**. **Observera:** *Se till att kåpan/lagret är korrekt placerat genom att kontrollera vakuumpumpens hål och kamaxelns oljetätning i vardera änden av kåpan/lagret.*

27 Montera en ny kamaxelpackbox enligt beskrivningen i avsnitt 14.

28 Montera tillbaka kamaxeldrevet och dra åt fästbulten med bara fingrarna.

29 Använd en skruvnyckel på kamaxeldrevets bult för att vrida kamaxeln ungefär 40 hela varv medurs. Kontrollera att de svarta länkarna fortfarande är i linje med markeringarna på kamaxeldreven.

30 Om markeringarna fortfarande är i linje ska du montera tillbaka kamaxeldrevet enligt beskrivningen i avsnitt 8.

31 Montera tillbaka och justera kamaxel-givaren enligt beskrivningen i kapitel 4A.

32 Tryck in de nya oljetätningarna i lagerhuset och använd ett rör/en hylsa med ungefär 20 mm ytterdiameter och se till att tätningens inre läpp passar runt insprutningsventilens styrhylsa **(se bilder)**. Montera tillbaka insprutningsventilerna enligt beskrivningen i kapitel 4A.

33 Montera tillbaka ventilkåpan/grenröret enligt beskrivningen i avsnitt 4.

10 Topplock – demontering och montering

Demontering

1 Dra åt handbromsen. Lyft upp framvagnen och ställ den på pallbockar (se *Lyftning och stödpunkter*). Ta bort höger framhjul, motorns undre skyddskåpa och det främre hjulhusfodret.

2 Koppla loss batteriets jordledning enligt beskrivningen i kapitel 5A.

3 Dränera kylsystemet enligt beskrivningen i kapitel 3.

4 Ta bort luftrenarhuset enligt beskrivningen i kapitel 4A.

5 Ta bort kamaxlarna, vipparmarna och hydrauliska ventillyftarna enligt beskrivningen i avsnitt 9.

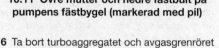

10.11 Övre mutter och nedre fästbult på pumpens fästbygel (markerad med pil)

10.17a Dra bort backventilen från topplocket . . .

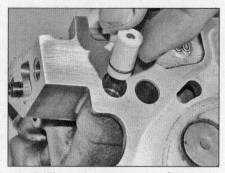

10.17b . . . och tryck en ny på plats

6 Ta bort turboaggregatet och avgasgrenröret enligt beskrivningen i kapitel 4A.
7 Ta bort glödstiften enligt beskrivningen i kapitel 5B.
8 Ta bort termostaten (se kapitel 3) och bränslepumpen (se kapitel 4A).
9 Skruva loss de övre fästskruvarna och sväng bort generatorn från motorn, skruva loss bulten till oljemätstickans styrhylsa, skruva sedan loss de bultar som håller fast generatorfästets fästbygel på topplocket/blocket.
10 Skruva loss kylvätskeutloppshusets (topplockets vänstra ände) fästbultar, lossa de två bultar som håller fast husets stödfästbygel på balanshjulskåpans överdel och flytta bort utloppshuset från topplocket en aning. Du behöver inte lossa slangarna.
11 Lossa högtrycksbränsleröret mellan bränslefördelningsskenan och pumpen och lossa bränslematnings- och bränslereturslangarna. Ta bort fästbygeln baktill på pumpen, skruva sedan loss bulten/muttern och ta bort pumpen och fästbygeln som en enhet **(se bild)**. Observera att du måste sätta dit ett nytt högtrycksrör – se kapitel 4A.
12 Arbeta i **omvänd** ordningsföljd mot den som visas **(se bild 10.31)** och skruva loss topplocksbultarna. Kassera bultarna och använd nya vid återmonteringen.
13 Vicka topplocket så att det släpper från motorblocket och styrstiften. Bänd inte mellan kontaktytorna på topplocket och blocket eftersom det kan skada packningsytorna.
14 Lyft bort topplocket från motorblocket, och ta loss packningen.

Förberedelser för montering

15 Fogytorna mellan topplocket och motorblocket måste vara noggrant rengjorda innan topplocket monteras. Ta bort alla packningsrester och allt sot med en plast-eller treskrapa. Samma metod kan användas för att rengöra kolvkronorna. Var särskilt försiktig för att undvika sprickor eller mejsling på topplocket/topplockets fogytor under rengöringsarbetena eftersom lättmetallen lätt skadas. Se till att sot inte kommer in i olje- och vattenkanalerna – detta är särskilt viktigt när det gäller smörjningen eftersom

sotpartiklar kan täppa igen oljekanaler och blockera oljematningen till motordelarna. Försegla vattenkanaler, oljekanaler och bulthål i motorblocket med tejp och papper. Lägg lite fett i gapet mellan kolvarna och loppen för att hindra sot från att tränga in. När en kolv är rengjord ska alla spår av fett och sot borstas bort från dess öppning med en liten borste och sedan ska öppningen torkas med en ren trasa.
16 Kontrollera fogytorna på motorblocket och topplocket och leta efter hack, djupa repor och andra skador. Om de är små kan de försiktigt filas bort, men om de är stora är slipning eller byte den enda lösningen. Kontrollera topplockspackningens yta med en ställinjal om den misstänks vara skev. Se del D i detta kapitel om det behövs.
17 Rengör gängorna i topplockets bulthål i topplocket grundligt. Se till att bultarna löper fritt i sina gängor och att alla spår av olja och vatten har tagits bort från varje bulthål. Om det behövs, dra bort oljematningens backventil från topplocket och kontrollera att kulan rör sig fritt. Tryck en ny ventil på plats om det behövs **(se bilder)**.

Val av packningar

18 Packningens tjocklek indikeras med hack/hål på packningens framkant. Om vevaxeln eller kolvarna/vevstakarna inte har rubbats ska du montera en ny packning med samma antal hack/hål som den tidigare. Om vevaxeln/kolven eller vevstakarna har rubbats är det nödvändigt att arbeta ut kolvens utbuktning på följande sätt:

19 Ta bort vevaxelns synkroniseringsstift, vrid sedan vevaxeln tills kolvarna 1 och 4 är i ÖD (övre dödpunkt).Placera en indikatorklocka (mätklocka) på topplocket bredvid den bakre delen av kolv nr 1 och nollställ den mot blockets yta. Flytta sonden till kronan på kolv nr 1 (10,0 mm inåt från bakkanten), vrid sedan vevaxeln fram och tillbaka förbi ÖD och observera det högsta värdet på mätklockan. Notera värdet som utsprång A.
20 Upprepa den kontroll som beskrivs i punkt 19, denna gång 10,0 mm inåt från kronans framkant på kolv nr 1. Notera värdet som utsprång B.
21 Lägg till utsprång A till utsprång B, dela sedan resultatet med 2 för att få ett genomsnittligt värde för kolv nr 1.
22 Upprepa det tillvägagångssätt som beskrivs i punkt 19 till 21 på kolv 4, vrid sedan vevaxeln 180° och utför tillvägagångssättet på kolv nr 2 och 3 **(se bild)**. Kontrollera att den maximala skillnaden mellan utsprången är högst 0,07 mm.
23 Om du inte har tillgång till en indikatorklocka kan kolvutbuktningen mätas med hjälp av en ställinjal och ett bladmått eller skjutmått. Detta är dock mycket mindre exakt och kan därför inte rekommenderas.
24 Observera det största kolvutbuktningsmåttet och använd detta för att ta reda på korrekt topplockspackning från tabellen i Specifikationer. Serien av hack/spår på packningens sida används för identifiering av tjockleken **(se bild)**.

10.22 Mät kolvens utbuktning med en mätklocka

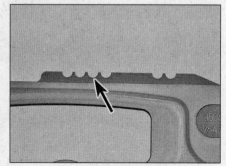

10.24 Identifieringshack för topplockspackningens tjocklek

10.27 Se till att packningen är placerad över stiften (markerade med pilar)

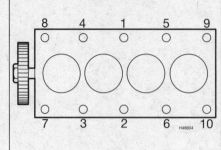

10.31 Ordningsföljd för åtdragning av topplocksbultar

Montering

25 Vrid vevaxeln och kolv nr 1 och 4 till ÖD, vrid sedan vevaxeln ett kvarts varv (90°) moturs.

26 Rengör topplockets och blockets ytor ordentligt.

27 Se till att styrstiften är på plats och montera sedan korrekt packning på rätt sätt på topplocket **(se bild)**.

28 Sänk försiktigt ner topplocket på packningen och blocket och se till att den hamnar korrekt på stiften.

29 Applicera lite fett på de nya topplocksbultarnas gängor och på undersidan av bultskallarna.

30 Sätt försiktigt in topplocksbultarna i hålen (tappa inte i dem) och dra åt dem för hand till att börja med.

31 Arbeta stegvis och i ordningsföljd **(se bild)**, dra åt topplocksbultarna till momentinställning steg 1 med en momentnyckel och en lämplig hylsa.

32 När alla bultarna har dragits åt till momentinställning steg 1 ska du arbeta i angiven ordningsföljd igen och dra åt varje bult till angiven inställning steg 2. Vinkeldra slutligen bultarna till angiven vinkel steg 3. En vinkelmätare rekommenderas till steg 3 för exakthet. **Observera:** Det är inte nödvändigt att dra åt topplocksbultarna igen efter körning.

33 Montera tillbaka de hydrauliska ventillyftarna, vipparmarna och kamaxelhuset (komplett med kamaxlar) enligt beskrivningen i avsnitt 9.

34 Montera tillbaka kamremmen enligt beskrivningen i avsnitt 7.

35 Återstoden av monteringen utförs i omvänd ordningsföljd mot demonteringen. Tänk på följande:

a) Använd en ny tätning när du monterar tillbaka kylvätskeutloppshuset.

b) Vid återmontering av ett topplock är det lämpligt att byta termostaten.

c) Montera tillbaka kamaxelgivaren och ställ in luftavståndet enligt kapitel 4A.

d) Dra åt alla hållare till angivet moment.

c) Fyll på kylsystemet enligt beskrivningen i kapitel 1.

f) Motorn kan gå ojämnt under de första milen tills motorstyrmodulen (ECM) har lärt sig de sparade värdena på nytt.

11 Sump – demontering och montering

Demontering

1 Tappa ur motoroljan, rengör sedan och sätt tillbaka oljedräneringspluggen och dra åt den ordentligt. Om motorn närmar sig sitt serviceintervall när oljefiltret ska bytas är det lämpligt att filtret också tas bort och att ett nytt filter monteras. Efter återmonteringen kan motorn fyllas på med ny olja. Se kapitel 1 för mer information.

2 Dra åt handbromsen. Lyft upp framvagnen och ställ den på pallbockar (se Lyftning och stödpunkter). Skruva loss bultarna och ta bort motorns undre skyddskåpa.

3 Lossa anslutningskontakten från oljetemperatursändaren som är fastskruvad i sumpen.

4 Lossa och ta bort alla sumpens fästbultar/fästmuttrar stegvis. I och med att bultarna varierar i längd ska du ta bort varje bult i tur och ordning och förvara den korrekt i ordning efter monteringen genom att trycka den genom en tydligt markerad kartongmall. Detta förhindrar att bultarna kan installeras på fel plats vid återmonteringen.

5 Lossa sumpen genom att slå på den med handflatan och dra den sedan nedåt och ta bort den under bilen. Om sumpen sitter fast (vilket är ganska troligt) kan du använda en spackelkniv eller något liknade som du sätter in försiktigt mellan sumpen och blocket. Skjut försiktigt kniven längs med fogen tills sumpen har lossat. Passa på att kontrollera oljepumpens oljeupptagare/sil efter tecken på igensättning eller sprickor medan sumpen är borttagen. Ta bort pumpen enligt beskrivningen i detta kapitel om det behövs och rengör eller byt silen.

Montering

6 Ta bort alla spår av packningen från motorblockets/vevhusets och sumpens fogytor, rengör sedan sumpen och motorn invändigt med en ren trasa.

7 På motorer där sumpen har monterats utan en packning måste du se till att sumpens fogytor är rena och torra, sedan lägga på en tunn beläggning av silikontätningsmedel (Volvo 116 1771) på sumpens eller vevhusets fogyta **(se bild)**. Observera att sumpen måste monteras inom 10 minuter när tätningsmedlet har lagts på och bultarna dras åt inom ytterligare 5 minuter.

8 Passa in sumpen i topplocket/vevhuset. Montera tillbaka dess fästbultar/muttrar och se till att varje bult skruvas in på ursprungsplatsen. Dra åt bultarna jämnt och stegvis till angivet moment **(se bild)**.

11.7 Applicera en droppe tätningsmedel på sumpens eller vevaxelns fogyta. Se till att tätningsmedlet appliceras på fästbulthålens insida

11.8 Montera tillbaka sumpen och dra åt bultarna

12.4 Oljeupptagarrörets bultar (markerade med pilar)

12.5 Oljepumpens fästbultar (markerade med pilar)

9 Återanslut kontaktdonet till oljetemperaturgivaren (om en sådan finns).
10 Sänk ner bilen på marken, fyll sedan på motorn med olja enligt beskrivningen i kapitel 1.
11 Volvo rekommenderar att du väntar minst två timmar innan du startar motorn efter det att du har lagt på tätningsmedel.

12 Oljepump – demontering, kontroll och återmontering

Demontering

1 Demontera sumpen enligt beskrivningen i avsnitt 11.
2 Ta bort vevaxeldrevet enligt beskrivningen i avsnitt 8. Ta loss inställningsnyckeln från vevaxeln.
3 Lossa anslutningskontakten, skruva loss bultarna och ta bort vevaxelns lägesgivare som är placerad på motorblockets högra ände.
4 Skruva loss de tre bultarna och ta bort upptagarröret från pumpen/blocket (se bild). Kasta packningen, eftersom en ny en måste användas.
5 Skruva loss de 8 bultarna, och ta bort oljepumpen (se bild).

Kontroll

6 Skruva loss och ta bort de torxbultar som håller fast kåpan på oljepumpen (se bild). Undersök pumpens rotor och stomme med avseende på tecken på slitage och skador. Om pumpen är skadad, måste pumpen bytas som en enhet.
7 Ta bort låsringen och ta loss kåpan, ventilkolven och ventilfjädern och observera i vilken riktning de är monterade (se bilder). Övertrycksventilfjäderns skick kan endast mätas genom att den jämförs med en ny. Om du är tveksam om dess skick ska den bytas.
8 Montera tillbaka övertrycksventilens kolv och fjäder och fäst dem sedan på plats med låsringen.
9 Montera tillbaka kåpan på oljepumpen, och dra åt torxbultar ordentligt.

Montering

10 Ta bort alla spår av tätningsmedel och rengör oljepumpens och topplockets fogytor grundligt.
11 Lägg på en 4 mm bred sträng av silikontätningsmedel på topplockets fogyta (se bild). Se till att inget tätningsmedel kommer in i hålen i blocket.

12.6 Skruva loss torxbultarna och ta bort pumpkåpan

12.7a Ta bort låsringen . . .

12.7b . . . locket. . .

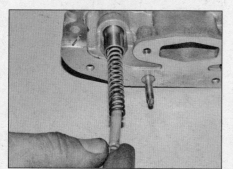

12.7c . . . fjädern . . .

12.7d . . . och kolven

12.11 Applicera en droppe tätningsmedel på motorblockets fogytor

12.12a Montera en ny tätning . . .

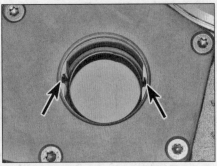

12.12b . . . och rikta in pumpdrevets platta ytor (markerade med pilar) . . .

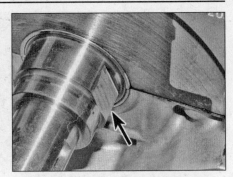

12.12c . . . mot vevaxelns platta ytor

12 Montera tillbaka oljepumpen över vevaxelns ände med en ny oljetätning monterad och rikta in de platta ytorna i pumpens drev mot de platta ytor som är bearbetade på vevaxeln **(se bilder)**. Observera att nya oljepumpar levereras med oljetätningen och en tätningsskyddshylsa redan monterade. Hylsan ska monteras över vevaxelns ände för att skydda tätningen när pumpen monteras.

13 Montera oljepumpens bultar och dra åt dem till angivet moment.

14 Montera tillbaka oljeupptagarröret på pumpen/motorblocket med en ny O-ringstätning. Se till att oljemätstickans styrhylsa monteras tillbaka korrekt.

15 Montera tillbaka Woodruffkilen på vevaxeln och för vevaxeldrevet på plats.

16 Resten av monteringen sker i omvänd ordningsföljd mot demonteringen.

13 Oljekylare –
demontering och montering

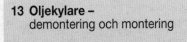

Demontering

1 Oljekylaren är monterad på oljefilterhusets främre del. Det är nödvändigt att ta bort diesel-partikelfiltret/katalysatorn enligt beskrivningen i kapitel 4B i för att komma åt kylaren.

2 Tappa ur kylvätska och motorolja enligt beskrivningen i kapitel 1 eller var beredd på vätskespill.

3 Skruva loss bultarna/pinnbulten och ta bort oljekylaren. Ta loss O-ringstätningarna **(se bilder)**.

13.3 Skruva loss oljekylarens bultar/tapp (markerade med pilar)

Montering

4 Montera nya O-ringstätningar i urtagen i oljefilterhuset och montera tillbaka kylaren. Dra åt bultarna ordentligt.

5 Montera tillbaka dieselpartikelfiltret/katalysatorn.

6 Fyll på kylsystemet och motoroljenivån enligt beskrivningen i kapitel 1 eller *Veckokontroller* (efter tillämplighet). Starta motorn och kontrollera oljekylaren med avseende på tecken på läckage.

14 Oljetätningar – byte

Vevaxel
Höger oljetätning

1 Ta bort vevaxeldrevet och Woodruffkilen enligt beskrivningen i avsnitt 8.

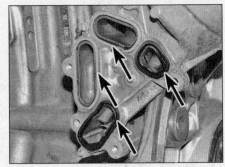

13.3b Byt ut O-ringstätningarna

2 Mät och anteckna hur djupt packboxen sitter.

3 Dra ut oljetätningen från huset med en skruvmejsel. Borra alternativt ett litet hål i oljetätningen och använd en självgängande skruv och en tång för att ta bort den **(se bild)**.

4 Rengör oljetätningshuset och vevaxelns tätningsyta.

5 Tätningen har en läpp av teflon och den får inte oljas eller märkas. Den nya tätningen bör levereras med en skyddshylsa som ska monteras över vevaxelns ände för att förhindra skador på tätningsläppen. Tryck in tätningen (med den öppna änden först) i pumpen med hylsan på plats till tidigare noterat djup med ett lämpligt rör eller en lämplig hylsa **(se bilder)**.

6 Ta bort plasthylsan från vevaxelns ände om tillämpligt.

7 Montera tillbaka kamaxeldrevet enligt beskrivningen i avsnitt 8.

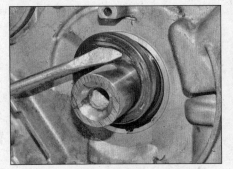

14.3 Var mycket noga med att inte repa vevaxelns yta

14.5a För tätningen och skyddshylsan över vevaxelns ände. . .

14.5b . . . och tryck tätningen på plats

14.12a För tätningen och skyddshylsan över vevaxelns vänstra ände.

14.16 Borra ett hål, sätt in en självgängande skruv och dra bort tätningen med en tång

14.18 Montera skyddshylsan och tätningen över kamaxelns ände

Vänster oljetätning

8 Ta bort svänghjulet enligt beskrivningen i avsnitt 16.
9 Mät och anteckna hur djupt oljetätningen sitter.
10 Dra ut oljetätningen från huset med en skruvmejsel. Borra alternativt ett litet hål i oljetätningen och använd en självgängande skruv och en tång för att ta bort den.
11 Rengör oljetätningshuset och vevaxelns tätningsyta.
12 Tätningen har en läpp av teflon och den får inte oljas eller märkas. Den nya tätningen bör levereras med en skyddshylsa som ska monteras över vevaxelns ände för att förhindra skador på tätningsläppen **(se bild)**. Tryck in tätningen (med den öppna änden först) i huset med hylsan på plats till tidigare noterat djup med ett lämpligt rör eller en lämplig hylsa.
13 Ta bort plasthylsan från vevaxelns ände om tillämpligt.
14 Montera tillbaka svänghjulet enligt beskrivningen i avsnitt 16.

Kamaxel

15 Demontera kamaxeldrevet enligt beskrivningen i avsnitt 8. I princip finns det inget behov av att ta bort kamremmen helt men kom ihåg att om remmen har förorenats med olja måste den bytas.
16 Dra ut oljetätningen från huset med ett instrument med en krok på. Borra alternativt ett litet hål i oljetätningen och använd en självgängande skruv och en tång för att ta bort den **(se bild)**.

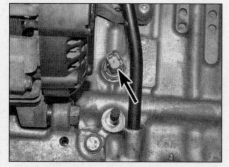

15.3 Oljetryckskontakten (markerad med pil) sitter på motorblockets framsida

17 Rengör oljetätningshuset och kamaxelns tätningsyta.
18 Tätningen har en läpp av teflon och den får inte oljas eller märkas. Den nya tätningen bör levereras med en skyddshylsa som ska monteras över kamaxelns ände för att förhindra skador på tätningsläppen **(se bild)**. Tryck in tätningen (med den öppna änden först) i huset med hylsan på plats till tidigare noterat djup med ett lämpligt rör eller en lämplig hylsa som endast tätningens yttre yta vilar på.
19 Montera kamaxeldrevet enligt beskrivningen i avsnitt 8.
20 Montera vid behov en ny kamrem enligt avsnitt 7.

15 Oljetryckskontakt – demontering och montering

Demontering

1 Oljetryckskontakten är placerad längst fram i motorblocket bredvid oljemätstickans styrhylsa. Observera att på en del modeller kan åtkomsten till kontakten förbättras om bilen lyfts upp och stöttas på pallbockar, skruva sedan loss bultarna och ta bort motorns undre skyddskåpa så att det går att nå kontakten underifrån (se *Lyftning och stödpunkter*).
2 Ta bort skyddshylsan från anslutningskontakten (om tillämpligt), lossa sedan kablaget från kontakten.
3 Skruva loss kontakten från motorblocket och ta loss tätningsbrickan **(se bild)**. Var beredd på oljespill och om kontakten ska lämnas borttagen från motorn under en tid måste hålet i motorblocket pluggas igen.

Montering

4 Undersök tätningsbrickan med avseende på spår efter skador eller slitage och byt den vid behov.
5 Montera tillbaka kontakten, komplett med brickan och dra åt den till angivet moment.
6 Montera tillbaka den undre skyddskåpan och sänk ner bilen på marken.

16 Svänghjul – demontering, kontroll och återmontering

Demontering

1 Ta bort växellådan enligt beskrivningen i kapitel 7A, ta sedan bort kopplingsenheten enligt beskrivningen i kapitel 6.
2 Hindra svänghjulet från att rotera. *Försök inte* låsa svänghjulet på plats med låsverktyget till vevaxelremskivan som beskrivs i avsnitt 3. Sätt in en stång eller en borrbit med en diameter på 12 mm i hålet i svänghjulets gjutna käpa och i ett hål i svänghjulet **(se bild 5.2)**.
3 Gör inställningsmärken mellan svänghjulet och vevaxeln för att underlätta återmonteringen. Lossa och ta bort svänghjulets fästbultar och ta bort svänghjulet från vevaxelns ände. Var försiktig så att du inte tappar det. Det är tungt. Om svänghjulets styrstift (om ett sådant finns) är löst i vevaxelns ände ska du ta bort det och förvara det tillsammans med svänghjulet för säker förvaring. Kassera svänghjulsbultarna. Nya bultar måste användas vid återmonteringen.

Kontroll

4 Undersök svänghjulet med avseende på sprickor på kopplingsytan och slitage eller avskavning på krondrevets kuggar. Om kopplingsytan är sprucken kan svänghjulet planslipas men ett byte är att föredra. Ta hjälp av en Volvo-verkstad eller en specialist på motorrenoveringar för att få reda på om bearbetning är möjlig. Om krondrevet är slitet eller skadat måste svänghjulet bytas eftersom det inte går att byta krondrevet separat.
5 Observera att på motorer som är utrustade med ett tvåmasse svänghjul får den maximala rörelsen för den primära massan jämfört med den sekundära inte överstiga 15 kugga.

Montering

6 Rengör svänghjulets och vevaxelns fogytor. Ta bort alla rester av fästmassa från vevaxelhålens gängor, helst med en gängtapp av rätt dimension, om en sådan finns tillgänglig.

16.9 Svänghjulets fästtorxbultar

7 Om det nya svänghjulets fästbultar inte levereras med gängorna redan förbelagda ska du lägga på ett lämpligt gänglåsningsmedel på varje bults gängor.

8 Se till att styrstiftet är på plats. Passa in svänghjulet, placera det på styrstiftet (om ett sådant finns) och montera de nya fästbultarna. Om inget styrstift är monterat ska du rikta in de tidigare gjorda markeringarna för att säkerställa att svänghjulet monteras tillbaka på den ursprungliga platsen. Se till att svänghjulet har fullständig kontakt med vevaxelflänsen innan bultarna sätts på plats.

9 Lås svänghjulet med den metod som användes vid isärtagningen och dra åt fästbulten till angivet moment **(se bild)**.

10 Montera tillbaka kopplingen enligt beskrivningen i kapitel 6. Ta bort svänghjulets låsverktyg och montera tillbaka växellådan enligt beskrivningen i kapitel 7A.

17 Motor-/växellådsfästen – kontroll och byte

Detta förfaringssätt har utförts på den femcylindriga 2,4-liters motor tillsammans med relevanta fotografier men förfarandet är snarlikt för alla motorer. Se kapitel 2C.

Kapitel 2 Del B:
Reparationer med fyrcylindriga 2,0-liters motorer kvar i bilen

Innehåll

Allmän information 1
Kamaxelns oljetätning – byte 9
Kamaxlar, vipparmar och justerare – demontering, kontroll och
   montering 8
Kamkedja och spännare– demontering och montering 7
Kamrem och spännare – demontering och montering 6
Kamremskåpor – demontering och montering 5
Kompressionsprov och läcktest – beskrivning och tolkning 2
Motor-/växellådsfästen – kontroll och byte 17
Oljekylare – demontering och montering 14
Oljepump – demontering, kontroll och montering 12
Oljetrycks varningslampans kontakt – demontering och montering .. 13
Sump – demontering och montering 11
Svänghjul – demontering, kontroll och återmontering 16
Topplock – demontering, kontroll och montering............. 10
Ventilkåpa/grenrör – demontering och montering 3
Vevaxelns oljetätningar – byte 15
Vevaxelremskiva – demontering och montering............... 4

Svårighetsgrad

Enkelt, passar novisen med lite erfarenhet		Ganska enkelt, passar nybörjaren med viss erfarenhet		Ganska svårt, passar kompetent hemmamekaniker		Svårt, passar hemmamekaniker med erfarenhet		Mycket svårt, för professionell mekaniker	

Specifikationer

Allmänt

Motortyp .... Fyrcylindrig, dubbla överliggande kamaxlar, topplock av aluminium och motorblock av gjutjärn med turboaggregat
Motorkod D4204T
Effekt .... 1998 cc
Utgående effekt .... 100 kW @ 4000 varv/minut
Vridmoment .... 320 Nm @ 1750 varv/minut
Lopp .... 85,0 mm
Slaglängd .... 88,0 mm
Kompressionsförhållande...................................... 18.0:1
Tändföljd .... 1-3-4-2 (cylinder 1 vid motorns växellådsände)
Vevaxelns rotationsriktning.................................... Medurs (sett från bilens högra sida)

Topplockspackning identifiering

	Kolvens utbuktning	Packningstjocklek
1 skåra	0,55 till 0,60 mm	1,21 till 1,29 mm
2 skåror.	0,61 till 0,65 mm	1,26 till 1,34 mm
3 skåror.	0,66 till 0,70 mm	1,31 till 1.39 mm
4 skåror.	0,71 till 0,75 mm	1,36 till 1,40 mm

Kamaxel

Drivning	Tandad rem till insugskamaxeln och sedan en rullkedja till insugskamaxeln

Smörjning

Oljetryck – minimum (motorn i arbetstemperatur):

Vid 2000 varv/minut	2,0 bar
Vid 4000 varv/minut	4,0 bar

Ventiler

Ventilspel	Hydrauliska kompensatorer – ingen justering behövs

Åtdragningsmoment

	Nm
Bränslehögtryckspump fästbultar	20
Bränslehögtrycksrör anslutningar:	
Steg 1	19
Steg 2	30
Bränsleinsprutningsventilens pinnbultar	10
Bultar mellan topplockets nedre del och motorblocket:	
Steg 1	60
Steg 2	Vinkeldra ytterligare 220°
Bultar mellan topplockets övre och nedre del:	
Steg 1	5
Steg 2	10
Huvudlagerbultar:	
Steg 1	25
Steg 2	Vinkeldra ytterligare 60°
Kamaxeldrevbult:	
Steg 1	20
Steg 2	Vinkeldra ytterligare 60°
Kamaxelgivare	2
Kamaxellagerhus:	
Steg 1	5
Steg 2	10
Kamkedjespännare.	6
Kamremskåpans bultar	10
Kamremsspännare	24
Kolvens kylmunstycke	10
Motorfästen:	
Högra fästmuttrar (M12)	80
Höger fästbultar på topplocket	133
Nedre momentstagsbultar	110
Vänstra fästbultar:	
M8	24
M12	80
Centrumfästbult	130
Oljedräneringsplugg	38
Oljekylarens fästbultar	10
Oljepumpens bultar	17
Oljetryckskontakt	15
Sumpens bultar	17
Svänghjulsbultar*	48
Termostathus på topplock	17
Vakuumpump	10
Ventilkåpa/insugsrör:	
Steg 1	5
Steg 2	10
Vevaxelns oljetätningshållare	17
Vevaxelns remskivabult:*	
Steg 1	70
Steg 2	Vinkeldra ytterligare 60°
Vevstakslageröverfallets bultar:*	
Steg 1	20
Steg 2	Vinkeldra ytterligare 70°

* Återanvänds inte

1 Allmän information

Inledning

Motorn är ett resultat av ett joint venture-projekt mellan moderföretaget Ford och Peugeot. Denna DOHC-motor (double overhead camshaft - dubbla överliggande kamaxlar) med 16 ventiler har en bränslefördelningsskena (common rail) med direktinsprutning och ett VNT-turboaggregat (variable nozzle turbine - turbin med variabelt munstycke).

Alla viktiga komponenter är tillverkade av aluminium utom motorblocket av gjutjärn – inga foder är monterade, cylindrarna är borrade direkt i motorblocket. En ramlagerhållare av aluminium är monterad. Detta arrangemang ger bättre styvhet än det normala sumparrangemanget och bidrar till att reducera motorns vibrationer.

Vevaxeln löper i fem huvudlager, tryckbrickor är monterade på vardera sidan av huvudlagren till cylinder nr 1 för reglering av vevaxelns axialspel. Vevstakarna roterar på horisontellt delade lagerskålar för storändslagren. Kolvarna är fästa på vevstakarna med kolvbultar som är flytande monterade i lilländas bussningar och fästa med låsringar. Kolvarna av lättmetall är utrustade med tre kolvringar: två kompressionsringar och en oljekontrollring. Efter tillverkningen mäts cylinderloppen och kolvmantlarna och klassas i fyra klasser som måste matchas tillsammans för att säkerställa korrekt kolv-/cylinderspel. Det finns inga överstorlekar som möjliggör omborrning.

Insugs- och avgasventilerna stängs båda av spiralfjädrar. De arbetar i styrningar som är krympmonterade i topplocket liksom ventilsätesinläggen.

En tandad rem av gummi som drivs av vevaxeldrevet drar runt kylvätskepumpen, insprutningshögtryckspumpen och avgaskamaxeldrevet. Insugskamaxeln drivs av en kort kamkedja från avgasdrevet.

Kamaxeln driver de 16 ventilerna via rullvipparmar med hydrauliska spelkompensatorer. Kamaxlarna roterar i fem lager som är linjeborrade direkt i de två avsnitten av topplocket.

Vakuumpumpen (används för bromsservo och andra vakuummanöverdon) drivs från insugskamaxelns ände medan bränslepumpen drivs från avgaskamaxelns ände.

Kylvätskepumpen är fastbultad på höger ände av motorblocket och drivs av kamremmen.

Tänk på att fästanordningar av typen Torx (både han- och honhuvuden) och sexkantshylsor (insex) används mycket när du arbetar med denna motor. Det krävs ett bra urval av bits med nödvändiga adaptrar så att skruvarna kan skruvas loss utan skador och dras åt till de angivna åtdragningsmomenten vid hopsättningen.

Smörjningssystem

Oljepumpen är monterad under motorblocket och den är kedjedriven från vevaxeldrevet. Pumpen tvingar olja genom ett externt monterat filter av patrontyp. Från filtret pumpas oljan in i huvudkanalen i motorblocket/vevhuset varifrån den distribueras till vevaxel (huvudlager) och topplocket. En oljekylare är monterad bredvid oljefiltret baktill på blocket. Kylaren förses med kylvätska från motorkylsystemet.

Samtidigt som vevaxel- och kamaxellagren får en trycksatt matning smörjs kamloberna och ventilerna med översprutning vilket gäller för alla övriga motorkomponenter. Kolvarnas undersidor kyls med olja som sprutas från munstycken som är monterade över de övre lagerskålarna. Turboaggregatet har sin egen trycksatta oljetillförsel.

Vad innehåller detta kapitel

I detta kapitel beskrivs reparationer som rimligtvis kan utföras på motorn när den är kvar i bilen. Om motorn har tagits ur bilen och tagits isär enligt beskrivningen i del D kan alla preliminära isärtagningsinstruktioner ignoreras.

Observera att även om det är möjligt att fysiskt renovera delar som kolven/vevstaken medan motorn sitter i bilen så utförs sällan sådana åtgärder separat. Normalt måste flera ytterligare åtgärder utföras (för att inte nämna rengöring av komponenter och smörjkanaler); Av den anledningen klassas alla sådana åtgärder som större renoveringsåtgärder, och beskrivs i del D i det här kapitlet.

Del D beskriver demontering av motor/växellåda från bilen samt tillvägagångssättet för de renoveringar som då kan utföras med motorn/växellådan demonterad.

Reparationer med motorn kvar i bilen

Följande större arbeten kan utföras utan att ta ut motorn från bilen. Ägaren bör dock observera att arbeten som innebär demontering av sumpen kräver omsorgsfull beräkning beroende på den nivå av färdighet samt verktyg och faciliteter som finns. Se relevant text för information.

a) *Kompressionstryck – kontroll.*
b) *Ventilkåpa – demontering och montering.*
c) *Kamremskåpa – demontering och montering.*
d) *Kamrem/kedja – byte.*
e) *Kamremsspännare och drev – demontering och montering.*
f) *Kamaxelns packbox – byte.*
g) *Kamaxlar och ventillyftare – demontering och montering.*
h) *Topplock – demontering, renovering och återmontering.*
i) *Topplock och kolvar – sotning.*
j) *Sump – demontering och montering.*
k) *Vevaxelns packboxar – byte.*
l) *Oljepump – demontering och montering.*
m) *Kolvar/vevstakar – demontering och montering (se dock Observera nedan).*
n) *Svänghjul – demontering och montering.*
o) *Motor/växellådsfästen – demontering och montering.*

Observera: *Det går att demontera kolvar och vevstakar (sedan topplock och sump demonterats) utan att lyfta ur motorn från bilen men detta rekommenderas inte. Arbete av denna typ är mycket enklare att utföra ordentligt med motorn på en arbetsbänk enligt beskrivningen i kapitel 2D.*

Rengör motorrummet och motorns yttre med någon typ av avfettningsmedel innan något arbete utförs (och/eller rengör motorn med en ångtvätt). Detta gör arbetet enklare och det hjälper till att hålla smuts borta från motorns inre områden.

Beroende på vilka komponenter som berörs kan det vara lämpligt att ta bort motorhuven för att komma åt motorn bättre när reparationerna utförs (se kapitel 11 om det behövs). Täck över skärmarna för att förhindra skador på lacken. Det finns speciella skydd men ett gammalt sängöverkast eller en gammal filt fungerar också.

2 Kompressionsprov och läcktest – beskrivning och tolkning

Kompressionsprov

Observera: *En kompressionstester som är lämplig för användning på dieselmotorer krävs för detta test.*

1 Om motorns prestanda sjunker eller om misständningar uppstår som inte kan hänföras till bränslesystemet kan ett kompressionsprov ge diagnostiska ledtrådar om motorns skick. Om kompressionsprov tas regelbundet kan de ge förvarning om problem innan några andra symptom uppträder.

2 Motorn måste vara uppvärmd till normal arbetstemperatur, batteriet måste vara fulladdat och alla tändstift måste vara urskruvade. Det behövs en medhjälpare.

3 Kontrollera att tändningen är avslagen (ta ut fjärrkontrollen). Ta bort bränslepumpsäkringen från motorrummets säkringslåda (se diagrammet på säkringslådans lock) och lossa vevaxelns hastighets-/lägesgivare enligt beskrivningen i kapitel 4A.

4 Ta bort glödstiften enligt beskrivningen i kapitel 5B.

5 Montera en kompressionstestare i glödstiftshålet till cylinder nr 1. Den typ av testare som skruvas in i glödstiftshålet är att föredra.

6 Dra runt motorn med startmotorn i flera sekunder. Efter ett eller två varv bör kompressionstrycket byggas upp till maxvärdet och sedan stabiliseras. Anteckna det högsta värdet.

7 Upprepa testet på återstående cylindrar och notera trycket på var och en.

8 Orsaken till dålig kompression är svårare att fastställa på en dieselmotor än en bensinmotor. Effekten av att tillföra olja i cylindrarna (vått prov) är inte entydig, eftersom det finns en risk att oljan sätter sig i urtagen på kolvkronorna i stället för att ledas till kolvringarna. Följande kan dock användas som en grov diagnos.

9 Trycket i alla cylindrarna bör hamna på i stort sett samma värde. Observera att kompressionen ska byggas upp snabbt i en fungerande motor. Om kompressionen är låg i det första kolvslaget och sedan ökar gradvis under följande slag är det ett tecken på slitna kolvringar. Lågt tryck som inte höjs är ett tecken på läckande ventiler eller trasig topplockspackning (eller ett sprucket topplock).

10 Lågt tryck i två angränsande cylindrar är nästan helt säkert ett tecken på att topplockspackningen mellan dem är trasig och detta bekräftas av att det finns kylvätska i motoroljan.

11 Ta bort kompressionstester och montera tillbaka glödstiften när arbetet slutförs.

12 Ta ut fjärrkontrollen, montera tillbaka bränslepumpens säkring och montera tillbaka vevaxelns hastighets-/lägesgivare. Observera att om du utför detta test enligt beskrivningen kan följden bli en eller flera felkoder som sparas i motorstyrmodulen (ECM). Låt en Volvo-verkstad eller en lämpligt utrustad specialist radera dessa koder.

Läcktest

13 Ett läcktest mäter hur snabbt trycket sjunker på tryckluft som förs in i cylindern. Det är ett alternativ till kompressionsprov som på många sätt är överlägset, eftersom den utströmmande luften anger var tryckfallet uppstår (kolvringar, ventiler eller topplockspackning).

14 Den utrustning som krävs för läcktest är som regel inte tillgänglig för hemmamekaniker. Om dålig kompression misstänks måste detta prov därför utföras av en verkstad med lämplig utrustning.

3 Ventilkåpa/grenrör – demontering och montering

Demontering

1 Ventilkåpan är inbyggd i insugsgrenröret. Börja med att ta bort plastkåpan från motorns överdel.

2 Lossa klämmorna och lossa kabelhärvan samt bränslerören från kamremmens övre kåpa.

3 Skruva loss bulten och ta bort kablagets fästbygel från topplockets högra, bakre hörn.

4 Lossa anslutningskontakten, skruva loss fästbulten och ta bort kamaxelgivaren **(se bild)**.

5 Skruva loss bultarna, lossa muttern och ta sedan bort kamremmens övre kåpa.

6 Lossa insprutningsventilernas anslutningskontakter, lossa sedan kabelkanalen från kåpan/insugsgrenröret och placera det på ena sidan **(se bild)**.

7 Lossa vevhusventilationsslangarna från kåpan/insugsgrenröret, lossa sedan klämman och lossa EGR-röret från insugsgrenröret **(se bilder)**.

8 Lossa glödstiftens kabelhärva från de två klämmorna på grenröret.

9 Lossa klämman och lossa insugsslangen från insugsgrenröret.

10 Lossa bränsletemperaturgivaren (placerad på insugsgrenrörets undersida).

11 Skruva loss grenrörets/kåpans fästbultar i **omvänd** ordningsföljd jämfört med den som visas **(se bild 3.13)**. Kassera packningarna, nya måste monteras.

Montering

12 Rengör grenrörets/kåpans tätningsytor.

13 Montera de nya tätningarna på kåpan/insugsgrenröret, montera sedan topplocket. Använd lite vaselin på grenrörets O-ringar för att underlätta monteringen. Dra åt bultarna till angivet moment i ordningsföljd **(se bild)**.

14 Resten av återmonteringen sker i omvänd

3.4 Skruva loss bulten och ta bort kamaxelgivaren från ventilkåpans högra ände

3.6 Lossa klämmorna (markerade med pilar) och lossa insprutningsventilens kabelkanal

3.7a Lossa klämmorna och lossa ventilationsslangen (markerad med pil) från ventilkåpan . . .

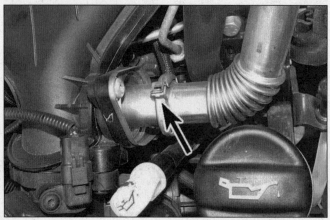

3.7b . . . och EGR-röret från insugsgrenröret

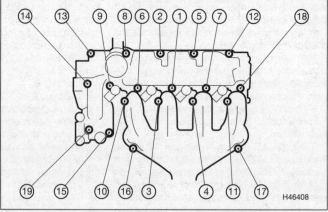

3.13 Åtdragningsföljd för ventilkåpans/insugsgrenrörets bultar

4.6a Skruva loss bulten och ta bort vevaxelremskivan . . .   **4.6b . . . följt av ÖD-givarringen/distansbrickan**

ordning mot demonteringen. Tänk på följande:

a) Dra åt alla hållare till angivet moment (där sådant angetts).

b) Kamaxelgivaren måste monteras tillbaka i enlighet med de instruktioner som finns i kapitel 4A. I annat fall fungerar den inte korrekt.

4 Vevaxelremskiva –
demontering och montering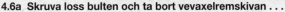

Demontering

1 Lossa det högra framhjulets bultar, lyft sedan upp framvagnen och stötta upp framvagnen ordentligt på pallbockar (se *Lyftning och stödpunkter*). Ta bort hjulet. Det går mycket lättare att komma åt när hjulhusfodret har tagits bort.

2 Lossa de sju torxskruvarna och ta bort motorns undre skyddskåpa under bilen.

3 Ta bort multiremmen enligt beskrivningen i kapitel 1.

4 Centrumbulten som håller fast vevaxelremskivan måste lossas. Denna bult ska dras åt till ett högre moment och det är först av allt väldigt viktigt att se till att bilen är ordentligt uppstöttad.

5 Volvo-mekaniker använder ett speciellt fasthållningsverktyg (999 7119/999 7120) som bultas fast på växellådshuset och går i ingrepp med startmotorns krondrevskuggar när startmotorn har tagits bort. Om du inte har tillgång till detta verktyg lägger du i en växel och ber en medhjälpare att dra åt handbromsen och fotbromsen när bulten lossas.

6 Skruva loss den bult som håller fast remskivan på vevaxeln och ta bort remskivan. Det är ytterst viktigt att skaffa en ny bult för hopsättningen **(se bilder)**. Ta bort givarens ring/distansbricka.

7 Med remskivan borttagen är det lämpligt att kontrollera vevaxelns oljetätning med avseende på tecken på slitage. Montera en ny tätning enligt beskrivningen i avsnitt 15 om det behövs.

Montering

8 Montera tillbaka vevaxeldrevet, montera sedan den nya remskivans fästbult och dra åt den så mycket som möjligt innan vevaxeln börjar rotera.

9 Håll remskivan så att den inte roterar som vid demontering och dra först åt bulten till angivet moment steg 1.

10 Steg 2 innebär åtdragning av bulten till en vinkel snarare än till ett moment. Bulten måste vridas till angiven vinkel – speciella vinkelmätare kan köpas i verktygsbutiker.

11 Resten av monteringen sker i omvänd ordningsföljd mot demonteringen.

5 Kamremskåpor –
demontering och montering

Demontering

1 Lyft upp framvagnen och ställ den på pallbockar (se *Lyftning och stödpunkter*).

2 Ta bort höger framhjul och hjulhusfoder.

3 Ta bort vevaxelremskiva enligt beskrivningen i avsnitt 4.

4 Skruva loss de tre bultarna och ta bort den nedre kåpan. Skruva loss de tre bultarna och ta bort den övre kåpan.

Montering

5 Återmontering av alla kåpor görs i omvänd ordningsföljd jämfört med det relevanta tillvägagångssättet för demontering och se till att varje kåpsektion placeras korrekt och att kåpans fästbultar dras åt ordentligt. Se till att alla rubbade slangar återansluts och fästs i relevanta klämmor.

6 Kamrem och spännare –
demontering och montering

Demontering

1 Koppla loss och ta bort batteriets jordledning enligt beskrivningen i kapitel 5A och ta bort plastkåpan upptill på motorn.

2 Lyft upp kylvätskeexpansionstanken från dess position och flytta tanken till ena sidan utan att lossa slangarna.

3 Lossa klämman och lossa luftröret från insugsgrenröret.

4 Lossa det högra framhjulets bultar, lyft sedan upp framvagnen och ställ den på pallbockar (se *Lyftning och stödpunkter*). Ta bort hjulet.

5 Lossa de sju torxskruvarna och ta bort motorns undre skyddskåpa.

6 Ta bort multiremmen enligt beskrivningen i kapitel 1.

7 Motorn måste nu stöttas upp innan höger fäste demonteras. Volvos mekaniker använder en motorstödstång som placeras i kanalerna längst upp på varje innerskärm och ytterligare en balk som är fäst på denna som vilar på den främre tvärbalken. Om du inte har tillgång till en sådan anordning kan du använda en motorkran. I ettdera fallet ska du använda en lämplig längd kedja och krokar för att fästa lyftutrustningen i motorns lyftögla. Om motorn måste stöttas upp underifrån (detta rekommenderas dock inte) ska du använda en stor träbit på en domkraft för att sprida ut lasten och minska risken för att sumpen skadas.

8 Med motorns vikt uppstöttad tar du bort höger fäste enligt beskrivningen i kapitel 2C.

9 Lossa kabelklämman från kamremskåpan.

10 Skruva loss de två bultarna, lossa muttern och ta bort kamremmens övre kåpa.

11 Lossa vevaxelremskivans bult enligt beskrivningen i avsnitt 4. Kassera inte den

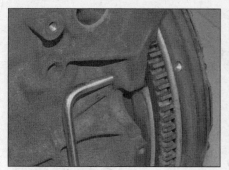

6.15a Verktyget ska monteras genom hålet i motorblockets fläns . . .

6.15b . . . och in i ett hål i svänghjulets bakre del

6.16 Verktyget ska monteras genom ett hål i avgaskamaxeldrevet in i inställningshålet i topplocket

gamla bulten ännu – den ska användas under hopsättningen.

12 Det krävs nu två specialverktyg för att ställa motorn i ÖD (övre dödpunkt) för cylinder nr 1 (vid växellådsänden). Volvo-verktyg nr 999 7121 ska placeras i motsvarande hål på den bakre delen av svänghjulet genom ett hål i motorblockets bakre fläns medan verktyg nr 999 7122 ska placeras i ett hål i topplockets gjutgods genom ett hål i avgaskamaxelns drev. Om du inte har tillgång till dessa verktyg kan du använda ett 8 mm borrbit för att låsa kamaxeldrevet och en 8 mm stång för att låsa svänghjulet. **Observera:** *Svänghjulets låsbult måste vara platt (inte konisk alls) i änden.*

13 Skruva loss startmotorns bultar och placera motorn på ena sidan för att exponera hålet för vevaxelns inställningsverktyg på cylinderblockets fläns. Se kapitel 5A om det behövs.

14 Använd en skruvnyckel eller en hylsa på

vevaxelremskivans bult för att vrida motorn medurs (sett från motorns kamremsände) tills hålet i kamaxeldrevet börjar komma i linje med motsvarande hål i topplocket.

15 Sätt in vevaxelns inställningsverktyg genom hålet på motorblockets fläns och tryck det mot svänghjulets bakre del. Be en medhjälpare att vrida vevaxeln väldigt långsamt medurs så kommer verktyget att glida in i svänghjulets bakre del när hålen är i linje **(se bilder)**.

16 Det bör nu vara möjligt att sätta in kamaxel låsverktyget (999 7122) eller något likvärdigt i hålet i topplocket genom hålet i kamaxeldrevet **(se bild)**. Observera att det kan vara nödvändigt att vrida kamaxeldrevet bakåt eller framåt väldigt lite för att det ska gå att sätta in verktyget.

17 Här använder Volvos mekaniker det verktyg som beskrivs i punkt 5 i avsnitt 4

för att låsa fast vevaxeln i detta läge. Vi rekommenderar verkligen användning av detta verktyg eller något likvärdigt.

18 Lossa anslutningskontakten till vevaxelns lägesgivare, skruva sedan loss bulten och ta bort givaren **(se bild)**.

19 Ta bort vevaxelremskivan och sedan givarringen/avståndsbrickan.

20 Skruva loss skruvarna/muttern och ta bort den nedre kamremskåpan **(se bild)**.

21 Lyft upp motorn något, lätta sedan på kamremmens spänning genom att lossa bulten i mitten av spännremskivan **(se bild)**.

22 Ta bort kamremmen från dreven. Observera att remmen inte får återanvändas.

23 Lossa de fyra bultarna några varv, ta bort motorfästets fästbygel och tomgångsremskivan, skruva sedan loss spännarens bult **(se bild)**. Kassera både spännaren och tomgångsremskivorna – nya måste monteras.

24 Om en ny kamrem inte monteras direkt (eller om remmen tas bort som en del av ett annat tillvägagångssätt, t.ex. demontering av topplocket) ska du temporärt montera tillbaka höger fäste och dra åt bultarna ordentligt.

Montering

25 Se till att vevaxeln och kamaxeln fortfarande är i ÖD på cylinder nr 1.

26 Placera den nya tomgångsremskivan och sätt in fästbulten **(se bild)**.

27 Montera tillbaka fästbygeln, dra sedan åt fästbultarna (inklusive tomgångsremskivans bult) till angivet moment om det är tillämpligt.

6.18 Bult till vevaxelns lägesgivare (markerad med pil)

6.20 Bultar till kamremmens nedre kåpa (markerade med pilar)

6.21 Lossa spännarremskivans fästbult (markerade med pilar)

6.23 Lossa motorfästets bultar och ta bort tomgångsremskivan

6.26 Montera den nya tomgångsremskivan

6.29a Kamremsdragning

6.29b Pilarna på remmen måste peka i rotationsriktningen

28 Montera den nya kamremsspännaren på plats men dra endast åt fästet med fingrarna på det här stadiet.

29 Montera den nya kamremmen över de olika dreven i följande ordning: vevaxel, tomgångsremskiva, kamaxel och kylvätskepump **(se bilder)**. Var uppmärksam på eventuella pilar på remmen som anger rotationsriktning.

30 Använd en insexnyckel i spännararmen för att vrida armen moturs tills markeringen är placerad mellan justeringsfönstrets sidor **(se bilder)**. Dra åt spännarens fästbult helt.

31 Montera tillbaka den nedre kamremskåpan och dra åt bultarna ordentligt.

32 Montera tillbaka givarringen/distansbrickan och remskivan. Dra sedan åt remskivans gamla bult till 50 Nm.

33 Ta bort vevaxel- och kamaxelinställningslåsverktyget, vrid sedan vevaxeln två hela varv medurs tills vevaxel låsverktyget kan sättas in igen. Kontrollera att kamaxel låsverktyget går att sätta in.

34 Kontrollera placeringen av spännarens markering och lossa fästbulten vid behov samt använd insexnyckeln för att rikta in markeringen så att den hamnar i mitten av justeringsfönstret. Dra åt fästskruven ordentligt.

6.30a Använd en insexnyckel i spännararmens hål (markerat med pil)

6.30b Vrid armen moturs tills markeringen är mellan justeringsfönstrets sidor (markerad med pil)

35 Ta bort den gamla vevaxelbulten och montera den nya. Dra åt bulten till angivet moment med den metod som används under demonteringen för att förhindra att vevaxeln roterar.

36 Ta bort vevaxel- och kamaxellåsverktygen.

37 Resten av monteringen utförs i omvänd ordningsföljd mot demonteringen, kom ihåg att dra åt alla fästen till angivet moment i förekommande fall.

7 Kamkedja och spännare – demontering och montering

Kamkedja

1 Demontering av kamkedjan ingår i tillvägagångssättet för demontering och montering av kamaxeln enligt beskrivningen i avsnitt 8.

Spännare

2 Demontera ventilkåpan enligt beskrivningen i avsnitt 3.

3 Tryck spännarens övre styrskena uppåt in i huset, sätt sedan i en låssprint/en borrbit på 2,0 mm för att fästa skenan på plats **(se bild)**.

4 Skruva loss de två fästskruvarna och ta bort spännaren **(se bild)**.

5 Börja återmonteringen genom att se till att spännarens och topplockets fogytor är rena och fria från skräp.

6 Montera spännaren och dra åt fästbultarna till angivet moment.

7 Tryck in spännarens övre styrskena i huset, dra ut låssprinten/borrbitet, lossa sedan långsamt styrskenan.

8 Montera tillbaka ventilkåpan enligt beskrivningen i avsnitt 3.

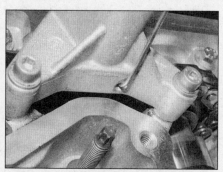

7.3 Lyft upp kedjans övre styrskena och sätt in en borrbit/en stång på 2 mm i hålet i spännarhuset

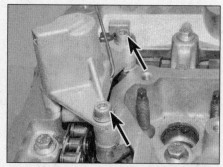

7.4 Skruva loss spännarens fästbultar (markerade med pilar)

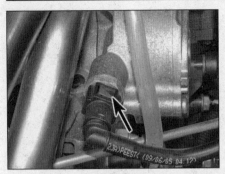

8.4a Tryck in lossningsfliken (markerad med pil) och lossa servoslangen från pumpen

8.4b Skruva loss den mutter som håller fast EGR-röret och bränsleslangen

8.4c Vakuumpumpens fästbultar (markerade med pilar)

8 Kamaxlar, vipparmar och justerare – demontering, kontroll och montering

Observera: *En ny kamaxeloljetätning krävs vid återmonteringen.*

Demontering

1 Demontera kamremmen enligt beskrivningen i avsnitt 6.
2 Ta bort kamkedjespännaren enligt beskrivningen i avsnitt 7.
3 Ta bort luftrenarhuset enligt beskrivningen i kapitel 4A.
4 Arbeta vid topplockets vänstra ände, tryck in fliken och lossa slangen från vakuumpumpen, skruva loss den mutter som håller fast EGR-röret och bränslematningsslangen, skruva sedan loss de tre insexskruvarna och ta bort pumpen från topplocket **(se bilder)**. Kontrollera skicket på pumpens O-ringstätningar och byt dem vid behov.
5 Skruva loss anslutningarna och ta bort högtrycksbränsleröret mellan bränsleskenan och högtryckspumpen som är placerad på topplockets vänstra ände **(se bild)**. Kasta röret, eftersom en ny en måste användas. Täpp igen öppningarna så att inte smuts kommer in.
6 För av fästklämman/tryck in lossningsfliken och lossa bränslematnings- och bränslereturslangarna från högtryckspumpen **(se bilder)**. Täpp igen öppningarna så att inte smuts kommer in.
7 Observera deras positioner när de är monterade och lossa anslutningskontakten (anslutningskontakterna) från högtrycksbränslepumpen.
8 Skruva loss de tre fästbultarna och dra av högtrycksbränslepumpen från topplocket **(se bild)**. Var beredd på bränslespill.
9 Ta bort insprutningsventilerna enligt beskrivningen i kapitel 4A.
10 Skruva loss fästbulten och dra loss drevet från avgaskamaxeln. Använd ett verktyg för att förhindra att kamaxeln och drevet roterar när bulten lossas **(se Verktygstips)**.
11 Skruva loss bultarna och ta bort motorfästets fästbygel från topplockets/blockets högra ände.

8.5 Skruva loss anslutningarna och ta bort högtrycksbränsleröret mellan bränslefördelarskenan och pumpen

8.6a Lossa bränslereturslangen . . .

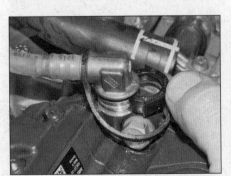

8.6b . . . för sedan ut klämman och lossa bränslematningsslangen

8.8 Fästbultar till högtrycksbränslepumpen (markerade med pilar)

HAYNES TiPS

Tillverka ett fasthållningsverktyg för kamaxeldrevet av två stycken stålband 6 mm tjocka och 30 mm breda eller liknande, det ena 600 mm långt, det andra 200 mm långt (alla mått är ungefärliga). Skruva ihop de två banden så att de formar en gaffel utan att dra åt bulten, så att det kortare bandet kan vridas runt. Använd muttrar och bultar eller böj remsorna 90° ungefär 50 mm från ändarna så att de fungerar som ledpunkter på änden av varje gaffelhake; dessa hakar ska sedan sättas in i hålen i dreven. Det kan hända att kanterna måste slipas ner för att få plats i hålen.

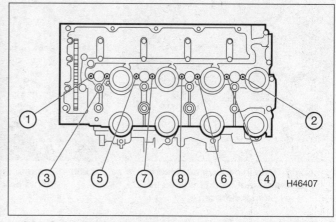

8.12 Ta bort de bultar (markerade med pilar) som håller fast den inre remkåpan

8.14 Ordningsföljd för demontering av insprutningsventilens pinnbultar

12 Skruva loss de bultar som håller fast den inre kamremskåpan på topplocket **(se bild)**.
13 Skruva loss de två bultarna och ta bort EGR-röret från dess placering över topplockets vänstra ände.
14 Skruva loss insprutningsventilernas pinnbultar i ordningsföljd med en torxhylsa **(se bild)**.
15 Arbeta i **omvänd** ordningsföljd jämfört med den som anges i punkt 28 **(se bild 8.28)** och ta bort de bultar som håller fast topplockets övre del gradvis och jämnt.
16 Knacka försiktigt runt kanten på topplockets övre del och lyft bort den från dess placering. Observera att kåpan förmodligen är svår att lyfta bort på grund av det tätningsmedel som används och eventuellt korrosion runt de två styrstiften på framkanten.
17 Lyft bort kamaxlarna från deras placering, lossa kamkedjan från dreven och ta bort avgaskamaxelns tätning.
18 Håll en låda som är uppdelad i 16 segment redo eller några behållare eller andra möjligheter till förvaring och identifiering av vipparmarna och de hydrauliska justerarna efter demonteringen. Det är ytterst viktigt att de kommer tillbaka till sina ursprungsplatser om de ska monteras tillbaka. Märk segmenten i lådan eller i behållarna med cylindernummer för varje vipparm/justerare och vänster eller höger för respektive cylinder.
19 Lyft ut vipparmarna och de hydrauliska justerarna, håll dem identifierade för placering och placera dem i deras respektive placeringar i lådan eller behållaren **(se bild)**.

Kontroll

20 Undersök lagerytorna i topplockets övre och nedre del med avseende på tecken på synligt slitage eller punktkorrosion med kamaxeln demonterad. Om det är tydligt krävs det förmodligen en ny cylinder. Kontrollera dessutom att oljetillförselhålen i topplocket är fria från hinder.
21 Gör en okulärbesiktning av kamaxeln med avseende på spår av slitage på loberna och axeltapparna. Normalt ska deras ytor vara

jämna och ha en matt yta. Leta efter sprickor, erosion eller punktkorrosion och områden som verkar vara kraftigt polerade vilket indikerar onormalt slitage. Ett tilltagande slitage uppstår när kamaxelns härdade yttre har skadats och därför ska alltid slitna delar bytas. **Observera:** Om dessa symptom är synliga på kamlobernas spetsar ska du kontrollera motsvarande vipparm eftersom den förmodligen också slits.
22 Om du är tveksam när det gäller vevaxelns eller topplockets skick ska du låta en Volvo-verkstad eller lämpligt utrustad bilreparationsverkstad undersöka dem.
23 Undersök vipparmarna och de hydrauliska justerarna med avseende på uppenbara

tecken på slitage eller·skador och byt dem om det behövs.

Montering

24 Kontrollera att topplockets övre ytor och i synnerhet kamaxellagren och fogytorna är helt rena. Se till att den sekundära kamkedjans nedre styrskena är på plats **(se bild)**.
25 Smörj lite ren motorolja på de hydrauliska justerarnas sidor och passa in var och en på plats i deras ursprungliga lopp i topplocket tillsammans med deras vipparm **(se bilder)**.
26 Placera kamkedjan på kamaxeldreven, rikta in de två färgade kedjelänkarna mot markeringarna på kamaxeldreven, smörj sedan

8.19 Lyft ut vipparmarna och de hydrauliska justerarna

8.24 Montera den sekundära kamkedjans nedre styrskena

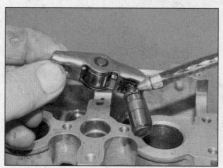

8.25a För på ren olja på de hydrauliska justerarna . . .

8.25b . . . och montera tillbaka dem på deras ursprungsplatser

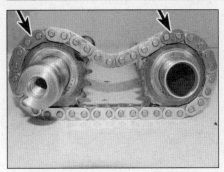

8.26a Rikta in de färgade länkarna på kedjan mot markeringarna på kamaxeldreven . . .

8.26b . . . markeringen på dreven är en punkt och en linje . . .

8.26c . . . montera sedan kamaxlarna med markeringen på insugskamaxeln (markerad med pil) i läget klockan 12

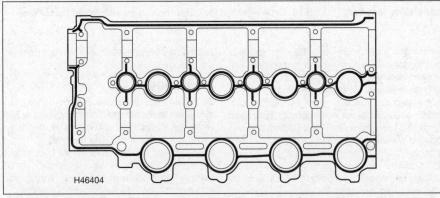

H46404

8.27a För på en tunn sträng av tätningsmedel på det sätt som indikeras av den tjocka svarta linjen

kamaxelns och topplockets lagertappar med ren motorolja och sänk ner kamaxlarna på plats **(se bilder)**. Märket på insugskamaxeln måste vara i läget klockan 12.

27 Lägg på en tunn droppe Volvo tätningsmedel (nr 116 1771) på topplockets fogyta **(se bild)**. Var noga med att se till att kedjespännarens oljetillförselhål är fria från tätningsmedel **(se bild)**.

28 Sänk ner topplockets övre del på plats och dra åt fästbultarna till angivet moment i ordningsföljd **(se bild)**.

29 Montera tillbaka insprutningsventilernas pinnbultar och dra åt dem till angivet moment.

30 Montera tillbaka kamaxelns kamkedjespännarenhet och dra åt fästbultarna till angivet moment. Tryck upp spännarens styrskena i huset och dra ut låssprinten/borrbitet. Lossa styrskenan långsamt för att spänna kedjan.

31 Montera en ny kamaxeloljetätning enligt beskrivningen i avsnitt 9.

32 Montera tillbaka den inre kamremskåpan och den enda bulten på topplocket och dra sedan åt bultarna ordentligt.

33 För avgaskamaxeldrevet på plats och rikta in den inbyggda kilen mot kamaxeln och montera kamaxeldrevets låsverktyg

34 Montera drevets fästbult och dra åt den till angivet moment och hindra drevet från att vridas med det verktyg som används under demonteringen.

35 Montera motorfästets fästbygel på topplockets/motorblockets högra ände och dra åt bultarna till angivet moment.

36 Resten av återmonteringen sker i omvänd ordning mot demonteringen. Tänk på följande:

a) *Montera tillbaka insprutningsventilerna enligt beskrivningen i kapitel 4A.*

b) *Montera den nya kamremmen, spännaren och tomgångsremskivan enligt beskrivningen i avsnitt 6.*

c) *Dra åt alla hållare till angivet moment (där sådant angetts).*

d) *Kontrollera motorolje- och kylvätskenivåerna enligt beskrivningen i kapitel 1.*

8.27b Vi satte in en konisk stång i spännarens oljematningshål för att förhindra att tätningsmedel tränger in

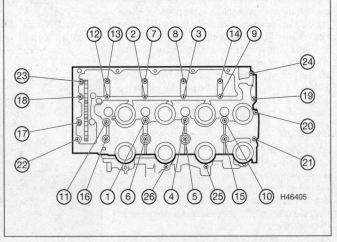

H46405

8.28 Ordningsföljd för åtdragning av bultarna till topplockets övre del

9.4a För på lite ren olja på oljetätningens inre läpp . . .

9.4b . . . Använd sedan en hylsa (eller liknande) för att driva tätningen på plats . . .

9.4c . . . så att tätningen är jäms med kåpans yta

9 Kamaxelns oljetätning – byte

1 Ta bort kamremmen enligt beskrivningen i avsnitt 6 och kamaxeldrevet enligt beskrivningen i punkt 10 i föregående avsnitt. Ta loss drevets inställningsnyckel från kamaxelns ände.
2 Bänd försiktigt upp eller dra upp tätningen från dess placering.
3 Rengör kamaxelns tätningshus och tätningsyta genom att torka av dem med en dammfri trasa. Ta bort eventuella filspån eller borrskägg som kan få tätningen att läcka.
4 Lägg på lite olja på den nya kamaxeltätningen och montera den över kamaxelns ände med läpparna riktade inåt. För att undvika att tätningsläpparna skadas ska du linda lite tejp över kamaxelns ände. Volvo-verkstäder har ett specialverktyg (nr 999 7123) för montering av tätningen men om du inte har tillgång till detta kan en djup hylsa av lämplig storlek användas. **Observera:** *Välj en hylsa som endast vilar mot tätningens hårda yttre yta inte mot den inre läppen som lätt kan skadas. Det är viktigt att tätningen monteras i rät vinkel mot axeln och att den sitter i sätet helt och hållet* **(se bilder)**.
5 Montera tillbaka kamaxeldrevet (och kilen – avsnitt 8) och kamremmen enligt beskrivningen i avsnitt 6.

10 Topplock – demontering, kontroll och återmontering

Demontering

1 Demontera batteriet enligt beskrivningen i kapitel 5A, skruva sedan loss de fyra bultar som håller fast batterilådan och ta bort lådan från motorrummet.
2 Tappa ur kylvätskan enligt beskrivningen i kapitel 1.
3 Ta bort kamaxlarna, vipparmarna och de hydrauliska ventillyftarna enligt beskrivningen i avsnitt 8.
4 Skruva loss de fyra bultarna och ta bort fästbygeln och bränslefiltret.
5 Skruva loss torxskruven, lyft ut filterhuset,

skruva sedan loss bultarna och ta bort fästbygeln. Montera tillbaka den bult som håller fast lyftfästbygeln på topplocket **(se bild)**.
6 Ta bort turboaggregat/avgasgrenröret enligt beskrivningen i kapitel 4A.
7 Lossa anslutningskontakterna, skruva sedan loss de fyra muttrarna, skruva loss de fyra pinnbultarna och lossa termostathuset från topplockets vänstra del. Var beredd på vätskespill **(se bild)**.
8 Lossa anslutningskontakten från tryckgivaren på bränslefördelarskenans undersida på topplockets främre del.
9 Skruva loss fästbulten och ta bort oljepåfyllningsrörets stödfästbygel.
10 Arbeta i **omvänd** ordningsföljd jämfört med den som visas **(se bild 10.34)**, lossa och ta bort topplocksbultarna gradvis och jämnt. Kasta bultarna och använd nya vid återmonteringen.
11 Lyft bort topplocket. Be om hjälp av en medhjälpare om möjligt eftersom det är en väldigt tung enhet. Placera inte topplocket på dess tätningsyta eftersom glödstiftens ändar kan skadas – stötta upp topplockets ändar på träbitar.
12 Om locket sitter fast (vilket kan förekomma) ska du vara försiktig med hur du väljer att lossa det. Att slå på topplocket med verktyg medför risk för skador och topplocket är placerat på två tappar varför dess rörelse är begränsad. Undvik under alla omständigheter att bända loss topplocket mellan fogytorna eftersom detta med säkerhet kommer att

skada tätningsytorna för packningen vilket leder till läckor.
13 När topplocket har tagits bort ska du ta loss packningen från de två stiften.
14 Kassera inte packningen på detta stadium – den kommer att behövas för korrekt identifiering av den nya packningen.

Kontroll

15 Om det behövs, behandlas isärtagning och kontroll av topplocket i del D i detta kapitel.

Val av topplockspackning

16 Se efter på den gamla topplockspackningen vilka märkningar den har. De utgörs av hål på packningens framkant och indikerar packningens tjocklek.
17 Om inte nya komponenter har monterats eller om inte topplocket har bearbetats (belagts) måste den nya topplockspackningen vara av samma typ som den gamla. Köp den nödvändiga packningen och gå vidare till punkt 24.
18 Om huvudet har bearbetats eller om de nya kolvarna har monterats är det sannolikt att en topplockspackning av annan tjocklek än originaltjockleken krävs.
19 Val av packning görs baserat på den uppmätta kolvutbuktningen över topplockspackningens yta (utsprången måste vara inom det intervall som anges i början av detta kapitel).
20 För att mäta kolvens utbuktning fäster du en indikatorklocka (DTI) på

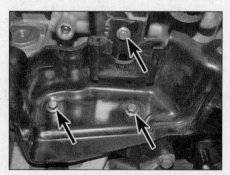

10.5 Skruva loss bultarna (markerade med pilar) och ta bort filtrets fästbygel

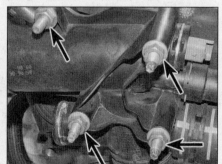

10.7 Termostathusets pinnbultar (markerade med pilar)

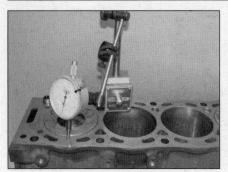

10.20 Nollställ mätklockan på packningens yta

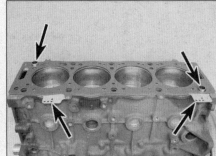

10.31 Montera den nya packningen över stiften med hålen för identifiering av tjockleken framåt (markerade med pilar)

ovansidan (topplockspackningens fogyta) av motorblocket och nollställer mätaren på packningens fogyta **(se bild)**.

21 Placera mätarens sond över konan på kolv nr 1 och vrid runt vevaxeln långsam för hand tills kolven når ÖD (dess maximala höjd). Mät och notera det maximala kolvutsticket vid ÖD.

22 Upprepa mätningen för återstående kolvar och notera värdena.

23 Om mätningarna varierar från kolv till kolv ska du ta den högsta siffran och använda denna för att bestämma vilken tjockleks som krävs för topplockspackningen (se Specifikationer).

Förberedelser för montering

24 Fogytorna mellan topplocket och motorblocket måste vara noggrant rengjorda innan topplocket monteras. Ta bort alla packningsrester och allt sot med en plast-eller treskrapa; och rengör även kolvkronorna. **Observera:** *Den nya topplockspackningen har gummibelagda ytor som skulle kunna skadas av vassa kanter eller skräp som lämnats kvar av en metallskrapa. Var extra försiktig vid rengöring av kolvkronorna eftersom lättmetallen skadas lätt.*

25 Se till att sot inte kommer in i olje- och vattenkanalerna – detta är särskilt viktigt när

det gäller smörjningen eftersom sotpartiklar kan täppa igen oljekanaler och blockera oljematningen till motordelarna. Försegla vattenkanaler, oljekanaler och bulthål i motorblocket med tejp och papper.

26 Lägg lite fett i gapet mellan kolvarna och loppen för att hindra sot från att tränga in.

27 När en kolv är rengjord ska alla spår av fett och sot borstas bort från dess öppning med en liten borste och sedan ska öppningen torkas med en ren trasa. Rengör alla kolvarna på samma sätt.

28 Undersök fogytorna på motorblocket och topplocket och se om det finns hack, djupa repor och andra skador (se Observera i punkt 24). Om de är små kan de försiktigt filas bort, men om de är stora är slipning eller byte den enda lösningen.

29 Kontrollera topplockspackningens yta med en stållinjal om den misstänks vara skev. Se del D i detta kapitel om det behövs.

30 Se till att topplocksbulthålen i vevhuset är rena och fria från olja. Sug upp olja som är kvar i bulthålen med ett lämpligt redskap. Detta är mycket viktigt för att korrekt åtdragningsmoment ska kunna användas för bultarna och för att förhindra risken att blocket spricker på grund av hydraultrycket när bultarna dras åt.

Montering

31 Se till att topplockets styrstift är på plats i topplockets hörn, montera sedan en ny topplockspackning över stiften och se till att identifieringshålen är framtill **(se bild)**. Var försiktig så att inte packningens gummibeläggning skadas.

32 Sänk ner topplocket på plats på packningen och se till att den går i ingrepp korrekt över stiften.

33 Montera de nya topplocksbultarna och skruva in dem så mycket som möjligt för hand.

34 Arbeta i den visade ordningsföljden **(se bild)** och dra åt alla topplocksbultar till angivet moment steg 1 med en E14 torxhylsa.

35 Steg 2 innebär åtdragning av bulten till en vinkel snarare än till ett moment. **(se bild)**. Varje bult måste vridas till angiven vinkel i ordningsföljd – speciella vinkelmätare kan köpas i verktygsbutiker. En riktlinje är att en 180° vinkel motsvarar ett halvt varv och detta är enkelt att bedöma genom att uppskatta hylshandtagets eller momentnyckelns start- och slutpositioner.

36 Återstoden av monteringen utförs i omvänd ordning mot demonteringen. Tänk på följande:

a) *Montera tillbaka kamaxlarna, vipparmarna och de hydrauliska justerarna enligt beskrivningen i avsnitt 8.*

b) *Återanslut den främre delen av avgassystemet till avgasgrenröret enligt kapitel 4B.*

c) *Montera nya högtrycksbränslematningsrör enligt beskrivningen i kapitel 4A.*

d) *Montera tillbaka topplocket/ insugsgrenröret enligt avsnitt 3.*

e) *Montera tillbaka luftrenaren enligt beskrivningen i kapitel 4A.*

f) *Fyll på kylsystemet enligt beskrivningen i kapitel 3.*

g) *Kontrollera och fyll vid behov på motoroljenivån enligt beskrivningen i "Veckokontroller".*

h) *Läs igenom avsnittet om start av motorn efter renovering i slutet av kapitel 2D innan du startar motorn.*

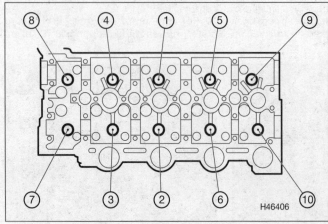

10.34 Ordningsföljd för åtdragning av bultarna till topplockets nedre del

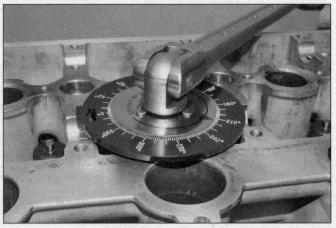

10.35 Använd en vinkelmätare för momentdragning steg 2

11 Sump – demontering och montering

Observera: *Det fullständiga tillvägagångssättet som beskrivs nedan måste följas så att fogytorna kan rengöras och förberedas för att få en oljetät fog vid hopsättningen.*

Demontering

1 Dra åt handbromsen. Lyft upp framvagnen och ställ den på pallbockar (se *Lyftning och stödpunkter*). Skruva loss hållarna och ta bort motorns undre skyddskåpa.

2 Se kapitel 1 om det behövs och tappa ur motoroljan, rengör sedan och montera tillbaka oljedräneringspluggen samt dra åt den till angivet moment. Vi rekommenderar verkligen att du byter oljefilterinsatsen vilket också beskrivs i kapitel 1.

3 Dra plastkåpan på motorn uppåt från dess fästen.

4 Lossa slangklämmorna, skruva loss bulten och ta bort luftröret från motorns undersida **(se bild)**.

5 Ta bort luftkonditioneringskompressorns drivrem enligt beskrivningen i kapitel 1, skruva sedan loss fästbultarna och flytta kompressorn åt ena sidan utan att lossa kylmedierören. Häng upp kompressorn på kylartvärbalken med kablar eller band.

6 Skruva gradvis loss sumpens insexbultar, inklusive de två bultar som håller fast sumpen på växellådshuset **(se bilder)**. Glöm inte de fyra bultarna på vänster sida som man kommer åt genom hålen. Ta isär fogen genom att försiktigt sätta in en spackelkniv (eller något liknande) mellan sumpen och motorblocket. Var försiktig så att tätningsytorna inte skadas.

Montering

7 Vid hopsättningen ska du ta bort alla spår av packningen från motorblockets/vevhusets och sumpens fogytor, sedan ska du rengöra sumpen och motorn invändigt med en ren trasa.

8 Lägg på en 3 mm tjock sträng med tätningsmedel (Volvo artikel nr 116 1771)

11.4 Skruva loss bulten till luftrörets fästbygel (markerad med pil)

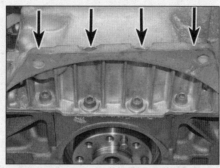

11.6b . . . du kommer åt sumpens ändbultar genom hålen (markerade med pilar)

på sumpens fläns och se till så att droppen hamnar runt bulthålens innerkant. Låt inte tätningsmedel komma in i bulthålen **(se bild)**. **Observera:** *Sumpen måste monteras tillbaka inom 5 minuter efter det att tätningsmedlet har lagts på.*

9 Montera tillbaka sumpen och montera fästbultarna, dra endast åt dem för hand på det här stadiet.

10 Dra åt de två bultar som håller fast sumpen på växellådshuset till angivet moment, dra sedan åt de återstående bultarna gradvis och jämnt till angivet moment.

11 Sänk ner bilen till marken. Fyll på motorn med motorolja och montera ett nytt oljefilter enligt kapitel 1 om det har tagits bort 1.

12 Volvo rekommenderar att du väntar minst två timmar innan du startar bilen så att tätningsmedlet kan härda helt.

11.6a Skruva loss de två bultar som håller fast sumpen på växellådan (markerade med pilar) . . .

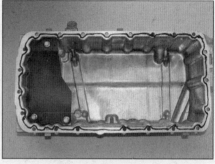

11.8 Lägg på tätningsmedel runt insidan av bulthålen

12 Oljepump – demontering, kontroll och montering

Demontering

1 Ta bort kamremmen enligt beskrivningen i avsnitt 6, för sedan av vevaxeldrevet **(se bilder)**.

2 Demontera sumpen enligt beskrivningen i avsnitt 11.

3 Skruva loss fästbultarna och ta bort den främre kåpan och vevaxeltätningen. Observera de ursprungliga lägena för kåpans skruvar – de är olika långa.

4 Skruva loss den skruv som håller fast oljenivåröret **(se bild)**.

5 Dra ut kilen från vevaxeldrevet, skruva sedan

12.1a För av vevaxeldrevet . . .

12.1b . . . och ta loss vevaxelkilen

12.4 Bult till oljenivårörets fästbygel (markerad med pil)

12.5a Ta bort drevets kil . . .

12.5b . . . skruva loss oljepumpens fästbultar (markerade med pilar) och för bort enheten från vevaxeln . . .

12.5c . . . och ta loss O-ringen mellan drevet och vevaxeln

12.6 Oljepumpskåpans bultar

12.7 Oljeövertrycksventilens plugg

12.13 Montera O-ringen på vevaxelns ände

loss pumpens fästbultar, för bort pumpen, kedjan och vevaxeldrevet från motorns ände (se bilder). Ta loss O-ringen mellan drevet och vevaxeln.

Kontroll

6 Skruva loss fästskruvarna och ta bort kåpan från oljepumpen (se bild). Observera eventuella identifieringsmarkeringars placering på den inre och yttre rotorn för återmonteringen.

7 Skruva loss pluggen och ta bort övertrycksventilen, fjädern och tryckkolven, rengör och kontrollera komponenternas skick (se bild).

8 Volvo lämnar inga specifikationer för pumpens inre komponenter.

9 Kontrollera oljepumpens allmänna tillstånd och i synnerhet dess fogyta mot motorblocket. Om fogytan är skadad betydligt kan detta leda till oljeförlust (och som en följd av detta oljetrycksfall).

10 Undersök rotorerna med avseende på tydligt slitage eller skador. I skrivande stund finns inga delar. Om pumpen är defekt måste den bytas som en komplett enhet. Smörj rotorerna med ny motorolja och montera tillbaka dem i karossen och se till att identifieringsmarkeringarna placeras på det sätt som noterades vid demonteringen.

11 Om oljepumpen har demonterats som en del av en stor motorrenovering kan man förmoda att motorn har en avsevärd körsträcka. I så fall är det lämpligt att montera en ny (eller rekonditionerad) pump som en naturlig del av renoveringen. Med andra ord

om resten av motorn byggs om har motorn en lång körsträcka eller om du är tveksam om den gamla pumpens skick är det bäst att montera en ny oljepump.

Montering

12 Före monteringen av oljepumpen är det nödvändigt att se till att fogytorna på pumpen och motorblocket är helt rena.

13 Montera O-ringen på vevaxelns ände (se bild).

14 Lägg på drivkedjan på oljepump- och vevaxeldreven, för sedan vevaxeldrevet på plats (rikta in spåret på drevet mot kilspåret på vevaxeln) när pumpen monteras tillbaka. Montera tillbaka vevaxelkilen.

15 Montera tillbaka fästbultarna och dra åt dem till angivet moment. Observera att den främre vänstra bulten är något längre än de övriga.

16 Lägg på en 3 mm bred sträng av tätningsmedel (artikel nr 116 1771) på oljetätningshållarens fläns. Sätt tillbaka kåpan och dra åt bultarna till angivet moment. Observera att bultarna måste dras åt inom 4 minuter efter det att tätningsmedlet har lagts på.

17 Montera en ny oljetätning på kåpan enligt beskrivningen i avsnitt 15.

18 Montera tillbaka den bult som håller fast oljenivåröret.

19 Återstoden av monteringen utförs i omvänd ordningsföljd jämfört med demonteringen och kom ihåg att montera en ny oljefilterinsats och fylla på motoroljan.

13 Oljetrycks varningslampans kontakt – demontering och montering

Demontering

1 Kontakten skruvas in i oljefilterhuset (se bild). Du kommer åt den under bilen. Skruva loss hållarna och ta bort motorns undre skyddskåpa. För att få bättre åtkomst ska du skruva loss fästbultarna och flytta luftkonditioneringskompressorn åt ena sidan. Häng upp kompressorn på kylartvärbalken med kabel eller band. Du behöver inte lossa kylmedierören.

2 Lossa brytarens anslutningskontakt.

3 Skruva loss brytaren från huset. Var beredd på en del oljeförluster.

13.1 Kontakt till oljetrycksvarningslampa

14.2 Oljekylarens fästbultar (markerade med pilar)

15.4a Borra ett litet hål i tätningen . . .

15.4b . . . sätt in en självgängande skruv och dra ut tätningen

Montering

4 Montera i omvänd ordningsföljd jämfört med demonteringen. Montera en ny tätningsbricka till tryckbrytaren och dra åt brytaren till angivet moment.

5 Återanslut brytarens anslutningskontakt.

6 Montera tillbaka alla komponenter som har tagits bort för att komma åt brytaren.

7 Kontrollera motoroljenivån och fyll på vid behov (se *Veckokontroller*).

8 Kontrollera att varningslampan fungerar korrekt och om det finns tecken på oljeläckage när motorn har startats igen och värmts upp till normal arbetstemperatur.

14 Oljekylare –
demontering och montering

Observera: *Det krävs nya tätningsringar vid återmonteringen – kontrollera att de finns innan arbetet påbörjas.*

Demontering

1 Kylaren är monterad på oljefilterhuset på motorblockets främre del. Du kommer åt den under bilen. Skruva loss hållarna och ta bort motorns undre skyddskåpa. För att få bättre åtkomst ska du ta bort multiremmen (kapitel 1), skruva loss fästbultarna och flytta luftkonditioneringskompressorn åt ena sidan. Häng upp kompressorn på kylartvärbalken med kabel eller band. Du behöver inte lossa kylmedierören.

2 Skruva loss de fyra fästbultarna och

lossa kylaren från huset **(se bild)**. Ta loss tätningsringarna och var beredd på en del olje-/kylvätskespill.

Montering

3 Monteringen sker i omvänd ordningsföljd. Tänk på följande:

a) *Använd nya tätningsringar.*

b) *Dra åt kylarens fästbultar ordentligt.*

c) *Sänk ner bilen till marken när arbetet har slutförts. Kontrollera och fyll på olje- och kylvätskenivåerna om det behövs, starta sedan motorn och kontrollera om det finns tecken på olje- eller kylvätskeläckage.*

15 Vevaxelns oljetätningar –
byte

Kamremmens ändtätning

1 Demontera kamremmen enligt beskrivningen i avsnitt 6.

2 För drevet från vevaxeln och ta loss inställningskilen från spåret på vevaxeln.

3 Observera oljetätningens monterade djup som en riktlinje för monteringen av den nya.

4 Använd en skruvmejsel eller ett liknande verktyg för att försiktigt bända upp oljetätningen från dess placering. Var försiktig så att kontaktytorna inte skadas. Borra alternativt ett litet hål i tätningen (var försiktig så att du inte borrar djupare än nödvändigt), sätt sedan in en självgängande skruv och använd en tång för att dra ut tätningen **(se bilder)**.

5 Torka rent oljetätningens kontaktytor och säte och ta bort vassa kanter eller borrskägg

som kan skada den nya tätningen när den monteras eller som kan göra att tätningen läcker när den väl är på plats.

6 Lägg inte på någon olja på oljetätningen som är tillverkad av PTFE. Volvos mekaniker använder ett speciellt tätningsmonteringsverktyg (nr 999-7124) men du kan få ett adekvat substitut om du använder en stor hylsa eller en bit rör av tillräcklig storlek som vilar på den nya tätningens ytterkant. Observera att den nya tätningen levereras med en styrning som passar över vevaxeländen.

7 Placera den nya tätningen (med styrningen fortfarande monterad) över vevaxelns ände och använd verktyget **(se bilder)**, hylsan eller röret för att pressa in tätningen i rät vinkel och helt på plats till det tidigare noterade djupet. Ta bort styrningen från vevaxeländen.

8 Återstoden av hopsättningen utförs i omvänd ordningsföljd jämfört med demonteringen. Se relevanta texter för information om det behövs. Kontrollera med avseende på tecken på oljeläckage när motorn startas om.

Svänghjulsändens tätning

9 Ta bort växellådan enligt beskrivningen i kapitel 7A och kopplingsenheten enligt beskrivningen i kapitel 6.

10 Skruva loss svänghjulet (se avsnitt 16).

11 Använd en skruvmejsel eller något liknande för att försiktigt bända upp oljetätningen från dess placering. Var väldigt försiktig så du inte skadar tätningens sätesområde eller tätningsytan. Stansa eller borra alternativt två små hål mitt emot varandra i oljetätningen, skruva sedan in en självgängande skruv i varje hål och dra skruvarna med tänger för att ta loss tätningen **(se bilder)**.

15.7a Placera den nya tätningen och styrningen över vevaxelns ände . . .

15.7b . . . driv sedan hem tätningen tills den är i jämnhöjd med kåpan

15.11a Borra ett hål i tätningen. . .

15.11b . . . sätt sedan in en självgängande skruv och dra ut tätningen

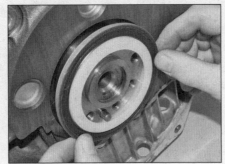

15.14 Placera tätningen och styrhylsan över vevaxeländen

15.15 Tryck in tätningen tills den är i jämnhöjd med ytan

12 Rengör vevaxelns ände och polera bort eventuella borrskägg eller upphöjda kanter som kanske är den ursprungliga orsaken till att tätningen gick sönder. Rengör även tätningens fogyta på motorblocket med ett lämpligt lösningsmedel för avfettning om det behövs.

13 Den nya oljetätningen levereras med en styrhylsa som **inte** får tas bort före monteringen (den faller ut av sig själv när tätningen monteras). Smörj inte tätningen.

14 Passa in den nya tätningen på plats och mata styrhylsan över vevaxeländen **(se bild)**.

15 Volvos mekaniker använder ett specialverktyg (nr 999 7126) för att dra tätningen på plats. Om du inte har tillgång till detta verktyg kan du använda en stor hylsa/bit rör som endast

vilar på tätningens ytterkant och försiktigt knacka tätningen på plats **(se bild)**.

16 Om tätningens styrhylsa fortfarande är på plats ska du ta bort den nu.

17 Återstoden av hopsättningen utförs i omvänd ordningsföljd jämfört med demonteringen. Se relevanta texter för information om det behövs. Kontrollera med avseende på tecken på oljeläckage när motorn startas om.

16 Svänghjul – demontering, kontroll och montering

Demontering

1 Ta bort växellådan enligt beskrivningen i kapitel 7A. Det är lämpligt att kontrollera komponenter som oljetätningarna nu och byta dem vid behov.

2 Ta bort kopplingen enligt beskrivningen i kapitel 6. Det är lämpligt att kontrollera eller byta kopplingens komponenter och urkopplingslagret nu.

3 Använd en körnare eller färg för att göra inställningsmärken på svänghjulet och vevaxeln för att säkerställa korrekt inriktning under återmonteringen.

4 Förhindra att svänghjulet roterar genom att låsa krondrevskuggarna eller genom att bulta fast ett band mellan svänghjulet och motorblocket/vevhuset. Lossa torxbultarna jämnt tills alla är fria.

5 Ta bort varje bult och se till att nya skaffas för hopsättningen. Dessa bultar utsätts för hårda påfrestningar och måste bytas oavsett deras synbara skick så fort de rubbas **(se bild)**.

6 Ta bort svänghjulet och glöm inte att det är väldigt tungt – tappa det inte.

Kontroll

7 Rengör svänghjulet för att ta bort fett och olja. Undersök ytan med avseende på sprickor, nitspår, brända områden och repor. Små sprickor kan tas bort med smärgelduk. Kontrollera med avseende på spruckna och trasiga krondrevskuggar. Placera svänghjulet på en platt yta och använd en stållinjal för att kontrollera skevheten.

8 Rengör och kontrollera svänghjulets och vevaxelns fogytor. Om vevaxeltätningen läcker ska du byta den före återmonteringen av svänghjulet. Om motorn har en hög körsträcka kan det vara värt att montera en ny tätning som en naturlig del av arbetet med tanke på den mängd arbete som krävs för att komma åt den.

9 Rengör de gängade bulthålen i vevaxeln grundligt och ta bort alla spår av låsmassa.

Montering

10 Montera svänghjulet på vevaxeln och se till att stiftet är inriktat mot vevaxeln – det passar endast på ett sätt **(se bild)**. Sätt in de nya bultarna.

11 Lås svänghjulet med den metod som används vid isärtagning **(se bild)**. Dra åt hjulbultarna i diagonal ordningsföljd till angivet moment.

12 Montera tillbaka kopplingen (kapitel 6) och växellådan (kapitel 7A).

16.5 Svänghjulets fästbultar

16.10 Observera styrstiftet och motsvarande hål (markerade med pilar)

16.11 Ett enkelt egentillverkat redskap för låsning av svänghjulet

17 Motor-/växellådsfästen – kontroll och byte

Detta förfarande har utförts på den 5-cylindriga 2,4-liters motor tillsammans med relevanta fotografier men förfarandet är snarlikt för alla motorer. Se kapitel 2C.

Kapitel 2 Del C:
Reparationer med 5-cylindriga motor kvar i bilen

Innehåll

Allmän information 1
Kamaxelns oljetätning – byte 7
Kamaxlar, vipparmar och ventillyftar – demontering, kontroll och montering 10
Kamrem – demontering, kontroll och montering 4
Kamremskåpor – demontering och montering. 3
Kamremsspännare och drev – demontering och montering . . 5
Kompressionsprov och läcktest – beskrivning och tolkning 2

Motorfästen – kontroll och byte 12
Oljekylare – demontering och montering 15
Oljepump – demontering, kontroll och montering 14
Sump – demontering, kontroll och montering 13
Svänghjul/drivplatta – demontering, kontroll och montering 11
Topplock – demontering, kontroll och montering. 9
Ventilkåpa/insugsgrenrör – demontering och montering 6
Vevaxelns oljetätningar – byte 8

Svårighetsgrad

Enkelt, passar novisen med lite erfarenhet 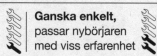	**Ganska enkelt,** passar nybörjaren med viss erfarenhet	**Ganska svårt,** passar kompetent hemmamekaniker 	**Svårt,** passar hemmamekaniker med erfarenhet	**Mycket svårt,** för professionell mekaniker

Specifikationer

Allmänt

Motortyp	Motorerna är raka 5-cylindriga modeller med vattenkylning och dubbla överliggande kamaxlar samt 20 ventiler. Både motorblocket och topplocket är tillverkade i lättmetall med cylinderhylsor i gjutjärn.
Motorkoder.	D5204 T2, D5244 T4, D5244 T5, D5244 T10, D5244 T14, D5244 T16 och D5244 T19

Volym:
D5204 . . . . 1984 cc
D5244 . . . . 2400 cc
Lopp:
D5204 . . . . 81,0 mm
D5244 . . . . 81,0 mm
Kolvslag:
D5204 . . . . 77,0 mm
D5244 . . . . 93,15 mm

Motorkod:	Effekt	Vridmoment
D5204 T2	120 kW	400 Nm vid 1400 till 2750 varv/minut
D5244 T4	136 kW	350 Nm vid 1750 till 3250 varv/minut
D5244 T5	120 kW	340 Nm vid 1750 till 3000 varv/minut
D5244 T10	151 kW	420 Nm vid 1500 till 3000 varv/minut
D5244 T14	129 kW	420 Nm vid 1500 till 2750 varv/minut
D5244 T16	120 kW	420 Nm vid 1500 till 2500 varv/minut
D5244 T19	129 kW	420 Nm vid 1500 till 2750 varv/minut

Kompressionsförhållande. . . . . 17,3:1 till 18,0:1 beroende på motor.
Tändföljd 1-2-4-5-3
Placering för cylinder 1. . . . . Kamremsänden

Val av topplockspackning

Kolvens utbuktning över packningsytan (se text):	Min	Max
1 hål	0,26 mm	0,47 mm
2 hål	0,47 mm	0,52 mm
3 hål	0,52 mm	0,57 mm
4 hål	0,57 mm	0,62 mm
5 hål	0,62 mm	0,74 mm

Kamaxel

Drivning .... Kuggrem

Smörjningssystem

Oljepumpstyp... Monterad på motorblockets framsida och drivs direkt från vevaxeln
Oljetryck – minimum (motorn i arbetstemperatur):
  I tomgång (på 800 varv/minut för D5204 motor) .... 1,0 bar
  Vid 4000 varv/minut.................................... 3,5 bar

Ventiler

Ventilspel .... Hydrauliska kompensatorer – ingen justering behövs

Åtdragningsmoment

	Nm
Anslutning till turboaggregatets oljeavtappningsrör...............	12
Avgasröret till turboaggregatet	24
Bränslefördelarskena/röranslutningar till insprutningsventiler:	
Steg 1	10
Steg 2	Vinkeldra ytterligare 60°
Bränslefördelarskenans fästbultar	24
Bränsleinsprutningspump	18
Drivplatta:*	
Steg 1	45
Steg 2	Vinkeldra ytterligare 50°
Glödstift	8
Insprutningsventilsskruvar*	13
Kamaxeldrevets bult...................................	30
Kamaxelgivare	10
Kamaxelkåpa	10
Kamaxellageröverfall	10
Kamaxelns ändtätning/lageröverfall (M7)...................	17
Kamremmens tomgångsremskiva	24
Kamremsspännare	24
Katalysatorns fästskruvar..............................	10
Katalysatorns tvärbalk	24
Kolvavkylningsmunstycken	17
Kolvens kylventil.....................................	51
Momentomvandlarens bultar*	60
Motorfästen:	
Höger sida:*	
Fäste (M12)......................................	80
Fäste på topplock.................................	48
Momentstagets bultar*.............................	110
Vänster sida:*	
Fäste:	
M8...	24
M12..	80
Fäste på växellåda	175
Multiremsspännare....................................	24
Oljefilter	25
Oljekylarens fästbultar	17
Oljepumpens bultar	10
Oljetrycksbrytare	27
Oljeupptagarrör	17
Sump:	
Sump på växellåda.................................	50
Sump på motor....................................	17
Sumpens avtappningsplugg (motorolja).....................	38
Svänghjul:*	
Steg 1	45
Steg 2	Vinkeldra ytterligare 65°

Temperaturgivare för kylvätska.	22
Topplocksbultar:*	
Steg 1	20
Steg 2	Lossa
Steg 3	20
Steg 4	50
Steg 5	Vinkeldra ytterligare 90°
Steg 6	Vinkeldra ytterligare 90°
Turboaggregat på grenrör.	26
Vakuumpump	17
Vevaxeldrevmutter	300
Vevaxelremskivans skruvar:	
Steg 1	35
Steg 2	Vinkeldra ytterligare 50°
Vevhusets mellandel:	
Dra åt i följande ordningsföljd:	
M10*	20
M10	40
M8	24
M7	17
M10	Vinkeldra ytterligare 110°
Vevstakens överfall:*	
Steg 1	30
Steg 2	Vinkeldra ytterligare 90°

* Återanvänds inte

1 Allmän information

Inledning

Motorerna är raka femcylindriga modeller med vattenkylning och dubbla överliggande kamaxlar samt ventiler och motorvolym på 2,0 och 2,4 liter. Både motorblocket och topplocket är tillverkade i lättmetall med cylinderhylsor i gjutjärn. Motorn är tvärställd i bilens främre del, med växellådan till vänster om motorn.

Topplocket har kamaxlar som drivs av en tandad kamrem från vevaxeln till insugskamaxeln. Ett tandat drev på insugsaxeln driver ett motsvarande drev på avgaskamaxeln. En Oldham-koppling på insugskamaxelns vänstra ände driver låg-/högtrycksbränslepumpen, medan vakuumpumpen drivs från avgaskamaxelns vänstra ände. Topplocket innehåller även de 20 insugs- och avgasventilerna (4 per cylinder), som stängs av enkla spiralfjädrar och går i styrningar som är intryckta i topplocket. Kamaxeln styr ut ventilerna via vipparmarna av rulltyp som styr topplockets hydrauliska ventillyftare. Dessutom innehåller topplocket oljekanaler för matning och smörjning av de hydrauliska ventillyftarna.

Alla motorer har direktinsprutning där virvelkamrarna är integrerade med kolvarnas ovandelar. Topplocket innehåller två separata insugsportar per cylinder. Dessa portar har olika längd och geometri för att säkerställa en effektivare förbränning och minskade utsläpp.

Vevaxeln i smitt stål är av typen med sex lager, och ramlagerskålarna nr 5 (från kamremssidan) innehåller separata tryckbrickor för kontroll av vevaxelns axialspel. Intagsvevaxeln drivs av en kuggrem från vevaxeldrevet, och remmen driver även vattenpumpen på motorns baksida.

Kolvarna är tillverkade i aluminiumsilikonlegering med grafittäckta mantlar för att minska friktionen. Kolvarna har inbyggda kylkanaler med olja som matas ut av fasta munstycken på cylindrarnas fot. När varje kolv når den nedre änden av sitt slag linjerar oljemunstycket med ett hål längst ner på kolven, och olja tvingas genom kylkanalen.

Motorn har ett fullständigt smörjningssystem. Det finns en duocentrisk inre oljepump av drevtyp på vevaxelns främre del. Oljefiltret är av papperstyp och är monterat på motorblockets främre del.

Använda kapitlet

Det här kapitlet beskriver de reparationer som kan utföras med motorn monterad i bilen. Om motorn har tagits ur bilen och tagits isär enligt beskrivningen i del D, kan alla preliminära isärtagningsinstruktioner ignoreras.

Observera att även om det är möjligt att fysiskt renovera delar som kolven/vevstaken medan motorn sitter i bilen, så utförs sällan sådana åtgärder separat. Normalt måste flera ytterligare åtgärder utföras (för att inte nämna rengöring av komponenter och smörjkanaler);

Av den anledningen klassas alla sådana åtgärder som större renoveringsåtgärder, och beskrivs i del D i det här kapitlet.

Del D beskriver demontering av motor/växellåda från bilen samt tillvägagångssättet för de renoveringar som då kan utföras med motorn/växellådan demonterad.

Reperationer med motorn kvar i bilen

Följande moment kan utföras utan att motorn tas bort:

a) Multiremmar – demontering och montering.

b) Kamaxlar – demontering och montering.

c) Kamaxelns oljetätningar – byte.

d) Kamaxeldrev – demontering och montering.

e) Kylvätskepump – demontering och montering (se kapitel 3)

f) Vevaxelns oljetätningar – byte.

g) Vevaxeldrev – demontering och montering.

h) Topplock – demontering och montering.

i) Motorfästen – kontroll och byte.

j) Oljepump och upptagare – demontering och montering.

k) Sump – demontering och montering.

l) Kamrem, drev och kåpa – demontering, inspektion och montering.

Observera: *Det går att demontera kolvar och vevstakar (sedan topplock och sump demonterats) utan att lyfta ur motorn från bilen. Detta rekommenderas dock inte. Arbete av denna typ är mycket enklare att utföra med motorn på en arbetsbänk, enligt beskrivningen i kapitel 2D.*

2 Kompressionsprov och läcktest – beskrivning och tolkning

Kompressionsprov

Observera: *För detta prov måste en kompressionsprovare speciellt avsedd för dieselmotorer användas.*

1 Om motorns prestanda sjunker, eller om den misständer, kan ett kompressionsprov ge ledtrådar till motorns skick. Om kompressionsprov tas regelbundet kan de ge förvarning om problem innan några andra symptom uppträder.

2 En kompressionsprovare speciellt avsedd för dieselmotorer måste användas eftersom trycket är högre. Provaren är ansluten till en adapter som är inskruvad i glödstiftshålet. Det är inte troligt att det är ekonomiskt försvarbart att köpa en sådan provare för sporadiskt bruk, men det kan gå att låna eller hyra en. Om detta inte är möjligt, låt en verkstad utföra kompressionsprovet.

3 Såvida inte specifika instruktioner som medföljer provaren anger annat ska följande iakttagas:

a) *Batteriet ska vara väl laddat, luftfiltret måste vara rent och motorn ska hålla normal arbetstemperatur.*

b) *Alla glödstift ska tas bort innan provet påbörjas.*

c) *Styrmodulsreläet måste tas bort från säkrings-/relädosan.*

4 Det finns ingen anledning att hålla gaspedalen nedtryckt under provet, eftersom en dieselmotors luftintag inte är strypt.

5 Tillverkarna specificerar inte någon slitagegräns för kompressionstrycket. Rådfråga en Volvo-verkstad eller dieselspecialist om du är tveksam om ett avläst tryck är godtagbart.

6 Orsaken till dålig kompression är svårare att fastställa på en dieselmotor än en bensinmotor. Effekten av att tillföra olja i cylindrarna (vått prov) är inte entydig, eftersom det finns en risk att oljan sätter sig i urtagen på kolvkronorna i stället för att ledas till kolvringarna. Följande kan dock användas som en grov diagnos.

7 Alla cylindrar ska producera ungefär samma tryck. en skillnad på mer än 5,0 bar mellan två av cylindrarna indikerar ett fel. Observera att kompressionen ska byggas upp snabbt i en fungerande motor; om kompressionen är låg i det första kolvslaget och sedan ökar gradvis under följande slag är det ett tecken på slitna kolvringar. Lågt tryck som inte höjs är ett tecken på läckande ventiler eller trasig topplockspackning (eller ett sprucket topplock).

8 Lågt tryck i två angränsande cylindrar är nästan helt säkert ett tecken på att topplockspackningen mellan dem är trasig.

Läcktest

9 Ett läcktest mäter hur snabbt trycket sjunker på tryckluft som förs in i cylindern. Det är ett alternativ till kompressionsprov som på många

3.1 Skruva loss fästbygeln (markerad med pil) på kamremskåpan

sätt är överlägset, eftersom den utströmmande luften anger var tryckfallet uppstår (kolvringar, ventiler eller topplockspackning).

10 Den utrustning som krävs för läcktest är som regel inte tillgänglig för hemmamekaniker. Om dålig kompression misstänks måste detta prov därför utföras av en verkstad med lämplig utrustning.

3 Kamremskåpor – demontering och montering

Demontering

1 Skruva loss bulten och ta bort rörfästbygeln på kamremskåpans främre yta **(se bild)**.
2 Lossa de fem fästklämmorna och ta bort kåpan **(se bild)**.

Montering

3 Monteringen utförs i omvänd ordningsföljd mot demonteringen. Se till att alla slangar som har rubbats återansluts och hålls fast av relevanta klämmor.

4 Kamrem – demontering, kontroll och montering

Observera: *När kamremmen byts ska spännaren och tomgångsöverföringen också bytas enligt beskrivningen i avsnitt 5.*

Demontering

1 Kamaxeldrevet och kylvätskepumpsdrevet drivs av kamremmen från vevaxelns kedjedrev. Vevaxeln och kamaxeldrevet rör sig synkront för att försäkra korrekt ventilinställning. Om kamremmen slirar eller brister med motorn igång rubbas ventilsynkroniseringen, vilket kan leda till kontakt mellan kolvar och ventiler och därmed åtföljande allvarliga motorskador.
2 De motorer som behandlas i det här kapitlet är utformade så att kolven kommer att komma i kontakt med ventilen om vevaxeln vrids när kamremmen är demonterad. Därför är det viktigt att rätt synkronisering mellan kamaxeln

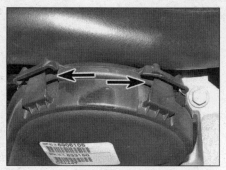

3.2 Lossa klämmorna (markerade med pilar) till kamremskåpan

och vevaxeln bibehålls när kamremmen är demonterad. Detta uppnås genom att motorn sätts i ett referensläge (även kallat övre dödpunkt eller ÖD) innan kamremmen tas bort, och att skaften sedan hindras från att rotera tills remmen har monterats tillbaka. Om motorn har tagits isär för renovering måste den ställas till ÖD vid hopsättning för att korrekt axelsynkronisering ska kunna garanteras.

3 ÖD är den högsta punkt en kolv når i sin cylinder – i en fyrtaktsmotor når varje kolv ÖD två gånger per arbetscykel, en gång i kompressionstakten och en gång i avgastakten. Normalt avses med ÖD cylinder nr 1 i sitt kompressionsslag. Cylindrarna är numrerade från ett till fem, med början vid motorns kamremssida. Observera att när tändinställningsmärkena är linjerade på just den här motorn, är kolv nr 1 placerad precis före ÖD.

4 Koppla ur batteriet innan du börjar arbeta (se kapitel 5A).

5 Lossa det högra framhjulets bultar, lyft sedan upp framvagnen och ställ den på pallbockar (se *Lyftning och stödpunkter*). Ta bort hjulet.

6 Ta bort höger hjulhusfoder för att komma åt vevaxelremskivan **(se bild)**.

7 Ta bort den yttre kamremskåpan enligt beskrivningen i avsnitt 3.

8 Lossa returslangens buntband från fästbygeln till motorns tvärbalk. Lossa sedan den övre klämman och lyft bort behållarens för servostyrningsvätska och lägg den åt sidan, över motorns överdel. Koppla inte loss slangarna.

4.6 Ta bort hjulhusfodret för att komma åt vevaxelremskivan (markerat med pil)

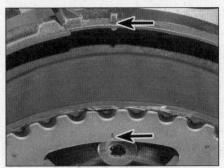

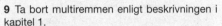

4.11 Linjera markeringen på kamaxeldrevet med markeringen på kamremskåpan (se pilar)

4.13 Märket på vevaxelremskivans fläns bör vara i linje med oljepumphuset (markerade med pilar)

4.14 Använd en 6 mm insexnyckel för att placera spännararmen (markerad med pil) ungefär i läget klockan 10

9 Ta bort multiremmen enligt beskrivningen i kapitel 1.
10 Skruva loss bultarna och ta bort den nedre kamremskåpan.
11 Använd en hylsnyckel på vevaxelns remskivamutter och vrid vevaxeln medurs tills markeringarna på kamaxeldrevet och den bakre kamremskåpan linjerar **(se bild)**.
12 Skruva loss de fyra bultarna och muttern som fäster vevaxelns remskiva på vevaxeln/drevet. Ta sedan bort vevaxelns remskiva, men lämna drevet på plats. Observera att centrummuttern sitter mycket hårt. För att förhindra vevaxeln från att rotera på modeller med manuell växellåda, lägg i den högsta växeln och låt en medhjälpare trycka ner bromspedalen så långt det går. På modeller med automatväxellåda tar du bort startmotorn enligt beskrivningen i kapitel 5A. Använd en stor spårskruvmejsel och kila in den mellan drivplattans startkranständer och växellådshuset.
13 Kontrollera att markeringarna på kamaxeldrevet och den bakre kamremskåpan fortfarande är linjerade och att tappen på oljepumpshuset linjerar med den ingjutna markeringen i fästupphöjningen till vevaxelns remskiva. Om markeringarna inte linjerar, sätt tillfälligt tillbaka två av fästbultarna till vevaxelns remskiva och centrummuttern löst. Använd en stor skruvmejsel/hävarm för att vrida vevaxeln medurs tills markeringarna är linjerade **(se bild)**.

14 Lossa kamremsspännarens centrumbult lite och använd en insexnyckel på 6 mm för att vrida spännararmen medurs till läget klockan 10. Dra sedan åt centrumbulten lite **(se bild)**.
15 Ta bort kamremmen från dreven utan att vrida på vevaxeln eller kamaxeln.

Kontroll

16 Undersök remmen noga, leta efter spår av föroreningar från kylvätska eller olja. Om så är fallet måste källan till föroreningen hittas innan arbetet återupptas. Kontrollera remmen efter tecken på slitage eller skador. Kontrollera extra noga runt remkuggarnas framkanter. Byt remmen om dess skick är tvivelaktigt; kostnaden för en ny rem är försumbar i jämförelse med kostnaderna för de motorreparationer som skulle behövas om remmen gick av under drift. Remmen måste bytas om den har gått så långt som anges av tillverkaren (se kapitel 1B). Har den gått mindre är det ändå en bra idé att byta ut den, oavsett skick, som förebyggande åtgärd. **Observera:** *Om kamremmen inte ska monteras omedelbart är det en god idé att sätta en varningslapp på ratten, för att påminna dig själv och andra om att inte starta motorn.*
17 Snurra på remspännaren och tomgångsremskivorna och lyssna efter ljud som kan tyda på slitage i remskivornas lager. Om du är tveksam, byt remskivorna enligt beskrivningen i avsnitt 5.

Montering

18 Kontrollera att vevaxeln och kamaxeln fortfarande är korrekt justerade enligt beskrivningen i punkt 11 och 13.
19 Montera den nye remmen runt vevaxeldrevet, tomgångsöverföringen, kamaxeldrevet, kylvätskepumpens drev och spännhjulet. Kontrollera att tänderna sätter sig korrekt på dreven.
20 Se till att den främre delen av remmen är spänd – d.v.s. att allt spelrum befinner sig i den del av remmen som passerar över spännrullen.
21 Lossa spännrullens centrumbult något, använd sedan en insexnyckel på 6 mm för att vrida spännararmen moturs tills den passerar den position som visas, vrid den sedan medurs tills indikatorn när korrekt läge **(se bild)**. Dra åt mittbulten till angivet moment.
22 Tryck försiktigt ner remmen mellan kamaxeldrevet och kylvätskepumpens drev, och kontrollera att spännararmen rör sig fritt när remmen trycks in.
23 Vrid vevaxeln två hela varv och kontrollera sedan att tändinställningsmärkena på upphöjningen på vevaxelns remskiva och kamaxeldrevet linjerar som de ska enligt beskrivningen i punkt 11 och 13.
24 Kontrollera att kamremspännarens indikator fortfarande er i läge enligt beskrivningen i punkt 21. Om inte, upprepar du åtgärden som beskrivs i punkt 21.
25 Resten av monteringen utförs i omvänd ordningsföljd mot demonteringen, kom ihåg att dra åt alla fästen till angivet moment i förekommande fall.

5 Kamremsspännare och drev – demontering och montering

Observera: *När kamremmen byts ska spännaren och tomgångsremskivan också bytas samtidigt.*

Kamremsspännare

1 Demontera kamremmen enligt beskrivningen i avsnitt 4.
2 Skruva loss centrumbult och ta bort spännaren.

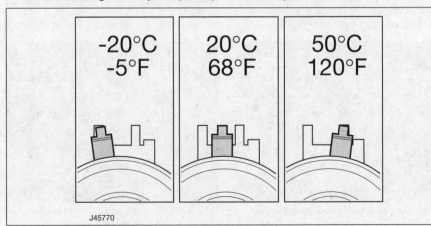

4.21 Inställningar för kamremsspännaren vid olika temperaturer

5.4 Se till att spännaren placeras korrekt över ribban (markerad med pil) på motorblocket

5.7 Använd ett enkelt verktyg för att hålla emot kamaxeldrevet när du lossar bultarna

5.10a Sätt in inställningsverktyget för kamaxlar genom hålet i topplocket och in i avgaskamdrevet

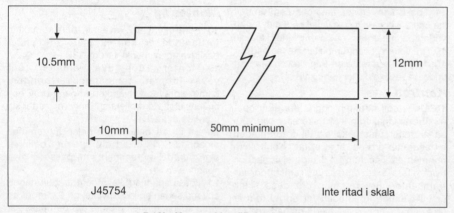

10.5mm

12mm

10mm

50mm minimum

J45754

Inte ritad i skala

5.10b Kamaxel inställningsverktyg

3 Snurra på spännrullen, känn efter och lyssna om det förekommer ojämnheter eller ljud, vilket tyder på slitage i spännrullens lager. Byt ut spännaren vid minsta tvivel om dess skick.
4 Montera tillbaka spännaren och sätt dit bulten – dra inte åt bulten under det här steget. Se till att spännarens "gaffel" hamnar rätt på motorblocket **(se bild)**.
5 Montera och spänn kamremmen enligt beskrivningen i avsnitt 4.

Kamaxeldrev

6 Demontera kamremmen enligt beskrivningen i avsnitt 4.

7 Skruva loss kamaxeldrevets bultar medan du håller fast kedjehjulet med ett verktyg som passar i kedjehjulets hål **(se bild)**. Låt inte kamaxeln rotera.
8 Ta bort drevet från kamaxeln.
9 Ta bort vakuumpumpen från avgaskamaxelns vänstra ände enligt beskrivningen i kapitel 9.
10 Sätt in en låssprint för kamaxel (Volvo nr 999 7007) i hålet i topplocket och i hålet i kamaxeldrevet. Om det behövs vrider du kamaxeln lite så att sprinten kan föras in. Om du inte har tillgång till en Volvo-sprint kan du tillverka en egen **(se bilder)**.

11 Kontrollera att markeringen på vevaxeldrevet fortfarande linjerar med markeringen på oljepumpshuset enligt beskrivningen i avsnitt 4. Vrid sedan vevaxeln medurs (sett från kamremssidan) cirka 15 grader.
12 Sätt tillbaka drevet på kamaxeln, men dra endast åt fästbultarna så mycket att drevet precis kan röra sig fritt från kamaxeln. Passa in drevet så att fästbultarna inte är i spårändarna och markeringen på drevkanten linjerar med markeringen på den inre kamremskåpan **(se bild)**.
13 Skruva loss täckpluggen från motorblockets främre vänstra yta och sätt in Volvo-verktyget nr 999 7005. Vrid sedan vevaxeln moturs (sett från motorns kamremssida) tills vevaxelns mellanstycke för cylinder nr 5 stannar mot verktyget. Kontrollera att markeringarna på vevaxelns remskivafläns och oljepumpshuset linjerar. Om du inte har tillgång till verktyget kan du tillverkat ett eget enligt de angivna måtten **(se bilder)**.
14 Montera tillbaka kamremmen enligt beskrivningen i punkt 18 till 23 i avsnitt 4.
15 Se till att markeringarna på vevaxeldrevet linjerar med markeringen på oljepumpshuset, och att markeringarna på kamaxeldrevet och den inre kamremskåpan linjerar. Dra sedan åt kamdrevsbulten till angivet moment, använd verktyget för att hålla emot drevet (se punkt 7).
16 Ta bort kamaxel låsverktyget och

5.12 Linjera markeringen på kamaxeln med markeringen på den inre kamremskåpan (se pilar)

5.13a Skruva loss täckpluggen (se pil) . . .

5.13b . . . och sätter in vevaxelns stoppverktyg

5.19 Om det behövs, använd en avdragare för att ta bort vevaxeldrevet

5.27 Kamremmens tomgångsöverföring

```
┌─────────────────────────────────────────┐
│  15mm      33mm           70mm           │
│                                          │
│   Dia.     Dia.           Dia.           │
│   11mm     15mm           25mm           │
│                                          │
│   J45755              Inte ritad i skala │
└─────────────────────────────────────────┘
```

5.13c Vevaxelns stoppverktyg

vevaxel låsverktyget och montera tillbaka vakuumpumpen enligt beskrivningen i kapitel 9. Sätt tillbaka täckpluggen på motorblockets främre yta.

17 Fortsätt enligt beskrivningen från punkt 24 i avsnitt 4.

Vevaxeldrev

18 Demontera kamremmen enligt beskrivningen i avsnitt 4.

19 Vevaxeldrevet sitter på en huvudräffla på vevaxeln, och det kan krävas en avdragare för att få loss drevet **(se bild)**. Det rekommenderas inte att drevet bänds loss, eftersom kanten lätt kan gå sönder om man inte är försiktig.

20 Torka rent drevets och vevaxelns fogytor.

21 Sätt dit drevet på vevaxel n och kontrollera att inställningsmärkena fortfarande ligger i linje. Observera att drevet sitter i en huvudräffla på vevaxeln.

22 Sätt på kamremmen på vevaxeldrevet, tomgångsöverföringen, kamaxeldrevet, kylvätskepumpen och spännarremskivan

23 Montera tillbaka remskivan på drevet och sätt tillbaka vevaxelmuttern – dra åt med bara fingrarna på det här stadiet och vrid sedan vevaxeln moturs cirka 45°.

24 Hindra vevaxeln från att rotera och dra åt remskivans mutter till angivet moment. Dra sedan åt remskivabultarna till angivet moment.

25 Spänn kamremmen och slutför återmonteringen enligt beskrivningen i avsnitt 4.

Tomgångsremskiva

26 Demontera kamremmen enligt beskrivningen i avsnitt 4.

27 Lossa bulten och ta bort tomgångsöverföringen **(se bild)**.

28 Monteringen utförs i omvänd ordningsföljd mot demonteringen. Kom ihåg att dra åt alla fästen till angivet moment i förekommande fall.

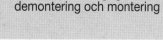

6 Ventilkåpa/insugsgrenrör – demontering och montering

Demontering

1 Ventilkåpan är inbyggd i insugsgrenröret. Ta bort plastkåpan från motorn **(se bild)**.

2 Ta bort högtrycksbränslerören och bränsleinsprutningsventilerna enligt beskrivningen i kapitel 4A. Kasta bränslerören och använd nya vid återmonteringen.

3 Skruva loss klämmorna och ta bort luftröret

framtill på motorn inklusive rörets fästbult **(se bilder)**.

4 Ta bort vevhusets ventilationsslang från kåpan.

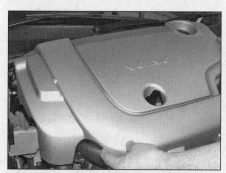

6.1 Dra upp motorkåpan rakt upp från dess fästen

6.3a Ta bort luftröret över motorns front och skruva loss klämman vid luftrenarhuset . . .

6.3b . . . och lossa stödfästbygeln. . .

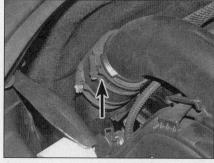

6.3c . . . och skruva loss klämman baktill i motorrummet

6.7 Det sitter en komplicerad gummipackning på kamaxelkåpan

7.3a Sätt dit en ny tätning med hjälp av en rörformig distansbricka som endast ska ligga an mot tätningen hårda, yttre yta

7.3b Tätningens ytterkant ska vara jäms med ytterkanten på tätningskåpan/topplockets gjutgods

5 Skruva loss de 3 bultarna och ta bort oljepåfyllningsröret från kåpan.
6 Skruva loss de resterande bultarna och lyft försiktigt bort kåpan från dess placering.

Montering

7 Montera tillbaka kamaxelkåpan i omvänd ordningsföljd mot demonteringen, och tänk på följande:

a) En gummitätningspackning är monterad på kamaxelkåpans undersida (se bild). Se till att packningen sitter kvar när kåpan sätts tillbaka.

b) Dra åt kamaxelkåpans fästmuttrar till angivet moment, från de mittersta muttrarna och utåt.

7 Kamaxelns oljetätning – byte

1 Demontera kamaxeldrevet enligt beskrivningen i avsnitt 5.
2 Använd en skruvmejsel och bänd försiktigt ut oljetätningen. Var noga med att inte skada kamaxelns yta.
3 Rengör sätet i lageröverfallet och smörj sedan olja på kanterna av den nya oljetätningen. Montera den nya oljetätningen och knacka försiktigt in den i rätt läge med en tub eller hylsa mot tätningens hårda yttre yta (se bilder). Tätningens ytterkant ska vara jäms med ytterkanten på tätningskåpan/topplockets gjutgods.

4 Montera kamaxeldrevet enligt beskrivningen i avsnitt 5.

8 Vevaxelns oljetätningar – byte

Höger oljetätning

1 Demontera vevaxeldrevet enligt beskrivningen i avsnitt 5.
2 Tätningen kan bytas ut utan att oljepumpen tas bort genom att man borrar ett litet hål på diagonalt motsatt sida, sätter in en självgängande skruv och vrider runt skruv med en tång (se bilder). Var mycket noga med att inte repa vevaxelns yta med borrbitet.
3 Vira tejp runt änden på vevaxeln för att

undvika skador på den nya oljetätningen. Doppa den nya tätningen i ren motorolja och driv in den i huset med en träklots eller en hylsa tills den är i nivå med kanten. Kontrollera att tätningens slutna ände är riktad utåt (se bilder).
4 Ta bort tejpen.
5 Montera kamremmen och vevaxeldrevet enligt beskrivningen i avsnitt 5.

Vänster oljetätning

6 Ta bort svänghjulet/drivplattan enligt beskrivningen i avsnitt 11.
7 Rengör ytorna på blocket och vevaxeln.
8 Ta bort den gamla oljetätningen och sätt på den nya enligt beskrivningen i punkt 2 till 4 ovan (se bild).
9 Montera tillbaka svänghjulet/drivplattan (avsnitt 11).

8.2a Borra ett litet hål i tätningens hårda ytterkant . . .

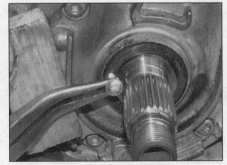

8.2b . . . sätt sedan in en självgängande skruv och dra loss tätningen

8.3a Linda tejp runt vevaxelns ansats för att skydda packboxarnas kanter . . .

8.3b . . . använd sedan en rörformig distansbricka eller hylsa . . .

8.3c . . . för att driva in packboxen

8.8 Borra ett hål, sätt in en självgängande skruv och dra bort vevaxelns vänstra tätning

9 Topplock – demontering, kontroll och montering

Demontering

1 Koppla loss batteriets minusledning (se kapitel 5A).

2 Lyft upp framvagnen och ställ den på pallbockar (se *Lyftning och stödpunkter*).

3 Tappa ur motoroljan enligt beskrivningen i kapitel 1.

4 Tappa ur kylsystemet enligt beskrivningen i kapitel 1.

5 Lossa klamrarna och koppla ifrån alla kylvätske- och vakuumslangar från topplocket, notera deras placering.

6 Ta bort luftrenarhuset enligt beskrivningen i kapitel 4A.

7 Demontera kamremmen enligt beskrivningen i avsnitt 4.

8 Ta bort kamaxlarna, vipparmen och hydrauliska ventillyftarna enligt beskrivningen i avsnitt 10.

9 Ta bort servostyrningspumpens stödfästbygel från topplocket tillsammans med vakuumpumpen och bränslepumpen.

10 Skruva loss de bultar som håller fast bränslefördelarskenan på topplocket.

11 Skruva loss fästbultarna och ta bort värmeskyddet från avgasgrenröret.

12 Lossa avgasåterföringens rörklämma vid avgasgrenröret och skruva sedan loss bultarna

som fäster avgasåterföringssystemets ventil-/kylar-/rörenhet på topplocket och lägg den åt sidan.

13 Ta bort avgasrörets främre del och skruva loss bultarna som fäster avgasgrenröret på topplocket enligt beskrivningen i kapitel 4A. Lossa och ta bort oljeretur- och oljematningsrören från turboaggregatet och motorblocket, lossa sedan klämman och lossa turboaggregatets utloppsrör. Koppla loss vakuumslangen från turboaggregatets styrventil, och insugsslangen av gummi från turboaggregatet. Sänk sedan försiktigt ner turboaggregatet och grenrörsenheten på drivaxeln och kuggstången. Kasta tätningsbrickorna till turboaggregatets oljematningsrör och returrör – du måste sätta dit nya.

14 Skruva loss bultarna som håller fast kylvätskeröret vid topplocket **(se bild)**.

15 Gör en slutkontroll för att se till att alla anslutningskontakter har kopplats från topplocket.

16 Lossa stegvis topplocksbultarna **i motsatt ordning** mot vid montering **(se bild 9.30)**, ett halvt varv i taget, tills alla bultar kan skruvas ur för hand. Kasta bultarna, eftersom nya måste användas vid hopsättningen.

17 Kontrollera att inget är anslutet till topplocket och lyft sedan bort topplocket från motorblocket. be om möjligt om hjälp, eftersom enheten är tung. Placera inte topplocket nedåt på arbetsbänken – detta kan skada tätningsytan.

18 Ta bort packningen från ovansidan av blocket, observera identifieringshålen på dess främre sida. Om dessa sitter löst, dra ut dem och förvara dem tillsammans med topplocket. Kasta inte packningen än – den behövs för identifiering.

19 Om topplocket ska tas isär för översyn, se kapitel 2D.

Kontroll

20 Fogytorna mellan motorblock och topplock måste vara noggrant rengjorda innan topplocket monteras. Ta bort alla packningsrester och allt sot med en plast-eller treskrapa; och rengör även kolvkronorna. Var

mycket försiktig vid rengöringen, eftersom aluminiumlegeringen lätt kan skadas. Se även till att sot inte kommer in i olje- och vattenkanalerna – detta är särskilt viktigt när det gäller smörjningen eftersom sotpartiklar kan täppa igen oljekanaler och blockera oljematningen till motordelarna. Använd tejp och papper till att försegla vatten- och oljekanaler och bulthål i motorblocket/vevhuset.

21 Undersök fogytorna på motorblocket/vevhuset och topplocket och se om det finns hack, djupa repor och andra skador. Smärre skador kan korrigeras med slippapper men fräsning av topplocket är inte möjlig – se kapitel 2D.

22 Kontrollera topplockspackningens yta med en ställinjal om den misstänks vara skev.

23 Rensa gängorna i topplocksbultarnas hål med en passande gängtapp. Om en lämplig gängtapp inte finns tillgänglig, skär två skåror i gängorna på en gammal bult. Det är av yttersta vikt att ingen olja eller kylvätska finns i bulthålen, eftersom blocket annars kan spräckas av det övertryck som bildas när bultarna sätts i och dras åt.

Montering

24 Se efter på den gamla topplockspackningen vilka märkningar den har. Hålen går längs med packningens främre kant **(se bild)**. Under förutsättning att inte nya kolvar monterats måste den nya topplockspackningen vara av samma typ som den gamla.

25 Om nya kolvar har monterats som en del av en motorrenovering måste du först mäta kolvutsticket enligt beskrivningen i kapitel 2D innan du köper en ny topplockspackning. Köp en ny packning i enlighet med mätresultatet.

26 Lägg en ny topplockspackning på blocket och passa in den mot styrstiften **(se bild)**. Se till att tillverkarens TOP-märke och katalognummer är vända uppåt.

27 Ta hjälp av någon och placera topplock och insugnings-/grenrör centralt på blocket, se till att styrstiften greppar i urtagen på topplocket. Kontrollera att topplockspackningen är korrekt placerad innan du låter topplockets hela vikt vila på den.

9.14 Skruva loss bulten (se pil) som fäster kylvätskeröret på topplockets bakre högra hörn

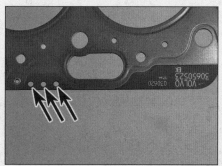

9.24 Hålen (markerade med pilar) längs topplockspackningens kant indikerar tjockleken

9.26 Kontrollera att topplockspackningen sitter korrekt på styrstiften

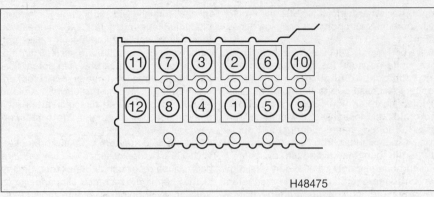

H48475

9.30 Ordningsföljd för åtdragning av topplocksbultar

9.31 Använd en vinkelmätare för att dra åt bultarna korrekt

28 Applicera lite fett på de nya topplocksbultarnas gängor och på undersidan av bultskallarna.
29 Skruva försiktigt in alla bultar i respektive hål (*låt dem inte falla in*) och skruva in dem för hand så mycket du kan med bara fingrarna.
30 Arbeta stegvis och i den ordningsföljd som visas för att dra åt topplocksbultarna till moment steg 1 med en momentnyckel och en hylsa. Lossa sedan bultarna i ordningsföljd (steg 2) och dra åt dem till steg 3. Dra sedan åt dem till angivet moment i den ordning som anges i steg 4 **(se bild)**.
31 När alla bultar dragits till steg 4 ska de dras till angiven vinkel för steg 5 med en hylsa och ett förlängningsskaft. Använd samma ordningsföljd som tidigare **(se bild)**.

En vinkelmätare rekommenderas till steg 3 för exakthet. Om du inte har tillgång till en mätare, använd färg för att göra linjeringsmarkeringar mellan bultskallen och topplocket före åtdragningen. markeringarna kan sedan användas för att kontrollera att bulten har roterats till rätt vinkel vid åtdragningen. Upprepa proceduren och dra åt bultarna till vinkeln som anges för steg 6.
32 Resten av återmonteringen sker i omvänd ordning mot demonteringen. Tänk på följande:
a) *Topplocksskruvarna behöver inte dras åt.*
b) *Dra åt alla hållare till angivet moment (där sådant angetts).*
c) *Fyll på kylsystemet och fyll på motoroljan enligt beskrivningen i kapitel 1.*

10 Kamaxlar, vipparmar och ventillyftar – demontering, kontroll och montering

Demontering

1 Ta bort kamaxeldrevet enligt beskrivningen i avsnitt 5.
2 Demontera kamaxelkåpan enligt beskrivningen i avsnitt 6.
3 Skruva loss skruven som fäster den inre kamremskåpan på höger kamaxellageröverfall **(se bild)**.
4 Ta bort vakuumpumpen (kapitel 9) och bränslepumpen (kapitel 4A).
5 Skruva loss skruvarna som håller fast höger- och vänster kamaxellagret/tätningen **(se bilder)**.
6 Kontrollera att kamaxellageröverfallen är märkta så att de kan återmonteras korrekt. Om så inte är fallet, numrera dem och börja då från kamremssidan **(se bild)**. Se till att de monteras tillbaka som innan demonteringen.
7 Börja på insugskamaxeln och lossa var och en av lageröverfallens skruvar ett varv i taget tills kamaxeln inte längre är spänd. Ta sedan bort skruvarna och överfallen. Skruvarna måste lossas stegvis och jämnt för att förhindra att det uppstår för mycket belastning och möjliga skador på kamaxeln. Upprepa det här momentet på avgaskamaxeln.
8 Lyft ut kamaxlarna och kassera packboxen från insugskamaxeln.
9 Lyft försiktigt upp vipparmarna och de hydrauliska ventillyftarna från topplocket. Lägg dem på en ren och torr yta. Använd färg och markera deras lägen på topplocket.

Kontroll

10 Lossa de hydrauliska ventillyftarna från vipparmarna och leta efter tecken på skador **(se bild)**. Byt om det behövs.
11 Snurra rullen på var och en av vipparmarna och lyssna efter ljud från lagret **(se bild)**. Byt om det behövs.

10.3 Inre kamskåpsskruv

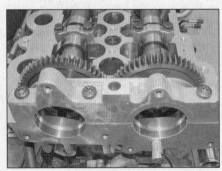

10.5a Skruva loss skruvarna och ta bort vänster . . .

10.5b . . . och höger lageröverfall

10.6 Lageröverfallen ska numreras med början från kamremssidan

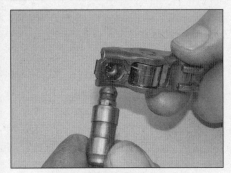

10.10 Lossa ventillyftarna från vipparmarna

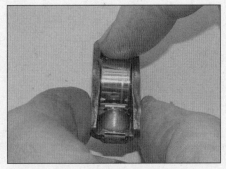

10.11 Snurra på rullen och lyssna efter ljud

10.15 Se till att vipparmarnas ändar är korrekt placerade över ventilskaftens ändar

12 Undersök kamloberna och kamaxellagertapparna och leta efter repor eller andra synliga tecken på slitage. När kamlobernas hårda yta väl har slitits bort, kommer slitaget att gå snabbt.

13 Inga specifika diametrar eller mellanrum anges av Volvo för kamaxlarna. Om de däremot är synligt slitna måste de bytas.

Montering

14 Fäst varje ventillyftare på undersidan av respektive vipparm.

15 Se till att loppen för tapparna i topplocket är rena och fria från skräp. Smörj sedan in ventillyftarna med ren motorolja och sänk ner dem till deras originallägen. Kontrollera att vipparmarnas ändar är korrekt placerade över ventilskaften **(se bild)**.

16 Kontrollera att kamaxellagrens lägen i topplocket är rena och smörj sedan dem och vipparmsrullarna med ren motorolja.

17 Placera kamaxlarna tillsammans så att markeringarna på kamdreven linjerar. Sänk sedan ner kamaxlarna till rätt läge igen på topplocket **(se bild)**. Smörj kamaxeltappen med ren motorolja.

18 Sätt tillbaka kamaxellageröverfallen och skruvarna i deras originallägen och dra åt skruvarna jämnt för hand tills överfallen ligger

platt mot kamaxeltapparna. Montera inte höger och vänster lager-/packboxöverfall än.

19 Dra åt lageröverfallens skruvar ett varv i taget på båda kamaxlarna tills lageröverfallen tar i topplocket. Det är mycket viktigt att lageröverfallen dras åt stegvis och jämnt, annars kan det uppstå skador på kamaxeln. Dra till sist åt lageröverfallens skruvar till angivet moment.

20 Sätt in en låssprint för kamaxeln (Volvo nr 999 7007) genom hålet i topplocket och in i hålet i kamaxeldrevet. Om det behövs kan du vrida kamaxeln lite för att sprinten ska kunna föras in med hjälp av en stor skruvmejsel i spåren på kamaxelns ände – vrid inte kamaxlarna mer än vad som är absolut nödvändigt. Om du inte har tillgång till en Volvo-sprint kan du tillverka en egen.

21 Se till att fogytorna på höger och vänster kamaxellager/packboxöverfall är rena och torra. Applicera sedan en tunn, jämn film av flytande tätningsmedel från Volvo (Volvo nr 11 61 059) på fogytorna **(se bild)**. Använd helst en korthårig roller.

22 Sätt tillbaka höger och vänster lager-/packboxöverfall och dra åt fästskruvarna till angivet moment.

23 Rengör sätet i lageröverfallet och smörj sedan olja på kanterna av den nya oljetätningen. Vira tejp runt änden på kamaxeln, montera sedan den nya oljetätningen och knacka försiktigt in den i rätt läge med en rörstång eller

hylsa mot tätningens hårda yttre yta. Ta bort tejpen när du är klar.

24 Resten av återmonteringen sker i omvänd ordning mot demonteringen. Tänk på följande:

a) Dra åt alla hållare till angivet moment (där sådant angetts).

b) Vänta i minst 30 minuter (eller helst över natten) efter att de hydrauliska ventillyftarna monterats innan motorn startas så att ventillyftarna får tid att sätta sig. Annars kommer ventilhuvudena att slå i kolvarna.

11 Svänghjul/drivplatta – demontering, kontroll och montering

Demontering

1 På modeller med manuell växellåda, demontera växellådan (se kapitel 7A) och kopplingen (se kapitel 6).

2 På modeller med automatväxellåda, demontera automatväxellådan enligt beskrivningen i kapitel 7B.

3 Skruva loss bultarna och flytta motorns varvtalsgivare, tillsammans med fästbygeln, åt sidan **(se bild)**.

4 Sätt tillfälligt i en bult i motorblocket och

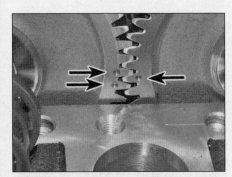

10.17 Placera kamaxlarna tillsammans så att markeringarna (markerade med pilar) på kamdreven linjeras

10.21 Applicera tätningsmedel på topplockets/lageröverfallets tätningsytor

11.3 Skruva loss bultarna och ta bort varvtalsgivaren, komplett med fästbygeln

11.4 Det bästa är om du kan tillverka ett verktyg som spärrar svänghjulet på plats

11.8 Rikta in styrstiftet i vevaxeln mot hålet i svänghjulet som är markerat med en liten grop (markerad med pilar)

12.5 Dra upp motorkåpan av plast rakt upp från dess fästen

använd en bredbladig skruvmejsel till att hålla svänghjulet/drivplattan, eller tillverka ett specialverktyg **(se bild)**.

5 Skruva loss de multiräfflade bultarna som fäster svänghjulet/drivplattan på vevaxeln och lyft bort svänghjulet/drivplattan – svänghjulet är tungt! Kasta bultarna och använd nya vid återmonteringen.

Kontroll

6 Undersök svänghjulet/drivplattan och leta efter tecken på slitage eller skada. Undersök om startkransens tänder är slitna. Om drivplattan eller krondrevet är skadade måste hela drivplattan bytas ut. Dock kan svänghjulets krondrev bytas separat från svänghjulet, men du bör överlåta detta arbete till en Volvo-verkstad. Om kopplingsfriktionsytan är missfärgad eller överdrivet repig kan den eventuellt slipas om, men detta arbete bör överlåtas till en Volvo-verkstad.

7 På modeller med ett tvåmasse svänghjul kontrollerar du radialspelet genom att vrida svänghjulets andra massa åt ett håll tills fjädern börjar spännas. Låt sedan svänghjulet skjuta bakåt – gör ett inställningsmärke mellan den första och den andra massan. Vrid nu svänghjulet i motsatt riktning tills fjädern börjar spännas – gör ett annat inställningsmärke mellan de två massorna. Avståndet mellan de två markeringarna måste vara mindre än 35 mm.

Montering

8 Passa in svänghjulet/drivplattan mot vevaxeln, linjera styrstiftet med motsvarande hål i svänghjulet/drivplattan **(se bild)**.

9 Sätt i de nya bultarna och dra åt dem korsvis, gradvis och jämnt till angivet moment för steg 1, och sedan till den vinkel som anges för steg 2. Använd metoden ovan för att hindra svänghjulet/drivplattan från att rotera.

10 Resten av monteringen sker i omvänd ordningsföljd mot demonteringen.

12 Motorfästen – kontroll och byte

Kontroll

1 Om bättre åtkomlighet behövs, lyft upp framvagnen och ställ den på pallbockar och demontera sedan den undre skyddskåpan.

2 Kontrollera om gummifästena är spruckna, förhårdnade eller har lossnat från metallen någonstans. byt fästet om du ser tecken på sådana skador.

3 Kontrollera att fästenas hållare är hårt åtdragna; använd en momentnyckel om möjligt

4 Undersök om fästet är slitet genom att försiktigt bända det med en stor skruvmejsel eller en kofot och se om det föreligger något fritt spel. Där detta inte är möjligt, låt en medhjälpare vicka på motorn/växellådan framåt/bakåt och i sidled, medan du studerar fästet. Visst spel finns även

hos nya komponenter, men kraftigt slitage märks tydligt. Om för stort spel förekommer, kontrollera först att hållarna är ordentligt åtdragna, och byt sedan slitna komponenter enligt beskrivningen nedan.

Byte

Höger fäste

5 Dra plastkåpan på motorn rakt uppåt och ta bort den från motorrummet **(se bild)**.

6 Ta bort det övre momentstaget enligt beskrivningen nedan.

7 Placera en garagedomkraft under motorsumpens högra del för att avlasta den. Placera en bit trä mellan domkraftsskallen och sumpen för att förhindra att skador uppstår.

8 Skruva loss de fyra övre fästbultarna och de tre nedre fästbultarna **(se bilder)**. Det går nu att ta bort fästet.

9 Monteringen sker i omvänd ordningsföljd mot demonteringen, och dra åt fästbultarna till angivet moment.

Vänster fäste

10 Dra plastkåpan på motorn rakt uppåt och ta bort den från motorrummet.

11 Ta bort luftrenarhuset enligt beskrivningen i kapitel 4A.

12 Ta bort batteriet och batterilådan enligt beskrivningen i kapitel 5A.

13 Flytta säkringsdosan till ena sidan genom att skruva loss fästbulten, lossa klämman på nederdelen och föra den ut mot motorn **(se bild)**.

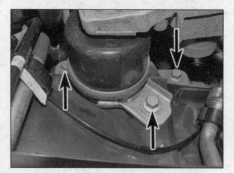

12.8a Skruva loss de övre fästbultarna (markerade med pilar) . . .

12.8b . . . och de nedre fästbultarna

12.13 Flytta säkringsdosan åt ena sidan

14 Placera en garagedomkraft under motorsumpens högra del för att avlasta den. Placera en bit trä mellan domkraftsskallen och sumpen för att förhindra att skador uppstår.

15 Skruva loss de fyra stora muttrarna och de två små bultarna längst upp på fästet, skruva sedan loss de två nedre bultarna **(se bilder)**. Det går nu att ta bort fästet.

16 Monteringen sker i omvänd ordningsföljd mot demonteringen, och dra åt fästbultarna till angivet moment.

Övre momentstag

17 Skruva loss den bult som håller fast kylvätskeexpansionskärlet och flytta tanken åt ena sidan **(se bilder)**.

18 Skruva loss momentstagets bult från fjädringsbenstornet och från fästbygeln och flytta bort momentstaget från dess plats **(se bilder)**.

19 Placera momentstaget och dra åt de nya fästanordningarna till korrekt moment.

20 Montera tillbaka kylvätskeexpansionskärlet.

Nedre momentstag

21 Lyft upp framvagnen och ställ den på pallbockar (se *Lyftning och stödpunkter*).

22 Skruva loss skruvarna och ta bort motorns undre skyddskåpa.

23 Skruva loss bultarna och för bort momentstaget från dess plats **(se bild)**.

24 Placera momentstaget och dra åt de nya fästanordningarna till korrekt moment.

25 Montera den undre skyddskåpan och sänk ner bilen.

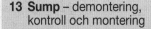

13 Sump – demontering, kontroll och montering

Demontering

1 Lyft upp framvagnen och ställ den på pallbockar (se *Lyftning och stödpunkter*).

2 Skruva loss skruvarna och ta bort motorns undre skyddskåpa.

3 Tappa ur motoroljan enligt beskrivningen i kapitel 1.

12.18a Skruva loss fästbulten från fjädringsbenstornet . . .

12.15a Skruva loss de övre fästbultarna . . .

12.17a Skruva loss den skruv som håller fast expansionskärlet . . .

4 Ta bort multiremmen enligt beskrivningen i kapitel 1.

5 Skruva loss de tre bultarna och flytta luftkonditioneringskompressorn åt ena sidan. Använd en vajer för att fästa kompressorn på en lämplig del av karossen eller chassit.

6 Skruva loss bulten/muttern och dra bort oljemätstickans styrhylsa från sumpen.

7 Lossa anslutningskontakten, skruva loss de tre bultarna och ta bort oljenivågivaren från sumpen.

8 Oljekylaren (i förekommande fall) är fäst på sumpen med fyra bultar. Skruva loss bultarna och dra kylaren bakåt. Var beredd på oljespill.

9 Ta bort luftröret under sumpen. Skruva loss klämmorna på varje ände och skruva loss den bult som håller fast fästbygeln.

10 Lossa skruvarna som fäster sumpen och ta bort alla förutom en skruv i varje hörn.

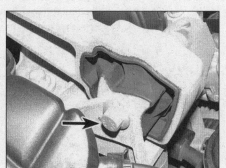

12.18b . . . och motorfästet

12.15b . . . och de nedre fästbultarna

12.17b . . . och flytta det åt ena sidan

11 Knacka försiktigt på sumpens sidor och ändar tills tätningen mellan motorn och sumpen lossnar. Skruva loss de resterande bultarna och ta bort sumpen. Kasta O-ringarna från sumpens högra ände/främre kant, du måste sätta dit nya.

Montering

12 Rengör sumpens och blockets fogytor.

13 Stryk på ett tunt och jämnt lager av flytande tätningsmedel från Volvo (nr 116 1771) på sumpens fogyta och passa in de nya O-ringtätningarna på motorblockets yta **(se bilder)**. Sumpen måste monteras tillbaka inom 5 minuter efter det att tätningsmedlet har lagts på.

14 Sätt tillbaka sumphuset och sätt dit fästbultarna, dra endast åt dem för hand

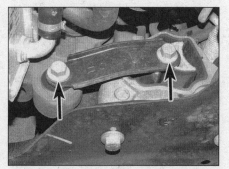

12.23 Skruva loss momentstagets nedre fästbultar (markerade med pilar)

13.13a Stryk på ett tunt och jämnt lager tätningsmedel från Volvo . . .

13.13b . . . och byt O-ringarna (markerade med pilar)

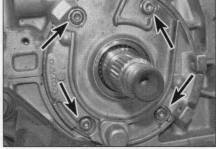

13.14 De fyra något kortare bultarna sitter på växellådssidan

14.2 Skruva loss de fyra oljepumpsbultarna (markerade med pilar)

14.5 Skruva loss oljepumpskåpans två skruvar (markerade med pilar)

på det här stadiet. Observera att de tre längsta bultarna sitter på oljepumpsänden, och de fyra något kortare bultarna sitter på växellådsänden **(se bild)**.

15 Montera tillbaka bultarna för sumpen på växellådan och dra åt dem till angivet moment.

16 Börja från växellådsänden och dra åt bultarna mellan sumpen och motorn parvis till angivet moment.

17 Resten av återmonteringen sker i omvänd ordning mot återmonteringen. Tänk på följande:

a) Byt O-ringstätningarna mellan oljekylaren och sumpen.

b) Dra åt alla hållare till angivet moment (där sådant angetts).

c) Montera ett nytt motoroljefilter och fyll på

motorolja enligt beskrivningen i kapitel 1.

d) Volvo rekommenderar att du väntar minst två timmar innan du startar bilen så att tätningsmedlet kan härda helt.

14 Oljepump – demontering, kontroll och montering

Demontering

1 Ta bort vevaxelns högra packbox enligt beskrivningen i avsnitt 8.

2 Skruva loss de fyra bultar som håller fast oljepumpen vid framsidan av motorblocket **(se bild)**.

3 Lossa pumpen försiktigt genom att bända bakom de övre och nedre separeringstapparna

med en skruvmejsel. Ta bort pumpen och ta loss packningen.

4 Rengör pumpens och motorblockets fogytor noggrant och ta bort alla spår av gammal packning. Kasta O-ringstätningen, du måste sätta dit en ny.

Kontroll

5 Skruva loss pumpkåpans två insexskruvarna samtidigt som du håller ihop pumphalvorna och ta sedan bort kåpan. Var beredd på att övertrycksventilens fjäder skjuter iväg **(se bild)**.

6 Anteckna var de är placerade och ta bort övertrycksventilens fjäder och tryckkolv samt pumprotorerna **(se bilder)**.

7 Om det inte redan är gjort ska vevaxelns packbox bändas loss.

14.6a Ta bort tryckkolven . . .

14.6b . . . fjädern . . .

14.6c . . . och rotorerna

8 Rengör alla komponenter noga och undersök sedan om rotorerna, huset och kåpan har några skador eller är slitna.
9 I skrivande stund fanns inga specifikationer för renovering eller kontroll av pumpen. Man verkar inte heller kunna köpa inre pumpdelar separat.
10 Sätt tillbaka den inre rotorn med markeringarna vända mot pumphuset **(se bild)**.
11 Sätt tillbaka den yttre rotorn på huset, se till att markeringen på rotorn är vänd mot motorblocket **(se bild)**.
12 Sätt tillbaka övertrycksventilens fjäder och tryckkolv. Sätt sedan dit kåpan och dra åt fästskruvarna ordentligt.

Montering

13 Montera tillbaka pumpen på blocket med en ny packning och O-ring. Använd pumpens fästbultar som guider och dra pumpen på plats med vevaxelremskivans mutter och mellanläggsbrickor. Med pumpen på plats, dra åt fästbultarna diagonalt till angivet moment.
14 Montera en ny oljetätning i vevaxelns högra ände enligt beskrivningen i avsnitt 8.

15 Oljekylare –
demontering och montering

Demontering

1 Tappa ur motoroljan enligt beskrivningen i kapitel 1.
2 Lossa slangklämman och koppla loss kylvätskeslangarna från kylaren på sumpens baksida.
3 Skruva loss bultarna som fäster kylaren på sumpen och ta hand om O-ringstätningarna

14.10 Sätt dit den inre rotorn med markeringarna (markerade med pilar) vända mot pumphuset . . .

14.11 . . . och den yttre rotorn med markeringen (se pil) vänd mot motorblocket

när kylaren tas bort. Var beredd på vätskespill **(se bild)**.

Montering

4 Kontrollera att fogytorna på sumpen och oljekylaren är rena och sätt sedan tillbaka

15.3 Skruva loss oljekylarbultarna (se pilar)

kylaren med nya O-ringstätningar. Dra åt fästbultarna ordentligt **(se bild)**.
5 Återanslut kylvätskeslangarna och fäst dem med nya klämmor om nödvändigt.
6 Fyll på motorolja och kylsystemet enligt beskrivningen i kapitel 1.

15.4 Oljekylarens O-ringar

Kapitel 2 Del D:
Motor – demontering och reparationer

Innehåll

Allmän information 1
Demontering av motor/växellåda – förberedelser och varningar 2
Kolvar och kolvringar – hopsättning 13
Kolvar och vevstakar – demontering och kontroll 7
Kolvar och vevstakar – montering 14
Mellandel/ramlageröverfall – demontering 6
Motor – första start efter renovering och hopsättning 16
Motor och växellåda – demontering, isärtagning och montering. . . . 3

Motorblock/vevhus – rengöring och kontroll 9
Motorrenovering – förberedelser 4
Motorrenovering – ordning vid hopsättning 11
Ram- och vevstakslager – kontroll och urval 10
Sump – montering 15
Topplock – isärtagning, rengöring, kontroll och hopsättning 5
Vevaxel – demontering och kontroll 8
Vevaxel – montering 12

Svårighetsgrad

Enkelt, passar novisen med lite erfarenhet 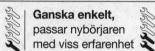	Ganska enkelt, passar nybörjaren med viss erfarenhet 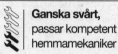	Ganska svårt, passar kompetent hemmamekaniker 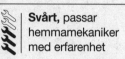	Svårt, passar hemmamekaniker med erfarenhet 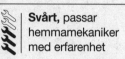	Mycket svårt, för professionell mekaniker

Specifikationer

Topplock

1,6-liters motor

Skevhetsgränser – maximalt godtagbara värden:
På längden	0,025 mm
På tvären.	Uppgift saknas
Höjd	Uppgift saknas

2,0-liters motor med 4 cylindrar

Skevhetsgränser – maximalt godtagbara värden:
På längden	0,030 mm
På tvären.	Uppgift saknas
Höjd	Uppgift saknas

5-cylindriga motor

Skevhetsgränser – maximalt godtagbara värden:
På längden	0,05 mm
På tvären.	0,02 mm
Höjd	149,4 ± 0,15 mm

Insugsventiler

1,6-liters motor

Huvuddiameter.	Uppgift saknas
Skaftdiameter.	Uppgift saknas
Längd	Uppgift saknas
Ventilsätesvinkel.	Uppgift saknas

2,0-liters motor med 4 cylindrar

Huvuddiameter.	Uppgift saknas
Skaftdiameter.	5,969 till 5,987 mm
Längd	Uppgift saknas
Ventilsätesvinkel.	Uppgift saknas

5-cylindriga motor

Huvuddiameter.	28,0 ± 0,01 mm
Skaftdiameter.	5,975 ± 0,015 mm
Längd	98,1 ± 0,07 mm
Ventilsätesvinkel.	45° ± 0,5°

Avgasventiler

1,6-liters motor
Huvuddiameter . . . . Uppgift saknas
Skaftdiameter . . . . Uppgift saknas
Längd . . . . Uppgift saknas
Ventilsätesvinkel . . . . Uppgift saknas

2,0-liters motor med 4 cylindrar
Huvuddiameter . . . . Uppgift saknas
Skaftdiameter . . . . 5,969 till 5,987 mm
Längd . . . . Uppgift saknas
Ventilsätesvinkel . . . . Uppgift saknas

5-cylindriga motor
Huvuddiameter . . . . 26,2 ± 0,1 mm
Skaftdiameter . . . . 5,975 ± 0,015 mm
Längd . . . . 97,7 ± 0,07 mm
Ventilsätesvinkel . . . . 45,0° ± 0,5°

Ventilstyrningar
Spel mellan ventilskaft och styrning:
   1,6-liters motor . . . . Uppgift saknas
   2,0-liters motor med 4 cylindrar:
      Insugsventil . . . . 0,013 till 0,049 mm
      Avgasventil . . . . 0,023 till 0,059 mm
   5-cylindrig motor . . . . Uppgift saknas

Kolvar
Spel mellan kolv och lopp:
   1,6-liters motor . . . . 0,164 till 0,196 mm
   2,0-liters motor med 4 cylindrar . . . . 0,056 till 0,103 mm
   5-cylindrig motor . . . . 0,010 till 0,030 mm

Kolvringar

1,6-liters motor
Spelrum i spår:
   Övre kompression . . . . 0,200 till 0,350 mm
   Andra kompression . . . . 0,200 till 0,400 mm
   Oljekontroll . . . . 0,800 till 1,000 mm
Ändgap (mätt i cylindern):
   Kompressionsringar . . . . Uppgift saknas
   Oljekontroll . . . . Uppgift saknas

2,0-liters motor med 4 cylindrar
Spelrum i spår:
   Övre kompression . . . . 0,200 till 0,350 mm
   Andra kompression . . . . 0,800 till 1,000 mm
   Oljekontroll . . . . 0,250 till 0,500 mm
Ändgap (mätt i cylindern):
   Kompressionsringar . . . . Uppgift saknas
   Oljekontroll . . . . Uppgift saknas

5-cylindriga motor
Spelrum i spår:
   Övre kompression . . . . 0,120 till 0,160 mm
   Andra kompression . . . . 0,070 till 0,110 mm
   Oljekontroll . . . . 0,030 till 0,070 mm
Ändgap (mätt i cylindern):
   Kompressionsringar . . . . 0,20 till 0,40 mm
   Oljekontroll . . . . 0,25 till 0,50 mm

Vevaxel
Axialspel:
   1,6-liters motor . . . . 0,10 till 0,30 mm
   2,0-liters motor . . . . 0,07 till 0,32 mm
   5-cylindrig motor . . . . 0,08 till 0,19 mm

Åtdragningsmoment
Se kapitel 2A, 2B och 2C Specifikationer för åtdragningsmoment.

1 Allmän information

I det här kapitlet beskrivs hur man tar bort motorn/växellådan från bilen och hur man renoverar topplocket, motorblocket och andra delar i motorn.

Informationen omfattar allt ifrån allmänna råd beträffande förberedelser för renovering och inköp av delar, till detaljerade anvisningar steg-för-steg för demontering, kontroll, renovering och montering av motorns komponenter.

Från och med avsnitt 5 bygger alla instruktioner på antagandet att motorn har tagits ut ur bilen. Information om hur man reparerar motorn när den sitter kvar i bilen, och även hur man demonterar och monterar de externa delar som krävs för översynen, finns i kapitel 2A, kapitel 2B eller kapitel 2C, och i avsnitt 4. Hoppa över de isärtagningsinstruktioner som är överflödiga när motorn demonterats från bilen.

2 Demontering av motor/växellåda – förberedelser och föreskrifter

Om du har beslutat att en motor måste demonteras för översyn eller större reparationer, bör följande förberedande åtgärder vidtas.

Det är mycket viktigt att man har ett lämpligt ställe att arbeta på. Tillräckligt med arbetsutrymme behövs, samt plats för att förvara bilen. Om en verkstad eller ett garage inte finns tillgängligt krävs åtminstone en plan och ren arbetsyta.

Rensa om möjligt några hyllor nära arbetsytan där motordelarna och tillbehör kan läggas när de demonterats och tagits isär. Då är det lättare att hålla delarna rena och det är mindre risk att de skadas. Om delarna läggs i grupper tillsammans med tillhörande fästbultar, skruvar etc., går det snabbare vid återmonteringen och risken för sammanblandning minskar.

Rengör motorrummet och motorn/växellådan innan du påbörjar demonteringen.

då blir det lättare att se och att hålla verktygen rena.

Dessutom krävs assistans från en medhjälpare; många moment under arbetet med att lyfta ur motorn kräver att flera åtgärder utförs samtidigt, och då räcker inte en person till. Säkerheten är av största vikt, med tanke på att arbete av denna typ innehåller flera farliga moment. En andra person bör alltid finnas till hands för att kunna vara till hjälp när det behövs. Om detta är första gången du demonterar en motor, är det dessutom bra att få goda råd från någon som gjort det tidigare.

Planera arbetet i förväg. Skaffa alla verktyg och all utrustning som behövs innan arbetet påbörjas. Tillgång till följande gör att demontering och återmontering av motorn/växellådan kan göras säkert och relativt enkelt: en motorlyft – anpassad till en högre vikt än den sammanlagda vikten av motorn och växellådan, en kraftig garagedomkraft, en komplett uppsättning nycklar och hylsor enligt beskrivningen i slutet av den här handboken, träblock och gott om trasor och rengöringsmedel för att torka upp spill av olja, kylvätska och bränsle. Ett antal plastlådor av olika storlekar kan vara bra för att förvara sammanhörande isärtagna delar i. Se till att vara ute i god tid om utrustning måste hyras, och utför alla arbeten som går att göra utan den i förväg. det sparar både tid och pengar.

Räkna med att bilen inte kommer att kunna användas på ett bra tag, särskilt om motorn ska genomgå renovering. Läs igenom hela detta avsnitt och tänk ut en arbetsgång baserat på egen erfarenhet och på vilka verktyg, hur lång tid och hur stort arbetsutrymme som finns tillgängligt. En del av renoveringen kanske måste utföras av en Volvo-verkstad eller en specialist. Dessa har ofta fulltecknade kalendrar, så det är en god idé att fråga dem innan man börjar demontera eller ta isär motorn, för att få en uppfattning om hur lång tid det kan ta att utföra arbetet.

Var metodisk när motorn tas ut ur bilen och de externa komponenterna kopplas loss. Om kablar och slangar märks när de tas bort kommer återmonteringen att gå mycket enklare.

Var alltid mycket försiktig när motorn/växellådan lyfts ur motorrummet. Oförsiktighet kan leda till allvarliga skador. Om det behövs är det bättre att vänta på hjälp, istället för

att riskera personskador och/eller skada på bildelarna genom att fortsätta ensam. Med god planering och gott om tid kan ett arbete av denna natur utföras framgångsrikt och olycksfritt, trots att det är fråga om ett omfattande arbete.

På alla modeller som tas upp i den här handboken tas motorn och växellådan bort som en enhet, uppåt och ut ur motorrummet. Motorn och växellådan separeras sedan på en arbetsbänk.

3 Motor och växellåda – demontering, isärtagning och återmontering

Observera: Det kan finnas detaljavvikelser beroende på vilken motor som är monterad. Processen är dock i huvudsak samma för alla motorer.

Demontering

1 Öppna motorhuven. Om det finns risk för att motorhuven kommer att vara i vägen för motorlyften ska huven tas bort enligt beskrivningen i kapitel 11.

2 Ta bort batteriet och batterilådan enligt beskrivningen i kapitel 5A.

3 Ta bort plastkåpan från motorn.

4 Demontera luftrenaren och alla luftkanaler, inklusive turboaggregatets intag (om tillämpligt) enligt beskrivningen i relevant del av kapitel 4.

5 Se relevanta kapitel:

a) Dränera kylsystemet (kapitel 1).

b) Om motorn ska tas isär, tappa ur motoroljan (kapitel 1).

c) Demontera multiremmen (kapitel 1).

d) Demontera katalysatorn (kapitel 4B).

e) Ta bort kylfläkten (kapitel 3) på 5-cylindriga motorer.

f) Demontera drivaxlarna (kapitel 8).

g) Ta bort det övre och nedre momentstaget (kapitel 2C).

h) Demontera generatorn (kapitel 5A).

6 Lossa växelvajrarna enligt beskrivningen i kapitel 7A och 7B.

7 Flytta säkringsdosan i motorrummet (central elenhet) åt ena sidan och skruva loss jordkablarna under luftrenarhuset **(se bild)**.

8 Lossa alla relevanta anslutningskontakter, luftrör och kylvätskeslangar **(se bilder)**.

3.7 Lossa jordkablarna under luftrenarhuset

3.8a Lossa alla relevanta slangar . . .

3.8b . . . och fästen

3.9 Oljekylarrör till automatväxellådan

9 I modeller med automatväxellåda lossar du vätskerören till växellådans oljekylare på växellådan **(se bild)**.

10 Ta bort höger hjulhusfoder och lossa anslutningskontakten **(se bild)**.

11 Skruva loss de bultar som håller fast servostyrningspumpen på fästbygeln och fäst den på hjälpramen med buntband.

12 Lossa luftkonditioneringskompressorns anslutningskontakt, skruva loss fästbultarna och fäst kompressorn på en lämplig punkt på den främre panelen eller på hjälpramen med buntband. Var noga med att inte skada luftkonditioneringsrören. Du måste inte tömma ut luftkonditioneringens kylmedium.

13 Anslut en lyftkedja/rem på transportbyglarna ovanpå motorn. Passa sedan in en motorlyft/kran och låt den bära upp motorns vikt.

14 Gör en sista kontroll för att se till att alla slangar, rör och elkablar mellan motorn/växellådan och karossen har kopplats loss.

15 Skruva loss de bultar som håller fast motorfästena enligt beskrivningen i kapitel 2C, lyft sedan och för motor-/växellådsenheten bort från motorrummet **(se bild)**. Du behöver ta hjälp av någon för att stötta och hantera enheten utan att skada bilens kaross etc.

Isärtagning

16 Demontera startmotorn.

Modeller med manuell växellåda

17 Skruva loss de återstående bultarna som fäster växellådan vid bilen.

18 Dra bort växellådan från motorn med hjälp av en medhjälpare. Låt den inte hänga på den ingående axeln när den är fri från styrhylsorna.

Modeller med automatväxellåda

19 Vrid vevaxeln med hjälp av en hylsnyckel på remskivans mutter, tills det går att komma åt en av fästbultarna mellan momentomvandlaren och drivplattan genom öppningen på motorns baksida. Arbeta genom öppningen och skruva loss bulten med en TX50 hylsa. Vrid vevaxeln så mycket som behövs och ta bort de återstående bultarna på samma sätt. Observera att nya bultar krävs vid monteringen.

20 Skruva loss de återstående bultarna som fäster växellådan på motorn.

21 Tillsammans med en medhjälpare, dra växellådan rakt av från motorns styrhylsor och se till att momentomvandlaren sitter kvar på växellådan. Använd åtkomsthålet i växelhuset för att hålla omvandlaren på plats.

Montering

Modeller med manuell växellåda

22 Se till att kopplingen är korrekt centrerad och att urkopplingens komponenter är monterade på svänghjulskåpan. Applicera inget fett på växellådans ingående axel, styrhylsan eller själva urkopplingslagret eftersom dessa komponenter har friktionsreducerande lager som inte behöver smörjas.

23 För växellådan rakt in på sin plats och fäst den med motorns styrhylsor. Sätt tillbaka bultarna som håller fast växellådan vid motorn

och dra åt dem till angivet moment. Montera tillbaka startmotorn.

Modeller med automatväxellåda

24 Spola ur oljekylaren med ren växellådsolja innan växellådan monteras. Gör på följande sätt. Fäst en slang vid den övre anslutningen, häll automatväxellådsolja genom slangen och samla upp den i en behållare placerad under returslangen (se *Smörjmedel och vätskor*).

25 Rengör kontaktytorna på momentomvandlaren och drivplattan, samt växellådans och motorns fogytor. Smörj momentomvandlarens styrningar och motorns/växellådans styrstift lätt med fett.

26 För växellådan rakt in på sin plats och fäst den med motorns styrhylsor. Sätt tillbaka de bultar som håller fast växellådan vid motorn och dra åt dem lätt först i diagonal ordningsföljd, och sedan till angivet moment.

27 Montera momentomvandlaren på drivplattan med nya bultar. Vrid vevaxeln för att komma åt bultarna på samma sätt som vid demonteringen. Vrid sedan momentomvandlaren med hjälp av åtkomsthålen i växelhuset. Sätt i och dra åt alla bultar först för hand och sedan till angivet moment.

Alla modeller

28 Resten av återmonteringen sker i stort sett i omvänd ordning mot demonteringen. Tänk på följande:

a) *Dra åt alla fästen till angivet moment och vinkel, efter tillämplighet. Se relevanta kapitel i denna handbok för åtdragningsmoment som inte direkt rör motorn.*

b) *Fyll på smörjmedel och kylvätska i motorn om det behövs enligt beskrivningen i kapitel 1.*

c) *Läs avsnitt 16 innan motorn startas.*

3.10 Lossa anslutningskontakten (markerad med pil) bakom höger hjulhusfoder fram

3.15 Anslut en lyftkedja/rem på transportbyglarna (se pilar)

4 Motorrenovering – förberedelser

Det är mycket enklare att ta isär och arbeta med motorn om den är fastsatt i ett motorställ. Sådana ställ kan oftast hyras från en verkstad. Innan motorn monteras i stället ska svänghjulet/drivplattan demonteras så att ställets bultar kan dras ända in i motorblocket/ vevhuset.

Om inget ställ finns tillgängligt går det att ta isär motorn på en stabil arbetsbänk eller på golvet. Var försiktig så att motorn inte välter om arbetet utförs utan ställ.

Om en renoverad motor ska införskaffas måste alla hjälpaggregat först demonteras, så att de kan flyttas över till den nya motorn (precis som när den befintliga motorn genomgår renovering). Detta inkluderar följande komponenter:

a) Motorfästen och fästbyglar (kapitel 2C).
b) Generator med tillbehör och fästbygel (kapitel 5A).
c) Startmotor (kapitel 5A).
d) Bränslepumpen och bränslefördelarskenan (kapitel 4A).
e) Avgasgrenrör med turboaggregat i förekommande fall (kapitel 4A).
f) Insugsgrenrör med bränsleinsprutningskomponenter (kapitel 4A).
g) Alla elektriska brytare, manöverdon och givare samt kablarna till motorn (kapitel 12).
h) Kylvätskepump, termostat, slangar och fördelningsrör (kapitel 3).
i) Kopplingens komponenter – modeller med manuell växellåda (kapitel 6).
j) Svänghjul/drivplatta (kapitel 2A, 2B eller 2C).
k) Oljefilter (kapitel 1).
l) Oljemätsticka, rör och fästbygel.

Observera: Var noga med att notera detaljer som kan vara till hjälp eller av vikt vid återmonteringen när de externa komponenterna demonteras från motorn. Notera t.ex. hur packningar, tätningar, brickor, bultar och andra små detaljer sitter.

5.4a Tryck ihop ventilfjädern med en lämplig ventilfjäderkompressor

5.4b Ta loss knastren och lossa hoptryckaren

Införskaffas en 'mindre' motor (med motorblock/vevhus, vevaxel, kolvar och vevstakar på plats), måste även topplocket, kamremmen (med spännaren, spännarens remskivor och tomgångsöverföringen samt kåpor) och drivremmens spännare demonteras.

Om en fullständig renovering planerats kan motorn tas isär i den ordning som anges nedan:

a) Insugnings- och avgasgrenrör samt turboaggregat (i förekommande fall).
b) Kamrem, drev, spännare, remskivor och kåpor.
c) Topplock.
d) Oljepump.
e) Svänghjul/drivplatta.
f) Sump.
g) Oljeupptagarrör.
h) Mellandel.
i) Kolvar/vevstakar.
j) Vevaxel.

5 Topplock – isärtagning, rengöring, kontroll och hopsättning

Observera: Nya och renoverade topplock finns att köpa hos tillverkaren och från specialister på motorrenoveringar. Specialverktyg krävs för isärtagning och kontroll, och nya delar kan vara svåra att få tag på. Det kan därför vara mer praktiskt och ekonomiskt för en

hemmamekaniker att köpa ett färdigrenoverat topplock än att ta isär och renovera det ursprungliga topplocket.

Isärtagning

2,0- och 2,4-liters motorer

1 Demontera topplocket enligt beskrivningen i del B eller C i detta kapitel.
2 Beroende på vilka komponenter som fortfarande är monterade tar du bort termostaten (kapitel 3) och eventuella andra anslutningar, rör, givare eller fästbyglar om det är nödvändigt. På 5-cylindriga motorer lyfter du bort virvelventilenheten från topplockets ovansida.
3 Knacka till ordentligt på varje ventilskaft med en lätt hammare och en dorn, så att fjädern och tillhörande delar lösgörs.
4 Montera en ventilfjäderkompressor på varje ventil i tur och ordning och tryck ihop varje fjäder till dess insatshylsa syns (se bild). Lyft ut insatshylsorna; med en liten skruvmejsel, eller med en magnet och en pincett (se bild). Lossa försiktigt fjäderkompressorn och ta bort den.
5 Ta loss det övre ventilfjädersätet och ventilfjädern (se bilder). Dra ut ventilen från dess styrning.
6 Dra loss ventilskaftets oljetätning med en plattång. En kabelskalare som fästs under tätningen kan behöva användas om tätningen sitter hårt (se bild).

5.5a Ta bort fjäderhållaren ...

5.5b ... följt av ventilfjädern

5.6 Dra ut ventilskaftets oljetätning med en spetsig tång

5.7 Ta bort fjädersätet

5.12 Metallrörsadapter för åtkomst till ventilknastren

5.15 Fäst en självlåsande mutter med lämplig diameter på en lång bult, använd sedan verktyget för att ta bort ventilskaftets oljetätning

7 Ta loss det nedre ventilfjädersätet **(se bild)**. Om det finns stora sotavlagringar runt utsidan av ventilstyrningen måste dessa skrapas bort innan sätet monteras tillbaka.

1,6-liters motor

8 Demontera topplocket enligt beskrivningen i del A i detta kapitel.

9 Om du inte redan har gjort det ska du ta bort inlopps- och avgasgrenrören enligt kapitel 4A. Ta bort eventuella kvarvarande fästbyglar eller hus vid behov.

10 Ta bort kamaxlarna, de hydrauliska lyftarna och vipparmarna enligt beskrivningen i del A i detta kapitel.

11 Om du inte redan har gjort det, ta bort glödstiften enligt beskrivningen i kapitel 5B.

12 Använd en ventilfjäderkompressor för att trycka ihop fjädern på varje ventil i tur och ordning tills knastren kan tas bort. Lossa kompressorn och lyft bort fjäderhållaren och fjädern. Åtkomsten till ventilerna är begränsad och det kan vara nödvändigt att ordna en adapter av ett metallrör – skär ut ett fönster så att ventilknastren kan tas bort **(se bild)**.

13 Om fjäderhållaren vägrar att lossna och exponera de delade insatshylsorna när ventilfjäderkompressorn är nedskruvad, knacka försiktigt på verktygets ovansida, precis över hållaren, med en lätt hammare. Då lossnar hållaren.

14 Ta bort ventilen från förbränningskammaren.

15 Använd en tång för att försiktigt ta loss ventilskaftets oljetätning från styrningens överdel men observera att ventilskaftets oljetätning dessutom bildar fjädersätet och är djupt nedsänkt i topplocket. Den sitter också ordentligt fast på ventilstyrningen vilket gör det svårt att ta bort den med en tång eller ett konventionellt demonteringsverktyg för ventilskaftsoljetätningar. Det går dock lätt att ta bort den med en självlåsande mutter av lämplig diameter som skruvas på en bults ände och låses med en andra mutter. Tryck ner muttern på tätningens överdel. Mutterns låsdel griper tag i tätningen så att det går att ta bort den från ventilstyrningens ovansida **(se bild)**.

Alla motorer

16 Det är viktigt att varje ventil förvaras tillsammans med sina insatshylsor, sin fjäder och sitt fjädersäte. Ventilerna bör även förvaras i rätt ordning, om de inte är så slitna eller brända att de måste bytas ut. Om ventilerna ska återanvändas, förvara ventilkomponenterna i märkta plastpåsar eller liknande behållare **(se bild)**.

17 Ta loss resten av ventilerna på samma sätt.

Rengöring

18 Ta noggrant bort alla spår av gammal packning och tätningsmedel från topplockets övre och nedre fogytor. Använd en lämplig

lösningsvätska för flytande packningar tillsammans med en mjuk spackelkniv; använd inte en metallskrapa, då skadas ytorna. Observera att packningens yta inte går att slipa om.

19 Ta bort allt sot från förbränningskamrarna och portarna. Torka sedan bort alla spår av olja och andra avlagringar från topplocket. Var särskilt noga med fotlager, ventillyftarlopp, ventilstyrningar och smörjkanaler.

20 Tvätta topplocket noga med fotogen eller något lämpligt lösningsmedel. Var noggrann vid rengöringen. Se till att rengöra alla oljehål och kanaler mycket noga. Torka av huvudet helt och smörj alla maskinslipade ytor med tunn olja.

21 Skrapa bort eventuella koksavlagringar från ventilerna. Använd sedan en eldriven stålborste för att ta bort avlagringar från ventilhuvuden och skaft.

Kontroll

Observera: *Var noga med att utföra hela den granskning som beskrivs nedan innan beslut fattas om ifall en verkstad behöver anlitas för någon åtgärd. Gör en lista med alla komponenter som behöver åtgärdas.*

Topplock

22 Undersök topplocket noggrant och leta efter sprickor, tecken på kylvätskeläckage och andra skador. Förekommer sprickor måste topplocket bytas ut.

23 Kontrollera att topplockets packningsyta inte är skev med en stållinjal och ett bladmått **(se bild)**.

24 Undersök ventilsätena i förbränningskamrarna. Om de är mycket gropiga, spruckna eller brända måste de bytas ut eller skäras om av en specialist på motorrenoveringar. Om de bara är lätt gropiga kan detta tas bort genom att ventilhuvudena och sätena slipas in med fint slipmedel enligt beskrivningen nedan.

25 Om ventilstyrningarna verkar slitna, vilket märks på att ventilen kan röras i sidled, måste nya styrningar monteras. Kontrollera detta genom att montera en mätklocka på topplocket och mäta vickningen från sida till sida med ventilen lyft 2.0 mm fri

5.16 Håll delar som hör ihop tillsammans i märkta påsar eller behållare

5.23 Kontrollera att topplockspackningens yta inte är skev

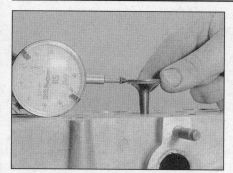

5.25 Mät maximalt glapp för ventilen i styrningen med en mätklocka

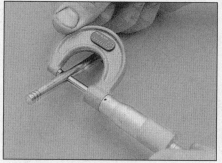

5.30 Mät ventilskaftens diameter med en mikrometer

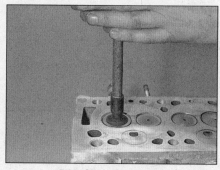

5.33 Slipa in en ventil

från sätet **(se bild)**. Om mätvärdena ligger utanför tillåtna gränser, mät diametern på de befintliga ventilskaften (se nedan) och styrningarnas lopp, och byt ventilerna eller styrningarna om det behövs. Arbetet med att byta ventilstyrningarna bör överlåtas åt en specialist på motorrenoveringar.

26 Om ventilsätena ska skäras om måste det göras *efter att* styrningarna har bytts ut.

27 De gängade hålen i topplocket måste vara rena för att momentvärdena för åtdragningen ska bli korrekta vid återmonteringen. Använd försiktigt en gängtapp av rätt storlek (storleken kan bestämmas med hjälp av storleken på den bult som ska sitta i hålet) i hålen för att ta bort rost, korrosion, tätningsmedel eller smuts, samt för att återställa skadade gängor. Använd om möjligt tryckluft för att rengöra hålen från det avfall som uppstår vid detta arbete. Glöm inte att också rengöra gängorna på alla bultar och muttrar.

28 De gängor som inte kan renoveras på detta sätt kan oftast återställas med hjälp av gänginsatser. Om några gängade hål är skadade, fråga en återförsäljare eller en motorrenoveringsspecialist och låt dem installera gänginsatser där de behövs.

Ventiler

29 Undersök huvudet på varje ventil och leta efter tecken på anfrätning, brännskador, sprickor och allmänt slitage, och undersök ventilskaftet efter tecken på repor och slitage. Vrid ventilen och kontrollera om den verkar böjd. Leta efter gropar och onormalt slitage på

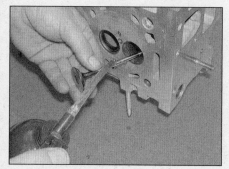

5.39 Smörj ventilens skaft och sätt in det i styrningen

spetsen av varje ventilskaft. Byt ut alla ventiler som visar tecken på slitage eller skador.

30 Om ventilen verkar vara i gott skick, mät ventilskaftet på flera punkter med en mikrometer **(se bild)**. Stora skillnader mellan de avlästa värdena indikerar att ventilskaftet är slitet. I båda dessa fall måste ventilen/ventilerna bytas ut.

31 Om ventilernas skick är tillfredsställande ska de slipas (poleras) in i respektive säte för att garantera en smidig, gastät tätning. Om sätet endast är lätt anfrätt, eller om det har gängats om, ska *endast* fin slipningsmassa användas för att få fram den nödvändiga ytan. Grov ventilslipmassa ska *inte* användas, om inte ett säte är svårt bränt eller har djupa gropar; om så är fallet ska topplocket och ventilerna undersökas av en expert som avgör om ventilsätena ska skäras om eller om ventilen eller sätesinsatsen måste bytas ut.

32 Ventilslipning går till på följande sätt. Lägg topplocket upp och ner på en arbetsbänk. Stötta med ett träblock i varje ände så att ventilskaften går fria.

33 Smörj en aning ventilslipningsmassa (av lämplig grad) på sätesytan och tryck fast ett sugslipningsverktyg över ventilhuvudet. Slipa ventilhuvudet med en roterande rörelse ner till sätet. Lyft ventilen ibland för att omfördela slipmassan. Om en lätt fjäder placeras under ventilen går det lättare **(se bild)**.

34 Om grov slipmassa används, arbeta tills ventilhuvudet och fästet får en matt, jämn yta. Torka sedan bort den använda slipmassan och upprepa arbetet med fin slipmassa. När en mjuk, obruten ring med ljusgrå matt yta uppstått på både ventilen och sätet är inslipningen färdig. *Slipa inte* in ventilerna längre än vad som är absolut nödvändigt, då kan sätet sjunka in i topplocket för tidigt.

35 Tvätta noga bort *alla* spår av slipmassa med fotogen eller lämpligt lösningsmedel när alla ventiler har slipats in. Sätt sedan ihop topplocket.

Ventilkomponenter

36 Undersök ventilfjädrarna efter tecken på skador eller missfärgning. Mät även längden genom att jämföra de befintliga fjädrarna med en ny.

37 Ställ varje fjäder på en plan yta och kontrollera att den står rakt upp. Om någon

fjäder är skadad, skev eller har förlorat spänsten, skaffa en hel uppsättning med nya fjädrar. Normalt byts alla fjädrar alltid ut vid en större renovering.

38 Byt ut ventilskaftens oljetätningar, oavsett deras aktuella kondition.

Hopsättning

39 Olja skaftet på en ventil och sätt i den i dess styrning. Montera sedan det nedre fjädersätet **(se bild)**.

40 De nya ventilskaftoljetätningarna ska ha en plasthylsa som skyddar tätningen när den monteras på ventilen. Om inte, vira ett stycke plastfilm runt ventilskaftet som går ungefär 10 mm utanför skaftets ände.

41 Med skyddshylsan eller plastfilmen på plats runt ventilen, sätt på ventilskaftets oljetätning och skjut på den på ventilstyrningen så långt det går med hjälp av en passande hylsa eller ett rörstycke. När tätningen väl sitter på plats, ta bort skyddshylsan eller plastfilmen.

42 Montera ventilfjädern och det övre sätet. Tryck ihop fjädern och sätt på de två insatshylsorna i urholkningarna i ventilskaftet. Lossa kompressorn försiktigt.

43 Täck ventilskaftet med en trasa och knacka till ordentligt på det med en lätt hammare för att kontrollera att insatshylsorna sitter ordentligt.

44 Upprepa dessa åtgärder på resten av ventilerna.

45 Montera tillbaka resten av komponenterna. Sätt sedan tillbaka topplocket enligt beskrivningen i del A, B eller C i detta kapitel.

6 Mellandel/ramlageröverfall – demontering

Observera: Detta avsnitt gäller inte för 1,6-liters motor.

1 Om du inte redan har gjort detta ska du tappa ur motoroljan och sedan ta bort oljefiltret enligt kapitel 1 om det behövs.

2 Demontera oljepumpen enligt beskrivningen i del A, B eller C i detta kapitel.

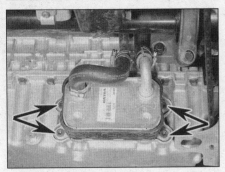

6.3 Oljekylarens fästbultar (markerad med pilar)

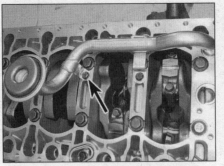

6.6 Skruva loss oljeupptagarrörets fästbygelbult (markerad med pil)

6.12 Skruva in två sumpbultar i huvudlager-överfallet, bänd det sedan uppåt

5-cylindriga motorer

3 På modeller med en oljekylare monterad bakpå sumpen, skruva loss de fyra fästbultarna och ta loss kylaren, om möjligt utan att koppla loss kylvätskerören **(se bild)**.

4 Skruva loss bultarna som håller fast sumpen vid mellandelen, och notera bultarnas olika längd och var de sitter.

5 Knacka försiktigt loss sumpen med en gummi- eller läderklubba. Ta loss O-ringstätningarna.

6 Skruva loss fästbygelbulten och ta loss oljeupptagarröret **(se bild)**. Ta loss O-ringstätningen från änden av röret.

7 Ta bort kolvarna och vevstakarna enligt beskrivningen i avsnitt 7.

8 Skruva loss alla M7-bultar som fäster mellandelen på motorblocket, arbeta utifrån och in. När alla M7-bultar skruvats loss, skruva loss M8 bultarna, och sedan M10-bultarna i samma ordning.

9 Knacka försiktigt loss mellandelen med en gummi- eller läderklubba. Lyft av mellandelen tillsammans med vevaxelns nedre ramlageröverfall. Om några av överfallen sitter kvar på vevaxeln, flytta dem till deras rätta platser på mellandelen. Rotera inte vevaxeln med mellandelen borttagen.

10 Ta bort vevaxelns vänstra oljetätning.

2,0-liters motor med 4 cylindrar

11 Ta bort kolvarna och vevstakarna enligt beskrivningen i avsnitt 7.

12 Skruva loss de bakre bultarna till ramlageröverfallet, ta sedan bort överfallet.

Skruva in två sumpbultar i överfallet och dra i dem för att ta bort överfallet **(se bild)**.

13 Gör identifierings-/inställningsmärken på de kvarvarande lageröverfallen, skruva sedan loss fästbultarna och ta bort överfallen. Observera hur tryckbrickorna är monterade på lagerpositionen för cylinder nr 1.

14 Bänd upp oljetätningen.

7 Kolvar och vevstakar – demontering och kontroll

Demontering

1 Demontera topplocket, oljepumpen och svänghjulet/drivplattan enligt beskrivningen i del A, B eller C i detta kapitel. Demontera mellandelen enligt beskrivningen i avsnitt 6 i 5-cylindriga modeller.

2 Känn inuti loppens överdel om det finns någon kraftig slitagekant. Vissa experter rekommenderar att en sådan kant tas bort (med en avskrapare eller liknande) innan kolvarna tas bort. Men en kant som är stor nog att skada kolvarna och/eller kolvringarna innebär ändå så gott som säkert att en omborrning och nya kolvar/ringar kommer att krävas.

3 Kontrollera att det finns ID-nummer eller markeringar på alla vevstakar och överfall. Måla eller stansa in lämpliga markeringar om det behövs, så att varje vevstake kan sättas tillbaka på samma sätt och i samma riktning som tidigare **(se bild)**. Observera var de sitter, dvs. på avgassidan etc.

2,0- och 2,4-liters motorer

4 Skruva loss de två vevstaks bultarna. Lossa överfallet genom att knacka på det med en mjuk hammare. Ta loss överfallet och den nedre lagerkåpan. Notera att nya bultar krävs vid hopsättningen. Du ska alltid montera nya skålar.

5 Tryck ut vevstaken och kolven ur loppet. Ta loss den andra halvan av lagerkåpan, om den är lös.

6 Montera tillbaka kåpan åt rätt håll på vevstaken, så att de inte blandas ihop. Observera att på vissa motorer är ytan mellan överfallet och vevstaken inte bearbetad utan sprucken. Var noga med att inte skada eller repa de spruckna ytorna, då passar inte överfallet på skålen och du måste montera nya vevstakar.

7 Kontrollera om det finns en pil ovanpå kolven. Den ska peka mot motorns kamremsände. Finns det ingen pil kan en egen riktningsmarkering göras.

8 Upprepa proceduren på de övriga vevstakar och kolvar.

1,6-liters motor

9 Vrid vevaxeln så att kolv 1 och 4 hamnar i ND (nedre dödpunkt).

10 Skruva loss bultarna från vevstakslageröverfall nummer 1. Ta bort lageröverfallet och den nedre halvan av lagerskålen **(se bild)**. Om lagerskålarna ska återanvändas, tejpa ihop överfallet och skålen med varandra.

11 Om tillämpligt för att förhindra risken för skador på vevaxeltapparna ska du tejpa över vevstakstappens gängor **(se bild)**.

7.3 Vevstakens och storändslager-överfallets identifieringsmärken

7.10 Ta bort storändslageröverfallet och skålen

7.11 Tejpa över vevstakstappens gängor för att skydda vevaxeltapparna

7.17 Ta bort kolvringarna med hjälp av bladmått

7.30a Bänd ut låsringen . . .

7.30b . . . och ta bort kolvbulten

12 Använd ett hammarskaft för att skjuta upp kolven genom loppet och ta bort den från motorblocket. Ta loss lagerskålen och tejpa fast den på vevstaken så den inte kommer bort.

13 Placera lageröverfallet löst på vevstaken och fäst det med bultarna – på så sätt blir det lättare att hålla komponenterna i rätt ordning.

14 Ta bort kolvenhet nr 4 på samma sätt.

15 Vrid vevaxeln 180° så att kolv 2 och 3 hamnar i ND (nedre dödpunkt) och ta bort dem på samma sätt.

Kontroll

16 Innan kontrollen påbörjas måste kolvarna/vevstakarna rengöras, och de ursprungliga kolvringarna tas bort från kolvarna.

17 Töj försiktigt ut de gamla ringarna och ta bort dem från kolvarna. Använd två eller tre gamla bladmått för att hindra att ringarna ramlar ner i tomma spår **(se bild)**. Var noga med att inte repa kolvarna med ringkanterna. Ringarna är sköra och går sönder om de töjs för mycket. De är också mycket vassa – skydda händer och fingrar.

18 Skrapa bort alla spår av sot från kolvens överdel. En handhållen stålborste (eller finkornig smärgelduk) kan användas när de flesta avlagringar skrapats bort.

19 Ta bort sotet från ringspåren i kolven med hjälp av en gammal ring. Bryt ringen i två delar (var försiktig så du inte skär dig – kolvringar är vassa). Var noga med att bara ta bort sot avlagringarna – ta inte bort någon metall och gör inga hack eller repor i sidorna på ringspåren.

20 När avlagringarna är borta, rengör kolvarna/vevstakarna med fotogen eller lämpligt lösningsmedel och torka dem noga. Se till att oljereturhålen i ringspåren är helt rena.

21 Om kolvarna och cylinderloppen inte är skadade eller överdrivet slitna, och om motorblocket inte behöver borras om (efter tillämplighet), kan originalkolvarna monteras tillbaka. Normalt kolvslitage märks som ett jämnt, vertikalt slitage på kolvens tryckytor, och på en viss löshet i den övre ringen i dess spår. Nya kolvringar ska alltid användas när motorn sätts ihop igen.

22 Undersök varje kolv noga efter sprickor runt manteln, runt kolvtappshålen och på

områdena mellan ringspåren.

23 Leta efter spår och repor på kolvmanteln, hål i kolvkronan och brända områden på kolvänden.

24 Om manteln är repad eller skavd kan motorn ha varit utsatt för överhettning och/eller onormal förbränning, vilket har orsakat höga arbetstemperaturer. I dessa fall bör kylnings- och smörjningssystemen kontrolleras noggrant. Brännmärken på kolvsidorna visar att genomblåsning har ägt rum.

25 Ett hål i kolvkronan eller brända områden i kolvkronans kant är tecken på att onormal förbränning (förtändning, tändningsknack eller detonation) har förekommit.

26 Vid något av ovanstående problem med kolvarna måste orsakerna undersökas och åtgärdas, annars kommer skadan att uppstå igen. Orsakerna kan vara läckage i insugsluften, felaktig bränsle/luftblandning eller fel i avgaskontrollsystemet.

27 Punktkorrosion på kolven är tecken på att kylvätska har läckt in i förbränningskammaren och/eller vevhuset. Även här måste den bakomliggande orsaken åtgärdas, annars kan problemet bestå i den ombyggda motorn.

28 Undersök varje vevstake noga efter tecken på skador, som sprickor runt vevlagret och den övre vevstaks ändens lager. Kontrollera att vevstaken inte är böjd eller skev. Skador på vevstaken inträffar mycket sällan, om inte motorn har skurit ihop eller överhettats allvarligt. En noggrann undersökning av vevstaken kan endast utföras av en motorrenoveringsspecialist med tillgång till nödvändig utrustning.

7.33 Mät mellanrummet mellan ringen och spåret med ett bladmått

29 Kolvtapparna är av flottörtyp och hålls på plats med två låsringar. Om det behövs, kan kolvarna och dragstängerna separeras på följande sätt.

30 Ta loss en av de låsringar som håller fast kolvtappen. Tryck ut kolvtappen ur kolven och vevstaken **(se bilder)**.

31 Om du är det minsta tveksam angående kolvarnas skick, låt en motorspecialist mäta dem. Om du behöver nya kolvar kan specialisten tillhandahålla sådana och borra om motorblocket till rätt storlek (i förekommande fall).

32 Om någon av kolvarna är sliten måste alla kolvar bytas. Observera att om motorblocket borrats om under en tidigare renovering kan större kolvar ha monterats.

33 Håll en ny kolvring i passande spår och mät mellanrummet mellan ring och spår med ett bladmått **(se bild)**. Observera att ringarna är olika stora, så se till att använda rätt ring till rätt spår. Jämför mätresultaten med de angivna värdena i Specifikationer; Om värdena överskrider angivna gränser måste kolvarna bytas.

34 Kontrollera kolvtappens passning i vevstakens bussning och i kolven. Om det föreligger märkbart spel måste en ny bussning eller en större kolvtapp monteras. Kontakta en Volvo-verkstad eller en motorrenoveringsspecialist.

35 Undersök alla komponenter och skaffa de nya delar som behövs. Nya kolvar levereras komplett med kolvbultar och låsringar. Låsringar kan även köpas separat.

36 Smörj in kolvtappen med olja. Sätt ihop vevstaken och kolven, se till att vevstaken är rättvänd, och fäst kolvtappen med låsringen. Sätt låsringen så att dess öppning är vänd nedåt.

37 Upprepa dessa åtgärder på resten av kolvarna.

8 Vevaxel –
demontering och kontroll

Observera: *Om inget arbete ska göras på kolvarna och vevstakarna behöver inte topplocket och kolvarna demonteras. Istället*

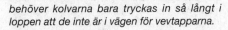

8.2 Kontrollera vevaxelns axialspel med en mätklocka

8.7 Bänd upp de två kåporna för att exponera ramlagerbultarna på svänghjulsänden

8.8 Ta bort vevaxellageröverfallets hus

behöver kolvarna bara tryckas in så långt i loppen att de inte är i vägen för vevtapparna.

Demontering

1 Utför följande, enligt beskrivningen i del A, B eller C i detta kapitel och tidigare avsnitt i denna del, efter tillämplighet:
  a) *Demontera oljepumpen.*
  b) *Demontera sumpen.*
  c) *Demontera kopplingens komponenter och svänghjulet/drivplattan.*
  d) *Demontera kolvarna och vevstakarna (se anmärkningen ovan).*

2 Innan vevaxeln demonteras är det bäst att kontrollera axialspelet. För att göra detta monterar du en mätklocka tillsammans med skaftet i linje med vevaxeln och så att den bara vidrör vevaxeln **(se bild)**.

3 Skjut bort vevaxeln helt från mätaren och nollställ den. För sedan vevaxeln så långt mot mätaren det går och kontrollera det uppmätta värdet. Avståndet som vevaxeln rörs är dess axialspel. Om det är större an vad som anges, kontrollera om vevaxelns tryckytor är slitna. Om inget slitage föreligger bör nya tryckbrickor (som sitter ihop med ramlagerskålarna) kunna korrigera axialspelet.

2,0- och 2,4-liters motorer

4 Ta bort mellandelen/ramlageröverfallen och lyft sedan ut vevaxeln. Tappa den inte, den är tung.

5 Demontera de övre halvorna av ramlageröverfallen från deras säten i vevhuset genom att trycka på den ände av överfallet som ligger längst bort från styrfliken. Håll ordning på överfallen.

1,6-liters motor

6 Arbeta i vevhusets inre periferi och skruva loss de små bultar som håller fast vevaxellageröverfallets hus på motorblockets nederdel. Observera det korrekta monteringsdjupet för vänster vevaxeloljetätning i motorblocket/lageröverfallens hus.

7 Arbeta i omvänd ordning jämfört med åtdragningsföljden **(se bild 12.8)** och lossa de tio stora fästbultarna till lageröverfallets hus jämnt och gradvis ett helt var i sänder. Ta ut bultarna från huset när de är lösa. **Observera:** *Bänd upp de två överfallen på svänghjulsänden av huset för att exponera de två ändbultarna*

på ramlagret (se bild).

8 Knacka runt den yttre omkretsen runt lageröverfallets hus med en mjuk klubba för att lossa tätningen mellan huset och motorblocket med alla fästbultar borttagna. När tätningen har lossats och huset är fritt från styrstiften lyfter du upp och av det från vevaxeln och motorblocket **(se bild)**. Ta bort de nedre ramlagerskålarna och tejpa dem på deras respektive platser i huset. Om de två stiften sitter löst ska du dra ut dem och förvara dem tillsammans med huset.

9 Lyft ut vevaxeln och ta hand om vänster oljetätning.

10 Ta loss de övre ramlagerskålarna och förvara dem tillsammans med relevant nedre lagerskål. Ta dessutom loss de två tryckbrickorna (en är monterad på vardera sidan av ramlager nr 2) från motorblocket.

Kontroll

11 Rengör vevaxeln med fotogen eller annat lämpligt lösningsmedel och torka den. Använd helst tryckluft om det finns tillgängligt. Var noga med att rengöra oljehålen med piprensare eller något liknande för att se till att de inte är igentäppta.

> **Varning: Bär skyddsglasögon vid arbete med tryckluft.**

12 Kontrollera ramlagertappar och vevlagertappar efter ojämnt slitage, repor, gropigheter eller sprickor.

13 Slitage på vevstaks lagret följs av tydliga metalliska knackningar när motorn körs (märks särskilt när motorn drar från låg fart) och viss minskning av oljetrycket.

14 Slitage i ramlagret åtföljs av starka motorvibrationer och ett dovt ljud – som ökar i takt med att motorns varvtal ökar – samt minskning av oljetrycket.

15 Kontrollera ojämnheter på lagertapparna genom att försiktigt dra ett finger över lagerytan. Förekommer ojämnheter (tillsammans med tydligt lagerslitage) är det ett tecken på att vevaxeln måste slipas om (om det är möjligt) eller bytas ut.

16 Låt en motorspecialist mäta och kontrollera vevaxeln. De kan ge dig råd om tillgång på lager i understorlekar och renovering av vevaxlar.

9 Motorblock/vevhus – rengöring och kontroll

Rengöring

1 Före rengöring, demontera alla externa komponenter och givare, samt alla monterade galleripluggar eller kåpor. Ta bort kolvens kylventil och kylmunstyckena (i förekommande fall) **(se bild)**.

2 Om någon av gjutningarna är extremt nedsmutsad bör alla ångtvättas.

3 När gjutningarna ångtvättats, rengör alla oljehål och oljegallerier en gång till. Spola alla interna passager med varmt vatten till dess att rent vatten rinner ut. Använd om möjligt tryckluft för att skynda på torkandet och blåsa rent i alla oljehål och kanaler.

> **Varning: Bär skyddsglasögon vid arbete med tryckluft.**

4 Om gjutdelarna inte är alltför smutsiga går det att göra ett godtagbart tvättjobb med hett tvålvatten (så hett du klarar av) och en styv borste. Var noggrann vid rengöringen. Se till att rengöra alla oljehål och kanaler mycket noga, oavsett tvättmetod, och att torka alla delar ordentligt. Applicera ren motorolja på cylinderloppen för att förhindra rost.

5 De gängade hålen i motorblocket måste vara rena för att momentvärdena för åtdragningen ska bli korrekta vid återmonteringen. Använd försiktigt en gängtapp av rätt storlek (storleken kan bestämmas med hjälp av storleken på

9.1 Kolvavkylningsmunstyckena kan monteras längst ner i varje cylinderlopp

den bult som ska sitta i hålet) i hålen för att ta bort rost, korrosion, tätningsmedel eller smuts, samt för att återställa skadade gängor. Använd om möjligt tryckluft för att rengöra hålen från det avfall som uppstår vid detta arbete. Glöm inte att också rengöra gängorna på alla bultar och muttrar.

6 De gängor som inte kan renoveras på detta sätt kan oftast återställas med hjälp av gänginsatser. Om några gängade hål är skadade, fråga en återförsäljare eller en motorrenoveringsspecialist och låt dem installera gänginsatser där de behövs.

7 Täck motorn med en stor plastsäck om den inte ska monteras ihop på en gång, för att hålla den ren och förebygga rost; skydda de bearbetade ytorna enligt beskrivningen ovan, för att förhindra rost.

Kontroll

8 Undersök gjutningarna och leta efter sprickor och korrosion. Leta efter skadade gängor i hålen. Om kylvätska någon gång läckt ut inne i motorn kan det löna sig att låta en motorrenoveringsspecialist kontrollera motorblocket/vevhuset med specialutrustning för att se om de fått sprickor. Om defekter upptäcks ska de repareras, om möjligt. Annars måste enheten bytas ut.

9 Undersök topplockets fogyta och mellandelens fogytor. Kontrollera ytorna för att se om de är skeva med hjälp av en ställinjal och ett bladmått, enligt beskrivningen ovan för kontroll av topplocket. Om någon yta är skev, rådfråga en motorrenoveringsspecialist om vad som bör göras.

10 Kontrollera att cylinderloppen inte är slitna eller repiga. Kontrollera om det finns slitspår ovanpå cylindern. Det är i så fall ett tecken på att loppet är överdrivet slitet.

11 Låt en specialist på motorrenovering kontrollera och mäta loppen. De kan ge dig råd om möjligheten till omborrning av cylindrarna och tillhandahålla lämpliga ersättningskolvar som passar.

12 Om loppen är i någorlunda gott skick och inte överdrivet slitna kanske det räcker med att byta ut kolvringarna.

13 Om så är fallet bör loppen slipas för att de nya ringarna ska sätta sig korrekt, så att man får bästa möjliga tätning. Detta kan man utföra själv eller överlåta till en motorrenoveringsspecialist.

14 När all maskinslipning/borrning är klar måste hela blocket/vevhuset tvättas mycket noga med varmt tvålvatten, så att alla spår av slipdamm tas bort. När motorblocket/vevhuset är helt rent, skölj det noga och torka det. Smörj sedan in alla exponerade maskinbehandlade ytor lätt med olja för att förebygga rost.

15 Montera tillbaka kolvavkylningsmunstyckena på cylinderloppens bas och dra åt fästbultarna till angivet moment.

16 Sätt dit en ny tätningsbricka på kolvens kyloljeventil, eller applicera gängtätningsmedel på ventilgängorna (efter tillämplighet). Sätt sedan tillbaka ventilen och dra åt den till angivet moment.

10 Ram- och vevstakslager – inspektion och urval

Kontroll

1 Även om ram- och vevstakslagerkåporna bör bytas vid en motorrenovering, bör de gamla kåporna behållas för noggrann undersökning, eftersom de kan ge värdefull information om motorns skick.

2 Lagerhaveri uppstår på grund av otillräcklig smörjning, förekomst av smuts eller andra främmande partiklar, överbelastning av motorn och korrosion **(se bild)**. Oavsett vilken orsaken är måste den åtgärdas (om det går) innan motorn sätts ihop, för att förhindra att lagerhaveriet inträffar igen.

3 När lagerkåporna undersöks, demontera dem från motorblocket/vevhuset och ramlageröverfallen, samt från vevstakarna och vevstaks överfallen. Lägg dem sedan på en ren yta i ungefär samma position som deras plats i motorn. Därigenom kan man se vilken vevaxeltapp som orsakat lagerproblemen. *Vidrör inte* lagerskålarnas känsliga ytor med fingrarna under kontrollen, då kan de repas.

4 Smuts och andra främmande partiklar kan komma in i motorn på flera olika sätt. Smuts kan t.ex. finnas kvar i motorn från hopsättningen, eller komma in genom filter eller vevhusventilationssystemet. Det kan hamna i oljan, och därmed tränga in i lagren. Metallspån från slipning och normalt slitage förekommer ofta. Slipmedel finns ibland kvar i motorn efter en renovering, speciellt om delarna inte rengjorts noga på rätt sätt.

5 Oavsett var de kommer ifrån hamnar främmande föremål ofta som inbäddningar i lagermaterialet och är där lätta att känna igen. Stora partiklar kommer inte att bäddas in helt i materialet, utan kommer att repa skålen och

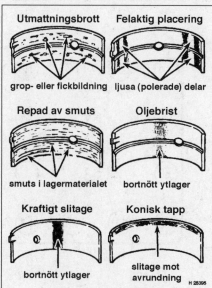

Utmattningsbrott	Felaktig placering
grop- eller fickbildning	ljusa (polerade) delar
Repad av smuts	Oljebrist
smuts i lagermaterialet	bortnött ytlager
Kraftigt slitage	Konisk tapp
bortnött ytlager	slitage mot avrundning

H 28395

10.2 Typiska lagerskador

axeltappen. Det bästa sättet att förebygga den här orsaken till lagerhaveri är att rengöra alla delar noggrant och att hålla allting skinande rent vid återmonteringen av motorn. Täta och regelbundna oljebyten är också att rekommendera.

6 Brist på smörjning (eller avbrott i smörjning) har ett antal sammanhörande orsaker. Överhettning (som tunnar ut oljan), överbelastning (som tränger undan olja från lagerytan) och oljeläckage (på grund av för stora lagerspel, sliten oljepump eller höga motorvarv) kan orsaka problemet. Även igensatta oljekanaler, som vanligen beror på felinpassade oljehål i en lagerskål, stryper oljetillförseln till ett lager och förstör det.

7 I de fall brist på smörjning orsakar lagerhaveri kletas lagermaterialet ut från kåpans stödplatta. Temperaturen kan stiga så mycket att stålplattan blir blå av överhettning.

8 Körsättet kan påverka lagrens livslängd betydligt. Full gas från låga varv (segdragning) belastar lagren mycket hårt och tenderar att pressa ut oljefilmen. Dessa belastningar kan få lagerskålarna att vika sig, vilket leder till fina sprickor i lagerytorna (utmattningsfel). Till sist kommer lagermaterialet att gå i bitar och slitas bort från stålplattan.

9 Korta körsträckor leder till korrosion i lagren därför att det inte alstras nog med värme i motorn för att driva ut kondensvatten och frätande gaser. Dessa produkter samlas istället i motoroljan och bildar syra och slam. När oljan sedan leds till motorlagren angriper syran lagermaterialet.

10 Felaktig återmontering av kåporna vid hopsättning leder också till haveri. Tätt sittande lagerskålar lämnar för små lagerspel och resulterar i strypt oljetillförsel. Smuts eller främmande partiklar som fastnat bakom en lagerskål kan resultera i högre punkter på lagret, som i sin tur leder till haveri.

11 *Vidrör inte* skålens lageryta med fingrarna. det finns risk att du repar den känsliga ytan, eller lämnar smutspartiklar på den.

Val av lager

12 Låt en motorrenoveringsspecialist mäta och undersöka vevaxeln. Specialisten kan tillhandahålla lämpliga lagerskålar.

11 Motorrenovering – ordning vid hopsättning

1 Innan hopsättningen påbörjas, kontrollera att alla nya delar har anskaffats och att alla nödvändiga verktyg finns till hands. Läs igenom hela arbetsbeskrivningen och kontrollera att allt som behövs verkligen finns tillgängligt. Utöver alla vanliga verktyg och material, behövs gängfästmassa på de flesta områden under hopsättningen av motorn. En tub med Volvos flytande packning och en korthårig roller krävs också vid hopsättningen av motordelarna.

2 För att spara tid och undvika problem

rekommenderas att hopsättningen av motorn sker i följande ordningsföljd:

a) Vevaxel.
b) Mellandel.
c) Kolvar/vevstakar.
d) Sump.
e) Oljepump.
f) Svänghjul/drivplatta.
g) Topplock.
h) Kamaxel och ventillyftare.
i) Kamrem, spännare, drev och tomgångsöverföring.
j) Motorns externa komponenter.

3 På det här stadiet ska alla motorns komponenter vara helt rena och torra och alla fel reparerade. Komponenterna ska läggas ut (eller finnas i individuella behållare) på en fullständigt ren arbetsyta.

12 Vevaxel – montering

1 Monteringen av vevaxeln är det första steget vid hopsättningen av motorn efter renovering. Här förutsätts att motorblocket/vevhuset och vevaxeln har rengjorts, kontrollerats och reparerats eller renoverats efter behov och att kolvavkylningsmunstycken och ventilen monterats tillbaka. Placera motorblocket på en ren, plan arbetsyta, med vevhuset uppåt.

1,6-liters motor

2 Placera lagerskålarna på dras platser. Om nya skålar monteras ska du se till att alla spår av skyddsfett har tagits bort med fotogen. Torka torrt skålarna med en dammfri trasa. De övre lagerskålarna har alla en yta med spår med de nedre skålarna har en slät yta. Det är ytterst viktigt att de nedre lagerskålarna är centralt placerade i lageröverfallets hus/hållare **(se bild)**. Det verkar som om det krävs ett Volvo-verktyg för denna operation men vi har inte kunnat bekräfta detta i skrivande stund. Kontakta en Volvo-verkstad eller en motorrenoveringsspecialist.

3 Smörj varje lagerskål i motorblocket rikligt med ren motorolja och sänk sedan ner vevaxeln på plats.

4 Sätt in tryckbrickorna på båda sidorna av den övre placeringen av ramlager nr 2 och tryck dem runt lagertappen så att deras kanter är horisontella **(se bild)**. Se till att oljespåren på varje tryckbricka är riktade utåt (bort från lagertappen).

5 Avfetta alla vevhusets och vevaxellageröverfallets hus fogytor grundligt. Applicera en sträng tätningsmedel på lageröverfallshusets fogyta **(se bild)**.

6 Smörj de nedre lagerskålarna med ren motorolja, montera sedan tillbaka lageröverfallets hus och se till att skålarna inte förskjuts och att styrstiften går korrekt i ingrepp.

7 Montera det tio fästbultarna med stor diameter och de sexton fästbultarna med stor diameter till vevaxellageröverfallets hus och

skruva in dem tills de precis får kontakt med huset.

8 Arbeta i ordningsföljd, dra åt bultarna till det moment som anges i Specifikationerna **(se bild)**.

9 Kontrollera att vevaxeln roterar fritt med lageröverfallet på plats.

10 Montera tillbaka kolvar och vevstakar på vevaxeln enligt beskrivningen i avsnitt 14.

11 Montera tillbaka oljepumpen och sumpen.

12 Montera en ny vänster vevaxeloljetätning, montera sedan svänghjulet.

13 Om topplocket, vevaxeldrevet och kamremmen har demonterats ska de monteras tillbaka.

2,0-liters motor med 4 cylindrar

14 Torka rent ramlageröverfallens säten i vevhuset och rengör de nya lagerkåpornas baksidor. Sätt i de tidigare valda nedre skålarna i deras placeringar i lageröverfallen. Tryck kåporna på plats så att flikarna hakar i motsvarande urholkningar.

15 Smörj lagerskålarna i lageröverfallen lätt, montera sedan tillbaka överfallen på de ursprungliga positionerna och rikta in

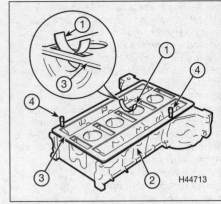

12.2 Inpassning av ramlagerskålen

1 Lagerskål
2 Ramlagerhållare
3 Volvo-verktyg
4 Inriktningssprintar

de tidigare gjorda markeringarna. Se till att tryckbrickorna monteras med oljespåren mot lagerytorna. Observera att nya gummitätningar måste monteras på varje sida av ramlageröverfallet som är monterat

12.4 Placera tryckbrickorna på varje sida om den övre placeringen av lager nr 2

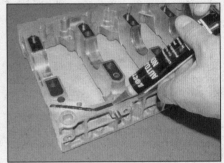

12.5 Applicera en sträng tätningsmedel på sumpens eller vevaxelns fogyta.

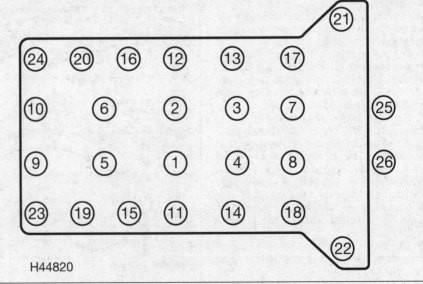

H44820

12.8 Åtdragningsföljd för fästbultarna till ramlageröverfallets hus/hållare

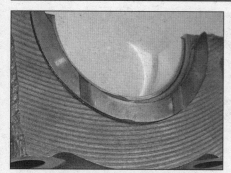

12.15a Se till att tryckbrickorna monteras med oljespåren riktade utåt

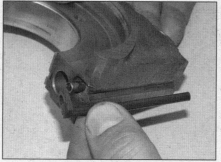

12.15b Montera de nya gummitätningarna på ramlageröverfallet på växellådsänden

12.15c Applicera en sträng tätningsmedel på urholkningens hörn (markerade med pilar) . . .

på växellådsänden **(se bilder)**. Överfallet ska sedan monteras med ett Volvo specialverktyg nr 999 7223 (eller mellanläggsremsor av stål) för att försiktigt skjuta överfallet och tätningarna på plats **(se bilder)**. Applicera en sträng silikontätningsmedel på hörnen på ramlageröverfallets urholkning i blocket. Observera att till och med vid användning av Volvo-verktyget är det omöjligt att montera tätningarna helt i jämnhöjd med sumpens fogytor – ett utsprång på ungefär 1,0 mm är acceptabelt.

16 Dra åt ramlageröverfallets bultar till angivet moment i steg 1, arbeta gradvis från mitten och utåt. Upprepa åtdragningen av bultarna i ordningsföljd och dra åt bultarna till den vinkel som anges för steg 2.

5-cylindriga motorer

17 Om de fortfarande är på plats, ta bort de gamla lagerkåporna från motorblocket och mellandelen.

18 Torka rent ramlageröverfallens säten i vevhuset och rengör de nya lagerkåpornas baksidor. Sätt i de tidigare utvalda övre kåporna på rätt plats i vevhuset. Observera att skålar med tryckbrickor måste monteras på lagerposition nr 5. Tryck kåporna på plats så

att flikarna hakar i motsvarande urholkningar. Observera att den tjockare av de båda skålarna måste monteras på mellandelen.

19 Smörj lagerkåporna i vevhuset rikligt med ren motorolja.

20 Torka rent vevaxeltapparna och sänk vevaxeln på plats. Se till att kåporna inte rubbas.

21 Spruta in olja i vevaxelns smörjkanaler, och torka sedan bort alla spår av överflödig olja från vevaxeln och mellandelens fogytor.

22 Med en korthårig roller, applicera ett jämnt lager av Volvos flytande packning (Nr 116 1771) på motorblockets fogyta på mellandelen. Se till att hela ytan täcks, men observera att det räcker med ett tunt lager för att få en bra tätning.

23 Torka rent ramlageröverfallens säten i mellandelen och rengör lagerkåpornas baksidor. Sätt i de tidigare utvalda nedre kåporna på rätt plats i mellandelen. Tryck kåporna på plats så att flikarna hakar i motsvarande urholkningar.

24 Smörj lagerkåporna i mellandelen lätt, och se till att det inte kommer olja på den flytande packningen.

25 Lägg mellandelen på vevaxeln och motorblocket och sätt i fästbultarna. Dra åt bultarna i de fem steg som listas i

Specifikationer till angivet moment och momentvinkel och börja utifrån i **(se bild)**.

26 Vrid runt vevaxeln. Ett visst motstånd är att vänta med nya delar, men det får inte finnas några uttalade tröga ställen eller stopp.

27 På det här stadiet är det en bra idé att ännu en gång kontrollera vevaxelns axialspel enligt beskrivningen i avsnitt 8. Om tryckytorna på vevaxeln har kontrollerats och nya lagerskålar har monterats ska axialspelet ligga inom de angivna värdena.

28 Smörj oljetätningens plats, vevaxeln och en ny oljetätning. Montera tätningen med läpparna inåt och använd en bit rör (eller den gamla tätningen, ut- och invänd) och knacka den på plats tills den är i nivå.

13 Kolvar och kolvringar – hopsättning

1 Här antas att kolvarna har satts ihop korrekt med sina respektive vevstakar och att mellanrummen mellan kolvringarna och spåren har kontrollerats. Om inte, se slutet av avsnitt 7.

2 Innan ringarna kan monteras på kolvarna

12.15d . . . montera sedan överfallet med hjälp av mellanläggsremsor av stål för att försiktigt skjuta tätningarna på plats

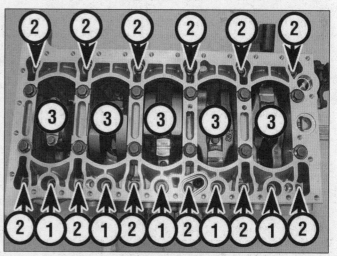

12.25 Mellandelens bultar
1 M7   2 M8   3 M10

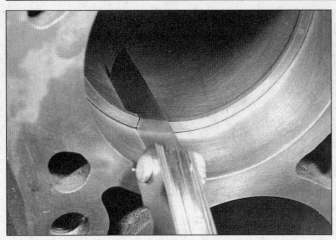

13.5 Mät kolvringsgapet med ett bladmått

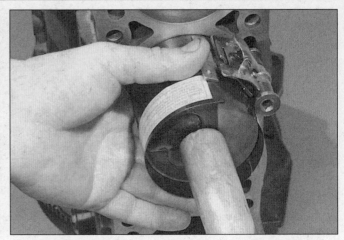

14.8 Knacka in kolven i hålet med ett hammarhandtag

måste ändgapen kontrolleras med ringarna insatta i cylinderloppen.

3 Lägg ut kolvarna och de nya ringarna så att delarna hålls ihop i grupper under och efter kontrollen av ändgapen. Lägg motorblocket på sidan på arbetsytan, så att det går att komma åt loppens över- och undersidor.

4 Ta den övre ringen för kolv nr 1 och sätt i den längst upp i den första cylindern. Tryck ner den i loppet med hjälp av kolvtoppen. då hålls ringen garanterat vinkelrätt mot cylinderns väggar. Placera ringen nära cylinderloppets botten, vid den nedre gränsen för ringrörelsen. Observera att den övre ringen skiljer sig från den andra ringen. Den andra ringen känns enkelt igen på steget på dess nedre yta.

5 Mät ringgapet med ett bladmått (se bild).

6 Upprepa proceduren med ringen längst upp i cylinderloppet, vid övre gränsen för dess rörelse, och jämför värdena med dem i Specifikationer.

7 Om nya ringar används är det inte troligt att ändgapen kommer att vara för små. Om något mått visar sig vara för litet måste detta rättas till, annars finns det risk för att ringändarna kommer i kontakt med varandra när motorn går, vilket kan skada motorn. Helst ska nya kolvringar med korrekt ändgap monteras; som en sista utväg kan ändgapen förstoras genom att ringändarna filas ner försiktigt med en fin fil. Fäst filen i ett skruvstäd med mjuka käftar, dra ringen över filen med ändarna i kontakt med fil ytan och rör ringen långsamt för att slipa ner materialet i ändarna. Var försiktig, eftersom kolvringarna är vassa och lätt går i sönder.

8 Det är lika föga troligt att ändgapet är för stort. Om gapen ändå är för stora, kontrollera att det är rätt sorts ringar för motorn och den aktuella cylinderloppsstorleken.

9 Upprepa kontrollen av alla ringar i cylinder nr 1 och sedan av ringarna i de återstående cylindrarna. Kom ihåg att hålla ihop de ringar, kolvar och cylindrar som hör ihop.

10 När ringöppningarna har kontrollerats, och eventuellt justerats, kan de monteras på kolvarna.

11 Montera kolvringarna med samma teknik som användes vid demonteringen. Montera den nedersta skrapringen först, och fortsätt uppåt. Observera texten på ena sidan av den övre och den nedre ringen. den måste vara vänd uppåt när ringarna monteras. Den mittersta ringen är avfasad, och avfasningen måste vara vänd nedåt när den installeras. Tänj inte ut kompressionsringarna för långt, eftersom de kan gå av. **Observera:** *Följ alltid instruktionerna som medföljer de nya uppsättningarna med kolvringar – olika tillverkare kan ange olika tillvägagångssätt. Blanda inte ihop den övre och den andra kompressionsringen. De har olika tvärsnittsprofiler.*

12 När alla ringar sitter på plats ser du till att ringarna sitter med 120° mellanrum, med undantag för den tredelade oljeringen där de båda enkla ringarna ska vara placerade 90° ifrån varandra.

14 Kolvar och vevstakar – återmontering

1 Innan kolvarna/vevstakarna monteras måste cylinderloppen vara helt rena och vevaxeln och mellandelen måste sitta på plats.

2 Ta bort vevstakslageröverfallet från vevstaken till cylinder nr 1 (se markeringarna som noterades eller gjordes vid demonteringen). Ta bort de ursprungliga lagerskålarna och torka ur lagerspåren i vevstaken och överfallet med en ren, luddfri trasa. De måste hållas absolut rena. Se till att det finns nya fästbultar för vevstaks överfallen.

3 Rengör baksidan av den nya övre lagerkåpan. Montera den på vevstaken för cylinder nr 1 och montera sedan lagrets andra kåpa på vevstaks överfallet. Observera att skålen med den svarta storleksmarkeringen på kanten måste monteras på vevstaken. På vevstakar och överfall som är "spruckna" finns det ingen inpassningsskåra för lagerskålens flik. På dessa stakar/överfall placerar du helt

enkelt skålarna så centralt som möjligt. Om det finns flikar och skåror, se till att fliken på varje skål passar in skåran på vevstakens eller överfallets fördjupning.

4 Placera kolvringsgapen i rätt position runt kolven. Smörj kolven och ringarna med ren motorolja och sätt på en kolvringskompressor på kolven. Låt manteln sticka ut något för att styra in kolven i cylinderloppet. Ringarna måste tryckas ihop tills de är helt i nivå med kolven.

5 Vrid runt vevaxeln tills vevlageraxeltappen för cylinder nr 1 ligger vid nedre dödpunkten. Applicera lite motorolja på cylinderväggarna.

6 Anordna kolv nr 1/vevstaksenheten så att kanalen i kolvens bas är i linje med kolvens kylmunstycke längst ner i cylinderloppet. För försiktigt in enheten i cylinderlopp nr 1 och låt kolvringskompressorns nedre kant vila mot motorblocket.

7 Knacka på ringkompressorns överkant för att vara säker på att den har kontakt med motorblocket hela vägen runt.

8 Knacka försiktigt ovanpå kolven med änden av ett hammarskaft i trä. Styr samtidigt på vevstakens vevlager på vevtappen. Kolvringarna kan ramla ur ringkompressorn precis innan de förs in i cylinderloppet, så behåll ett visst tryck på ringkompressorn. Arbeta långsamt och sluta omedelbart om du känner minsta motstånd när kolvarna går in i cylindern. Undersök vad det är som tar emot och rätta till det innan arbetet återupptas. *Tvinga aldrig,* in kolven i cylindern, eftersom en ring och/eller kolven kan skadas. Var noga med att inte skada kolvavkylningsmunstycken **(se bild).**

9 Se till att lagerytorna är helt rena. Applicera sedan ett jämnt lager ren motorolja på båda två. Det kan krävas att kolven trycks tillbaka upp i loppet något för att exponera kåpans lageryta i vevstaken.

10 Skjut tillbaka vevstaken på plats på vevlageraxeltappen och montera tillbaka vevstaksöverfallet. Smörj bultgängorna, sätt i bultarna och dra åt dem i två steg till angivet moment.

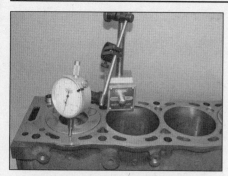

14.16 Mät kolvens utbuktning med en mätklocka

11 Upprepa hela proceduren för resten av kolvarna/vevstakarna.

12 Det är viktigt att tänka på följande:

a) *Håll baksidorna av lagerskålarna och vevstakarnas och överfallens lagerfördjupningar fullständigt rena under hopsättningen.*

b) *Se till att rätt kolv/vevstake används till varje cylinder.*

c) *Kanalen i kolvens bas måste vara i linje med kolvens kylmunstycke.*

d) *Smörj cylinderloppen med ren motorolja.*

e) *Smörj lagerytorna innan vevstaks överfallen monteras.*

13 När alla kolvar/vevstakar har monterats, vrid runt vevaxeln några varv för hand och känn efter om det tar emot någonstans.

14 Om nya kolvar, vevstakar, eller kamaxlar monterats, eller om en ny kort motor installerats, måste utsticket för kolvkronorna från topplockets fogyta vid ÖD mätas för att

avgöra vilken typ av topplockspackning som ska monteras.

15 Montera sumpen enligt beskrivningen i avsnitt 15.

16 Montera en mätklocka på motorblocket, och nollställ den på topplockets fogyta. Ställ sedan mätsonden på kronan till kolv nr 1 och vrid sakta vevaxeln för hand tills kolven når ÖD (övre dödpunkt). Mät och notera det maximala kolvutsticket vid ÖD **(se bild)**.

17 Upprepa mätningen för återstående kolvar och notera värdena.

18 Om måtten skiljer sig mellan kolvarna, använd det högsta värdet för att bestämma vilken topplockspackning som ska användas. Se Specifikationer för närmare information.

15 Sump – montering

Se relevant avsnitt av kapitel 2A, 2B eller 2C.

16 Motor – första start efter renovering och hopsättning

1 Sätt tillbaka resten av motorkomponenterna i den ordning som anges i avsnitt 11, enligt beskrivningen i de relevanta avsnitten i denna del av kapitel 2, och del A, B eller C. Montera tillbaka motorn och växellådan i bilen enligt beskrivningen i avsnitt 3 i detta kapitel. Kontrollera motoroljenivån och kylvätskenivån igen, samt att alla komponenter har

återanslutits. Se till att inga verktyg eller trasor glömts kvar i motorrummet.

2 Ta bort glödstiften (kapitel 5B).

3 Vrid runt motorn med startmotorn tills oljetryckslampan slocknar. Om lampan inte slocknar efter flera sekunders vevande, kontrollera motoroljenivån och att oljefiltret sitter ordentligt. Om dessa ser ut som de ska, kontrollera oljetrycksgivarens kablage och fortsätt inte förrän oljan garanterat pumpas runt motorn med tillräckligt tryck.

4 Montera tillbaka glödstiften och återanslut kamaxelgivaren och insugningsventilens kontaktdon.

5 Starta motorn. Tänk på att detta kan ta lite längre tid än normalt eftersom bränslesystemets komponenter är tomma.

6 Låt motorn gå på tomgång. Leta efter bränsle-, kylvätske- och oljeläckage. Bli inte orolig om det luktar konstigt eller ryker från delar som blir varma och bränner bort oljeavlagringar. Observera även att motorn kan låta lite mer än vanligt tills ventillyftarna fylls med olja.

7 Låt motorn gå på tomgång tills det känns att varmt vatten cirkulerar igenom den övre slangen. Kontrollera att den går jämnt och vid normal hastighet och stäng sedan av den.

8 Kontrollera oljan och kylvätskan igen efter några och fyll på om det behövs (se *Veckokontroller*).

9 Om nya komponenter som kolvar, kolvringar eller vevaxellager har monterats måste motorn köras in de första 800 km. Kör inte motorn på full gas och låt den inte segdra på någon växel under denna period. Vi rekommenderar att oljan och oljefiltret byts efter denna period.

Kapitel 3
Kyl-, värme- och luftkonditioneringssystem

Innehåll

Allmän information och föreskrifter 1
Extravärmare – allmän information, demontering och montering . . . 11
Frostskyddsvätska – allmän information 3
Klimatanläggning komponenter – demontering och montering 10
Kylare – demontering och montering 5
Kylarfläkt – demontering och montering 4

Kylsystemets slangar – demontering och byte 2
Kylvätskepump – demontering och montering 7
Temperaturgivare – kontroll, demontering och montering 6
Termostat – demontering, kontroll och montering 8
Värme och luftkonditioneringssystem – allmän information. 9

Svårighetsgrader

Enkelt, passer novisen med lite erfarenhet 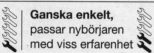	Ganska enkelt, passar nybörjaren med viss erfarenhet 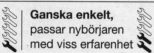	Ganska svårt, passer kompetent hemmamekaniker 	Svårt, passer hemmamekaniker med erfarenhet 	Mycket svårt, för professionell mekaniker

Specifikationer

Allmänt

Systemtyp . . . .   Termostatkontrollerat system med vattenbaserad kylvätska och pumpassisterad cirkulation

Termostat

4-cylindriga motorer . . . .   Uppgift saknas
5-cylindriga motorer:
  Öppningen börjar vid . . . .   82 °C

Åtdragningsmoment   Nm

Bultar mellan kylare och kondensor   5
Expansionsventilens skruvar   5
Extra värmarens glödstift   15
Kompressorns fästbultar   24
Kylarstödsbultar   24
Kylvätskepumpens bultar:
  4-cylindriga motorer:
    1,6 liter   10
    2,0 liter   17
  5-cylindriga motorer   10
Temperaturgivare för kylvätska.   22
Termostathus:
  4-cylindriga motorer:
    1,6 liter   10
    2,0 liter   17
  5-cylindriga motorer:
    2,0 liter   10
    2,4 liter   17

1 Allmän information och föreskrifter

Kylsystemet är ett trycksatt halvtätt system, med ett expansionskärl som tar emot kylvätska som kommer ut ur systemet när det är varmt och leder tillbaka den när systemet svalnar.

Vattenbaserad kylvätska cirkuleras runt motorblocket och topplocket av kylvätskepumpen, som drivs av motorns kamrem. När kylvätskan cirkulerar runt motorn absorberar den värme, och rinner sedan ut i kylaren. När kylvätskan rinner igenom kylaren, kyls den ner av luftflödet som skapas av bilens framåtfart, och återvänder sedan till motorblocket. Luftflödet genom kylaren förstärks av en elfläkt med två hastigheter, som styrs av motorstyrningssystemets styrenhet.

Det finns en termostat som styr kylvätskeflödet genom kylaren. När motorn är kall är termostatventilen stängd, så att det normala kylvätskeflödet genom kylaren bryts.

När kylvätskan blir varmare börjar termostatventilen att öppnas så att kylvätskeflödet genom kylaren kommer igång.

Motortemperaturen kommer alltid att hållas konstant (enligt termostaten) oberoende av lufttemperaturen.

De flesta modeller har en oljekylare monterad på baksidan av sumpen. Denna är i stort sett en värmeväxlare med kylvätsketillförsel, som leder bort värme från oljan i sumpen.

Bilens interna värmeenhet tar värme från motorkylsystemets kylvätska. Kylvätskeflödet genom värmepaketet är konstant, temperaturen styrs genom att kalluft från utsidan blandas med varmluften från värmepaketet i önskade proportioner.

Luften som kommer in i passagerarutrymmet filtreras genom ett pappersfilter som ibland kallas pollenfilter. Istället för pollenfilter kan man använda ett multifilter, ett kolimpregnerat filter som absorberar inkommande lukter, m.m. I detta system övervakar en luftreningssensor kvaliteten hos den inkommande luften och öppnar och stänger återcirkuleringsklaffarna efter behov.

Standardklimatanläggningen (luft-konditioneringen) beskrivs i detalj i avsnitt 9.

⚠️ **Varning: Försök inte ta bort expansionskärlets påfyllningslock eller på annat sätt göra ingrepp i kylsystemet medan motorn är varm. Risken för allvarliga brännskador är mycket stor. Om expansionskärlets påfyllningslock måste tas bort innan motorn och kylaren har svalnat helt (trots att detta är mot rekommendationerna) måste trycket i kylsystemet först utjämnas. Täck locket med ett tjockt lager tyg för att hindra skållning. Skruva sedan långsamt upp påfyllningslocket tills ett svagt väsande hörs. När pysljudet har tystnat, vilket innebär att trycket har lättat, skruva**

sakta loss påfyllningslocket tills det går att ta loss. Hörs fler väsande ljud väntar du tills de slutat innan du lyfter bort locket. Håll dig alltid på avstånd från öppningen.

⚠️ **Varning: Låt inte frostskyddsmedel komma i kontakt med huden eller lackerade ytor på bilen. Spola omedelbart bort eventuellt spill med stora mängder vatten. Lämna aldrig frostskyddsmedel stående i en öppen behållare eller i en pöl på marken eller garagegolvet. Barn och husdjur lockas av den söta lukten, men frostskyddsvätska är dödligt giftigt att förtära.**

⚠️ **Varning: Se även föreskrifterna för arbete på modeller med luftkonditionering i avsnitt 9.**

2 Kylsystemets slangar – frånkoppling och byte 🔧

Observera: Se föreskrifterna i avsnitt 1 i detta kapitel innan arbetet påbörjas. För att undvika brännskador ska slangarna kopplas loss först när motorn har svalnat.

1 Om de kontroller som beskrivs i kapitel 1 avslöjar en defekt slang, måste den bytas enligt följande.

2 Tappa först ur kylsystemet (se kapitel 1). Om det inte är dags att byta frostskyddsmedel kan den återanvändas förutsatt att den samlas upp i en ren behållare.

3 Ska en slang kopplas loss, lossa fjäderklämmorna med en tång (eller en skruvmejsel om det är skruvklämmor), och skjut bort dem från anslutningen längs slangen **(se bild)**. Dra försiktigt bort slangen från anslutningen. Det är relativt enkelt att ta bort slangarna när de är nya, men på en äldre bil kan de ha fastnat.

4 Om en slang är svår att få bort kan det hjälpa att vrida den för att lossa den innan den tas bort. Bänd försiktigt bort slangänden med ett trubbigt verktyg (t.ex. en bredbladig skruvmejsel), men ta inte i för hårt och var noga med att inte skada röranslutningar eller slangar. Observera särskilt att kylarslangsanslutningarna är ömtåliga, använd inte onödigt mycket kraft när du ska ta bort slangarna.

2.3 Slangklämma av skruvtyp (markerad med pil)

5 När en slang ska monteras, trä först på slangklämmorna på slangen och sätt sedan slangen på plats på anslutningen. När slangen är på plats, kontrollera att slangen sitter korrekt och är rätt dragen. För klämman längs slangen tills den sitter bakom anslutningens trattformade ände och dra åt den ordentligt.

6 Fyll på systemet med kylvätska (kapitel 1).

7 Kontrollera alltid kylsystemet noga efter läckor så snart som möjligt efter att någon del av systemet rubbats.

3 Frostskyddsvätska – allmän information

Observera: Se föreskrifterna i avsnitt 1 i detta kapitel innan arbetet påbörjas.

1 Kylsystemet ska fyllas med Volvos frostskyddsmedel i förhållandet 50/50 med rent vatten. Vid denna koncentration är kylvätskan frostskyddad ner till -35°C. Frostskyddsvätska skyddar även mot korrosion och ökar kylvätskans kokpunkt. Eftersom motorn består av enbart aluminium, är frostskyddsvätskans korrosionsskyddande egenskaper avgörande. Endast Volvos frostskyddsvätska bör användas i systemet. Den bör aldrig blandas med andra typer av frostskyddsvätska.

2 Kylsystemet ska underhållas i enlighet med schemat som beskrivs i kapitel 1. Om en frostskyddsvätska som inte uppfyller Volvos specifikationer används eller om gammal eller förorenad kylvätskeblandning används kan det leda till skador, korrosion och avlagringar i systemet.

3 Innan frostskyddsvätska fylls på, kontrollera alla slangar och slanganslutningar, eftersom frostskyddsvätska kan läcka ut genom mycket små hål. Motorer förbrukar normalt inte kylvätska, så om nivån sjunker ska orsaken sökas upp och åtgärdas.

4 Angiven blandning är 50 % frostskyddsvätska och 50 % rent, mjukt vatten (efter volym). Blanda till den mängd som behövs i en ren behållare och fyll sedan på systemet enligt beskrivningen i kapitel 1 och *Veckokontroller*. Spara eventuellt överflöd till efterpåfyllning.

4 Kylarfläkt – demontering och montering 🔧

Demontering

1 Koppla loss och ta bort batteriets jordledning enligt beskrivningen i kapitel 5A.

2 Lossa kablaget/rören på kåpans överdel i förekommande fall.

3 Lossa fläktens anslutningskontakt från motorn. Observera att på 2,4-liters motorer är

4.3 Lossa fläktens anslutningskontakt

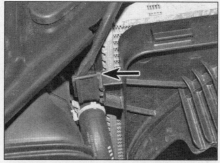

4.4a Använd en skruvmejsel för att lossa klämmorna på kylarens överdel (se pil)

4.4b Ta bort fläktenheten uppåt från motorrummet

4.4c Fläktmotorns fästbultar (markerade med pilar)

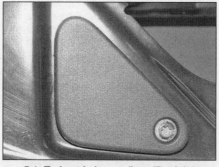

5.1 Ta bort kylarens övre fästdelar

5.5 Skruva loss fästbulten och skruven som håller fast kylaren på kondensorn (markerad med pil)

anslutningskontakten placerad på kåpan till vänster om fläkten **(se bild)**.

4 Använd en skruvmejsel och tryck tillbaka de klämmor längst upp på kylaren på varje sida som håller fast fläktskyddet på kylaren och ta bort enheten uppåt från motorrummet för att demontera den **(se bilder)**. I modeller som är utrustade med en automatväxellåda kan växellådans oljekylarrör hindra demonteringen av fläktarna och därför är det viktigt att vara försiktig så att inte kylaren skadas. Vi har dessutom upptäckt att borttagning av luftrenarhuset förbättrar åtkomsten. Om det behövs kan fläktmotorn tas bort från kåpan genom att de tre fästskruvarna skruvas bort.

Montering

5 Återmonteringen utförs i omvänd ordningsföljd jämfört med demonteringen och se till att de nedre fästena placeras på plats ordentligt längst ner på kylaren.

5 Kylare – demontering och montering

Demontering

1 Skruva loss fästskruvarna och ta bort motorns undre skyddskåpa. Skruva loss skruven och ta bort de triangelformade plastdelar ovanpå låspanelen som håller kylarens överdel på plats **(se bild)**.
2 Tappa ur kylsystemet (se kapitel 1) och lossa den övre och nedre kylarslangen.
3 Demontera kylfläkten enligt beskrivningen i kapitel 4.

4 Demontera den främre stötfångaren enligt beskrivningen i kapitel 11. Ta bort den högra strålkastaren enligt beskrivningen i kapitel 12.
5 Arbeta genom den högra strålkastaröppningen och skruva loss bulten och skruven som håller fast kondensorn på kylaren och fäst kondensorn på bilens kaross med buntband (eller något liknande) **(se bild)**.
6 Skruva loss den skruv som håller fast växellådans oljekylare på kylaren och lossa det korta röret mellan oljekylaren och kylaren. Skruva loss den bult som håller fast servooljekylaren framtill på kylaren och fäst kylaren på bilens kaross med buntband (eller något liknande) **(se bilder)**.
7 Lossa luftrören från laddluftkylaren. För att förbättra åtkomsten till rörklämmorna kan det vara nödvändigt att lossa vindavvisarna av plast som är monterade på vardera änden

5.6a Bult till växellådans oljekylare (markerad med pil)

5.6b Lossa röret från växellådans oljekylare (markerad med pil)

5.6c Fäst servostyrningsoljekylaren på bilens kaross

5.7a Skruva loss klämmorna till luftrören på laddluftkylaren

5.7a Lossa den nedre klämman. . .

5.7c . . . övre klämma . . .

på stötfångartvärbalkens. Ta bort kylarens stödfästbyglar på varje sida genom att skruva loss de två bultarna fram och bak (observera att de bakre bultarna är svåra att komma åt)

kan förbättra åtkomsten till laddluftkylarens rörklämmor ytterligare. Observera att klämmorna är påkrympta på luftröret och inte går att vrida för återmontering **(se bilder)**.

8 Lossa anslutningskontakten till laddtrycksgivaren som är placerad på laddluftkylarrörets vänstra sida. Skruva loss den bult på varje sida som håller fast laddluftkylaren under bilen **(se bilder)**.

9 På det här stadiet i processen använder Volvo ett specialverktyg för att stötta upp kylaren. Vi använde dock ett hemmagjort verktyg som består av två stycken av metall på 150 mm i längd som bultades fast i hål i tvärbalken och drogs under kylaren. Med kylaren uppstöttad på detta sätt och gnom att arbeta under bilen går det att ta bort kylaren genom att skruva loss de två bultarna på varje sida **(se bilder)**.

10 Använd en skruvmejsel för att trycka in de två klämmor som håller fast kondensorn på kylarens nederdel. Fäst kondensorn vid bilens kaross med buntband eller liknande **(se bild)**.

5.7d . . . och ta bort vindavvisaren

5.7e Stödfästbygelns yttre bultar (markerade med pilar)

5.8a Laddtrycksgivarens anslutningskontakt (markerad med pil)

5.8b Skruva loss laddluftkylarens fästbultar (bulten på vänster sida markerad med pil)

5.9a Hemmagjort kylarstödverktyg som är fastbultat på tvärbalken bakom kylaren

5.9b Skruva loss kylarens stödbultar (bultarna på vänster sida markerade med pilar) . . .

5.9c . . . och ta bort kylarstödet

5.10 Använd en skruvmejsel för att trycka in klämmorna längst ner på kylaren

11 Det går nu att ta bort kylaren under bilen. Det är värt att observera att ett antal artiklar, till exempel rör, fästbyglar och växellådans oljekylare kan hindra demonteringen av kylaren och därför kan det vara bra att ha en medhjälpare på det här stadiet **(se bild)**.

Montering

12 Montera tillbaka genom att utföra demonteringsarbetet i omvänd ordning och se till att kylaren går i ingrepp med tapparna som är placerade under de triangelformade plastdelarna på låspanelen. Fyll på kylsystemet enligt beskrivningen i kapitel 1 när arbetet är slutfört.

5.11 Med en medhjälpare som stöttar upp kylaren uppifrån kan den sänkas ner under bilen

6 Temperaturgivare – kontroll, demontering och montering

Kontroll

1 Kylvätsketemperaturgivaren sitter i termostathuset. Den förser både motorstyrningssystemet och instrumentbrädans temperaturmätare med en signal om motortemperaturen.
2 Om det skulle bli något fel på givaren eller om signalen försvinner p.g.a. dåliga elektriska anslutningar lagras en felkod i motorstyrningssystemet (ECU). Koden kan sedan läsas via diagnosuttaget i under instrumentbrädan på förarsidan (med en passande felkodsläsare).
3 Om en felkod lagras bör givarens kablage och kontaktdon kontrolleras noga. Ytterligare kontroll, utöver att testa med att byta mot en ny enhet, kräver speciell Volvo-utrustning och bör överlåtas åt en Volvo-verkstad eller specialist.

Demontering

4 Dränera kylsystemet enligt beskrivningen i kapitel 1.
5 Dra plastkåpan ovanpå motorn rakt uppåt och ta bort den från motorrummet.
6 Följ stegen i avsnitt 8 (demontering av termostaten) för demontering av komponenter tills det går att komma åt givaren. Processen är snarlik för alla motorer.
7 Koppla loss anslutningskontakten, och skruva sedan loss givaren från huset **(se bild)**. Om givaren har en tätning, kassera den – den måste bytas ut mot en ny.

Montering

8 Skruva i den nya givaren med lite tätningsmedel på gängorna eller med ny tätning efter tillämplighet. Återanslut kontaktdonet. Sätt tillbaka termostathuset, dra åt skruvarna ordentligt och återanslut kylarslangen eller sätt tillbaka kamremskåpan/ motorkåpan efter tillämplighet.
9 Fyll på kylvätska enligt beskrivningen i Veckokontroller.

7 Kylvätskepump – demontering och montering

Observera: Se föreskrifterna i avsnitt 1 i detta kapitel innan arbetet påbörjas.

Demontering

1 Dränera kylsystemet enligt beskrivningen i kapitel 1.
2 Se relevant del av kapitel 2A, 2B eller 2C och ta bort kamremmen.
3 Skruva loss bultarna och ta loss kylvätskepumpen från dess styrstift **(se bilder)**. Ta loss packningen och O-ringstätningen om tillämpligt efter borttagning av pumpen
4 Torka noggrant bort alla rester av gammal packning från pumpens och motorblockets fogytor.

7.3a Skruva loss fästbultarna på 2,4-liters motorer . . .

7.3c Skruva loss fästbultarna på 4-cylindriga motorer (se pilar) . . .

6.7 Kylvätskegivarens anslutningskontakt (markerad med pil)

Montering

5 Använd en ny packning och O-ringstätning om tillämpligt och sätt pumpen på plats.
6 Applicera lite låsvätska, dra sedan åt bultarna stegvis och i diagonal ordningsföljd till angivet moment.
7 Montera tillbaka kamremmen enligt beskrivningen i kapitel 2A, 2B eller 2C och fyll på kylvätska enligt beskrivningen i kapitel 1.

8 Termostat – demontering, kontroll och återmontering

1 Ju äldre termostaten blir, desto långsammare reagerar den på ändringar i vattentemperaturen. Till sist kan den fastna i öppet eller stängt läge, vilket orsakar problem.

7.3b . . . och ta bort kylvätskepumpen från dess styrstift

7.3d . . . ta bort kylvätskepumpen och ta loss packningen

8.19 Skruva loss bultarna (markerade med pilar) och ta bort termostathuset

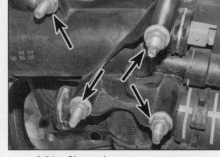

8.24a Skruva loss termostatens fästmuttrar på 2,0-liters motorer (markerade med pilar)

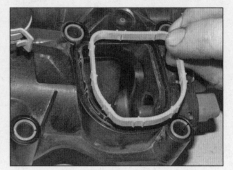

8.24b Byt termostathusets tätningsring

En termostat som fastnar i öppet läge leder till att uppvärmningen sker mycket långsamt, medan en termostat som fastnar i stängt tillstånd leder till snabb överhettning.

2 Kontrollera kylvätskenivån innan termostaten utpekas som orsaken till ett problem med kylsystemet. Om systemet läcker, eller om det inte fyllts på ordentligt, kan det finnas en luftficka i systemet (se kapitel 1).

3 Om det tar onormalt lång tid för motorn att bli varm (baserat på värmepaketets utblås eller temperaturmätarens värde), har termostaten antagligen fastnat i öppet läge.

4 På liknande sätt kan en lång uppvärmnings-period orsakas av att termostaten saknas. Den kanske har demonterats eller av misstag glömts bort av en tidigare ägare eller mekaniker. Kör inte bilen utan termostat. Motorstyrningssystemets styrenhet kommer då att stanna i uppvärmningsläge längre än nödvändigt med kraftiga avgaser och dålig bränsleekonomi som följd.

5 Om motorn överhettas, kontrollera temperaturen på kylarens övre slang med handen. Om slangen inte är varm, men motorn är det, har termostaten antagligen fastnat i stängt läge, vilket gör att kylvätskan inuti motorn inte kommer fram till kylaren. Byt termostaten. Detta problem kan dock även bero på en luftficka (se kapitel 1).

6 Om kylarens övre slang är varm betyder det att kylvätskan kommer fram och att termostaten är öppen. Se avsnittet *Feldiagnos* i slutet av den här handboken för hjälp med spårning av möjliga fel i kylsystemet.

7 Gör följande för att få en uppfattning om i fall

8.26 Termostathusets bultar (markerade med pilar) på 2,4-liters motorer

termostaten fungerar som den ska när motorn värms upp, utan att demontera systemet.

8 Med motorn helt kall, starta motorn och låt den gå på tomgång. Kontrollera temperaturen på kylarens övre slang. Kontrollera temperaturen som anges av kylvätsketemperaturmätaren med jämna mellanrum och stäng av motorn omedelbart om överhettning indikeras.

9 Den översta slangen ska vara kall en stund medan motorn värms upp och ska sedan snabbt bli varm när termostaten öppnas.

10 Ovanstående är inte ett exakt eller definitivt test av termostatens funktion, men om systemet inte fungerar som beskrivits, demontera och testa termostaten enligt beskrivningen nedan.

Demontering

Observera: *Se föreskrifterna i avsnitt 1 i detta kapitel innan arbetet påbörjas.*

11 Motorn måste vara helt kall innan denna procedur påbörjas. Den måste ha varit avstängd under flera timmar, och helst ha stått över natten.

12 Dränera kylsystemet enligt beskrivningen i kapitel 1.

13 Dra motorns plastkåpa rakt uppåt och ta bort den från motorrummet.

1,6-liters motor

14 Ta bort luftrenarhuset enligt beskrivningen i kapitel 4A.

15 Volvo ger rådet att bränslefiltret som är placerat på motorns vänstra sida behöver tas bort även om vi inte kunde bekräfta detta i verkstaden. Fortsätt enligt följande om så är fallet. Skruva loss bultarna och ta bort motorns undre skyddskåpa. Lossa klämmorna och lossa bränslerören från filtrets överdel – var beredd att samla upp bränsle som rinner ut. Skruva loss de tre bultarna och ta bort bränslefiltrets fästbygel och lossa anslutningskontakten. Det går nu att byta filtret.

16 Termostathuset är placerat på topplockets vänstra ände. Lossa klämmorna och lossa kylvätskeslangarna från termostathuset.

17 Lossa anslutningskontakten från temperaturgivaren för kylvätska.

18 Skruva loss fästbulten till förbikopplingsröret för kylvätska.

19 Skruva loss de fyra fästskruvarna och ta bort termostathuset. Observera att termostaten är inbyggd i huset. Om termostaten är defekt måste huset bytas **(se bild)**.

2,0-liters motor med 4 cylindrar

20 Ta bort luftrenarhuset enligt beskrivningen i kapitel 4A.

21 Skruva loss de tre bultarna, lossa anslutningskontakten och ta bort turboaggregatets manöverdon.

22 Skruva loss de fyra bultarna och ta bort termostathuset.

23 Lossa klämmorna och lossa slangarna från termostathuset.

24 Skruva loss de fyra muttrarna och ta bort termostathuset från topplockets vänstra ände **(se bilder)**. Även om det kan gå att skilja termostaten från kåpan är det tydligen så att den inte går att få tag i som en separat del. Kontrollera med en Volvo-verkstad eller en reservdelsspecialist.

5-cylindriga motorer

25 Lossa anslutningskontakten.

26 Lossa klämmorna och lossa slangarna från termostathuset. Skruva loss de två fästbultarna och ta bort huset från motorn **(se bild)**.

Kontroll

27 Kontrollera temperaturmarkeringen som är stansad på termostaten och som antagligen är 82°C.

28 Använd en termometer och en behållare med vatten. Värm vattnet tills temperaturen motsvarar den angivna temperaturen på termostaten.

29 Häng (den stängda) termostaten på ett snöre i vattnet och kontrollera att den öppnats maximalt inom två minuter.

30 Ta bort termostaten och låt den svalna, kontrollera att den går att stänga helt.

31 Om termostaten inte öppnas och stängs enligt beskrivningen, eller om den fastnat i något läge, måste den bytas.

Montering

32 Monteringen utförs i omvänd ordningsföljd jämfört med demonteringen och med nya packningar om tillämpligt. Fyll på kylsystemet enligt beskrivningen i kapitel 1.

9 Värme och luftkonditioneringssystem – allmän information

Manuell klimatanläggning

1 På modeller med en manuell klimatanläggning kan värmeenheten vara monterad separat, eller tillsammans med en manuellt styrd luftkonditioneringsenhet.

2 Värmeenheten är av friskluftstyp. Luften tas in genom ett galler framför vindrutan och leds till de olika munstyckena, en del passerar genom värmepaketet där den värms upp av motorns kylvätska som flödar genom paketet.

3 Fördelningen av luft till ventilerna, och genom eller runt värmepaketet, styrs av klaffar. Dessa drivs av en elmotor. Separata, vajerstyrda temperaturreglage finns för föraren och framsätespassageraren.

4 En elektrisk fläkt med varierande hastighet driver luftflödet genom värmeenheten och ett pollen-/luftreningsfilter sitter monterat efter fläkten.

5 Om en manuell klimatanläggning med luftkonditionering är monterad, arbetar systemet tillsammans med värmeenheten för att ge en rimlig lufttemperatur inuti kupén. Den sänker även luftfuktigheten på den inkommande luften, vilket hjälper till med avimning även om kylning inte krävs.

6 Luftkonditioneringssystemets kylningsdel fungerar på samma sätt som ett kylskåp. En kompressor som drivs av en rem från vevaxelns remskiva, drar kylmedium i gasform från en förångare. Kylmediet passerar en kondensator där det förlorar värme och övergår i vätskeform. Efter dehydrering återvänder kylmediet till förångaren, där det absorberar värme från luft som passerar över förångarens flänsar. Kylmediet återgår till gasform och cykeln upprepas.

7 Olika underkontroller och givare skyddar systemet mot extrema temperaturer och tryck. Dessutom ökas motorns tomgångsvarvtal när systemet används, för att kompensera för den ytterligare belastning som orsakas av kompressorn.

Automatisk klimatanläggning

8 På modeller med automatisk

klimatanläggning kan temperaturen inuti bilen automatiskt hållas vid en inställd nivå, oberoende av yttertemperaturen. Det datorstyrda systemet styr värmeenheten, luftkonditioneringen och fläkten för att uppnå detta. Systemets kyl sida är identisk på modeller med manuell klimatanläggning, den helautomatiska elektroniska styrningen fungerar enligt följande.

9 En styrenhet tar emot signaler från givare som känner av luftkanaltemperaturerna samt innertemperaturen på förar- och passagerarsidan. En solsensor känner av om solen lyser eller ej. Signaler om luftklaffarnas position tas även emot kontinuerligt. Information om motortemperatur, yttertemperatur, om motorn är igång eller ej samt bilens hastighet skickas också till styrenheten från motorstyrningssystemet.

10 När automatfunktionen startar kan styrenheten beräkna de bästa inställningarna för vald temperatur och luftfördelning, baserat på givarnas signaler. Dessa inställningar kan sedan bibehållas oberoende av körförhållanden och väder.

11 Fördelningen av luft till de olika munstyckena, och blandningen av varm och kall luft för att uppnå vald temperatur, styrs av klaffar. Dessa styrs av elmotorer, som i sin tur styrs av styrenheten. En fläkt med variabel hastighet som kan styras manuellt eller automatiskt används till att förstärka luftflödet genom systemet.

12 Om ett fel uppstår lagrar styrmodulen ett antal felkoder för efterföljande avläsning via diagnostikkontaktdonen på den nedre instrumentbrädan över pedalerna.

Föreskrifter

13 Om bilen är utrustad med luftkonditioneringssystem måste särskilda säkerhetsåtgärder vidtas vid arbete med systemet och dess komponenter. Om systemet av någon anledning måste tömmas bör detta överlåtas åt en Volvo-verkstad eller en kylsystemsspecialist.

⚠️ *Varning: Kylkretsen innehåller kylmediet; det är farligt att koppla loss någon del av systemet utan specialkunskap och specialutrustning.*

14 Kylmediet kan vara farligt och får endast hanteras av kvalificerade personer. Om det

stänker på huden kan det orsaka köldskador. Det är inte giftigt i sig, men utvecklar en giftig gas om den kommer i kontakt med en oskyddad låga (inklusive en tänd cigarrett). Okontrollerat utsläpp av kylmediet är farligt och skadligt för miljön.

10 Klimatanläggning komponenter – demontering och montering

Kontrollpanel

Observera: *Kontrollpanelen är inbyggd i mittkonsolen och innehåller motorstyrenheten och systemets temperaturgivare. Om kontrollpanelen byts ut måste den programmeras innan användning. Detta kan bara utföras av en Volvo-verkstad eller en specialist med rätt utrustning.*

1 Ta ut fjärrkontrollen och vänta sedan minst tre minuter innan du fortsätter.

2 Ta bort mittkonsolens övre del enligt beskrivningen i kapitel 11. Motorstyrenheten är fäst på panelens baksida med fyra skruvar **(se bild)**.

3 Monteringen sker i omvänd ordningsföljd mot demonteringen.

Värmefläktens motor

Observera: *Volvo säger att denna uppgift kan utföras med värmeenheten i bilen. I praktiken upptäckte vi att åtkomsten är mycket begränsa och rekommenderar demontering av instrumentbrädan eller värmeenheten (se relevant del av detta kapitel eller kapitel 11). Följande process utfördes med värmeenheten borttagen från bilen.*

4 Ställ ventilationssystemet i återcirkulerings-läget innan arbetet påbörjas. Detta säkerställer att återcirkuleringsklaffen på värmeenheten är i korrekt läge.

5 Lossa kablaget från motorhuset. Skruva loss de tre skruvarna och ta bort ändhuset som innehåller distributionsspjällets motor för att komma åt fläkten.

6 Lossa plastfliken på motorn och vrid hela motorn medurs för att lossa den från värmehuset. Ta bort motorn från värmehuset från den sida där fläkten sitter och stötta upp fläktspindeln när den tas bort **(se bilder)**.

10.2 Fästskruvar till kontrollpanel ECU (markerade med pilar)

10.6a Lossa plastfliken, vrid motorn medurs för att lossa den från värmehuset . . .

10.6b . . . och ta bort motorn

10.7 Det finns ett hål (markerat med pil) för insättning av fästskruven

7 Monteringen sker i omvänd ordningsföljd mot demonteringen. Om plastfliken på motorn går sönder vid demonteringen finns det ett hål för insättning av en lämplig fästskruv **(se bild)**.

Värmefläktmotorns resistor

8 Ta bort handskfacket enligt beskrivningen i kapitel 11.
9 Lossa anslutningskontakten, vrid resistorn moturs och ta bort den från fläktmotorhuset **(se bild)**.
10 Monteringen sker i omvänd ordningsföljd mot demonteringen.

Värmeväxlare

Observera: *Se föreskrifterna i avsnitt 1 i detta kapitel innan arbetet påbörjas.*
11 Dränera kylsystemet enligt beskrivningen i kapitel 1.
12 Koppla loss och ta bort batteriets

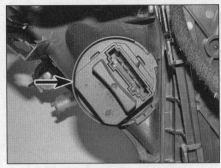

10.9 Resistor motor värmefläkt

jordledning enligt beskrivningen i kapitel 5A.
13 Ta bort mittkonsolen enligt beskrivningen i kapitel 11.
14 Ta bort den centrala luftkanalen och flytta de bakre luftkanalerna åt ena sidan.
15 Lossa anslutningskontakterna **(se bilder)**, skruva loss de fyra skruvarna och ta bort den elektriska extravärmaren. Arbeta i förarens fotutrymme och skruva loss de två skruvarna och ta bort plastkåpan över kylvätskerören.
16 Skruva loss klämmorna och lossa kylvätskerören. Var beredd på vätskespill **(se bild)**.
17 **Dra värmeväxlare uppåt och bakåt för att ta bort den (se bild)**.
18 Monteringen sker i omvänd ordningsföljd mot demonteringen. Använd nya O-ringar på värmeenhetens rör och avsluta med att fylla på kylsystemet enligt beskrivningen i *Veckokontroller.*

Luft återcirkuleringsklaffens motor

19 Motorn är placerad på värmeenhetens vänstra sida och det går att komma åt den genom att man tar bort handskfacket enligt beskrivningen i kapitel 11 (visas med värmeenheten demonterad för tydlighetens skull).
20 Lossa manöverarmen från motorn, skruva loss de två skruvarna och ta bort motorn **(se bild)**.
21 Montering sker i omvänd ordningsföljd.

Ventilationsklaffens motor

22 Motorn är placerad på värmeenhetens vänstra sida och det går att komma åt den genom att man tar bort handskfacket enligt beskrivningen i kapitel 11.
23 Lossa motorns kontaktdon, skruva loss de två skruvarna och ta bort motorn **(se bild)**.
24 Monteringen sker i omvänd ordningsföljd mot demonteringen.

Distributionsklaffens motor

Vänster sida

25 Ta bort handskfacket enligt beskrivningen i kapitel 11.
26 Lossa motorns kontaktdon från värmehusets sida. Skruva loss de två bultarna och ta bort motorn **(se bild 10.23)**.
27 Monteringen sker i omvänd ordningsföljd mot demonteringen.

Höger sida

28 Det verkar inte gå att komma åt motorn utan demontering av instrumentbrädan eller värmeenheten. Se relevant del i detta avsnitt

10.15a Lossa anslutningskontakterna till den elektriska extravärmaren . . .

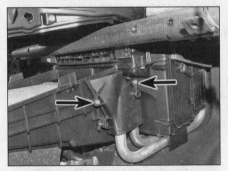

10.15b . . . och ta bort plastkåpan över värmerören

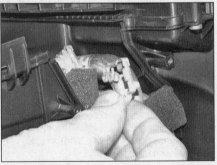

10.16 Ta bort kylvätskerörens klämmor

10.17 Ta bort värmeväxlare från värmehuset

10.20 Luft återcirkuleringsklaffens motor

10.23 Ventilationsklaffens motor är placerad på vänster sida och distributionsspjällets motor på höger sida

10.28 Distributionsspjällets motor är placerad på vänster sida och defrosterspjällets motor på höger sida

10.31 Bänd bort instrumentbrädans ändpanel på passagerarsidan och ta bort skruven

10.32 Ta bort varningsblinkerbrytaren och skruva loss skruven (markerad med pil)

10.33a Bänd försiktigt ut ventilpanelen . . .

10.33b . . . och ta bort den från instrumentbrädan

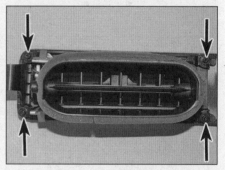

10.33c Luftventilens fästskruvar (markerade med pilar)

eller överlåt detta arbete åt en Volvo-verkstad **(se bild)**.

Defrosterklaffens motor

29 Det verkar inte gå att komma åt motorn utan demontering av instrumentbrädan eller värmeenheten. Se relevant del i detta avsnitt eller överlåt detta arbete åt en Volvo-verkstad **(se bild 10.28)**.

Instrumentbrädans munstycken

Passagerarsidans och de mittre ventilerna

30 Passagerarsidans och de mittre luftkanalerna kombineras i en panel.
31 Bänd försiktigt bort panelen i instrumentbrädans ände på passagerarsidan och skruva loss den exponerade skruven **(se bild)**.
32 Ta bort varningsblinkerbrytaren enligt beskrivningen i kapitel 12 och skruva loss den skruv som exponeras i öppningen **(se bild)**.
33 Bänd försiktigt ut ventilpanelen från

10.35 Lossa klämmorna och tryck bort förarsidans ventil från instrumentbrädan

instrumentbrädan med en skruvmejsel med en bit papp under för att skydda klädselpanelen. Koppla loss eventuella anslutningskontakter från luftmunstyckena när du tar bort dem (om tillämpligt).När luftmunstyckena är borttagna kan de skiljas från instrumentbrädans klädselpanel genom att man skruvar loss skruvarna på varje luftmunstyckes baksida **(se bilder)**.
34 Monteringen sker i omvänd ordningsföljd mot demonteringen.

Förarsidans luftmunstycke

35 Ta bort strålkastarbrytarren från instrumentpanelen enligt beskrivningen i kapitel 12. Lossa de två klämmorna på luftmunstyckets nederkant och tryck sedan nederkanten bakåt från instrumentbrädan. Ta bort luftmunstycket **(se bild)**.
36 Monteringen sker i omvänd ordningsföljd mot demonteringen.

Förarsidans vindruteluftmunstycke

37 Demontera luftmunstycket på förarsidan

10.45 Lossa luftkonditioneringsrören från expansionsventilen på mellanväggen

enligt den tidigare beskrivningen. Stick in handen genom instrumentbrädans ände, lossa klämmorna och tryck avfrostningsmunstycket uppåt från instrumentbrädan.
38 Montering sker i omvänd ordningsföljd.

Passagerarsidans vindruteluftmunstycke

39 Ta bort handskfacket enligt beskrivningen i kapitel 11. Stick in handen genom handskfacksöppningen, lossa klämmorna och tryck avfrostningsmunstycket uppåt från instrumentbrädan.
40 Monteringen sker i omvänd ordningsföljd mot demonteringen.

Värmarhus

41 Låt en specialist med rätt utrustning tömma ut luftkonditioneringens kylmedium.
42 Ta bort mittkonsolen enligt beskrivningen i kapitel 11.
43 Ta bort torkarmotorn/länksystemet enligt beskrivningen i kapitel 12 för att komma åt expansionsventilen bättre.
44 Ta bort motorns elektroniska styrmodul (ECU) enligt beskrivningen i kapitel 4A och skruva loss de två bultar som håller fast fästbygeln på mellanväggen.
45 Skruva loss den bult som håller fast luftkonditioneringsrören på expansionsventilen på mellanväggen och dra bort rören mot bilens front för att lossa dem från expansionsventilen (observera att avståndet mellan rören och den sekundära mellanväggspanelen är ganska litet). Plugga igen rörens ändar för att förhindra att smuts tränger i och kassera tätningarna eftersom nya måste monteras vid återanslutningen **(se bild)**.
46 Tappa ur kylvätskan enligt beskrivningen i avsnitt 1.

10.47 Vrid låskragarna (markerade med pilar) och lossa värmeslangarna från mellanväggen

10.48a Ta bort ventilationskanalen i mitten . . .

10.48b . . . och sidoventilationskanalerna

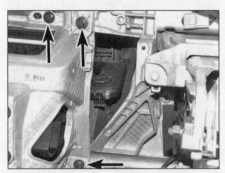

10.49a Skruva loss de två bultarna längst upp på vardera sidan (bultarna på höger sida markerade med pilar) . . .

10.49b . . . de två bultarna längs ner på varje sida (bultarna på höger sida markerade med pilar) . . .

47 Lossa värmeslangarna från mellanväggen under expansionsventilen. Vrid låskragen på varje rör ungefär en fjärdedels varv moturs och dra bort den från röranslutningarna (på samma sätt som med luftkonditioneringsrören är avståndet litet) **(se bild)**.

48 Arbeta inne i bilen och ta bort ventilationskanalerna från värmeenhetens mitt och från överdelen på varje sida **(se bilder)**. Lossa anslutningskontakterna till den elektriska extravärmaren om en sådan finns.

49 Ta bort lättmetallramen som är placerad framför värmeenheten. Det finns två bultar längst upp på ena sidan, en bult på vardera sidan som håller fast ramen på den nedre tvärbalken, två bultar längst ner på vardera sidan och två bultar under den elektriska extravärmaren. Lossa kablaget från ramen **(se bilder)**.

50 Skruva loss de fyra skruvarna, lossa klämman på vardera sidan och ta bort den elektriska extravärmarens/värmepaketets kåpa från värmeenheten (detta gör att den nedre tvärbalken kan tas bort) **(se bild)**.

51 Lossa kablagehylsan från den övre tvärbalken och lossa anslutningskontakten från rattlåsenheten på rattstången **(se bilder)**.

52 Gör några inställningsmärken för att underlätta återmonteringen och ta sedan bort instrumentbrädans tvärbalk. Skruva loss rattstångens nedre klämbult, de två bultar som är placerade under vindrutan över

10.49c . . . och de två bultarna under den elektriska extravärmaren

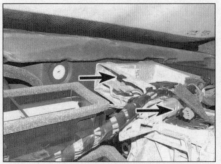

10.49d Skruva loss kablageklämmorna från ramen före demonteringen

10.50 Ta bort extravärmarens/värmepaketets kåpa från värmeenheten

10.51a Lossa kablagehylsan från den övre tvärbalken . . .

10.51b . . . och lossa anslutningskontakten från rattlåset

10.52a Skruva loss de två bultar som är placerade över bromsservon . . .

10.52b . . . och de två bultarna på A-stolpen på varje sida

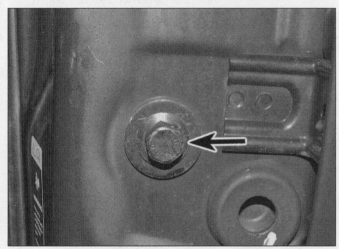

10.52c Skruva loss tvärbalkens nedre bult . . .

10.52d . . . och ta bort den från A-stolpen

bromsservon och de två bultarna på vardera sidan av A-stolpen. Ta bort båda framdörrarna enligt beskrivningen i kapitel 11 och ta bort den bult på varje sida som håller fast den nedre tvärbalken på A-stolpen. Dra försiktigt hela tvärbalken bakåt från mellanväggen och ta bort den från bilen **(se bilder)**.

53 Lossa anslutningskontakterna till värmeregleringsklaffens motor och lossa tömningsrörets från golvplattan på värmeenhetens högra sida **(se bild)**.

54 Notera hur de sitter monterade och kontrollera sedan en sista gång att alla anslutningskontakter har lossats från värmehuset och för ut det ur kupén **(se bild)**.

Förångare

Observera: *När du kopplar loss slangar eller*

komponenter från luftkonditioneringen ska du alltid plugga hålen för att förhindra att smuts kommer in och att behållaren/avfuktaren genomdränks.

55 Ta bort värmeenheten enligt beskrivningen i detta avsnitt.

56 Ta bort skummaterialet runt expansionsventilen, skruva loss skruvarna och ta bort plastklädselpanelen över

10.52e Dra tvärbalken bakåt och ta bort den från bilen

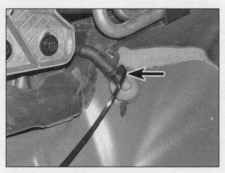

10.53 Dräneringsplugg till värmeenheten

10.54 Dra bort värmeenheten från mellanväggen

10.56a Ta bort skummet (markerat med pil) runt expansionsventilen

10.56b Skruva loss rörklämmans skruv (markerad med pil) . . .

10.56c . . . skruva loss fästskruven och ta bort rören

luftkonditioneringsrören. Skruva loss skruven och ta bort rören från huset **(se bilder)**.
57 Ta bort värmeenhetens nedre del (den del som innehåller värmepaketet) genom att skruva loss de fyra skruvarna och lossa de tre **(se bilder)**.
58 Skruva loss de tre skruvarna och ta bort fläktmotorhuset från värmeenheten (se bild). Lossa plast- och metallklämmorna och ta bort den del av värmeenheten som sitter runt förångaren. Det går nu att ta bort förångaren **(se bilder)**.
59 Monteringen sker i omvänd ordningsföljd mot demonteringen. Tänk på följande:
 a) Sätt dit nya O-ringstätningar

på expansionsventilen och luftkonditioneringens röranslutningar vid motorrummets mellanvägg.
 b) När du är klar, låt fylla på luftkonditioneringssystemet och leta efter läckor.

Kondensor

Observera: *När du kopplar loss slangar eller komponenter från luftkonditioneringen ska du alltid plugga hålen för att förhindra att smuts kommer in och att behållaren/avfuktaren genomdränks.*
60 Låt en specialist med rätt utrustning tömma ut luftkonditioneringens kylmedium. Se avsnitt 5 för demontering av kylaren

(men observera att laddluftkylaren inte bör separeras på det här stadiet) och se till att luftkonditioneringsrören till kondensorn också lossas. Observera att kylaren, kondensorn och laddluftkylaren tas bort från bilen som en enhet. Det går att separera kondensorn med enheterna demonterade.
61 Monteringen sker i omvänd ordningsföljd mot demonteringen. Tänk på följande:
 a) Lossa laddluftkylarens rör från deras placeringar på motorn och montera sedan tillbaka dem på laddluftkylaren på korrekt plats för att underlätta återmonteringen. Vindavvisarna och de fästbyglar som togs bort tidigare kan sedan monteras tillbaka innan enheterna lyfts på plats.
 b) Enheterna ska luftas på plats underifrån bilen med hjälp av en lämplig domkraft som bör skyddas med någon typ av dyna för att förhindra skador. Se till att rören eller slangarna inte fastnar när enheterna lyfts på plats. Det kan vara bra att få hjälp av en medhjälpare som stöttar upp enheterna när kylarens stöd monteras tillbaka.
 c) Montera nya O-ringstätningar på luftkonditioneringsrörens anslutningar.
 d) När du är klar ska du fylla på luftkonditioneringssystemet och leta efter läckor.
 e) Fyll på kylsystemet.

10.57a Skruva loss de två fästskruvarna . . .

10.57b . . . och lossa metallklämmorna

10.58a Lossa metallklämmorna . . .

10.58b . . . och ta bort den del av värmehuset som omger förångaren

10.64 Expansionsventilens fästskruvar (se pil)

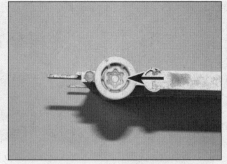

10.66 Mottagare-/torkare filterskruv

10.73 Skruva loss kompressorns fästskruvar (markerade med pilar)

Expansionsventil

Observera: *När du kopplar loss slangar eller komponenter från luftkonditioneringen ska du alltid plugga hålen för att förhindra att smuts kommer in och att behållaren/avfuktaren genomdränks.*

62 Låt en specialist med rätt utrustning tömma ut luftkonditioneringens kylmedium.

63 Ta bort kamremskåpan enligt beskrivningen i kapitel 12, avsnitt 18 och lossa de klämmor som håller fast luftkonditioneringsrören på ventilen.

64 Skruva loss de två skruvar som håller fast expansionsventilen på luftkonditioneringsrören i kupén och ta bort ventilen (visas med värmeenheten borttagen för tydlighetens skull) **(se bild)**. Kasta O-ringstätningarna, nya tätningar måste användas vid återmonteringen.

65 Monteringen sker i omvänd ordningsföljd mot demonteringen. Tänk på följande:

a) Dra åt expansionsventils skruvar till angivet moment.

b) Byt ut alla O-ringstätningar som rubbats.

c) När du är klar, låt fylla luftkonditioneringssystemet och leta efter läckor.

Mottagare/torkare

Observera: *När du kopplar loss slangar eller komponenter från luftkonditioneringen ska du*
alltid plugga hålen för att förhindra att smuts kommer in och att behållaren/avfuktaren genomdränks.

66 Mottagaren/torken är placerad på kondensorns vänstra sida. Skruva loss locket längst ner på enheten och ta bort filtret – visas med enheten borttagen för tydlighetens skull **(se bild)**.

67 Monteringen sker i omvänd ordningsföljd mot demonteringen.

Kompressor

Observera: *När du kopplar loss slangar eller komponenter från luftkonditioneringen ska du alltid plugga hålen för att förhindra att smuts kommer in och att behållaren/avfuktaren genomdränks.*

68 Låt en specialist med rätt utrustning tömma ut luftkonditioneringens kylmedium.

69 Ta bort multiremmen enligt beskrivningen i kapitel 1.

70 Lyft upp framvagnen och ställ den på pallbockar (se *Lyftning och stödpunkter*). Skruva loss klämmorna/skruvarna och ta bort motorns undre skyddskåpa.

71 Skruva loss klämmorna och ta bort insugsluftröret längst ner på grenröret.

72 Skruva loss skruvarna och ta bort luftkonditioneringens rör från kompressorn Kasta O-ringstätningarna, nya tätningar måste användas vid återmonteringen.

73 Koppla loss anslutningskontakten, ta sedan bort de tre bultar som håller fast kompressorn vid motorn och för den nedåt och ut från bilen **(se bild)**.

74 Monteringen sker i omvänd ordningsföljd mot demonteringen. Tänk på följande:

a) Byt alla O-ringstätningar om det rubbas och smörj dem med kompressorolja (Volvo 116 1627) före återmonteringen.

b) När du är klar, låt fylla luftkonditioneringssystemet och leta efter läckor.

Solsensor

75 Solsensorn är kombinerad med tjuvlarmets diod och sitter ovanpå instrumentbrädan.

76 Bänd försiktigt upp sensorn med en skruvmejsel under dess bas på sidan **(se bild)**.

77 Koppla loss kontaktdonet och ta bort givaren.

78 Monteringen sker i omvänd ordningsföljd mot demonteringen.

Kupé och lufttemperaturgivare

79 Kupéns givare är placerad på klimatkontrollpanelens baksida **(se bild)**. Lufttemperaturgivaren är placerad i värmehuset och de går bara att komma åt med värmehuset borttaget. Se detta avsnitt för demontering.

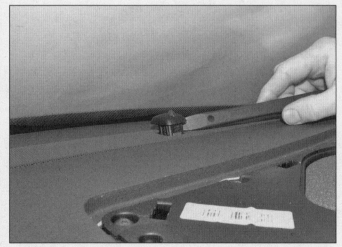

10.76 Bänd försiktigt solgivaren från instrumentbrädans överdel

10.79 Passagerarutrymmets temperaturgivare

10.84 Luftkvalitetsgivare

11.5 Lossa anslutningskontakterna till den elektriska extravärmaren

Förångarens temperaturgivare

80 Ta bort panelen på vänster sida från mittkonsolen.
81 Lossa anslutningskontakten och bänd försiktigt upp givaren från dess plats.
82 Monteringen sker i omvänd ordningsföljd mot demonteringen.

Fuktighetsgivare i bilen

83 Givaren är inbyggd i innerbackspegeln. I skrivande stund har vi inte kunnat få bekräftat om givaren går att få tag i separat. Rådfråga en Volvo-verkstad.

Luftkvalitetsgivare

84 Givaren är placerad på värmefläktmotorhusets vänstra sida och det går att komma åt den genom att man tar bort handskfacket enligt beskrivningen i kapitel 11 **(se bild)**.

---

11 Extravärmare – allmän information, demontering och montering

Allmän information

1 Modeller kan vara utrustade med en extravärmare som höjer kylvätskans temperatur i systemet och därigenom höjer motorns och kupéns temperatur. Systemet består av en elektriskt uppvärmd enhet som är placerad under värmepaketet.

Demontering och montering

2 Koppla loss och ta bort batteriets jordledning enligt beskrivningen i kapitel 5A.
3 Ta bort mittkonsolen enligt beskrivningen i kapitel 11.
4 Ta bort det centrala luftmunstycket och flytta de bakre luftmunstyckena åt ena sidan.
5 Lossa anslutningskontakterna på värmeenheten, skruva loss skruven på varje sida och ta bort enheten **(se bild)**.
6 Monteringen sker i omvänd ordning.

Kapitel 4 Del A:
Bränsle- och avgassystem

Innehåll

Allmän information och föreskrifter 1
Avgassystem – allmän information och byte av komponenter 17
Bränsleinsprutningspump – demontering och montering 9
Bränsleinsprutningssystem – allmän information 5
Bränsleinsprutningssystem – kontroll och justering 8
Bränsleinsprutningssystem komponenter – demontering och
   montering 11
Bränslepump/givarenhet – demontering och montering 7
Bränslesystem – snapsning och luftning 6
Bränsletank – demontering och montering 3

Gaspedal – demontering och montering 4
Grenrör – demontering och montering 16
Insprutningsventiler – demontering och montering 10
Laddluftkylare – demontering och montering 15
Luftrenare – demontering och montering 2
Turboaggregat – beskrivning och föreskrifter 12
Turboaggregat – demontering och montering 13
Turboaggregat – undersökning och renovering 14
Virvelkammare – demontering och montering 18

Svårighetsgrader

Enkelt, passer novisen med lite erfarenhet	**Ganska enkelt,** passar nybörjaren med viss erfarenhet	**Ganska svårt,** passer kompetent hemmamekaniker	**Svårt,** passer hemmamekaniker med erfarenhet	**Mycket svårt,** för professionell mekaniker

Specifikationer

Allmänt

Systemtyp . . . . Direktinsprutning och common rail med Siemens eller Bosch
högtrycksmatningspump

Bränsleinsprutningspump . . . . Tandempump (högt tryck och lågt tryck) drivs av insugskamaxeln
Insprutningstryck (typisk) . . . . 350 till 1650 bar
Typ av turboaggregat . . . . Garrett – variabelt munstycke
Turboladdtryck . . . . Uppgift saknas
Tomgångsvarvtal:*
   1,6-liters motor . . . . 780 varv/minut
   2,0-liters motor med 4 cylindrar . . . . 800 varv/minut
   5-cylindriga motorer . . . . 720 varv/minut
* Ej justerbar – styrs av motorstyrmodulen

Åtdragningsmoment

	Nm
Avgasgrenrör på topplock:	
1,6-liters motor	24
2,0-liters motor med 4 cylindrar:	
Steg 1	15
Steg 2	25
2,0-liters motor med 5 cylindrar	
Ändmuttrar:	
Steg 1	14
Steg 2	16
Övre och nedre muttrar:	
Steg 1	12
Steg 2	14
2,4-liters motor:	
Steg 1	15
Steg 2	25
Avgasgrenrörets värmeskydd (endast 5-cylindriga motorer)	24
Bränslepumpens fästskruvar:	
1,6-liters motor	22
2,0-liters motor med 4 cylindrar	20
5-cylindriga motorer	18
Bränslesändarens låsring	85
Bränsletemperaturgivare	21
Bränsletryckets säkerhetsventil	95
Bränsletryckgivare:	
2,4-liters motorer (D5244 T4 och T5)	70
Bränsletryckgivarens adapter till common rail	60
Bultar mellan bränslefördelarskena och topplock:	
Alla utom 2,0-liters motor med 4 cylindrar	24
2,0-liters motor med 4 cylindrar	22
Bultar till bränsletankens fästbygel	24
Grenrörets absoluttryckgivare (MAP):	
4-cylindriga motorer	5
5-cylindriga motorer	10
Högtrycksrörets anslutningsmuttrar:*	
1,6-liters motor:	
Steg 1	20
Steg 2	25
2,0-liters motor med 4 cylindrar:	
Steg 1	19
Steg 2	30
5-cylindriga motorer	28
Klämskruvar till bränsleinsprutningsventiler:*	
1,6-liters motor:	
Steg 1	4
Steg 2	Vinkeldra ytterligare 65°
2,0-liters motor med 4 cylindrar:	
Steg 1	4
Steg 2	Vinkeldra ytterligare 45°
5-cylindriga motorer	13
Lambdasonde	45
Muttrar mellan avgasgrenrör och EGR-rör (2,0 liters 5-cylindrig motor)	24
Turboaggregat på avgasgrenrör:*	
1,6-liters motor	25
2,0-liters motor med 4 cylindrar	18
2,0-liters motor med 5 cylindrar	
Steg 1	18
Steg 2	24
2,4-liters motor	Uppgift saknas
Turboaggregat:	
Kylvätskerör på turboaggregat	38
Oljematning på turboaggregat:	
1,6-liters motor	18
2,0-liters motor med 4 cylindrar	38
2,0-liters motor med 5 cylindrar	18
2,4-liters motor	25
Oljematning på motorblock	38

* Återanvänds inte

1 Allmän information och föreskrifter

Allmän information

Funktionen hos bränsleinsprutningssystemet beskrivs detaljerat i avsnitt 5.

Bränsle tillförs från en tank under bilens bakdel genom en nedsänkt elektrisk pump och tvingas sedan genom ett filter till insprutningspumpen. Insprutningspumpen som drivs av insugskamaxeln är en tandempump – en lågtryckspump av drevtyp som matar högtryckspumpen med bränsle med ett konstant tryck samt en högtrycks pump av kolv typ som tillför bränsle till common rail med varierande tryck. Bränsle matas från common rail till insprutningsventilerna. Även inuti insprutningspumpenheten finns en tryckstyrventil som reglerar mängden bränsle till högtryckspumpen och en bypassventil som returnerar överflödigt bränsle till lågtryckspumpen. Insprutningsventilerna styrs av solenoider som i sin tur styrs av styrmodulen, baserat på information från olika givare. Motorns styrmodul styr även förvärmningssidan av systemet – se kapitel 5B för ytterligare information.

Systemet för elektronisk dieselstyrning innefattar ett "drive-by-wire" system, där den konventionella gasvajern är utbytt mot en lägesgivare för gaspedalen. Information om gaspedalens läge och förändringstakt skickas av lägesgivaren till styrmodulen, som sedan justerar bränsleinsprutarna och bränsletrycket så att rätt mängd bränsle matas och förbränningens verkningsgrad blir optimal.

Avgassystemet har ett turboaggregat och en EGR-ventil. Ytterligare information om avgasreningssystemet hittar du i kapitel 4B.

Föreskrifter

• Vid arbete med dieselsystemets komponenter måste absolut renlighet iakttas, och ingen smuts eller främmande föremål får komma in i bränsleledningarna eller andra komponenter.

• När du utfört ett arbete som involverar urkoppling av bränsleledningarna bör du kontrollera att inte anslutningarna läcker; trycksätt systemet genom att dra runt motorn flera gånger.

• Elektroniska styrmoduler är mycket känsliga komponenter och vissa försiktighetsåtgärder måste vidtas för att enheterna inte ska skadas.

• Vid svetsningsarbeten med elektrisk svetsutrustning ska batteriet och växelströmsgeneratorn vara urkopplade.

• Även om moduler monterade under motorhuven normalt tål villkoren under motorhuven kan de påverkas av överdriven hetta eller fukt. Om svetsutrustning eller högtryckstvätt används i närheten av en elektronisk styrmodul får värmen eller vatten-/ångstrålarna inte riktas direkt mot modulen. Om detta inte går att undvika ska modulen tas bort från bilen och dess anslutningskontakt skyddas med en plastpåse.

• Kontrollera alltid att tändningen är avstängd innan några kablar kopplas loss eller komponenter demonteras.

• Försök inte skynda på feldiagnoser med en kontrollampa eller multimeter. Det kan ge bestående skador på systemet.

• Vid avslutat arbete med bränsleinsprutningens eller motorstyrningssystemets komponenter, se till att alla kablar ansluts ordentligt innan batteriet återansluts eller tändningen slås på.

2 Luftrenare – demontering och montering

Demontering

1,6-liters motor

1 Lossa luftmassflödesmätarens anslutningskontakt, skruva loss de två fästskruvarna och ta bort mätaren från luftröret. Skruva loss klämman och lossa luftröret från huset.

2 Skruva loss de två skruvar som håller fast differenstryckgivaren på husets nederdel.

3 Dra huset häftigt uppåt så att det lossnar från de tre fästmuffarna. Ta bort luftintagskanalen när huset tas bort.

2,0-liters motor med 4 cylindrar

4 Ta bort motorkåpan av plast.

5 Lossa luftmassflödesmätarens anslutningskontakt, skruva loss de två fästbultarna och ta bort mätaren från luftröret.

6 Skruva loss och lossa luftröret från huset och det rör som leder från huset till låspanelen.

7 Lossa kablagehylsans fästklämmor på husets nederdel och dra bort huset uppåt kraftigt för att lossa det från de tre fästgenomföringarna. Ta bort luftintagskanalen när huset tas bort.

5-cylindriga motorer

8 Skruva loss skruvarna, ta bort enhetens överdel och ta bort luftfilterinsatsen. Lossa luftrören **(se bilder)**.

9 Använd en tång för att lossa klämman längst ner på huset och ta bort enheten från motorrummet.

Montering

10 Monteringen sker i omvänd ordningsföljd mot demonteringen. Se till att utlopps- och insugskanalerna sitter ordentligt fastklämda (om tillämpligt).

3 Bränsletank – demontering och montering

Observera: Observera föreskrifterna i avsnitt 1 innan något arbete utförs på bränslesystemets komponenter.

Demontering

1 Innan tanken kan demonteras måste den tömmas på så mycket bränsle som möjligt. För att undvika de faror och komplikationer

2.8a Skruva loss de skruvar som håller fast luftrenarhusets överdel

2.8b Skruva loss klämman (markerad med pil) och lossa luftröret

3.3a Skruva loss fästklämmorna till underredspanelen av plast på bränsletankens högra sida . . .

3.3b . . . och ta bort panelen

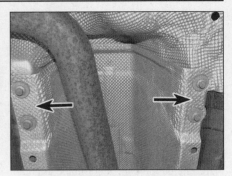

3.3c Skruva loss bultarna och ta bort värmeskyddet över avgasröret

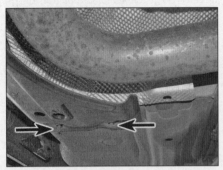

3.3d Ta bort underredspanelen av plast på bränsletankens vänstra sida

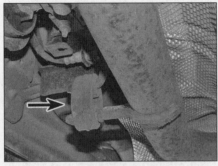

3.4 Lossa avgassystemets hållare framför vänster bakhjul

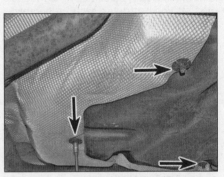

3.5 Ta bort värmeskyddet till vänster om bränsletanken

som bränslehantering och -lagring kan innebära bör det här arbetet utföras med en i det närmaste tom tank.

2 Koppla loss batteriets minusledning (se kapitel 5A).

3 Skruva loss de fem muttrarna och ta bort underredspanelen av plast på tankens högra sida. Skruva loss de sex bultarna (två framtill och fyra baktill) och ta bort den mittre delen av värmeskyddet över avgasröret. Skruva loss de fyra muttrarna och ta bort underredspanelen av plast på tankens vänstra sida (se bilder).

4 Lossa avgassystemets hållare som är placerade framför bakhjulets vänstra sida över den bakre hjälpramens främre del och bredvid avgassystemets bakre ljuddämpare (se bild).

5 Skruva loss de två metallklämmorna och de fyra plastmuttrarna och ta bort värmeskyddet till vänster om tanken (se bild). Med avgassystemet hållare lossade kan skyddet matas över avgasröret även om detta kan vara ganska krångligt och man bör vara försiktig så att skyddet inte böjs för mycket.

6 Skruva loss de klämmor som håller fast

bränslepåfyllningsslangen på tanken (se bild).

7 Observera korrekt placering och skruva loss de röranslutningar som är placerade framför tanken (se bild). Var beredd att samla upp utrinnande bränsle.

8 Placera en garagedomkraft under tankens mitt. Lägg en skyddande träkloss mellan domkraftshuvudet och tankens undersida, och hissa sedan upp domkraften så att den tar upp tankens vikt.

9 Skruva loss de klämmor som håller fast bromsrören på tankens fästremmar och lossa

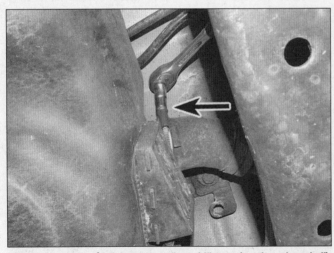

3.6 Skruva loss påfyllningsslangrörets klämma (markerad med pil)

3.7 Skruva loss bränsle röranslutningarna framför bränsletanken

3.9a Fästbult på vänster sida för tankens bakre fästbygel

3.9b Fästbult på vänster sida för tankens främre fästbygel

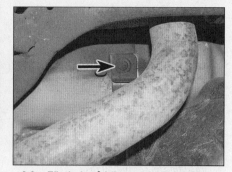

3.9c Fästbult på höger sida för tankens bakre fästbygel

fästbultarna. Bänd ut de plasttappar som håller fast remmarna på bränsletanken och ta bort remmarna. Sänk försiktigt ner domkraften och tanken något. Lossa bränslerören bredvid bränslefiltret och skruva loss anslutningskontakten och röranslutningarna till sändarenheten som är placerad på tanken tillsammans med ventilationsslangen **(se bilder).**

10 Sänk ner domkraften och tanken och ta bort tanken.

11 Om tanken har smutsats ner med avlagringar eller vatten, ta loss mätarens givarenhet och bränslepumpen. Skölj ur tanken med rent bränsle.

12 Tanken är gjuten i syntetmaterial, och om den skadas måste den bytas ut. I somliga fall kan det dock vara möjligt att reparera små läckor eller mindre skador. Kontakta en verkstad eller en lämplig specialist angående frågor om tankreparationer.

13 Om en ny tank ska monteras, flytta över alla komponenterna från den gamla tanken till den nya. Byt alltid ut tätningar och plastmuttrar som håller fast bränslepumpen och mätargivaren. Om de är använda är det inte säkert att de fäster och sluter tillräckligt tätt på den nya tanken.

Montering

14 Monteringen sker i omvänd ordningsföljd mot demonteringen. Avsluta med att fylla på tanken med bränsle och leta mycket noga efter tecken på bränsleläckage innan bilen körs i trafik.

4 Gaspedal – demontering och montering

Demontering

1 Skruva loss de två skruvarna och ta bort klädselpanelen ovanför pedalerna i förarsidans fotbrunn.

2 Skruva loss de tre skruvarna som fäster torpedväggen **(se bild).**

3 Lossa buntbandet och koppla loss lägesgivarens anslutningskontakt när du tar bort pedalenheten. Ingen ytterligare isärtagning av enheten rekommenderas (se bild).

Montering

4 Montera tillbaka i omvänd ordningsföljd mot demonteringen.

5 Bränsleinsprutningssystem – allmän information

Systemet styrs övergripande av det elektroniska dieselstyrningssystemet, vilket även styr förvärmningen (se kapitel 5B).

Bränsle tillförs från den bakre bränsletanken, via en eldriven pump (styrs av den centrala elektroniska styrmodulen) och ett bränslefilter till bränsleinsprutningspumpen.

Bränsleinsprutningspumpen tillför bränsle under högt tryck till common rail. Bränslefördelarskenan utgör en behållare med bränsle under tryck som är redo att matas av insprutningsventilerna direkt till förbränningskammaren. De olika bränsleinsprutarna innehåller solenoider som, när de är aktiva, låter högtrycksbränslet sprutas in. Solenoiderna styrs av den elektroniska dieselstyrningens styrmodul. Bränsleinsprutningspumpen tillför enbart högtrycksbränsle. Insprutningens synkronisering och varaktighet styrs av styrmodulen, baserat på information från de olika givarna. För att kunna öka förbränningens verkningsgrad och minimera förbränningsljudet ("dieselknackningarna"), sprutas en liten mängd bränsle in innan huvudinsprutningen sker – detta kallas förinsprutning eller pilotinsprutning. Bränslefiltret kan dessutom ha ett värmeelement och en temperaturgivare – om det är så aktiveras detta vid temperaturer under -3 °C och reaktiveras vid 5 °C.

Förutom detta aktiverar motorstyrningens styrmodul även förvärmningen (kapitel 5B) och avgasåterföringen (se kapitel 4B).

Systemet använder följande givare.

a) Vevaxelgivaren – förser styrmodulen med information om vevaxelns hastighet och läge.

b) Motors temperaturgivare för kylvätska informerar den elektroniska styrenheten om motorns temperatur.

c) Massluftflödets givare/insugsluftens

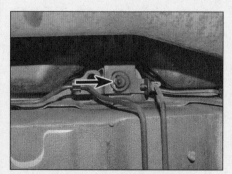

3.9d Fästbult och bromsrörsklämmor för tankens främre fästbygel

3.9e Ventilationsslangsanslutning upptill på bränsletanken

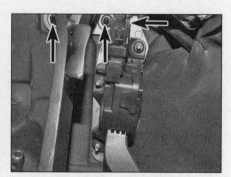

4.2 Fästmuttrar till gaspedalen

temperaturgivare – förser styrmodulen om information om massa och temperatur hos den luft som förs i i insugskanalen.

d) Hjulhastighetsgivaren – förser styrmodulen med information om bilens hastighet.

e) Gaspedalens lägesgivare – förser styrmodulen med information om gasspjällets läge och gasspjällets öppnings-/stängningshastighet.

f) Bränslehögtryckgivare – förser styrmodulen med information om trycket hos bränslet i common rail.

g) Kamaxelgivare – förser styrmodulen med information om kamaxelns läge så att motorns tändningssekvens kan fastställas.

h) Bromsljuskontakt – informerar styrmodulen om när bromsarna används.

i) Absoluttryckgivare – förser styrmodulen om laddtrycket som genereras av turboaggregatet.

j) Luftkonditioneringens tryckgivare – informerar styrmodulen om högtryckssidan av luftkonditioneringskretsen, om ett högre tomgångsvarvtal krävs för att kompensera kompressorns belastning.

På alla modeller används ett styrsystem av typen "drive-by-wire" för gasspjället. Gaspedalen är inte fysiskt kopplad till bränsleinsprutningspumpen med en traditionell vajer, utan kontrolleras istället av en dubbel potentiometer som sitter på pedalenheten och som skickar en signal till motorstyrmodulen om gaspedalens rörelser.

Signalerna från de olika givarna bearbetas av styrmodulen och en optimal bränslemängd och insprutningsinställning väljs ut för motorns rådande driftsförhållanden.

Katalysator(er), ett partikelfilter (beroende på modell och marknad) och ett avgasåterföringssystem finns monterade för att minska utsläppet av skadliga avgaser. Information om detta och annan avgasreningsutrustning finns i kapitel 4B.

Om avvikelser registreras från någon av givarna aktiveras styrmodulens säkerhetsläge. Om detta händer ignorerar styrmodulen den avvikande signalen från givaren och fortsätter med ett förprogrammerat värde så att motorn kan fortsätta att gå (dock med minskad verkningsgrad). Om styrmodulens säkerhetsläge aktiveras tänds varningslampan på instrumentbrädan och relevant felkod lagras i styrmodulens minne.

Om varningslampan tänds ska bilen köras till en Volvo-verkstad eller en specialist så snart som möjligt. Då kan den elektroniska dieselstyrningen kontrolleras ordentligt med hjälp av en särskild elektronisk testenhet som enkelt kopplas till systemets diagnosuttag. Kontaktdonet sitter nedanför instrumentbrädan på förarsidan, ovanför pedalerna **(se bild)**.

6 Bränslesystem – snapsning och luftning

1 Enligt Volvo krävs ingen snapsning eller luftning, eftersom systemet luftar sig självt. Om bilens diesel har tagit slut eller om betydande delar av bränslesystemet har rubbats bör du ändå fylla på tanken eller kontrollera att det finns tillräckligt med bränsle i tanken (efter tillämplighet). Sedan sätter du igång pumpen på bränsletanken i en eller två minuter och trycker snabbt på start/stop-knappen innan du försöker starta bilen. Detta bör garantera att tillräckligt med bränsle når motorns pump innan start.

7 Bränslepump/givarenhet – demontering och montering

Observera: *Observera föreskrifterna i avsnitt 1 innan något arbete utförs på bränslesystemets komponenter.*

Demontering

1 Koppla loss batteriets minusledning (se kapitel 5A).

2 Demontera bränsletanken enligt beskrivningen i avsnitt 3.

3 Gör en notering om den korrekta placeringen, ta sedan bort anslutningskontakten och använd en skruvmejsel för att trycka in klämmorna och lossa bränsleslangarna från sändarenheten. Observera eventuella tätningars placering och var beredd på bränslespill när slangarna tas bort **(se bild)**.

4 Observera inställningsmärkena mellan sändarenheten och tanken, ta sedan bort låsringen. Volvo använder ett specifikt verktyg (999 7093) men låsringen kan tas bort med ett lämpligt egentillverkat redskap eller ett märkesdemonteringsverktyg som köps från en motorspecialist **(se bilder)**.

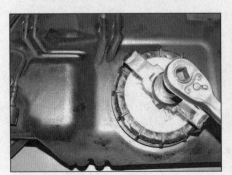

5.9 Diagnostikkontaktdonet är placerat på förarsidan av instrumentbrädan

7.3 Lossa bränsleslangarna ovanpå sändarenheten

7.4a Sändarenhetens inställningsmärken

7.4b Ta bort sändarens låsring med ett lämpligt verktyg . . .

7.4c . . . eller något likvärdigt hemmagjort verktyg

7.5 Ta bort sändarenheten från bränsletanken

5 Ta försiktigt bort enheten från tanken men var försiktig så att du inte böjer eller skadar flottörens arm. Ta loss tätningen mellan sändarenheten och tanken **(se bild)**.

Montering

6 Monteringen sker i omvänd ordningsföljd. Tänk på följande:

a) Använd en ny tätning insmord med vaselin och se till att den är rätt monterad.

b) Var försiktig när du sänker ner enheten i tanken så att inte flottörens arm böjs eller skadas.

c) Observera inställningsmärkena vid återmonteringen av sändaren.

8 Bränsleinsprutningssystem – kontroll och justering

Kontroll

1 Om ett fel uppstår i bränsleinsprutnings-systemet, se först till att alla systemets kontaktdon är ordentligt anslutna och fria från korrosion. Kontrollera att felet inte beror på bristande underhåll; d.v.s. kontrollera att luftfilterinsatsen är ren, att cylinderkompressionstrycken är korrekta (se kapitel 2A, 2B eller 2C) och att motorns ventilationsslangar är rena och hela.

2 Om motorn inte startar, kontrollera glödstiftens skick (se kapitel 5B).

3 Om du inte hittar orsaken till problemet med hjälp av dessa kontroller bör bilen köras till en BMW-verkstad eller en specialist som kan utföra test med särskild elektronisk utrustning som ansluts till diagnosuttaget. Testaren kommer att hitta felet lätt och snabbt vilket minskar behovet av enskilda kontroller av alla systemets komponenter, något som är både tidskrävande och som kan innebära skador på ECU:n.

Justering

4 Motorns tomgångsvarvtal, maximala hastighet och bränsleinsprutningspumpens timing styrs alla av styrmodulen. Även om det teoretiskt är möjligt att kontrollera alla inställningar måste bilen köras till en Volvo-

verkstad eller lämpligt utrustad specialist om en justering blir nödvändig. Dessa har den diagnostikutrustning som behövs och kan (om möjligt) justera inställningarna.

9 Bränsleinsprutningspump – demontering och montering

Varning: Var noga med att inte släppa in smuts i insprutningspumpen eller insprutningsventilrören när du utför detta. Observera: *Alla fasta högtrycksbränslerör som rubbas måste bytas ut.*

Demontering

1 Koppla loss batteriets minusledning (se kapitel 5A). Ta bort batteriet på 5-cylindriga motorer enligt beskrivningen i kapitel 5A.

2 Ta bort plastkåpan från motorn genom att dra loss den rakt uppåt från fästena.

3 Demontera luftrenaren enligt beskrivningen i avsnitt 2.

1,6-liters motor

4 Demontera kamremmen enligt beskrivningen i kapitel 2A.

5 Ta bort EGR kylaren enligt beskrivningen i kapitel 4B.

6 Skruva loss de två anslutningsbultarna och ta bort röret baktill på motorn över högtryckspumpen.

7 Skruva loss anslutningskontakten och skruva loss bultarna till kablagehylsans fästbygel.

8 Lossa anslutningskontakten från högtrycksbränslepumpen. Skruva loss de fyra bultarna och ta bort plattan runt kablageanslutningen.

9 Skruva loss anslutningsmuttrarna och ta bort högtrycksbränsleröret mellan bränslefördelningsskenan och högtryckspumpen. Täpp igen öppningen för att hindra smuts från att tränga in.

10 Skruva loss de fyra bultarna och ta bort fästbygeln baktill på högtrycksbränslepumpen.

11 Trampa ner lossningsknapparna och lossa bränslematnings- och bränslereturslangarna från pumpen. Observera att slangarna kan ha en lossningsknapp på varje sida av kopplingen.

Täpp igen öppningen för att hindra smuts från att tränga in.

12 Håll pumpdrevet stilla och lossa centrummuttern som håller fast pumpaxeln.

13 Pumpdrevet är monterat på pumpaxelns kona och det är nödvändigt att ordna ett verktyg för att lossa den från konan. Skruva ut drevets fästmutter delvis, montera det hemmagjorda verktyget och fäst det på drevet med två 7,0 mm bultar och muttrar. Förhindra drevet från att rotera på samma sätt som tidigare, skruva ner muttrarna och tving av drevet från konan.

14 När konan är lossad ska du ta bort verktyget, skruva loss muttern helt och ta bort drevet från pumpaxeln.

15 Skruva loss de tre bultarna och ta bort pumpen från fästbygeln.

2,0-liters motor med 4 cylindrar

16 Ta bort vakuumpumpen enligt beskrivningen i kapitel 9.

17 Skruva loss anslutningarna och ta bort högtrycksbränsleröret mellan pumpen och bränslefördelarskenan **(se bild)**. Kasta röret, eftersom en ny en måste användas.

18 Observera hur de är monterade, tryck in flikarna och lossa bränslematnings- och bränslereturrören från pumpen **(se bilder)**. Var beredd på bränslespill. Täpp igen öppningen för att hindra smuts från att tränga in.

19 Observera deras monteringslägen och lossa anslutningskontakterna från pumpen.

20 Skruva loss de tre fästbultarna och ta bort pumpen från topplocket **(se bild)**. Kasta packningen.

9.17 Ta bort högtrycksröret mellan pumpen och bränslefördelarskenan

9.18a Lossa bränslematningen . . .

9.18b . . . och returslangarna från pumpen

9.20 Bränslepumpens fästbultar på 2,0 liters 4-cylindriga motorer

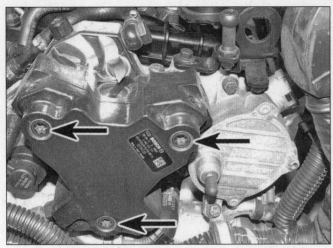

9.24a Pumpens fästskruvar på 5-cylindriga motorer

9.24b Ta loss anslutningsstycket mellan kamaxelns ände och pumpdrivningen

5-cylindriga motorer

21 Lossa anslutningarna och ta sedan bort högtrycksbränsleröret mellan pumpen och bränslefördelarskenan. Kasta röret, eftersom en ny en måste användas. Blockera bränslefördelarskenan och pumpportarna så att ingen smuts kommer in.

22 Lossa klämmorna och lossa matnings- och returslangarna från pumpen. Om metallslangens klämmor skadades under demonteringen, byt ut dem mot traditionella skruvklämmor. Plugga igen eller täck över pumpportarna för att hindra att det kommer in smuts.

23 Lossa givarens anslutningskontakter från pumpen.

24 Skruva loss de tre fästskruvarna och ta bort bränslepumpen. Ta till vara på anslutningsstycket mellan kamaxelns ände och pumpens drivning – den försvinner lätt när pumpen demonteras **(se bilder)**. Kasta packningen, eftersom en ny en måste

användas. Med undantag av styrventilen (se avsnitt 11) går det inte att få tag i några invändiga komponenter till pumpen. Om pumpen är trasig måste hela enheten bytas – rådfråga en Volvo-verkstad eller en specialist.
Varning: Vrid inte pumpen när den demonteras – det är viktigt att den monteras i sitt ursprungsläge.

Montering

25 Se till att fogytorna på pumpen och motorn är rena och torra och montera den nya O-ringstätningen i förekommande fall. Smörj packningen med ren motorolja.

26 Sätt tillbaka bränslepumpen, se till att anslutningsstycket är på plats och dra sedan åt fästskruvarna till angivet moment.

27 Återanslut matnings- och returbränsleslangarna till pumpen och fäst dem med nya klämmor.

28 Montera det nya högtrycksbränsleröret mellan pumpen och common rail och dra sedan åt till angivet moment med en

kråkfotsnyckel **(se bild)**.

29 Resten av återmonteringen sker i omvänd ordningsföljd. Notera följande:

a) *Sätt in fjärrkontrollen och tryck snabbt på startknappen innan du startar motorn. Det aktiverar tankens pump och garanterar att en tillräcklig bränslemängd når insprutningspumpen för smörjning innan start.*

b) *Tryck ner gaspedalen i botten och starta sedan motorn som vanligt (detta kan ta längre tid än normalt – aktivera startmotorn tio sekunder i taget med fem sekunders mellanrum). Kör motorn på snabbtomgång i ungefär en minut så att eventuell kvarvarande luft i bränsleledningarna drivs ut. När du gjort detta bör motorns tomgång vara jämn med konstant hastighet.*

c) *När motorn har startat, kontrollera noggrant att det inte läcker bränsle från de rör/slangar som rubbats.*

9.24c Pumpens anslutningsstycke måste riktas in mot spåren i insugskamaxelns ände

9.28 Dra åt pumpens anslutning med en kråkfotsadapter, håll emot pumpporten med en andra nyckel. Pumpporten får inte vridas

10.4 Tryck ner klämman och lossa anslutningskontakterna från insprutningsventilerna

10.5 Bänd upp klämman och dra bort returröret från varje insprutningsventil

10 Insprutningsventiler – demontering och montering

Varning: Var noga med att inte släppa in smuts i insprutningspumpen eller insprutningsventilrören när du utför detta.

Demontering

1 Ta bort plastkåpan från motorn genom att dra loss den rakt uppåt från fästena.

2 Se till att området runt högtrycksbränslerörens anslutningar mellan bränslefördelarskenan och insprutningsventilerna är minutiöst rengjort och fritt från skräp eller dylikt. Använd helst dammsugare och avfettningsmedel för att rengöra området.

3 Beroende på vilken motor som är monterad ska du ta bort komponenterna tills insprutningsventilerna går att komma åt med hjälp av de kapitel som är relevanta.

4 Lossa anslutningskontakterna från överdelen på varje insprutningsventil **(se bild)**.

5 Ta loss fästklämman och lossa spillröret från varje insprutningsventil **(se bild)**.

6 Skruva loss anslutningarna och ta sedan bort högtrycksbränslerören

10.6a Skruva loss röranslutningen på common rail

från bränslefördelarskenan till insprutningsventilerna. Kasta bränslerören och använd nya vid återmonteringen. Använd en andra öppen nyckel för att hålla emot insprutningsventilen när du lossar röranslutningen **(se bilder)**. Var beredd på vätskespill och plugga igen/ täck portarna i insprutningsventilerna och bränslefördelarskenan för att undvika föroreningar.

7 Skruva loss de två skruvar/muttrar som håller fast varje insprutningsventil (komplett

10.6b Använd en andra nyckel för att hindra att porten på insprutningsventilen vrids medan du lossar anslutningen

med distansbrickor monterade) och ta bort insprutningsventilerna **(se bild)**.

8 För brickorna från varje insprutares ände. Kassera brickorna – nya brickor måste monteras. Täck över insprutningsventilens hål i topplocket för att hindra att det kommer in smuts **(se bild)**.

9 Om insprutningsventilerna ska sättas tillbaka, blockera alla öppningar och förvara dem i upprätt läge i deras ursprungliga ordningsföljd. De måste monteras i sina ursprungslägen **(se bild)**.

10.7 Insprutningsventilens fästskruvar (markerade med pilar)

10.8 För brickan från insprutningsventilens ände

10.9 Insprutningsventilerna ska förvaras i upprätt tillstånd

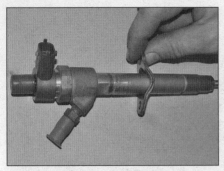

10.11a Montera den nya klämringen . . .

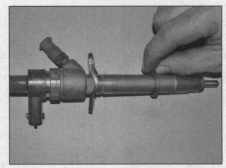

10.11b . . . och brickan

10.11c Vi tillverkade ett verktyg av metallplåt så att låsringen kunde glida över insprutningsventilens ände

10.11d Låsringen måste placeras i spåret

Montering

10 Se till att insprutningsventilerna och sätena i topplocket är rena, torra och fria från sot. Det är ytterst viktigt att tätningsytorna är rena från smuts, annars kan det uppstå läckor.

11 Montera nya fästringar, brickor, låsringar (om tillämpligt) (se bilder) och tätningsbrickor på insprutningsventilerna och montera tillbaka dem på topplocket.

12 Montera de nya, fasta högtrycksrören mellan common rail och insprutningsventilerna. Börja vid common rail, dra åt röranslutningarna till angivet moment. Upprepa denna procedur för röranslutningarna vid insprutningsventilerna. Använd en andra fast nyckel för att hålla emot insprutningsventilernas portar samtidigt som du drar åt röranslutningarna.

13 Resten av återmonteringen sker i omvänd ordningsföljd. Notera följande:
a) Kontrollera bränslereturslangarnas skick och byt ut dem om de är skadade.
b) Beroende på vilken motor som är monterad kan det finnas olika klasser av insprutningsventiler som reservdelar. Du bör kontakta en Volvo-verkstad eller en reservdelsspecialist innan du köper dem.
c) Om nya insprutningsventiler monteras kan du behöva ladda ner ny programvara till motorstyrmodulen (ECM) från Volvo. Arbetet bör överlåtas till en Volvo-återförsäljare eller lämpligt utrustad specialist.
d) Tryck ner gaspedalen i botten och starta sedan motorn som vanligt (detta kan ta längre tid än normalt – aktivera

startmotorn tio sekunder i taget med fem sekunders mellanrum). Kör motorn på snabbtomgång i ungefär en minut så att eventuell kvarvarande luft i bränsleledningarna drivs ut. När du gjort detta bör motorns tomgång vara jämn med konstant hastighet.
e) När motorn har startat, kontrollera noggrant att det inte läcker bränsle från de rör/slangar som rubbats.

11 Bränsleinsprutningssystem komponenter – demontering och montering

Vevaxelns hastighets-/lägesgivare

1,6-liters motor

1 Ta bort motorkåpan av plast.
2 Lossa slangarna från deras fästbygel längst upp på den övre remskivans kåpa.
3 Ta bort multiremmen enligt beskrivningen i kapitel 1.
4 Ställ framvagnen på pallbockar (se *Lyftning och stödpunkter*). Skruva loss hållarna och ta bort motorns undre skyddskåpa.
5 För att låsa vevaxeln arbetar du under motorn, sätter in Volvo-verktyg nr 999 7169 i hålet i höger yta på motorblockets gjutning över svänghjulets nedre del. Vrid vevaxeln tills verktyget går i ingrepp i motsvarande hål i svänghjulet.
6 Ta bort vevaxelns remskiva enligt beskrivningen i kapitel 2A.
7 Skruva loss fästbultarna och ta bort remskivans övre och nedre kåpa.
8 Lossa anslutningskontakten, ta loss fästbulten och ta bort givaren försiktigt (se bild).
9 Monteringen utförs i omvänd ordningsföljd jämfört med demonteringen.

2,0-liters motor med 4 cylindrar

10 Lossa det högra framhjulets bultar, lyft sedan upp framvagnen och stötta upp den ordentligt på pallbockar (se *Lyftning och stödpunkter*). Ta bort hjulet.
11 Lossa fästanordningarna och ta bort höger hjulhusfoder.
12 Givaren är placerad bredvid vevaxelns remskiva. Koppla loss givarens anslutningskontakt.
13 Lossa och ta bort fästbulten och ta försiktigt bort givaren (se bild).
14 Återmonteringen sker i omvänd ordningsföljd mot demonteringen. Dra åt fästmuttern ordentligt.

5-cylindriga motorer

15 Ta bort EGR-kylaren enligt beskrivningen i kapitel 4B.
16 Givaren är placerad över svänghjulet. Följ kablaget bakåt från givaren och lossa det vid anslutningskontakten.
17 Lossa och ta bort fästbulten och ta

11.8 Vevaxelns lägesgivare – 1,6-liters motor

11.13 Vevaxelns lägesgivare – 2,0 liters 4-cylindrig motor

försiktigt bort givaren från dess fäste **(se bild)**.

18 Återmonteringen sker i omvänd ordningsföljd mot demonteringen. Dra åt fästmuttern ordentligt.

Luftflödes-/insugslufttemperaturgivare

19 Givarens placering i luftintagsröret nära luftrenarhuset är snarlik för alla modeller.

20 Se till att tändningen är avstängd och lossa fästklämman och koppla bort kontaktdonet från luftflödesgivaren **(se bild)**.

21 Skruva loss skruvarna och ta sedan bort luftflödesgivaren från luftintagsröret tillsammans med tätningsringen.

22 Återmonteringen sker i omvänd ordning mot demonteringen och den nya tätningsringen måste smörjas.

Temperaturgivare för kylvätska:

23 Se kapitel 3 om demonterings- och monteringsdetaljer.

Gaspedalens lägesgivare

24 Givaren är fäst vid gaspedalen. Se avsnitt 4 i detta kapitel för information om pedaldemontering. Observera att givaren i skrivande stund inte fanns att få tag i lös utan pedalenhet.

Grenrörets absoluttryckgivare (MAP)

Alla utom 2,4-liters motorer

25 MAP-givaren är monterad på insugsgrenröret **(se bilder)**.

26 Dra plastkåpan på motorn rakt uppåt från dess fäste på fram- och bakkanten, dra den sedan framåt.

27 Se till att tändningen är avstängd. Koppla sedan bort givarens kontaktdon.

28 Skruva loss fästbulten och ta bort givaren från bilen.

2,4-liters motorer:

29 På 2,4-liters motorer är givaren monterad på laddluftkylaren. Ta bort laddluftkylaren enligt beskrivningen i avsnitt 15, lossa anslutningskontakten, ta bort fästskruvarna och ta bort givaren.

30 Monteringen utförs i omvänd ordningsföljd jämfört med demonteringen. Dra åt givarens fästmutter ordentligt.

Turboaggregatets laddningstryckgivare

31 På 2,4-liters motorer är givaren monterad på laddluftkylarens yttre rör **(se bild)**. På andra motorer är den placerad mellan luftrenarenheten och insugsgrenröret.

32 Se till att tändningen är avstängd. Koppla sedan bort givarens kontaktdon.

33 Skruva loss fästbulten och ta bort givaren från bilen.

34 Återmonteringen sker i omvänd ordningsföljd mot demonteringen. Dra åt sensorns fästmutter ordentligt.

Bromsljuskontakt

35 Motorstyrmodulen mottar en signal

11.17 Vevaxelns lägesgivare – 5-cylindriga motorer

11.20 Anslutningskontakt till luftflödesgivaren (markerad med pil)

11.25a Grenrörets absoluttryckgivare på 2,0 liters 4-cylindrig motor . . .

11.25b . . . och på 1,6-liters motorn

från bromsljuskontakten som signalerar när bromsarna används. Information om demontering och montering av bromsljuskontakten finns i kapitel 9.

Elektronisk styrmodul (ECM)

Observera: *Om du monterar en ny styrmodul måste den programmeras med särskild testutrustning från Volvo. Arbetet bör överlåtas till en Volvo-återförsäljare eller lämpligt utrustad specialist.*

36 Koppla loss batteriets minusledare (se kapitel 5A), vänta sedan minst två minuter innan du börjar arbeta, så att eventuell lagrad elektrisk energi förbrukas.

37 Styrmodulsdosan är placerad under kamaxelkåpan baktill i motorrummet. Se till att området runt styrmodulen är rent för att undvika att skräp faller in när den tas bort.

38 För att demontera styrmodulen tar du bort kamaxelkåpan enligt beskrivningen i kapitel 12, avsnitt 18. Lossa låshakarna och ta bort anslutningskontakterna – en kåpa kan vara monterad över kontakterna på en del modeller. Lägg in anslutningskontakterna i rena plastpåsar för att förhindra att smuts tränger in. Skruva loss de två fästskruvarna på mellanväggen och ta bort styrmodulen komplett med dess fästbygel **(se bild). Observera:** *Undvik att röra vid styrmodulens anslutningsstift med händerna – det finns risk för skador pga. statisk elektricitet.*

39 Montering sker i omvänd arbetsordning.

Bränsletryckgivare

40 Ta bort plastkåpan från motorn genom att dra loss den rakt uppåt från fästena.

11.31 Laddtryckgivare (markerad med pil)

11.38 Lossa låshakarna och lossa anslutningskontakterna

11.44 Bränsletryckgivare (markerad med pil)

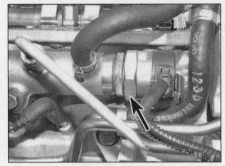

11.57 Bränsletrycksstyrventil (markerad med pil)

11.65 Bränsletrycksstyrventil (markerad med pil) – pumpmonterad ventil

1,6-liters motor

41 Givaren är placerad på bränslefördelarskenans vänstra ände. Om denna komponent går sönder kan det hända att bränslefördelarskenan behöver bytas och därför bör du rådfråga en Volvo-verkstad eller en reservdelsspecialist.

2,0-liters motor med 4 cylindrar

42 Volvo ger rådet att givaren inte bör lossas eller tas bort. Om denna komponent går sönder kan det hända att bränslefördelarskenan behöver bytas och därför bör du rådfråga en Volvo-verkstad eller en reservdelsspecialist.

5-cylindriga motorer

43 Ta bort virvelstyrventilen/motorn enligt beskrivningen i detta avsnitt.
44 Koppla loss anslutningskontakten från givaren, kontakten sitter vid bränslefördelarskenans högra ände **(se bild)**.
45 Skruva loss tryckgivaren. Täpp igen öppningen för att hindra smuts från att tränga in.
46 Monteringen sker i omvänd ordningsföljd mot demonteringen, och dra åt givaren till angivet moment.

Bränsletryckstyrventil

1,6-liters motor

47 Det verkar som om ventilen på denna motor inte går att få tag i separat utan högtryckspumpen. Rådfråga en Volvo-verkstad.

2,0-liters motor med 4 cylindrar

48 Vi har inte kunnat inte bekräfta

tillvägagångssättet för demontering av denna motor och därför bär du kontakta en Volvo-verkstad.

5-cylindriga motorer - bränslefördelarskenans ventil

49 Dra plastkåpan på motorn uppåt och ta bort den.
50 Ta bort luftinsugsslangen mellan frontens överdel och luftrenaren.
51 Ta bort klämmorna mellan avgasåterföringsventilen och insugsgrenröret samt insugsgrenrörets slang.
52 Lossa klämmorna och flytta vevhusventilationsrören åt sidan.
53 Skruva loss anslutningarna och ta bort högtrycksbränslerören mellan bränslefördelarskenan och insprutningsventilerna och pumpen. Kasta rören och använd nya vid återmonteringen.
54 Koppla loss anslutningskontakterna från styrningsventilen och tryckgivaren på bränslefördelarskenan.
55 Lossa klämman och koppla loss bränslereturslangen från bränslefördelarskenan. Var beredd på spill och plugga öppningarna så att inte smuts kommer in.
56 Skruva loss de 2 bultarna och ta bort bränslefördelarskenan.
57 Skruva loss styrventilen från bränslefördelarskenan **(se bild)**.
58 Monteringen sker i omvänd ordningsföljd mot demonteringen.

2,0-liters motor med 5 cylindrar - pumpmonterad ventil

59 Dra plastkåpan ovanpå motorn uppåt och

ta bort den.
60 Rengör området runt ventilen på pumpen, koppla sedan loss ventilens anslutningskontakt.
61 Skruva loss de två bultarna och ta bort ventilen från pumpen. Var beredd på spill. Täpp igen öppningen så att inte smuts kommer in.
62 Monteringen utförs i omvänd ordningsföljd mot demonteringen, smörj ventilens O-ring innan montering.

2,4-liters motor – pumpmonterad ventil

63 Demontera luftrenaren enligt beskrivningen i avsnitt 2.
64 Rengör området runt ventilen på pumpen, koppla sedan loss ventilens anslutningskontakt.
65 Skruva loss de tre torxbultarna och ta bort ventilen genom att sakta vrida den och dra loss den från pumpen. Var beredd på spill. Täpp igen öppningarna så att inte smuts kommer in **(se bild)**.
66 Monteringen utförs i omvänd ordningsföljd mot demonteringen, smörj ventilens O-ring innan montering.

Kamaxelgivare

67 Ta bort plastkåpan ovanpå motorn genom att dra den rakt uppåt från dess fästen på fram- och bakkanten, dra den sedan framåt.
68 Se till att tändningen är avslagen och koppla loss anslutningskontakten från givaren. Den sitter på vänster sida av ventilkåpan **(se bilder)**.
69 Skruva loss skruven och ta bort givaren.

11.68a Kamaxelgivare på 1,6-liters motorer ...

11.68b ... på 2,0 liters 4-cylindriga motorer ...

11.68c ... och på 5-cylindriga motorer

11.71 Montering av kamaxelgivaren på 2,0 liters 4-cylindriga motorer

11.73 Styrarm virvelventilmotor

11.74 Skruva loss de bultar (markerade med pilar) som håller fast virvelventilens styrmotor

70 Vid återmonteringen av givaren ska du se till att kamaxelkåpans och givarens fogytor är rena och att givaren är korrekt placerad på stiften.

71 Montera givaren i kåpan, placera kamaxeldrevets eker i upprätt läge, placera sedan givaren så att den har kontakt med kamaxeldrevet. Dra tillbaka givaren 1,2 mm och dra åt skruven ordentligt **(se bild)**. För en korrekt inställning av avståndet mellan givaren och remskivan levereras nya givare med en lite plastflik – montera givaren så att fliken är placerad mot kamaxeldrevet.

Virvelstyrventil/motor

5-cylindriga motorer

72 Ta bort plastkåpan från motorn genom att dra loss den rakt uppåt från fästena.

73 Dra loss länkarmen från ventilen/motorn **(se bild)**.

74 Skruva loss de två bultarna och ta bort styrningsventilen/motorn **(se bild)**. Lossa anslutningskontakten och glödstift 1 när enheten tas bort.

75 Monteringen sker i omvänd ordningsföljd mot demonteringen. Observera att om en ny ventil/motor har monterats måste styrmodulens lagrade värden återställas med hjälp av särskild diagnostikutrustning. Arbetet bör överlåtas till en Volvo-återförsäljare eller lämpligt utrustad specialist.

Turboaggregatets laddningsstyrmotor

76 Beroende på vilken motor som är monterad styrs läget för det variabla

turbinbladet i turboaggregatet (och således laddningseffekten) av en elmotor som är ansluten till turbinbladets länkarm **(se bild)**. Motorns styrs av motorstyrmodulen. Vi har inte kunnat bekräfta om motorn går att få tag i separat utan turboaggregatet och därför bör du rådfråga en Volvo-verkstad eller en specialist.

Bränsletemperaturgivare

5-cylindriga motorer

77 Ta bort plastkåpan från motorn genom att dra loss den rakt uppåt från fästena.

78 Sensorns sitter på den övre/främre kanten av högtryckspumpen i vänster ände av topplocket. Koppla loss givarens anslutningskontakt **(se bild)**.

79 Rengör området runt givaren, skruva sedan loss den från pumpen. Var beredd på spill. Täpp igen öppningen för att hindra smuts från att tränga in.

80 Monteringen sker i omvänd ordningsföljd mot demonteringen, och dra åt givaren till angivet moment.

Gasspjällshus

81 Ta bort motorkåpan av plast. Ta bort luftrenarhuset på 5-cylindriga motorer.

82 Lossa klämmorna och lossa luftslangarna från gasspjällhuset. Flytta slangarna åt ena sidan.

83 Skruva loss eventuella givare, skruva sedan loss fästbultarna och ta bort gasspjällhuset **(se bild)**. Kasta packningen, eftersom en ny en måste användas.

84 Monteringen sker i omvänd ordningsföljd

mot demonteringen. Om du monterat ett nytt gasspjällshus måste de värden som lagrats i motorstyrmodulen återställas. Arbetet bör överlåtas till en Volvo-återförsäljare eller lämpligt utrustad specialist.

12 Turboaggregat – beskrivning och föreskrifter

Beskrivning

Det ökar motorns verkningsgrad genom att höja trycket i insugningsgrenröret över atmosfäriskt tryck. I stället för att luft bara sugs in i cylindrarna tvingas den dit. Extra bränsle tillförs av insprutningspumpen, proportionellt mot det ökade luftintaget.

Turboaggregatet drivs av avgaserna. Gasen flödar genom ett specialutformat hus (turbinhuset) där den får turbinhjulet att snurra. Turbinhjulet sitter på en axel och i änden av axeln sitter ett till vingförsett hjul, kompressorhjulet. Kompressorhjulet snurrar i sitt eget hus och komprimerar insugsluften på väg till insugningsgrenröret.

Tryckluften passerar genom en laddluftkylare. Detta är en luftkyld värmeväxlare som monteras ihop med kylaren i framvagnen. Laddluftkylarens uppgift är att kyla ner insugsluften, som värmts upp när den tryckts ihop. Eftersom kallare luft är tätare, ökar effektiviteten hos motorn ytterligare när luften kyls av.

Turboaggregatet har ett reglerbart skovelhjul som styr avgasflödet till turbinen och skovelhjulet styrs av motorstyrmodulen (ECM).

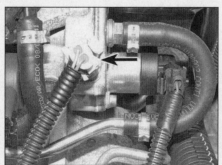

11.76 Turboaggregatets laddningsstyrmotor

11.78 Bränsletemperaturgivaren är placerad på högtrycksbränslepumpen

11.83 Gasspjällshusets fästbultar (de två översta bultarna är markerade med pilar)

Vid lägre motorvarvtal slås skovlarna ihop, vilket minskar ingångsöppningen för avgaser och därför ökar gasens hastighet, vilket leder till ett ökat laddtryck vid låga motorvarvtal. Vid höga motorvarvtal snurrar skovlarna så att ingångsöppningen för avgaserna blir större, gasens hastighet minskar och laddtrycket hålls på så vis relativt konstant över motorns varvtalsintervall. Detta kallas VNT eller Variable Nozzle Turbocharger (variabelt turboskovelhjul).

Turboaxeln trycksmörjs av ett oljematarrör från huvudoljeledningarna. Axeln flyter på en 'kudde' av olja. Ett avtappningsrör för tillbaka oljan till sumpen.

Föreskrifter

• Turboaggregatet arbetar vid extremt höga hastigheter och temperaturer. Vissa säkerhetsåtgärder måste vidtas för att undvika personskador och skador på turboaggregatet.

• Kör inte turboaggregatet när dess komponenter är oskyddade. Om ett föremål skulle falla ner på de roterande vingarna kan det orsaka omfattande materiella skador och (om det skjuts ut) personskador.

• Varva inte motorn direkt efter starten, särskilt inte om den är kall. Låt oljan cirkulera i några sekunder.

• Låt alltid motorn gå ned på tomgång innan den stängs av – varva inte upp motorn och vrid av tändningen, eftersom aggregatet då inte får någon smörjning.

• Låt motorn gå på tomgång i flera minuter innan den stängs av efter en snabb körtur.

• Observera de rekommenderade intervallerna för påfyllning av olja och byte av oljefilter och använd olja av rätt märke och kvalitet (se *Smörjmedel och vätskor*). Bristande oljebyten eller användning av begagnad olja eller olja av dålig kvalitet kan orsaka sotavlagringar på turboaxeln med driftstopp som följd.

13 Turboaggregat – demontering och montering

Observera: *Samtidigt som turboaggregatets placering varierar beroende på vilken motor som är monterad (på 1,6-liters motorn är det monterat framtill på motorn medan det är monterat baktill på övriga) är tillvägagångssättet för demontering i huvudsak detsamma. Det är nödvändigt att ta bort komponenter för att komma åt turboaggregatet och du bör studera de kapitel som är relevanta.*

Demontering

1 Ta bort plastkåpan från motorn genom att dra loss den rakt uppåt från fästena.
2 Ställ framvagnen på pallbockar (se *Lyftning och stödpunkter*).
3 Ta bort katalysatorn/partikelfiltret enligt beskrivningen i kapitel 4B. Den/det är fäst på turboaggregatet med en klämma eller med bultar **(se bilder)**.
4 Det är nödvändigt att ta bort luftintagsröret på turboaggregatet och att skruva loss olja röranslutningarna **(se bild)**.
5 Beroende på vilken motor som är monterad kan det dessutom vara nödvändigt att ta bort värmeskydden **(se bilder)**.
6 Lossa manöverdonets anslutningskontakt i om det behövs, eventuell slang eller vakuumrör på turboaggregatet och skruva loss eventuella komponenter fästbyglar.
7 Skruva loss fästbultarna och skilj turboaggregatet från avgasgrenröret **(se bilder)**. Observera att på 2,4-liters motorer är turboaggregatet inbyggt i avgasgrenröret. Skruva loss de tio fästmuttrarna och ta bort grenröret och turboaggregatet underifrån bilen. Kassera avgasgrenrörspackningen - en ny en måste monteras.

Montering

8   Monteringen sker i omvänd ordningsföljd mot demonteringen. Tänk på följande:
a) Se till att alla fogytor är rena och torra.
b) Byt alla O-ringar, tätningar och packningar.

13.3a Skruva loss rörets fästklämma ...

13.3b ... eller fästbultar

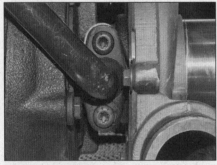
13.4 Turboaggregatets oljerörsanslutning

13.5a Turboaggregatets värmeskydd

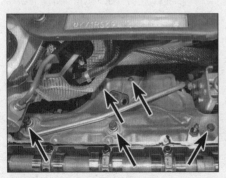
13.5b Avgasgrenrörets/turboaggregatets värmeskydd

13.7a Turboaggregatets fästbultar (markerade med pilar)

13.7b Fästbultar turboaggregat på avgasgrenrör (markerade med pilar)

c) Dra åt alla hållare till angivet moment (där sådant angetts).

d) Montera de nya muttrarna/bultarna mellan avgassystemets nya framdel/katalysatorn och turboaggregatet.

14 Turboaggregat –
undersökning och renovering

1 När turboaggregatet demonterats, undersök om det finns sprickor eller andra synliga skador på huset.

2 Vrid runt turbinen eller kompressorhjulet för att kontrollera att axeln är hel och för att känna om den går för skakigt eller ojämnt. Ett visst spel är normalt eftersom axeln "flyter" på en oljefilm när den är i rörelse. Kontrollera att hjulskovlarna inte är skadade.

3 Övertrycksventilen och manöverdonet är inbyggda i turboaggregatet och kan inte undersökas eller bytas ut separat. Vänd dig till en Volvo-verkstad eller en annan specialist om du tror att övertrycksventilen är defekt.

4 Om avgas eller induktionspassager är förorenade med olja har turboladdarens axel förmodligen gått sönder. (på insugssidan har även laddluftkylaren (om sådan finns) smutsats ned och bör vid behov spolas av med ett lämpligt lösningsmedel).

5 Du kan inte reparera turbon själv. Enheten kan finnas som reservdel.

15 Laddluftkylare –
demontering och montering

1 Lyft upp bilens framvagn och ställ den ordentligt på pallbockar (se *Lyftning och stödpunkter*) och ta bort motorns undre skyddskåpa.

2 Ta bort kylaren enligt beskrivningen i kapitel 3. Skruva loss de två bultarna på varje ände och ta bort kylarens stödbalk **(se bild)**.

3 Lossa laddluftkylarens rör från deras placeringar i motorrummet.

4 Skruva loss de två fästbultarna längst ner på kylaren och ta bort laddluftkylaren underifrån bilen. Lossa alla anslutningskontakter när enheten tas bort **(se bilder)**.

5 Montera tillbaka i omvänd ordningsföljd mot demonteringen.

16 Grenrör –
demontering och montering

Insugsgrenrör

1 Insugsgrenröret är inbyggt i ventilkåpan – se kapitel 2A, 2B eller 2C.

Avgasgrenrör

Observera: *Observera att på 2,4-liters motorer är turboaggregatet inbyggt i avgasgrenröret. Se avsnitt 13 för demontering av turboaggregatet.*

2 Ta bort batteriet enligt beskrivningen i kapitel 5A.

3 Demontera turboaggregatet enligt beskrivningen i avsnitt 13.

4 På 2,0-liters motorn ska du ta bort EGR-kylaren enligt beskrivningen i kapitel 4B.

5 Lossa och ta bort de muttrar som håller fast avgasgrenröret och ta bort det från motorn. Kasta packningen, eftersom en ny en måste användas.

6 Undersök om det finns tecken på skada eller korrosion på någon av grenrörets pinnbultar. ta bort alla korrosionsspår och laga eller byt ut alla skadade pinnbultar.

7 Se till att fogytorna på avgasgrenröret och topplocket är rena och torra. Sätt dit en ny packning och montera avgasgrenröret på topplocket. Dra åt muttrarna till angivet moment.

8 Resten av återmonteringen sker i omvänd

15.2 Skruva loss kylarens stödbalksbultar (bultarna på vänster sida markerade med pilar)

ordning mot demonteringen. Tänk på följande:

a) Dra åt alla hållare till angivet moment (där sådant angetts). Observera att på 2,0-liters motorn med 5 cylindrar skiljer sig momentvärdet för de två muttrarna åt i vardera änden av grenröret från värdena för de övre och nedre muttrarna.

b) Kontrollera och fyll vid behov på oljenivån enligt beskrivningen i "Veckokontroller".

17 Avgassystem – allmän
information och byte av komponenter

Allmän information

1 Avgassystemet består av två sektioner: det främre avgasröret med katalysator (i förekommande fall) samt den bakre delen med mitten- och bakljuddämpare. Ett partikelfilter finns på en del bilar beroende på vilken motor som är monterad.

2 Om det behövs, kan bakljuddämpare bytas ut fristående från resten av systemet genom att skära loss den gamla ljuddämparen från röret och sätta dit den nya över den avskurna änden.

3 Avgassystemet är hopfogat med en

15.4a Skruva loss laddluftkylarens fästbultar (bulten på vänster sida är markerad med pil) . . .

15.4b . . . och ta bort laddluftkylaren under bilen

blandning av flänsade eller glidfogar. Applicera rikligt med penetrationsvätska på fästanordningarna före demonteringen, skruva loss fästanordningarna, haka loss gummifästena och för bort systemet under bilen.

Bakljuddämpare

4 Om den bakre ljuddämparen är den enda delen av systemet som behöver bytas skär du bort den gamla ljuddämparen från systemets bakre del med hjälp av röravskärare eller en bågfil. Den exakta punkt där skärningen görs kan variera beroende på vilken motor som är monterad och därför bör du kontrollera med en Volvo-verkstad innan du kapar systemet. Lossa ljuddämparen från fästena och ta bort den från bilen.

5 Rengör och fila ren änden på det befintliga avgasröret med en fil/smärgelband el. dyl.

6 Det finns bakljuddämpare som monteras över änden av det befintliga avgasröret och sedan kläms fast. För den nya ljuddämparen över röret, fäst dämparens gummifästen och dra sedan rörklämman åt ordentligt.

7 Varje del monteras i omvänd ordning, och notera följande punkter:

a) Se till fram alla spår av korrosion har tagits bort från flänsarna, och att alla packningar bytts.

b) Undersök gummifästena efter tecken på skador eller åldrande och byt ut dem om det behövs.

c) Kontrollera innan avgassystemets fästen dras åt till angivet moment att alla gummiupphängningar är korrekt placerade och att det finns tillräckligt med mellanrum mellan avgassystemet och underredet.

18 Virvelkammaren – demontering och montering

Observera: Endast 5-cylindriga motorer.

Demontering

1 Virvelkammaren sitter på topplocket och styr luftflödet till inloppskanalerna. I kanalen sitter ventiler som styr luftflödet till insugskanalerna beroende på motorns varvtal och belastning och skapar en virvelrörelse som ökar förbränningens verkningsgrad och minskar avgasutsläppen.

18.2 Styrarm virvelventilmotor

För att ta bort kanalen börjar man genom att ta bort ventilkåpan/insugsgrenröret enligt beskrivningen i kapitel 2C.

2 Lossa länkarmen från ventilen/motorn **(se bild)**.

3 Skruva loss bultarna och ta bort virvelkanalen.

Montering

4 Monteringen sker i omvänd ordningsföljd. Dra åt alla hållare ordentligt.

Kapitel 4 del B:
Avgasreningssystem

Innehåll

Allmän information 1
Avgasreningssystem – kontroll och byte av komponenter. 4
Katalysator – allmän information och föreskrifter. 2
Vevhusventilationssystem – kontroll och byte av komponenter 3

Svårighetsgrader

| Enkelt, passer novisen med lite erfarenhet | | Ganska enkelt, passar nybörjaren med viss erfarenhet | | Ganska svårt, passer kompetent hemmamekaniker | | Svårt, passer hemmamekaniker med erfarenhet | | Mycket svårt, för professionell mekaniker |

Specifikationer

Åtdragningsmoment	Nm
Avgastemperaturgivare:	
4-cylindriga motorer	30
5-cylindriga motorer	45
Avgasåterföringsventil/kylare:	
M6-bultar	10
M8-bultar	24
M12-bultar	50
Främre avgasrör till mellanrör:	
4-cylindriga motorer	50
5-cylindriga motorer	24
Främre avgasröret och flänsen, muttrar/bultar*	50
Katalysator till turboaggregat*	25
Lambdasonde	45
Oljeavskiljarens bultar.	20

1 Allmän information

Alla modeller som behandlas i den här handboken är försedda med bränslesystem med flera olika egenskaper som ska minimera miljöfarliga utsläpp. Dessa system kan delas in i tre övergripande kategorier: Vevhusventilationen, avdunstningsregleringen, och avgasreningen. Dieselmotorer kan dessutom vara utrustade med ett särskilt partikelfilter som innehåller poröst kiselkarbidsubstrat som fångar upp kolpartiklar när avgaserna passerar genom filtret.

Huvudegenskaperna hos systemen är följande.

Vevhusventilation

Gaserna från vevhuset förs via slangar från topplocket och motorblocket till en oljeavskiljare av centrifugaltyp. Här tvingas gaserna förbi två käglor. När gaserna passerar käglorna slungas oljan ut och kondenserar mot avskiljarens väggar, där den sedan återförs till sumpen. Gaserna släpps in i insugssystemet via en tryckbegränsningsventil.

Avgasåterföringssystem

Systemets syfte är att återcirkulera små avgasmängder till insuget och vidare in i förbränningsprocessen. Detta minskar halten av kväveoxider i avgaserna.

Volymen avgaser som återförs styrs av en elektriskt driven magnetventil. Solenoiden, ventilen och kylaren är en enhet som sitter på topplockets vänstra ände mellan insugs- och avgasgrenröret.

Avgasåterföringssystemet styrs av motorstyrningens styrmodul som får information om motorns arbetsvärden från de olika givarna.

Partikelfilter

Partikelfiltret kombineras med katalysatorn i avgassystemet och dess uppgift är att fånga kolpartiklar (sot) när avgaserna passerar genom filtret, för att kunna följa de senaste utsläppsreglerna.

Filtret kan rengöras automatiskt av systemets styrmodul i bilen. Motorns högtrycksinsprutningssystem sprutar in bränsle till avgaserna under efterinsprutningen, det ökar filtrets temperatur tillräckligt för att partiklarna ska oxidera och bilda aska.

2 Katalysator – allmän information och föreskrifter

Katalysatorn är en tillförlitlig och enkel anordning som inte kräver något underhåll.

Det finns dock några punkter som bör uppmärksammas för att katalysatorn ska fungera ordentligt under hela sin livslängd.

a) Underhåll alltid tändnings- och bränslesystemen regelbundet enligt tillverkarens underhållsschema (se kapitel 1).

b) Om motorn börjar misstända ska bilen inte köras alls (eller åtminstone så lite som möjligt) tills felet är åtgärdat.

c) Bilen får INTE knuffas igång eller bogseras eftersom katalysatorn då dränks i oförbränt bränsle och kommer att överhettas när motorn startas.

d) Stäng INTE av tändningen vid höga motorvarvtal, dvs. tryck inte ner gaspedalen alldeles innan tändningen vrids av.

e) Använd INTE tillsatser i olja eller bensin. Dessa kan innehålla ämnen som skadar katalysatorn.

f) FORTSÄTT INTE att köra bilen om motorn bränner olja så att den lämnar blå rök efter sig.

g) Kom ihåg att katalysatorn arbetar vid mycket höga temperaturer. Parkera därför INTE bilen i torr undervegetation, i långt gräs eller över lövhögar efter en längre körsträcka.

h) Kom ihåg att katalysatorn är ÖMTÅLIG. Undvik att slå till den med verktyg vid renoveringsarbete.

k) Katalysatorn på en väl underhållen och korrekt körd bil bör hålla mellan 8 000 och 16 000 mil. Om katalysatorn inte längre är effektiv ska den bytas ut.

3 Vevhusventilationssystem – kontroll och byte av komponenter

Kontroll

1 Inga komponenter i det här systemet behöver tillsyn, förutom alla slangar som måste kontrolleras så att de inte är igentäppta eller skadade.

Oljeavskiljare – byte

2 Oljeavskiljaren sitter på framsidan av motorblocket, under insugningsgrenröret (se bild).

3 Ta bort de klämmor som håller fast anslutningsslangarna på separatorenheten. Om klämmorna är det minsta skadade eller slitna ska nya klämmor användas vid hopsättningen.

4 Skruva loss de två fästbultarna och ta bort enheten från motorn.

5 Montera oljeavskiljaren i omvänd ordningsföljd.

4 Avgasreningssystem – kontroll och byte av komponenter

Kontroll

1 En fullständig kontroll av systemet omfattar en noggrann undersökning av alla slangar, rör och anslutningar med avseende på skick och säkerhet. Utöver detta bör alla kända eller misstänkta fel överlåtas åt en Volvo-verkstad eller lämpligt utrustad specialist.

Lambdasonde

Observera: Lambdasonden är ömtålig och går sönder om den tappas i golvet eller stöts till, om dess strömförsörjning bryts eller om den kommer i kontakt med rengöringsmedel. Givaren är placerad i avgasgrenröret eller i avgassystemets främre del beroende på vilken motor som är monterad.

2 Ta bort motorkåpan av plast.

3 Lossa lambdasondens kontaktdon, skruva loss givaren och ta hand om tätningsbrickan (om en sådan finns) (se bild).

4 Rengör tätningsbrickan (i förekommande fall) vid återmonteringen och byt ut den om den är skadad eller sliten. Applicera antikärvningsfett på lambdasondens gängor. Montera sedan lambdasonden och dra åt till angivet moment. Återanslut kablaget och fäst med kabelklämmor, om det är tillämpligt.

Katalysator

Observera: Katalysatorn är en del av avgassystemets främre del och, beroende på modell, kan den vara kombinerad med ett partikelfilter. Tillvägagångssättet för byte skiljer sig åt något beroende på vilken motor som är monterad men följande är i huvudsak korrekt.

5 Ta bort motorkåpan av plast och motorns undre skyddskåpa.

6 Skruva loss avgastemperaturgivaren och lambdasonden från katalysatorn och skruva

4.3 Lambdasonde

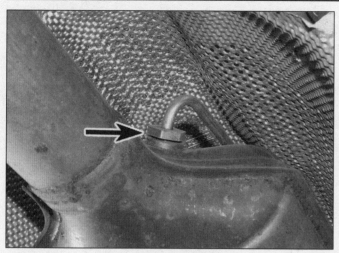

4.6 Differenstryckrör

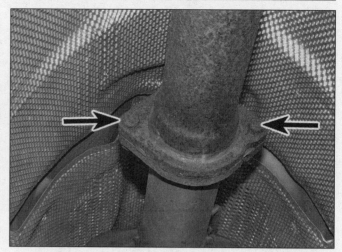

4.9 Klämmuttrar till avgassystemet (markerade med pilar)

loss tryckrören till differenstryckgivaren om det är lämpligt **(se bild)**.

7 På 1,6-liters motorn ska du ta bort luftröret mellan luftrenarhuset och turboaggregatet och ladd luftröret framtill på motorn.

8 Ta bort värmeskyddet över avgasgrenröret/turboaggregatet om ett sådant finns.

9 Skruva loss klämman eller muttrarna och lossa avgasröret från turboaggregatet. Skruva loss de två muttrar som håller fast avgassystemets bakre del på den främre delen **(se bild)**.

10 På 2,0- och 2,4-liters motorer ska du haka loss avgassystemhållarna från fästbygeln på den bakre hjälpramen, skruva loss de två bultarna på varje sida och ta bort tvärbalken baktill på hjälpramen **(se bild)**.

11 Se till att alla rör och slangar har lossats och att eventuella fästbyglar har lossats och ta bort katalysatorn underifrån bilen.

12 Monteringen sker i omvänd ordningsföljd mot demonteringen. Tänk på följande:
a) Se till fram alla spår av korrosion har tagits

bort från flänsarna, och att alla packningar bytts.
b) Undersök gummifästena efter tecken på skador eller åldrande och byt ut dem om det behövs.
c) Kontrollera innan avgassystemets fästen dras åt till angivet moment att alla gummiupphängningar är korrekt placerade och att det finns tillräckligt med mellanrum mellan avgassystemet och underredet.

Avgasåterföringsventil/kylare:

13 Beroende på vilken motor som är monterad är avgasåterföringsventilen/kylaren placerad på motorns vänstra ände eller bakre del **(se bild)**.

14 Se relevanta kapitel för demontering av komponenter tills avgasåterföringsventilen/kylaren blir åtkomlig med motorkåpan av plast demonterad.

15 Det blir hur som helst nödvändigt att lossa anslutningskontakten till EGR-

4.10 Hållare till avgassystemet på den bakre delen av den främre hjälpramen

manöverdonet och att ta bort eventuella rör eller slangar som är anslutna till enheten tillsammans med eventuella rörklämmor **(se bild)**. Observera att på 5-cylindriga motorer är avgasåterföringsventilen hopbyggd med EGR-kylaren och kylsystemet bör tömmas före demonteringen.

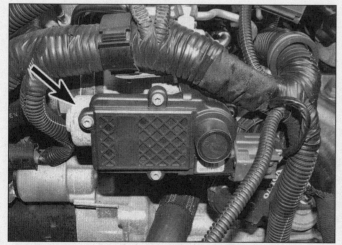

4.13 Avgasåterföringsventil/kylare

4.15 Rörklämma till avgasåterföringsventilen (markerad med pil)

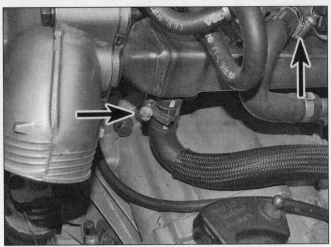

4.17a Lossa EGR-kylarens vattenrör (markerade med pilar)

4.17b Rörkoppling till EGR-vattenkylare (markerad med pil) på en del motorer

16 Se till att inga andra anslutningar återstår. Det går nu att skruva loss fästbultarna och att ta bort enheten.

17 För att ta bort EGR-kylaren ska du tömma systemet enligt beskrivningen i kapitel 1, skruva loss klämmorna och lossa vattenrören från kylaren **(se bilder)**.

18 Skruva loss kylarens fästbultar och ta bort enheten.

19 Återmonteringen av båda enheterna utförs i omvänd ordningsföljd jämfört med demonteringen och byte av packningar om tillämpligt. Om en ny ventil monteras kan det krävas återställning och detta bör överlåtas åt en Volvo-verkstad eller en lämpligt utrustad specialist. Fyll på kylsystemet enligt beskrivningen i kapitel 1.

Partikelfilter

20 Se avsnittet ovan för byte av katalysator.

Partikelfiltrets differentialtryckgivare

Observera: *När du bytt ut differentialtryckgivaren måste givarvärdena som lagrats i styrmodulen justeras. Detta kräver åtkomst till specifik Volvo-diagnosutrustning och ska utföras av en Volvo-verkstad eller en lämpligt utrustad specialist.*

21 Givaren är placerad på ena sidan av luftrenarhuset på 1,6-liters motorn eller baktill på topplocket **(se bild)**.

22 Lossa givarens anslutningskontakt, skruva loss klämmorna och lossa slangarna på alla motorer. Det går nu att ta bort givaren.

4.21 Differenstrycksgivare till partikelfiltret (markerad med pil) som är placerad baktill på topplocket

Kapitel 5 Del A:
Start- och laddningssystem

Innehåll

Allmän information och föreskrifter	1	Laddningssystem – kontroll	4
Batteri – demontering och montering	3	Startmotor – demontering och montering	8
Batteri – kontroll och laddning	2	Startmotor – kontroll och renovering	9
Generator och remskiva – demontering och montering	5	Startstyrenhet – demontering och montering	10
Generatorborsthållare/regulator – byte	6	Startsystem – kontroll	7

Svårighetsgrader

Enkelt, passer novisen med lite erfarenhet	**Ganska enkelt,** passar nybörjaren med viss erfarenhet	**Ganska svårt,** passer kompetent hemmamekaniker	**Svårt,** passer hemmamekaniker med erfarenhet	**Mycket svårt,** för professionell mekaniker 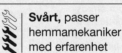

Specifikationer

Systemtyp . . . . 12 volt, negativ jord

Batteri
Typ . . . . Lågunderhållsbatteri eller underhållsfritt och livstidsförseglat batteri
Effekt . . . . 60 till 90 Ah (beroende på modell)

Generator
Typ . . . . Bosch
Effekt . . . . 120 eller 140 A
Minsta borstlängd . . . . 5,0 mm

Startmotor
Typ . . . . Bosch 1,4, 2,0 eller 2,2 kW

Åtdragningsmoment   **Nm**
Generatorns fästbultar 24
Generatorremskiva 80
Startmotor fästbultar:
   1,6-liters motor 35
   Alla andra motorer 50

1 Allmän information och föreskrifter

Allmän information

Motorns elsystem består i huvudsak av laddnings- och startsystemen. På grund av deras motorrelaterade funktioner behandlas dessa komponenter separat från karossens elektriska enheter, som instrument och belysning etc. (Dessa tas upp i kapitel 12). Information om dieselförvärmningssystemet finns i kapitel 5B.

Elsystemet är av typen 12 V negativ jord.

Batteriet är antingen av typen lågunderhåll eller underhållsfritt (livstidsförseglat) och laddas av generatorn, som drivs med en rem från vevaxelns remskiva.

Startmotorn är föringreppad med en inbyggd solenoid. Vid start trycker solenoiden kugghjulet mot kuggkransen på svänghjulet innan startmotorn ges ström. När motorn startat förhindrar en envägskoppling att motorankaret drivs av motorn tills kugghjulet släpper från kuggkransen.

Detaljinformation om de olika systemen ges i relevanta avsnitt i detta kapitel. Även om vissa reparationer beskrivs här, är det normala tillvägagångssättet att byta ut defekta komponenter.

Föreskrifter

Varning: Det är nödvändigt att iaktta extra försiktighet vid arbete med elsystem för att undvika skador på halvledarenheter (dioder och transistorer) och personskador. Utöver de säkerhetsföreskrifter som anges i Säkerheten främst! Observera följande vid arbete på systemet:

• **Ta alltid av ringar, klocka och liknande innan något arbete utförs på elsystemet.** En urladdning kan inträffa även med batteriet urkopplat, om en komponents strömstift jordas genom ett metallföremål. Detta kan ge stötar och allvarliga brännskador.

• **Kasta inte om batteripolerna.** Komponenter som växelströmsgeneratorer, elektroniska styrenheter och andra komponenter med halvledarkretsar kan totalförstöras så att de inte går att reparera.

• **Koppla aldrig loss batteripolerna, generatorn, elektriska kablar eller några testinstrument med motorn igång.**

• **Låt aldrig motorn dra runt generatorn när den inte är ansluten.**

• **Testa aldrig om generatorn fungerar genom att 'gnistra' med spänningskabeln mot jord.**

Kontrollera alltid att batteriets jordkabel är urkopplad innan arbete med elsystemet inleds.

• Om motorn startas med hjälp av startkablar och ett laddningsbatteri ska batterierna anslutas *plus till plus* och *minus till minus*

(se *Starthjälp*). Detta gäller även vid inkoppling av batteriladdare.

• **Testa aldrig** kretsar eller anslutningar med en ohmmätare av den typ som har en handvevad generator.

• Koppla ur batteriet, generatorn och komponenter som de elektroniska styrenheterna, **(om tillämpligt) för att skydda dem från skador** innan elektrisk bågsvetsningsutrustning används på bilen.

2 Batteri – kontroll och laddning

Kontroll

Standard- och lågunderhållsbatteri

1 Om bilen inte körs långt under året är det mödan värt att kontrollera batterielektrolytens densitet var tredje månad för att avgöra batteriets laddningsstatus. Använd en hydrometer till kontrollen och jämför resultatet med tabellen nedan: Observera att densitetsmätningarna förutsätter en elektrolyttemperatur på 15 °C. dra bort 0,007 för varje 10 °C under 15 °C. Lägg till 0,007 för varje 10°C ovan 15°C.

	Över 25°C	Under 25°C
Fulladdat	1,210 till 1,230	1,270 till 1,290
70 % laddat	1,170 till 1,190	1,230 till 1,250
Urladdat	1,050 till 1,070	1,110 till 1,130

2 Om batteriet misstänks vara defekt, kontrollera först elektrolytens densitet i varje cell. En variation över 0,040 mellan celler indikerar förlust av elektrolyt eller nedbrytning av plattor.

3 Om densitet har en avvikelse på 0,040 eller mer måste batteriet bytas. Om variationen mellan cellerna är tillfredsställande men batteriet är urladdat ska det laddas upp enligt beskrivningen längre fram i detta avsnitt.

Underhållsfritt batteri

4 Om det monterade batteriet är livstidsförseglat och underhållsfritt kan elektrolyten inte testas eller fyllas på (se kapitel 1, avsnitt 10). Batteriets skick kan därför bara kontrolleras med en batteriindikator eller en voltmätare.

5 Vissa modeller kan vara utrustade med ett underhållsfritt batteri med en inbyggd laddningsindikator. Indikatorn är placerad ovanpå batterihöljet och anger batteriets skick genom att ändra färg. På en etikett fäst på batteriet ska det stå vad indikatorns olika färger betyder. Om så inte är fallet bör en Volvo-återförsäljare eller en bilelektriker tillfrågas.

6 Om batteriet testas med hjälp av en voltmeter ska denna anslutas över batteriet och spänningen noteras. För att kontrollen ska ge korrekt utslag får batteriet inte ha laddats på något sätt under de senaste sex timmarna. Om så inte är fallet, tänd strålkastarna under 30 sekunder och vänta 5 minuter innan

batteriet kontrolleras. Alla andra kretsar ska vara frånslagna, så kontrollera att dörrar och baklucka verkligen är stängda när kontrollen görs.

7 Om den uppmätta spänningen understiger 12,2 volt är batteriet urladdat, medan en spänning mellan 12,2 och 12,4 volt indikerar delvis urladdning.

8 Om batteriet ska laddas, ta ut det ur bilen och ladda det enligt beskrivningen längre fram i detta avsnitt.

Laddning

Observera: *Följande är endast avsett som riktlinjer. Följ alltid tillverkarens rekommendationer (finns ofta på en tryckt etikett på batteriet) vid laddning av ett batteri.*

Standard- och lågunderhållsbatteri

9 Ladda batteriet vid 10 % av batteriets effekt (t.ex. en laddning på 4,5 A för ett 45 Ah-batteri) och fortsätt ladda batteriet i samma takt tills ingen ökning av elektrolytens densitet noteras över en fyratimmarsperiod.

10 Alternativt kan en droppladdare som laddar med 1,5 ampère användas över natten.

11 Speciella snabbladdare som påstås kunna ladda batteriet på 1-2 timmar är inte att rekommendera, eftersom de kan orsaka allvarliga skador på batteriplattorna genom överhettning. Om batteriet är helt urladdat bör det ta åtminstone 24 h att ladda upp det igen.

12 Observera att elektrolytens temperatur aldrig får överskrida 38°C när batteriet laddas.

Underhållsfritt batteri

13 Denna batterityp tar avsevärt längre tid att ladda fullt än standardtypen. Tidsåtgången beror på hur urladdat batteriet är, men det kan ta ända upp till tre dygn.

14 En laddare av konstantspänningstyp krävs. Den ställs in till mellan 13,9 och 14,9 volt med en laddström understigande 25 A. Med denna metod bör batteriet vara användbart inom 3 timmar med en spänning på 12,5 V, men detta gäller ett delvis urladdat batteri. Full laddning kan, som nämndes ovan, ta avsevärt längre tid.

15 Om batteriet ska laddas från fullständig urladdning (under 12,2 volt), låt en Volvo-verkstad eller bilelektriker ladda batteriet i och med att laddströmmen är högre och att laddningen kräver konstant övervakning.

3 Batteri – demontering och montering

Varning: Vänta alltid i minst 5 minuter efter att tändningen stängts av innan något kablage kopplas loss från batteriet. Detta är för att de olika styrmodulerna ska hinna lagra information.

Demontering

1 Dra upp den gummitätning som är

3.1 Skruva loss klämmorna och ta bort batterikåpan.

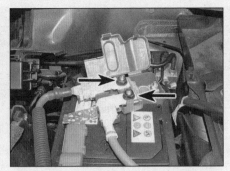

3.3 Lossa kablarna från batteriets pluspol

2 Om tändningens varningslampa tänds när motorn är igång, stanna bilen och kontrollera att drivremmen är korrekt spänd (se kapitel 1) och att generatorns anslutningar sitter ordentligt. Om allt är som det ska så långt, måste generatorn tas till en bilelektriker för kontroll och reparation.

3 Om generatorns arbetseffekt misstänks vara felaktig även om varningslampan fungerar som den ska, kan regulatorspänningen kontrolleras på följande sätt.

4 Anslut en voltmätare över batteripolerna och starta motorn.

5 Öka motorvarvtalet tills voltmätaren står stadigt på; mellan 13.5 och 14.8 volts.

6 Slå på så många elektriska funktioner som möjligt (t.ex. strålkastarna, bakruteuppvärmningen och värmefläkten) och kontrollera att generatorn behåller spänningen mellan 13,5 och 14,8 volt.

7 Om spänningen inte ligger inom dessa värden kan felet vara slitna borstar, svaga borstfjädrar, defekt spänningsregulator, defekt diod, kapad fasledning eller slitna/skadade släpringar. Borstarna och släpringen kan kontrolleras (se avsnitt 6), men om felet kvarstår måste generatorn bytas eller tas till en bilelektriker för kontroll och reparation.

3.5a Skruva loss batteriets klämbult . . .

3.5b . . . och lyft bort batteriet från dess låda

placerad på kamaxelkåpans kant, skruva loss klämmorna och ta bort batterikåpan **(se bild)**.
2 Lossa klämbulten och lossa klämman från batteriets minuspol (jordpol).
3 Skruva loss de två bultarna och lossa kablarna från pluspolen **(se bild)**.
4 Lossa kabeln från batterilådan och lossa ventilröret.
5 Skruva loss bulten, ta bort batteriklämman och luft upp batteriet från lådan **(se bilder)**.
6 Om det behövs, kan batterilådan tas bort genom att de fyra fästskruvarna skruvas loss **(se bild)**.

Montering

7 Placera batteriet i lådan, montera tillbaka fästklämman och dra åt fästbulten ordentligt.
8 Återanslut alltid plusledaren först och sedan minusledaren. Smörj lite vaselin på anslutningarna.

9 Montera tillbaka batterikåpan och gummitätningen.
10 När du slår på motorn för första gången ska du stå utanför bilen och sträcka dig in i bilen för att starta motorn och hålla dig undan från krockkuddarnas arbetsområde.

4 Laddningssystem – kontroll

Observera: Se varningarna i Säkerheten främst! och i avsnitt 1 i detta kapitel innan arbetet påbörjas.

1 Om tändningens varningslampa inte tänds när tändningen slås på, kontrollera först att generatorns kabelanslutningar sitter ordentligt. Om allt är som det ska kan det vara fel på generatorn, som måste bytas eller tas till en bilelektriker för kontroll och reparation.

5 Generator och remskiva – demontering och montering

Generator

1 Koppla loss batteriets minusledare (se avsnitt 3)
2 Ta bort plastkåpan från motorn.
3 Ta bort multiremmarna enligt beskrivningen i kapitel 1.
4 Lossa de olika anslutningskontakterna och ta bort kablagehylsan åt ena sidan. Ta bort eventuella komponenter så att det går att komma åt generatorn med hjälp av relevant kapitel.
5 Lossa multianslutningskontakten och ledningen från polens stiftskruv baktill på generatorn **(se bild)**
6 Skruva loss de övre och nedre fästbultarna och ta bort generatorn **(se bild)**.

3.6 Ta bort batteriet genom att skruva loss de fyra bultarna (markerade med pilar)

5.5 Lossa anslutningskontakten (markerad med pil) från generatorn och skruva loss de nedre fästbultarna (markerade med pilar) . . .

5.6 . . . och den övre fästbulten

5.10a Använd ett specialverktyg som passar in på axelns räfflor och remskivans mitt

5.10b Håll emot axeln medan du skruvar loss remskivans mitt

7 Monteringen utförs i omvänd ordningsföljd jämfört demonteringen. Kom ihåg att dra åt de olika fästanordningarna till angivet moment om det är tillämpligt.

Drivremskiva

8 Generatorns drivremskiva är utrustade med en envägskoppling för reducerat slitage och minskad påfrestning på drivremmen. För att kunna ta bort remskiva måste man ha ett specialverktyg (Volvo nr 999 5760) för att hålla generatoraxeln medan man skruvar loss remskivan. En motsvarighet till

6.3 Bänd bort plastkåpan, skruva loss muttrarna och en skruv (markerade med pilar), lyft sedan av plastkåpan

det här verktyget ska finnas tillgänglig hos bilverktygsspecialister.
9 Bänd upp plastkåpan från remskivan.
10 Sätt i specialverktyget i remskivans räfflor och koppla in den mellersta torxbiten på generatoraxeln **(se bilder)**. Skruva loss remskivan moturs medan du håller fast axeln med torxbiten och ta bort remskivan.
11 Monteringen utförs i omvänd ordning jämfört med demonteringen men dra åt den ordentligt med specialverktyget.

6 Generatorborsthållare-/regulator – byte

1 Demontera generatorn (se avsnitt 5).
2 Placera generatorn på en ren arbetsyta, med remskivan nedåt.
3 Skruva loss kåpans muttrar och skruvar (det kan finnas två eller tre beroende på modell), lyft sedan upp plastkåpan från generatorns bakre del **(se bild)**.
4 Skruva loss skruvarna (tre eller fyra beroende på modell) och ta försiktigt bort spänningsregulatorn/borsthållaren från generatorn **(se bilder)**.
5 Mät den fria längden hos borstarna **(se bild)**. Kontrollera mätningen i Specifikationer;

byt modulen om borstarna är slitna förbi minimigränsen.
6 Kontrollera och rengör släpringarnas ytor i änden av generatorskaftet. Om de är väldigt slitna eller skadade måste generatorn bytas ut.
7 Montera ihop generatorn igen i omvänd ordning. Avsluta med att montera generatorn enligt beskrivningen i avsnitt 5.

7 Startsystem – kontroll

Observera: *Se föreskrifterna i Säkerheten främst! och i avsnitt 1 i detta kapitel innan arbetet påbörjas.*
1 Om startmotorn inte fungerar när startknappen trycks in kan det bero på någon av följande orsaker:
a) *Batteriet är defekt.*
b) *De elektriska anslutningarna mellan strömbrytare, solenoid, batteri och startmotor har ett fel någonstans som gör att ström inte kan passera från batteriet till jorden genom startmotorn.*
c) *Solenoiden är defekt.*
d) *Startmotorn har ett mekaniskt eller elektriskt fel.*

6.4a Skruva loss de tre skruvarna (markerade med pilar) . . .

6.4b . . . och lyft av spänningsregulatorn/borsthållaren

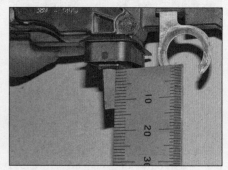

6.5 Mät längden på borstarna

8.4 Skruva loss startmotorns fästskruvar (markerade med pilar)

10.3 Fästbultar till startmotorns styrenhet (markerade med pilar)

2 Kontrollera batteriet genom att tända strålkastarna. Om de försvagas efter ett par sekunder är batteriet urladdat. Ladda (se avsnitt 2) eller byt batteri. Om strålkastarna lyser klart, vrid om startnyckeln. Om strålkastarna då försvagas betyder det att strömmen når startmotorn, vilket anger att felet finns i startmotorn. Om strålkastarna lyser klart (och inget klick hörs från solenoiden) indikerar detta ett fel i kretsen eller solenoiden – se följande punkter. Om startmotorn snurrar långsamt, trots att batteriet är i bra skick, indikerar detta antingen ett fel i startmotorn eller ett kraftigt motstånd någonstans i kretsen.

3 Vid ett misstänkt fel på kretsen, koppla loss batterikablarna (inklusive jordningen till karossen), startmotorns/solenoidens kablar och motorns/växellådans jordledning. Rengör alla anslutningar noga och anslut dem igen. Använd sedan en voltmätare eller testlampa och kontrollera att full batterispänning finns vid strömkabelns anslutning till solenoiden och att jordförbindelsen är god. Smörj in batteripolerna med vaselin så att korrosion undviks – korroderade anslutningar är en av de vanligaste orsakerna till elektriska systemfel.

4 Om batteriet och alla anslutningar är i bra skick, kontrollera kretsen genom att lossa ledningen från solenoidens bladstift. Anslut en voltmätare eller testlampa mellan ledningen och en bra jord (t.ex. batteriets minuspol) och kontrollera att ledningen är strömförande när tändningsnyckeln vrids till startläget. Är den det, fungerar kretsen. Om inte, kan kretsen kontrolleras enligt beskrivningen i kapitel 12.

5 Solenoidens kontakter kan kontrolleras med en voltmätare eller testlampa mellan strömkabeln på solenoidens startmotorsida och jord. När tändningsnyckeln vrids till start ska mätaren ge utslag eller lampan tändas. Om inget sker är solenoiden defekt och måste bytas.

6 Om kretsen och solenoiden fungerar måste felet finnas i startmotorn. I det fallet kan det vara möjligt att låta en specialist renovera motorn, men kontrollera först pris och tillgång på reservdelar, eftersom det mycket väl kan vara billigare att köpa en ny eller begagnad startmotor.

8 Startmotor –
demontering och montering

Demontering

1 Ta bort plastkåpan från motorn.

2 Lossa batteriets minusledning och på modeller som är utrustade med 1,6-liters motorn ska du ta bort batteriet och batterilådan (se avsnitt 3).

3 För 1,6-liters motorn är det dessutom nödvändigt att ta bort motorns undre skyddskåpa och att ta bort andra komponenter för att komma åt startmotorn.

4 Lossa kablaget från startmotorns solenoid, skruva loss fästbultarna och ta bort enheten **(se bild)**. Observera placeringen av eventuella styrstift och se till att de är på plats vid återmonteringen.

Montering

5 Montera tillbaka i omvänd ordningsföljd mot demonteringen. Dra åt alla hållare till angivet moment (där sådant angetts).

9 Startmotor –
kontroll och renovering

Om startmotorn misstänks vara defekt måste den demonteras och tas till en bilelektriker för kontroll. De flesta bilverkstäder kan erbjuda och montera borstar till överkomliga priser. Kontrollera dock reparationskostnaderna först, eftersom det kan vara billigare med en ny eller begagnad motor.

10 Startstyrenhet –
demontering och montering

1 Startmotorns styrenhet är placerad bakom instrumentbrädan vid fjärrkontrollöpningen/start-/stop-knappen.

2 Lossa batteriets jordledning enligt beskrivningen i avsnitt 3A.

3 Ta bort instrumentpanelen enligt beskrivningen i kapitel 12. Skruva loss de tre bultarna, visas med instrumentbrädan borttagen för tydlighetens skull **(se bild)**, lossa anslutningskontakten och ta bort enheten från instrumentbrädan.

4 Montering sker i omvänd ordningsföljd.

Kapitel 5 Del B:
Förvärmning

Innehåll

Allmän information 1
Förvärmning – kontroll 2
Glödstift – demontering, kontroll och återmontering 3
Glödstiftsrelä – demontering och montering 4

Svårighetsgrader

Enkelt, passer novisen med lite erfarenhet	Ganska enkelt, passar nybörjaren med viss erfarenhet	Ganska svårt, passer kompetent hemmamekaniker	Svårt, passer hemmamekaniker med erfarenhet	Mycket svårt, för professionell mekaniker

Specifikationer

Åtdragningsmoment   **Nm**
Glödstift 8

1 Allmän information

För att underlätta kallstart är dieselmodellerna utrustade med förvärmning som består av ett relä och glödstift. Systemet styrs av det elektroniska dieselkontrollsystemet (EDC) med hjälp av information från kylvätsketemperaturgivaren (se kapitel 3).

Glödstiften är elektriska värmeelement i miniatyr, inkapslade i en metallåda med en sond i ena änden och en elektrisk anslutning i den andra. Förbränningskamrarna har gängade glödstift. När glödstiftet spänningssätts värms det upp snabbt vilket får temperaturen på den luft som dras ner i varje förbränningskammare att stiga. Varje insugningskanal har ett glödstift inskruvat vilket är placerat direkt i linje med den insprutande bränslestrålen. När glödstiftet aktiveras värms bränslet som passerar över stiftet upp så att dess optimala förbränningstemperatur kan uppnås snabbare.

Hur lång förvärmningsperioden pågår styrs av det elektroniska dieselkontrollsystemets (EDC) styrmodul (ECM) med hjälp av information från kylvätsketemperaturgivaren.

ECM ändrar förvärmningstiden (den tid glödstiften matas med ström) för att passa rådande förhållanden.

En varningslampa upplyser föraren om att förvärmning äger rum. Lampan slocknar när förvärmningen är tillräcklig för att motorn ska kunna starta, men glödstiften fortsätter aktiveras ett tag. Detta kallas för eftervärmning och minskas avgasutsläppet. Om inga försök görs för att starta motorn stängs strömförsörjningen till glödstiften av för att förhindra att batteriet tar slut och att glödstiften blir utbrända.

2 Förvärmning – kontroll

1 Ett fullständigt test av motorstyrningssystemet utföras med hjälp av en särskild elektronisk testenhet som helt enkelt ansluts till systemets diagnosuttag (se kapitel 4A). Om förvärmningssystemet misstänks vara defekt kan några preliminära kontroller av glödstiftens funktion göras enligt beskrivningen i följande punkter.
2 Anslut en voltmätare eller en 12 volts

testlampa mellan glödstiftets matningskabel och en god jordningspunkt på motorn.
Varning: Kontrollera att den strömförande anslutningen hålls borta från motorn och karossen.
3 Låt en medhjälpare aktivera förvärmningssystemet genom att sätta in fjärrkontrollen och snabbt trycka på start-/stop-knappen. Kontrollera att batterispänning läggs på glödstiftets elektriska anslutning.
Observera: Matningsspänningen är lägre än batterispänningen inledningsvis men den stiger och stabiliseras när glödstiftet värms upp. Den sjunker sedan till noll när förvärmningsperioden upphör och säkerhetsavstängningen är igång.
4 Om ingen matningsspänning kan upptäckas vid glödstiftet kan glödstiftsreläet eller matningskabeln vara defekt.
5 För att lokalisera ett defekt glödstift ska du mäta det elektriska motståndet mellan glödstiftets pol och motorns jord och jämföra det med de siffror som du bör kunna få av en Volvo-verkstad. Om värdet skiljer sig betydligt från det angivna är glödstiftet sannolikt defekt.
6 Om inga problem upptäcks, ska du ta bilen till en Volvo-verkstad eller en specialist för att testa den med relevant diagnostisk utrustning.

3.3 Skruva loss varje glödstift från topplocket

4.1 Glödstiftsreläet är placerat på höger sida om kylaren/kylfläkten på 5-cylindriga motorer

3 Glödstift – demontering, kontroll och återmontering

Demontering

1 Glödstiften är placerade på topplockets främre eller bakre yta beroende på vilken motor som är monterad. Ta bort motorkåpan och ta bort komponenterna i enlighet med relevant kapitel så att det går att komma åt glödstiften.
2 Koppla loss kontaktdonet från varje glödstift och ta bort kablagets fästbygel om det är relevant.
3 Skruva loss varje kontakt från topplocket med en djup hylsa **(se bild)**.

Kontroll

4 Undersök glödstiftsskaften efter tecken på skador. Brända eller nedslitna glödstiftspetsar kan bero på felaktigt sprutmönster hos insprutningsventilerna. Be en mekaniker undersöka insprutningsventilerna om den här typen av skador förekommer.
5 Om glödstiften är i gott skick ska du kontrollera dem elektriskt enligt beskrivningen i avsnitt 2.

Montering

6 Rengör glödstiften och glödstiftssätena på topplocket.
7 Applicera antikärvningsfett på glödstiftets gängor. Montera sedan glödstiftet och dra åt till angivet moment.

8 Återanslut kablaget till glödstiftet.
9 Resten av monteringen sker i omvänd ordningsföljd mot demonteringen.

4 Glödstiftsrelä – demontering och montering

1 Reläets placering varierar beroende på vilken motor som är monterad. På 5-cylindriga modeller är det placerat på höger sida av kylarens/kylfläktens kåpa **(se bild)**. Lossa anslutningskontakten och lossa reläet från fästbygeln. Monteringen utförs i omvänd ordningsföljd mot demonteringen.

Kapitel 6
Koppling

Innehåll

Allmän information 1
Koppling – demontering, kontroll och montering 6
Kopplingens huvudcylinder – demontering och montering 3
Kopplingens hydraulsystem – luftning 5
Kopplingens slavcylinder – demontering och montering 4
Kopplingspedal – demontering och montering 2
Kopplingspedalens lägesgivare – byte. 8
Urkopplingslager – demontering, kontroll och montering 7

Svårighetsgrader

Enkelt, passer novisen med lite erfarenhet	Ganska enkelt, passar nybörjaren med viss erfarenhet	Ganska svårt, passer kompetent hemmamekaniker	Svårt, passer hemmamekaniker med erfarenhet	Mycket svårt, för professionell mekaniker

Specifikationer

Allmänt
Kopplingstyp .... Enkel torrlamell, tallriksfjäder, självjustering, hydraulisk verkan

Tryckplatta
Högsta tillåtna skevhet..................................... 0,2 mm

Åtdragningsmoment | Nm
Huvudcylinderns fästmuttrar 24
Kopplingskåpans fästbultar 24
Pedalens fästskruvar 24
Urkopplingslager och slavcylinderns fästbultar 10

1 Allmän information

På alla modeller med manuell växellåda finns en koppling med enkel torrlamell och tallriksfjäder monterad. Kopplingen styrs hydrauliskt via en huvud- och en slavcylinder. Alla modeller fick en internt monterad slavcylinder kombinerad med ett urkopplingslager till en enhet.

Kopplingens huvudkomponenter består av tryckplattan och kopplingsplattan, den drivna skivan (som ibland kallas friktionsplattan eller skivan) och urkopplingslagret. Tryckplattan sitter fastbultad vid svänghjulet med den drivna skivan fastklämd emellan. Den drivna skivans centrum har nedfrästa spår som hakar i spårningen på växellådans ingående axel. Urkopplingslagret aktiverar fingrarna på tryckplattans tallriksfjäder.

När motorn går och kopplingspedalen släpps upp klämmer tallriksfjädern samman tryckplattan, den drivna skivan och svänghjulet. Drivkraft överförs via friktionsytorna på svänghjulet och tryckplattan till den drivna skivans belägg, och på så sätt till växellådans ingående axel.

Slavcylindern sitter i urkopplingslagret, och när slavcylindern aktiveras flyttas urkopplingslagret mot tallriksfjäderns fingrar. När fjädertrycket på tryckplattan släpps roterar svänghjulet och tryckplattan utan att röra den drivna skivan. När pedalen släpps upp återtas fjädertrycket och drivkraften ökar gradvis.

Kopplingens hydraulsystem består av en huvudcylinder och en slavcylinder samt tillhörande rör och slangar. Oljebehållaren delas med bromshuvudcylindern.

Alla modeller är utrustade med en självjusterande koppling som kompenserar för slitage på drivplattan genom att ändra vinkeln hos membranfjäderns fingrar med en fjädermekanism i tryckplattans hölje. Detta ger en konsekvent kopplingskänsla under kopplingens livslängd.

2 Kopplingspedal – demontering och montering

1 Demontering och montering av kopplingspedalen ingår i tillvägagångssättet för demontering och montering av huvudcylindern som beskrivs nedan.

3 Kopplingens huvudcylinder – demontering och montering

⚠️ Varning: Hydraulolja är giftig; tvätta noggrant bort oljan omedelbart vid hudkontakt och sök omedelbar läkarhjälp om olja sväljs eller hamnar i ögonen. Vissa hydrauloljor är lättantändliga och kan självantända om de kommer i kontakt med heta komponenter. vid arbete med hydraulsystem är det alltid säkrast att anta att oljan ÄR brandfarlig, och att vidta *samma försiktighetsåtgärder mot brand som när bensin hanteras. Hydraulolja är ett kraftigt färglösningsmedel och angriper även plaster; oljespill ska omedelbart tvättas bort med stora mängder rent vatten. Hydraulolja är också hygroskopisk (den absorberar luftens fuktighet) och gammal olja kan vara förorenad och oduglig för användning. Vid påfyllning eller byte ska alltid rekommenderad typ användas och den måste komma från en nyligen öppnad förseglad förpackning.*

Observera: *I skrivande stund finns inte huvudcylinderns inre komponenter inte separat och därför går det inte att reparera eller renovera cylindern. Om hydraulsystemet är defekt eller om det finns tecken på oljeläckage på eller runt huvudcylindern eller kopplingspedalen ska enheten bytas ut – en Volvo-återförsäljare eller en bilelektriker bör tillfrågas.*

Demontering

1 Demontera kamaxelkåpan enligt beskrivningen i kapitel 12, avsnitt 18.
2 Lossa anslutningskontakten till kopplingens lägesgivare som är placerad på huvudcylinderns sida.
3 Bänd ut klämman och koppla loss röranslutningen från huvudcylinder **(se bild)**. Var beredd på ytterligare oljespill. Täck den öppna röranslutningen med en bit plastfolie och ett gummiband för att hindra smuts från att tränga in.
4 Lossa vätskematarslangen från fästklämman, använd sedan en klämma på slangen innan du lossar den från huvudcylindern. Var beredd på ytterligare oljespill. Täck den öppna röranslutningen med en bit plastfolie och ett gummiband för att hindra smuts från att tränga in.
5 Skruva loss de båda skruvarna och dra klädselpanelen bakåt över pedalerna. På det här stadiet i processen rekommenderar Volvo att rattstången tas bort även om det kan gå att vara skruva loss rattstångens nedre klämbult och flytta styraxeln åt ena sidan. Om detta inte ger tillräcklig åtkomst ska du ta bort rattstången enligt beskrivningen i kapitel 10.
6 Bända ut fästklämman, och dra huvud-

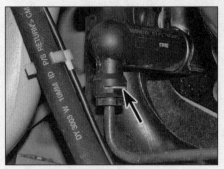

3.3 Bänd upp klämman (markerad med pil) och lossa röranslutningen från huvudcylindern

cylinderns tryckstång från pedalen **(se bild)**.
7 Ta bort startspärrbrytaren som är placerad ovanpå pedalen. Lossa anslutningskontakten, lossa fästklämmorna och ta bort brytaren.
8 Arbeta under instrumentbrädan, skruva loss de tre muttrarna som håller fast huvudcylindern vid mellanväggen.
9 Vrid huvudcylindern moturs (från passagerarutrymmet) och skilj huvudcylindern från pedalbygeln. Volvos mekaniker använder ett specialverktyg (999 7172) för att vrida huvudcylindern. Om du inte har tillgång till detta verktyg kan du använda en lämplig nyckel eller skiftnyckel.
10 För ut enheten från dess placering under instrumentbrädan. Vi rekommenderar ingen vidare isärtagning. Om pedalen och fästbygeln är defekta måste de bytas som en enhet.

Montering

11 Monteringen sker i omvänd ordningsföljd. Tänk på följande:
  a) *Om en ny huvudcylinder ska monteras, flytta över oljematarslangen från den gamla cylindern till den nya före monteringen.*
  b) *Dra åt huvudcylinderns fästmuttrar till angivet moment.*
  c) *Före återmonteringen av startspärrbrytaren måste du se till att tryckkolven är helt utdragen.*
  d) *En ny klämma måste användas när du fäster huvudcylinderns tryckstång på pedalen.*

3.6 Huvudcylinderns tryckstångsklämma på kopplingspedalen

  e) *En ny tätning krävs på den plats där huvudcylindern möter mellanväggen.*
  f) *Avsluta med att lufta kopplingens hydraulsystem (avsnitt 5).*

4 Kopplingens slavcylinder – demontering och montering

Observera: *Slavcylinderns inre komponenter går inte att köpa separat och det går inte att reparera eller renovera slavcylindern. Om det blir fel på hydraulsystemet eller om vätskeläckage uppstår, måste enheten bytas.*
Observera: *Se varningen i början av avsnitt 3 innan arbetet fortsätts.*

Demontering

1 Ta bort växellådan enligt beskrivningen i kapitel 7A. Den interna slavcylindern kan inte demonteras med växellådan på plats.
2 Lossa gummitätningen från växellådan och dra den inåt längs röret.
3 Bänd ut klämman och koppla bort röranslutningen från röret **(se bild)**.
4 Ta bort de tre fästbultarna (bilden visar två bultar men processen för demonteringen är som den beskrivs här) som håller fast cylinder och lossa urkopplingslagerenheten från växellådan och ta bort enheten **(se bild)**.

4.3 Slavcylinderns vätska rörklämma

4.4 Skruva loss bultarna och ta bort slavcylindern

Montering

5 Monteringen sker i omvänd ordningsföljd. Tänk på följande:

a) *Dra åt urkopplingslagrets fästbultar till angivet moment.*

b) *Volvo rekommenderar att tätningarna byts när man sätter dit snabbkopplings röranslutningar.*

c) *Montera tillbaka växellådan enligt beskrivningen i kapitel 7A.*

d) *Avsluta med att lufta kopplingens hydraulsystem (avsnitt 5).*

5 Kopplingens hydraulsystem – luftning

Observera: *Se varningen i början av avsnitt 3 innan arbetet fortsätts.*

1 Fyll på hydrauloljebehållaren på bromshuvudcylindern med ren olja av angiven typ (se *Veckokontroller*).

2 Demontera dammkåpan och montera en genomskinlig slang över luftningsskruven på slavcylindern **(se bild)**. Placera den andra änden av slangen i en burk med lite hydraulolja i.

3 Lossa luftningsskruven och låt sedan en medhjälpare trycka ner kopplingspedalen. Dra åt luftningsskruven när pedalen tryckts ner. Låt medhjälparen släppa pedalen och lossa sedan luftningsskruven igen.

4 Upprepa proceduren tills ren olja utan luftbubblor kommer ut från luftningsskruven. Dra åt skruven när pedalen befinner sig längst ner och ta bort slangen och burken. Montera tillbaka dammkåpan.

5 Fyll på hydrauloljebehållaren.

6 Tryckutjämningsutrustning kan användas om så önskas – se informationen i kapitel 9, avsnitt 2.

6 Koppling – demontering, kontroll och montering

⚠️ **Varning: Dammet från kopplingsslitage som avlagrats på kopplingskomponenterna kan innehålla hälsovådlig asbest. BLÅS INTE bort dammet med tryckluft och ANDAS INTE in det. ANVÄND INTE bensin eller bensinbaserade lösningsmedel för att tvätta bort dammet. Rengöringsmedel för bromssystem eller T-sprit bör användas för att spola ner dammet i en lämplig behållare. När kopplingens komponenter har torkats rena med trasor måste trasorna och det använda rengöringsmedlet kastas i en tät, märkt behållare.**

Observera: *Volvo-verktygen 999 7068 och 999 5662 kan behövas för att återställa den självjusterande mekanismen och trycka ihop tallriksfjädern innan kopplingen demonteras även om det kan gå att utföra proceduren med hjälp av improviserade hemmagjorda verktyg. Volvo använder dessutom ett verktyg*

5.2 Bänd bort kåpan (markerad med pil) för att komma att luftningsskruven

(999 7120) som bultas fast på motorns fogyta för att låsa fast svänghjulet. Återigen räcker det med ett egentillverkat verktyg eller hjälp av en annan person.

Demontering

1 Det går att komma åt kopplingen på två sätt. Antingen kan motorn/växellådan demonteras som en enhet enligt beskrivningen i kapitel 2D och växellådan sedan tas bort från motorn, eller så kan motorn lämnas kvar i bilen och växellådan demonteras separat enligt beskrivningen i kapitel 7A. Om kopplingen ska återmonteras ska du använda färg eller en märkpenna för att markera kopplingskåpans position i förhållande till svänghjulet.

Med Volvo specialverktyg

2 Montera Volvos mothållsverktyg 999 7068 på kopplingskåpan för att återställa den självjusterande mekanismen. Stiften på verktyget måste passa in i spåret framför justeringsfjädrarna och håll därefter verktyget mot plattan. Placera hakarna i änden av mothållsverktygets fjädrar i mitten av de tre hålen som sitter med 120° intervall längs tryckplattans omkrets.

3 Sätt dit Volvos kompressionsverktyg 999 5662 på kopplingsplattan och tryck ihop membranfjädern så att den självjusterande fjädern inte är under spänning. Kontrollera att hakarna på kompressorn hakar i som de ska utan att klämma justeringsmekanismens fjädrar. Fortsätt att skruva i kompressionsverktygets spindel tills membranfjädern har tryckt tryckplattan till ett fritt läge. Ett tydligt klickljud hörs när tryckplattan är i friläge.

Med eller utan Volvo specialverktyg

4 Skruva loss skruvarna och ta bort kopplingskåpan/tryckplattan och därefter drivplattan **(se bild)**. Notera hur drivplattan är monterad.

5 Det är viktigt att inte olja eller fett kommer i kontakt med belägget eller tryckplattans och svänghjulets ytor vid kontrollen och återmonteringen. **Observera:** *Om kopplingskåpan/tryckplattan ska monteras tillbaka får du inte låta membranfjädern vara hoptryckt under lång tid eftersom fjädern kan försvagas permanent.*

6.4 Skruva loss kopplingstryckplattans skruvar

Kontroll

6 Med kopplingen demonterad, torka bort allt asbestdamm med en torr trasa. Detta görs bäst utomhus eller i ett välventilerat område.

7 Undersök den drivna skivans belägg och leta efter tecken på slitage och lösa nitar. Undersök fälgen efter skevhet, spricker, trasiga fjädrar och slitna räfflor. Lamellytorna kan vara blankslitna, men så länge friktionsbeläggets mönster syns tydligt är allt som det ska.

8 Om en sammanhängande eller fläckvis svart, blank missfärgning förekommer är lamellen nedsmutsad med olja och måste bytas ut. Orsaken till nedsmutsningen måste spåras och åtgärdas. Orsaken kan vara en läckande oljetätning från antingen vevaxeln eller växellådans ingående axel – eller från båda två.

9 Den drivna lamellen måste även bytas ut om beläggningen slitits ner till nithuvudena eller strax över. Med tanke på hur många komponenter som måste demonteras för att det ska gå att komma åt den drivna skivan, kan det vara en god idé att montera en ny skiva oberoende av den gamlas skick.

10 Undersök svänghjulets och tryckplattans slipade sidor. Om de är spåriga eller djupt repade måste de bytas. Under förutsättning att skadan inte är för allvarlig kan svänghjulet demonteras enligt beskrivningen i kapitel 2A, 2B eller 2C och tas till en verkstad som kan rengöra ytan maskinellt.

11 Tryckplattan måste också bytas ut om den har synliga sprickor, om tallriksfjädern är skadad eller ger dåligt tryck, eller om tryckplattans yta har slagit sig för mycket.

12 Med växellådan demonterad, kontrollera skicket på urkopplingslagret enligt beskrivningen i avsnitt 7.

Montering

13 Det rekommenderas att kopplingen monteras ihop med rena händer, och att tryckplattans och svänghjulets ytor torkas av med en ren trasa innan monteringen påbörjas.

14 Sätt dit ett lämpligt centreringsverktyg i hålet i änden av vevaxeln. Verktyget ska glida på plats i vevaxelns hål och drivplattans mitt.

15 Sätt den drivna skivan på plats med mittdelens långa sida mot svänghjulet, eller på det sätt som noterades vid demonteringen.

Observera att den nya drivplattan är märkt för att visa vilken sida som är riktad mot svänghjulet **(se bilder)**.

Med Volvo specialverktyg

16 Montera mothållsverktyget 999 7068 på kopplingskåpan och se till att de tre sprintarna går i ingrepp i spåren i framtill på justeringsfjädrarna, håll sedan verktyget mot plattan. Placera hakarna i änden av verktygets fjädrar i mitten av de tre hålen som sitter med 120° intervall längs kopplingskåpans omkrets.

17 Montera Volvos kompressionsverktyg 999 5662 på kopplingskåpan och tryck ihop membranfjädern så att de självjusterande fjädrarna inte är under spänning. Kontrollera att hakarna på undersidan av kompressorn hakar i som de ska utan att klämma justeringsmekanismens fjädrar. Från det ursprungliga lösa stadiet ska kompressorspindeln vridas högst 5,0 varv, annars hörs ett klick när tryckplattan har fritt läge.

Utan Volvo specialverktyg

18 Använd en gängad stång, några cirkelformade mellanlägg och två muttrar, tryck ihop membranfjäderns fingrar och tryckplattan enligt anvisningarna. När fingrarna har tryckts ihop använder du en skruvmejsel för att flytta och hålla justeringsringen moturs tills visarna ligger i linje med märkena från justeringsfjädrarna **(se bilder)**.

19 Lossa långsamt muttrarna för att släppa loss tryckplattenheten. Den självjusterande ringen/fjädermarkeringarna ska vara kvar på samma plats (se punkt 18). Ta bort den gängade stången etc.

Med eller utan Volvo specialverktyg

20 Placera kopplingskåpan-/tryckplattenheten över stiften på svänghjulet och passa in den efter de markeringar som gjordes tidigare (om tillämpligt).

21 Arbeta i diagonal ordningsföljd, montera och dra åt kåpans fästskruvar jämnt till angivet moment.

22 Lossa långsamt kompressorn och ta

6.15a Drivplattan ska märkas (markerad med pil) för att visa vilken sida som ska vändas mot svänghjulet

6.15b Sätt dit drivplattan med den längre sidan av mittutbuktningen vänd mot svänghjulet

därefter bort mothållsverktyget från kopplingen – om tillämpligt.

23 Dra centreringsverktyget från plattan/vevaxeln och kontrollera visuellt att drivplattan är centrerad.

24 Ta bort låsverktyget för svänghjulet om det använts.

25 Motorn och/eller växellådan kan nu monteras tillbaka enligt relevant kapitel i denna handbok.

---

7 Urkopplingslager – demontering, kontroll och montering

Demontering

1 Det går att komma åt urkopplingslagret på två sätt. Antingen kan motorn/växellådan demonteras som en enhet enligt beskrivningen i kapitel 2D och växellådan sedan tas bort från motorn, eller så kan motorn lämnas kvar i bilen och växellådan demonteras separat enligt beskrivningen i kapitel 7A.

2 Urkopplingslagret och slavcylindern är kombinerade i en enhet och kan inte separeras. Se instruktionerna för demontering av slavcylindern i avsnitt 4.

Kontroll

3 Kontrollera att lagret fungerar smidigt, och byt det om det kärvar när det vrids. Det är en god idé att alltid byta lagret, oberoende av dess skick, när kopplingen genomgår översyn, med tanke på den mängd komponenter som måste demonteras för att det ska gå att komma åt lagret.

Montering

4 Se avsnitt 4.

---

8 Kopplingspedalens lägesgivare – byte

1 Givaren sitter på huvudcylinderns sida. Ta bort batteriet och batterilådan enligt beskrivningen i kapitel 5A.

2 Koppla loss givarens anslutningskontakt.

3 Volvo använder ett specialverktyg (999 7402) som går i ingrepp med brytarens stomme och drar ut den från huvudcylindern. Det går dock att använda en skruvmejsel eller ett lämpligt verktyg med platt blad istället.

4 Montering sker i omvänd ordningsföljd.

6.18a Tryck ihop fingrarna på tryckplattans tallriksfjäder och tryckplattan. . .

6.18b . . . vrid sedan justeringsringen moturs. . .

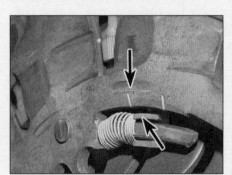

6.18c . . . tills markeringarna ligger i linje med markeringarna från justeringsfjädrarna (markerade med pilar)

Kapitel 7 Del A:
Manuell växellåda

Innehåll

Allmän information 1
Backljuskontakt – demontering och montering 5
Manuell växellåda – demontering och montering 7
Manuell växellådsolja – dränering och påfyllning 6

Oljetätningar – byte 4
Växelspakshus – demontering och montering 2
Växelvajrar – demontering och montering 3
Översyn av manuell växellåda – allmän information 8

Svårighetsgrader

Enkelt, passer novisen med lite erfarenhet 	Ganska enkelt, passar nybörjaren med viss erfarenhet 	Ganska svårt, passer kompetent hemmamekaniker 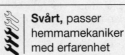	Svårt, passer hemmamekaniker med erfarenhet 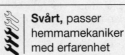	Mycket svårt, för professionell mekaniker

Specifikationer

Allmänt

Beteckning . . . .   MTX75, M66 eller MMT6
Växellåda typ:
  MTX75 . . . .   Fem växlar framåt och en bakåt. Synkroinkoppling på alla växlar
  M66 och MMT6 . . . .   Sex växlar framåt och en bakåt. Synkroinkoppling på alla växlar

Smörjning

Smörjmedel typ . . . .   Se slutet av *Veckokontroller*
Volym:
  Femväxlad (MTX75) . . . .   2.1 liter
  Sexväxlad:
    M66 . . . .   1,9 liter
    MMT6 . . . .   1,65 liter

Åtdragningsmoment

	Nm
Backljuskontakt	24
Bultar mellan växellåda och motor	50
Extravärmarens monteringsmuttrar	25
Hjulbultar	140
Hjälpramens fästbultar	Se kapitel 10
Motorfästets muttrar/bultar (inklusive momentstag)	Se kapitel 2A, 2B eller 2C
Oljepåfyllnings/dräneringsplugg	35
Startmotorns fästbultar	Se kapitel 5A
Växelspakshusets bultar	10

1 Allmän information

Den manuella växellådan och slutväxeln sitter i ett aluminiumhölje som är fastbultat direkt på vänster sida av motorn. Val av växel sker via en spak som styr växellådans väljarmekanism via vajrar.

I femväxlade växellådor består de inre delar av den ingående axeln, de övre och nedre överföringsaxlarna samt slutväxeldifferentialen och växelarmsmekanismen. Den ingående axeln har de fasta 1:a, 2:a och 5:e växlarna, de frikopplade 3:e och 4:e växeldreven och 3:e/4:e synkroenheten. Den övre överföringsaxeln har de frikopplade 5:e och backväxeldreven, 5:e/backsynkroenheten och ett slutväxeldrev. Den nedre överföringsaxeln har de fasta 3:e och 4:e växlarna, de frikopplade 1:a, 2:a och back mellandreven, 1:a/2:a synkroenheten och ett slutväxeldrev.

I sexväxlade växellådor innehåller den ingående axeln 6:ans och 5:ans tomgångshjul och 4:ans, 1:ans och 3:ans kuggdrev. I det två mellanliggande axlarna sitter 5:ans och 6:ans kuggdrev, 1:ans, 2:ans, 3:ans och 4:ans tomgångshjul och slutväxelns kuggdrev.

Kraften från motorn överförs till den ingående axeln via kopplingen. Kugghjulen på den ingående axeln griper permanent in i dreven på de två överföringsaxlarna. När kraften överförs är det dock bara ett kugghjul i taget som verkligen är låst till sin axel, medan de andra är frikopplade. Valet av växel styrs av glidande synkroenheter; växelspakens rörelser överförs till väljargafflar, som skjuter relevant synkroenhet mot den växel som ska läggas i och låser den till relevant axel. I friläge är ingen växel låst, alla är i frigång.

Backväxeln läggs i genom att backdrevet låses till den övre överföringsaxeln. Kraften överförs genom den ingående axeln till back mellandrevet på den nedre överföringsaxeln, och sedan till backdrevet och slutväxeldrevet på den övre överföringsaxeln. Backen läggs alltså i genom att kraften överförs genom alla tre axlarna, istället för bara två som i framåtväxlarna. Genom att behovet av en separat backtomgångsöverföring eliminerats, kan synkroinkoppling även erbjudas till backväxeln.

2 Växelspakshus – demontering och montering

Demontering

1 Ta bort mittkonsolen och ta isär den enligt beskrivningen i kapitel 11.
2 Kläm ihop damasken längs ner på växelspaksknoppen för att lossa klämmorna och dra damasken neråt. Bänd ut de två spärrflikarna längst ner på knoppen och dra knoppen rakt uppåt och ta bort den.
3 Skruva loss de fyra bultar som håller fast husenheten på golvet.
4 Lyft upp växelspakshuset och bänd loss växelspakens inre vajerhylsfogar från växelspakens nederdel. Observera att kabeländarna kan vara fästa med klämmor.
5 Dra loss fasthållningsklämmorna som håller fast växelspakens yttre vajrar vid huset och ta bort hela paketet.

Montering

6 Monteringen sker i omvänd ordningsföljd mot demonteringen. Dra åt de fyra fästbultarna till angivet moment. Montera mittkonsolen enligt beskrivningen i kapitel 11.

3 Växelvajrar – demontering och montering

Demontering

1 Se relevant del i kapitel 4A och 5A och ta bort luftrenarenheten, batteriet och batterilådan.
2 Arbeta under bilen och ta bort värmeskyddspanelen baktill i motorrummet och över den främre delen av avgassystemet. Lossa kabeln från mellanväggen.
3 Lossa klämmorna och ta bort kabeländarna från väljararmarna på växellådan. För låskragen framåt och lossa kablarna från fästbygeln på växellådan **(se bilder)**.
4 Ta bort mittkonsolen enligt beskrivningen i kapitel 11. Ta bort den centrala luftkanalen och flytta de bakre luftkanalerna åt ena sidan.
5 Lossa kablarna från väljarhuset.
6 Skruva loss muttrarna som håller fast vajermuffen/vajergenomföringens täckplatta vid mellanväggen **(se bild)**.
7 Notera kabeldragningen under instrumentbrädan och i motorrummet för att underlätta återmonteringen och sätt sedan dit svetsstången (eller liknande) på vajerändarna i motorrummet. Lossa vid behov eventuella angränsande komponenter, dra sedan in vajrarna en efter en i kupén, haka loss svetsstängerna och lämna kvar dem för att underlätta återmonteringen. Ta bort vajrarna från bilen.

Montering

8 Från bilens insida hakar du fast vajerändarna på svetsstången och matar/drar därefter försiktigt igenom vajrarna till motorrummet och ser till att de dras korrekt.
9 Återanslut vajrarna till växelspakshuset, och montera tillbaka huset enligt beskrivningen i avsnitt 2.
10 Sätt tillbaka genomföringen/vajeringångsplattan, samt mattan.
11 Montera tillbaka mittkonsolen (se kapitel 11).
12 Montera tillbaka batterilådan, batteriet och luftrenarenheten enligt beskrivningen i kapitel 5A och 4A.

Vajerjustering

13 Vi har inte kunnat bekräfta proceduren för justering av växelvajrarna och därför bör du överlåta denna uppgift åt en Volvo-verkstad

4 Oljetätningar – byte

Drivaxelns tätningar

1 Ta bort vänster- eller höger drivaxel (vad som är lämpligt) enligt beskrivningen i kapitel 8.

3.3a Ta bort kabeländarna från väljararmarna

3.3b För låskragen framåt och lossa kablarna från fästbygeln

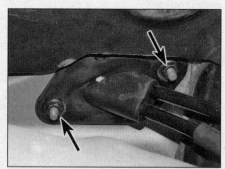

3.6 Skruva loss muttrarna (markerade med pilar) vid genomföringen/kabeln på mellanväggen

4.2 Använd en träbit för att skydda höljet när du bänder ut drivaxelns oljetätning(ar)

4.5 Använd en hylsa eller rörformig distansbricka för att driva i oljetätningen

4.9a Borra ett litet hål i oljetätningens hårda ytterkant och sätt i en självgängande skruv. . .

2 Med en stor skruvmejsel eller lämpligt bänd verktyg, bänd försiktigt loss oljetätningen från växellådshuset. Se till att inte skada huset **(se bild)**.
3 Torka rent oljetätningens säte i växellådans hus.
4 Applicera lite smörjolja på den nya packboxens kanter, tryck sedan in den en bit in i huset för hand, se till att den ligger rakt i fästet.
5 Med ett passande rörstycke eller en stor hylsnyckel, driv försiktigt oljetätningen helt på plats tills den ligger jäms med husets kant **(se bild)**.
6 Montera tillbaka drivaxel (axlarna) enligt beskrivningen i kapitel 8.

Ingående axelns oljetätning

7 Demontera växellådan enligt beskrivningen i avsnitt 7.
8 Ta bort urkopplingslagret/slavcylindern enligt beskrivningen i kapitel 6.
9 Notera djupet i monterat läge och borra sedan ett litet hål i tätningens hårda ytterlager, sätt i en självgängande skruv och använd tång för att ta loss tätningen **(se bilder)**.
10 Smörj den nya tätningen och sätt på den på svänghjulskåpan, läpparna vända mot växellådssidan. Använd en djup hylsa eller lämpliga rör för att få den på plats **(se bild)**.
11 Montera tillbaka urkopplingslagret/slavcylinder i omvänd ordning mot demonteringen.
12 Montera tillbaka växellådan enligt beskrivningen i avsnitt 7.

5 Backljuskontakt – demontering och montering

Demontering

1 Backljuskontakten är placerad på växellådans övre yta. Demontera luftrenaren enligt beskrivningen i relevant del av kapitel 4A.
2 Lossa anslutningskontakten och skruva sedan loss brytaren från huset **(se bild)**.

Montering

3 Monteringen sker i omvänd ordningsföljd mot demonteringen.

4.9b . . . och använd en tång för att dra bort tätningen

6 Manuell växellådsolja – dränering och påfyllning

Observera: *Byte av växellådsoljan behöver inte utföras vid normal service, och är bara nödvändigt om växellådan ska demonteras för översyn eller byte. Om bilen dock har gått långt, eller arbetat under tung belastning under lång tid (t.ex. för bogsering eller som taxi), kan det vara en god idé att byta olja för säkerhets skull, särskilt om växlarna har börjat kärva.*

Avtappning

1 Lossa det vänstra framhjulets bultar, och lyft sedan upp framvagnen och ställ den på pallbockar (se *Lyftning och stödpunkter*). Ta bort hjulet.
2 Lossa skruvarna och ta bort motorns undre

5.2 Lossa backljuskontaktens anslutningskontakt (markerad med pil)

4.10 Använd ett lämpligt rör för att driva i tätningen

skyddskåpa, placera sedan lämpligt behållare nedanför växellådan.
3 Påfyllnings-/nivåpluggen och dräneringspluggen sitter på sidan av växellådshuset. Skruva loss dräneringspluggen (den nedre pluggen) och låt oljan rinna ut i behållaren **(se bild)**. Kontrollera dräneringsplugg tätningsbricka kondition, och byt vid behov.
4 När all olja har runnit ut, sätt tillbaka dräneringspluggen och dra åt den till angivet moment.

Påfyllning

Observera: *För att nivåkontrollen ska vara noggrann måste bilen stå helt plant. Om framvagnen har lyfts upp, bör även bakvagnen lyftas.*
5 Torka rent runt påfyllnings/nivåpluggen och skruva loss pluggen från huset.

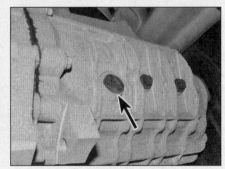

6.3 Oljedräneringsplugg (se pil) – femväxlad växellåda

6 Fyll växellådan genom påfyllnings-/nivåpluggens hål med rätt typ av olja tills den börjar rinna ut ur hålet.

7 Montera påfyllnings-/nivåpluggen med en ny tätning och dra åt den till angivet moment.

8 Lämna den gamla oljan till en miljöstation.

7 Manuell växellåda – demontering och montering

Observera: *Motorn måste på något sätt lyftas ovanifrån så att hjälpramen kan kopplas loss på vänster sida. Det bästa sättet att stödja motorn är med ett stag fäst i motorhuvskanalerna, försett med en lämpligt placerad justerbar krok. Garagedomkrafter och en medhjälpare behövs också under hela proceduren.*

Demontering

1 Lägg växeln i friläge.

2 Dränera växellådsoljan enligt beskrivningen i avsnitt 6. Detta är inte absolut nödvändigt, men kommer att eliminera eventuell risk för oljeläckage när drivaxlarna demonteras, eller när växellådan tas bort från bilen.

3 Koppla loss och ta bort batteriets jordledning enligt beskrivningen i kapitel 5A.

4 Töm kylsystemet enligt beskrivningen i kapitel 1 (behövs inte för 1,6-litersmodeller med den femväxlade växellådan).

5 I modeller med den femväxlade växellådan ska katalysatorn tas bort enligt beskrivningen i kapitel 4B, sedan ska bultarna skruvas loss och stödfästbygeln tas bort.

6 Lossa växlingsvajrar från växellådan enligt beskrivningen i avsnitt 3.

7 Ta bort motorfästet på vänster sida enligt beskrivningen i kapitel 2C. Ta bort det bakre nedre momentstaget i modeller med den femväxlade växellådan.

8 Lossa anslutningskontakten och skruva loss den mutter/klämma som håller fast växelvajern på växellådshuset.

9 Skruva loss den mutter som håller fast jordkabeln på växellådshuset och ta bort eventuella fästbyglar.

10 Fäst vätskematarslangarna från behållaren till kopplingens huvudcylinder och ta loss låsringen och ta bort slavcylinderns matningsrör från växellådan. Var beredd med en behållare och trasor för att fånga upp oljespillet. Täck den öppna röranslutningen med en bit plastfolie och ett gummiband för att hindra smuts från att tränga in.

11 Ta bort startmotorn enligt beskrivningen i kapitel 5A.

12 Skruva loss fästskruvarna och ta bort hjulhusfodret.

13 Ta bort båda drivaxlarna enligt beskrivningen i kapitel 8.

14 Ta bort den främre hjälpramen enligt beskrivningen i kapitel 10.

15 Använd en garagedomkraft för att stötta upp växellådan och ta bort de sju skruvar som håller fast växellådan på motorn. Ta bort växellådan rakt av från motorns stift och se till så att inte växellådans vikt vilar på den ingående axeln.

16 Sänk ner domkraften och ta bort växellådan från bilens undersida.

Montering

17 Monteringen sker i omvänd ordningsföljd mot demonteringen. Tänk på följande:

a) *Se till att fogytorna mellan motorn och växellådan är rena och fria från skräp.*

b) *Applicera en lite mängd hjullagerfett (Volvo 1161689) på stiftfästpunkterna på motorns fogyta*

c) *Se till att den ingående axeln är ren och fri från skräp. Torka rent och applicera en liten mängd fett (Volvo 30759651) om det behövs.*

d) *Dra åt alla fästanordningar till angivet moment om det är tillämpligt.*

e) *Fyll på växellådsolja enligt beskrivningen i avsnitt 6 i detta kapitel.*

f) *Fyll på kylsystemet enligt beskrivningen i kapitel 1.*

g) *Lufta kopplingens hydraulsystem (om det behövs) enligt beskrivningen i kapitel 6.*

h) *Återanslut batteriets jordledning enligt beskrivningen i kapitel 5A.*

8 Översyn av manuell växellåda – allmän information

Att utföra en översyn av en manuell växellåda är ett svårt jobb för en hemmamekaniker. Arbetet omfattar isärtagning och hopsättning av flera små delar. Flertalet spelrum måste mätas exakt och ändras med särskilda mellanlägg och låsringar när det behövs. Trots att enheten kan demonteras och monteras av en kompetent hemmamekaniker bör växellådan därför lämnas in till en specialist på växellådor när den behöver renoveras. Det kan gå att köpa rekonditionerade växellådor. Fråga hos återförsäljarens reservdelsavdelning, hos andra bilåterförsäljare eller hos specialister på växellådor. Den tid och de pengar som måste läggas ner på en renovering överstiger så gott som alltid kostnaden för en rekonditionerad enhet.

Trots allt är det inte omöjligt för en erfaren hemmamekaniker att renovera en växellåda, förutsatt att specialverktyg finns att tillgå och att arbetet utförs på ett metodiskt sätt så att ingenting glöms bort.

De verktyg som krävs för en översyn är inre och yttre låsringstänger, lageravdragare, skjuthammare, en uppsättning pinndorn, indikatorklocka och möjligen en hydraulisk press. Dessutom behövs en stor, stadig arbetsbänk och ett skruvstäd eller ett växellådsställ.

Var noga med att notera var varje del sitter när växellådan demonteras, hur den sitter i förhållande till de andra delarna och hur den hålls fast.

Innan växellådan tas isär för reparation är det bra att känna till vilken del av växellådan det är fel på. Vissa problem kan härledas till vissa delar i växellådan, vilket gör att det kan vara enklare att undersöka och byta ut delarna. Se avsnittet *Felsökning* i slutet av den här handboken för information om möjliga felkällor.

Kapitel 7 Del B:
Automatväxellåda

Innehåll

Allmän information 1
Automatväxellåda – demontering och montering 7
Automatväxellåda – feldiagnos 8
Nödlossning av växelväljaren 9
Oljetätningar – byte 6
Växellådsstyrenhet (TCM) – demontering och montering 4
Växellägesgivare – demontering och montering 5
Växelspakshus – demontering och montering3
Växelvajer – demontering och montering..................... 2

Svårighetsgrader

| Enkelt, passer novisen med lite erfarenhet | Ganska enkelt, passar nybörjaren med viss erfarenhet | Ganska svårt, passer kompetent hemmamekaniker | Svårt, passer hemmamekaniker med erfarenhet | Mycket svårt, för professionell mekaniker |

Specifikationer

Allmänt
Typ .... Datorstyrd sexväxlad, en back, med momentomvandlarlås i de fem högre växlarna
Beteckning: TF-80SC

Smörjning
Smörjmedel typ .... Se slutet av *Veckokontroller*
Volym (tömning och påfyllning) .... 7,0 liter (ungefär)

Åtdragningsmoment | Nm
Backljuskontakt 25
Bultar mellan momentomvandlaren och drivplattan* 60
Bultar mellan motorns bakre fästbygel och växellådan 50
Bultar mellan växellåda och motor........................ 50
Hjulbultar 140
Hjälpramens fästbultar............................ Se kapitel 10
Motorfästets muttrar/bultar (inklusive momentstag) .... Se kapitel 2A, 2B eller 2C
Startmotorns fästbultar .... Se kapitel 5A
Vätskedräneringsplugg............................ 35
Växelspakshusets bultar 25
* Återanvänds inte

1 Allmän information

TF-80SC är en datorstyrd automatisk växellåda med 6 framåtväxlar och momentkonverterarinslutning hos de 5 högsta växlarna. Den är även utrustad med en Geartronic-funktion som gör att föraren kan växla manuellt mellan växlarna i följd – spaken framåt för att växla upp och bakåt för att växla ner.

Enheten styrs av en växellådsstyrenhet (TCM) som tar emot signaler från olika givare rörande växellådans arbetsförhållanden. Information om motorparametrar skickas också till styrenheten från motorstyrningssystemet. Från dessa data kan styrenheten räkna ut optimala växlingshastigheter och låspunkter, beroende på vilken körstilsinställning som valts.

Kraften leds från motorn till växellådan via en momentomvandlare. Detta är en typ av hydraulisk koppling som under vissa förhållanden har en momentförstärkande effekt. Momentomvandlaren är mekaniskt låst till motorn, kontrollerat av styrenheten, när växellådan arbetar på de tre högsta växlarna. Detta eliminerar förluster till följd av slirning och förbättrar bränsleekonomin.

Motorn kan bara startas i läge P, tack vare en säkerhetsfunktion som kallas Shiftlock (skiftlås). Med detta system kan tändningsnyckeln bara tas ur tändningslåset

om väljarspaken är i läge P. När bilen startas om kan väljarspaken bara föras från läge P när tändningsbrytaren förs till läge II.

De flesta modeller med automatisk växellåda har en vinterlägesväljare med brytaren placerad bredvid väljarspaken. I detta läge startar växellådan från stillastående på en högre växel än normalt, för att minska risken för att hjulen spinner loss vid halt väglag. Detta läge kan även användas till att begränsa växlingen om vägförhållandena kräver mer direkt kontroll över växlingen.

En kickdown-funktion gör att växellådan växlar ner ett steg (beroende på motorvarvtal) när gaspedalen är helt nedtryckt. Detta är praktiskt om extra acceleration krävs. Kickdown-funktionen, som alla övriga funktioner i växellådan, styrs av styrenheten.

Utöver styrningen av växellådan, innehåller styrenheten en inbyggd feldiagnosfunktion. Om ett växellådsfel uppstår börjar växellådans varningslampa att blinka. TCM startar då ett nödprogram som ser till att två framåtväxlar och backen alltid kan väljas, men växlingen måste utföras för hand. Om ett fel av denna typ uppstår, lagrar styrenheten en serie signaler (eller felkoder), som kan läsas och tolkas med speciell diagnosutrustning för snabb och noggrann feldiagnos (se avsnitt 8). TCM har även en funktion för att registrera hur länge växellådsoljan är varmare än 150 °C – normalt uppnås bara den här temperaturen genom kontinuerlig taxianvändning, eller kontinuerlig användning som bogseringsfordon. När en förutbestämd tid har gått med denna eller högre

temperatur registrerar TCM en felkod och tänder en varningslampan på instrumentpanelen för att visa att vätskan måste bytas. Varningslampan släcks dock inte om man byter vätskan utan detta måste utföras med testutrustning från Volvo.

Automatväxellådan är en komplicerad enhet, men om den inte missköts är den tillförlitlig och långlivad. Reparationer eller renovering ligger utanför många verkstäders kompetens för att inte tala om hemmamekanikern. om problem uppstår som inte kan lösas med åtgärderna i det här kapitlet måste experthjälp sökas.

2 Växelvajer – demontering och montering

Demontering

1 Parkera bilen på en plan yta (med växelväljaren i läge P), se sedan relevant del av kapitel 4A och 5A och ta bort luftrenarenheten, batteriet och batterilådan.

2 Arbeta under bilen och ta bort värmeskydden baktill i motorrummet och över den främre delen av avgassystemet. Lossa vajern från fästklämman. Ta loss låsklämman och den bricka som håller fast väljarens innervajer på växellådans väljarspak **(se bild)**. För låskragen framåt och ta bort yttervajern uppåt från fästbygeln på växellådan och lossa innervajerns ände växelväljaren **(se bild)**.

3 Ta bort mittkonsolen enligt beskrivningen i kapitel 11. Ta bort den centrala luftkanalen och flytta de bakre luftkanalerna åt ena sidan.

4 Dra loss fästklämman som håller fast den inre växelvajern vid växelspaken, och för den yttre växelvajern från växelspakshuset **(se bilder)**.

5 Skruva loss bultarna som håller fast vajergenomföringens täckplatta vid mellanväggen **(se bild)**. Om det är tillämpligt, lossa skiftlåsvajern från växelspaksvajern.

6 Notera hur vajern dragits under instrumentbrädan och i motorrummet, så att den kan monteras tillbaka korrekt. Lossa eventuellt intilliggande delar om det behövs, och dra sedan in vajern i passagerarutrymmet och ta bort den.

2.2a Lossa låsklämman och lossa kabeln från växelväljaren

2.2b För låskragen framåt och ta bort yttervajern från fästbygeln

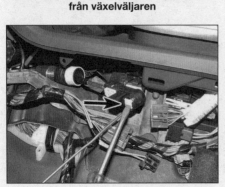

2.4a Tryck in låsklämman (se pil) och lossa kabeln från växelväljaren

2.4b För yttervajern från växelväljarhuset

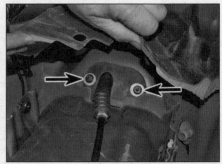

2.5 Skruva loss de bultar (markerade med pilar) som håller fast vajergenomföringens täckplatta på mellanväggen

3.2a Skruva loss de främre bultarna (markerade med pilar)...

3.2b ... och de bakre bultarna (markerade med pilar) och ta bort växelväljarhuset

3.3a Vrid låskragen medurs ungefär 45°

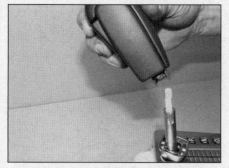

3.3b Tryck in spärrknappen och dra växelspaksknoppen uppåt för att ta bort den

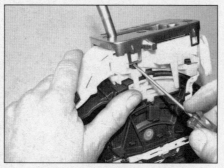

3.3c Lossa klämmorna på varje sida...

3.3d ... och ta bort väljarens panel

Montering

7 Monteringen utförs i omvänd ordningsföljd jämfört med demonteringen genom att vajern matas försiktigt in i motorrummet inifrån bilen och ser till att den dras korrekt.

3 Växelspakshus – demontering och montering

Demontering

1 Ta bort mittkonsolen och ta isär den enligt beskrivningen i kapitel 11.
2 Skruva loss de fyra bultarna och ta bort huset från mittkonsolens ram **(se bilder)**.
3 Om det behövs, kan växelväljarens indikatorpanel tas bort från huset. Ta bort växelspaksknoppen genom att vrida låskragen medurs ungefär 45 grader, trycka in spärrknappen och dra knoppen uppåt. Lossa de två klämmorna på varje sida och ta bort panelen, lossa anslutningskontakter panelen skiljs från växelväljarhuset **(se bilder)**.

Montering

4 Montering sker i omvänd ordningsföljd.

4 Växellådsstyrenhet (TCM) – demontering och montering

Observera: *Om du monterar en ny styrmodul måste den programmeras med särskild*

testutrustning från Volvo. Arbetet bör överlåtas till en Volvo-återförsäljare eller lämpligt utrustad specialist.

Demontering

1 Koppla loss och ta bort batteriets jordledning enligt beskrivningen i kapitel 5A.
Varning: Vänta minst två minuter efter att batteriets jordledning har urkopplats så att eventuell kvarvarande spänning försvinner ur systemets huvudrelä.
2 Växellådans styrenhet (TCM) sitter på växellådshuset. Demontera luftrenaren enligt beskrivningen i relevant del av kapitel 4A.
3 Koppla loss anslutningskontakten från TCM:en **(se bild)**.
4 Skruva loss muttern som håller fast väljarspaken vid axeln och dra spaken uppåt. Observera inställningsmärkena på växellådans markeringar och väljaraxeln.
5 Skruva loss de tre bultarna och ta bort växellådans styrenhet (TCM) **(se bild 4.3)**.

Montering

6 Se till att växelväljaren är i läget N (friläge). Montera tillbaka växellådans styrenhet (TCM) på växellådshuset och se till att pilen på axeln ligger i linje med pilen på TCM **(se bild 4.3)**. Dra åt fästbultarna ordentligt.
7 Montera spaken på axeln och dra åt låsmuttern ordentligt.
8 Återanslut anslutningskontakten.
9 Montera tillbaka luftrenaren.

10 Återanslut batteriets jordledning enligt beskrivningen i kapitel 5A.

5 Växellägesgivare – demontering och montering

Observera: *Detta arbete kan göras i bilen men det utfördes i verkstaden med mittkonsolen demonterad för tydlighetens skull.*

Demontering

1 Se till att växelväljaren är i läget Park och lossa eventuella anslutningskontakter för att komma åt lägesgivaren.
2 Bänd försiktigt ut den vita styrskenan av

4.3 Lossa anslutningskontakten från växellådans styrenhet (TCM). Väljarspaken och bultarna till växellådans styrenhet (TCM) är också markerade med pilar

5.2a Bänd försiktigt upp väljarens skena. . .

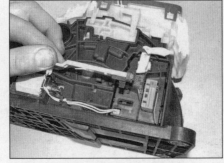

5.2b . . . och ta bort den från lägesgivaren

5.2c Ta bort den nedre anslutningskontakten. . .

plast och lossa de två anslutningskontakterna från lägesgivaren. Använd en liten skruvmejsel för att försiktigt trycka in de två övre och de två nedre klämmorna och ta bort lägesgivaren **(se bilder)**.

Montering

3 Tryck tillbaka lägesgivaren på plats och montera tillbaka de två anslutningskontakterna.

4 Ta bort den lilla svarta delen från styrskenan och montera sedan tillbaka den så att den kan glida framåt och bakåt i spåren i styrskenan (observera att vid demonteringen sitter plastflikarna på den svarta delen över spåren och inte i dem) **(se bilder)**.

5 Montera tillbaka styrskenan och sätt in den vänstra änden först och lämna den högra

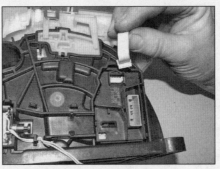

5.2d . . . och den övre anslutningskontakten. . .

änden utan att den är fastklämd. För den svarta delen på skenan tills linjerna längst upp är inriktade mot varandra, tryck sedan

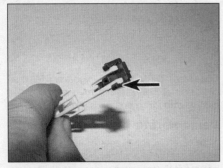

5.4a Observera att det svarta avsnittet ska vara över spåren före demonteringen. . .

5.4b . . . men inom spåren vid återmonteringen

5.5a Montera tillbaka styrskenan genom att sätta in den vänstra änden först

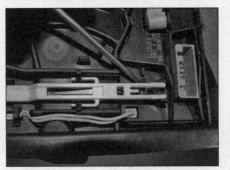

5.5b För det svarta avsnittet på styrskenan tills markeringarna längst upp är i jämnhöjd

5.2e . . . och lossa givarens fästklämmor

styrskenans högra ände på plats och se till att fliken på den svarta delens bakdel hamnar i springan i lägesgivaren **(se bilder)**.

6 Oljetätningar – byte

Drivaxeltätningar

1 Beskrivningen är identisk med den för manuell växellåda (se kapitel 7A).

Ingående axel/momentomvandlarens tätning

2 Demontera växellådan (se avsnitt 7).

3 Dra momentomvandlaren rakt ut ur växellådan. Var försiktig, den är full med olja.

5.5c Tryck styrskenans högra ände på plats

4 Dra eller bänd ut den gamla tätningen. Rengör tätningshuset och undersök dess glidyta på momentomvandlaren.

5 Smörj den nya tätningen med växellådsolja och sätt på den med läpparna inåt. Skjut den på plats med ett rörstycke.

6 Smörj momentomvandlarens hylsa med växellådsolja och skjut omvandlaren på plats, så långt det går.

7 Kontrollera att momentomvandlaren sitter ordentligt på plats genom att mäta avståndet från kanten av växelhusets yta till flikarna på omvandlarens fästbultar. Måttet ska vara ungefär 13 mm.

8 Montera tillbaka växellådan enligt beskrivningen i avsnitt 7.

Växlingslänkstångens tätning

9 Demontera växellådans styrenhet (TCM) enligt beskrivningen i avsnitt 4.

10 Bänd försiktigt bort den gamla oljetätningen med en liten skruvmejsel. Se till att inte skada länkarmen.

11 Smörj den nya oljetätningens läppar med ren automatväxelolja, dra tätningen över stången (läpparna mot växellådan) och sätt den på plats med en lämplig rörformig distansbricka.

12 Montera tillbaka TCM:en enligt beskrivningen i avsnitt 4.

Alla tätningar

13 Kontrollera växellådsoljenivån enligt beskrivningen i kapitel 1 när arbetet är slutfört.

---

7 Automatväxellåda – demontering och montering

Observera: *Det är nödvändigt att se till att motorn får stöd uppifrån så att vänster motorstöd kan tas bort. Det bästa sättet att stödja motorn är med ett stag fäst i motorhuvskanalerna, försett med en lämpligt placerad justerbar krok.*

Garagedomkrafter och en medhjälpare behövs också under hela proceduren.

Demontering

1 Koppla loss och ta bort batteriets jordledning enligt beskrivningen i kapitel 5A.

2 Lossa framhjulsbultarna, och lyft sedan upp framvagnen och ställ den på pallbockar (se *Lyftning och stödpunkter*). Demontera båda framhjulen.

3 Skruva loss skruvarna och ta bort motorns undre skyddskåpa och hjulhusfodren.

4 Se kapitel 1 och töm ut växellådsoljan. Detta är inte absolut nödvändigt, men eliminerar eventuell risk för oljeläckage när drivaxlarna demonteras, eller när växellådan tas bort från bilen.

5 Ta bort båda drivaxlarna enligt beskrivningen i kapitel 8.

6 Ta bort startmotorn enligt beskrivningen i kapitel 5A.

7 Ta bort den främre hjälpramen enligt beskrivningen i kapitel 10.

8 Lossa anslutningskontakten till växellådans styrenhet, skruva loss muttern och lossa växelvajern från väljaraxeln enligt beskrivningen i avsnitt 4.

9 Skruva loss de två bultar som håller fast avgassystemets/katalysatorns fästbygel på växellådshuset och skruva loss den bult som håller fast jordkabeln till växellådshuset **(se bild)**.

10 Skruva loss de bultar som håller fast växellådskylarens vätska röranslutningar på växellådshuset. Var beredd på en del vätskespill **(se bild)**.

11 Stöd växellådan ordentligt underifrån med hjälp av en garagedomkraft.

12 Vrid vevaxeln med hjälp av en hylsnyckel på remskivans mutter, tills det går att komma åt en av fästbultarna mellan momentomvandlaren och drivplattan genom öppningen på motorns baksida. Arbeta genom öppningen, skruva loss bulten. Vrid vevaxeln så mycket som behövs och ta bort de återstående bultarna på samma sätt. Observera att nya bultar krävs vid monteringen.

13 Sänk ner motorn/växellådan ungefär 60 mm och ta bort de återstående 8 skruvarna som håller fast växellådan på motorn. Observera att bultarna har olika längd.

14 Tillsammans med en medhjälpare, dra växellådan rakt av från motorns styrhylsor och se till att momentomvandlaren sitter kvar på växellådan. Använd åtkomsthålet i växelhuset för att hålla omvandlaren på plats.

15 Sänk ner domkraften och ta bort växellådan från bilens undersida.

Montering

16 Rengör kontaktytorna på momentomvandlaren och drivplattan, samt växellådans och motorns fogytor. Smörj momentomvandlarens styrningar och motorns/växellådans styrstift lätt med fett.

17 Kontrollera att momentomvandlaren sitter ordentligt på plats genom att mäta avståndet från kanten av växelhusets yta till flikarna på omvandlarens fästbultar. Måttet ska vara ungefär 13 mm.

18 Resten av återmonteringen sker i omvänd ordning mot demonteringen. Tänk på följande:

   a) Dra åt alla hållare till angivet moment (där sådant angetts).

   b) Spolning av växellådskylaren rekommenderas av Volvo och även om det inte är ytterst viktigt är det en värdefull försiktighetsåtgärd för att förhindra framtida förorening. Skruva loss det nedre röret från oljekylaren och placera änden i en lämplig låda eller behållare. Använd en spruta eller något liknande för att spola ny olja genom kylaren från den övre röranslutningen.

   c) Fyll på växellådsolja enligt beskrivningen i kapitel 1.

   d) Observera att om en ny växellåda monteras kan det krävas en nedladdning av programvara från Volvos diagnossystem. Arbetet bör överlåtas till en Volvo-återförsäljare eller lämpligt utrustad specialist.

7.9 Skruva loss avgassystemets/katalysatorns fästbultar (markerade med pilar)

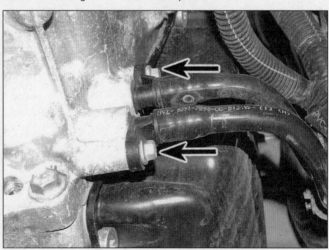

7.10 Skruva loss bultarna (markerade med pilar) som håller fast vätskerören på golvet

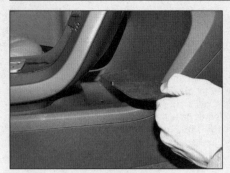

9.2 Ta bort gummimattan bakom mittkonsolens panel

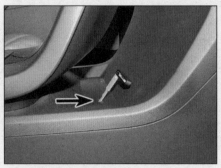

9.3 Sätt in bladet i hålet och tryck in det samtidigt som du flyttar växelväljaren till friläge

8 Automatväxellåda – feldiagnos

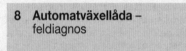

Automatväxellådans elektroniska styrsystem innehåller ett inbyggt diagnossystem som hjälp vid felsökning och systemkontroll. Diagnossystemet är en funktion i växellådans styrenhet (TCM) som kontinuerligt övervakar systemkomponenterna och deras funktion. Om ett fel skulle uppstå lagrar styrenheten en serie signaler (eller felkoder) som sedan kan läsas av.

Om ett fel uppstår, vilket indikeras av att en varningslampa blinkar på instrumentbrädan, kan diagnosen avläsas med en felkodsläsare för snabb och noggrann feldiagnos. En Volvo-återförsäljare har med säkerhet sådana mätare, men de finns också att köpa från andra återförsäljare. Det är knappast lönsamt för en privatperson att köpa en felkodsläsare, men välutrustade garage eller specialister på bilars elsystem brukar vara utrustade med en.

Ofta består felet inte i något allvarligare än en korroderad, klämd eller lös kabelanslutning, eller en lös, smutsig eller felaktigt monterad komponent. Tänk på att om felet uppstått bara en kort tid efter att någon del av bilen har fått service eller renovering, är det här man måste börja söka. Hur ovidkommande det än kan verka bör man se till att det inte är någon del som monterats tillbaka slarvigt som orsakar problemet.

Även om källan till felet hittas och rättas till, kan det hända att diagnosutrustning krävs för att radera felkoden från styrenhetens minne och få varningslampan att sluta blinka.

Om felet inte kan rättas till på ett enkelt sätt, är de enda alternativen att byta ut den misstänkta komponenten mot en ny (om möjligt), eller att lämna över arbetet till en Volvo-verkstad eller lämpligt utrustad specialist.

9 Nödlossning av växelväljaren

1 Om bilens batteri lossas eller laddas ur går det att lossa växelväljaren från dess låsta läge. Se först till att handbromsen är helt åtdragen eller klossa bakhjulen om det inte går att dra åt handbromsen.
2 Ta bort nyckelbladet av plast från fjärrkontrollen och ta bort gummimattan från utrymmet bakom mittkonsolens brytarpanel (se bild).
3 Sätt in bladet i det hål som syns när mattan och flytta växelväljaren till friläget samtidigt som du håller ner bladet (se bild).

Kapitel 8
Drivaxlar

Innehåll

Allmän information 1
Drivaxelrenovering – allmän information 6
Drivaxlar – demontering och montering 2
Höger drivaxels bärlager – demontering och montering 5
Inre drivknutsdamask – byte 4
Yttre drivknutsdamask – byte 3

Svårighetsgrader

Enkelt, passer novisen med lite erfarenhet	Ganska enkelt, passar nybörjaren med viss erfarenhet	Ganska svårt, passer kompetent hemmamekaniker	Svårt, passer hemmamekaniker med erfarenhet	Mycket svårt, för professionell mekaniker

Specifikationer

Allmänt

Drivaxeltyp	Lika långa axlar av solitt stål, spårade vid de inre och yttre drivknutarna. Mellanaxel inbyggd i den högra drivaxelenheten
Yttre drivknutstyp	Kullager
Inre drivknutstyp	Trebensknut

Smörjning

Smörjmedelstyp	Specialfettet som medföljer renoveringssatser, eller lämpligt molybdendisulfidfett – rådfråga en Volvo-återförsäljare

Åtdragningsmoment

	Nm
ABS hjulhastighetsgivare	Se kapitel 9
Bromsokets fästbultar	Se kapitel 9
Bultar till höger drivaxels stödlageröverfall	24
Drivaxelbult:*	
Steg 1	35
Steg 2	Vinkeldra ytterligare 90°
Hjulbultar	140
Navhållare till fjädringsben	Se kapitel 10
Nedre armens kulled till navhållaren*	80

* Återanvänds inte

1 Allmän information

Kraft överförs från differentialen till framhjulen med hjälp av två lika långa drivaxlar av solitt stål som är utrustade med drivknutar i sina inre och yttre ändar. På grund av växellådans placering finns en mellanaxel och ett bärlager inbyggda i den högra drivaxelenheten.

Drivknutar av kullagertyp sitter monterade i drivaxlarnas ytterändar. Drivknuten har en yttre del som är spårad i den yttre änden för att fästa i hjulnavet, och gängad så att den kan fästas vid navet med en stor bult. Drivknuten består av sex kulor inuti en kulhållare, som hakar i den inre delen. Hela enheten skyddas av en damask som sitter fäst vid drivaxeln och drivknutens yttre del.

På inneränden är drivaxeln spårad för att gå i ingrepp med en drivknut av trebensknuttyp som har nållager och skålar. På den vänstra sidan hakar drivaxelns inre drivknut direkt i differentialens solhjul. På den högra sidan är den inre drivknuten inbyggd i mellanaxeln, vars inre ände hakar i differentialens solhjul. Precis som i de yttre drivknutarna, skyddas hela enheten av en flexibel damask som sitter på drivaxeln och drivknutens yttre del.

2.2 Lossa drivaxelbulten

2.5 Senare modeller har en gummitätning mellan drivaxeln och navhållaren

2.7 Skruva loss de två bultarna (markerad med pil) och ta loss kåpan från mellanaxelns bärlager.

2 Drivaxlar – demontering och montering

Demontering

1 Lossa framhjulets bultar. Lyft sedan upp framvagnen och ställ den på pallbockar (se *Lyftning och stödpunkter*). Ta bort framhjulet, lossa skruvarna och ta bort motorns undre skyddskåpa. Det kan gå lättare att komma åt om du tar bort hjulhusfodret.

2 Skruva loss drivaxelns fästbult. Kassera bulten - en ny måste monteras **(se bild)**.

3 Ta loss drivaxelns drivknut från navflänsen genom att knacka den inåt ungefär 10 till 15 mm med en plast- eller kopparklubba. Om drivaxeln inte lossnar från navet genom detta måste leden lossa med ett lämpligt verktyg som bultas fast på navet.

4 Skruva loss den mutter som håller fast navhållarens nedre kulled på fjädringens styrarm (observera förklaringen i kapitel 10). Tryck ner fjädringsarmen med ett kraftigt stag om det behövs, och lossa spindelledens chuck från styrarmen. Var noga med att inte skada spindelledens dammkåpa under och efter urkopplingen.

5 Sväng fjäderbenet och navhållaren utåt och dra bort drivaxelns drivknut från navflänsen. **Observera:** *En del modeller har*

en gummitätning på drivknuten alldeles intill ABS-signalringen. Var försiktig så att du inte skadar tätningen **(se bild)**.

6 Om vänster drivaxel ska tas bort, lossa den inre drivknuten från växellådan genom att bända mellan drivknutens kant och växelhuset med en stor skruvmejsel eller liknande. Se till att inte skada växellådans oljetätning eller den inre drivknutens damask. Dra bort drivaxeln under hjulhuset.

7 Om höger drivaxel ska tas bort, skruva loss de två bultarna och ta bort överfallet från mellanaxelns bärlager **(se bild)**. Dra ut mellanaxeln från växellådan och ta bort drivaxelenheten under hjulhuset. **Observera:** *Dra inte den yttre axeln från mellanaxeln – kopplingen lossnar.*

Montering

8 Montering sker i omvänd ordningsföljd. Tänk på följande.

a) Före återmontering tar du bort alla spår av rost, olja och smuts från spårningar på den yttre drivknutsfogen och smörjer spårningar på innerfogen med hjullagerfett.

b) Byt gummitätningen på drivknutens fog på ABS-signalringen (om tillämpligt) om den visar tecken på slitage eller skador. Observera att tätningen bara passar på drivaxeln åt ena hållet.

c) Vid återmontering av vänster drivaxel, se till att den inre drivknuten är helt inskjuten

i växellådan så att låsringen låses fast i differentialens kugghjul.

d) Använd alltid en ny fästbult mellan drivaxeln och navet **(se bild)**.

e) Dra åt alla muttrar och bultar till angivet moment (se kapitel 10 för fjädringskomponenternas åtdragningsmoment). När drivaxelbulten dras åt ska den först dras åt med en momentnyckel och sedan till den angivna vinkeln med en vinkelmätare.

f) Dra åt hjulbultarna till angivet moment.

3 Yttre drivknutsdamask – byte

1 Ta bort drivaxeln (avsnitt 2).

2 Klipp av damaskens fasthållningsklämmor. Dra sedan ner damasken längs axeln för att komma åt den yttre drivknuten **(se bild)**.

3 Gröp ut så mycket fett som möjligt från fogen, mät och notera avståndet från det inre spåret på axeln till den inre ytan på den yttre drivknuten **(se bild)**.

4 Knacka på kulnavets synliga yta med en hammare och dorn för att sära drivknuten från drivaxeln **(se bild)**. Dra av damasken från drivaxeln.

5 Med drivknuten demonterad från drivaxeln, rengör knuten noga med fotogen eller lämpligt lösningsmedel och torka av den noga. Detta

2.8 Byt alltid drivaxelbulten

3.2 Skär bort de gamla klämmorna från damasken

3.3 Mät avståndet från det inre spåret på axeln till innerytan på drivknuten

3.4 Använd en bromsdorn och hammare för att driva det inre lednavet från drivaxeln

3.6a Ta bort kulorna en i taget. . .

3.6b . . . vrid därefter buren 90° och lyft ut den

är särskilt viktigt om den gamla damasken var mycket sprucken. Då kan damm och smuts ha bäddats in i smörjfettet och kan leda till ett snabbt slitage av drivknuten om det inte tvättas bort. Ta bort låsringen från axeln och sätt dit en ny (följer normalt med i damasksatsen).

6 Rör den inre räfflade axeln från sida till sida och ta bort varje kula i tur och ordning och vrid kulburen 90° till upprätt läge och lyft den från ledens yttre del **(se bilder)**. Undersök kulorna och leta efter sprickor, flata delar eller gropar.

7 Undersök kulspåren på de inre och yttre delarna. Om spåren är slitna, sitter kulorna inte längre riktigt tätt. Undersök samtidigt kulburens fönster och leta efter tecken på slitage eller sprickbildning mellan fönstren. I skrivande stund är endast kompletta utbytesdrivaxlar tillgängliga – om lederna verkar vara slitna kan komplett byte vara den enda lösningen. Kontrollera med en Volvo-verkstad eller specialist.

8 Om drivknuten är i tillfredsställande skick, skaffa en renoveringssats med en ny damask, fasthållningsklämmor, drivaxelbult, låsring och fett.

9 Montera tillbaka den inre drivaxeln och buren i ledens yttre del och sätt i kulorna en i taget.

10 Fyll drivknuten med det medföljande fettet och arbeta in det i kulspåren och i drivaxelöppningen i den inre delen **(se bild)**.

11 Skjut dit gummidamasken på axeln och montera den nya låsringen på axeländen **(se bild)**.

3.10 Fyll fogen med hälften av fettet i damasksatsen

12 Haka fast drivknuten i drivaxelspårningen och knacka på den på axeln tills den inre låsringen hamnar i drivaxelspårningen. Detta kan verifieras genom att man jämför dimensionen med den som erhålls i punkt 3.

13 Kontrollera att låsringen håller fast drivknuten ordentligt på drivaxeln. Applicera sedan resten av fettet på drivknuten och inuti damasken **(se bild)**.

14 Placera damaskens yttre läpp i fogen på drivknutens yttre del. Montera sedan de två fasthållningsklämmorna. Spänn klämmorna genom att försiktigt trycka ihop den upphöjda delen med en avbitartång **(se bilder)**.

15 Kontrollera att drivknuten kan röra sig fritt i alla riktningar och montera sedan tillbaka drivaxeln enligt beskrivningen i avsnitt 2.

3.11 Sätt dit den nya låsringen i änden av axeln

16 Volvo rekommenderar smörjning av damasken när drivaxeln har monterats tillbaka med en lite mängd sprejvax (Volvo 30787812) på damaskens utsida.

4 Inre drivknutsdamask – byte

Byte

1 Ta bort drivaxeln (drivaxlarna) enligt beskrivningen i kapitel 2.

2 Skär av metallklämmorna och skjut damasken från den inre drivknuten.

3 Torka rent en del av fettet från knuten, gör sedan inställningsmärken mellan huset och

3.13 Applicera resterande fett på damaskens insida

3.14a Använd en kniptång för att trycka ihop det upphöjda området på den yttre klämman. . .

3.14b . . . och den inre klämman

4.3 Gör inställningsmärken mellan axeln och huset

4.6a Ta bort låsringen från axelns ände. . .

4.6b . . . driv sedan trebensknuten försiktigt från axeln

axeln för att underlätta hopsättningen **(se bild)**.

4 Dra försiktigt bort huset från trebensknuten och vrid huset så att trebensknutens rullar kommer ut en i sänder. Använd en hammare eller träklubba med mjuk yta för att knacka av huset om det behövs.

5 Torka bort fettet från trebensknuten och huset.

6 Ta bort låsringen och driv försiktigt bort trebensknuten från axelns ände **(se bilder)**. Kassera låsringen. En ny (finns i reparationssatsen) måste monteras. Ta bort damasken om den är kvar på axeln.

7 För på den nya damasken på axeln längs med den mindre klämman **(se bild)**.

8 Montera tillbaka trebensknuten med den fasade kanten mot drivaxeln och driv den

på plats helt så att den nya låsringen kan monteras **(se bilder)**.

9 Smörj trebensknutens rullar med en del av det fett som finns i damasksatsen, fyll sedan huset och damasken med resten.

10 Montera tillbaka huset på trebensknuten och knacka den försiktigt på plats med en hammare eller träklubba med mjuk yta om det behövs.

11 För den nya damasken på plats och se till att damaskens mindre diameter placeras över spåren i axeln **(se bild)**.

12 Montera de nya fästklämmorna och montera drivaxeln **(se bild)**.

13 Volvo rekommenderar smörjning av damasken när drivaxeln har monterats tillbaka med en liten mängd sprejvax (Volvo 30787812) på damaskens utsida.

5 Höger drivaxels bärlager – demontering och montering

Observera: *Byte av lager kräver användning av specialverktyg. Arbetet bör överlåtas till en Volvo-återförsäljare eller lämpligt utrustad specialist.*

6 Drivaxelrenovering – allmän information

Provkör bilen och lyssna efter metalliska klick från framvagnen när bilen körs långsamt i en cirkel med fullt rattutslag. Upprepa kontrollen med fullt rattutslag åt andra hållet. Ljudet kan även höras vid start från stillastående med fullt rattutslag. Om ett klickande hörs indikerar detta slitage i de yttre drivknutarna.

Om vibrationer som följer hastigheten känns i bilen vid acceleration, kan det vara de inre drivknutarna som är slitna.

Om lederna är slitna eller skadade verkar det i skrivande stund som att det inte finns några andra delar tillgängliga än damaskbytessatserna och hela drivaxeln måste bytas. Det kan finnas utbytesdrivaxlar – kontakta en Volvo-verkstad eller specialist.

4.7 För på den nya damasken och klämman med mindre diameter på axeln

4.8a Montera trebensknuten med den fasade kanten (markerad med pil) mot axeln. . .

4.8b . . . montera sedan låsringen

4.11 Den mindre diametern på den nya damasken måste placeras över spåret i axeln (markerad med pil)

4.12 Jämna ut lufttrycket innan du drar åt damaskens klämma

Kapitel 9
Bromssystem

Innehåll

Allmän information 1
Bakre bromsklossar – byte. 5
Bakre bromsok – demontering, renovering och montering 9
Bakre bromsskiva – kontroll, demontering och montering. 7
Bromshuvudcylinder – demontering och montering 10
Bromsljuskontakt – demontering och montering 16
Bromspedal – demontering och montering 11
Främre bromsklossar – byte. 4
Främre bromsok – demontering, renovering och montering 8
Främre bromsskiva – kontroll, demontering och montering. 6
Handbromskontakt – demontering och montering 14

Handbromsmodul – demontering och montering 15
Handbromsställdon – demontering och montering 13
Hydraulrör och slangar – byte 3
Hydraulsystem – luftning 2
Låsningsfria bromsar (ABS) – allmän information 17
Låsningsfria bromsar (ABS) – feldiagnos 19
Låsningsfria bromsar (ABS) komponenter – demontering och
    montering 18
Vakuumpump – demontering och montering 20
Vakuumservo – demontering och montering 12

Svårighetsgrad

Enkelt, passar novisen med lite erfarenhet	Ganska enkelt, passar nybörjaren med viss erfarenhet	Ganska svårt, passar kompetent hemmamekaniker	Svårt, passar hemmamekaniker med erfarenhet 	Mycket svårt, för professionell mekaniker 

Specifikationer

Allmänt

Systemtyp:

Fotbroms . . . . Dubbla hydraul kretsar med servo. Skivbromsar fram och bak. Låsningsfria bromsar (ABS) på alla modeller

Handbroms. . . . . El-styrd

Främre bromsar

Typ . . . . Ventilerad skiva, rörligt bromsok med enkel kolv
Bromsklossbeläggens minimitjocklek . . . . 2,0 mm
Skivdiameter. . . . . 286, 305 eller 320 mm
Skivtjocklek:
  Alla utom skivor på 305 mm:
    Ny . . . . 26,0 mm
    Slitagegräns . . . . 23,0 mm
  305 mm diameter skivor:
    Ny . . . . 28,0 mm
    Slitagegräns . . . . 25,0 mm
Maximalt kast . . . . 0,04 mm
Maximal variation i skivtjocklek . . . . 0,008 mm

Bakre bromsar

Typ . . . . Massiv skiva, rörligt bromsok med enkel kolv
Bromsklossbeläggens minimitjocklek . . . . 2,0 mm
Skivdiameter. . . . . 295 mm
Skivtjocklek:
  Ny . . . . 13,0 mm
  Slitagegräns . . . . 10,0 mm
Maximalt kast. . . . . 0,08 mm
Maximal variation i skivtjocklek . . . . 0,008 mm

Åtdragningsmoment

	Nm
ABS-enhetens fästbultar	10
Bakre bromsok:	
Bultar till bromsokets fästbygel*	110
Styrsprintsbultar*	35
Bromspedalbrytarens fästbultar	24
Bultar till handbromsens aktuator	10
Främre bromsok:	
Bultar till fästbygel*	200
Styrsprintar*	28
Fästbult till bromsskiva	35
Fästbultar till ABS-hjulsensorn	4
Fästbultar till handbromsens styrenhet	7
Hjulbultar	140
Hjälpramens fästbultar:*	Se kapitel 10
Huvudcylinderns fästmuttrar	25
Rattstångsledens klämbult	Se kapitel 10
Röranslutningar till ABS-enhet:	
6 mm diameter	14
8 mm diameter	18
Röranslutningar	14
Slanganslutningar	18
Vakuumpumpens bultar	Se kapitel 2A, 2B eller 2C
Vakuumservons fästmuttrar	24

Återanvänds inte

1 Allmän information

Bromspedalen verkar på skivbromsar på alla fyra hjulen via ett dubbelt hydraulsystem med servofunktion. Handbromsen är elektriskt driven och verkar på de bakre bromsbeläggen med hjälp av en aktuator. Alla modeller är utrustade med låsningsfria bromsar (ABS) vilket beskrivs närmare i avsnitt 17.

Hydraulsystemet är uppdelat i två kretsar, så att en krets alltid ska kunna ge bromsverkan om den andra kretsen slutar fungera av någon anledning (det kan dock krävas större kraft för att trampa ner pedalen). Systemet är indelat så att en krets verkar på frambromsarna och den andra kretsen på bakbromsarna.

Bromsservon är av direktverkande typ och sitter mellan bromspedalen och huvudcylindern. Servon förstärker kraften från föraren. Den är vakuumstyrd med en kamaxeldriven vakuumpump.

Instrumentbrädans varningslampor varnar föraren vid för låg oljenivå. Oljenivån anges av en nivågivare i huvudcylinderbehållaren. Andra varningslampor påminner om att handbromsen är åtdragen och anger om ett fel uppstår i ABS-systemet.

Observera: *När man underhåller någon del i systemet måste man arbeta försiktigt och metodiskt. var också mycket noggrann med renligheten när du renoverar någon del av hydraulsystemet. Byt alltid ut komponenter som är i tvivelaktigt skick (axelvis om det är tillämpligt). Använd endast Volvo-reservdelar, eller åtminstone delar av erkänt god kvalitet. Läs varningarna i Säkerheten främst!' och relevanta punkter i detta kapitel som rör asbestdamm och hydraulolja.*

2 Hydraulsystem – luftning

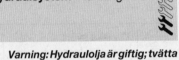

⚠️ *Varning: Hydraulolja är giftig; tvätta noggrant bort oljan omedelbart vid hudkontakt och sök omedelbar läkarhjälp om olja sväljs eller hamnar i ögonen. Vissa hydrauloljor är lättantändliga och kan självantända om de kommer i kontakt med heta komponenter. vid arbete med hydraulsystem är det alltid säkrast att anta att oljan ÄR brandfarlig, och att vidta samma försiktighetsåtgärder mot brand som när bensin hanteras. Hydraulolja är ett kraftigt färglösningsmedel och angriper även plaster; oljespill ska omedelbart tvättas bort med stora mängder rent vatten. Dessutom är den hygroskopisk (den tar upp vätska från luften). Ju mer fukt oljan tar upp, desto lägre kokpunkt får den vilket leder till kraftigt försämrad bromseffekt vid hård användning. Gammal olja kan vara förorenad och olämplig för ytterligare användning. Vid påfyllning eller byte ska alltid rekommenderad typ användas och den måste komma från en nyligen öppnad förseglad förpackning.*

Allmänt

1 Ett hydrauliskt bromssystem kan fungera tillfredsställande först när all luft tömts ut från komponenterna och kretsen. detta uppnås genom att man luftar systemet.

2 Under luftningen ska man bara fylla på ren, ny hydraulvätska av angiven typ. återanvänd aldrig gammal vätska som tömts ur systemet. Se till att ha tillräckligt med olja till hands innan arbetet påbörjas.

3 Om det finns någon möjlighet att fel typ av olja finns i systemet måste bromsledningarna och komponenterna spolas ur helt med ren olja av rätt typ, och alla tätningar måste bytas.

4 Om bromsoljan har minskat i huvudcylindern på grund av en läcka i systemet måste orsaken spåras och åtgärdas innan ytterligare åtgärder vidtas.

5 Parkera bilen på plant underlag. Lägg i handbromsen och slå av tändningen.

6 Kontrollera att alla rör och slangar sitter säkert, att anslutningarna är ordentligt åtdragna och att luftningsskruvarna är stängda. Ta bort dammkåporna och tvätta bort all smuts runt luftningsskruvarna.

7 Skruva loss huvudcylinderbehållarens lock och fyll på behållaren till MAX-markeringen. Montera locket löst. Kom ihåg att oljenivån aldrig får sjunka under MIN-nivån under arbetet, annars är det risk för att ytterligare luft tränger in i systemet.

8 Det finns ett antal enmans gör-det-själv-luftningssatser att köpa i motortillbehörsbutiker. Vi rekommenderar att en sådan sats används närhelst möjligt eftersom de i hög grad förenklar arbetet och dessutom minskar risken för att avtappad olja och luft sugs tillbaka in i systemet. Om en sådan sats inte finns tillgänglig måste grundmetoden (för två personer) användas, den beskrivs i detalj nedan.

9 Om en avluftningssats ska användas, förbered bilen enligt beskrivningen ovan och följ tillverkarens instruktioner, eftersom tillvägagångssättet kan variera någon mellan olika satstyper. de flesta typerna beskrivs nedan i de aktuella avsnitten.

10 Oavsett vilken metod som används måste ordningen för luftning (se punkt 11 och 12) följas för att systemet garanterat ska tömmas på all luft.

Ordningsföljd vid luftning av bromsar

11 Om hydraulsystemet endast har kopplats ur delvis och lämpliga åtgärder vidtagits för att minimera oljespill bör endast den aktuella delen av systemet behöva luftas (det vill säga antingen primär- eller sekundärkretsen).

12 Om hela systemet ska luftas ska det göras i följande ordningsföljd:

a) *Vänster frambroms*
b) *Höger frambroms.*
c) *Bakre bromsar (i valfri ordning).*

Luftning

Grundmetod (för två personer)

13 Skaffa en ren glasburk, en lagom längd plast- eller gummislang som sluter tätt över avluftningsskruven och en ringnyckel som passar skruvarna. Dessutom krävs assistans från en medhjälpare.

14 Om det inte redan är gjort, ta bort dammkåpan från luftningsskruven till det första hjulet som ska luftas (se bild), och montera skiftnyckeln och luftningsslangen över skruven. För ner den andra änden av slangen i glasburken. Häll i hydraulolja i burken så att slangänden täcks väl.

15 Se till att oljenivån i huvudcylinderbehållaren överstiger linjen för miniminivå under hela arbetets gång.

16 Låt medhjälparen trampa bromsen i botten ett flertal gånger, så att trycket byggs upp, och sedan hålla kvar bromsen i botten.

17 Medan pedaltrycket upprätthålls, lossa luftningsskruven (cirka ett varv) och låt olja/luft strömma ut i burken. Medhjälparen måste hålla trycket på pedalen, ända ner till golvet om så behövs, och inte släppa förrän du säger till. När flödet stannat upp, dra åt luftningsskruven, låt medhjälparen sakta släppa upp pedalen och kontrollera sedan nivån i oljebehållaren.

18 Upprepa stegen i punkt 16 och 17 till dess att oljan som kommer ut från luftningsskruven är fri från luftbubblor. Om huvudcylindern har tömts och fyllts och det kommer ut luft från den första skruven i ordningsföljden, vänta ungefär fem sekunder mellan cyklerna så att huvudcylinderns passager hinner fyllas.

19 Dra åt luftningsskruven ordentligt när inga fler bubblor förekommer. Ta sedan bort slangen och nyckeln, och montera dammkåpan. Dra inte åt luftningsskruven för hårt.

20 Upprepa momenten med de återstående bromsoken i ordningsföljd tills all luft är borta från systemet och bromspedalen känns fast igen.

Med hjälp av en luftningssats med backventil

21 Som namnet anger består de här luftningssatserna av en slang med en backventil monterad för att hindra uttömd luft

2.14 Dra åt dammkåpan (markerad med pil) från luftningsskruven

och olja att dras tillbaka in i systemet. vissa satser innehåller en genomskinlig behållare som kan placeras så att luftbubblorna lättare kan ses flöda från änden av slangen .

22 Avluftningssatsen kopplas till avluftningsskruven som sedan öppnas (se bild). Användaren återvänder till förarsätet och trycker ner bromspedalen med ett mjukt, fast tryck och släpper sedan långsamt upp den. det här upprepas tills all olja som rinner ur slangen är fri från luftbubblor.

23 Tänk på att satserna underlättar arbetet så mycket att det är lätt att glömma huvudcylinderns vätskenivå. se till att nivån hela tiden överstiger MIN-markeringen genom hela luftningsproceduren.

Med hjälp av en tryckluftssats

Observera: *Det är också den här metoden som rekommenderas av Volvo om hydraulsystemet har tömts helt eller delvis.*

24 Dessa luftningssatser drivs vanligen av lufttrycket i reservdäcket. Observera dock att trycket i däcket troligen måste minskas till under normaltryck. se instruktionerna som följer med luftningssatsen.

25 Genom att koppla en trycksatt, oljefylld behållare till huvudcylinderbehållaren kan luftningen utföras genom att luftningsskruvarna helt enkelt öppnas i taget (i angiven ordningsföljd), och oljan får flöda tills den inte innehåller några luftbubblor.

26 En fördel med den här metoden är att den stora vätskebehållaren ytterligare förhindrar att luft dras tillbaka in i systemet under luftningen.

27 Trycksatt luftning är speciellt effektiv för luftning av "svåra" system och vid rutinbyte av all olja.

Alla metoder

28 Efter avslutad luftning och när pedalkänslan är fast, spola bort eventuellt spill och dra åt luftningsskruvarna ordentligt, samt montera dammkåporna.

29 Kontrollera hydrauloljenivån i huvudcylinderbehållaren och fyll på om det behövs.

30 Kassera hydraulvätska som har luftats från systemet. den går inte att återanvända.

31 Kontrollera känslan i bromspedalen. Om den känns det minsta svampig finns det fortfarande luft i systemet som måste

2.22 Anslut satsen och öppna luftningsskruven

luftas ytterligare. Om fullständig luftning inte uppnåtts efter ett rimligt antal luftningsförsök kan detta bero på slitna tätningar i huvudcylindern.

32 Kontrollera kopplingens funktion. Eventuella problem betyder att även kopplingssystemet måste luftas – se kapitel 6.

3 Hydraulrör och slangar – byte

Observera: *Se varningen i början av avsnitt 2 angående farorna med hydraulolja, innan arbetet påbörjas.*

1 Om ett rör eller en slang måste bytas ut, minimera oljespillet genom att ta bort huvudcylinderbehållarens lock och sedan fästa en bit plastfolie med en gummisnodd över öppningen. Alternativt kan slangklämmor användas på slangar för att isolera delar av kretsen; bromsrörsanslutningar av metall kan pluggas igen (var försiktig så att inte smuts tränger in i systemet) eller täckas över så fort de kopplas loss. Placera trasor under de anslutningar som ska lossas för att fånga upp eventuellt oljespill.

2 Om en slang ska kopplas loss, skruva loss muttern till bromsslanganslutningen innan fjäderklammern som fäster slangen i fästet tas bort, om det är tillämpligt. Vissa av slanganslutningarna skyddas av gummikåpor. Om så är fallet måste slangen först tas bort från fästbygeln och kåpan dras ner längs ledningen innan muttern kan skruvas loss.

3 När anslutningsmuttrarna ska skruvas ur är det bäst att använda en bromsrörsnyckel av korrekt storlek; de finns att köpa i välsorterade motortillbehörsbutiker. Om en bromsrörsnyckel inte finns tillgänglig går det att använda en öppen nyckel av rätt storlek, men om muttrarna sitter hårt eller är korroderade kan de runddras. Om det skulle hända kan de envisa anslutningarna skruvas loss med en självlåsande tång, men då måste röret och de skadade muttrarna bytas ut vid återmonteringen.

4 Rengör alltid anslutningen och området

4.2a Bänd försiktigt upp fjäderklämman från bromsoket

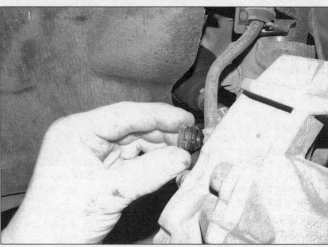

4.2b Ta bort plastkåporna från bromsokets baksida. . .

4.2c . . . och skruva loss styrsprintarna med en insexnyckel

4.2d Lyft upp bromsoket från fästbygeln

4.2e Lyft ut det yttre bromsbelägget. . .

4.2f . . . och lossa det inre bromsbelägget från kolven i bromsoket

kring den innan den kopplas loss. Om en komponent med mer än en anslutning demonteras, anteckna noga hur anslutningarna är monterade innan de lossas.

5 Om ett bromsrör måste bytas ut kan ett nytt köpas färdigkapat, med muttrar och flänsar monterade, hos en Volvo-verkstad. Allt som då behöver göras är att kröka röret med det gamla röret som mall, innan det monteras. Alternativt kan de flesta tillbehörsbutiker bygga upp bromsrör av satser men det kräver noggrann uppmätning av originalet för att utbytesdelen ska hålla rätt längd. Det säkraste alternativet är att ta med det gamla bromsröret till verkstaden som mall.

6 Blås igenom det nya röret eller den nya slangen med torr tryckluft före monteringen. Dra inte åt anslutningsmuttrarna för hårt. Det är inte nödvändigt att bruka våld för att få en säker anslutning.

7 Om gummislangarna har bytts ut, se till att rören och slangarna dras korrekt utan att veckas eller vridas och att de fästs i sina klämmor eller fästbyglar. Originalslangarna har vita längsgående linjer som tydligt visar om slangen vridits.

8 Avsluta med att lufta hydraulsystemet enligt beskrivningen i avsnitt 2. Tvätta bort allt oljespill och kontrollera systemet noga efter oljeläckor.

4 Främre bromsklossar – byte

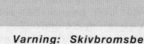

⚠️ *Varning: Skivbromsbeläggen måste bytas på båda framhjulen samtidigt – byt aldrig beläggen på enbart ett hjul eftersom detta kan leda till ojämn bromsverkan. Notera att dammet från bromsklossarnas slitage kan innehålla asbest vilket är hälsovådligt. Blås inte bort dammet med tryckluft och andas inte in det. ANVÄND INTE bensin eller bensinbaserade lösningsmedel för att rengöra bromskomponenter. Använd endast bromsrengöringsmedel eller T-sprit. LÅT INTE bromsvätska eller fett komma i kontakt med bromsbeläggen eller skivan. Se varningen i början av avsnitt 2 angående farorna med hydraulolja, innan arbetet påbörjas.*

1 Lossa framhjulsbultarna och klossa bakhjulen. Lyft upp framvagnen och ställ den på pallbockar (se *Lyftning och stödpunkter*). Demontera framhjulen.

2 Följ de understödjande fotografierna **(bilder 4.2a till 4.2k)** för det faktiska tillvägagångssättet vid byte av belägg. Följ den rekommenderade ordningen och

läs texten under varje bild och notera följande:

a) *Mät tjockleken för beläggets friktionsmaterial (se bild 4.2g). Om något av beläggen har slitits ner till det angivna minimivärdet måste alla de fyra främre beläggen bytas. Byt inte plats på beläggen för att försöka jämna ut slitaget (ojämnt beläggslitage kan bero på att bromsoket sitter fast på styrsprintarna).*

b) *Rengör bromsokets styrytor och applicera lite silikonfett (Volvo 116 1688) på bromsokets fästbygel på den yta där beläggen kommer i kontakt med fästbygeln och på motsvarande punkter på beläggen.*

c) *När man skjuter tillbaka bromsoks kolven för att ge plats åt de nya klossarna måste man hålla ett öga på vätskenivån i behållaren.*

Varning: Intryckningen av kolven leder till återflöde av bromsvätska vilket kan "slå till" huvudcylinderns gummitätningar vilket leder till total förlust av bromsverkan. För att undvika detta ska du klämma fast bromsokets böjliga slang och öppna luftningsskruven – när kolven trycks tillbaka kan vätskan dirigeras in i en lämplig behållare med en slang som fästs på luftningsskruven. Stäng skruven alldeles innan kolven trycks tillbaka helt för att säkerställa att ingen luft kommer in i systemet.

4.2g Om beläggens tjocklek är mindre än 2 mm bör alla beläggen bytas

4.2h Tryck in kolven i bromsoket med ett kolvindragningsverktyg

4.2i Sätt in det nya yttre bromsbelägget i bromsokets fästbygel. . .

4.2j . . . och kläm fast det nya inre belägget i bromsokets kolv

4.2k Montera tillbaka bromsoket, sätt in nya styrsprintar och dra åt dem till angivet moment

3 Tryck ner bromspedalen upprepade gånger tills bromsklossarna pressas tätt mot bromsskivan och normalt pedaltryck uppstår.
4 Upprepa ovanstående procedur med det andra främre bromsoket.
5 Montera tillbaka hjulen, sänk ner bilen och dra åt hjulbultarna till angivet moment.
6 Kontrollera hydrauloljenivån enligt beskrivningen i *Veckokontroller*.
Varning: Nya bromsklossar ger inte full bromseffekt förrän de har körts in. Var beredd på detta och undvik hårda inbromsningar i möjligaste mån i ungefär 150 km efter att bromsklossarna bytts ut.

5 Bakre bromsklossar – byte

⚠ *Varning: Skivbromsbeläggen måste bytas på båda framhjulen samtidigt – byt aldrig beläggen på enbart ett hjul eftersom detta kan leda till ojämn bromsverkan. Notera att dammet från bromsklossarnas slitage kan innehålla asbest vilket är hälsovådligt. Blås inte bort dammet med tryckluft och andas inte in det. ANVÄND INTE bensin*

eller bensinbaserade lösningsmedel för att rengöra bromskomponenter. Använd endast bromsrengöringsmedel eller T-sprit. LÅT INTE bromsvätska eller fett komma i kontakt med bromsbeläggen eller skivan. Se varningen i början av avsnitt 2 angående farorna med hydraulolja, innan arbetet påbörjas.

1 Lossa bakhjulsbultarna och klossa framhjulen. Lyft upp bakvagnen och ställ den på pallbockar (se *Lyftning och stödpunkter*). Demontera bakhjulen.
2 Aktivera handbromsens serviceläge. Du behöver ett verktyg som liknar det som visas **(se bild)** som kan köpas hos specialleverantörer. Alternativt måste byte av bakre bromsbelägg överlåtas åt en Volvo-verkstad eller en lämpligt utrustad specialist.
3 Följ de bifogade fotografierna **(bilder 5.2a till 5.3k)** vid byte av bromsklossarna. Följ den rekommenderade ordningen och läs texten under varje bild och notera följande:
a) *Rengör bromsokets styrytor och applicera lite silikonfett (Volvo 116 1688) på bromsokets fästbygel på den yta där beläggen kommer i kontakt med fästbygeln och på motsvarande punkter på beläggen.*

5.2 Aktivera handbromsens serviceläge med ett lämpligt verktyg

b) *När man skjuter tillbaka bromsoks kolven för att ge plats åt de nya klossarna måste man hålla ett öga på vätskenivån i behållaren.*
c) *Observera att de övre och nedre metallklämmorna som håller fast bromsbeläggen skiljer sig åt något och därför ska du observera korrekt placering vid demonteringen.*
Varning: Intryckningen av kolven leder till återflöde av bromsvätska vilket kan "slå till" huvudcylinderns gummitätningar vilket leder till total förlust av bromsverkan.

5.3a Skruva loss bromsokets styrsprintsbultar

5.3b Flytta bromsoket från fästbygeln

5.3c Ta bort det yttre bromsbelägget. . .

5.3d . . . och det inre bromsbelägget

5.3e Ta bort den nedre klämman. . .

5.3f . . . och den övre klämman

5.3g Rengör bromsokets ytor med ett lämpligt bromsrengöringsmedel

5.3h Montera den nya övre klämman . . .

5.3i . . . och den nedre klämman

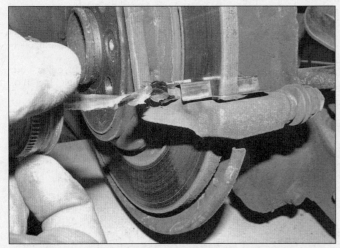

5.3j Applicera lite silikonfett på den ytan dör bromsbeläggen kommer i kontakt med fästbygeln

5.3k Sätt in de nya beläggen och montera bromsoket med de nya bultarna åtdragna till angivet moment

6.4 Mät skivans tjocklek med en mikrometer

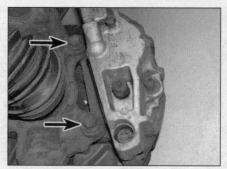

6.5 Skruva loss bultarna (markerade med pilar) och ta bort bromsokets fästbygel

6.6 Skruvar som håller fast den främre bromsskivan

För att undvika detta ska du klämma fast bromsokets böjliga slang och öppna luftningsskruven – när kolven trycks tillbaka kan vätskan dirigeras in i en lämplig behållare med en slang som fästs på luftningsskruven. Stäng skruven alldeles innan kolven trycks tillbaka helt för att säkerställa att ingen luft kommer in i systemet.

4 Tryck ner bromspedalen upprepade gånger tills bromsklossarna pressas tätt mot bromsskivan och normalt pedaltryck uppstår (utan hjälp).

5 Upprepa ovanstående procedur med det andra bakre bromsoket.

6 Deaktivera handbromsens serviceläge (se anmärkningen ovan).

7 Montera tillbaka hjulen, sänk ner bilen och dra åt hjulbultarna till angivet moment.

8 Kontrollera hydrauloljenivån enligt beskrivningen i *Veckokontroller*.

Varning: Nya bromsklossar ger inte full bromseffekt förrän de har körts in. Var beredd på detta och undvik hårda inbromsningar i möjligaste mån i ungefär 160 km efter att bromsklossarna bytts ut.

6 Främre bromsskiva – kontroll, demontering och montering

Observera: *Se varningen i början av avsnitt 4 beträffande riskerna med asbestdamm innan arbetet påbörjas.*

Kontroll

Observera: *Om någon av skivorna behöver*

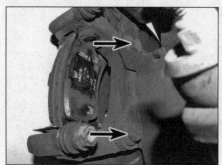

7.3 Skruva loss skruvarna till bromsokets fästbygel (markerade med pilar)

bytas ut ska båda skivorna bytas ut samtidigt, så att bromsarna verkar jämnt på båda sidor. Nya bromsklossar ska också monteras.

1 Ta bort de främre bromsklossarna enligt beskrivningen i avsnitt 4.

2 Undersök skivans friktionsytor efter sprickor eller djupa spår (lätt spårning är normalt och behöver inte åtgärdas). En sprucken skiva måste bytas ut; en spårig skiva kan renoveras genom maskinslipning förutsatt att tjockleken inte minskar under den angivna miniminivån..

3 Kontrollera skivans kast med hjälp av en indikatorklocka vars sond placeras nära skivans ytterkant. Om kastet överskrider siffrorna i Specifikationer kan skivan om möjligt maskinslipas. Annars måste skivan bytas ut.

4 Stora variationer i skivtjocklek kan även orsaka störningar i mekanismen. Kontrollera detta med en mikrometer **(se bild)**.

Demontering

5 När bromsklossarna och bromsoket tagits bort (avsnitt 8), skruva loss de två fästbultarna och ta bort bromsokets fästbygel **(se bild)**. Observera att nya bultar krävs vid monteringen.

6 Kontrollera om bromsskivans position i förhållande till navet är markerad. Om inte, gör en egen markering som hjälp vid återmonteringen. Ta bort skruven som håller fast skivan vid navet. Lyft sedan bort skivan **(se bild)**. Knacka på skivan med en mjuk klubba om det behövs för att få loss den.

Montering

7 Se till att navets och skivans fogytor är fullständigt rena. Använd T-sprit och

7.4 Skruvar som håller fast den bakre bromsskivan

en trasa för att tvätta bort allt eventuellt rostskyddsmedel från en ny skiva.

8 Placera skivan på navet med inställningsmärkena i linje med varandra. Montera sedan fästskruven.

9 Sätt tillbaka bromsokets fästbygel och spärr, dra sedan åt de nya bultarna till angivet moment.

10 Montera bromsklossarna enligt beskrivningen i avsnitt 4.

7 Bakre bromsskiva – kontroll, demontering och montering

Observera: *Se varningen i början av avsnitt 5 beträffande riskerna med asbestdamm innan arbetet påbörjas.*

Kontroll

Observera: *Om någon av skivorna behöver bytas ut ska båda skivorna bytas ut samtidigt, så att bromsarna verkar jämnt på båda sidor. Nya bromsklossar ska också monteras.*

1 Med de bakre bromsbeläggen demonterade (avsnitt 5) är undersökningsrutinerna den amma som för den främre bromsskivan och det är lämpligt att ta del av informationen i avsnitt 6.

Demontering

2 Ta bort de bakre bromsklossarna enligt beskrivningen i avsnitt 5, om det inte redan är gjort. Stöd bromsoket på ett lämpligt sätt eller fäst upp det vid en lämplig fjädringskomponent med hjälp av snöre eller ståltråd.

3 Skruva loss bromsoks fästbygelns båda fästbultar och ta bort fästbygeln **(se bild)**. Observera att nya bultar krävs vid monteringen.

4 Skruva loss skivans fästskruv **(se bild)**.

5 Markera skivans läge i förhållande till navet. Dra sedan bort skivan. Knacka på skivan med en mjuk klubba om det behövs för att få loss den.

Montering

6 Se till att navets och skivans fogytor är fullständigt rena. Använd T-sprit och en trasa för att tvätta bort allt eventuellt rostskyddsmedel från en ny skiva.

7 Placera skivan på navet med inställningsmärkena i linje med varandra. Montera sedan fästskruven.

8 Montera bromsoks fästbygeln och dra åt de nya bultarna till angivet moment.
9 Montera bromsklossarna enligt beskrivningen i avsnitt 5.

8 Främre bromsok – demontering, renovering och montering

Observera: *Läs varningen i början av avsnitt 2 angående farorna med hydraulolja, samt varningen i början av avsnitt 4 angående farorna med asbestdamm innan arbetet påbörjas.*

Demontering

1 Dra åt handbromsen och klossa bakhjulen. Lossa framhjulets bultar. Lyft sedan upp framvagnen och ställ den på pallbockar (se *Lyftning och stödpunkter*). Ta bort hjulet.
2 Minimera oljespill genom att skruva loss huvudcylinderbehållarens påfyllningslock och fästa en bit plastfolie över påfyllningsröret. Fäst plastfolien med ett gummiband så att en lufttät tätning bildas. Använd helst en bromsslangklämma, en G-klämma eller liknande med skyddade käftar, och kläm ihop den främre hydraulslangen **(se bild)**.
3 Rengör området runt anslutningen mellan hydraulslangen och bromsoket. Lossa sedan slanganslutningen med ett halvt varv. Var beredd på spill.
4 Ta bort bromsklossarna enligt beskrivningen i avsnitt 4.
5 Skruva loss bromsoket från hydraulslangen. Torka upp eventuellt bromsoljespill omedelbart. Plugga igen eller täck över de öppna anslutningarna.
6 Ta bort bromsokets fästbygel genom att skruva loss de två bultar som håller fast navhållaren om det behövs. Observera att nya bultar krävs vid monteringen.

Renovering

Observera: *I skrivande stund var det oklart om det fanns renoveringssatser för bromsoket. Kontakta en Volvo-verkstad eller specialist innan du demonterar bromsoket.*

Montering

7 Montera bromsokets fästbygel om den har demonterats. Använd nya bultar och dra åt dem till angivet moment.

8 Montera bromsklossarna enligt beskrivningen i avsnitt 4, men anslut bromsoket till slangen innan det monteras i fästbygeln.
9 Dra åt slanganslutningen. Se till att slangen inte är veckad.
10 Ta bort bromsslangklämman eller plastfolien, i förekommande fall, och lufta hydraulsystemet enligt beskrivningen i avsnitt 2.
11 Tryck ner fotbromsen två eller tre gånger så att bromsklossarna hamnar rätt. Montera sedan hjulet och sänk ner bilen. Dra åt hjulbultarna i diagonal ordningsföljd till angivet moment.

9 Bakre bromsok – demontering, renovering och montering

Observera: *Läs varningen i början av avsnitt 2 angående farorna med hydraulolja, samt varningen i början av avsnitt 5 angående farorna med asbestdamm innan arbetet påbörjas.*

Demontering

1 Minimera oljespill genom att skruva loss huvudcylinderbehållarens påfyllningslock och fästa en bit plastfolie över påfyllningsröret. Fäst plastfolien med ett gummiband så att en lufttät tätning bildas. Använd helst en bromsslangklämma, en G-klämma eller liknande med skyddade käftar, och kläm ihop den bakre hydraulslangen.
2 Aktivera handbromsens serviceläge.
3 Gör rent runt hydraulanslutningen på bromsoket och skruva loss det. Var beredd på oljespill. Plugga igen eller täck över de öppna anslutningarna.
4 Koppla loss anslutningskontakten från EGR-manöverdonet.
5 Skruva loss bromsokets två styrsprintsbultar.

Renovering

Observera: *I skrivande stund var det oklart om det fanns renoveringssatser för bromsoket. Kontakta en Volvo-verkstad eller specialist innan du demonterar bromsoket.*

Montering

6 Montera tillbaka bromsoket med nya styrsprintsbultar.

7 Montera bromsröret vid bromsoket och dra åt anslutningen ordentligt.
8 Ta bort bromsslangklämman eller plastfolien, i förekommande fall, och lufta hydraulsystemet enligt beskrivningen i avsnitt 2.
9 Deaktivera handbromsens serviceläge.
10 Tryck ner fotbromsen två eller tre gånger så att bromsklossarna hamnar rätt. Montera sedan hjulet och sänk ner bilen. Dra åt hjulbultarna i diagonal ordningsföljd till angivet moment.

10 Bromshuvudcylinder – demontering och montering

Observera: *Se varningen i början av avsnitt 2 angående farorna med hydraulolja, innan arbetet påbörjas.*
Observera: *Huvudcylindern kan inte renoveras och dess inre komponenter går inte att köpa separat. Om ett fel uppstår i huvudcylindern måste hela enheten bytas ut.*

Demontering

1 Koppla loss batteriets minusledning (se kapitel 5A).
2 Tryck ner bromspedalen flera gånger för att avlägsna eventuellt kvarvarande vakuum i servon och sifonera bort så mycket vätska som möjligt från huvudcylinderns behållare med en hydrometer eller en gammal bollspruta.
Varning: Oljan är giftig. Sifonera inte ut den med munnen.
3 Lossa eventuella kontaktdon från behållaren/huvudcylindern.
4 Ta bort behållaren.
5 Koppla loss hydraulrörs anslutningarna från huvudcylindern. Var beredd på ytterligare oljespill. Täck över de öppna anslutningarna för att hindra smuts från att tränga in.
6 Ta bort muttrarna som fäster huvudcylindern vid bromsservon **(se bilder)**. Dra bort huvudcylindern från servons pinnbultar och ta bort den . Kasta O-ringstätningen, du måste sätta dit en ny. Var noga med att inte spilla hydraulolja på lacken.

Montering

7 Placera huvudcylindern (med ny tätning) i läge på servoenheten och fäst den med muttrarna. Dra åt muttrarna till angivet moment.

8.2 Kläm fast den böjliga bromsslangen

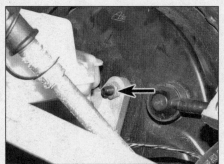

10.6a Skruva loss den övre muttern till huvudcylindern (markerad med pil) . . .

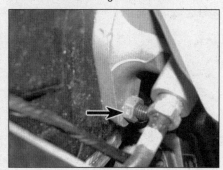

10.6b . . . och den nedre muttern till huvudcylindern

11.2 Fästklämma till bromspedalens servostång (markerad med pil)

8 Montera bromsrören. Dra inte åt anslutningsmuttrarna helt i det här stadiet.
9 Montera tillbaka behållaren.
10 Återanslut behållaren/huvudcylinders elanslutningar.
11 Placera absorberande trasor under bromsrörsanslutningarna på huvudcylindern. Fyll sedan behållaren med ren hydraulolja av angiven typ.
12 Dra åt bromsrörsanslutningarna ordentligt när hydrauloljan börjar sippra ut.
13 Avsluta med att lufta hydraulsystemet enligt beskrivningen i avsnitt 2.
14 Trycktesta huvudcylindern när systemet har luftats, genom att trycka ner bromspedalen hårt och hålla den nere i 30 sekunder. Släpp pedalen och leta efter läckor runt huvudcylinderns röranslutningar.

11 Bromspedal –
demontering och montering

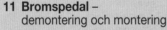

Demontering

1 Ta bort klädselpanelen under instrumentbrädan på förarsidan enligt beskrivningen i kapitel 11.
2 Lossa fästklämman och servons stötstång från pedalen **(se bild)**.
3 Skruva loss de muttrar som håller fast pedalfästet på bromsservon **(se bild)**.

Montering

4 För pedalen på plats. Byt alla fästbultar och dra åt dem till angivet moment.

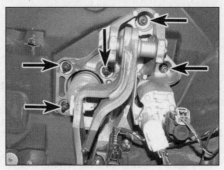

11.3 Bromspedalens fästmuttrar (markerade med pilar)

5 Återanslut servotryckstången till pedalen och säkra den med fästklämman.
6 Montera tillbaka instrumentbrädans klädselpanel.
7 Kontrollera funktionen hos bromsljuset.

12 Vakuumservo –
demontering och montering

Demontering

1 Koppla loss batteriets minusledare (se kapitel 5A). Tryck sedan ner bromspedalen flera gånger för att skingra eventuellt vakuum i servoenheten.
2 Ta bort huvudcylindern enligt beskrivningen i avsnitt 10.
3 Lossa vakuumslangen från servon och lossa alla kontaktdon och notera deras monteringslägen.
4 Ta bort klädselpanelen under instrumentbrädan på förarsidan enligt beskrivningen i kapitel 11.
5 Koppla loss servons tryckstång och länksystem från bromspedalen genom att ta bort fasthållningsklämman **(se bild 11.2)**.
6 Skruva loss de fyra muttrar som håller fast servoenheten på mellanväggen och ta bort enheten från.

Montering

7 Monteringen sker i omvänd ordningsföljd mot demonteringen, och tänk på följande:
  a) Se till att tätningen sitter på plats innan servon monteras.

b) De muttrar som håller fast servon på mellanväggen bör bytas. Dra åt alla muttrar och bultar till angivet moment.
c) Montera huvudcylindern enligt beskrivningen i avsnitt 10.
d) Kontrollera och lufta vid behov hydraulsystemet enligt beskrivningen i avsnitt 2 när du är klar..

13 Handbromsställdon –
demontering och montering

1 Lossa bakhjulsbultarna och klossa framhjulen. Lyft upp bakvagnen och ställ den på pallbockar (se *Lyftning och stödpunkter*). Demontera bakhjulen.
2 Aktivera handbromsens serviceläge (se anmärkning i avsnitt 5).
3 Lossa anslutningskontakten från manöverdonet **(se bild)**.
4 Skruva loss de två skruvarna och ta bort manöverdonet från bromsoket **(se bild)**.
5 Montera tillbaka i omvänd ordningsföljd mot demonteringen. Deaktivera handbromsens serviceläge.

14 Handbromskontakt –
demontering och montering

1 Kontakten är placerad på rattens högra sida under helljusbrytaren.
2 För att ta bort den ska du skruva loss de två skruvarna och ta bort klädselpanelen som kontakten sitter i **(se bild)**. Skruva loss anslutningskontakterna när panelen är borttagen.
3 Monteringen sker i omvänd ordningsföljd mot demonteringen.

15 Handbromsmodul –
demontering och montering

1 Modulen är placerad bakom vänster klädselpanel i bagageutrymmet. Ta bort panelen enligt beskrivningen i kapitel 11.
2 Skruva loss de två bultarna, lossa anslutningskontakten och ta bort den.
3 Monteringen sker i omvänd ordningsföljd

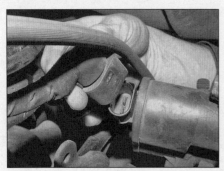

13.3 Anslutningskontakt till handbromsens aktuator

13.4 Skruva loss de två skruvarna som håller fast aktuatorn (markerade med pilar)

14.2 Handbromskontaktens fästskruvar (markerade med pilar)

16.2 Bromsljuskontakten (markerad med pil) är placerad till höger om bromspedalen

mot demonteringen. Observera att om en ny enhet monteras måste lämplig programvara laddas ner från Volvo och installeras. Arbetet bör överlåtas till en Volvo-återförsäljare eller lämpligt utrustad specialist.

16 Bromsljuskontakt – demontering och montering

Demontering

1 Se till att tändningen är avstängd.
2 Ta bort klädselpanelen under instrumentbrädan på förarsidan enligt beskrivningen i kapitel 11. Bromsljuskontakten är placerad omedelbart till höger om bromspedalen, nära bromsdiagnoskontakten **(se bild)**. Observera att båda enheterna måste tas bort innan bromsljuskontakten kan bytas eller monteras igen.
3 Lossa anslutningskontakterna från båda brytarna.
4 Ta bort bromsdiagnoskontakten genom att vrida den moturs och dra ut den från dess placering. Ta sedan bort bromsljuskontakten genom att vrida den medurs och dra bort den från dess placering.

Montering

5 Sätt in bromsljuskontakten och vrid den moturs till låsläget med bromspedalen i viloläge.

6 Sätt in bromsdiagnoskontakten och vrid den medurs så att den låses i läge. Använd ett bladmått för att kontrollera spelet mellan tryckkolven och fästbygeln baktill – spelet ska vara mellan 0,5 och 1,5 mm
7 Återanslut anslutningskontakterna och montera tillbaka de paneler som tagits bort för åtkomsten.

17 Låsningsfria bromsar (ABS) – allmän information

Systemet för låsningsfria bromsar som finns som standardutrustning på alla modeller registrerar hjulens rotationshastighet vid inbromsning. Om ett hjul plötsligt minskar i hastighet som tecken på att hjulet håller på att låsa sig, minskas eller avbryts det hydrauliska trycket på det hjulets bromsar ögonblickligen.

Systemet består huvudsakligen av hjulsensorerna, den elektroniska styrenheten (ECU) och den hydrauliska modulatorenheten.

En sensor sitter monterad vid varje hjul tillsammans med ett pulshjul på hjul/drivaxelnavet. Sensorerna registrerar hjulens rotationshastigheter och kan avgöra när det är risk för att ett hjul låser sig (låg rotationshastighet). Hjulsensorerna förser även bilens hastighetsmätare med information.

Informationen från sensorerna skickas till den elektroniska styrenheten, som kontrollerar solenoidventilerna i den hydrauliska modulatorn. Solenoidventilerna begränsar hydrauloljetillförseln till det bromsok som håller på att låsa sig.

Skulle ett fel uppstå i systemet tänder den elektroniska styrenheten en varningslampa på instrumentbrädan och sätter systemet ur funktion. Den normala bromsningen fungerar fortfarande, men utan den låsningsfria funktionen. Om ett fel skulle uppstå lagrar den elektroniska styrenheten en serie signaler (eller felkoder) som sedan kan avläsas med speciell diagnosutrustning (se avsnitt 19).

Den elektroniska bromskraftfördelningen (EBD) är inbyggd i ABS-systemet och den

reglerar fördelningen av bromskraften mellan fram- och bakhjulen.

På bilar utrustade med ett antispinnsystem har ABS-systemet dubbla funktioner. Förutom att övervaka att hjulen inte låser sig vid inbromsning kontrollerar systemet även att hjulen inte börjar spinna vid acceleration. När detta tillstånd uppstår läggs bromsarna på det aktuella hjulet omedelbart an för att minska eller avbryta hjulspinningen. När det spinnande hjulets rotationshastighet är i nivå med de andra hjulen släpper bromsarna. I bilar som är utrustade med stabilitetskontroll används samma givare, solenoider och rör. Bilarna är dock utrustade med en gir sensor, en sidoaccelerationssensor och en rattvinkelsensor.

18 Låsningsfria bromsar (ABS) komponenter – demontering och montering

Demontering

Främre hjulsensor

1 Lossa framhjulsbultarna på det aktuella hjulet och klossa bakhjulen. Lyft upp framvagnen och ställ den på pallbockar (se *Lyftning och stödpunkter*). Ta bort hjulet.
2 Skruva loss den skruv som håller fast givaren på navhållaren **(se bild)** och lossa anslutningskontakten. Ta bort givaren och lossa kablaget från eventuella fästen.

Bakre hjulsensor

3 Lossa bakhjulsbultarna på det aktuella hjulet och klossa framhjulen. Lyft upp bakvagnen och ställ den på pallbockar (se *Lyftning och stödpunkter*). Ta bort hjulet.
4 Skruva loss den skruv som håller fast givaren på navhållaren **(se bild)** och lossa anslutningskontakten. Ta bort givaren och lossa kablaget från eventuella fästen.

Hydraulisk modulator

Observera: *Se varningen i början av avsnitt 2 angående farorna med hydraulolja, innan arbetet påbörjas.*

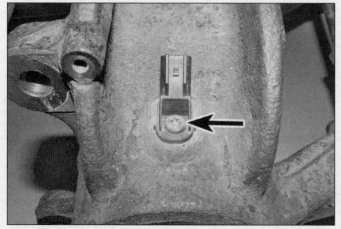

18.2 Fästskruv till den främre ABS-givaren (markerad med pil)

18.4 Fästskruv till den bakre ABS-givaren (markerad med pil)

18.9 Lossa anslutningskontakten (markerad med pil) från sidan av hydraul modulatorn

18.13 Bromspedalens lägesgivare

5 Ta bort batteriet och batterilådan enligt beskrivningen i kapitel 5A. Skruva loss fästbultarna och ta bort fästbulten under batterilådan i förekommande fall.

6 Demontera kamaxelkåpan enligt beskrivningen i kapitel 12, avsnitt 18.

7 Rengör alla bromsrörsanslutningar vid den hydrauliska modulatorn. Placera absorberande trasor under röranslutningarna för att fånga upp oljespill.

8 Markera oljerörens placering innan de kopplas loss från den hydrauliska modulatorn (t.ex. genom att fästa etiketter runt rören). Skruva loss anslutningsmuttrarna på bromsrören på den hydrauliska modulatorn. Dra försiktigt bort rören och täck över de öppna anslutningarna och rörändarna.

9 Lossa kontaktdonets låsklämma och lossa anslutningskontakten på modulatorns sida **(se bild)**.

10 Skruva loss de bultar som håller fast den hydrauliska modulatorns fästbygel på mellanväggen. Flytta kablaget åt sidan och lyft ut modulatorenheten och fästbygeln.

11 Observera att modulatorn är en förseglad precisionsenhet och inte får tas isär under några som helst förhållanden. Om enheten råkar ut för slag eller tappas måste den bytas. Om en ny enhet monteras ska du inte ta bort några täckpluggar förrän rören är redo för anslutning.

Bromspedalens lägesgivare

12 Tryck ner bromspedalen ett par tre gånger för att häva vakuumet i servoenheten.

13 Koppla loss kontaktdonet från pedalens lägesgivare som sitter placerad på vakuumservoenhetens framsida **(se bild)**.

14 Öppna låsringen och dra bort givaren från servon. Ta loss O-ringen och distanshylsan från givaren i förekommande fall.

Montering

15 Monteringen sker alltid i omvänd ordning. Observera dock följande punkter:
 a) Ta bort alla smuts från hjulgivarna och

fästenas placeringar med en styv borste före återmonteringen.
 b) Lufta hydraulsystemet enligt beskrivningen i avsnitt 2 när den hydrauliska modulatorn har återmonterats.
 c) Använd en ny O-ring på bromspedalens lägesgivare. Se dessutom till att den färgkodade distanshylsan passar ihop med färgkoden på servoenheten.

19 Låsningsfria bromsar (ABS) – feldiagnos

Allmän information

1 Systemet för låsningsfria bromsar innehåller ett diagnossystem för att underlätta felsökning och systemkontroll. Om ett fel skulle inträffa finns en serie signaler (eller felkoder) lagrade i styrmodulen. Dessa kan avläsas via diagnoskontakten som sitter under instrumentbrädan, ovanför pedalerna på förarsidan.

2 Vid problem kan diagnossystemet användas för att hitta problemområdena. Men detta kräver tillgång till specialutrustning. När detta har gjorts kan ytterligare test behövas för att avgöra felets exakta natur. det vill säga om det är fel på själva komponenten eller om det är ett fel i kablarna eller något annat besläktat problem. För alla kontroller utöver visuella kontroller av kablage och anslutningar behövs åtminstone en felkodsläsare. En Volvo-återförsäljare har med säkerhet sådana mätare, men de finns också att köpa från andra återförsäljare. Det är knappast lönsamt för en privatperson att köpa en felkodsläsare, men välutrustade garage eller specialister på bilars elsystem brukar vara utrustade med en.

Preliminära kontroller

Observera: *Om felet uppstått endast ett kort tag efter att bilen har fått service eller renoverats är det första stället man ska leta på*

det ställe där arbetet utfördes. Även om det kan verka långsökt så kan felet bero på slarvigt återmonterade komponenter.

Observera: *Kom ihåg att de felkoder som har lagrats i den elektroniska styrenhetens minnen måste läsas med hjälp av en särskild felkodsläsare (se punkt 2) för att man ska vara säker på att orsaken till felet har åtgärdats.*

3 Kontrollera batterianslutningarnas skick – gör om anslutningarna eller byt ledningarna om ett fel hittas. Använd samma teknik för att se till att alla jordpunkter i motorrummet ger god elektrisk kontakt, att kontaktytorna mellan metall och metall är rena, samt att de är ordentligt fästa.

4 Arbeta sedan metodiskt runt hela motorrummet och kontrollera alla synliga kablar, samt anslutningarna mellan de olika kablagedelarna. Det du letar efter i det här läget är kablage som är uppenbart skadat genom att det skavt mot vassa kanter eller rörliga delar i fjädringen/växellådan och/eller multiremmen, genom att de klämts mellan slarvigt återmonterade delar eller smält genom att de kommit i kontakt med heta motordelar, kylrör etc. I nästan alla fall orsakas skador av denna typ i första hand av felaktig dragning vid hopsättning efter att tidigare arbete har utförts (se anmärkningen i början av detta underavsnitt).

5 Naturligtvis kan kablar gå av eller kortslutas inuti isoleringen så att det inte syns utanpå, men detta sker normalt bara om kablaget har dragits fel så att det sträckts eller böjts skarpt; endera av dessa förhållanden bör vara uppenbara även vid en översiktlig kontroll. Om detta misstänks ha hänt, men felet ändå inte kan hittas, bör det misstänkta kabelavsnittet kontrolleras mycket noggrant under de mer detaljerade kontroller som beskrivs nedan.

6 Beroende på problemets storlek kan skadade kablar repareras genom sammanfogning eller splitsning med en bit ny kabel, med lödning för att försäkra en god anslutning, och sedan nyisolering med isoleringstejp eller krympslang. Om skadan är

20.5 Vakuumpumpens fästbultar (markerade med pilar)

20.6a Byt vakuumpumpens O-ringar (markerade med pilar)

20.6b Se till att drivtapparna passar in i spåren i avgaskamaxelns ände

omfattande och kan påverka bilens fortsatta pålitlighet är den bästa lösningen på lång sikt att byta ut hela kabelsektionen, även om det kan verka dyrt.

7 När skadan har reparerats, se till att kablaget dras korrekt vid återmonteringen så att det inte vidrör andra delar, inte är sträckt eller veckat, samt att det hålls undan med hjälp av de plastklämmor, guider och fästband som finns till hands.

8 Kontrollera alla elektriska skarvdon och se till att de är rena och ordentligt fastsatta, samt att vart och ett hålls på plats med motsvarande plastflik eller kabelklämma. Om något kontaktdon visar yttre tecken på korrosion (ansamlingar av vita eller gröna avlagringar, eller roständer) eller är smutsigt, ska det kopplas loss och rengöras med rengöringsmedel för elektriska kontaktdon. Om kontaktstiften är kraftigt korroderade måste kontaktdonet bytas. observera att det

kan innebära att hela kabelavsnittet måste bytas.

9 Om rengöringsmedlet tar bort korrosionen helt så att skarvdonet återställs i godtagbar kondition, är det en god idé att täcka skarvdonet med något lämpligt material som håller smuts och fukt ute och förhindrar ny korrosion; en Volvo-verkstad kan rekommendera någon passande produkt.

10 Arbeta metodiskt runt hela motorrummet och kontrollera noga att alla vakuumslangar och rör sitter ordentligt fast och att de dragits korrekt, utan tecken på sprickor, åldrande eller andra skador som kan orsaka läckor, och se till att inga slangar klämts, vridits eller böjts så skarpt att de förhindrar luftflödet. Var extra noga vid alla anslutningar och skarpa böjar och byt ut alla slangar som är skadade eller deformerade.

11 Kontrollera bromsledningarna och byt ut de som läcker, är korroderade eller är sönderklämda. Kontrollera slangarna vid bromsoken extra noga.

12 Det går att göra en ytterligare kontroll av elanslutningarna genom att vicka på de elektriska kontaktdonen i tur och ordning när motorn går på tomgång. ett defekt kontaktdon kommer att synas direkt på motorns respons (eller på varningslampan) när kontakten bryts och sluts igen. Ett defekt kontaktdon måste bytas för att systemet ska fungera som det ska. observera att det kan innebära att hela kabelavsnittet måste bytas.

13 Se till att hjulsensorernas kablage och anslutningar kontrolleras noga. Hjulsensorerna utsätts för vatten, vägsalt och smuts vilket ofta är orsaken till att ABS-systemets varningslampa tänds.

14 Om felet inte kunde lokaliserats vid de preliminära kontrollerna måste bilen lämnas in till en Volvo-verkstad eller till ett välutrustat garage för diagnoskontroll med hjälp av elektronisk testutrustning.

20 Vakuumpump –
demontering och montering

Demontering

1 Dra loss plastkåpan ovanpå motorn rakt uppåt från sina fästen
2 I 2,0 liters 4-cylindriga motorer ska du skruva loss fästbulten och ta bort fästbygeln över vakuumpumpen.
3 Ta bort batteriet och batterilådan enligt beskrivningen i kapitel 5A i 5-cylindriga motorer.
4 Observera deras monteringslägen och lossa vakuumslangarna från pumpen.
5 Skruva loss fästbultarna och ta bort pumpen från topplocket (se bild). Var beredd på spill. Kasta O-ringstätningarna, nya tätningar måste användas vid återmonteringen. Ingen isärtagning av pumpen rekommenderas.

Montering

6 Montera nya O-ringstätningar på pumpens fogyta och passa in pumpens drivtappar i spåren i änden av avgaskamaxeln och sätt dit pumpen på topplocket – dra åt bultarna till angivet moment (se bilder).
7 Resten av monteringen sker i omvänd ordningsföljd mot demonteringen.

Kapitel 10
Fjädring och styrning

Innehåll

Allmän information 1
Bakre hjälpram – demontering och montering.................. 16
Bakre krängningshämmare – demontering och montering 14
Bakre krängningshämmare länk – demontering och montering 15
Bakre länkarmar – demontering och montering 13
Bakre navhållare – demontering och montering............... 10
Bakre navlager – byte....................................... 9
Bakre spiralfjäder – demontering och montering.............. 12
Bakre stötdämpare – demontering och montering 11
Framben – demontering och montering......................... 3
Främre fjäderben – isärtagning, kontroll och hopsättning 4
Främre hjälpram – demontering och montering 8
Främre krängningshämmare – demontering och montering 6
Främre krängningshämmare länk – demontering och montering ... 7

Främre navhållare och lager – demontering och montering........ 2
Främre styrarm och kulled – demontering, renovering och
    montering 5
Hjulinställning och styrvinklar – allmän information 26
Kuggstång – demontering och montering 20
Kuggstång – luftning 22
Kuggstångsdamasker – byte 21
Körhöjdgivare – demontering och montering 27
Ratt – demontering och montering........................... 17
Rattstång – demontering och montering 18
Servooljekylare – demontering och montering................. 24
Styrlås – demontering och montering 19
Styrningspump – demontering och montering................... 23
Styrstagsände – demontering och montering 25

Svårighetsgrad

Enkelt, passar novisen med lite erfarenhet	Ganska enkelt, passar nybörjaren med viss erfarenhet	Ganska svårt, passar kompetent hemmamekaniker	Svårt, passar hemmamekaniker med erfarenhet 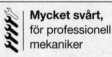	Mycket svårt, för professionell mekaniker

Specifikationer

Framfjädring

Typ .... Oberoende, med MacPherson-fjäderben med spiralfjädrar och
teleskopiska stötdämpare. Krängningshämmare finns på alla modeller

Bakfjädring

Typ .... Helt oberoende, med flera länkar med spiralfjädrar monterade över
hydrauliska teleskopstötdämpare. Krängningshämmare finns på alla
modeller

Styrning

Typ .... Servoassisterad kuggstångsstyrning
Servostyrningsolja typ .... Se *Smörjmedel och vätskor*

Hjulinställning och styrningsvinklar

Framhjul:
  Cambervinkel .... -0.3° ± 0,9°
  Castervinkel .... 4.0° ± 1.0°
  Toe-inställning.............................. 0.10° ± 0.10° toe-in
Bakhjul:
  Cambervinkel .... 0.0° ± 1,0°
  Toe-inställning.............................. 0.20° ± 0.20° toe-in

Hjul

Typ .... Lättmetall
Storlek .... 7J x 16, 7J x 17, 7.5J x 17 och 8J x 18

Däck

Däcktryck.. Se dekalen på förarsidans B-stolpe
Däckstorlekar (beroende på modell, marknad och territorium) .... 195/65 R 15, 205/65 R 16, 215/55 R 16, 225/45 R 17, 235/40 R 18 och
T125/80 R 17 (temporärt reservhjul)

Åtdragningsmoment

	Nm
Framfjädring	
ABS-hjulsensor.	Se kapitel 9
Bromsokets fästbultar	Se kapitel 9
Bult som håller fast krängningshämmarens länk på främre fjäderbenet. . .	60
Bultarna mellan kulled och navhållare*	40
Drivaxelbult.	Se kapitel 8
Fjäderbenets övre fäste till karossen*	30
Fjäderbenets övre kolvmutter.	50
Fjädringsben på navhållare*	110
Hjälpramens bakre fästbyglar på karossen	24
Hjälpramens främre och bakre fästbultar*:	
Steg 1	150
Steg 2	Vinkeldra ytterligare 90°
Krängningshämmarens anslutningslänkmuttrar*	70
Krängningshämmarens klämbultar.	175
Mutter mellan navhållarens kulled och styrarmen*.	100
Styrarm på hjälpram:*	
Bakre bultar	175
Främre bult:	
Steg 1	140
Steg 2	Vinkeldra ytterligare 45°
Bakfjädring	
Bromsoks bultar.	Se kapitel 9
Bultar mellan krängningshämmare och hjälpram.	50
Bultar som håller fast styrstaget på hjälpramen*	110
Hjälpramens fästbultar*	110
Krängningshämmarens länk på krängningshämmaren	60
Nav på kaross.	180
Navlager på hållare*	90
Nedre styrarm på navhållare och hjälpram.	90
Stötdämpare:	
Nedre fästbult.	175
Övre fästbult	30
Övre styrarm på navhållare och hjälpram.	110
Styrning	
Muttrar/bulten mellan kuggstång och hjälpram*	140
Parallellstagets låsmuttrar	90
Rattbult*	48
Rattstångens fästbultar	24
Servostyrningspumpens fästbultar	24
Servostyrningsrör på kuggstång	13
Styrstagsändens kulledsmuttrar*	80
Styrstångsknutkorsets klämbultar*	25
Hjul	
Hjulbultar	140

* Återanvänds inte

1 Allmän information

Den oberoende framfjädringen är av MacPherson-ben typ, med spiralfjädrar och inbyggda teleskopiska stötdämpare. Benen hålls på plats av tvärställda styrarmar, som är anslutna till den främre hjälpramen med gummibussningar vid deras inre ändar, och som har en spindelled i sina yttre ändar. Navhållare som håller fast navlagren, bromsoken och naven/skivorna, är fastskruvade vid MacPherson-benen, och anslutna till styrarmarna via kullederna. Alla modeller har en främre krängningshämmare, som är ansluten till hjälpramen och MacPherson-benen via länkarmar.

Den bakre hjulupphängningen är helt oberoende och av flerlänktyp och består av en övre och en nedre styrarm som är monterade med gummibussningar på navhållaren och den bakre hjälpramen. Navhållaren sitter på en länkarm och ett övre stag på varje sida. Spiralfjädrar är monterade mellan den nedre styrarmen och bilens kaross och det finns hydrauliska stötdämpare.

Servounderstödd kuggstångsstyrning är standard. Servokraften kommer från en hydraulisk pump, som drivs via en rem från vevaxelns remskiva.

Observera: *Många av de komponenter som beskrivs i detta kapitel hålls fast av muttrar och bultar som vinkeldragits. Dessa muttrar och bultar anges i avsnittet om åtdragningsmoment i Specifikationer. Om dessa lossas krävs ofta att* **nya** *muttrar och/eller bultar används vid återmonteringen, vilket också anges i Specifikationer. Självlåsande muttrar används också på många ställen, och dessa bör också bytas, särskilt om inget motstånd känns när låsdelen passerar över bultens gängor.*

2.2 Skruva loss drivaxelbulten

2.4a Skruva loss bultarna till bromsokets fästbygel . . .

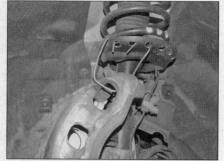

2.4b . . . och häng bromsoket i fjädringsbenet

2 Främre navhållare och lager – demontering och montering

Demontering

1 Lossa framhjulets bultar. Lyft sedan upp framvagnen och ställ den på pallbockar (se *Lyftning och stödpunkter*). Ta bort framhjulet.

2 Lossa och ta bort bulten som håller fast drivaxeln vid navet (se bild). Låt en medhjälpare trycka ner bromspedalen för att hindra navet från att rotera. Kasta bulten – eftersom en ny en måste användas.

3 Arbeta bakifrån och skruva loss den bult som håller fast styrarmen på navet. Lossa den nedre armens kulled med ett separeringsverktyg (Volvo-verktyget 999 7310 eller liknande – se avsnitt 5).

4 Skruva loss de två bultar som håller fast bromsokets fästbygel på navhållaren. Observera att nya bultar krävs vid monteringen. Dra loss bromsoket och bromsklossarna från skivan och häng upp dem från spiralfjädern med snöre eller ståltråd (se bilder).

5 Kontrollera om bromsskivans position relativt navet är markerad. Om inte, gör en egen markering som hjälp vid återmonteringen. Ta bort bulten som håller fast skivan på navet, lyft bort skivan, skruva loss de tre skruvarna och stödplattan (se bild).

6 Ta loss drivaxelns drivknut från navflänsen genom att knacka den inåt ungefär 10 till 15 mm med en plast- eller kopparklubba.

7 Skruva loss fästmuttern och koppla loss styrstagets ändkulled från navhållaren. Om det behövs, använd en kulledsavdragare.

8 Ta bort bulten som håller fast navhållaren på fjäderbenet och dra navhållaren neråt från stötdämparen. Notera vilket håll bultens sätts i från – framifrån (se bild).

9 Sväng navhållaren utåt och dra bort drivaxelns drivknut från navflänsen.

10 Med navhållaren borttagen går det att trycka ut lagret från dess plats (se bilder). Observera att denna uppgift (och senare byte av lagret) kräver specialverktyg och bör överlåtas åt en Volvo-verkstad eller en lämpligt utrustad specialist.

2.5 Skruva loss de tre bultarna (markerade med pilar) och ta bort bromsskölden

Montering

11 Med det nya lagret på plats och före återmonteringen av navhållaren ska du ta bort alla spår av metallim, rost, olja och smuts från räfflor och gängor på drivaxelns yttre drivknut.

12 Montera först tillbaka den nere armens kulled, använd sedan en kraftig metallstång för att bända ner den nedre armen och montera tillbaka drivaxeln på navets bakre del. Montera tillbaka navet längst ner på fjädringsbenet och se till att fliken baktill på fjädringsbenet går i ingrepp med spåret i navet när det monteras tillbaka.

13 Återstående montering sker i omvänd ordningsföljd. Tänk på följande:
a) Se till att navets och bromsskivans

2.8 Dra navhållaren neråt från fjädringsbenets nederkant med bulten borttagen

fogytor är helt rena, och montera tillbaka skivan med inpassningsmarkeringarna inpassade.
b) Låt en Volvo-verkstad eller en lämpligt utrustad specialist kontrollera och justera framhjulsupphängningen.
c) Smörj gängorna till drivknuten och drivaxelns fästbult med motorolja innan bulten monteras tillbaka. En ny bult bör användas.
d) Dra åt alla muttrar och bultar till angivet moment (se kapitel 9 för bromskomponenternas åtdragningsmoment). När drivaxelbulten dras åt ska den först dras åt med en momentnyckel och sedan till den angivna vinkeln med en vinkeldragningsmätare.

2.10a Tryck bort lagret från dess placering

2.10b Trycka det nya lagret på plats

3.3 Skruva loss den mutter (markerad med pil) som håller fast krängningshämmarens länk på fjädringsbenet

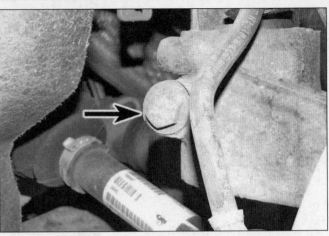

3.6 Fästbult mellan navhållaren och fjädringsbenet (markerad med pil)

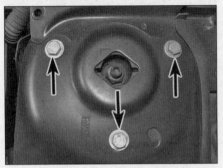

3.7 Övre benets fästbultar (markerade med pilar)

3.8 För benet från hjulhuset

3 Främre fjäderben – demontering och montering

Demontering

1 Lossa bultarna från relevant framhjul. Klossa bakhjulen och dra åt handbromsen, och lyft sedan upp framvagnen och ställ den på pallbockar (se *Lyftning och stödpunkter*). Ta bort hjulet.
2 Ta bort ABS-hjulsensorn från navhållarens fästbygel.
3 Skruva loss fästmuttern och lossa

krängningshämmarens anslutningslänk från fästbygeln på fjäderbenet. Använd en torxnyckel för att hålla emot muttern (se bild). Kasta muttern, eftersom en ny en måste användas.
4 Skruva loss den nedre styrarmens kulled från navhållaren (se proceduren i avsnitt 5).
5 Ställ en domkraft under fjädringens styrarm och hissa upp den så mycket att den tar upp vikten från fjädringen.
6 Skruva loss den klämbult som håller fast fjädringsbenet på navhållaren. Observera att en ny mutter krävs vid återmonteringen (se bild).
7 Ta bort kamaxelkåpan inifrån motorrummet

och skruva loss de tre muttrar som håller fast fjäderbenets övre fäste på karossen – **försök inte** lossa mittmuttern (se bild). Observera att nya muttrar krävs vid monteringen.
8 Lossa fjäderbenet från navhållaren och ta ut benet från undersidan av hjulhuset (se bild).

Montering

9 Monteringen sker i omvänd ordningsföljd mot demonteringen, och tänk på följande:
a) Se till att ABS-givaren och givarens plats i navhållaren är helt rena före återmonteringen.
b) Dra åt alla muttrar och bultar till angivet moment, med nya muttrar/bultar där det krävs.
b) Låt en verkstad eller en lämpligt utrustad specialist kontrollera och justera fjädringen.

4 Främre fjäderben – isärtagning, kontroll och hopsättning

⚠ *Varning: Innan fjäderbenet kan demonteras måste ett passande verktyg för komprimering av spiralfjädern anskaffas. Justerbara spiralfjäderkompressorer som kan fästas säkert på fjädrarna kan enkelt införskaffas, och rekommenderas starkt. Alla försök att ta isär fjäderbenet utan ett sådant verktyg innebär stora risker för materiella skador och/eller personskador.*

Isärtagning

1 Démontera benet enligt beskrivningen i avsnitt 3.
2 Lossa fjäderbenets fästmutter ett 1/2 varv samtidigt som du håller den utskjutande delen av kolvstången med ett torxbit (se bild). Ta inte bort muttern på det här stadiet.
3 Sätt dit på kompressorerna spiralfjädrarna och dra åt kompressorerna tills belastningen avlägsnas från fjädersätena (se bild).
4 Ta bort kolvmuttern, det övre lagret och

4.2 Lossa benets fästmutter ett halvt varv och håll kolvstången med en torxbit

4.3 Montera fjäderkompressorerna

4.4a Ta bort kolvmuttern

4.4b Med det övre fästet och spiralfjädern borttagna går det att ta bort det nedre gummifästet

4.4c Om det behövs, kan damasken skiljas från det övre fästet . . .

damasken följt av fjädern och fjäderns nedre gummifäste. Fjäderns övre gummifäste kan tas bort och damasken kan skiljas från det övre fästet om det behövs **(se bilder)**.

Kontroll

5 Med benet nu helt isärtaget, undersök alla delar och leta efter tecken på slitage, skador eller deformering. Byt alla delar som behöver bytas.

6 Undersök stötdämparen och leta efter tecken på läckage, och undersök benets kolv efter tecken på punktkorrosion längs hela dess längd. Kontrollera stötdämparens funktion genom att hålla den upprätt och först röra kolven ett fullt slag, och sedan flera korta slag på 50 till 100 mm. I bägge fallen ska motståndet vara jämnt och kontinuerligt. Om motståndet är hoppigt eller ojämnt, eller om det finns synliga tecken på slitage eller skada, måste stötdämparen bytas ut.

7 Om några tveksamheter föreligger vad gäller spiralfjäderns kondition, lossa fjäderkompressorn gradvis och undersök fjädern efter tecken på deformering och sprickbildning. Eftersom ingen minsta fria längd anges av Volvo, är det enda sättet att

4.4d . . . och stoppklacken kan tas bort

kontrollera fjäderns spänst att jämföra den med en ny. Byt fjädern om den är skadad eller deformerad, eller om det föreligger några tveksamheter om dess kondition.

8 Undersök övriga komponenter efter tecken på skador eller åldrande och byt ut alla misstänkta komponenter.

9 Om en ny stötdämpare ska monteras, håll den lodrätt och pumpa med kolven ett par gånger.

4.4e Om det behövs, kan fjäderns övre gummifäste tas bort

Hopsättning

10 Hopsättningen sker i omvänd ordningsföljd mot isärtagningen, men se till att fjädern är helt hoptryckt innan den sätts på plats. Se till att fjäderändarna placeras korrekt i det övre och nedre sätet och att de två plasttapparna är inriktade mot varandra. Dra åt stötdämparkolvens fästmutter och fjäderbenets fästmuttrar till angivet moment **(se bilder)**.

4.10a Se till att fjädern är helt hoptryckt före återmonteringen och att fjäderändarna är korrekt placerade i sina gummifästen

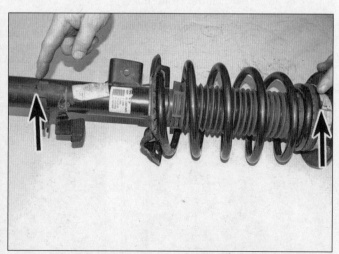

4.10b Vid återmonteringen av det övre fästet måste du se till att de två plasttapparna (markerade med pilar) är i linje

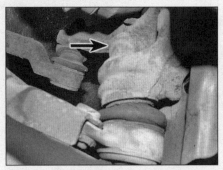

5.2a Skruva loss styrarmens kulledsmutter. . .

5.2b . . . och skilj kulleden

5.5a Skruva loss de tre styrarmsbultarna (markerade med pilar) på hjälpramen . . .

5.5b . . . och ta bort styrarmen

5 Främre styrarm och kulled – demontering, renovering och montering

Demontering

1 Lossa bultarna från relevant framhjul. Klossa bakhjulen och dra åt handbromsen, och lyft sedan upp framvagnen och ställ den på pallbockar (se Lyftning och stödpunkter). Ta bort hjulet, lossa skruvarna och ta bort motorns undre skyddskåpa.

2 Skruva loss den mutter som håller fast styrarmens kulled på navhållaren och ta loss kulleden. Volvo använder ett specialverktyg (999 7310) för denna uppgift och vi kunde inte ta loss kulleden med ett eget separeringsverktyg (den lossades med en alternativ metod med navhållaren demonterad från bilen) (se bilder). Kontakta en Volvo-

verkstad eller en reservdelsspecialist.

3 Lossa och ta bort bulten som håller fast drivaxeln på navet. Låt en medhjälpare trycka ner bromspedalen för att hindra navet från att rotera. Kasta bulten – eftersom en ny en måste användas.

4 Skruva loss bromsokets fästbultar.

5 Skruva loss de tre bultar (en framtill och två baktill) som håller fast styrarmen på hjälpramen och ta bort armen. Observera att på höger sida har den nedre styrarmen en länk fastbultad på sig för den främre höjdlägesgivaren (se bilder).

Renovering

6 Rengör styrarmen och området runt dess fästen noggrant. Undersök armen och leta efter tecken på sprickor, skador eller deformering, och kontrollera de inre pivåbussningarna noggrant efter tecken på

7.2 Övre bult till krängningshämmarens länk (markerad med pil)

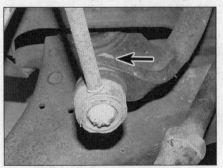

7.3 Nedre bult till krängningshämmarens länk (markerad med pil)

svällning, sprickor eller åldrande av gummit.

7 Om någon bussning behöver bytas, bör arbetet överlåtas till en Volvo-verkstad eller specialist. En hydraulpress och passande mellanläggsbrickor krävs för att demontera och sätta tillbaka bussningarna, och en positionsmätare krävs för noggrann placering av bussningarna i armen.

Montering

8 Montera armen i dess fästen på hjälpramen och sätt i de nya fästbultarna. Dra åt muttrarna till angivet moment.

9 Lägg i kulledsstången i navhållaren, dra sedan åt den nya muttern till angivet moment.

10 Resten av monteringen sker i omvänd ordningsföljd mot demonteringen.

6 Främre krängningshämmare – demontering och montering

Observera: Volvo ger rådet att denna uppgift kan utföras genom att den bakre delen av den främre hjälpramen sänks ner. I praktiken kommer detta troligen att visa sig vara svårt om inte bilen kan lyftas upp tillräckligt med en ramp eller lyft. Vi har därför tagit bort hjälpramen för att utföra denna uppgift.

Demontering

1 Demontera den främre hjälpramen enligt beskrivningen i avsnitt 8.

2 Observera att krängningshämmarens klämmor på varje sida av hjälpramen är fästa med de två bakre skruvarna till den nedre styrarmen (se bild 5.5a). Det går att ta bort krängningshämmaren med hjälpramen borttagen.

3 Undersök krängningshämmaren och leta efter tecken på deformering, och anslutningslänkarna och fästbussningarna efter tecken på åldrande av gummit. Bussningarna är vulkaniserade på krängningshämmaren, och kan inte bytas separat.

Montering

4 Flytta krängningshämmaren på plats på hjälpramen och montera tillbaka hjälpramen enligt beskrivningen i avsnitt 8.

7 Främre krängningshämmare länk – demontering och montering

Demontering

1 Lossa framhjulsbultarna. Klossa bakhjulen, lyft upp framvagnen och ställ den på pallbockar (se Lyftning och stödpunkter). Demontera det relevanta hjulet.

2 Skruva loss den bult som håller fast länken på fjädringsbenets nederdel (se bild).

3 Skruva loss fästmuttern och skilj krängningshämmarens anslutningslänks från krängningshämmarens ände (se bild). Använd en torxbit i änden av kulledsstången för att

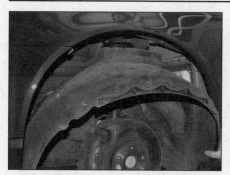

8.2 Ta bort de främre hjulhusfodren

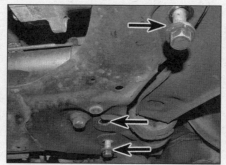

8.4 Skruva loss styrarmens nedre fästbultar (markerade med pilar) från hjälpramen

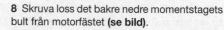

8.7 Skruva loss kuggstångens bult på vardera sidan

hålla emot muttern. Det går nu att ta bort anslutningslänken.

Montering

4 Monteringen utförs i omvänd ordningsföljd jämfört med demonteringen och nya muttrar måste användas och det är nödvändigt att se till att de dras åt till angivet moment.

8 Främre hjälpram – demontering och montering

Demontering

1 Kör bilen framåt och parkera den med framhjulen riktade rakt fram. Ta ur startnyckeln så att styrningen låses i denna position.
2 Lossa framhjulsbultarna. Klossa bakhjulen, lyft upp framvagnen och ställ den på pallbockar (se *Lyftning och stödpunkter*). Du måste se till att det finns ett tillräckligt mellanrum under bilen och därför är det lämpligt att utföra denna uppgift med hjälp av en ramp eller lift. Ta bort båda framhjulen och båda de främre hjulhusfodren **(se bild)**.
3 Skruva loss fästskruvarna och ta bort motorns undre skyddskåpa.
4 Volvo rekommenderar demontering av den främre nedre styrarmen. I och med att vi inte kunde lossa den nedre styrarmens kulled från navhållaren utan Volvo-verktyget (999 7130) tog vi bort bromsoket, skruvade loss drivaxelns fästbult, skruvade loss den nedre

styrarmens bultar från hjälpramen, skruvade loss fjädringsbenet och tog bort hjälpramen komplett med nav och nedre styrarm. Observera att på höger sida har den nedre styrarmen en länk fastbultad på sig för den främre körhöjdlägesgivaren **(se bild)**.
5 Skilj styrstagsändens kulleder från navhållaren på båda sidorna.
6 Skruva loss fästmuttern och lossa krängningshämmarens anslutningslänkar från båda sidorna av krängningshämmarens ändar. Använd en torxbit i änden av kulledstången för att hålla emot muttern.
7 Skruva loss de bultar som håller fast kuggstången på hjälpramen och fäst kuggstången ordentligt på en lämplig punkt på motorn **(se bild)**.

8 Skruva loss det bakre nedre momentstagets bult från motorfästet **(se bild)**.
9 Skruva loss de två bultar som håller fast avgassystemets hängfästbygel på den bakre delen av hjälpramen **(se bild)**. Var försiktig så att du inte böjer avgassystemets böjliga del med våld.
10 Gör några inställningsmärken mellan hjälpramen och bilens kaross för att underlätta återmonteringen **(se bild)** och stötta upp hjälpramen underifrån med en domkraft.
11 Skruva loss de två bultarna baktill på hjälpramen på varje sida som håller fast tvärbalken på golvet och hjälpramens bult på varje sida och ta bort tvärbalken **(se bilder)**.
12 Skruva loss hjälpramens främre bultar, sänk ner hjälpramen och dra ut den underifrån

8.8 Skruva loss momentstagets nedre bult (markerad med pil) från motorfästet

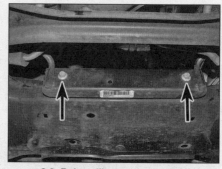

8.9 Bultar till avgassystemets fästbygelhållare (markerade med pilar)

8.10 Gör inställningsmärkena mellan hjälpramen och bilens kaross för att underlätta återmonteringen

8.11a Skruva loss de två bultarna på varje sida som håller fast tvärbalken på karossen (se pilar) . . .

8.11b . . . och den bakre bulten till hjälpramen på varje sida (se pil)

8.12 Bult till främre hjälpramen

8.13a Använd nya bultar och brickor till hjälpramen

8.13b Använd om möjligt ett lämpligt inställningsverktyg (markerat med pil)

bilen **(se bild)**. Lossa rör och vajrar när enheten sänks ner och se till att rören eller andra komponenter inte fastnar mellan hjälpramen och bilens kaross.

Montering

13 Monteringen sker i omvänd ordningsföljd mot demonteringen. Tänk på följande:

a) *Se till att rören eller andra komponenter inte fastnar mellan hjälpramen och bilens kaross när hjälpramen lyfts på plats.*

b) *Montera tillbaka den bakre tvärbalken på karossen och dra endast åt bultarna för hand på det här stadiet.*

c) *Fäst hjälpramen på den bakre tvärbalken med de nya bultarna och dra även här åt för hand.*

d) *Lyft upp den främre hjälpramen med domkraften, montera nya brickor och bultar, dra endast åt för hand (se bild).*

e) *Se till att de inställningsmärken som gjordes tidigare är i korrekt läge innan alla bultarna dras åt till angivet moment. Använd om möjligt lämpliga inställningsverktyg som har satts in i hålen bredvid den bakre hjälpramen (se bild). Dessa verktyg kan erhållas från reservdelsspecialister.*

f) *Låt en Volvo-verkstad eller en lämpligt utrustad specialist kontrollera framhjulens toe-in.*

9 Bakre navlagren – byte

1 Demontera bromsskivan enligt beskrivningen i kapitel 9. Skruva loss bultarna och ta bort bromsoks fästet från navet.
2 Lossa anslutningskontakten till ABS-hjulhastighetsgivaren.
3 Skruva loss de fyra bultarna och ta bort lagerenheten från navhållaren **(se bilder)**. Observera att om du skruvar loss den övre bulten på krängningshämmarens anslutningslänk går det att vrida krängningshämmaren något vilket ger bättre åtkomst till lagerenhetens bultar.
4 Montera den nya enheten på navhållaren och sätt därefter i och dra åt de nya bultarna (medföljer i lager-/navsatsen) till angivet moment.
5 Montera tillbaka ABS hjulhastighetsgivaren och bromsskivan enligt beskrivningen i kapitel 9.

10 Bakre navhållare – demontering och montering

Demontering

1 Ta bort spiralfjädern enligt beskrivningen i avsnitt 12.
2 Ta bort navlagren enligt beskrivningen i avsnitt 9.
3 Lossa anslutningskontakten från ABS-hjulhastighetsgivaren på navhållaren.
4 Ta bort bromsskölden om en sådan finns. Om en packning är monterad ska du skaffa en ny om den ursprungliga är skadad på något sätt.
5 Skruva loss klämmor som håller fast rör eller vajrar på navenheten.
6 Notera deras position och skruva sedan loss de bultar som håller fast krängningshämmaren, stötdämparen, de övre och nedre styrarmarna och styrstaget på navhållaren. Skruva loss de bultar som håller fast sidolänkarna på bilens kaross i enlighet med relevant avsnitt i detta kapitel. Kassera bultarna, nya bultar måste monteras. Ta bort navhållaren från bilen.
7 Om någon av de elastiska metallbuss-

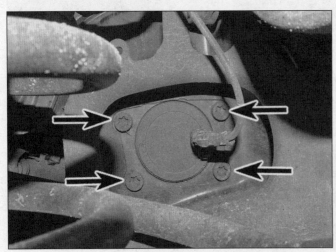

9.3a Bakre navlagerbultar (markerade med pilar)

9.3b Ta bort lagret från navet

11.3a Stötdämparens nedre fästbult (markerad med pil)

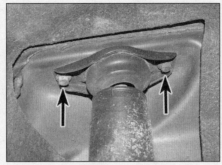

11.3b Stötdämparens övre fästbultar (markerade med pilar)

12.3 Tryck ihop fjäder med en lämplig fjäderkompressor

ningarna på navhållaren verkar vara skadade eller slitna låter du en Volvo-verkstad eller specialist byta dem eftersom man behöver specialverktyg och en hydraulpress.

Montering

8 Sätt dit navhållaren, anslut de olika länkarmarna och sätt dit de nya bultarna. Dra bara åt muttrarna med fingrarna än så länge.
9 Kontrollera att navhållaren är i 'normal' läge enligt beskrivningen i avsnitt 16.
10 Dra nu åt de olika fästbultarna till angivet moment om det är tillämpligt.
11 Resten av monteringen sker i omvänd ordningsföljd mot demonteringen.

11 Bakre stötdämpare – demontering och montering

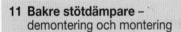

Demontering

1 Klossa bakhjulen, lyft upp framvagnen och ställ den på pallbockar (se *Lyftning och stödpunkter*). Trots att det inte krävs, förbättras åtkomligheten om bakhjulet demonteras.
2 Ställ en domkraft under den nedre styrarmens yttre ände och hissa upp domkraften så mycket att den avlastar stötdämparen för att underlätta demonteringen.
3 Skruva loss stötdämparens nedre fästbult och de två övre fästbultarna **(se bilder)**.

4 Kontrollera stötdämparens kondition, och byt den om det behövs.

Montering

5 Monteringen utförs i omvänd ordningsföljd jämfört med demonteringen och alla muttrar och bultar ska dras åt till angivet moment.

12 Bakre spiralfjäder – demontering och montering

Demontering

1 Lossa bakhjulsbultarna. Klossa framhjulen, lyft upp bakvagnen och ställ den på pallbockar (se *Lyftning och stödpunkter*). Demontera det relevanta hjulet.
2 Skruva loss den övre bulten från krängningshämmarens anslutningslänk enligt beskrivningen i avsnitt 15.
3 Fäst en spiralfjäderkompressor och tryck ihop fjädern **(se bild)**.
4 Lyft ut fjädern från sin plats.
5 Undersök alla delar och leta efter tecken på slitage eller skada, och byt om det behövs.

Montering

6 Återmonteringen utförs i omvänd ordningsföljd jämfört med monteringen och du måste se till att fjädern sitter korrekt i den nedre armen.

13 Bakre länkarmar – demontering och montering

Demontering

1 Lossa bakhjulsbultarna. Klossa framhjulen, lyft upp bakvagnen och ställ den på pallbockar (se *Lyftning och stödpunkter*). Ta bort hjulet.

Styrstag

2 Ta bort spiralfjädern enligt beskrivningen i avsnitt 12.
3 Skruva loss de bultar som håller fast styrstaget på hjälpramen och på längsstaget **(se bild)**.
4 Lossa höjdgivaren och ta bort styrstaget från bilen.

Övre arm

5 Ta bort spiralfjädern enligt beskrivningen i avsnitt 12.
6 Skruva loss de bultar som håller fast den övre armen på navhållaren och hjälpramen och ta bort den från bilen **(se bilder)**.

Nedre arm

7 Ta bort spiralfjädern enligt beskrivningen i avsnitt 12.
8 Skruva loss bultarna som håller fast den inre änden av den nedre styrarmen på bärramen och den yttre änden på navhållaren. Skruva

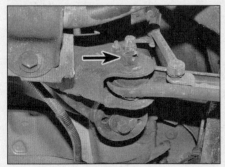

13.3 Styrstagets inre bult (markerad med pil)

13.6a Övre armens inre bult (markerad med pil)

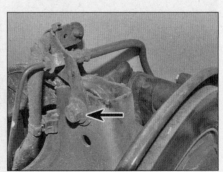

13.6b Övre armens yttre bult (markerad med pil) på navhållaren

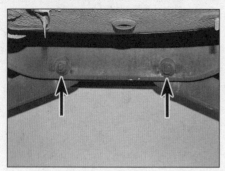

13.8a Nedre armens inre bultar (markerade med pilar)

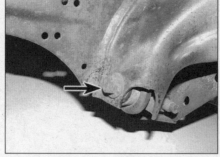

13.8b Nedre armens yttre bult (markerad med pil)

13.8c Lossa krängningshämmarens länk (se pilar) före demonteringen av den nedre armen

loss krängningshämmarens anslutningslänk. Lossa den nedre armen (se bilder).

Montering

9 Återmonteringen sker i omvänd ordning jämfört med demonteringen. Tänk på följande:

a) Byt alltid länkarmarnas fästbultar.
b) Dra åt alla hållare till angivet moment (där sådant angetts).
c) Innan du drar åt några av länkarmarnas fästbultar kontrollerar du att fjädringen är i normalläge enligt beskrivningen i avsnitt 16.

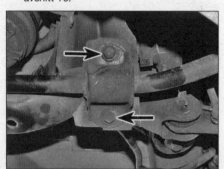

14.3 Klämbultar till krängningshämmaren (markerade med pilar)

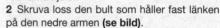

14 Bakre krängningshämmare – demontering och montering

Demontering

1 Klossa framhjulen, lyft upp bakvagnen och ställ den på pallbockar (se *Lyftning och stödpunkter*).
2 Skruva loss de bultar på varje sida som håller fast krängningshämmaren på anslutningslänken enligt beskrivningen i avsnitt 15.
3 Skruva loss de bultar som håller fast krängningshämmarens klämmor på hjälpramen, för krängningshämmaren förbi hjälpramen och ta bort den från bilen (se bild).

Montering

4 Montering sker i omvänd ordningsföljd.

15 Bakre krängningshämmare länk – demontering och montering

1 Lossa bakhjulsbultarna. Klossa framhjulen, lyft upp bakvagnen och ställ den på pallbockar

(se *Lyftning och stödpunkter*). Demontera det relevanta hjulet.
2 Skruva loss den bult som håller fast länken på den nedre armen (se bild).
3 Skruva loss den bult som håller fast länken på krängningshämmaren (se bild). Det går nu att ta bort anslutningslänken.
4 Monteringen utförs i omvänd ordningsföljd jämfört med demonteringen och nya muttrar måste användas och det är nödvändigt att se till att de dras åt till angivet moment.

16 Bakre hjälpram – demontering och montering

Demontering

1 För att komma åt bättre kan du skruva loss de övre bultarna till krängningshämmarens anslutningslänk och ta bort de båda bakre spiralfjädrarna enligt beskrivningen i avsnitt 12 (vid återmontering av den gamla fjädern ska du göra inställningsmärken mellan fjädern och fjädersätet för att underlätta monteringen).
2 Skruva loss de nedre fästbultarna till de bakre stötdämparna.
3 Skruva loss skruvarna/bultarna på varje

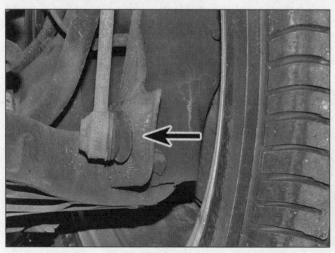

15.2 Nedre fästbult till länken (markerad med pil)

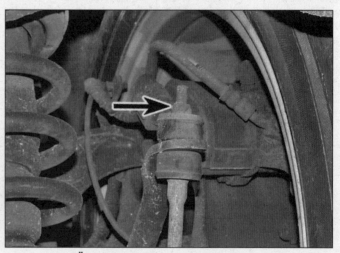

15.3 Övre fästbult till länken (markerad med pil)

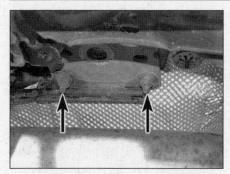

16.4a Bultar till bromsrörets fästbygel (markerade med pilar)

16.4b Fästbygel till avgassystemets hållare

16.4c Skruva loss bultarna som håller fast sidolänken på karossen

sida och ta bort underreds panelerna från golvplattan.

4 Skruva loss den bult som håller fast rörfästbygeln på båda sidorna på den plats där länken är fastbultad på bilens kaross **(se bild)**. Skruva loss de två bultar som håller fast avgassystemets hållare på vänster sida på samma plats. Skruva loss de två bultar på varje sida som håller fast sidolänkarmen på karossen **(se bilder)**.

5 Skruva loss de bultar på varje sida som håller fast fjädringens övre arm på navhållaren.

Detta krävs enbart för att ta bort bromsrörets fästbygel **(se bild)**.

6 Aktivera handbromsens serviceläge (se kapitel 9, avsnitt 5), lossa ABS-givarens anslutningskontakt och anslutningskontakten till handbromsens manöverdon.

7 Skruva loss bromsokets styrsprintsbultar och ta bort bromsoken på ena sidan. Häng bromsoken i bilens kaross för att förhindra att den böjliga bromsslangen utsätts för påfrestningar. På höger sida tyckte vi att det var enklast att ta bort hjulhusfodret **(se bild)** och fästa bromsoket på

fästbygeln till bränslepåfyllningsröret. På vänster sida kan bromsoket fästas på stötdämparens överdel **(se bilder)**.

8 Lossa avgassystemets fäste ovanför hjälpramen **(se bild)**. Lossa det kablage som är fäst på hjälpramen bredvid bränslefiltret.

9 Placera två garagedomkrafter under hjälpramen och gör inriktningsmärken mellan bärramens fästen och bilens kaross för att underlätta återmonteringen.

10 Skruva loss de fyra bultar som håller fast hjälpramens fästen och fästbyglar

16.5 Ta bort bromsrörets fästbygel från navhållaren genom att skruva loss armens övre bult (markerad med pil)

16.7 Ta bort hjulhusfodren

16.7b Fäst bromsoket på höger sida på bränslepåfyllningsörets fästbygel . . .

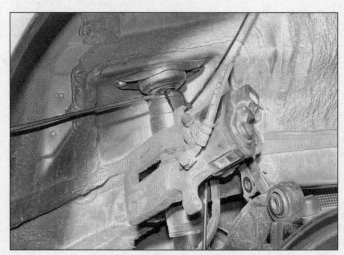

16.7c . . . och bromsoket på vänster sida längst upp på den bakre stötdämparen

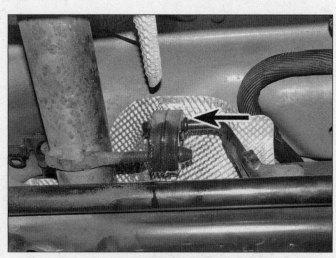

16.8 Lossa avgassystemets hållare (markerad med pil) över hjälpramen

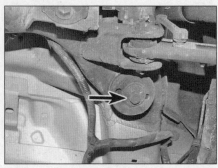

16.10a Hjälpramens främre bult (markerad med pil)

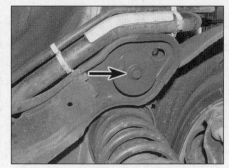

16.10b Hjälpramens bakre bult (markerad med pil)

16.10c Lossa bränslefiltret från dess fästbygel (markerad med pil)

på bilens kaross (se bilder). Sänk ner hjälpramen gradvis och se till att inga rör eller vajrar fångas mellan hjälpramen och andra komponenter. När hjälpramen sänks ner kan bränslefiltret lossas från fästbygeln och fästas på bränslepåfyllningsröret med buntband eller något liknande. När hela paketet går fritt från underredet, kan det dras ut bakåt bort från bilen.

11 Med hjälpramen borttagen går det att trycka ut lagret från dess plats (se bilder).

Montering

12 Monteringen sker i omvänd ordningsföljd mot demonteringen, och tänk på följande:

a) För hjälpram enheten i läge med domkrafterna och säkra den med de fyra nya fästbultarna på varje sida, passa in de tidigare gjorda markeringarna och dra åt bultarna till angivet moment.

b) Använd nya bultar till fjädrings- och bromskomponenter enligt beskrivningen i relevanta avsnitt.

c) Med anslutningskontakten till handbromsens manöverdon återansluten ska du deaktivera serviceläget.

d) Före den slutliga åtdragningen av bultarna till fjädringsdelarna måste fjädringen

vara i sitt normala läge. Detta bör göras innan de bakre fjädrarna monteras tillbaka. Placera en garagedomkraft under styrarmen på den plats där den är fäst på navhållaren och lyft upp enheten tills avståndet från hjulhuset till navets mitt är 350 mm (se bild). Om det behövs placerar du ballast i bagagerummet för att öka bilens vikt så att fjädringen kan tryckas ihop tillräckligt med domkraften utan att lyfta bilen från pallbockarna. Dra åt alla fästbultar till angivet moment.

17 Ratt – demontering och montering

⚠ **Varning: Var ytterst försiktig vid hanteringen av krockkudden för att undvika personskador. Håll alltid enheten med kåpan riktad från kroppen. Vid tveksamheter angående arbete med krockkudden eller dess styrningskrets bör en Volvo-verkstad kontaktas.**

Demontering

1 Kör bilen framåt och parkera den med framhjulen riktade rakt fram.

16.11a Tryck bort hjälpramen från dess placering

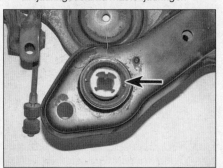

16.11b Hjälpramens lager är placerat i hjälpramen

16.11c Tryck den nya hjälpramen på plats

16.12 Avståndet från hjulhusets överdel till navets mitt ska vara 350 mm

2 Koppla loss batteriets minusledare och vänta i 10 minuter innan arbetet påbörjas.

3 Klistra en bit maskeringstejp längst upp på rattnavet, och en annan bit längst upp på rattstångens övre kåpa. Rita ett streck med en penna över båda tejpbitarna som inpassningsmarkering vid återmonteringen.

4 Ta loss krockkuddeenheten från ratten enligt beskrivningen i kapitel 12.

5 Lossa rattens mittre fästbult något. Det krävs en del kraft för att skruva loss bulten och detta förhindrar skador på kontaktspolen när den är låst på plats.

6 Se till att ratten är riktad rakt fram och ta bort den nedre skruven från förvaringsläget och sätt i den i hålet för att låsa den roterande kontaktrullen.

7 Skruva loss rattens mittre fästbult **(se bild)**.

8 Lyft av ratten från rattstången och dra ut kablarna och plastremsan genom hålet i ratten.

Montering

9 Kontrollera att framhjulen fortfarande pekar rakt fram.

10 Mata in kablarna genom hålet i ratten, och passa sedan in ratten på rattstången. Se till att markeringarna som gjordes före demonteringen passar in mot varandra, och att tapparna på kontaktrullen passar in i urtagen på rattnavet. Observera att det övre höljet är fäst på instrumentpanelens sarg. Försök inte

vrida ratten med kontaktrullen låst, då kommer rullen att skadas.

11 Montera tillbaka rattens fästbult och dra endast åt den för hand.

12 Ta bort låsskruven till krockkuddens kontaktspole och sätt tillbaka skruven på avsedd plats på ratten enligt informationen i kapitel 12.

13 Dra åt rattens fästbult till angivet moment.

14 Montera tillbaka krockkudden vid ratten enligt beskrivningen i kapitel 12.

18 Rattstång –
demontering och montering

Demontering

1 Koppla loss batteriets minusledning (se kapitel 5A).

2 Dra ut rattstången helt och ta bort ratten (se avsnitt 17).

3 Ta bort rattstångskåporna. Lossa den böjliga delen under instrumentbrädan från den övre kåpans baksida och lossa den övre kåpan från den nedre kåpan. Skruva loss de tre skruvarna under rattstångens nedre kåpa och ta bort den **(se bilder)**.

4 Ta bort rattens styrenhet. Se till att kontaktspolen är låst på plats, skruva loss de fyra skruvarna, lossa anslutningskontakten och ta bort enheten. Observera att när en styrenhet har återmonterats kan den

17.7 Skruva loss rattens mittre fästbult.

behöva programmeras med särskild Volvo-testutrustning – överlåt detta åt en Volvo-verkstad eller en lämpligt utrustad specialist.

5 Ta bort klädselpanelen under instrumentbrädan på förarsidan som är fäst med två skruvar och dra sedan ut panelen ur spåren på överdelen. Koppla loss anslutningskontakten från fotbrunnsbelysningen.

6 Skruva loss klämbulten från knutkorset på rattstångens mellandel och dra upp leden från den nedre delen av stången **(se bild)**. Kasta bulten – eftersom en ny en måste användas.

7 Lossa kabelstyrningen från rattstångens undersida och låt den hänga ner.

8 Skruva loss de fyra bultar som håller fast rattstången på instrumentbrädan och dra enheten bakåt samtidigt som du lossar alla

18.3a Lossa det böjliga avsnittet från den övre kåpan

18.3b Lossa den övre kåpan från den nedre kåpan . . .

18.3c . . . och ta bort den övre kåpan

18.3d Skruva loss de tre skruvarna (markerade med pilar) . . .

18.3e . . . och ta bort den nedre kåpan

18.6 Skruva loss klämbulten till styrningens knutkors (markerad med pil)

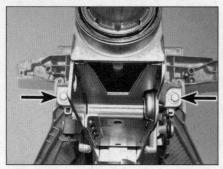

18.8a Skruva loss rattstångens två övre fästbultar . . .

18.8b . . . och de två nedre fästbultarna

20.2a Lyft upp servooljebehållaren från dess fästbygel

anslutningskontakter när den tas bort (visas med rattstången borttagen för tydlighetens skull) **(se bilder).**

Montering

9 Monteringen sker i omvänd ordningsföljd. Tänk på följande:

a) *Smörj mellanaxelns räfflor med fett innan rattstången passas in.*

b) *När du sätter dit stångens fästbultar drar du åt de bakre bultarna först.*

c) *Använd en ny universalledsklämbult.*

19 Styrlås –
demontering och montering

Styrlåset är elektriskt drivet och det är placerat under rattstången. Det går att komma åt med rattstångens nedre kåpa borttagen. Det bör observeras att felaktig demontering kan leda till att enheten låses permanent och att det då krävs en helt ny rattstång. Vi rekommenderar därför att detta arbete överlåts till en Volvo-verkstad eller en specialist.

20 Kuggstång –
demontering och montering

Observera: *Volvo ger rådet att denna uppgift kan utföras genom att den bakre delen av den främre hjälpramen sänks ner. I praktiken kommer detta troligen att visa sig vara svårt om inte bilen kan lyftas upp tillräckligt med*

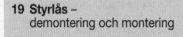

20.2b Lossa röret längst ner på behållaren och samla upp vätskan i ett lämpligt kärl

en ramp eller lyft. Vi har därför tagit bort hjälpramen för att utföra denna uppgift.

Demontering

1 Skruva loss rattstångens klämbult på universalleden i förarens fotutrymme **(se bild 18.6).** Kasta klämbultmuttern – eftersom en ny en måste användas.

2 Tappa ur servooljebehållaren genom att lossa röret på behållarens nederdel och samla upp vätskan i ett lämpligt kärl **(se bilder).**

3 Torka rent området runt vätskerörets anslutningar på kuggstångens drevhus, skruva loss anslutningsmuttern och dra försiktigt bort rören **(se bild).** Var beredd på vätskeläckage.

4 Följ tillvägagångssättet för borttagning av den främre hjälpramen (med undantag av punkt 7) enligt beskrivningen i avsnitt 8.

5 Skruva loss de två bultar som håller fast kuggstången på hjälpramen och ta bort

20.3 Skruva loss rörets anslutningsmutter (markerad med pil) från kuggstången

enheten.

Montering

6 Monteringen utförs i omvänd ordningsföljd jämfört med demonteringen och dra åt givaren till angivet moment.

7 Fyll på och lufta kuggstången enligt beskrivningen i avsnitt 22.

8 Låt en Volvo-verkstad eller en mekaniker med rätt utrustning kontrollera och justera framhjulens toe in.

21 Kuggstångsdamasker – byte

1 Räkna och notera antalet gängor som syns på parallellstaget från änden av staget till styrstagsändens låsmutter.

2 Ta bort styrstagsänden på den berörda sidan enligt beskrivningen i avsnitt 25. Skruva loss låsmuttern från parallellstaget.

3 Lossa de två klämmorna och dra loss damasken **(se bilder).**

4 Torka bort all smuts från den inre änden av styrstaget och (när det går att komma åt) kuggstången.

5 Linda isoleringstejp runt parallellstagets gängor för att skydda den nya damasken under monteringen.

6 Sätt tillbaka styrstagsändens låsmutter och skruva på den så långt att samma antal gängor som räknades vid demonteringen syns.

7 Montera tillbaka styrstagsänden enligt beskrivningen i avsnitt 25.

21.3a Lossa de inre . . .

21.3b . . . och yttre klämmorna till rattstångens damask

22 Kuggstång – luftning

1 Servooljebehållaren sitter på motorrummets högra sida, alldeles framför kylvätskeexpansionskärlet.
2 MAX- och MIN-markeringarna sitter på behållaren. Vätskenivån måste alltid hållas mellan dessa två markeringar.
3 Om påfyllning är nödvändig ska du torka rent området runt behållarens påfyllningsrör och skruva loss påfyllningsröret från behållaren. Använd ren vätska av den angivna typen (se Smörjmedel och vätskor).
4 Om någon del har bytts, eller om vätskenivån har fallit så lågt att luft kommit in i hydraulsystemet, måste systemet luftas som följer.
5 Fyll behållaren till rätt nivå enligt beskrivningen ovan.
6 Klossa bakhjulen, lyft upp framvagnen och ställ den på pallbockar (se Lyftning och stödpunkter).
7 Vrid ratten upprepade gånger till fullt utslag åt båda hållen, och fyll på så mycket vätska som behövs.
8 Sänk ner bilen, starta motorn och låt den gå på tomgång.
9 Vrid ratten långsamt åt höger till fullt utslag, och håll den där i två sekunder.
10 Vrid ratten långsamt åt vänster till fullt utslag, och håll den där i två sekunder.
11 Fyll på mer vätska igen, om det behövs.
12 Upprepa punkt 9 och 10 tio gånger. Kontrollera vätskenivån flera gånger under denna operation, och fyll på mer om det behövs.
13 Avsluta med att stanna motorn, kontrollera vätskenivån igen och sedan sätta på behållarens påfyllningslock.

23 Styrningspump – demontering och montering

Demontering

1 Dra upp och ta bort motorkåpan.
2 Ta bort multiremmen enligt beskrivningen i kapitel 1.
3 Skruva loss röranslutningen på sidan av pumpen. Var beredd på vätskeläckage och plugga igen rörens öppningar för att förhindra att smuts kommer in.
4 Skruva loss den bult som håller fast fästbygeln på pumpens sida.
5 Skruva loss anslutningen på pumpen till det rör som leder vätska från behållaren. Var beredd på läckage och täta öppningen för att förhindra förorening.
6 Skruva loss de tre bultarna och ta bort pumpen från motorrummet.

Montering

7 Monteringen sker i omvänd ordningsföljd. Tänk på följande:
a) Använd nya O-ringstätningar om sådana finns.
b) Dra åt pumpens fästbultar till angivet moment.
c) Montera tillbaka multiremmen enligt beskrivningen i kapitel 1.
d) Fyll på vätskebehållaren och lufta systemet enligt beskrivningen i avsnitt 22..

24 Servooljekylare – demontering och montering

Demontering

1 Ta bort den högra strålkastaren enligt beskrivningen i kapitel 12.
2 Demontera den främre stötfångaren enligt beskrivningen i kapitel 11.
3 Tappa ur servooljebehållaren genom att lossa röret på behållarens nederdel och samla upp vätskan i ett lämpligt kärl.
4 Skruva loss skruvarna och ta bort kylarens övre triangelformade styrsprintar av plast (se bild). Luta kylaren något bakåt.
5 Arbeta från sidan av den högra strålkastaröppningen och skruva loss styrningsvätskerörets fästbygel.

24.4 Ta bort kylarens övre styrsprintar

24.8 Skruva loss skruven (markerad med pil) som håller fast servostyrnings-slangklämman på hjälpramen.

6 Lossa styrningsvätskerörets anslutning bredvid vätskebehållaren (se bild). Var beredd på spill.
7 Arbeta från bilens front och ta bort plastpanelen från kylarens högra sida.
8 Skruva loss den skruv som håller fast oljekylaren på kylaren och ta bort oljekylaren och rören från kylarens främre del (se bild).

Montering

9 Monteringen sker i omvänd ordningsföljd mot demonteringen. Fyll på och lufta systemet enligt beskrivningen i avsnitt 22.

25 Styrstagsände – demontering och montering

Demontering

1 Lossa bultarna från relevant framhjul. Klossa bakhjulen, lyft upp framvagnen och ställ den på pallbockar (se Lyftning och stödpunkter). Ta bort hjulet.
2 Håll emot styrstaget och lossa styrstagsändens låsmutter ett halvt varv (se bild). Om låsmuttern nu lämnas på denna plats, kan den användas som hjälp vid återmonteringen.
3 Skruva loss styrstagsändens

24.6 Lossa vätskerörets anslutning (markerad med pil) bredvid vätskebehållaren

25.2 Lossa styrstagsändens låsmutter (markerad med pil)

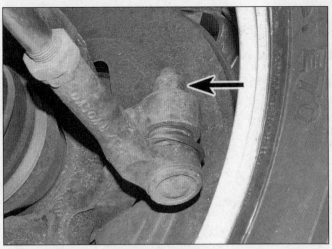

25.3a Skruva loss styrstagsändens spindelledsmutter (markerad med pil) . . .

25.3b . . . och dra av kulleden med en kulledsavdragare

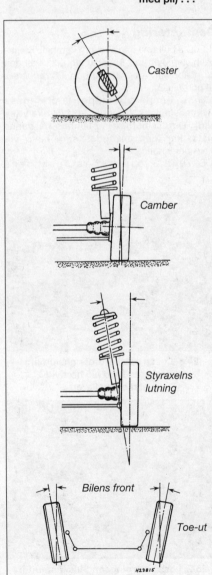

26.1 Framhjulsinställning

spindelledsmutter. Ta loss spindelleden från styrarmen med en spindelledsavdragare, och skruva sedan loss muttern och lossa spindelleden från armen **(se bilder)**.

4 Skruva loss styrstagsänden från styrstaget, och räkna det antal varv som krävs för att ta bort den. Notera antalet varv, så att hjulinställningen kan återställas (eller åtminstone uppskattas) vid återmonteringen.

Montering

5 Skruva på styrstagsänden på styrstaget samma antal varv som noterades vid demonteringen.
6 Passa in spindeltappen i styrarmen. Sätt på en ny mutter och dra åt den till angivet moment.
7 Håll emot styrstaget och dra åt låsmuttern.
8 Montera tillbaka framhjulet, sänk ner bilen och dra åt hjulbultarna i diagonal ordningsföljd till angivet moment.
9 Låt en Volvo-verkstad eller en mekaniker med rätt utrustning kontrollera och justera framhjulens toe-inställning.

26 Hjulinställning och styrvinklar – allmän information

1 En bils styrnings- och fjädringsgeometri definieras i fyra grundläggande inställningar. Alla vinklar uttrycks vanligtvis i grader. De olika inställningarna är cambervinkel, castervinkel, styraxelns lutning och toe-inställning **(se bild)**. På de modeller som tas upp i den här handboken, är det bara den främre cambervinkeln och främre och bakre toe-inställningen som kan justeras. Alla andra fjädrings- och styrningsvinklar ställs in under tillverkningen och går inte att justera. Det kan därför antas att, såvida

bilen inte krockat, alla förinställda vinklar är korrekta.

Camber

2 Camber är vinkeln mellan framhjulen och en vertikal linje sett framifrån eller bakifrån. Negativ camber är det värde (i grader) som hjulen lutar inåt från vertikallinjen upptill.
3 Den främre cambervinkeln kan justeras genom att fästbultarna mellan navhållaren och fjädringsbenet lossas och navhållaren flyttas.

Caster:

4 Caster är vinkeln mellan styraxeln och en vertikal linje sett från sidan av bilen. Positiv caster föreligger om styraxeln lutar bakåt upptill.

Styraxelns lutning

5 Styraxelns lutning är den vinkel (sett framifrån) mellan en vertikal linje och en imaginär linje som dras mellan det främre fjäderbenets övre fäste och styrarmens spindelled.

Toe

6 Toe-inställningen är det värde med vilket avståndet mellan hjulens främre insidor (mätt i navhöjd) skiljer sig från det diametralt motsatta avståndet mellan hjulens bakre insidor. Toe-in föreligger när hjulen pekar inåt mot varandra i framkanten, och toe-out föreligger om de pekar utåt från varandra.
7 Framhjulens toe-inställning kan justeras genom att styrstagens längd ändras på båda sidor. Denna inställning kallas normalt hjulinställning.
8 Bakhjulens toe-inställning kan justeras genom att positionen för bakfjädringens fästen mellan tvärarmen och hängarmen ändras.
9 Speciell optisk mätutrustning krävs för

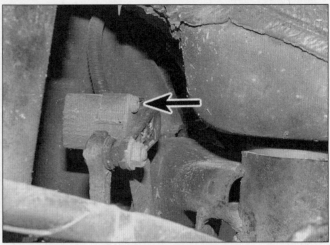

27.3a Fästskruvar till den främre höjdgivaren (markerad med pil)   27.3b Fästskruv till den bakre höjdgivaren (markerad med pil)

noggrann kontroll och justering av de främre och bakre toe-inställningarna samt de främre cambervinklarna, och detta arbete bör utföras av en Volvo-verkstad eller liknande specialist. De flesta däcksverkstäder har den expertis och utrustning som krävs för att åtminstone kontrollera framhjulens toe-inställning (hjulinställningen) för en mindre kostnad.

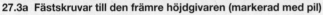

27 Körhöjdgivare –
demontering och montering

Demontering

1 Lyft upp fram eller bakvagnen och ställ den på pallbockar (se *Lyftning och stödpunkter*).

2 Skruva loss och lossa länkarmen från den främre eller bakre givaren.
3 Lossa givarens anslutningskontakt, skruva loss fästskruvarna och ta bort givaren **(se bilder)**.

Montering

4 Montering sker i omvänd ordningsföljd.

Kapitel 11
Kaross och detaljer

Innehåll

Allmän information 1
Baklucka – demontering och montering 15
Bakluckans inre klädselpanel – demontering och montering....... 14
Bakluckans låskomponenter – demontering och montering 17
Bakluckans stödben – demontering och montering 16
Baksäte – demontering och montering 23
Dörrar – demontering, montering och justering 9
Dörrens fönsterglas, motor och regulator – demontering och
    montering 13
Dörrens inre klädselpanel – demontering och montering......... 10
Dörrhandtag och låskomponenter – demontering och montering... 11
Dörrhållare – demontering och montering 12
Framgrill – demontering och montering 21
Framsäte – demontering och montering 22
Inre dekor och klädsel – demontering och montering 24

Instrumentbräda – demontering och montering............... 27
Mindre karosskador – reparation 4
Mittkonsol – demontering och montering 26
Motorhuv – demontering, montering och justering 6
Motorhuvslås – demontering och montering 8
Motorhuvslåsvajer – demontering, montering och justering 7
Soltak – allmän information 28
Speglar och tillhörande komponenter – demontering och
    montering 19
Större karosskador – reparation.......................... 5
Stötfångare – demontering och montering 20
Säkerhetsbälten – allmän information, demontering och montering .. 25
Underhåll – kaross och underrede 2
Underhåll – klädsel och mattor........................... 3
Vindruta och andra fasta glasrutor – demontering och montering... 18

Svårighetsgrad

| Enkelt, passar novisen med lite erfarenhet | | Ganska enkelt, passar nybörjaren med viss erfarenhet | | Ganska svårt, passar kompetent hemmamekaniker | | Svårt, passar hemmamekaniker med erfarenhet | | Mycket svårt, för professionell mekaniker | |

Specifikationer

Åtdragningsmoment

	Nm
Bultar till bakluckans gångjärn...............................	24
Bultar till dörrarnas gångjärn	24
Fästbultar till baksätets dyna	25
Fästbultar till framsäte	40
Instrumentbrädans tvärbalk:	
Bultar till värmeenhetens ram.............................	10
Till A-stolpen...	50
Till mittkonsolens fästen..................................	24
Motorhuvens gångjärnsbultar	24
Säkerhetsbälten:	
Alla andra bultar..	40
Förankring till framsäte...................................	45

1 Allmän information

Karossen är tillverkad av pressade stålsektioner. De flesta komponenter är sammansvetsade, men ibland används fästmedel. Dörrarna och dörrstolparna är förstärkta mot sidokrockar som en del av sidokrockskyddsystemet.

Ett antal bärande komponenter och karosspaneler är gjorda av galvaniserat stål som ett extra skydd mot korrosion. Även plastmaterial används mycket, framför allt till de inre detaljerna men även till vissa yttre komponenter. De främre och bakre stötfångarna är gjutna av ett syntetmaterial som är mycket starkt men lätt. Plastkomponenter, som hjulhusfoder, sitter monterade på bilens undersida för att ytterligare öka bilens motståndskraft mot rostangrepp.

2 Underhåll – kaross och underrede

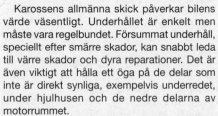

Karossens allmänna skick påverkar bilens värde väsentligt. Underhållet är enkelt men måste vara regelbundet. Försummat underhåll, speciellt efter smärre skador, kan snabbt leda till värre skador och dyra reparationer. Det är även viktigt att hålla ett öga på de delar som inte är direkt synliga, exempelvis underredet, under hjulhusen och de nedre delarna av motorrummet.

Tvättning utgör grundläggande underhåll av karossen – helst med stora mängder vatten från en slang. Detta tar bort all lös smuts som har fastnat på bilen. Det är viktigt att smutsen spolas bort på ett sätt som förhindrar att lacken skadas. Hjulhusen och underredet behöver också spolas rent från lera som håller kvar fukt, vilken i sin tur kan leda till rostskador. Paradoxalt nog är det bäst att tvätta av underredet och hjulhuset när det regnar eftersom leran då är blöt och mjuk. Vid körning i mycket våt väderlek spolas vanligen underredet av automatiskt vilket ger ett lämpligt tillfälle för kontroll.

Med undantag för bilar med vaxade underreden är det bra att periodvis rengöra hela undersidan av bilen, inklusive motorrummet, med ångtvätt så att en grundlig kontroll kan utföras för att se vilka åtgärder och mindre reparationer som behövs. Ångtvättar finns att få tag på hos bensinstationer och verkstäder och behövs när man ska ta bort de ansamlingar av oljeblandad smuts som ibland lägger sig tjockt i vissa utrymmen. Om en ångtvätt inte finns tillgänglig finns det ett par utmärkta avfettningsmedel som man stryker på med borste för att sedan spola bort smutsen. Observera att ingen av ovanstående metoder ska användas på bilar med vaxade underreden, eftersom de tar bort vaxet. Bilar med vaxade underreden ska kontrolleras årligen, helst på senhösten. Underredet ska då tvättas av så att skador i vaxbestrykningen kan hittas och åtgärdas. Helst ska ett helt nytt lager vax läggas på. Överväg även att spruta in vaxbaserat skydd i dörrpaneler, trösklar, balkar och liknande som ett extra rostskydd där tillverkaren inte redan åtgärdat den saken.

Torka av lacken med sämskskinn efter tvätten så att den får en fin yta. Ett lager med genomskinligt skyddsvax ger förbättrat skydd mot kemiska föroreningar i luften. Om lacken mattats eller oxiderats kan ett kombinerat rengörings-/polermedel återställa glansen. Detta kräver lite arbete, men sådan mattning orsakas vanligen av slarv med regelbundenheten i tvättningen. Metalliclacker kräver extra försiktighet och speciella slipmedelsfria rengörings-/polermedel krävs för att inte skada ytan. Kontrollera alltid att dräneringshål och rör i dörrar och ventilation är öppna så att vatten kan rinna ut. Kromade ytor ska behandlas på samma sätt som lackerade. Fönster och vindrutor ska hållas fria från fett och smuts med hjälp av fönsterputs. Vax eller andra medel för polering av lack eller krom ska inte användas på glas.

3 Underhåll – klädsel och mattor

Mattorna ska borstas eller dammsugas med jämna mellanrum så att de hålls rena. Om de är svårt nedsmutsade kan de tas ut ur bilen och skrubbas. Se i så fall till att de är helt torra innan de läggs tillbaka i bilen. Säten och klädselpaneler kan torkas rena med fuktig trasa. Om de smutsas ner (syns ofta bäst i ljusa inredningar) kan lite flytande tvättmedel och en mjuk nagelborste användas för att skrubba ut smutsen ur materialet. Glöm inte takets insida. Håll det rent på samma sätt som klädseln. När flytande rengöringsmedel används inne i en bil får de tvättade ytorna inte överfuktas. För mycket fukt kan tränga in i sömmar och stoppning och framkalla fläckar, störande lukter och till och med röta. Om insidan av bilen blir mycket blöt är det mödan värt att torka ur den ordentligt, speciellt mattorna. *Lämna inte olje- eller eldrivna värmare i bilen för detta ändamål.*

4 Mindre karosskador – reparation

Mindre repor

Om en repa är mycket ytlig och inte har trängt ner till karossmetallen är reparationen mycket enkel att utföra. Gnugga det skadade området helt lätt med lackrenoveringsmedel eller en mycket finkornig slippasta så att lös lack tas bort från repan och det omgivande området befrias från vax. Skölj med rent vatten.

Lägg bättringslack på skråman med en fin pensel. Lägg på i många tunna lager till dess att ytan i skråman är i jämnhöjd med den omgivande lacken. Låt den nya lacken härda i minst två veckor och jämna sedan ut den mot omgivande lack genom att gnugga hela området kring repan med lackrenoveringsmedel eller en mycket finkornig slippasta. Avsluta med en vaxpolering.

Om repan gått ner till karossmetallen och denna börjat rosta krävs en annan teknik. Ta bort lös rost från botten av repan med ett vasst föremål och lägg sedan på rostskyddsfärg så att framtida rostbildning förhindras. Använd sedan ett spackel av gummi eller nylon och fyll upp repan med spackelmassa. Vid behov kan spacklet tunnas ut med thinner så att det blir mycket tunt vilket är idealiskt för smala repor. Innan spacklet härdar, linda ett stycke mjuk bomullstrasa runt en fingertopp. Doppa fingret i cellulosaförtunning och stryk snabbt över fyllningen i repan. Detta ser till att spackelytan blir något ihålig. Lacka sedan över repan enligt tidigare anvisningar.

Bucklor

När en djup buckla uppstått i bilens kaross blir den första uppgiften att räta ut den så att karossen i det närmaste återfår ursprungsformen. Det finns ingen anledning att försöka återställa formen helt eftersom metallen i det skadade området sträckt sig vid skadans uppkomst och aldrig helt kommer att återta sin gamla form. Det är bättre att försöka ta bucklans nivå upp till ca 3 mm under den omgivande karossens nivå. Om bucklan är mycket grund är det inte värt besväret att räta ut den. Om undersidan av bucklan är åtkomlig kan den knackas ut med en träklubba eller plasthammare. När detta görs ska mothåll användas på plåtens utsida så att inte större delar knackas ut.

Skulle bucklan finnas i en del av karossen som har dubbel plåt, eller om den av någon annan anledning är oåtkomlig från insidan, krävs en annan teknik. Borra ett flertal hål genom metallen i bucklan – speciellt i de djupare delarna. Skruva därefter in långa plåtskruvar precis så långt att de får ett fast grepp i metallen. Dra sedan ut bucklan genom att dra i skruvskallarna med en tång.

Nästa steg är att ta bort lacken från det skadade området och ca 3 cm runt den omgivande oskadade plåten. Detta görs enklast med stålborste eller slipskiva monterad på borrmaskin, men det kan även göras för hand med slippapper. Fullborda underarbetet genom att repa den nakna plåten med en skruvmejsel eller filspets, eller genom att borra små hål i det område som ska spacklas. Detta gör att spacklet fäster bättre.

Se avsnittet om spackling och sprutning för att avsluta reparationen.

Rosthål och revor

Ta bort lacken från det drabbade området och ca 30 mm av den omgivande oskadade plåten med en sliptrissa eller stålborste monterad i en borrmaskin. Om sådana verktyg inte finns tillgängliga kan ett antal ark slippapper göra jobbet lika effektivt. När lacken är borttagen kan rostskadans omfattning uppskattas mer exakt och därmed kan man avgöra om hela panelen (om möjligt) ska bytas ut eller om rostskadan ska repareras. Nya plåtdelar är inte så dyra som de flesta tror och det går ofta snabbare och ger bättre resultat med plåtbyte än att försöka reparera större rostskador.

Ta bort all dekor från det drabbade området, utom den som styr den ursprungliga formen av det drabbade området, exempelvis lyktsarger. Ta sedan bort lös eller rostig metall med plåtsax eller bågfil. Knacka kanterna något inåt så att du får en grop för spacklingsmassan.

Borsta av det drabbade området med en stålborste så att rostdamm tas bort från ytan av kvarvarande metall. Lacka det berörda området med rostskyddsfärg om baksidan på det rostiga området går att komma åt behandlar du även det.

Före spacklingen måste hålet blockeras på något sätt. Detta kan göras med nät av plast eller aluminium eller med aluminiumtejp.

Nät av plast eller aluminium eller glasfiberväv är antagligen det bästa materialet för ett stort hål. Skär ut en bit som är ungefär lika stor som det hål som ska fyllas och placera den i hålet så att kanterna är under nivån för den omgivande plåten. Ett antal klickar spackelmassa runt hålet fäster materialet.

Aluminiumtejp bör användas till små eller mycket smala hål. Dra av en bit tejp från rullen och klipp till den storlek och form som behövs. Dra bort eventuellt skyddspapper och fäst tejpen över hålet. Flera remsor kan läggas bredvid varandra om bredden på en inte räcker till. Tryck ner tejpkanterna med ett skruvmejselhandtag eller liknande så att tejpen fäster ordentligt på metallen.

Spackling och sprutning

Se tidigare anvisningar beträffande reparation av bucklor, repor, rosthål och andra hål innan beskrivningarna i det här avsnittet följs.

Det finns många typer av spackelmassa. Generellt sett är de som består av grundmassa och härdare bäst vid den här typen av reparationer. Ett bred och följsamt spackel av nylon eller gummi är ett ovärderligt verktyg för att skapa en väl formad spackling med fin yta.

Blanda lite massa och härdare på en skiva av exempelvis kartong eller masonit. Följ tillverkarens instruktioner och mät härdaren noga, i annat fall härdar spacklingen för snabbt eller för långsamt. Bred ut massan på det förberedda området med spackeln; dra applikatorn över massans yta för att forma den och göra den jämn. Sluta bearbeta massan så

snart den börjar anta rätt form. Om du arbetar för länge kommer massan att bli klibbig och fastna på spackeln. Fortsätt lägga på tunna lager med ca 20 minuters mellanrum till dess att massan är något högre än den omgivande plåten.

När massan härdat kan överskottet tas bort med hyvel eller fil. Börja med nr 40 och avsluta med nr 400 våt- och torrpapper. Linda alltid papperet runt en slipkloss, i annat fall blir inte den slipade ytan plan. Vid slutpoleringen med torr- och våtpapper ska papperet då och då sköljas med vatten. Detta skapar en mycket slät yta på massan i slutskedet.

På det här stadiet bör bucklan vara omgiven av en ring med ren metall, som i sin tur omges av den ruggade kanten av den "friska" lacken. Skölj av reparationsområdet med rent vatten tills allt slipdamm har försvunnit.

Spruta ett tunt lager grundfärg på hela reparationsområdet. Då avslöjas mindre ytfel i spacklingen. Laga dessa med ny spackelmassa eller filler och slipa av ytan igen. Massa kan tunnas ut med thinner så att den blir mer lämpad för riktigt små gropar. Upprepa denna sprutning och reparation till dess att du är nöjd med spackelytan och den ruggade lacken. Rengör reparationsytan med rent vatten och låt den torka helt.

Reparationsytan är nu klar för lackering. Färgsprutning måste utföras i ett varmt, torrt, drag- och dammfritt utrymme. Detta kan åstadkommas inomhus om det finns tillgång till ett större arbetsområde. Om arbetet måste äga rum utomhus är valet av dag av stor betydelse. Om arbetet utförs inomhus kan golvet spolas av med vatten eftersom detta binder damm som annars skulle finnas i luften. Om reparationsområdet begränsas till en karosspanel täcker du över omgivande paneler. Då kommer inte mindre nyansskillnader i lacken att synas lika tydligt. Dekorer och detaljer (kromlister, handtag med mera) ska även de maskeras. Använd riktig maskeringstejp och flera lager tidningspapper för att göra detta.

Före sprutning, skaka burken ordentligt och spruta på en provbit, exempelvis en konservburk, tills tekniken behärskas. Täck reparationsområdet med ett tjockt lager grundfärg. Tjockleken ska byggas upp med flera tunna färglager, inte ett enda tjockt lager. Slipa ner grundfärgen med nr 400 slippapper tills den är riktigt slät. Medan detta utförs ska ytan hållas våt och pappret ska periodvis sköljas i vatten. Låt torka innan mer färg läggs på.

Spruta på färglagret och bygg upp tjockleken med flera tunna lager färg. Börja spruta i ena kanten och arbeta med sidledes rörelser till dess att hela reparationsytan och ca 5 cm av den omgivande lackeringen täcks. Ta bort maskeringen 10 – 15 minuter efter att det sista färglagret sprutats på.

Låt den nya lacken härda i minst två veckor innan den nya lackens kanter jämnas ut mot den gamla med en lackrenoverare eller mycket fin slippasta. Avsluta med en vaxpolering.

Plastdetaljer

Eftersom biltillverkarna använder mer och mer plast i karosskomponenterna (t.ex. i stötfångare, spoilrar och i vissa fall även i de större karosspanelerna), har reparationer av allvarligare skador på sådana komponenter blivit fall för specialister eller så får hela komponenterna bytas ut. Gör-det-självreparationer av sådana skador lönar sig inte på grund av kostnaden för den specialutrustning och de speciella material som krävs. Principen för dessa reparationer är dock att en skåra tas upp längs med skadan med en roterande rasp i en borrmaskin. Den skadade delen svetsas sedan ihop med en varmluftspistol och en plaststav i skåran. Plastöverskott tas bort och ytan slipas ner. Det är viktigt att rätt typ av plastlod används. Plasttypen i karossdelar varierar och kan bestå av exempelvis PCB, ABS eller PPP.

Mindre allvarliga skador (skrapningar, små sprickor etc.) kan lagas av en hemmamekaniker med hjälp av en tvåkomponents epoxymassa. Den blandas i lika delar och används sedan på ungefär samma sätt som spackelmassa på plåt. Epoxyn härdar i regel inom 30 minuter och kan sedan slipas och målas.

Om ägaren har bytt en komponent på egen hand eller reparerat med epoxymassa, återstår svårigheten att hitta en färg som lämpar sig för den aktuella plasten. Tidigare fanns ingen universalfärg som kunde användas, på grund av det breda utbudet av plaster i karossdelar. Generellt sett fastnar inte standardfärger på plast och gummi, men det finns färger och kompletta färgsatser för plast- och gummilackering och att köpa. Numera finns det dock satser för plastlackering att köpa. Dessa består i princip av förprimer, grundfärg och färglager. Kompletta instruktioner finns i satserna, men grundmetoden är att först lägga på förprimern på den aktuella delen och låta den torka i 30 minuter. Sedan ska grundfärgen läggas på och lämnas att torka i ungefär en timme innan det färgade ytlacket läggs på. Resultatet blir en korrekt färgad del där lacken kan röra sig med materialet, något de flesta standardfärger inte klarar.

5 Större karosskador – reparation

Om helt nya paneler måste svetsas fast på grund av större skador eller bristande underhåll, bör arbetet överlåtas till professionella mekaniker. Om det är frågan om en allvarlig krockskada måste en professionell mekaniker med uppriktningsriggar utföra arbetet för att det ska bli framgångsrikt. Förvridna delar kan även orsaka stora belastningar på komponenter i styrning och fjädring och möjligen kraftöverföringen med åtföljande slitage och förtida haveri, i synnerhet då däcken.

6 Motorhuv – demontering, montering och justering

Demontering

1 Öppna motorhuven och lossa slangarna från spolarmunstyckena enligt beskrivningen i kapitel 12.
2 Om tillämpligt kopplar du från spolarmunstyckenas anslutningskontakter och drar bort kablaget från huven.
3 Gör en markering runt gångjärnsfästet på undersidan av huven med en filtpenna för att underlätta återmonteringen. Bänd upp klämman och dra bort stödet från dess placering.
4 Ta hjälp av en medhjälpare. Stöd motorhuven och skruva loss gångjärnsbultarna (se bild). Lyft bort motorhuven och ställ den på en säker plats.

Montering och justering

5 Placera trasor under motorhuvens hörn, nära gångjärnen, innan den monteras, för att skydda lacken.
6 Montera motorhuven och sätt i gångjärnsbultarna. Placera bara bultarna i de tidigare markerade hålen.
7 Återanslut spolarröret och anslutningskontakterna.
8 Stäng motorhuven och kontrollera att den passar som den ska. Om det behövs lossar du bultarna och sätter tillbaka huven.
9 Dra åt gångjärnsbultarna ordentligt när justeringen är korrekt och montera tillbaka stödet.

7 Motorhuvslåsvajer – demontering, montering och justering

Demontering

1 Demontera grillen enligt beskrivningen i avsnitt 21.

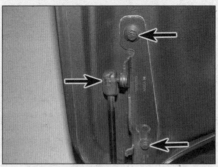

6.4 Lossa stödbenet och skruva loss gångjärnsbultarna (markerade med pilar)

2 Ta bort batteriet enligt beskrivningen i kapitel 5A.
3 Skruva loss de två skruvarna och ta bort instrumentbrädans klädselpanel ovanför förarpedalerna.
4 Skruva loss bulten i handtagskåpan, dra handtaget något framåt och lossa kabeln (se bild).
5 Lossa buntbanden och ta bort vajern med vajerändarna lossade från låsspakarna och frigöringsspärren.

Montering och justering

6 Monteringen sker i omvänd ordningsföljd mot demonteringen.

8 Motorhuvslås – demontering och montering

Demontering

1 Volvo ger rådet att låset kan nås genom att grillen tas bort. Med tanke på svårigheten att ta bort grillen med stötfångaren på plats rekommenderar vid borttagning av den främre stötfångaren för att förhindra att det uppstår skador.
2 Skruva loss de två bultarna och ta bort låsmekanismen genom att du lossar kabeln när du tar bort enheten (se bild).

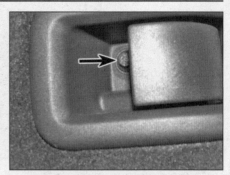

7.4 Skruva loss bulten (markerad med pil) från kåpan till motorhuvens frigöringshandtag

Montering

3 Monteringen sker i omvänd ordningsföljd mot demonteringen. Fingerdra bara låsets fästskruvar och stäng sedan huven för att centrera kåpan. Dra åt fästskruvarna ordentligt.

9 Dörrar – demontering, montering och justering

Demontering

1 Koppla loss batteriets minusledning (se kapitel 5A).
2 Öppna dörren och stöd den med en domkraft eller en pallbock. Använd trasor för att skydda lacken.
3 Koppla loss framdörrens elektriska kablage. Dra tillbaka gummidamasken och använd en liten skruvmejsel för att lossa klämman längst upp och koppla ur kontaktdonet. Om du tar bort en bakdörr lossar du den spiralformade hylsan från dörrstopen, drar kontaktdonet från stolpen, trycker ner klämman och skilj de två halvorna från kontaktdonet.
4 Lossa dörrhållarremmen genom att skruva loss bulten som fäster den vid fästbygeln på stolpen (se bild).

8.2 Motorhuvens låsbultar (markerade med pilar)

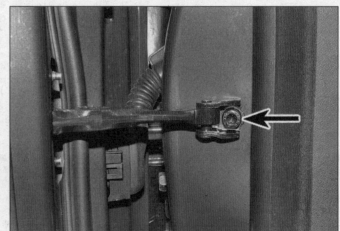

9.4 Dörrstängningsremsans fästbult (markerad med pil)

5 Skruva loss den övre och nedre gångjärnsbulten från stolpen **(se bilder)**.
6 Ta bort dörren med hjälp av en medhjälpare.

Montering och justering

7 Montera tillbaka dörren genom att utföra demonteringsarbetet i omvänd ordning.
8 Volvos mekaniker använder ett specialverktyg för att justera placeringen av dörrarnas gångjärn. Detta arbete bör överlåtas till en Volvo-verkstad eller lämpligt utrustad specialist.

10 Dörrens inre klädselpanel – demontering och montering

9.5a Skruva loss de övre. . .

9.5b . . . och nedre gångjärnsbultarna (markerade med pilar)

Demontering

Framdörren

1 Se till att tändningen är avslagen och ta bort nyckeln från låset. Detta är för att se till att tändningen inte råkar slås på så att krockkuddesystemet aktiveras. Vänta minst en minut så att eventuell lagrad elektrisk energi försvinner innan arbetet påbörjas.
2 Bänd försiktigt bort högtalarens klädselpanel från dörrspegelfästet **(se bild)**.
3 Använd ett verktyg med platt blad för att bända ut klädselpanelbiten under dörrhandtaget, skruva sedan loss de två torxbultarna som exponeras **(se bild)**.
4 Dörrens klädselpanel är dessutom fäst med åtta klämmor runt panelens kant **(se bild)**.
5 Med klämmorna lossade drar du bort panelen från dörren tillräckligt mycket så att du kommer åt högtalaren, anslutningskontakterna till elfönstret och elspegeln och utlösningskabeln till handtaget bakom den **(se bilder)**. Observera pluggarnas placeringar, lossa dem sedan och lyft upp fliken baktill på dörrhandtaget för att lossa kabeln.
6 Lyft klädselpanelen uppåt och bort från dörren **(se bild)**.

Bakdörrar

7 Använd ett verktyg med platt blad för att bända ut klädselpanelbiten under dörrhandtaget, skruva sedan loss de två torxbultarna som exponeras **(se bild)**.

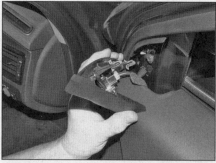

10.2 Bänd loss högtalarens klädselpanel från spegelfästet

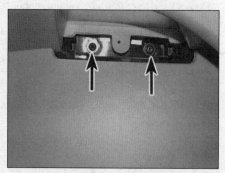

10.3 Skruva loss de två bultarna (markerade med pilar)

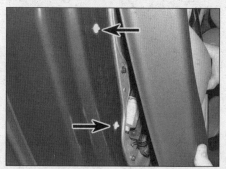

10.4 Skruva loss klädselpanelen från dörren

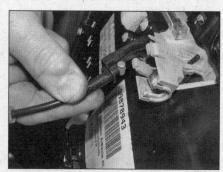

10.5a Lossa dörrhandtagskabeln. . .

10.5b . . . och lossa anslutningskontakterna

10.6 Lyft av klädselpanelen från dörren

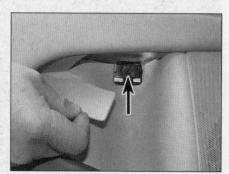

10.7 Skruva loss bulten (markerad med pil)

8 Dörrens klädselpanel är dessutom fäst med sju klämmor runt panelens kant (se bild).
9 Med klämmorna lossade drar du bort panelen från dörren tillräckligt mycket så att du kommer åt högtalaren och anslutningskontakterna till elfönstret samt utlösningskabeln till handtaget bakom den. Observera pluggarnas placeringar, lossa dem sedan och lyft upp fliken baktill på dörrhandtaget för att lossa kabeln.
10 Lyft klädselpanelen uppåt och bort från dörren.

Montering

11 Monteringen sker i omvänd ordningsföljd mot demonteringen. Skaffa och montera nya klämmor till panelens nederdel/kanterna om de gamla gick sönder vid demonteringen. Kontrollera funktionen hos alla reglage och brytare innan klädselpanelen sätts på plats.

> ### 11 Dörrhandtag och låskomponenter –
> demontering och montering

Yttre handtag

1 Arbetet är detsamma både för fram- och också bakdörrarna.
2 Bänd ut kåpan på dörrens bakkant **(se bild)**.
3 Sätt in skruvmejseln genom hålet och lossa skruven högst fem varv **(se bild)**. På förardörren ska skruven lossas högst sju varv vilket lossar låscylinder och dess kåpa från handtaget **(se bild)**.
4 Ta bort ytterhandtaget, lossa den framåtriktade styrbulten från dess placering i dörren. Ta loss gummitätningen mellan handtaget och dörren vid borttagningen **(se bilder)**.
5 Modeller som är utrustade med ett nyckellöst låssystem har kablage anslutet till det yttre handtaget. Dra försiktigt kontaktdonet

11.2 Bänd ut kåpan på dörrens kant

framåt för att låsa det på plats innan du lossar kontaktdonet.
6 Monteringen sker i omvänd ordning.

Framdörrens låscylinder

7 Följ det tillvägagångssätt som beskrivs ovan för demontering av handtaget.
8 Ta bort låscylindern och kåpan från handtaget. Lossa de två klämmorna för att skilja låscylindern från kåpan **(se bild)**.
9 Monteringen sker i omvänd ordningsföljd mot demonteringen. Tänk på följande:

11.3a Lossa skruven

a) Se till att låscylindern placeras åt rätt håll.
b) Stick inte in nyckeln i låscylindern när cylindern monteras. Då kan cylindern monteras i fel läge.

Framdörrens låsenhet

10 Dörrens låsenhet ska tas bort samtidigt som dörrhållaren och fästas på hållaren med tre plastbussningar och en anslutningskontakt **(se bilder)**. Se avsnitt 12 för demontering av dörrhållaren. Det går att separera låsdelar **(se bilder)** men kontakta en Volvo-verkstad om du är tveksam.

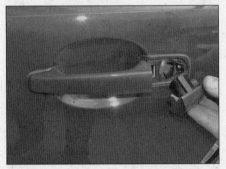

11.3b Ta bort låsets klädselpanel från handtaget

11.4a Lossa handtaget från styrbulten . . .

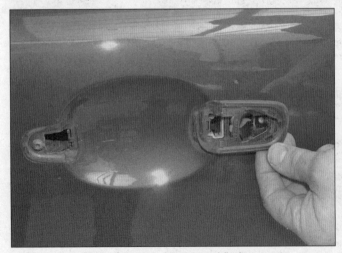

11.4b . . . och ta loss gummitätningen

11.8 Ta bort låscylindern från handtaget

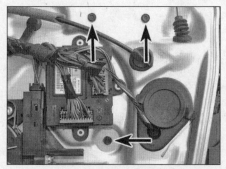

11.10a Låset är fäst på dörrhållaren med tre plastbussningar (markerade med pilar)

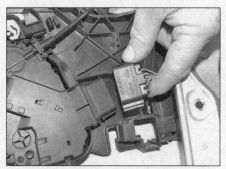

11.10b Lossa låsets anslutningskontakt

11.10c Haka loss utlösningskabeln . . .

11.10d . . . och lossa kabeln från fästbygeln

11.10e Lossa klämman vid denna del av låset . . .

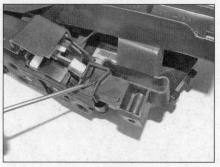

11.10f . . . och vid denna del och ta loss låset

Bakdörrens låsenhet

11 Se anmärkningen ovan om demontering av framdörrens låsenhet.

Dörrens inre handtag

12 Observera att processen är densamma för både fram och bakdörrarna.
13 Ta bort dörrens klädselpanel enligt beskrivningen i kapitel 10. Lossa eventuella kablar och anslutningskontakter när panelen tas bort.
14 Använd ett verktyg med platt blad, bänd försiktigt av klädselpanelbiten över det inre dörrhandtaget.
15 Använd ett 6 mm borr baktill på dörrens klädselpanel för att borra ur de nitar som håller fast handtaget på klädselpanelen och ta bort handtaget.
16 Vid återmontering eller byte ska handtaget

fästas på dörrens klädselpanel med låsbrickor. Återstoden utförs i omvänd ordning jämfört med demonteringen.

12 Dörrhållare – demontering och montering

Demontering
Framdörr

1 Ta bort dörrens inre klädselpanel enligt beskrivningen i avsnitt 10.
2 Ta bort det yttre dörrhandtaget (och låscylindern på förardörren) enligt beskrivningen i avsnitt 11.
3 Demontera dörrfönstret enligt beskrivningen i avsnitt 13.
4 Lossa eventuella klämmor som håller fast panelen och skruva loss de tio bultar som

håller fast hållaren på dörren **(se bild)**. Skruva loss de fyra skruvarna i dörrens bakre ram som håller fast låsenheten och den skruv som är placerad på det yttre dörrhandtagets styrbult **(se bilder)**.

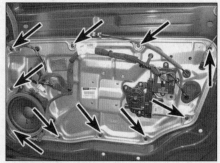

12.4a Bultar till framdörrhållaren (markerade med pilar)

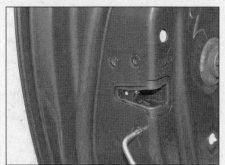

12.4b Skruva loss de tre skruvarna runt låset . . .

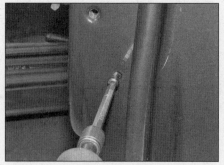

12.4c . . . den enda skruven under . . .

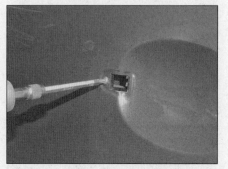

12.4d . . . och den skruv som är placerad på det yttre dörrhandtagets styrbultspunkt

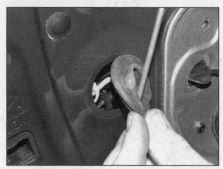

12.6 Lossa låsets låsknappstång

12.7 Lyft av den främre hållaren från dörren

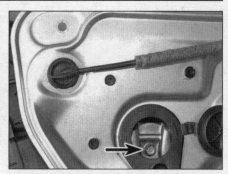

12.11a Ta bort gummikåporna och lossa bultarna högst två varv (se pil)

12.11b Fäst rutan på dörren med tejp

12.13 Bultar till bakdörrhållaren (markerade med pilar)

12.15 Lyft av den bakre hållaren från dörren

5 Skruva loss och lossa anslutningskontakten från dörrstolpen. Lossa klämman och tryck in kontaktdonet i dörren när kablaget tas bort när hållarens panel tas bort. Lossa elspegelns anslutningskontakt och lossa den från dörr ramen.
6 För låsenheten tills låsknappens stång går att lossa **(se bild)**.
7 Ta bort hållarens panel tillsammans med låsenheten och lossa eventuella kablar eller kablage när den tas bort **(se bild)**.

Bakdörr

8 Sänk ner fönstret tills rutans överkant är 260 mm från den nedre tätningslisten.
9 Ta bort dörrens inre klädselpanel enligt beskrivningen i kapitel 10.
10 Ta bort det yttre dörrhandtaget enligt beskrivningen i avsnitt 11.
11 Ta bort de två gummikåporna och lossa de två bultarna med högst två varv **(se bild)**. Dra upp fönstret för hand och fäst det i dörren med tejp **(se bild)**.
12 Skruva loss och lossa anslutningskontakten från B-stolpen. Tryck in kontaktdonet i dörren när kablaget ska tas bort samtidigt som hållarens panel tas bort.
13 Skruva loss de åtta skruvarna som håller fast dörrhållaren **(se bild)**. Skruva loss de tre skruvarna i dörrens bakre ram som håller fast låsenheten. Skruva loss den skruv som är placerad på det yttre dörrhandtagets styrbultspunkt.
14 För låsenheten tills låsknappens stång går att lossa.
15 Ta bort hållarens panel tillsammans med

låsenheten och lossa eventuella kablar eller kablage när den tas bort **(se bild)**.

Montering

16 Montera i omvänd ordningsföljd jämfört med demonteringen på båda dörrarna. Före användning måste fönstrets läge initieras enligt beskrivningen i avsnitt 13.

13 Dörrens fönsterglas, motor och regulator – demontering och montering

Framdörrens fönsterglas

1 Sänk ner fönstret tills fönstrets överkant är 260 mm från tätningslisten (uppmätt baktill, närmast B-stolpen).

13.4 Ta bort gummikåporna och lossa bultarna (markerade med pilar)

2 Ta bort dörrens inre klädselpanel enligt beskrivningen i avsnitt 10.
3 Bänd ut gummikåpan på varje ände på dörrhållaren.
4 Lossa den bult som exponeras i öppningen högst två varv **(se bild)**.
5 Lyft rutans bakkant först och lyft den uppåt och ut ur dörr ramen**(se bild)**.
6 Monteringen sker i omvänd ordning.

Bakdörrens fönsterglas

7 Sänk ner fönstret helt.
8 Använd ett verktyg med platt blad för att bända ut den yttre tätningen från fönsterramens bakre del och använd ett 6 mm borr för att borra ur de två nitar som exponeras. En tredje nit är placerad på insidan av dörrens bakkant under en gummigenomföring – om du borrar ur denna går det att ta bort klädselpanelen helt

13.5 Lyft bakkanten först och för undan den från dörren

13.8a Bänd upp gummitätningen på dörrens bakkant . . .

13.8b . . . och borrar ur de två nitarna under tätningen

13.8c Ta bort gummigenomföringen och borrar ur niten i öppningen (se pil)

och det gör arbetet med att ta bort fönstret enklare **(se bilder)**.

9 Ta bort både den inre och den yttre tätningslisten längst ner i fönstret tillsammans med den inre gummitätningen och klädselpanelavsnittet i dörr ramen **(se bilder)**.

10 Stäng fönstret tills rutans överkant är 250 mm från tätningslisten.

11 Ta bort dörrens klädselpanel enligt beskrivningen i avsnitt 10 och lossa de två bultarna högst två varv.

12 Lyft ut fönstret från ramen **(se bild)**.

13 Monteringen utförs i omvänd ordningsföljd jämfört med demonteringen med nya nitar baktill på ramen **(se bild)**.

Främre och bakre fönstermotor

14 Lossa batteriets jordledning enligt beskrivningen i kapitel 5A och ta bort dörrens klädselpanel enligt beskrivningen i avsnitt 10.

15 Skruva loss de tre skruvar som håller fast motorn på dörrhållaren och lossa anslutningskontakten när motorn tas bort **(se bild)**.

16 Montera i omvänd ordningsföljd mot demonteringen. För synkronisering av fönstermekanismen ska du trycka på brytaren och stänga fönstret helt och hålla brytaren i detta läge under minst 5 sekunder. Öppna sedan fönstret helt och håll brytaren i detta läge under minst 5 sekunder. Upprepa förfarandet för stängning av fönstret. Fönstermekanismen ska nu vara synkroniserad.

13.8d Lyft av panelen från dörren

13.9a Ta bort rutornas inre . . .

13.9b . . . och yttre tätningslister

13.9c Lyft upp gummitätningen på dörrens bakkant

13.12 Lyft försiktigt upp rutan från ramen

13.13 Sätt in de nya nitarna för att fästa klädselpanelen

13.15 Bultar till elektrisk fönstermotor (markerade med pilar)

13.17 Regulatorns fästnitar (markerade med pilar)

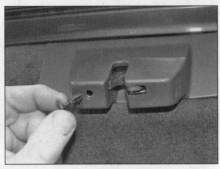

14.1a Bänd ut plastniten . . .

14.1b . . . ta bort kåpan . . .

Främre och bakre fönsterregulator

17 Regulatorn är integrerad i hållarenheten och fäst med fyra nitar **(se bild)**. Följ instruktionerna för borttagning av hållarenheten enligt beskrivningen i avsnitt 12 och för borttagning av fönstermotorn enligt beskrivningen ovan. Det går sedan att ta bort regulatorn.

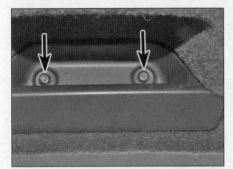

14.1c . . . och skruva loss de två skruvarna (markerade med pilar) till innerhandtaget

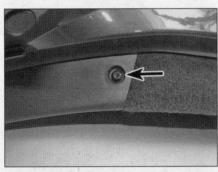
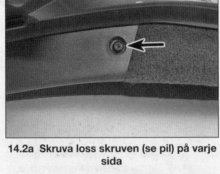

14.2a Skruva loss skruven (se pil) på varje sida

14 Bakluckans inre klädselpanel – demontering och montering

Demontering

1 Öppna bakluckan, skruva loss plastniten och bänd av kåpan över låsspärren längst ner på bakluckan **(se bilder)**. Skruva loss de skruvar som håller fast det inre handtaget **(se bild)**.

2 Skruva loss den skruv på varje sida som håller fast den övre och nedre klädselpanelen och lossa sedan klämmorna och ta bort den övre klädselpanelen med början på sidorna och arbeta dig sedan uppåt. Ta sedan bort den nedre klädselpanelen genom att lossa klämmorna på sidorna och sedan längst ner och bänd sedan u brytaren för elbakluckan i förekommande fall. Lossa anslutningskontakten till elbakluckans brytare (i förekommande fall) när panelen tas bort **(se bilder)**.

14.2b Lossa och ta bort den övre klädselpanelen

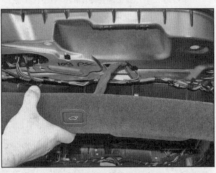

14.2c Lossa och ta bort den nedre klädselpanelen

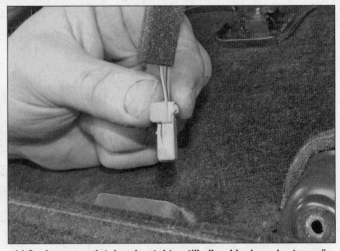

14.2d Brytaren till elbakluckan kan bändas ut om en sådan finns

14.2e Lossa anslutningskontakten till elbackluckans brytare när klädselpanelen är borttagen

15.2 Lossa bakluckans anslutningskontakt

15.3a Bänd försiktigt av gångjärnets plastkåpa

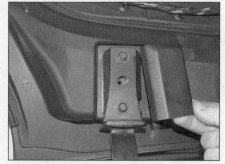

15.3b Ta bort kåpan ...

Montering

3 Monteringen sker i omvänd ordningsföljd mot demonteringen.

15 Baklucka –
demontering och montering

Demontering

1 Öppna bakluckan och ta bort den övre klädselpanelen enligt beskrivningen i avsnitt 14.
2 Lossa bakluckans anslutningskontakt och spolarmunstycket **(se bild)**.
3 Låt en medhjälpare stötta upp bakluckan, ta sedan bort plastkåporna, skruva loss de två gångjärnsbultarna och lossa bakluckan **(se bilder)**.

Montering

4 Montering sker i omvänd ordningsföljd.

16 Bakluckans stödben –
demontering och montering

Demonteringen av stödbenet innebär delvis demontering av takklädseln. I och med att detta kräver avsevärd skicklighet och erfarenhet om det ska utföras utan skador är det bäst att överlåta detta arbete åt en verkstad eller en bilinredningsspecialist.

17 Bakluckans låskomponenter
– demontering och montering

Demontering
Låsenhet

1 Öppna bakluckan och ta bort den övre och nedre klädselpanelen enligt beskrivningen i avsnitt 14.
2 Skruva loss det tre skruvarna och dra tillbaka den gula fliken för att lossa kabeln från bakluckans handtag **(se bilder)**.
3 Lossa låsets anslutningskontakt och ta bort låset från bakluckan **(se bild)**. Observera att i modeller som är utrustade med en stängningsmekanism för elbaklucka är

15.3c ... och skruva loss gångjärnsbultarna (markerade med pilar)

17.2b Dra tillbaka pilen (markerad med pil) för att lossa kabeln från bakluckans handtag

stängningsmotorn ansluten till låsenheten med en kabel och det är enklare att ta bort båda enheterna tillsammans (se nedan).

Stängningsmotor elbaklucka

4 Följ stegen ovan för borttagning av

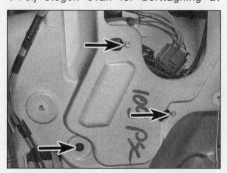

17.4 Skruvar till elbakluckans stängningsmotor (markerade med pilar)

17.2a Skruva loss de tre skruvarna (markerade med pilar)

17.3 Lossa bakluckans lås anslutningskontakt

låsenheten. Skruva loss de tre skruvarna, lossa anslutningskontakten och ta bort motorn tillsammans med låsenheten **(se bild)**.
5 Med båda enheterna borttagna går det att lossa reglervajern **(se bilder)**.

17.5a Lossa kabeln från dess fästbygel

17.5b Haka loss kabeln från styrpinnen

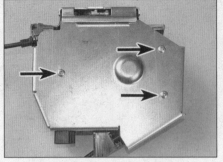

17.5c Skruva loss de tre skruvarna (markerade med pilar) . . .

17.5d . . . och ta bort låsets täckplatta

Svängningsdämpare baklucka

6 Ta bort låsenheten enligt beskrivningen ovan.
7 Skruva loss de två bultarna, för dämparen åt höger och ta bort den **(se bild)**.

Montering

8 Monteringen sker i omvänd ordningsföljd mot demonteringen.

18 Vindruta och andra fasta glasrutor – demontering och montering

Särskild utrustning och speciella tekniker krävs för lyckad demontering och montering av vindrutan och bakrutan. Överlåt arbetet till en Volvo-återförsäljare eller till en specialist på vindrutor.

19 Speglar och tillhörande komponenter – demontering och montering

⚠️ **Varning: Skydda händerna med handskar om spegelglaset gått sönder. Det är klokt att använda handskar även om glaset inte gått sönder, eftersom det lätt går sönder under arbetet.**

Dörrspegelglas

1 Vrid spegelglaset i spegelhuset så långt som möjligt på innerkanten.
2 Sätt in ett trubbigt verktyg med platt blad bakom glasets ytterkant och bänd upp glaset från fästet. Var försiktig – om du använder för mycket kraft kan glaset spricka. Lossa alla anslutningskontakter när glaset tas bort **(se bilder)**.

3 Monteringen sker i omvänd ordningsföljd mot demonteringen.

Dörrspegelns hölje

4 Ta bort spegelglaset enligt beskrivningen ovan.
5 Sätt in en lite skruvmejsel i åtkomsthålet i spegelhuset och lossa klämman **(se bild)**.
6 Bänd försiktigt bort kåpan från spegeln **(se bild)**.
7 Monteringen utförs i omvänd ordning jämfört med demonteringen och se till att kåpans läpp passar korrekt runt spegelhusets kant.

Spegel (komplett enhet)

8 Ta bort dörrens inre klädselpanel enligt beskrivningen i avsnitt 10 och lossa spegelns anslutningskontakt som är placerad i dörrhållaren **(se bild)**.

17.7 Fästbultar till svängningsdämparen (markerade med pilar)

19.2a Använd ett trubbigt verktyg med platt blad för att bända ut spegelglaset från dess fästen

19.2b Lossa eventuella anslutningskontakter med glaset borttaget

19.5 Sätt i en liten skruvmejsel i åtkomsthålet för att lossa klämman

19.6 Ta bort kåpan från spelenheten

19.8 Lossa spegelns anslutningskontakt

19.9 Skruva loss skruven (markerad med pil)

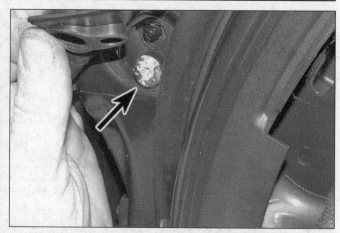

19.9b En andra skruv (markerad med pil) är placerad under gummitätningen på dörrens främre kant

19.10 Stötta upp spegelhuset och ta bort det från dörren

9 Skruva loss den skruv som är placerad under högtalarkåpan, lyft av gummitätningen från dörrens framkant och skruva loss den skruv som exponeras **(se bilder)**.

10 Stötta upp spegeln och ta bort den från dörren **(se bild)**. Lossa gummigenomföringen från dörren när spegeln tas bort och mata kablaget igenom genomföringen.

11 Monteringen sker i omvänd ordningsföljd mot demonteringen.

Innerspegel

Observera: *En del modeller kan vara utrustade med en närhetsvarningskamera, fuktighetsgivare inne i bilen och en elektronisk*

kompass. Separata kåpor kan behöva tas bort för att komma åt spegelns fäste. Det kan dessutom krävas omkalibrering av dessa enheter vid återmonteringen och du bör rådfråga en Volvo-verkstad.

12 Bänd försiktigt bort kåpan under spegeln så att det går att komma åt fästet.

13 Håll spegeln på fästpunkten (och inte själva spegeln) vrid medurs och ta bort den från fästet. Lossa eventuella anslutningskontakter när den tas bort.

14 Monteringen sker i omvänd ordningsföljd mot demonteringen.

System för information om fordon i döda vinkeln

15 Ett system för information om fordon i döda vinkeln (BLIS) (tillval) kan monteras för att varna föraren i bilen om det döda vinkel-område som inte syns i ytterbackspeglarna på bilens båda sidor. Systemet använder digital kamerateknik för att upptäcka en bil i döda vinkel-området på vardera sidan av bilen och tänder en varningslampa på dörrens inre panel bredvid spegeln. En brytare på instrumentbrädan gör det möjligt för föraren att aktivera systemet vid behov. Det bör observeras att systemet inte reagerar på cyklar och mopeder och att det endast reagerar på bilar med tända strålkastare under nattetid.

16 Kameran är placerad i dörrspegelns

torped och att den kan tas bort genom att man först tar bort dörrspegelns kåpa enligt beskrivningen tidigare i detta avsnitt.

17 Varningslampan är placerad på den triangelformade klädselpanelen över dörrspegelns fästmutter och kan tas bort enligt tillvägagångssättet för demontering av den inre klädselpanelen som beskrivs i avsnitt 10 i detta kapitel.

20 Stötfångare – demontering och montering

Observera: *Stötfångarna består av flera avsnitt och när stötfångarenheten har tagits bort enligt beskrivningen nedan kan ytterligare isärtagning göras. Rådfråga en Volvo-verkstad om vilka avsnitt som är tillgängliga separat.*

Framstötfångare

1 Öppna motorhuven och lossa batteriets jordledning enligt beskrivningen i kapitel 5A.

2 Skruva loss de sju plastnitarna längst upp på stötfångaren **(se bild)**.

3 Arbeta i hjulhuset och skruva loss de fem skruvar som håller fast hjulhusfodret på stötfångarens bakkant **(se bild)**.

4 Skruva loss de tre plastskruvarna under bilen i mitten av stötfångaren **(se bild)**.

20.2 Skruva loss de sju plastnitarna på stötfångarens överdel (tre är markerade med pilar)

20.3 Skruva loss de fem skruvarna i hjulhuset (två är markerade med pilar)

20.4 Skruva loss de tre plastskruvarna under stötfångaren

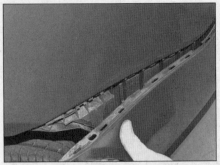

20.5a Lossa försiktigt stötfångaren under framskärmen

20.5b Lossa eventuella anslutnings-kontakter när stötfångaren är borttagen

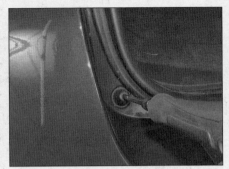

20.9 Skruva loss torxbulten på varje sida

20.10a Skruva loss hjulhusfodrets skruvar på stötfångarens kant . . .

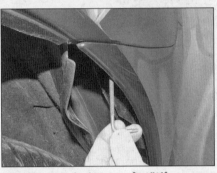

20.10b . . . och skruven på stötfångarens överdel

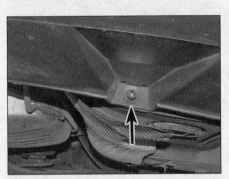

20.11 Skruva loss de två plastbultarna på stötfångarens undersida (en är markerad med pil)

5 Dra stötfångarens sidor utåt för att lossa klämmorna under strålkastarna och den plats där stötfångaren möter framskärmen med hjälp av en medhjälpare och dra den sedan framåt och ta bort den från bilen. Notera monteringsläget för de olika anslutningskontakterna och koppla från dem när stötfångaren tas bort . I modeller med strålkastarspolare ska du lossa slangen från pumpen på spolarvätskebehållaren **(se bilder)**.
6 Monteringen utförs i omvänd ordningsföljd jämfört med demonteringen och var noga med att se till att stötfångaren riktas in korrekt med de omgivande karosspanelerna.

Bakre stötdämpare

7 Koppla loss och ta bort batteriets jordledning enligt beskrivningen i kapitel 5A.

8 Öppna bakluckan.
9 Skruva loss torxbulten i öppningens nedre hörn på varje sida **(se bild)**.
10 Arbeta i hjulhuset och skruva loss de fyra skruvar som håller fast hjulhusfodret på stötfångarens bakkant och skruva loss fixeringen på stötfångaren **(se bilder)**.
11 Skruva loss de två plastbultarna på stötfångarens undersida i mitten **(se bild)**.
12 Dra stötfångarens sidor utåt för att lossa klämmorna under lampenheterna och den plats där stötfångaren möter bakskärmen med hjälp av en medhjälpare och dra den sedan bakåt och ta bort den från bilen **(se bild)**. Notera monteringsläget för de olika anslutningskontakterna när stötfångaren tas bort.
13 Monteringen utförs i omvänd ordningsföljd jämfört med demonteringen och var noga med

att se till att stötfångaren riktas in korrekt med de omgivande karosspanelerna.

21 Framgrill – demontering och montering

Demontering

1 Volvo säger att grillen kan tas bort med stötfångaren på plats. I praktiken visade sig detta vara svårt och det finns en risk för skador på grillen och den omgivande lacken och därför rekommenderar vid borttagning av stötfångaren först. Använd ett verktyg med platt blad för att lossa fästklämmorna runt grillens kant – det finns fyra längst upp, fyra längst ner och en på varje sida mot överdelen. Ta bort grillen **(se bild)**.

Montering

2 Monteringen sker i omvänd ordningsföljd mot demonteringen.

22 Framsäte – demontering och montering

Observera: Alla modeller är utrustade med sidokrockkuddar monterade i sidorna på framsätenas ryggstöd. Krockkuddarna utgör en del av sidokrockskyddssystemet; se kapitel 12 för ytterligare information om SRS- och SIPS-systemen.

20.12 Lossa försiktigt stötfångaren under skärmen och lampenheten

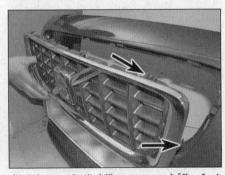

21.1 Lossa de tio klämmor som håller fast grillen (två är markerade med pilar)

Demontering

1 Höj sätets nederdel till dess max höjd. Se till att tändningen är avstängd. Koppla sedan loss batteriets minusledare enligt beskrivningen i kapitel 5A. Vänta minst 5 minuter så att eventuell kvarvarande ström laddas ur.

2 Vi rekommenderar att man jordar sätesramen innan man tar bort den för att skydda mot statisk elektricitet. Skala bort isoleringen från båda ändarna på en lång bit elkabel och fäst ena änden på sätesramens metalldelar och den andra änden på en metalldel på karossen eller liknande.

3 Skruva loss 7 mm bulten under sätets främre del och lossa anslutningskontakten **(se bild)**.

4 Använd en liten skruvmejsel för att trycka in snabblås spärren genom hålet i kåpan och dra bort säkerhetsbältets nedre förankring från sätets utsida. Dra tillbaka gummifliken bredvid förankringen på passagerarsätet och använd en lite skruvmejsel för att trycka in fliken.

5 Ta bort plastkåporna och skruva loss de fyra fästbultarna **(se bilder)**.

6 Lyft upp sätet och ta bort det från bilen. Ta hjälp av en medhjälpare eftersom sätena är mycket tunga. Notera monteringslägena för de olika anslutningskontakterna när sätet tas bort. Var mycket försiktig så att kontaktdon inte skadas.

Montering

7 Placera sätet över styrsprintarna. Återanslut kablaget och montera fästbultarna. Dra åt bultarna ordentligt och montera tillbaka bultkåporna.

8 Återanslut säkerhetsbältets nedre förankring. Se till att haken är helt fäst.

9 Se till att ingen är inne i bilen och återanslut sedan batteriets jordledning.

23 Baksäte –
demontering och montering

Demontering

Sätesdyna

1 Dra sätets framkant uppåt, för dynan mot bilens främre del och ta bort den.

22.3 Skruva loss bulten (markerad med pil) och lossa anslutningskontakten

22.5b Skruva loss de främre bultarna . . .

2 Om det är ett uppvärmt säte ska du föra dynan framåt något och lossa den anslutningskontakt som är placerad baktill närmast sidodynan. Ta bort dynan

3 Om den integrerade bilbarnstolen monteras ska du dra barnstolen till helt upplyft läge och skruva loss skruven/bulten på vardera sida av framkanten. Det går sedan att ta bort dynan.

Yttre ryggstöd

4 Se till att tändningen är avstängd. Koppla sedan loss batteriets jordledare enligt beskrivningen i kapitel 5A. Vänta minst 5 minuter så att eventuell kvarvarande ström laddas ur.

5 Ta bort sätesdynan och sidodynan enligt beskrivningen i detta avsnitt.

22.5a Ta bort plastkåporna över framsätesbultarna

22.5c . . . och de bakre bultarna

6 Skruva loss anslutningskontakten och fästbulten och ta bort säkerhetsbältets nedre förankringar på lämpligt sätt.

7 Skruva loss ryggstödets ytterkant närmast dörren, ta bort styrbulten från mittryggstödets bas och ta bort ryggstödet **(se bilder)**.

Mittre ryggstöd/armstöd

8 Ta bort det yttre ryggstödet enligt beskrivningen ovan.

9 Dra ut plaststyrbultarna på vardera sidan och ta bort ryggstödet/armstödet **(se bild)**.

Sidodyna

10 Luta ryggstödet framåt och lossa de klämmor som är placerade mot sidodynans överdel med en skruvmejsel och ett

23.7a Yttre bult till baksätets ryggstöd (markerad med pil)

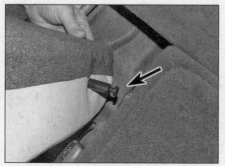

23.7b Ta bort styrbulten från det mittre ryggstödets bas

23.9 Dra ut plasttapparna på varje sida

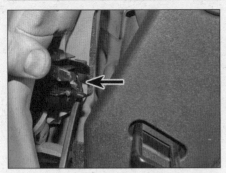

23.10 Lossa klämman (markerad med pil) längst upp på sidodynan

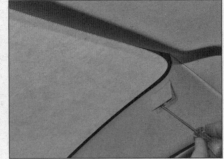

24.11a Bänd ut krockkuddes dekal . . .

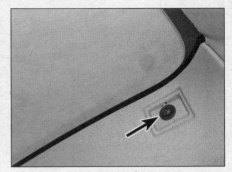

24.11b . . . skruva loss bulten (markerad med pil) . . .

verktyg med platt blad insatt på varje sida (**se bild**).

11 Lossa klämman längst mer och ta bort den genom att dra sidodynan uppåt och mot bilens mitt.

Montering

12 Monteringen sker i omvänd ordningsföljd mot demonteringen.

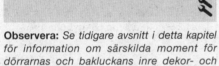

24 Inre dekor och klädsel – demontering och montering

Observera: *Se tidigare avsnitt i detta kapitel för information om särskilda moment för dörrarnas och bakluckans inre dekor- och klädselpaneler.*

Allmänt

1 De inre klädselpanelerna sitter fast med antingen skruvar eller olika typer av hållare, vanligen pinnbultar eller klämmor.
2 Kontrollera att det inte finns några andra paneler som överlappar den panel som ska tas bort eller några andra delar som hindrar borttagningen. Normalt finns det en ordningsföljd som måste följas och den blir bara uppenbar om man gör en noggrann inspektion.
3 Vissa av de inre panelerna sitter även fästa med de skruvar som håller fast andra komponenter, som till exempel handtag.
4 Ta bort alla synliga hållare, som till exempel skruvar. Observera att skruvar

kan sitta dolda under små plastlock. Om panelen inte lossnar sitter den fast med inre klämmor eller hållare. Sådana fästen sitter oftast runt panelens kanter och lossnar om de bänds upp; observera dock att de kan gå sönder mycket lätt, så nya fästen ska finnas tillgängliga. Det bästa sättet att ta bort sådana klämmor är genom att använda en stor flatbladig skruvmejsel eller ett annat bredbladigt verktyg. Observera att i flera fall måste tätningsremsan bändas loss för att en panel ska gå att ta bort.
5 Använd **aldrig** överdriven kraft för att ta bort en panel, då kan panelen skadas; Kontrollera alltid noga att alla fästen eller andra relevanta komponenter har tagits bort eller lossats innan försök görs att dra bort panelen.
6 Monteringen sker i omvänd ordning; Fäst alla hållare genom att trycka fast dem ordentligt. Se till att alla komponenter som rubbats är korrekt fastsatta för att förhindra skallrande ljud.

Mattor

7 Golvmattan i passagerarutrymmet är i tre delar; en främre vänster del, en främre höger del och en bakre del. Mattan är fäst vid sidorna med.
8 Demontering och montering är tämligen enkel men mycket tidsödande eftersom alla närliggande klädselpaneler måste demonteras först, liksom komponenter som säten och säkerhetsbältenas förankringar.

Inre takklädsel

9 Den inre takklädseln är fäst vid taket med

klämmor och kan tas bort först när alla hållare och detaljer som handtag, solskydd, soltak (i förekommande fall), fasta fönsterglas och tillhörande dekorpaneler har tagits bort samt alla relevanta tätningsremsor avlägsnats.
10 Observera att demontering och montering av den inre takklädseln kräver betydande skicklighet och erfarenhet om arbetet ska kunna utföras utan skador. Därför bör arbetet överlåtas till en återförsäljare eller till en specialist på bilklädslar.

Klädselpaneler till A-stolpen

11 Bänd ut krockkuddes dekal och skruva loss bulten i dekalens öppning (**se bilder**).
12 Dra överdelen av A-stolpens klädsel inåt mot mitten av kupén för att lossa klämmorna och lyft bort klädseln från klämmorna i nederkant. Den nedre delen av A-stolpens klädselpanel kan också lossas (**se bild**).
13 Monteringen sker i omvänd ordningsföljd mot demonteringen. Om stift är skadade måste nya monteras vid återmonteringen så att sidokrockgardinens funktion inte försämras.

B-stolpen

14 Dra framdörrens sidokarmsklädselpanel rakt uppåt för att lossa den från fästklämmorna. Upprepa tillvägagångssättet på bakdörrens tröskelklädselpanel (**se bilder**).
15 Ta bort kåpan, tryck ner snabbanslutningshaken på sidan och ta bort säkerhetsbältets nedre förankring från sätets yttersida.
16 Flytta framstolen så långt framåt

24.12 . . . och lossa klädselpanelen från A-stolpen

24.14a Bänd försiktigt upp framdörrströskelns klädselpanel . . .

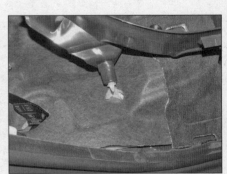

24.14b . . . och bakdörrströskelns klädselpanel

24.17a Lossa säkerhetsbältesstyrningen från klädselpanelen

24.17b Lossa klämmorna på klädselpanelens överdel från B-stolpen

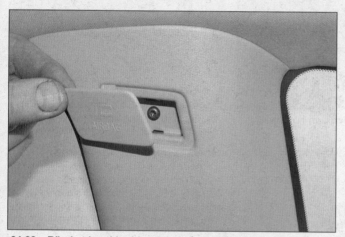

24.22a Bänd ut krockkuddes dekal på C-stolpens klädselpanel . . .

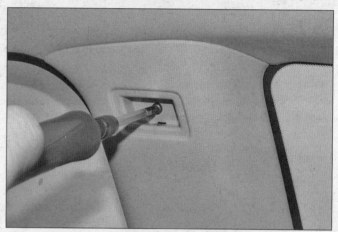

24.22b . . . och skruva loss bulten i öppningen

som möjligt och dra gummilisterna från dörröppningarna intill B-stolpen.

17 Dra nederkanten av B-stolpens klädselpanel mot mitten av kupén för att lossa klämmorna och ta bort luftkanalerna (om tillämpligt) och dra den nedåt samtidigt som du trycker ihop sidorna på klädselpanelens överdel för att lossa fästklämmorna på B-stolpen under gummilisterna **(se bilder)**.

18 Mata säkerhetsbältet genom panelen och ta bort den från hytten.

24.24 Lossa kantskenans klädselpanel

19 För att montera tillbaka utför du tillvägagångssättet i omvänd ordning.

C-stolpen

20 Demontera baksätets sidodyna enligt beskrivningen i avsnitt 23.

21 Lossa klämman och ta bort kåpan till det bakre säkerhetsbältets rulle.

22 Bänd ut krockkuddes dekal och skruva loss bulten i dekalens öppning. Lossa klämmorna och ta bort panelen **(se bilder)**.

24.25 Lossa klämmorna och ta bort D-stolpens klädselpanel

Varning: Rör inte sidokrockkudden med händerna eftersom det kan deformera höljet.

23 Monteringen sker i omvänd ordningsföljd mot demonteringen.

D-stolpen

24 Ta bort kantskenans klädselpanel som är placerad baktill på takklädseln. Använd ett verktyg med platt blad för att försiktigt bända ut innerbelysningen och ta bort den exponerade skruven. Lossa fästklämmorna och ta bort panelen **(se bild)**.

25 Lossa de tre klämmor som håller fast D-stolpens klädselpanel och ta bort den **(se bild)**.

26 Monteringen sker i omvänd ordningsföljd mot demonteringen.

Bagageutrymmets sidopanel

27 Ta bort D-stolpen enligt beskrivningen ovan.

28 Ta bort kåpan till det bakre säkerhetsbältets rulle. Skruva loss de två skruvarna längst upp på panelen – en på varje sida – och dra panelen framåt för att lossa fästklämmorna. Lyft panelen uppåt och ta bort eventuella

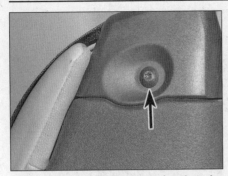

24.28a Skruva loss skruven (markerad med pil) . . .

24.28b . . . och ta bort kåpan till säkerhetsbältets rulle

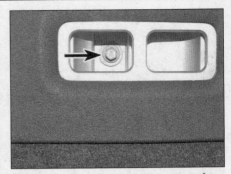

24.28c Skruva loss bultarna ovanpå panelen

24.28d Lossa anslutningskontakterna . . .

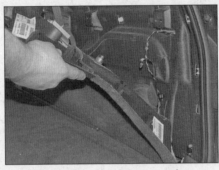

24.28e . . . och lyft bort panelen

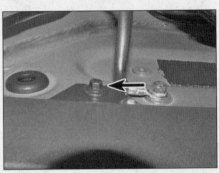

24.30a Skruva loss bulten (markerad med pil) på varje sida av tröskelns klädselpanel

24.30b Lossa tröskelns klädselpanel och observera att klämmorna sitter fast ordentligt. Detta arbete kräver försiktighet för att undvika skador på panelen

anslutningskontakter när panelen tas bort **(se bilder)**.

29 Monteringen sker i omvänd ordningsföljd mot demonteringen.

Bagageområdets tröskelklädselpanel

30 Dra upp golvpanelen/mattan från bagageområdet och skruva loss bulten på båda sidorna på den bakre delen av tröskelpanelen. Dra klädselpanelen uppåt för att lossa klämmorna men observera att klämmorna är fästa väldigt hårt och därför är det nödvändigt att vara försiktig när detta arbete utförs för att undvika skador på klädselpanelen **(se bilder)**.

31 Monteringen sker i omvänd ordningsföljd mot demonteringen.

Golvskenor i bagageområdet

32 Skruva loss den bult som är placerad på vardera änden av skenan **(se bild)**.

33 Ta bort bagageutrymmets sidopanel enligt beskrivningen ovan och skruva loss de två skruvarna som exponeras i mitten av skenan när klädselpanelen tas bort **(se bild)**.

34 Monteringen sker i omvänd ordningsföljd mot demonteringen.

Handskfack

35 Ta bort instrumentbrädans nedre klädselpanel över passagerarsidans fotutrymme. Skruva loss de två skruvarna, sänk ner panelen något, lossa anslutningskontakten till belysningen i fotutrymmet, lossa klämman baktill och ta bort den.

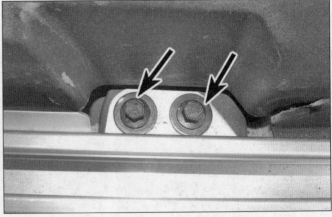

24.32 Skruva loss bulten (markerad med pil) i varje ände av lastskenan

24.33 Lossa de två bultarna (markerade med pilar) i mitten av lastskenan med sidopanelen borttagen

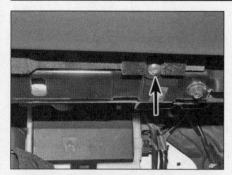

24.36a Skruva loss skruvarna under handskfackets lock som exponeras genom demonteringen av den nedre klädselpanelen

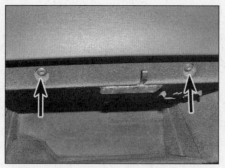

24.36b Skruva loss de fyra skruvarna runt öppningens överkant (två är markerade med pilar)

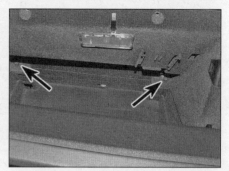

24.36c Skruva loss de två bultarna (markerade med pilar) på handskfackets bakre del

24.36d Det går nu att ta bort handskfacket

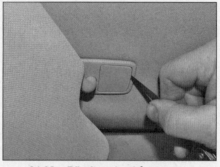

24.38a Bänd ut plastkåporna . . .

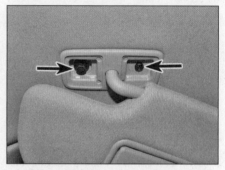

24.38b . . . och skruva loss skruven och bulten (markerade med pilar)

36 Skruva loss de två skruvarna under handskfackets lock som exponeras genom demonteringen av instrumentbrädans nedre klädselpanel. Öppna locket, ta bort de två bultarna baktill på handskfacket och de fyra skruvarna runt öppningens kant. Tryck handskfacket uppåt och dra bort den från instrumentbrädan samt lossa eventuella anslutningskontakter när den tas bort **(se bilder)**.
37 Monteringen sker i omvänd ordningsföljd mot demonteringen.

Solskydd

38 Bänd ut plastkåporna och skruva loss bulten och skruven som exponeras i öppningen **(se bilder)**.
39 Lossa solskyddet från dess invändiga fäste och ta bort det. Koppla från anslutningskontakten när solskyddet tas bort.

40 För att ta bort det invändiga fästet bänder du ner fästfliken och tar bort fästet från takklädseln **(se bilder)**.
41 Monteringen sker i omvänd ordningsföljd mot demonteringen.

Handtag

42 Håll ner handtaget, bänd upp plastkåporna och skruva loss de två fästskruvarna **(se bild)**.
43 Monteringen sker i omvänd ordningsföljd mot demonteringen.

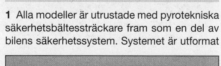

25 Säkerhetsbälten – allmän information, demontering och montering

1 Alla modeller är utrustade med pyrotekniska säkerhetsbältesträckare fram som en del av bilens säkerhetssystem. Systemet är utformat

för att omedelbart fånga upp spelrum i säkerhetsbältet vid plötsliga frontalkrockar och på så sätt minska risken för skador för framsätets passagerare. Båda framsätena är utrustade med systemet. Spännarna sitter bakom de övre B-stolparnas klädselpaneler.
2 Bältessträckaren löses ut tillsammans med förarens och passagerarens krockkudde när bilen frontalkrockar med en kraft som överstiger ett angivet värde. Mindre krockar, inklusive påkörningar bakifrån, utlöser inte systemet.
3 När systemet löses ut drar den explosiva gasen i spännarmekanismen tillbaka bältet och låser det med hjälp av en vajer som verkar på haspeln. Detta förhindrar att säkerhetsbältet rör sig, och håller passageraren säkert på plats i sätet. När spännaren har utlösts kommer säkerhetsbältet att vara permanent

24.40a Bänd ner fästfliken

24.40b Ta bort fästet från takklädseln

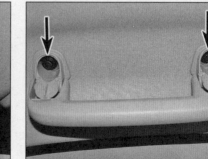

24.42 Skruva loss de två skruvarna (markerade med pilar)

25.7 Anslutningskontakt till framsätets bältessträckare (markerad med pil)

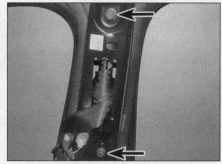

25.8 Främre bultar till bältesrullen (markerade med pilar)

25.12 Anslutningskontakt till baksätets bältessträckare (markerad med pil)

spänt och enheten måste bytas ut. Om onormala skallrande ljud hörs när bältena dras ut eller dras tillbaka är även det tecken på att spännarna har utlösts.

4 Det finns risk för att systemet utlöses av misstag under arbete med bilen. Därför rekommenderar vi å det starkaste att allt arbete som rör säkerhetsbältenas spännarsystem överlåts till en Volvo-återförsäljare. Observera följande varningar innan något arbete utförs på de främre säkerhetsbältena.

⚠️ *Varning: Slå av tändningen, lossa batteriets minusledare och vänta i minst 5 minuter tills eventuell kvarvarande ström laddas ur innan du påbörjar arbetet med de främre säkerhetsbältena.*

• *Utsätt inte sträckarmekanismen för temperaturer som överstiger 100°C.*
• *Om sträckarmekanismen tappas måste*

den bytas ut, även om den inte har fått några synliga skador.
• *Låt inga lösningsmedel komma i kontakt med sträckarmekanismen.*
• *Försök inte öppna spännarmekanismen, eftersom den innehåller explosiv gas.*
• *Sträckare från andra bilar får inte användas som reservdelar, inte ens från bilar av samma modell och från samma år.*
• *Sträckare måste laddas ur innan de kastas, men detta arbete ska överlåtas till en Volvo-återförsäljare eller specialist.*

Demontering

Främre säkerhetsbälter

5 Slå av tändningen och koppla från batteriets minusledare enligt beskrivningen i kapitel 5A. Vänta i minst 5 minuter innan arbetet återupptas.

6 För att ta bort bältesrullen ska du ta bort B-stolpens klädselpanel enligt beskrivningen i avsnitt 24.

7 Bekräfta att batteriet är frånkopplat, koppla från kontaktdonet från bältesspännaren genom att trycka ihop de två anslutningskontaktklämmorna **(se bild)**. Anslutningskontakten ska aldrig kopplas ur (eller återanslutas) medan batteriets minusledare är ansluten.

8 Skruva loss och ta bort de två rullarnas/spännarnas fästbultar och ta bort säkerhetsbältets rulle och spännare från bilen **(se bild)**.

9 När du ska ta bort bältesspännet måste du lossa sätet först enligt beskrivningen i avsnitt 22. Klipp av buntbanden som håller fast kablaget till sätet och lossa anslutningskontakten under sätet. Spännena är fästa med en stor torxbult.

Bakre säkerhetsbälter

10 Slå av tändningen och koppla loss batteriets jordledning enligt beskrivningen i kapitel 5A. Vänta i minst 5 minuter innan arbetet återupptas.

11 För att ta bort bältesrullen ska du ta bort bagagerummets sidopanel enligt beskrivningen i avsnitt 24.

12 Bekräfta att batteriet är lossat, lossa sedan kontaktdonet från bältessträckaren genom att klämma ihop de två anslutningskontaktklämmorna **(se bild)**. Anslutningskontakten ska aldrig kopplas ur (eller återanslutas) medan batteriets minusledare är ansluten.

13 Skruva loss de bultar som håller fast den övre bältesstyrningen och bältesrullen och ta bort bältesrullen **(se bilder)**.

14 För att ta bort bältets nedre förankring tar du bort baksätesdynan enligt beskrivningen i avsnitt 23 och det bakre tröskelklädselpanelerna enligt beskrivningen i avsnitt 24. Dra upp det ljuddämpande materialet och vik tillbaka det tills det går att komma åt förankringen. Skruva loss den bult som håller fast förankringen på golvplattan. Det bakre sätesspännena kan också tas bort vid behov **(se bilder)**.

15 För att ta bort mittbältet och bältesrullen bak måste det mittre ryggstödet tas isär. Samtidigt som illustrationerna visar en del av denna process är detta en potentiellt svår process

25.13a Bakre fästbult till bältesrullen (markerad med pil)

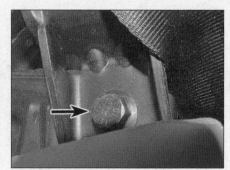

25.13b Bakre säkerhetsbältets styrbult (markerad med pil)

25.14a Bakre säkerhetsbältets förankringsbult (markerad med pil)

25.14b Bult bakre bälteslås (markerad med pil)

25.15a Skruva loss bulten och ta bort den mittre bältesrullen

25.15b Skruva loss bulten och ta bort det mittre säkerhetsbältets förankring

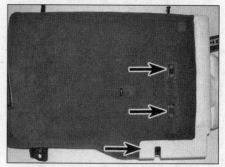

25.15c Lossa klädselpaneldelen av plast, skruva loss skruvarna och ta bort spännbrickorna (markerade med pilar)

som kan leda till skador på sätets klädselpanel om den inte utförs i en verkstad. Vi råder dig att överlåta detta arbete till en Volvo-verkstad eller en specialist på bilklädslar **(se bilder)**.

Montering

16 Monteringen sker alltid i omvänd ordningsföljd mot demonteringen. Dra åt säkerhetsbältenas fästen till angivet moment. Observera följande när säkerhetsbältena monteras:

a) *Återanslut främre säkerhetsbältets nedre förankring. Se till att haken är helt fäst.*

b) *Se till att ingen befinner sig i bilen. Slå på tändningen och återanslut batteriets minusledare. Slå av tändningen och slå på den igen. Kontrollera att säkerhetssystemets varningslampa tänds och sedan slocknar inom 15 sekunder.*

26 Mittkonsol –
demontering och montering

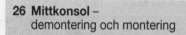

Demontering

1 Lägg ur handbromsen och flytta

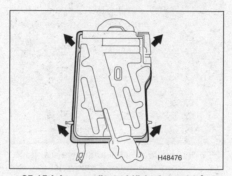

25.15d Lossa sätets klädselpanel från ryggstödets sidor

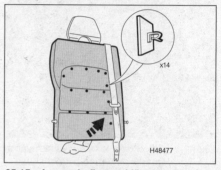

25.15e Lossa de fjorton klämmorna och ta bort sätets klädselpanel från ryggstödets främre del

växelspaken till neutralläge. Observera att det kan vara nödvändigt att flytta växelspaken när konsolen tas bort.

2 Se till att framstolarna är i det nedersta läget och helt tillbakaskjutna.

Övre konsol

3 Koppla loss och ta bort batteriets jordledning enligt beskrivningen i kapitel 5A.

4 Använd ett verktyg med platt blad för att

försiktigt bända loss klädselpanelen runt ljudenheten **(se bild)**.

5 Använd samma verktyg för att försiktigt bända upp den klädselpanel som omger växelspaken med början upptill alldeles under luftkonditioneringsreglagen **(se bild)**.

6 Skruva loss de 8 fästskruvarna. Det finns två längst upp på konsolen, två bakom växelspaken och två baktill på konsolen under förvaringsfackets lock (de två senaste täcks

26.4 Bänd försiktigt loss klädselpanelen runt ljudanläggningen

26.5 Bänd försiktigt loss klädselpanelen runt växelspaken

26.6a Skruva loss de två skruvarna (markerade med pilar) på konsolens överdel . . .

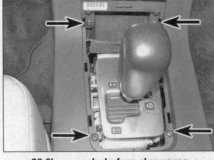

26.6b . . . och de fyra skruvarna (markerade med pilar) runt växelspaken

26.6c Bänd ut gummidynorna . . .

26.6d . . . och skruva loss de två skruvarna (markerade med pilar)

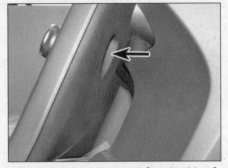

26.7 Skruva loss skruven på varje sida på kontrollpanelens bakre del

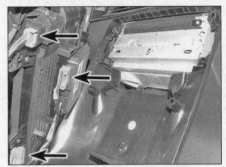

26.8a Lossa anslutningskontakterna på kontrollpanelens bakre del

av gummidynor till konsolens lock - bänd försiktigt av dynorna först) **(se bilder)**.

7 Skruva loss det två skruvar som är placerade baktill på konsolen alldeles under den plats där konsolen möter instrumentbrädans nederkant **(se bild)**.

8 Dra konsolen uppåt och ta bort den samtidigt som du lossar eventuella anslutningskontakter när panelen tas bort (observera att kablage även kan vara fastklämt på den nedre konsolen) **(se bilder)**. Observera att kablaget kan vara av fiberoptisk typ och då inte bör böjas för mycket eftersom det då kan skadas.

Nedre konsol

Observera: *Även om det inte är absolut nödvändigt har vi upptäckt att det är enklare att ta bort mattans främre del både på bilens högra och vänstra sida när detta arbete utförs. Detta kräver dock demontering av framsätena, den nedre delen av A-stolpens klädselpanel, ljudförstärkaren under förarsätet och motorhuvens öppningshandtag.*

Om du vill utföra arbetet på detta sätt ber vi dig att ta del av relevant avsnitt för demontering av komponenter.

9 Koppla loss och ta bort batteriets jordledning enligt beskrivningen i kapitel 5A.

10 Ta bort den övre konsolen enligt beskrivningen ovan.

11 Bänd försiktigt bort de främre och bakre delarna av sidopanelerna på vardera sidan, dra mattan åt ena sidan och skruva loss den exponerade bulten (observera att bulten på vänster sida ska peka mot bilens bakre del medan bulten på höger sida ska peka utåt mot dörren **(se bilder)**.

26.8b Lossa eventuellt kablage från konsolen

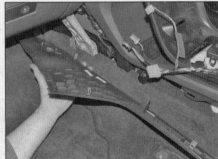

26.11a Lossa de främre . . .

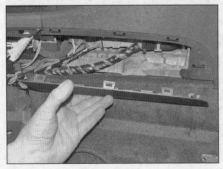

26.11b . . . och bakre delarna av konsolens sidopaneler

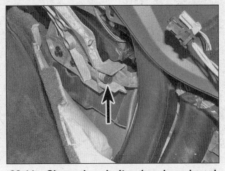

26.11c Skruva loss bulten (markerad med pil) på vänster sida . . .

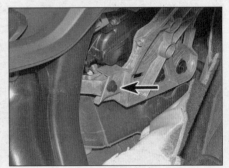

26.11d . . . och bulten (markerad med pil) på höger sida

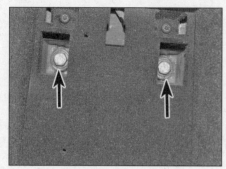

26.12 Skruva loss de två bultarna (markerade med pilar) i förvaringsfackets botten

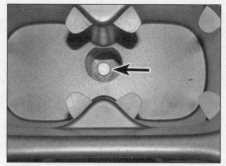

26.13 Skruva loss bulten (markerad med pil) i mugghållaren

26.14a Lossa växelväljarens låskrage från sitt fäste

12 Öppna armstödet, ta bort förvaringsinsatsen och skruva loss de två bultarna längst ner (inte de fyra skruvarna som håller fast förvaringslådan på konsolens ram) **(se bild)**.

13 Ta bort mugghållarens nederdel och skruva loss den exponerade bulten **(se bild)**.

14 Lossa växelväljarens arm genom att dra låskragen framåt något för att lossa den från fästet och använd sedan en liten skruvmejsel för att trycka in låsfliken. Armen kan sedan dras försiktigt från väljarhuset **(se bilder)**.

15 Dra luftkanalerna åt ena sidan.

16 Lossa eventuella anslutningskontakter längst ner på konsolen och lossa kablaget från konsolens ram. Dra försiktigt konsolen uppåt och ta bort den **(se bilder)**.

17 Det krävs ytterligare isärtagning av den nedre konsolen för att komma åt både växelväljarhuset och krockkuddsenheten och detta utförs så här. Skruva loss de fyra skruvarna längst ner i den bakre förvaringslådan och för lådan bakåt från återstoden av konsolen och lossa samtidigt eventuella anslutningskontakter när den tas bort. Skruva loss de två skruvarna över förvaringslådans placering och de fyra skruvarna runt växelväljarhuset och lossa samtidigt eventuella anslutningskontakter och lyft bort delarna från konsolens ram **(se bilder)**.

Mittarmstöd

18 Använd ett verktyg med platt blad

26.14b Tryck ner frigöringsfliken och ta bort armen från väljarhuset

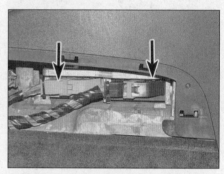

26.16a Lossa anslutningskontakterna (markerade med pilar) längst ner på konsolen

26.16b Lyft försiktigt bort konsolen från dess placering

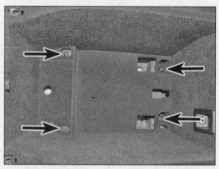

26.17a Skruva loss de fyra bultarna (markerade med pilar) i förvaringsfackets botten

26.17b Ta bort konsolens bakre sektion

26.17c Skruva loss de två skruvarna (markerade med pilar) . . .

26.17d . . . och de fyra skruvarna runt växelväljarhuset (två är markerade med pilar)

26.18a Bänd bort klädselpanelen från konsolens nedre del

26.18b Skruva loss de två skruvarna under klädselpanelen

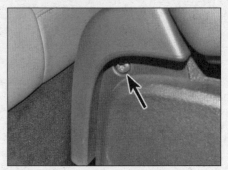

26.19a Skruva loss skruven på varje sida på armstödets gångjärn

26.19b Ta bort klädselpanelens övre sektion

26.19c Skruva loss de två skruvarna (markerade med pilar) .

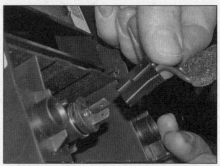

26.20 Lossa anslutningskontakterna när konsolavsnittet tas bort

för att bända bort klädselpanelen under cigarettändaruttaget baktill på konsolen. Bänd bort den nedre klädselpanelen på den plats där den möter golvet och skruva loss de två skruvarna/bultarna som exponeras i öppningen **(se bilder)**.

19 Skruva loss skruven/bulten på varje sida som är placerad vid armstödets gångjärn och ta bort klädselpanelen runt cigarettändaruttaget. Skruva loss de två skruvarna/bultarna som exponeras genom demonteringen av klädselpanelen **(se bilder)**.

20 Lyft försiktigt bort armstödet och skruva samtidigt loss eventuella anslutningskontakter när det tas bort **(se bild)**.

Montering

21 Montering sker i omvänd ordningsföljd.

27 Instrumentbräda –
demontering och montering

Demontering

1 Se till att framsätena är helt tillbakaskjutna, koppla från batteriets minusledare (se kapitel 5A) och vänta minst 5 minuter innan du fortsätter så att eventuell kvarvarande ström laddas ur.

2 Ta bort instrumentbrädans nederpaneler i fotbrunnarna på förar- och passagerarsidan. Varje panel hålls fast av två skruvar och anslutningskontakterna till belysningen i fotoutrymmet måste lossas när panelerna tas bort **(se bild)**.

3 Lossa diagnoskontakten från fästet under förarsidan av instrumentbrädans nedre del

över pedalerna. På vissa modeller lossar du helt enkelt fästklämman och på andra modeller är kontakten monterad på ett fäste som hålls fast av två skruvar **(se bild)**.

4 Demontera ratten enligt beskrivningen i kapitel 10.

5 Ta bort handskfacket och mittkonsolen enligt beskrivningen i avsnitt 24 och 26 och A-stolpens klädselpaneler beskrivs i avsnitt 24.

6 Ta bort radion, strålkastarbrytaren, handbromsbrytaren och varningsblinkersbrytaren enligt beskrivningen i kapitel 12.

7 Ta bort solgivaren enligt beskrivningen i kapitel 3 och lossa den anslutningskontakt som är placerad över rattstången till tändnings-/startbrytaren med instrumentbrädan borttagen **(se bild)**.

8 Använd ett trubbigt verktyg med platt blad och bänd försiktigt loss gallret från

27.2 Skruva loss de två skruvarna (markerade med pilar) och ta bort instrumentbrädans nedre klädselpaneler på båda sidorna

27.3 Skruva loss skruvarna (markerade med pilar) för diagnosuttaget

27.7 Lossa startmotorns anslutningskontakt över rattstången

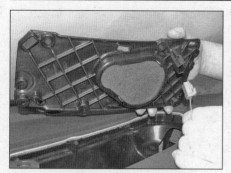

27.8 Bänd loss högtalargallret från instrumentbrädans överdel

27.9a Skruva loss de två bultarna (markerade med pilar) på passagerarsidan . . .

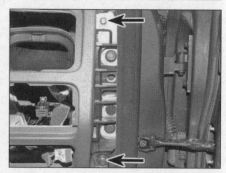

27.9b . . . de två bultarna (markerade med pilar) på förarsidan . . .

27.9c . . . de två bultarna (markerade med pilar) under handskfacket . . .

27.9d . . . de två bultarna (markerade med pilar) under passagerarkrockkudden. . .

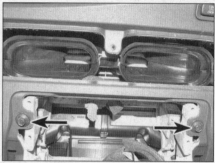

27.9e . . . de två bultarna (markerade med pilar) i öppningen för ljudanläggningen . . .

instrumentbrädans överdel (detta kan innehålla en högtalare). Lossa de sex skruvarna i öppningen, ta bort panelen och lossa anslutningskontakten **(se bild)**.

9 Skruva loss instrumentbrädans fästbultar. Det finns två på A-stolpen på varje sida, två under handskfacket, två under passagerarkrockkudden, två i radioöppningen, två under gallret längst upp på instrumentbrädan, två i instrumentbrädans öppning, två över pedalerna i förarens fotutrymme och en placerad längst upp till vänster i instrumentbrädans öppning **(se bilder)**.

10 Lossa den anslutningskontakt som är placerad bakom ändpanelen på instrumentbrädan på passagerarsidan och lossa anslutningskontakten till passagerarkrockkudden **(se bild)**.

27.9f . . . de två bultarna (markerade med pilar) längst upp på instrumentbrädan under högtalargallret . . .

27.9g . . . de två bultarna (markerade med pilar) i instrumentbrädans öppning. . .

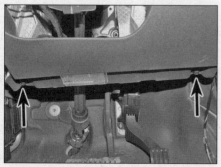

27.9h . . . de två bultarna (markerade med pilar) på förarsidan över pedalerna . . .

27.9i . . . och bulten baktill i instrumentbrädans öppning

27.10 Lossa anslutningskontakten bakom ändpanel på instrumentbrädan på passagerarsidan

27.11 Ta försiktigt ut instrumentbrädan från bilen

11 Ta försiktigt bort instrumentbrädan med hjälp av en medhjälpare om möjligt och ta bort den från bilen **(se bild)**.

⚠️ *Varning: Placera enheten på ett säkert ställe med mekanismen nedåt som skydd mot oavsiktlig utlösning. Försök inte öppna eller reparera krockkuddemodulen och anslut ingen ström till den. Återanvänd inte en krockkudde som är synbart skadad eller som har utsatts för åverkan utifrån.*

Montering

12 Monteringen sker i omvänd ordningsföljd mot demonteringen.
13 Se till att ingen befinner sig i bilen. Slå på tändningen och återanslut batteriets minusledare. Slå av tändningen och slå på den igen. Kontrollera att säkerhetssystemets varningslampa tänds och sedan slocknar inom 15 sekunder.

28 Soltak – allmän information

Ett elmanövrerat soltak finns som standardutrustning eller som tillval, beroende på modell.
Soltaket är underhållsfritt. All justering, demontering eller montering av soltakets komponenter bör överlåtas till en återförsäljare eftersom enheten är mycket sammansatt och eftersom stora delar av den inre klädseln och innertaket måste tas bort för att det ska gå att komma åt. Den senare åtgärden är komplicerad och kräver försiktighet och specialistkunskaper för att innertaket inte ska skadas.

Om soltaket går trögt kan det bero på att skenorna och/eller vajrarna behöver smörjas. Be en Volvo-återförsäljare om råd angående lämpligt smörjmedel. Ytterligare kontroller om taket inte fungerar begränsas till kontroll av säkring och kablage. Se kopplingsschemana i slutet av kapitel 12.

Dräneringsrör

Det är lämpligt att kontrollera takluckans vattendräneringsrör med jämna mellanrum. Om de blockeras kan de rensas genom att man för en längd lämplig kabel genom dem (och en gammal hastighetsmätarvajer är idealisk). De främre dräneringsrören slutar vid den främre mellanväggen i den bakre delen av motorrummet. De bakre dräneringsrören slutar över bakhjulen inne i hjulhusen.

Kapitel 12
Karossens elsystem

Innehåll

Allmän information och föreskrifter	1
Brytare – demontering och montering	4
Central elmodul (CEM) – allmän information, demontering och montering	7
Elsystemets givare – demontering och montering	6
Felsökning av elsystemet – allmän information	2
Glödlampor (innerbelysning) – byte	9
Glödlampor (ytterbelysning) – byte	8
Högtalare – demontering och montering	21
Instrumentpanel – demontering och montering	5
Krockkuddar – allmän information och föreskrifter	23
Krockkuddeskomponenter – demontering och montering	24
Ljudanläggning – demontering och montering	20
Manöverdon adaptiv strålkastare – demontering och montering	12
Parkeringsassistanssystem – demontering och montering	25
Signalhorn – demontering och montering	14
Spolarsystemets komponenter – demontering och montering	16
Strålkastarinställning – kontroll och justering	11
Strålkastarstyrenhet – demontering och montering	13
Säkringar och reläer – allmän information	3
Takluckans motor – demontering och montering	15
Tanklocksluckans öppningsmotor – demontering och montering	26
Tjuvlarm och motorlåsningssystem – allmän information	22
Torkararmar – demontering och montering	17
Torkarmotorn på bakluckan – demontering och montering	19
Vindrutetorkarens motor och länksystem – demontering och montering	18
Yttre armaturer – demontering och montering	10

Svårighetsgrad

Enkelt, passar novisen med lite erfarenhet 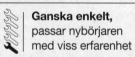	**Ganska enkelt,** passar nybörjaren med viss erfarenhet	**Ganska svårt,** passar kompetent hemmamekaniker	**Svårt,** passar hemmamekaniker med erfarenhet 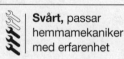	**Mycket svårt,** för professionell mekaniker

Specifikationer

Allmänt

Systemtyp	12 volt, negativ jord
Säkringar	Se kopplingsscheman i slutet av kapitlet och etiketten på locket till styrenhetens låda för specifika fordonsuppgifter

Glödlampor

	Watt
Bromsljus	21 bajonettfäste
Dörrspegelns jordlampa	6 klämfäste
Dimstrålkastare:	
Fram	35 H8
Bakre	21 bajonettfäste
Fotutrymmesbelysning	5 kil
Handskfacksbelysning	3 bajonettfäste
Strålkastare:	
Halogen	55 H7
Bi-xenon	35 D2R
Höga bromsljus	Lysdiodstyp (ej utbytbara)
Körriktningsvisarens sidoblinkljus	5 klämfäste
Körriktningsvisare (fram och bak)	21 bajonettfäste
Bagageutrymmesbelysning	5 kil
Nummerplåtsbelysning	5 slingfäste
Backljus	21 bajonettfäste
Sidokörriktningsvisare:	
Fram	5 klämfäste
Bak	10 bajonettfäste
Parkeringsljus	5 utan glas
Baklyktor	5 bajonettfäste
Sminkspegelbelysning	1.2 slingfäste

Åtdragningsmoment

	Nm
Bultar till torkarmotor på bakluckan	10
Krockkudde (passagerarsida):	
Fästbultar	10
Fästbygel på airbag	10
Fästbygel på tvärbalk	6
Krockkuddens styrenhet	10
Sidokrockgivare	6
Vindrutetorkararmens bultar/muttrar	10
Vindrutetorkararmens muttrar	30

1 Allmän information och föreskrifter

Systemet är ett 12 volts elsystem med negativ jordning. Strömmen till lamporna och alla elektriska tillbehör kommer från ett bly/syra batteri som laddas av den remdrivna generatorn.

Detta kapitel tar upp reparations- och servicearbeten för de elkomponenter som inte hör till motorn. Information om batteriet, generatorn, förvärmning och startmotorn finns i kapitel 5A.

 Varning: Innan något arbete utförs på elsystemet ska du läsa föreskrifterna i Säkerheten främst! i början av denna handbok.

2 Felsökning av elsystemet – allmän information

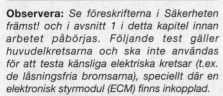

Observera: *Se föreskrifterna i Säkerheten främst! och i avsnitt 1 i detta kapitel innan arbetet påbörjas. Följande test gäller huvudelkretsarna och ska inte användas för att testa känsliga elektriska kretsar (t.ex. de låsningsfria bromsarna), speciellt där en elektronisk styrmodul (ECM) finns inkopplad.*

 Varning: Under inga som helst förhållanden får strömförande mätinstrument som ohmmätare, voltmätare eller testlampa användas för att kontrollera någon av krockkuddarna eller de pyrotekniska säkerhetsbältessystemen. All kontroll av dessa system måste överlåtas till en Volvo-verkstad eftersom det är risk för att systemet aktiveras av misstag om inte rätt åtgärder vidtas.
Varning: Elsystemet i Volvo V70 är mycket komplext. Många av styrmodulerna är anslutna via ett databussystem där de kan dela information från de olika givarna och kommunicera med varandra. När till exempel automatväxellådan når en växlingspunkt signalerar den motorstyrningsstyrmodulviadatabussen. När växlingen utförs av växellådans styrmodul fördröjer motorstyrningens styrmodul tändningsinställningen och minskar tillfälligt motorns uteffekt för att ge en mjukare övergång från ett utväxlingsförhållande till ett annat. På grund av Databussystemets uppbyggnad rekommenderas det inte att bakåtsöka styrmodulerna med en multimeter på traditionellt vis. Istället har elsystemen ett sofistikerat självdiagnossystem som kan tolka de olika styrmodulerna för att visa sparade felkoder och hjälpa till att lokalisera fel. För att kunna komma åt självdiagnossystemet måste man använda speciell testutrustning (felkodsläsare). Kontakta närmaste Volvo-verkstad eller lämpligt utrustad specialist.

Allmänt

1 En typisk elkrets består av en elektrisk komponent, alla brytare, reläer, motorer, säkringar, smältinsatser eller kretsbrytare som rör den komponenten, samt det kablage och de kontaktdon som länkar komponenten till batteriet och karossen. För att underlätta felsökningen i elkretsarna finns kopplingsscheman i slutet av det här kapitlet.

2 Studera relevant kopplingsschema för att förstå den aktuella kretsens olika komponenter, innan du försöker diagnostisera ett elfel. De möjliga felkällorna kan reduceras genom att man undersöker om andra komponenter som hör till kretsen fungerar som de ska. Om flera komponenter eller kretsar slutar fungera samtidigt, rör felet antagligen en delad säkring eller jordanslutning.

3 Elektriska problem har ofta enkla orsaker, som lösa eller korroderade anslutningar, defekta jordanslutningar, trasiga säkringar eller defekta reläer (i avsnitt 3 finns information om hur man testar reläer). Se över skicket på alla säkringar, kablar och anslutningar i en felaktig krets innan komponenterna kontrolleras. Använd kopplingsscheman för att se vilka kabelanslutningar som behöver testas för att hitta felet.

4 I den nödvändiga basutrustningen för elektrisk felsökning ingår en kretstestare eller voltmeter (en 12-volts glödlampa med testkablar kan användas till vissa kontroller), en ohmmätare (för att mäta motstånd och kontrollera kontinuitet), ett batteri och en uppsättning testkablar, samt en extrakabel, helst med en kretsbrytare eller säkring, som kan användas till att koppla förbi misstänkta kablar eller elektriska komponenter. Innan felsökning med hjälp av testinstrument påbörjas, använd kopplingsschemat för att bestämma var kopplingarna ska göras.

5 För att hitta källan till ett periodiskt återkommande kabelfel (vanligen på grund av en felaktig eller smutsig anslutning eller skadad isolering), kan ett vicktest göras på kabeln. Det innebär att man vickar på kabeln för hand för att se om felet uppstår när den rubbas. Det ska därmed vara möjligt att ringa in felet till en speciell kabelsträcka. Denna testmetod kan användas tillsammans med vilken annan testmetod som helst i de följande underavsnitten.

6 Förutom problem som uppstår på grund av dåliga anslutningar kan två typer av fel uppstå i en elkrets – kretsavbrott eller kortslutning.

7 Kretsavbrott orsakas av ett brott någonstans i kretsen, vilket hindrar strömflödet. Ett kretsbrott gör att komponenten inte fungerar, men utlöser inte säkringen.

8 Kortslutningar orsakas av att ledarna går ihop någonstans i kretsen, vilket medför att strömmen tar ett alternativ, lättare väg (med mindre motstånd), vanligtvis till jordningen. Kortslutning orsakas oftast av att isoleringen nötts, varvid en ledare kan komma åt en annan ledare eller jordningen, t.ex. karossen. En kortslutning bränner i regel kretsens säkring.

Hitta ett kretsbrott

9 Koppla ena ledaren på en kretsprovare eller en voltmeters negativa ledning till antingen batteriets negativa pol eller en annan känd jord för att kontrollera om en krets är bruten.

10 Anslut den andra ledaren till ett skarvdon i kretsen som ska testas, helst närmast batteriet eller säkringen.

11 Slå på kretsen, men tänk på att vissa kretsar bara är strömförande med tändningslåset i ett visst läge.

12 Om spänning ligger på (visas antingen genom att testlampan lyser eller genom ett utslag från voltmetern, beroende på vilket verktyg som används), betyder det att delen mellan kontakten och brytaren är felfri.

13 Fortsätt kontrollera resten av kretsen på samma sätt.

14 När en punkt nås där ingen ström finns tillgänglig måste problemet ligga mellan den punkt som nu testas och den föregående med ström. De flesta fel kan härledas till en trasig, korroderad eller lös anslutning.

Hitta en kortslutning

15 Koppla bort strömförbrukarna från kretsen för att leta efter en eventuell kortslutning (strömförbrukare är delar som drar ström i en krets, t.ex. lampor, motorer och värmeelement).

16 Ta bort den aktuella säkringen från kretsen

2.20 Jordkabelanslutningar (markerade med pilar) under luftrenarhuset

och anslut en kretsprovare eller voltmeter till säkringens anslutningar.

17 Slå på kretsen, men tänk på att vissa kretsar bara är strömförande med tändningslåset i ett visst läge.

18 Om spänning ligger på (indikerat antingen genom att testlampan lyser eller ett voltmätarutslag, beroende på vad som används), betyder det att en kortslutning föreligger.

19 Om det inte finns någon spänning vid kontrollen, men säkringarna fortsätter att gå sönder när strömförbrukarna är påkopplade är det ett tecken på ett internt fel i någon av strömförbrukarna.

Hitta ett jordfel

20 Batteriets minuspol är kopplad till jord – metallen i motorn/växellådan och karossen. Många system är kopplade så att de bara tar emot en positiv matning och strömmen leds tillbaka genom metallen i karossen **(se bild)**. Det innebär att komponentfästet och karossen utgör en del av kretsen. Lösa eller korroderade fästen kan därför orsaka flera olika elfel, allt ifrån totalt haveri till svårfångade, partiella fel. Vanligast är att lampor lyser svagt (särskilt när en annan krets som delar samma jordpunkt används samtidigt) och att motorer (t.ex. torkarmotorerna eller kylarens fläktmotor) går långsamt. En krets kan påverka en annan, till synes orelaterad, krets. Observera att på många fordon används särskilda jordningsband mellan vissa komponenter, såsom motorn/växellådan och karossen,

vanligtvis där det inte finns någon direkt metallkontakt mellan komponenterna på grund av gummiupphängningar etc.

21 Koppla bort batteriet och anslut den ena ledaren på en ohmmätare till en känd, god jordpunkt för att kontrollera om en komponent är korrekt jordad. Koppla den andra ledaren till den kabel eller jordkoppling som ska kontrolleras. Resistansen ska vara noll. Om inte kontrollerar du anslutningen enligt följande.

22 Om en jordanslutning misstänks vara defekt, koppla isär anslutningen och rengör den ner till ren metall både på karossen och kabelanslutningen eller fogytan på komponentens jordanslutning. Se till att ta bort alla spår av rost och smuts och skrapa sedan bort lacken med en kniv för att få fram en ren metallyta. Dra åt kopplingsfästena ordentligt vid monteringen; om en kabelterminal monteras, använd låsbrickor mellan anslutning och karossen för att vara säker på att en ren och säker koppling uppstår. När kopplingen återansluts, rostskydda ytorna med ett lager vaselin, silikonfett eller genom att regelbundet spraya på fuktdrivande aerosol eller vattenavstötande smörjmedel.

3 Säkringar och reläer – allmän information

Säkringar

1 Säkringarna är placerade i den centrala säkringsdosan som är placerad i motorrummet på vänster sida alldeles framför fjädertornet och i tre moduler bakom klädselpanelen på vänster sida av bagageutrymmet **(se bilder)**.

2 Om en säkring går sönder slutar den elektriska krets som skyddas av säkringen att fungera. Var säkringen sitter placerad och vilka kretsar som skyddas beror på bilens specifikationer, modellår och land. Se kopplingsschemana i slutet av den här handboken samt etiketten på säkringsdosans lock som lämnar uppgifter om den aktuella bilen.

3 När en säkring ska tas bort måste först tändningen slås av. Lyft sedan upp locket på den centrala säkringsdosan. Dra ut säkringen ur anslutningen med hjälp av det medföljande borttagningsverktyget av plast **(se bild)**. Tråden

i säkringen ska synas. om säkringarna har löst ut är tråden av eller smält.

4 Ersätt alltid en säkring med en ny av samma klass; använd aldrig en säkring med annan kapacitet än den ursprungliga, och byt inte ut den mot något annat. Det är brandfarligt. Byt aldrig en säkring mer än en gång utan att spåra orsaken till felet. På säkringens överdel finns kapaciteten inpräglad; observera att säkringarna också är färgkodade för att vara lätta att känna igen. Det finns reservsäkringar i säkringsdosan.

5 Om säkringen fortsätter att gå sönder är något fel i den skyddade kretsen. Om fler än en krets är inblandad, slå på en komponent i taget tills säkringen går sönder och ta på så sätt reda på i vilken krets felet ligger.

6 En trasig säkring kan utöver ett fel i den aktuella elektriska komponenten orsakas av kortslutning i kablaget till komponenten. Leta efter klämda eller fransade kablar som gör det möjligt för en strömförande ledning att komma i kontakt med bilens metall. Leta även efter lösa eller skadade skarvdon.

7 Observera att **endast** säkringar av bladtyp får bytas av en hemmamekaniker. Om någon av de stora smältinsatserna i huvudsäkringsdosan går sönder är det ett tecken på ett allvarligt elfel. Detta fel måste diagnosticeras av en Volvo-verkstad eller en elspecialist.

Reläer

8 Ett relä är en elektrisk brytare som har följande användning:

a) *Ett relä kan bryta kraftig ström på avstånd från den krets där strömmen förekommer. Det gör det möjligt att använda tunnare kablar och brytarkontakter.*
b) *Ett relä kan ta emot mer än en reglageingång, till skillnad från en mekanisk brytare.*
c) *Ett relä kan ha en timerfunktion – till exempel för fördröjning av vindrutetorkarna.*

9 Kom ihåg att om ett fel uppstår i en krets med ett relä kan felet ligga hos själva reläet. Ett enkelt sätt att kontrollera ett reläs funktion är att lyssna efter ett klick från reläet medan en medhjälpare aktiverar den aktuella komponenten. Den här kontrollen visar

3.1 Den centrala säkringsdosan sitter på motorrummets vänstra sida.

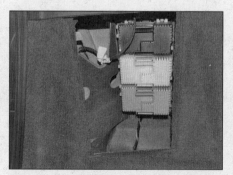

3.1b Säkringsmoduler bakom klädselpanelen i den vänstra delen av bagageutrymmet

3.3 Använd plastverktyget för att ta bort en säkring

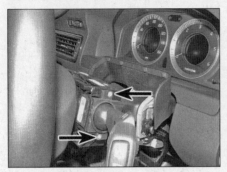

4.3a Skruva loss de två skruvarna (markerade med pilar)

4.3b Ta bort brytaren från rattstången

4.3c Brytarenhetens bultar (markerade med pilar)

åtminstone om reläet ställer om eller inte, men den ger inget slutgiltigt bevis på att reläet fungerar.

10 De flesta reläer har fyra eller fem anslutningar – två anslutningar som förser reläets solenoid härva med ström för att reläet ska kunna ställa om, en huvudingång och antingen en eller två utgångar för att antingen förse den aktuella komponenten med ström eller för att isolera den (beroende på dess utformning). Använd kopplingsschemana i slutet av det här kapitlet. Kontrollera att alla anslutningar ger rätt spänning eller bra jord.

11 Det bästa sättet att kontrollera ett relä är att ersätta det med ett relä man vet fungerar. Var dock försiktig. Reläerna som liknar varandra har inte nödvändigtvis identiska egenskaper.

12 Reläerna finns i säkringsdosan på passagerarsidan i motorrummet och i säkringsdosan i bagageutrymmet.

13 Kontrollera att tändningen är avstängd om ett relä ska tas bort. Dra sedan bort reläet från hylsan. Tryck fast det nya reläet ordentligt.

---

4 Brytare – demontering och montering

Rattstångens multifunktionsbrytare

1 Lossa batteriets jordledning.

2 Ta bort rattstångskåporna enligt beskrivningen i kapitel 10, avsnitt 18.

3 Ta bort den aktuella brytaren. Varje brytare är fäst med två skruvar **(se bild)**. Ta bort skruvarna och dra försiktigt ut brytaren åt sidan. För att ta bort den kompletta brytarenheten skruvar du loss de två bultarna längst upp på rattstången, lossar anslutningskontakten och för bort enheten från stången **(se bilder)**.

4 Montera den relevanta brytaren i omvänd ordningsföljd.

Tändningslåset/startmotorns brytare

5 Ta bort batteriet enligt beskrivningen i kapitel 5A.

6 Ta bort instrumentpanelen enligt beskrivningen i avsnitt 5.

7 Arbeta genom öppningen i instrumentbrädan, skruva loss de tre fästskruvarna och lossa anslutningskontakten. Dra brytaren från den bakre delen av instrumentbrädan och ta bort den genom öppningen i instrumentbrädan **(se bild i kapitel 5A, avsnitt 10)**.

8 Monteringen sker i omvänd ordningsföljd mot demonteringen.

Strålkastarbrytaren:

9 Använd ett verktyg med platt blad för att försiktigt lossa de två klämmorna längst upp på brytarpanelen och de två klämmorna längs ner och ta bort brytaren från instrumentbrädan. Lossa kontaktdonet när brytaren tas bort **(se bild)**.

10 Monteringen sker i omvänd ordningsföljd mot demonteringen.

Varningslampans brytare

11 Använd detta verktyg med platt blad för att försiktigt bända upp den del av klädselpanelen som innehåller brytaren från instrumentbrädan (det är nödvändigt att vara försiktig eftersom klädselpanelen är ömtålig och lätt går sönder). Ta bort instrumentbrädan och skruva loss anslutningskontakten.

12 Kläm ihop fästklämmorna och tryck bort brytaren från den aktuella biten av instrumentbrädan.

13 Monteringen sker i omvänd ordningsföljd mot demonteringen.

Mittkonsol, kontakter

14 Brytarna är integrerade i mittkonsolpanelen. Se kapitel 11 för demontering av mittkonsolen.

Dörrpanelbrytare

Främre och bakre dörrar

15 Demontera dörrens klädselpanel enligt beskrivningen i kapitel 11.

16 Lossa anslutningskontakten, tryck in fästklämmorna och tryck enheten uppåt och ut från dörrpanelen **(se bilder)**. På förardörren är den centrallåsets brytare fäst med två klämmor medan elfönster-/elspegelbrytaren är fäst med sex klämmor - tre över klämman och tre under.

4.9 Lossa klämmorna och ta bort lampbrytaren från instrumentbrädan

4.16a Lossa den centrala låsbrytaren

4.16b Lossa panelen till elfönsterbrytaren

17 Montering sker i omvänd ordningsföljd. Kontrollera brytarens funktion innan dörrklädseln återmonteras. För synkronisering av fönstermekanismen ska du trycka på brytaren och stänga fönstret helt och hålla brytaren i detta läge under minst 5 sekunder. Öppna sedan fönstret helt och håll brytaren i detta läge under minst 5 sekunder. Upprepa förfarandet för stängning av fönstret. Fönstermekanismen ska nu vara synkroniserad. **Observera:** *Om en ny brytare/modul har monterats kan den behöva programmeras med särskild Volvo-testutrustning – överlåt detta åt en Volvo-verkstad eller lämpligt utrustad specialist.*

Dörrpanelens brytarmodul

18 Arbetet är detsamma både för fram- och för bakdörrarna. Ta bort dörrklädseln enligt beskrivningen i kapitel 11.
19 Borra försiktigt ur de två fästnitarna, lossa anslutningskontakten och ta bort modulen **(se bild)**.
20 Monteringen, med nya nitar, utförs i omvänd ordningsföljd jämfört med demonteringen. Kontrollera brytarens funktion innan dörrklädseln återmonteras. För synkronisering av fönstermekanismen ska du trycka på brytaren och stänga fönstret helt och hålla brytaren i detta läge under minst 5 sekunder. Öppna sedan fönstret helt och håll brytaren i detta läge under minst 5 sekunder. Upprepa förfarandet för stängning av fönstret. Fönstermekanismen ska nu vara synkroniserad. **Observera:** *Om en ny enhet har monterats kan den behöva programmeras med särskild Volvo-testutrustning – överlåt detta åt en Volvo-verkstad eller lämpligt utrustad specialist.*

Mikrokontakter till kupélampan

21 Kupélampornas mikrokontakter är inbyggda i dörrlåsenheten tillsammans med centrallåsmotorn (se kapitel 11).

Bromsljuskontakt

22 Se kapitel 9.

Brytare till handbromsens varningslampa

23 Skruva loss de två skruvarna under brytaren, lossa anslutningskontakten och ta bort brytaren från instrumentbrädan **(se bilder)**.
24 Monteringen sker i omvänd ordningsföljd mot demonteringen.

Rattens brytare

25 Demontera krockkudden på förarsidan enligt beskrivningen i avsnitt 24.
26 Använd ett verktyg med platt blad för att försiktigt bända upp brytarpanelen från ratten och lossa anslutningskontakten när brytaren tas bort **(se bilder)**.
27 Montering sker i omvänd ordningsföljd.

4.19 Borra ur nitarna (markerade med pilar) till dörrpanelens brytarmodul

4.23b Ta bort brytaren från instrumentbrädan

4.26b Lossa anslutningskontakten (markerad med pil)

Soltakets brytare

28 Demontera kupébelysningen i taket enligt beskrivningen i avsnitt 9.
29 Lossa fästklämmorna, lossa anslutningskontakten och ta bort brytaren.
30 Monteringen sker i omvänd ordningsföljd mot demonteringen.

5 Instrumentpanel – demontering och montering

Observera: *Om en ny instrumentpanel ska monteras måste fordonsdata hämtas från den gamla instrumentpanelen innan den tas bort och laddas i den nya. Arbetet bör överlåtas till en Volvo-återförsäljare eller lämpligt utrustad specialist.*

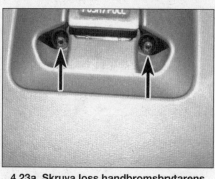

4.23a Skruva loss handbromsbrytarens skruvar (markerade med pilar)

4.26a Bänd loss brytarpanelen från ratten

5.2 Lossa klädselpanelen mellan den övre rattstångskåpan och instrumentbrädan

Demontering

1 Instrumentpanelen är länkad till Volvos feldiagnosenhet. Det innebär att alla fel som uppstår i instrumentpanelen registreras som felkoder. Felkoderna kan sedan tydas med hjälp av diagnosutrustning (normalt en felkodsläsare). Därför bör alla fel vars orsaker inte är uppenbara överlåtas till en Volvo-verkstad eller till en annan verkstad med rätt utrustning för diagnosticering. Diagnosutrustningen avslöjar vad felet beror på och verkstaden kan avgöra vilka åtgärder som bör vidtas. Lämna i så fall in bilen till verkstaden. Ta inte bort instrumentpanelen för diagnosticering.
2 Lossa klädselpanelen mellan den övre rattstångskåpan och instrumentbrädans nederdel **(se bild)**.
3 Skruva loss de två övre och de två nedre

5.3a Skruva loss de två övre skruvarna (markerade med pilar) . . .

5.3b . . . och de två nedre skruvarna (markerade med pilar)

5.3c Lossa anslutningskontakten på den bakre delen av instrumentbrädan

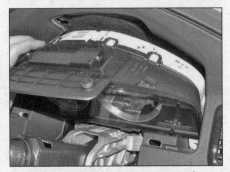

5.4 Ta bort instrumentpanelen från instrumentbrädan

skruvarna, dra instrumentbrädan bakåt och lossa kontaktdonet **(se bilder)**.

4 Ta bort instrumentbrädan helt och ta loss eventuellt ljuddämpande material över panelen **(se bild)**. Ingen ytterligare isärtagning rekommenderas.

Montering

5 Montera tillbaka i omvänd ordningsföljd mot demonteringen.

6 Elsystemets givare – demontering och montering

Observera: *Inte alla sensorer finns på alla modeller.*

Hastighetsgivare

1 Information om bilens hastighet till hastighetsmätaren tillhandahålls av de låsningsfria bromsarnas (ABS) hjulgivare. Om hastighetsmätaren inte fungerar är det alltså ett tecken på möjliga problem med signalen från ABS-systemets hjulsensorer. Kontrollera kabelanslutningarna till hjulsensorerna och till ABS-systemets styrenhet. Om inget fel upptäcks bör en Volvo-verkstad eller en annan lämpligt utrustad verkstad kontaktas för diagnoskontroll.

Bromsoljans nivågivare

2 Bromsoljans nivågivare består av en flottör inbyggd i huvudcylinderbehållaren. Givaren och behållaren är en enhet; byt behållaren om det är fel på enheten – se kapitel 9.

Kylvätskans nivågivare

3 Vänta tills motorn är kall innan arbetet påbörjas. Kylsystemet behöver inte tömmas.

4 Skruva långsamt av påfyllningslocket till kylsystemets expansionskärl för att släppa ut eventuellt övertryck i systemet. Montera locket ordentligt.

5 Skruva loss fästskruven och lyft ut expansionstanken från fästet och vänd den, om möjligt, upp och ner utan att lossa några av slangarna.

6 Koppla loss kontaktdonen vid givaren i behållarens nederdel **(se bild)**.

7 Var noga med att inte spilla någon kylvätska. Dra ut givaren ur tätningsmuffen.

8 Monteringen sker i omvänd ordningsföljd mot demonteringen. Fyll på expansionskärlet enligt beskrivningen i *Veckokontroller* om någon kylvätska spillts ut.

Oljenivågivare

9 Oljenivågivaren är placerad i sumpen.

10 Vänta tills motorn kallnat. Klossa bakhjulen, lyft upp framvagnen och ställ den på pallbockar (se *Lyftning och stödpunkter*).

11 Skruva loss skruvarna och ta bort motorns undre skyddskåpa.

12 Tappa ur motoroljan enligt beskrivningen i kapitel 1.

13 Skruva loss de tre bultarna och ta bort givaren från sumpen **(se bild)**. Räkna med en del oljespill när du tar bort givaren.

14 Monteringen utförs i omvänd ordning jämfört med demonteringen och motorn ska fyllas på med den angivna mängden olja.

15 Monteringen utförs i omvänd ordningsföljd jämfört med demonteringen. Dra åt givaren ordentligt.

Spolarvätskans nivågivare

16 Ordna så att du kommer åt baktill på spolarvätskebehållaren enligt beskrivningen i avsnitt 16.

17 Givaren och flottören är placerade längst ner i behållaren. Lossa anslutningskontakten och dra ut givaren från behållaren. Räkna med en del vätskespill **(se bild)**.

18 Monteringen sker i omvänd ordningsföljd mot demonteringen.

Bränslenivågivare

19 Se kapitel 4A.

6.6 Kylvätskenivågivare (markerad med pil)

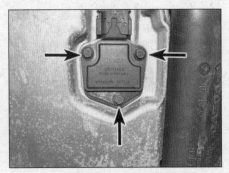

6.13 Oljenivågivarens fästbultar (markerade med pilar)

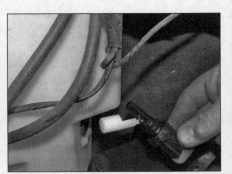

6.17 Givare för spolarvätskenivå

Temperaturgivare för kylvätska:

20 Se kapitel 3.

Yttertemperaturgivare

21 Demontera passagerardörrens spegelmotor och kåpa enligt beskrivningen i kapitel 11.
22 Lossa klämmorna och tryck bort givaren från spegelkåpan. Koppla från anslutningskontakten när givaren tas bort.
23 Monteringen sker i omvänd ordningsföljd mot demonteringen.

Luftkonditioneringsförångarens temperaturgivare

24 Se kapitel 3, avsnitt 10.

Kopplingspedalens lägesgivare

25 Se kapitel 6.

Bromshuvudcylinderns tryckgivare

26 Givaren sitter under huvudcylindern. Lägg trasor eller pappershanddukar under givaren för att samla upp den bromsolja som rinner ut.
27 Lossa givarens anslutningskontakt, använd sedan en 24 mm hylsnyckel, och skruva loss givaren. Koppla genast in porten i huvudcylindern för att begränsa vätskeläckaget.
28 Monteringen sker i omvänd ordningsföljd mot demonteringen, dra åt givaren till angivet moment, och lufta bromsarna (om det behövs) enligt beskrivningen i kapitel 9.

Girsensor/ sidoaccelerationssensor

29 Demontera förarsätet enligt beskrivningen i avsnitt 11.
30 Ta bort ljudmodulen enligt beskrivningen i kapitel 20.
31 Vik mattan åt ena sidan och skruva sedan loss de bultar som håller fast givaren på golvet **(se bild)**. Notera hur givaren sitter monterad och koppla sedan loss anslutningskontakterna när du tar bort givaren. Var försiktig vid hanteringen av givaren eftersom den skadas lätt - om den tappas måste en ny monteras.
32 Monteringen sker i omvänd ordningsföljd mot demonteringen. **Observera:** *Om du har monterat en ny givare måste den kalibreras med särskild testutrustning från Volvo. Arbetet bör överlåtas till en Volvo-återförsäljare eller lämpligt utrustad specialist.*

7 Central elmodul (CEM) – allmän information, demontering och montering

Allmän information

Den centrala elektronikmodulen (CEM) styr funktionen för ett antal enheter, bl.a. strålkastare, dimstrålkastare, vindrutespolare, bakrutespolare (i förekommande fall), bromsljus, strålkastarspolare (i förekommande

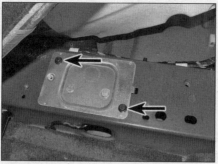

6.31 Bultar till girsensor/sidoaccelerations-sensor (markerade med pilar)

fall), centrallås, motorlåsningssystem, strålkastarräckviddsjustering, körriktningsvisare, informationssystem för blinda vinkeln, kupélampor, elektriska bakfönster, bränslepump, startmotor, hastighetskänslig servostyrning, uppvärmda säten och signalhornet men fungerar även som förbindelse mellan höghastighets- och låghastighetskommunikationsnätverken (databussarna). Följaktligen övervakar den signalerna mellan de flesta givare, ställdon och styrenheter i bilen. Eftersom CEM kommunicerar med alla andra moduler innehåller den bilens självdiagnossystem och sparar alla felkoder som genereras. CEM innehåller även specifik information för bilen: VIN, tillverkningsdetaljer och utrustningsalternativ. Det innebär att om CEM ska bytas måste den sparade informationen hämtas innan modulen tas bort och därefter programmeras in i den nya enheten.

Demontering och montering

Observera: *Om CEM ska bytas måste sparad information hämtas och programmeras in i den nya enheten. Eftersom detta kräver att man använder särskild Volvo-testutrustning överlåter du detta åt en Volvo-verkstad eller lämpligt utrustad specialist.*
1 Koppla loss och ta bort batteriets jordledning enligt beskrivningen i kapitel 5A.
2 Ta bort handskfacket enligt beskrivningen i kapitel 11.
3 På tidiga modeller lossar du anslutningskontakterna och lossar fästet

8.2 Lossa kabelklämman och ta bort kåpan baktill på strålkastaren

7.4 Lossa fästklämmorna (markerade med pilar) till CEM

ovanpå enheten. Flytta enheten åt vänster och ta bort den från fästet.
4 På senare modeller tar du bort kåpan genom att lossa klämman längst ner. Lossa anslutningskontakterna och använd en liten skruvmejsel för att lossa de övre fästena. Flytta enheten framåt och ta bort den åt höger **(se bild)**.
5 Montera tillbaka i omvänd ordningsföljd mot demonteringen. **Observera:** *Om en ny styrenhet har monterats måste lämplig programvara hämtas och installeras.*

8 Glödlampor (ytterbelysning) – byte

Allmänt

1 Tänk på följande när en glödlampa byts ut:
 a) *Kom ihåg att lampan kan vara mycket varm om lyset nyss varit på.*
 b) *Kontrollera alltid lampans sockel och kontaktytor. Se till att kontaktytorna mellan lampan och ledaren och lampan och jorden är rena. Avlägsna all korrosion och smuts innan en ny lampa sätts i.*
 c) *Om lampor med bajonettfattning används, se till att kontakterna har god kontakt med glödlampan.*
 d) *Se alltid till att den nya lampan har rätt specifikationer och att den är helt ren innan den monteras. detta gäller särskilt strålkastaren/dimljuslamporna (se nedan).*
 e) *Använd en näsduk eller en ren trasa vid hantering av kvartshalogenglödlampor (strålkastare och liknande enheter; rör inte glödlampans glas med fingrarna. Även mycket små mängder fett från fingrarna leder till mörka fläckar och orsakar att lampan går sönder i förtid. Om en glödlampa vidrörs av misstag kan den rengöras med T-sprit och en ren trasa.*

Strålkastare

Halogenglödlampa för hel- och halvljus

2 Ta ut strålkastaren enligt beskrivningen i avsnitt 10, lossa ledningsklämman och lossa kåpan från enhetens bakre del **(se bild)**.

8.3 Ta bort glödlampan från lampenheten

8.7a Använd en spetsig tång för att lossa kabelklämman

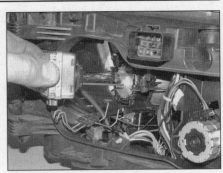

8.7b Ta försiktigt ut xenonglödlampan

3 Använd plastspetsen på glödlampan för att trycka in den i sin hållare och ta bort glödlampan från hållaren tillsammans med plastspetsen (se bild).

4 Montering sker i omvänd ordningsföljd.

Bi-xenon glödlampa

Varning: Xenonglödlampor är trycksatta med cirka 10 bar. Glödlamporna måste hanteras försiktigt eftersom de kan explodera. Använd alltid handskar och skyddsglasögon när du hanterar xenonglödlampor.

5 På grund av den höga spänning (ungefär 22 000 volt) som krävs av xenongas lamporna, måste du koppla loss batteriets minusledare (se kapitel 5A) och slår på hel- och halvljuset omväxlande för att ladda ur eventuell kvarvarande ström. Låt glödlamporna svalna innan du fortsätter.

6 Ta bort strålkastaren enligt beskrivningen

i avsnitt 10 och lossa kåpan från enhetens bakre del.

7 Använd en spetsig tång för att lossa ledningsklämman, lossa anslutningskontakten längst ner på glödlampan och ta försiktigt ut glödlampan (se bild).

8 Monteringen sker i omvänd ordningsföljd mot demonteringen.

Varselljus

9 Ta bort strålkastaren och lossa den bakre kåpan. För att ta bort den inre varselljusglödlampan använder du en spetsig tång för att dra ut hållaren från lampenheten. För att ta bort det yttre varselljusets glödlampa tar du bort plastkåpan baktill på lampenheten och drar ut glödlampan från hållaren (se bilder).

10 Monteringen sker i omvänd ordningsföljd mot demonteringen.

Främre dimljus

11 Du kommer åt dimstrålkastarens glödlampa bakom lampenheten – om du vill kan du lyfta upp bilens front och ta bort relevant hjulhusfoder för att komma åt bättre.

12 Lamphållaren har två flikar för att det ska gå lättare att vrida den. Vrid lamphållaren moturs för att lossa den från armaturens baksida (se bild).

13 Ta bort glödlampan från lamphållaren.

14 Monteringen sker i omvänd ordningsföljd mot demonteringen.

Främre körriktningsvisare

15 Ta bort strålkastaren enligt beskrivningen i avsnitt 10.

16 Ta bort den runda plastkåpan från strålkastarenhetens bakre del och dra ut glödlampan från hållaren (se bild).

17 Monteringen sker i omvänd ordningsföljd mot demonteringen.

8.9a Använd en tång för att dra loss den inre varselljusglödlampan från dess hållare

8.9b Ta bort den runda plastkåpan från strålkastarens bakre del

8.9c Dra loss den yttre varselljusglödlampan från dess hållare

8.12 Vrid glödlampshållaren moturs och ta bort den från dimljusets bakre del

8.16 Använd en tång för att dra ut blinkersglödlampan från strålkastaren

8.19 Dra ut glödlampshållaren från spegeln och dra ut glödlampan

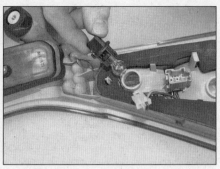

8.21 Ta bort glödlampan från den övre bakre lampenheten

8.22 Ta bort åtkomstpanelen från bagageutrymmets klädselpanel

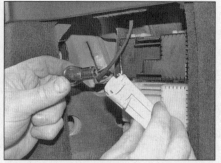

8.24 Vrid glödlampshållaren moturs och ta bort den från lampenhetens bakre del

Körriktningsvisarens sidoblinkers

18 Ta bort dörrspegelglaset enligt beskrivningen i kapitel 11.
19 Dra bort glödlampshållaren från dess placering och dra ut glödlampan ur hållaren **(se bild)**.
20 Monteringen sker i omvänd ordningsföljd mot demonteringen.

Bakljus

Övre lampgrupp

21 En del av glödlamporna som finns i den övre lampgruppen är av LED-typ. Rådfråga en Volvo-verkstad för råd vid byte. Med gruppen borttagen (avsnitt 10) går det att byta de resterande glödlamporna **(se bild)**.

Nedre lampgrupp

22 Öppna åtkomstpanelen på den aktuella sidan inifrån bagageutrymmet **(se bild)**.
23 Ta bort det ljudisoleringsmaterial som täcker lamphållaren.
24 Vrid lamphållaren moturs, dra ut den från lampenheten och ta bort lamphållaren. Tryck in och vrid glödlampan moturs för att ta bort den från lamphållaren **(se bild)**. Observera att en del glödlampor kan vara av LED-typ och därför inte kan bytas på detta sätt. Rådfråga en Volvo-verkstad för råd vid byte.
25 Monteringen sker i omvänd ordningsföljd.

Högt bromsljus

26 Det höga bromsljuset innehålla inte konventionella glödlampor utan snarare en

8.27 Skruva loss de två fästskruvarna . . .

rad ljusdioder. Om högnivåbromsljuset slutar fungera kan man behöva byta hela ljusenheten – se avsnitt 10. Innan du beslutar att det är nödvändigt bör du kontrollera säkringen och alla kablar med informationen i avsnitt 2 och kopplingsschemana i slutet av det här kapitlet.

Registreringsskyltsbelysning

27 Skruva loss de två skruvarna som håller fast lampenheten på bakluckan **(se bild)**.
28 Bänd försiktigt ut lampenheten.
29 Dra ut glödlampan från hållaren **(se bild)**.
30 Monteringen sker i omvänd ordningsföljd mot demonteringen.

Dörrspegel jord glödlampa

31 Ta bort dörrspegelglaset enligt beskrivningen i kapitel 11.
32 Ta bort glaset genom att sätta in en liten skruvmejsel i spåret och trycka inåt för att lossa

8.29 . . . och ta bort nummerplåtsbelysningen från bakluckan

klämman. Ta bort glaset under spegelhuset och dra ut glödlampan **(se bilder)**.
33 Monteringen sker i omvänd ordningsföljd mot demonteringen.

9 Glödlampor (innerbelysning) – byte

Allmänt

1 Tänk på följande när en glödlampa byts ut:
a) Kom ihåg att lampan kan vara mycket varm om lyset nyss varit på.
b) Kontrollera alltid lampans sockel och kontaktytor. Se till att kontaktytorna mellan lampan och ledaren och lampan och jorden är rena. Avlägsna all korrosion och smuts innan en ny lampa sätts i.
c) Om lampor med bajonettfattning används, se till att kontakterna har god kontakt med glödlampan.
d) Se alltid till att den nya lampan har rätt specifikationer och att den är helt ren innan den monteras.
2 Vissa av brytarnas belysningsglödlampor är inbyggda i sina brytare och kan inte bytas separat.

Sminkspegelsbelysning

3 Använd ett verktyg med platt blad eller en liten skruvmejsel, bänd upp spegelhuset från solskyddet och börja med de två spåren i mitten och även under gummidynorna i varje ände. Detta ska göras försiktigt eftersom

8.32a Använd en liten skruvmejsel för att lossa glaskåpan från spegelhuset

8.32b Ta bort glaset från spegelhuset och ta bort glödlampan

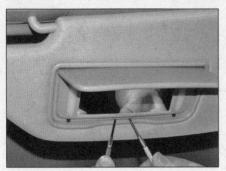

9.3a Lossa klämmorna och börja med de två spåren i mitten

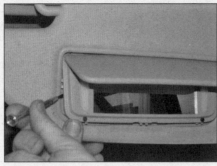

9.3b Lossa klämmorna på varje sida

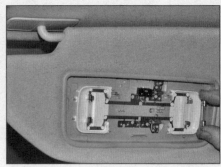

9.3c Dra ut glödlamporna från hållarna

komponenten lätt kan gå sönder. Med spegelhuset demontera går det att dra ut glödlamporna från hållarna **(se bilder)**.

4 För att montera tillbaka spegelhuset stänger du nästa spegelkåpa och trycker försiktigt tillbaka huset på plats i solskyddet och ser till att klämmorna går i ingrepp ordentligt **(se bild)**.

Kupé/läslampor

Mitten (innehåller larmgivare)

5 Bänd försiktigt upp enheten från takklädseln och lossa kontaktdonen **(se bild)**.

6 Ta bort glödlampshållaren (glödlampan är inbyggd i hållaren och det går inte att byta den separat) **(se bild)**.

7 Monteringen sker i omvänd ordningsföljd mot demonteringen.

Fram och bak

8 Bänd försiktigt upp glaset/kåpan från takklädseln **(se bild)**.

9 Vrid lamphållaren moturs 90 grader och ta bort dem från enheten **(se bild)**.

10 Monteringen sker i omvänd ordningsföljd mot demonteringen. En kontakt med flera stift går i ingrepp när enheten monteras tillbaka och därför måste du se till att glaset/kåpan trycks rakt uppåt för att undvika skador på stiften.

Handskfacksbelysning

11 Bänd försiktigt upp lampenheten från handskfackets tak **(se bild)**.

12 Dra åt glödlampa med slingfäste från kontakterna.

13 Monteringen sker i omvänd ordningsföljd mot demonteringen.

Belysning värmereglage/ brytarpanel

14 Panelen är belyst med lysdioder. Vid fel kan det vara nödvändigt att byta hela panelen - rådfråga en Volvo-verkstad.

Växelväljare automatväxellåda

15 Väljarpanelen lyses upp av lysdioder. Om de är defekta måste hele panelen bytas.

Instrumentbrädans glödlampor

16 Panelen är belyst med lysdioder som inte går att byta separat från instrumentbrädan. Rådfråga en Volvo-verkstad vid ett fel.

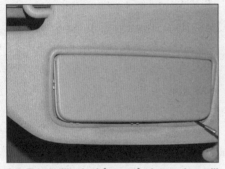

9.4 Tryck tillbaka kåpan på plats och se till att klämmorna går i ingrepp ordentligt

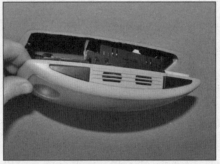

9.5 Bänd loss lampenheten från takklädseln

9.6 Lossa anslutningskontakterna när enheten tas bort

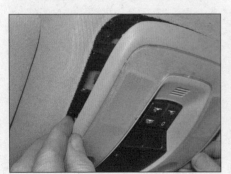

9.8 Bänd försiktigt loss lampenheten från takklädseln

9.9 Vrid glödlampshållaren moturs 90° och ta bort den från enheten

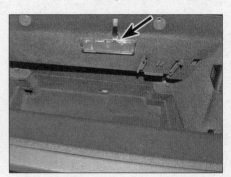

9.11 Bänd loss lampenheten (markerad med pil) från handskfackets överdel

Belysning i bagageutrymmet

17 Bänd försiktigt bort lysenheten **(se bild)**.
18 Ta bort glödlampan från hållaren.
19 Monteringen sker i omvänd ordningsföljd mot demonteringen.

Fotbrunnsbelysning

20 Var noga med att inte skada instrumentbrädans dekor. Bänd ner armaturens överkant. Koppla sedan loss anslutningskontakten och ta bort den.
21 Dra åt glödlampa med slingfäste från kontakterna.
22 Monteringen sker i omvänd ordningsföljd mot demonteringen.

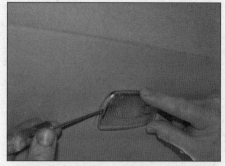

9.17 Bänd försiktigt bort lampglaset från takklädseln baktill i bagageutrymmet

10.1a Dra upp de två spakarna på låspanelen

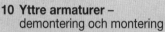
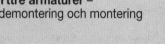

10 Yttre armaturer – demontering och montering

Varning: Se till att tändningen är avstängd innan arbetet inleds.

Strålkastare

1 Dra upp det två glidspakar som är placerade på låspanelen över strålkastarna och lossa anslutningskontakterna när enheten tas bort från bilens front **(se bilder)**.
2 Monteringen sker i omvänd ordningsföljd mot demonteringen. Avsluta med att låta kontrollera strålkastarinställningen (se avsnitt 11).

Främre dimljus

3 Klossa bakhjulen och dra åt handbromsen, och hissa sedan upp framvagnen och stöd den på pallbockar.
4 Skruva loss klämmorna som håller fast dimstrålkastarnas gallerinfattning bakom stötfångaren. Skruva loss fästbulten, lossa anslutningskontakten och ta sedan bort dimstrålkastern framifrån **(se bilder)**.
5 Montera tillbaka i omvänd ordningsföljd mot demonteringen.

Bakljus

Nedre lampgrupp

6 För att ta bort den nedre lampenheten börjar du med att ta bort åtkomstpanelen i bagageutrymmets sidopanel och tar loss ljudisoleringsmaterialet.
7 Lossa anslutningskontakten och skruva

10.1b Ta försiktigt bort strålkastaren ...

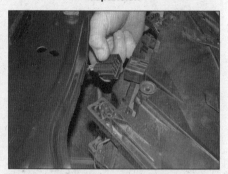

10.1c ... och lossa anslutningskontakten från strålkastarens bakre del

10.4a Lossa de klämmor som håller fast dimstrålkastarens gallerinfattning

10.4b Skruva loss skruven (markerad med pil) och ta bort dimstrålkastaren

loss de tre muttrarna på lampenhetens bakre del (fästena visas med lampenheten för tydlighetens skull) **(se bilder)**.
8 Ta bort den bakre stötfångaren enligt beskrivningen i kapitel 11.
9 Skruva loss de tre bultarna och ta bort

fästbygeln under lampenheten **(se bild)**. Lampenheten kan nu tas bort.

Övre lampgrupp

10 För att ta bort den övre lampenheten börjar du med bakluckans övre och nedre klädselpanel enligt beskrivningen i kapitel 11.

10.7a Lossa anslutningskontakten från lampenhetens bakre del

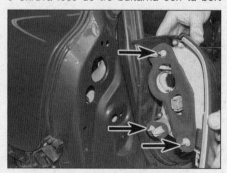

10.7b Skruva loss de tre fästbultarna på lampenhetens bakre del

10.9 Skruva loss de tre bultarna (markerade med pilar) och ta bort fästbygeln under lampenheten

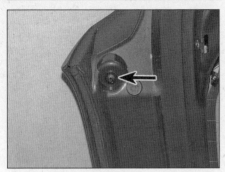

10.11a Skruva loss skruven (markerad med pil) på bakluckans kant

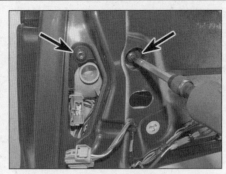

10.11b Skruva loss de två skruvarna (markerade med pilar) längst ner på lampenheten

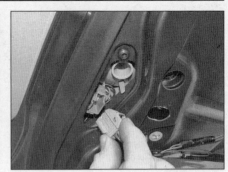

10.11c Lossa anslutningskontakten . . .

11 Skruva loss skruven på vardera sidan av bakluckan och de två skruvarna längst ner på enheten som syns när den nedre klädselpanelen tas bort. Lossa anslutningskontakten, lossa klämman längst upp och längst ner från bakluckans innerkant och ta bort lampenheten **(se bilder)**.

12 Monteringen sker i omvänd ordningsföljd mot demonteringen.

Högt bromsljus

13 Ta bort bakluckans invändiga klädselpanel enligt beskrivningen i kapitel 11.

14 Skruva loss den mittre niten och klämman från vardera änden, lossa anslutningskontakten och ta bort lampenheten **(se bilder)**.

15 Monteringen sker i omvänd ordningsföljd mot demonteringen.

10.11d . . . och lossa klämmorna (en markerad med pil)

10.11e Ta försiktigt bort lampenheten

Registreringsskyltsbelysning

16 Skruva loss de två skruvar som håller fast lampenheten på bakluckan **(se bild)**.

17 Bänd/för försiktigt ut lampenheten och lossa anslutningskontakterna när den tas bort.

18 Monteringen sker i omvänd ordningsföljd mot demonteringen.

Glas till dörrspegelns körriktningsvisare

19 Ta bort dörrspegelglasets ytterkåpa enligt beskrivningen i kapitel 11. Använd en liten skruvmejsel för att trycka in plastfliken i glasets ändar och ta bort glaset från spegelhuset **(se bilder)**.

20 Monteringen sker i omvänd ordningsföljd mot demonteringen.

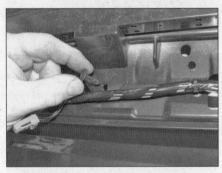

10.14a Ta bort den mittre plastniten

10.14b Lossa anslutningskontakten

10.14c Lossa klämman från vardera änden och ta bort lampenheten

10.19a Använd en liten skruvmejsel för att trycka in plastfliken i änden av lampglaset

10.19b Ta bort lampglaset från spegelhuset

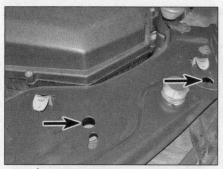

11.2 Åtkomsthål för strålkastarinställning (markerade med pilar)

11 Strålkastarinställning – kontroll och justering

1 Strålkastarinställningen ska utföras av en Volvo-verkstad eller annan specialist med tillgång till nödvändig optisk inställningsutrustning.
2 Som information kan nämnas att strålkastarna kan justeras vertikalt och horisontellt med justerarreglagen ovanpå strålkastarenheten (se bild).
3 Vissa modeller är utrustade med ett elmanövrerat strålkastarinställningssystem som styrs via en brytare på instrumentbrädan. På dessa modeller, se till att brytaren är satt i det avstängda läget innan strålkastarna justeras.

12 Manöverdon adaptiv strålkastare – demontering och montering

Demontering

1 Ta bort strålkastaren enligt beskrivningen i avsnitt 10 och lossa plastkåpan från enhetens bakre del.
2 Lossa anslutningskontakten från manöverdonet, skruva loss fästskruvarna och ta bort manöverdonet från strålkastarenheten (se bild).

Montering

3 Monteringen sker i omvänd ordningsföljd mot demonteringen.

14.2 Fästskruv för signalhornet (markerad med pil)

12.2 Skruva loss de två skruvarna (markerade med pilar) och ta bort manöverdonet från strålkastarens bakre del

4 Låt en verkstad eller specialist kontrollera strålkastarinställningens grundinställning och justera den om det behövs.

13 Strålkastarstyrenhet – demontering och montering

Demontering

1 Strålkastarstyrenheten är placerad på vänster sida av motormellanväggen bredvid ABS hydraulisk modulator (se bild).
2 Ta bort plenumkammarens lock enligt beskrivningen i avsnitt 18, lossa anslutningskontakten, skruva loss fästskruvarna och ta bort enheten.

Montering

3 Monteringen sker i omvänd ordningsföljd mot demonteringen.

14 Signalhorn – demontering och montering

Demontering

1 Volvo ger rådet att signalhornsenheterna går att komma åt genom att man tar bort grillen. Med tanke på svårigheten att ta bort grillen med stötfångaren på plats rekommenderar vi borttagning av den främre stötfångaren för att förhindra risken för skador.
2 Skruva loss signalhornet från dess fästbygel

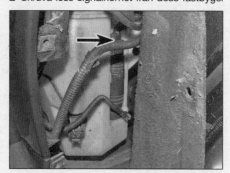

16.3 Spolarpumpens anslutningskontakt (markerad med pil)

13.1 Strålkastarstyrenhet (markerad med pil)

och ta bort det med den främre stötfångaren borttagen (se bild). Koppla loss anslutningskontakten när signalhornet är demonterad.

Montering

3 Monteringen sker i omvänd ordningsföljd mot demonteringen.

15 Takluckans motor – demontering och montering

Demontering och montering

1 Lossa batteriet enligt beskrivningen i kapitel 5A.
2 Demontera den främre kupébelysningen enligt beskrivningen i avsnitt 9.
3 Skruva loss de tre bultarna, lossa anslutningskontakten och ta bort motorn.
4 Montering sker i omvänd ordningsföljd.

Kalibrering

5 Motorn kan kräva kalibrering efter återmonteringen som ska utföras på följande sätt.
6 Sätt in fjärrkontrollen och tryck snabbt på start/stopp-knappen med takluckan stängd.
7 Tryck på knappen för att luta takluckan och släpp knappen.
8 Flytta knappen framåt och håll den intryckt under ungefär 30 sekunder tills takluckan flyttar sig maximalt 2 mm och motorn stoppar.
9 Släpp knappen och flytta sedan knappen framåt inom en halv sekund tills takluckan slutför en hel öppnings- och stängningscykel. Kalibreringen bör nu vara slutförd.

16 Spolarsystemets komponenter – demontering och montering

Spolarpumpar

1 Spolarpumparna går att komma åt utan borttagning av spolarvätskebehållaren.
2 Skruva loss de plastnitar som håller fast den främre delen av vänster hjulhusfoder på den främre stötfångaren och vid försiktigt fodret bakåt tills det går att nå pumpen.
3 Observera monteringsläget, dra sedan bort slangen (slangarna) från pumpen och lossa pumpens anslutningskontakt (se bild).

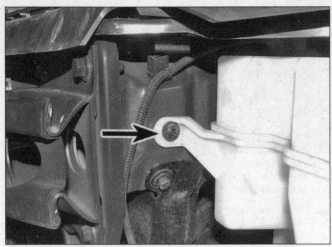

16.8a Främre fästskruv till behållaren (markerad med pil)

16.8b Bakre fästskruvar till behållaren (markerade med pilar)

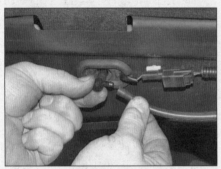

16.10a Lossa spolarvätskeslangen

4 Placera en burk under behållaren. Var beredd på spill.
5 Ta tag i spolarpumpen och dra ut den ur behållaren.
6 Monteringen sker i omvänd ordning.

Spolarvätskebehållare

7 Demontera den främre stötfångaren enligt beskrivningen i kapitel 11.
8 Lossa anslutningskontakterna från nivågivaren och pumpen (eller pumparna) på behållaren, skruva sedan loss skruven framtill på behållaren och de två skruvarna baktill och sänk ner behållaren från dess placering (se bilder).

9 Monteringen sker i omvänd ordningsföljd mot demonteringen.

Spolarmunstycken

Vindruta

10 Öppna motorhuven, dra av T-stycket av plast från röret, bänd upp gummigenomföringen och ta bort genomföringen runt kablaget. Lossa kablaget från motorhuven och lossa munstyckets anslutningskontakt (se bilder).
11 Sätt in skruvmejseln i öppningen på motorhuvens undersida och tryck på munstyckets nederdel för att lossa det från motorhuven (se bilder).

16.10b Dra loss T-stycket från röret

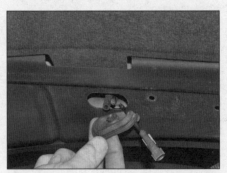

16.10c Ta bort gummigenomföringen

16.10d Lossa anslutningskontakten . . .

16.10e . . . och lossa kablaget från motorhuven

16.11a Använd en skruvmejsel för att trycka på spolarmunstyckets undersida

16.11b Ta bort spolarmunstycket från motorhuven

16.15a Skruva loss de två fästbultarna till spolarmunstycket (markerade med pilar)

16.15b Lossa anslutningskontakten från spolarmunstycket . . .

16.15c . . . och spolarvätskeslangen

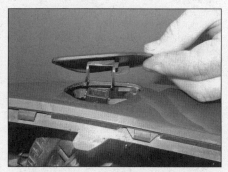

16.16a Lossa den karossfärgade delen av panelen från stötfångarens övre del

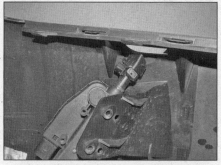

16.16b Ta bort spolarmunstycket från stötfångarens bakre del

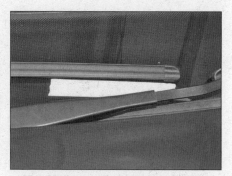

17.1 Markera torkarnas placering före demonteringen

12 Monteringen sker i omvänd ordningsföljd mot demonteringen.

13 Teet kan gå att justera munstyckena med ett stift under förutsättning att inte det kompletta spolarmunstycket måste bytas.

Strålkastare

14 Demontera den främre stötfångaren enligt beskrivningen i kapitel 11.

15 Skruva loss de två skruvar som håller fast munstycket på dess fästbygel baktill på stötfångaren och lossa anslutningskontakten och spolarslangen **(se bilder)**.

16 Arbeta framtill på stötfångaren och lossa den karossfärgade biten av panelen från spolarmunstyckenas överdel. Det går nu att ta

bort enheten från stötfångarens bakre del **(se bilder)**.

17 Monteringen sker i omvänd ordningsföljd mot demonteringen.

Spolarvätskans nivågivare

18 Se avsnitt 6.

17 Torkararmar – demontering och montering

Demontering

1 Placera torkarna i normalt parkeringsläge.

Markera torkarnas placering antingen genom att applicera maskeringstejp på rutan under torkaren eller genom att mäta avståndet mellan torkaren och rutans nederdel **(se bild)**.

2 Lyft upp eller bänd bort kåpan (vad som är tillämpligt). Ta sedan bort muttern vid torkararmens nedre del **(se bild)**.

3 Tryck ner vindrutetorkarna och knacka lätt på dem för att bryta bandet mellan armen och spindelleden – använd tejp för att skydda armen. Använd en gungande rörelse och dra bort armarna från räfflorna. Om det behövs, använd en avdragare för att ta bort armen **(se bilder)**.

4 Använd ett tunt blad för att bända bort kåpan (observera att kåpan skadas lätt) på

17.2 Bänd bort kåpan och skruva los torkararms mutter

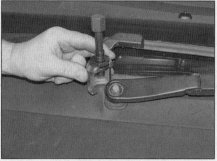

17.3a Använd en lämplig avdragare om det behövs . . .

17.3b . . . och ta bort torkararmen från spindeln

17.4a Bänd försiktigt bort plastkåpan och skruva loss muttern . . .

17.4b . . . och ta bort den bakre torkararmen från spindeln

bakrutetorkaren och skruva loss den mutter som håller fast armen på spindeln. Dra av armen från spindeln med en gungande rörelse **(se bilder)**.

Montering

5 Montera tillbaka i omvänd ordningsföljd mot demonteringen.

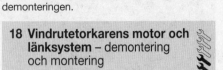

18 Vindrutetorkarens motor och länksystem – demontering och montering

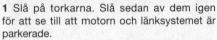

Demontering

1 Slå på torkarna. Slå sedan av dem igen för att se till att motorn och länksystemet är parkerade.
2 Ta bort vindrutans torkararmar enligt beskrivningen i avsnitt 17.
3 Ta bort plenumkammarens lock. Ta bort batterikåpan som ett avsnitt som hålls fast av plenumkammaren med en plastskruv, dra upp och ta bort gummitätningen på panelens framkant och skruva sedan loss de 6 plastklämmorna. Lossa spärrarna på panelens bakre del på båda sidorna och haka loss panelen från rutans nederkant **(se bilder)**.
4 Skruva loss de tre bultarna och ta bort länksystemet/ramen och lossa anslutnings-kontakten när enheten tas bort **(se bilder)**.
5 Markera hur motorns vevarm är placerad i förhållande till ramen. Skruva loss muttern och ta bort vevarmen från motorn.

18.3a Ta bort batterikåpan från plenumkammarens lock

18.3b Dra upp gummitätningen

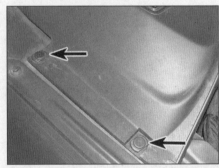

18.3c Skruva loss de sex plastklämmorna (två är markerade med pilar)

18.3d Haka loss panelen från vindrutans nederkant och ta bort den från motorrummet

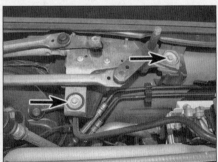

18.4a Skruva loss de två bultarna . . .

18.4b . . . och den tredje bulten (markerad med pil) i änden av länksystemet

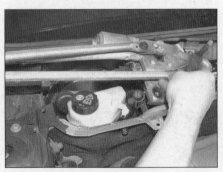

18.4c Ta försiktigt bort länksystemet

18.4d Lossa anslutningskontakten när det går att komma åt den

6 Skruva loss motorns tre fästbultar och ta bort motorn från ramen. Ramen och länkarmarna utgör en enhet och kan inte bytas ut separat **(se bild)**.

Montering

7 Montera motorn vid ramen och fäst den med de tre fästbultarna.
8 Om en ny motor ska monteras, återanslut tillfälligt kontaktdonen till bilen. Slå på motorn och slå av den igen för att se till att den är parkerad.
9 Placera vevarmen på motorn. Rikta in märkena som gjordes vid demonteringen med varandra. Håll fast vevarmen med en skiftnyckel för att hindra den från att rotera. Montera sedan muttern och dra åt den.
10 Alternativt, om en ny ram och ett nytt länksystem ska monteras: Ställ motorn i parkeringsläge enligt beskrivningen ovan och anslut sedan vevarmen till motorn så att den är parallell med länksystemets arm direkt ovanför.
11 De monterade komponenterna kan nu återmonteras i omvänd ordningsföljd jämfört med demonteringen. Observera att genomföringen baktill på länksystemet placeras under vindrutan. Se till att plenumkammarens lock monteras tillbaka korrekt på rutans nederkant.

19 Torkarmotor på bakluckan – demontering och montering

Demontering

1 Slå på torkaren. Slå sedan av dem igen för att se till att motorn och länksystemet är parkerade.
2 Ta bort bakrutans torkararmar enligt beskrivningen i avsnitt 17.
3 Ta bort bakluckans övre och nedre klädselpanel enligt beskrivningen i kapitel 11.
4 Lossa anslutningskontakten, skruva loss de tre fästskruvar som håller fast motorn och ta bort den från bakluckan **(se bild)**.

Montering

5 Montera tillbaka motorn på bakluckan och fäst den med de tre fästskruvarna.
6 Om en ny motor monteras ska du tillfälligt återansluta kontaktdonet till bilen. Slå på motorn och slå av den igen för att se till att den är parkerad.
7 Monteringen sker i omvänd ordningsföljd mot demonteringen.

20 Ljudanläggning – demontering och montering

Ljudanläggning på instrumentbrädan

1 Ta bort mittkonsolen enligt beskrivningen i kapitel 11.
2 Skruva loss de två fästskruvarna och dra bort

18.6 Torkarmotorns fästbultar (markerade med pilar)

enheten från instrumentbrädas så att det går att komma åt anslutningskontakterna **(se bild)**.
3 Lossa anslutningskontakterna och ta bort enheten. Tänk på att kablaget kan vara av fiberoptisk typ och inte bör böjas för mycket eftersom detta kan orsaka skador. **Observera:** *Om en ny Volvo ljudanläggning har monterats måste lämplig programvara laddas ner från Volvo och installeras. Arbetet bör överlåtas till en Volvo-återförsäljare eller lämpligt utrustad specialist.*
4 Montering sker i omvänd ordningsföljd.

Ljudförstärkare

5 Skjut fram förarsätet helt och skruva loss de två fästskruvarna längst fram på enheten **(se bild)**.
6 Skjut fram sätet helt och skruva loss fästskruven på enhetens bakre del på höger sida **(se bild)**.
7 Lossa anslutningskontakterna när förstärkaren tas bort.

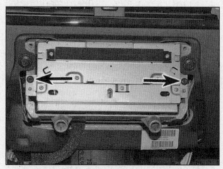

20.2 Fästskruvar till ljudenheten (markerade med pilar)

20.6 Ljudförstärkarens fästskruv på sidan (markerad med pil)

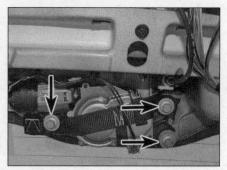

19.4 Bultar till torkarmotorn på bakluckan (markerade med pilar)

8 Monteringen sker i omvänd ordningsföljd mot demonteringen. **Observera:** *Om en ny Volvo ljudanläggning har monterats måste lämplig programvara laddas ner från Volvo och installeras. Arbetet bör överlåtas till en Volvo-återförsäljare eller lämpligt utrustad specialist.*

21 Högtalare – demontering och montering

Instrumentbrädans högtalare

1 Bänd försiktigt upp högtalar-/displayenhetens galler på instrumentbrädas överdel **(se bild)**.
2 Skruva loss skruvarna och lyft upp högtalar-/displayenheten. Koppla loss kablaget och ta bort högtalaren.
3 Montering sker i omvänd ordningsföljd. Se till att högtalaren är korrekt placerad.

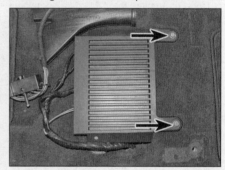

20.5 Ljudförstärkarens främre fästskruvar (markerade med pilar)

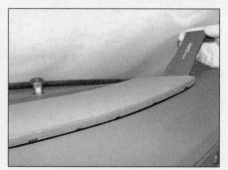

21.1 Bänd loss högtalargallret från instrumentbrädas överdel

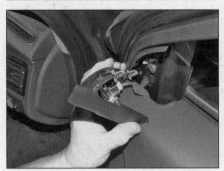

21.4a Lossa panelen som innehåller en högtalare . . .

Dörrhögtalare

Fram

4 En diskanthögtalare är placerad i dörrens framkant framför fönstret. Lossa försiktigt klädselpanelen som innehåller högtalaren och lossa anslutningskontakten när högtalaren tas bort. Högtalaren är inbyggd i klädselpanelen **(se bilder)**.

5 För att ta bort huvudhögtalarna tar du bort dörrens klädselpanel enligt beskrivningen i kapitel 11.

6 Borra ur de nitar som håller fast högtalaren på dörrhållaren. Ta bort högtalaren och lossa anslutningskontakten **(se bild)**.

7 Monteringen sker i omvänd ordningsföljd mot demonteringen.

Bak

8 Demontera dörrens klädselpanel enligt beskrivningen i kapitel 11.

9 Borra ur de nitar som håller fast högtalaren på dörrhållaren. Ta bort högtalaren och lossa anslutningskontakten **(se bild)**.

10 Monteringen sker i omvänd ordningsföljd mot demonteringen.

Bashögtalare

11 Lyft upp panelen på bagageutrymmets golv och använd en lite skruvmejsel för att lossa klämman längst ner på gasdämparen. Ta bort förvaringsutrymmet.

12 Skruva loss de två bultarna/skruvarna framtill på enheten närmast baksätenas ryggstöd och lossa anslutningskontakterna.

13 Skruva loss de två bultarna/skruvarna närmast stötfångaren som håller fast enheten

21.6 Fästnitar till framdörrshögtalaren (markerade med pilar)

21.4b . . . och lossa högtalarens anslutningskontakt

på bilens golv och lyft försiktigt bort enheten från dess placering.

14 Monteringen sker i omvänd ordningsföljd mot demonteringen.

22 Tjuvlarm och motorlåsningssystem – allmän information

Observera: *Den här informationen gäller endast de system som monteras av Volvo som originalutrustning.*

Motorlåsningssystem

Det elektroniska motorlåsningssystemet aktiveras automatiskt när fjärrkontrollen tas ut från startpanelen på instrumentbrädan. När det aktiveras bryter det tändningskretsen och hindrar motorn från att startas.

Systemet deaktiveras när fjärrkontrollen sätts in i startpanelen på instrumentbrädan enligt följande. Fjärrkontrollen innehåller ett transpondermikrochip och startpanelen innehåller en läsare. När fjärrkontrollen kommer in i startpanelen känner läsaren igen signalen från mikrochipet och deaktivera motorlåsningssystemet. Det är av största vikt att etiketten med nyckelnumret inte tappas bort (den följer med den nya bilen). Eventuella kopior av fjärrkontrollen måste erhållas från en Volvo-verkstad som behöver fjärrkontrollens nummer för att leverera en kopia.

Alla problem eller åtgärder som rör motorlåsningssystemet ska överlåtas till en Volvo-verkstad eller specialist eftersom det krävs särskild elektronisk utrustning för att

21.9 Fästnitar till bakdörrshögtalaren (markerade med pilar)

diagnosticera felen och för att passa ihop de olika komponenterna.

Tjuvlarm

Ett tjuvlarm finns monterat som standardutrustning. Larmet har brytare på alla dörrar (inklusive bakluckan) och motorhuven. Om bakluckan, motorhuven eller någon av dörrarna öppnas eller om tändningslåset slås på medan larmet är aktiverat kommer en larmsignal att ljuda och varningslamporna att blinka. Larmet har även en motorlåsningsfunktion som gör att tändningen inte fungerar när larmet aktiveras.

Signaler från larmsystemets brytare och kontakter som sitter inbyggda i låsen till dörrarna, motorhuven och bakluckan skickas till en central styrenhet i bilen när systemet aktiveras. Styrenheten övervakar signalerna och aktiverar larmet om någon av signalerna bryts, eller om någon försöker starta bilen (eller tjuvkoppla tändningen).

Systemets status visas med hjälp av en blinkande lysdiod.

Tänk på följande om ett fel uppstår på larmsystemet:

a) *Precis som med annan elektrisk utrustning beror många fel på dåliga anslutningar eller dålig jord.*

b) *Kontrollera att alla brytarna i dörrar, motorhuv och baklucka fungerar samt att all innerbelysning fungerar.*

c) *Larmsystemet kan bete sig underligt om bilbatteriet är i dåligt skick eller om batteriets anslutningar är lösa.*

d) *Om systemet fungerar som det ska men ofta ger falskt larm kan en Volvo-verkstad eller specialist minska känsligheten för några av systemets givare.*

e) *Helst bör bilen lämnas in till en Volvo-verkstad eller en verkstad med lämplig utrustning för undersökning. Dessa kommer att ha tillgång till en särskild diagnostestare som snabbt kan spåra alla fel i systemet.*

23 Krockkuddar – allmän information och föreskrifter

Ett säkerhetssystem av någon typ finns som standard eller tillval beroende på modell och land.

Systemets huvudkomponent består av en krockkudde på förarsidan som är utformad för att skydda föraren mot allvarliga bröst- och skallskador vid en olycka. Liknande krockkuddar för framsätespassageraren, sidokrockkuddar (inbyggda i framstolarnas sida) och sidokrockgardiner är också standard. Sidokrockgivare sitter på bilens B- och C-stolpar med en främre givare inbyggd i SRS-modulen under mittkonsolen. Modulen innehåller en fartminskningsgivare och en elektronisk styrenhet med mikroprocessor för att registrera kraften i krocken och för att lösa ut krockkudden vid behov. Krockkudden blåses upp av en gasgenerator som tvingar ut kudden ur modulkåpan i rattens mitt, eller ut ur en kåpa på passagerarsidan av instrumentbrädan/sätesklädsel/takklädsel. En kontaktrulle bakom ratten, ovanför rattstången, ser till att god elektrisk förbindelse alltid upprätthålls med krockkudden trots att ratten vrids i båda riktningarna.

Utöver krockkuddeenheterna innehåller säkerhetssystemet även pyrotekniska säkerhetsbältessträckare som regleras av gaskassetter i säkerhetsbältets haspelenhet. De pyrotekniska enheterna utlöses liksom krockkudden av krockgivaren och sträcker säkerhetsbältena så att de ger bättre skydd vid en krock.

Alla modeller är även försedda med ett sidokrockskyddssystem som standardutrustning. I sitt grundutförande utgör sidokrockskyddssystemet en del av fordonsstrukturen och där förstärkningar används för att fördela kraften från en sidokrock genom karossen. Detta görs genom att de nedre delarna av dörrarna och dörrstolparna förstärks och genom att förstärkningsstag monteras i sätena och i mittkonsolen. På det sättet absorberas kraften från en sidokrock av hela karosstrukturen, vilket ger en oslagbar motståndskraft mot krockar.

⚠ **Varning: En säker hantering av SRS-komponenterna kräver användning av Volvo specialutrustning.** Alla försök att ta isär krockkudden, sidokrockkudden, krockgivarna, kontaktspolen, säkerhetsbältessträckarna eller tillhörande kablage och komponenter utan rätt utrustning och utan de specialistkunskaper som behövs för att använda utrustningen korrekt, kan leda till allvarliga personskador och/eller ett defekt system.
• Innan något arbete utförs på SRS-komponenterna, koppla från batteriet och vänta i minst 10 minuter så att eventuell kvarvarande ström hinner laddas ur innan du fortsätter.
• Var ytterst försiktig vid hanteringen av krockkudden för att undvika personskador. Håll alltid enheten med kåpan riktad från kroppen. Vid tveksamheter angående

arbete med krockkudden eller dess styrningskrets bör en Volvo-verkstad kontaktas.
• Observera att krockkudden/krockkuddarna inte får utsättas för temperaturer över 90°C. När krockkudden demonteras måste du se till att den förvaras med dynan uppåt för att förhindra att den blåses upp av misstag.
• Låt inga lösningsmedel eller rengöringsmedel komma i kontakt med krockkudden. De får endast rengöras med en fuktig trasa.
• Både krockkudden/-kuddarna och styrenheten/-enheterna är känsliga för stötar. Om de tappas eller skadas måste de bytas ut.
• Koppla loss anslutningskontakten till krockkuddens styrenhet innan någon svetsning utförs på bilen.

24 Krockkuddeskomponenter – demontering och montering

Observera: Läs varningarna i avsnitt 23 innan arbetet fortsätts.

Förarsidans krockkudde

1 Koppla loss batteriets minusledare (se kapitel 5A) och vänta i 10 minuter innan arbetet påbörjas.
2 Ta bort de övre och nedre rattstångskåporna enligt beskrivningen i kapitel 10.
3 Sätt i en flatbladig skruvmejsel genom hålen i rattens bakdel, lyft upp skruvmejselns handtag och lossa fjäderklämman på varje sida (se bild). Vrid ratten 90° i båda riktningarna för att komma åt hålen. Observera att klämmorna kan vara svåra att nå och detta arbete kräver tålamod.
4 Vrid tillbaka ratten så hjulen pekar rakt fram.
5 Lyft ut krockkuddemodulen från ratten. Koppla loss kontaktdonet på baksida och ta bort den från bilen (se bilder).

⚠ **Varning: Placera krockkuddemodulen på ett säkert ställe med dynorna placerad**

24.3 Lossa fjäderklämmorna på rattens baksida

uppåt som en säkerhetsåtgärd mot att enheten löses ut av misstag. Försök inte öppna eller reparera krockkuddemodulen och anslut ingen ström till den. Använd inte en krockkudde som är synbart skadad eller som har utsatts för åverkan utifrån.
6 Skruva loss kontaktenhetens låsskruv från ratten, sätt sedan in den i kontaktenhetens kontakt för att låsa den på plats (se bild). När rullen har spärrats får ratten inte vridas. Då skadas rullen.
7 Lås upp kontaktrullen genom att ta bort skruven. Förvara skruven i den nedre delen av ratten och sätt tillbaka den i ursprungsläget.
8 Stöd krockkuddemodulen på nederkanten av rattnavet. Återanslut kontaktdonet. Vrid upp krockkuddemodulen på sin plats. Kontrollera noga att kablaget inte hamnar i kläm.
9 Tryck dit krockkudden och se till att klämmorna fastnar ordentligt.
10 Se till att ingen befinner sig i bilen. Slå på tändningen och återanslut batteriets minusledare. Slå av tändningen och slå på den igen. Kontrollera att sidokrockkuddens varningslampa tänds och sedan slocknar inom 7 sekunder.

Kontaktrulle till förarsidans krockkudde

11 Demontera krockkuddemodulen enligt beskrivningen ovan och ta bort ratten enligt beskrivningen i kapitel 10.
12 Var noga med att inte vrida kontaktenheten. Skruva loss de tre fästskruvarna och ta bort

24.5a Lyft upp krockkuddesmodulen från ratten ...

24.5b ... och lossa anslutningskontakten när modulen tas bort

24.6 Sätt in kontaktspolens låsskruv (markerad med pil)

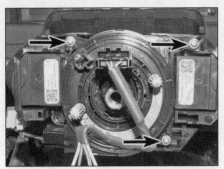

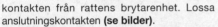

24.12a Skruva loss de tre fästskruvarna (markerade med pilar)

24.12b Lyft försiktigt bort kontaktspolen från ratten . . .

24.12c . . . och lossa anslutningskontakten

kontakten från rattens brytarenhet. Lossa anslutningskontakten **(se bilder)**.

13 Klipp av vajerklämman som sitter monterad för att hindra enheten från att rotera av misstag om en ny kontaktenhet ska monteras.

14 En ny rulle bör vara centraliserad när den inskaffas. Om den inte är det, eller om det finns en möjlighet att enheten inte är centraliserad ska följande åtgärder vidtas. Vrid rullen försiktigt medurs så lång det går. Vrid sedan tillbaka den moturs två varv. Fortsätt att vrida tills ett gult märke syns i kontaktenhetens fönster. Spärra rullen i det här läget genom att skruva in låsskruven som sitter monterad i fästbandet av plast.

15 Sätt dit enheten på rattstångens brytarenhet och dra åt dess fästskruvar ordentligt.

16 Montera ratten enligt beskrivningen i kapitel 10, och krockkuddemodulen enligt beskrivningen ovan.

Passagerarsidans krockkudde

17 Koppla loss batteriets minusledare (se kapitel 5A) och vänta i 10 minuter innan arbetet påbörjas.

18 Ta bort handskfacket enligt beskrivningen i kapitel 11.

19 Skruva loss de bultar som håller fast plattan under enheten.

20 Lossa anslutningskontakten, skruva loss

de sex fästmuttrarna och ta bort krockkudden från dess fäste **(se bilder)**.

21 Montering sker i omvänd ordningsföljd.

22 Se till att ingen befinner sig i bilen. Slå på tändningen och återanslut batteriets minusledare. Slå av tändningen och slå på den igen. Kontrollera att sidokrockkuddens varningslampa tänds och sedan slocknar inom 7 sekunder.

Krockkuddens styrenhet

23 Koppla loss och ta bort batteriets jordledning enligt beskrivningen i kapitel 5A. Vänta minst 10 minuter innan du fortsätter för att eventuell kvarvarande ström ska hinna laddas ur.

24 Ta bort mittkonsolen och ta isär den nedre delen enligt beskrivningen i kapitel 11.

25 Lossa låsspärren och lossa givarens anslutningskontakt.

26 Observera dess monteringsläge, lossa de 4 skruvarna och ta bort modulen **(se bild)**.

27 Monteringen utförs i omvänd ordningsföljd mot demonteringen. Se till att modulen monteras med pilen på ovansidan riktad framåt.

28 Se till att ingen befinner sig i bilen. Slå på tändningen och återanslut batteriets minusledare. Slå av tändningen och slå på den igen. Kontrollera att sidokrockkuddens varningslampa tänds och sedan slocknar inom 7 sekunder. **Observera:** *Om en ny styrenhet har monterats måste lämplig programvara*

24.20a Passagerarkrockkuddens anslutningskontakt (markerad med pil)

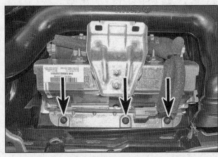

24.20b Skruva loss de tre muttrarna (markerade med pilar) på ena sidan av krockkudden . . .

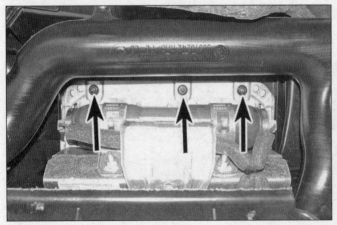

24.20c . . . och de tre muttrarna (markerade med pilar) på den andra sidan

24.26 Krockkuddesstyrenhetens fästskruvar (markerade med pilar)

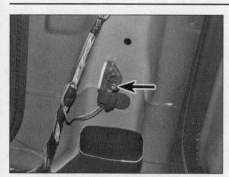

24.31 Fästskruvar till B-stolpens
krockgivare (markerade med pilar)

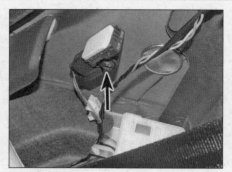

24.32 Fästskruvar till C-stolpens
krockgivare (markerade med pilar)

25.2 Klämmor till parkerings-
assistansmodulen (markerade med pilar)

hämtas från Volvo och installeras. Arbetet
bör överlåtas till en Volvo-återförsäljare eller
lämpligt utrustad specialist.

Sidokrockkuddar

29 Sidokrockkuddarna är inbyggda i sidan av
framsätena. För att man ska kunna demontera
dem måste sätenas klädsel först tas bort.
Detta anses inte vara en lämplig uppgift för
hemmamekanikern och bör därför överlåtas åt
en Volvo-verkstad eller specialist.

Sidokrockgivare

30 Sidokrockgivarna monteras på bilens
B-stolpe (mellan förar- och passagerardörren)
samt på C-stolpens nederdel. Batteriet bör
lossas enligt beskrivningen i kapitel 5A innan
något arbete utförs på givarna.
31 För att ta bort givaren på B-stolpen
tar du bort stolpens klädselpanel enligt
beskrivningen i kapitel 11. Lossa klämmorna
och anslutningskontakten från givaren **(se bild)**.
Skruva loss fästskruven och ta bort givaren.
32 För att ta bort givaren på C-stolpens
nederdel tar du bort baksätets sidopanel
enligt beskrivningen i kapitel 11. Skruva loss
fästskruven och ta bort givaren **(se bild)**.
33 Sätt dit givarna på stolparna och dra åt
fästskruvarna till angivet moment. Återanslut
anslutningskontakten.
34 Resten av monteringen sker i omvänd
ordningsföljd mot demonteringen.

Främre krockgivare

35 De främre krockgivarna är placerade
bakom respektive strålkastare. Lossa batteriet
enligt beskrivningen i kapitel 5A innan du tar
bort givarna.
36 Ta bort strålkastaren enligt beskrivningen
i avsnitt 10. Lossa anslutningskontakten från
givaren, skruva loss fästskruven och ta bort
givaren.
37 Monteringen sker i omvänd ordningsföljd
mot demonteringen.

Sidokrockgardin

38 För att kunna ta bort sidokrockgardinen
måste man lossa takklädseln. Detta anses inte
vara en lämplig uppgift för hemmamekanikern
och bör därför överlåtas åt en Volvo-verkstad
eller specialist.

Deaktiveringsbrytare för
krockkudde

39 Om en sådan finns, är brytaren för deaktivering
av den främre passagerarkrockkudden placerad
i klädselpanelen på instrumentbrädans ände på
passagerarsidan.
40 För att ta bort brytaren lossar du först
batteriets jordledning enligt beskrivningen i
kapitel 5A.
41 Bänd försiktigt bort klädselpanelen, dra den
framåt något och lossa anslutningskontakten.
42 Lossa fästklämmorna på panelens baksida
och ta bort brytaren.

43 Monteringen sker i omvänd ordningsföljd
mot demonteringen.

25 Parkeringsassistanssystem
– demontering och montering

Styrenhet

1 Parkeringsassistanssystemet (PAM) är placerat
på golvplattan bakom sidoklädselpanelen på
höger sida i bagageutrymmet. Ta bort panelen
enligt beskrivningen i kapitel 11.
2 Lossa fästklämmorna, ta bort systemet och
lossa anslutningskontakterna **(se bild)**.
3 Monteringen sker i omvänd ordningsföljd
mot demonteringen. En ny enhet kan kräva
omkalibrering och detta bör överlåtas åt en
Volvo-verkstad eller en lämpligt utrustad
specialist.

Givare

4 Givarna sitter i den bakre stötfångaren.
Demontera den bakre stötfångaren enligt
beskrivningen i kapitel 11.
5 Lossa anslutningskontakten från varje givare
(se bild).
6 Sprid fästklämmorna och dra ut givarna från
stötfångarens insida **(se bild)**.
7 Monteringen sker i omvänd ordningsföljd
mot demonteringen.

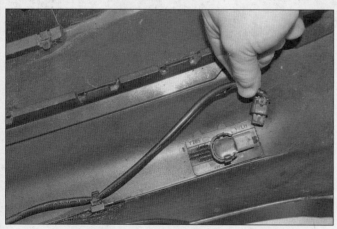

25.5 Lossa anslutningskontakten från givaren

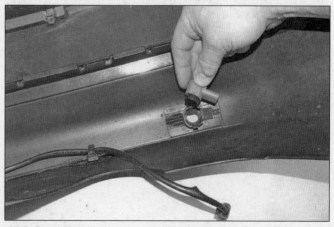

25.6 Sprid fästklämmorna och ta bort givaren från stötfångarens
bakre del

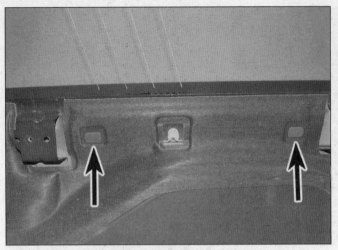

26.1a Skruva loss klämmorna (markerade med pilar) längst upp på klädselpanelen

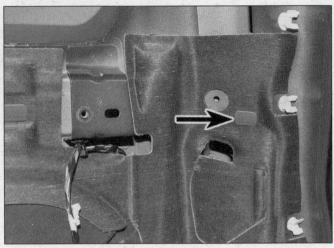

26.1b Skruva loss den övre klämman (markerad med pil) från D-stolpen . . .

26.1c . . . och den nedre klämman (markerad med pil)

26 Tanklocksluckans öppningsmotor –
demontering och montering

Demontering

1 Ta bort sidoklädselpanelen på höger sida i bagageutrymmet. Ta dessutom bort den tunna klädselpanelen bakom genom att ta loss de två klämmorna längst upp och de två klämmorna på D-stolpen **(se bilder)**.
2 Lossa anslutningskontakten, dra i nödöppningsfliken för att ta bort tryckkolven och tryck försiktigt motorns överdel mot höger sida för att lossa den från fästbygeln. Det går nu att ta bort motorn **(se bilder)**.

Montering

3 Monteringen sker i omvänd ordningsföljd mot demonteringen.

26.2a Lossa anslutningskontakten från motorn

26.2b Tryck motorns överdel mot höger sida för att lossa den från fästbygeln

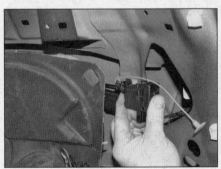

26.2c Ta bort motorn från fästbygeln

Kopplingsscheman Volvo V70

Schema 1

Förklaringar till symboler

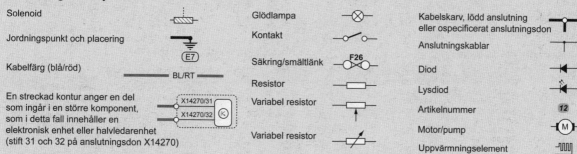

Solenoid	
Jordningspunkt och placering	E7
Kabelfärg (blå/röd)	BL/RT
En streckad kontur anger en del som ingår i en större komponent, som i detta fall innehåller en elektronisk enhet eller halvledarenhet (stift 31 och 32 på anslutningsdon X14270)	X14270/31 X14270/32 K
Glödlampa	
Kontakt	
Säkring/smältlänk	F26
Resistor	
Variabel resistor	
Variabel resistor	
Kabelskarv, lödd anslutning eller ospecificerat anslutningsdon	
Anslutningskablar	
Diod	
Lysdiod	
Artikelnummer	12
Motor/pump	M
Uppvärmningselement	

Jordningspunkt

E1	Jordanslutning, PTC		E18	Tändspolar
E2	Vänster hjulhus		E19	Tändspolar
E3	Kaross, batteri		E20	Tändspolar
E4	Motor		E21	Vänster hjulhus 2
E5	Motorrum		E22	Höger hjulhus 2
E6	Nedre injektor, vänster		E23	Vänster hjulhus 3
E7	Nedre injektor, vänster		E24	Höger hjulhus 3
E8	Nedre injektor, vänster		E25	Tändspolar
E9	Nedre injektor, höger		E26	Motor – kaross
E10	Bakre stötfångarens fäste, vänster		E27	Vänster hjulhus
E11	Bakre stötfångarens fäste, höger		E28	Jordanslutning, ECM
E12	Baksätesupphöjning, vänster sida		E29	Vänster hjulhus 1
E13	Baksätesupphöjning, vänster sida		E30	Vänster hjulhus 3 (ABS)
E14	Baksätesupphöjning, höger sida 1		E31	Höger hjulhus
E15	Baksätesupphöjning, höger sida 2		E32	Bakre stötfångarens fäste, vänster
E16	Nedre injektor, vänster		E33	Bakre stötfångarens fäste, höger
E17	Nedre injektor, höger		E34	Höger hjulhus

Vanlig fördelningssäkringsdosa i passagerarutrymmet 5

(modeller från 2010)

Säkring	Kapacitet	Skyddad krets
F1	40 A	Subwoofer-modul (SUB), Ljudmodul (AUD), fördelningssäkringsdosa i passagerarutrymmet
F2	-	Används ej
F3	-	Används ej
F4	-	Används ej
F5	-	Används ej
F6	-	Används ej
F7	15A	12 V-uttag i lastutrymmet, kylbox
F8	25A	Förardörrmodul (DDM)
F9	25A	Passagerardörrmodul (PDM)
F10	25A	Höger bakdörrmodul (RDM)
F11	25A	Vänster bakdörrmodul (LDM)
F12	20A	Nyckellös bilmodul (KVM)
F13	20A	Kontakt till elmanövrerat förarsäte,Elsätesmodul (PSM)
F14	20A	Kontakt till elmanövrerat passagerarsäte
F15	15A	Solenoid till vänster nackskydd bak, Solenoid till höger nackskydd bak

Säkring	Kapacitet	Skyddad krets
F16	-	Används ej
F17	10A	Hög nivå display fram (HLDF), Multimediamodul (MMM)
F18	15A	Integrerade audio modul (IAM), Infotainment kontroll modul (ICM), extra säkringshållare (kupé)
F19	5A	Telefonmodul (PHM)
F20	-	Används ej
F21	5A	Soltaksmodul (SRM), Dämpningsmotormodul (DMM), Luftkvalitetssensor (AQS), Taklampa
F22	15A	12 V uttag fram, 12 V uttag bak
F23	15A	Styrmodul, höger baksätesvärmare
F27	15A	Styrmodul, vänster baksätesvärmare
F28	10A	Parkeringsassistans (PAM), Släpvagnsmodul (TRM)
F29	10A	Differential elektronikmodul (DEM)
F30	5A	Hjulupphängningsmodul (SUM)

Extra säkringshållare i passagerarutrymmet

(modeller från 2010)

Säkring	Kapacitet	Skyddad krets
F1	5A	Analog klocka

Vanlig batterisäkringsdosa 41

Säkring	Kapacitet	Skyddad krets
PF1	150A	Säkringsdosa i motorrummet
PF2	150A	Startmotor, generator

H47433

Kopplingsscheman Volvo V70

Vanlig säkringsdosa i motorrummet ⑥

(modeller upp till 2010)

Säkring	Kapacitet	Skyddad krets
F1	50A	Säkringsdosa i passagerarutrymmet (CEM)
F2	50A	Säkringsdosa i passagerarutrymmet (CEM)
F3	60A	Säkringsdosa i bagageutrymmet
F4	60A	Säkringsdosa i bagageutrymmet
F5	60A	Säkringsdosa i bagageutrymmet
F6	-	Används ej
F7	100A	Värmeelement (PTC)
F8	-	Används ej
F9	30A	Torkarmotormodul (WMM)
F10	25A	Motorförvärmningsmodul (CPM)
F11	40A	Fläktkontroll, kupéfläkt
F12	-	Används ej
F13	40A	Bromskontroll (BCM), pump
F14	20A	Bromskontroll (BCM), ventiler
F15	-	Används ej
F16	10A	Strålkastarnas styrmodul (HCM), höger & vänster lykthus fram
F17	20A	Säkringsdosa i passagerarutrymmet (CEM
F18	5A	Framåt avkänningsmodulen (FSM), Framåt-syfte radar (FLR)
F19	5A	Elektronisk servostyrningsmodul
F20	10A	Motorstyrmodul (ECM), Extra krockskyddssystem (SRS), Växellådsstyrmodul (TCM)
F21	10A	Uppvärmt vindrutespolarmunstycke
F22	20A	Vakuumpump
F23	5A	Ljuskontaktmodul (LSM)

Säkring	Kapacitet	Skyddad krets
F24	15A	Högtrycksspolarmotor
F25	15A	12 V uttag fram, 12 V uttag bak, Portabelt navigationssystem, DVD-spelare/styrmodul
F26	10A	Kontakt till takbelysning, Soltaksmodul, Spjällmotormodul (DMM), Luftkvalitetssensor (AQS), Styrmodul för handsfree till mobiltelefon
F27	5A	Relä (15 stift), Relä (komfortfunktioner)
F28	20A	Relä (extraljus), Extraljus
F29	15A	Relä (signalhorn), Signalhorn
F30	10A	Huvudrelä, motorstyrningssystem
F31	15A	Växellådsstyrmodul (TCM)
F32	15A	Elektromagnetisk koppling, klimatanläggning
F33	5A	Relä (klimatanläggning)
F34	30A	Startmotor
F35	10A	Glödstift
F36	15A	Gasspjällmotor, Styrventil bränsletryck
F37	15A	Luftflödesmätare (MAF)
F38	-	Används ej
F39	15A	Uppvärmd lambdasond
F40	20A	PTC-resistor i vevhusets ventilationsslang
F41	-	Används ej
F42	70A	Glödstift
F43	50A	Styrmodul kylfläkt
F44	60A	Släpvagn styrenhet

(modeller från 2010)

Säkring	Kapacitet	Skyddad krets
F1	50A	Säkringsdosa i passagerarutrymmet (CEM)
F2	50A	Säkringsdosa i passagerarutrymmet (CEM)
F3	60A	Säkringsdosa i bagageutrymmet
F4	60A	Säkringsdosa i bagageutrymmet
F5	60A	Säkringsdosa i bagageutrymmet
F6	-	Används ej
F7	100A	Värmeelement (PTC)
F8	20 A	Strålkastarspolarmotor
F9	30A	Torkarmotormodul (WMM)
F10	25A	Motorförvärmningsmodul (CPM)
F11	40A	Fläktkontroll, kupéfläkt
F12	-	Används ej
F13	40A	Bromskontroll (BCM), pump
F14	20A	Bromskontroll (BCM), ventiler
F15	-	Används ej
F16	10A	Strålkastarnas styrmodul (HCM), höger & vänster lykthus fram
F17	20A	Säkringsdosa i passagerarutrymmet (CEM
F18	5A	Bromskontroll (BCM)
F19	5A	Elektronisk servostyrningsmodul
F20	10A	Motorstyrmodul (ECM), Extra krockskyddssystem (SRS), Växellådsstyrmodul (TCM)
F21	10A	Uppvärmt vindrutespolarmunstycke
F22	5A	Vakuumpump, glödstiftssystem
F23	5A	Ljuskontaktmodul (LSM)

Säkring	Kapacitet	Skyddad krets
F24	-	Används ej
F25	-	Används ej
F26	-	Används ej
F27	5A	Relä (15 stift), Relä (komfortfunktioner)
F28	20A	Relä (extraljus), Extraljus
F29	15A	Relä (signalhorn), Signalhorn
F30	10A	Huvudrelä, motorstyrningssystem
F31	15A	Växellådsstyrmodul (TCM)
F32	15A	Elektromagnetisk koppling, klimatanläggning
F33	5A	Relä (klimatanläggning)
F34	30A	Startmotor
F35	10A	Glödstift
F36	15A	Gasspjällmotor, Styrventil bränsletryck
F37	15A	Luftflödesmätare (MAF)
F38	-	Används ej
F39	15A	Uppvärmd lambdasond
F40	20A	PTC-resistor i vevhusets ventilationsslang
F41	5 A	PTC-resistor för vevhusventilationen
F42	70A	Glödstift
F43	80A	Styrmodul kylfläkt
F44	-	Används ej

H47434

Kopplingsscheman Volvo V70   **Schema 3**

Vanlig säkringsdosa i passagerarutrymmet (CEM) ⑨

(modeller upp till 2010)

Säkring	Kapacitet	Skyddad krets
F1	5A	Regnsensormodul (RSM)
F2	10A	Systemmodul för extra krockskydd (SRS), Sätets viktsensor (OWS)
F3	5A	Bromskontroll (BCM)
F4	7,5A	Kontakt till eluppvärmt baksäte, Gaspedalsensor, Automatiskt avbländbar backspegel, Värmeelement (PTC)
F5	-	Används ej
F6	15A	Infotainment-styrmodul (ICM), Inbyggd ljudmodul (IAM), DVD-spelare/styrmodul, USB-port för tillbehör (AUU)
F7	7,5A	Rattkontakt vänster (SWSL)
F8	-	Används ej
F9	15A	Höger & vänster strålkastarhus
F10	20A	Taklucksmodul (SRM)
F11	7.5A	Vänster & höger backljus
F12	-	Används ej
F13	15A	Vänster & höger dimljus
F14	15A	Spolarmotor
F15	10A	Modul för avkänning framåt (FSM)

Säkring	Kapacitet	Skyddad krets
F16	-	Används ej
F17	7,5A	Elmanövrerat passagerarsäte, fönsterhiss, handskfacksbelysning
F18	5A	Förarinformationsmodul (DIM)
F19	5A	Elsätesmodul (PSM)
F20	15A	Bakre torkarmotor
F21	5A	Dörröppning med fjärrkontroll (RKE), Mottagarmodul till fjärrkontroll (RRX), Ultraljudssensor (IMS), Hjärtslagssensor
F22	20A	Bränslepump
F23	20A	Rattstångslåsmodul (SCL)
F24	-	Används ej
F25	10A	Bakluckans låsenhet, låsmotor till tankluckans lock
F26	5A	Klimatanläggningens styrmodul (CCM), Signalhornets styrmodul (SCM), Anslutningsdon till datalänk
F27	5A	Startstyrenhet (SCU)
F28	5A	Nyckellös bilmodul (KVM), Extra bromsljus, Vänster & höger bromsljus

F1 F2 F3 F4 F5 F6 F7 F8 F9 F10 F11 F12 F13 F14
F15 F16 F17 F18 F19 F20 F21 F22 F23 F24 F25 F26 F27 F28

(modeller från 2010)

Säkring	Kapacitet	Skyddad krets
F1	15A	Bakre torkarmotorrelä, Bakre torkarmotor
F2	-	Används ej
F3	7,5A	Elmanövrerat passagerarsäte, fönsterhiss, handskfacksbelysning, kupébelysning
F4	5A	Förarinformationsmodul (DIM)
F5	10A	Framåt avkänningsmodulen (FSM), Framåt-syfte radar (FLR)
F6	7.5A	Regnsensormodul (RSM)
F7	7,5A	Rattkontakt
F8	10A	Låsmotor, tankluckans lock
F9	15A	Spolarmotor
F10	15A	Spolarmotor
F11	10A	Centrallåsmotor, baklucka
F12	-	Används ej
F13	20A	Bränslepump styrmodul, Bränslepump
F14	5A	Klimatanläggningens styrmodul (CCM), Ultraljudssensor (IMS), Hjärtslagssensor (HBS)

Säkring	Kapacitet	Skyddad krets
F15	15A	Rattstångslåsmodul (SCL)
F16	5A	Signalhornets styrmodul (SCM), Anslutningsdon till datalänk
F17	-	Används ej
F18	10A	Systemmodul för extra krockskydd (SRS), Sätets viktsensor (OWS)
F19	5A	Framåt avkänningsmodulen (FSM), Framåt-syfte radar (FLR)
F20	7,5A	Kontakt till eluppvärmt baksäte, Gaspedalsensor, Automatiskt avbländbar backspegel, Värmeelement (PTC)
F21	15A	Infotainment styrmodul (ICM), Integrerade audio modul (IAM)
F22	5A	Kontakt bromsljus
F23	20A	Taklucksmodul (SRM)
F24	5A	Startstyrenhet (SCU)

F1 F9 F17
F2 F10 F18
F3 F11 F19
F4 F12 F20
F5 F13 F21
F6 F14 F22
F7 F15 F23
F8 F16 F24

H47435

Kopplingsscheman Volvo V70   **Schema 4**

Vanlig säkringsdosa till elcentral bak 42

(modeller upp till 2010)

Säkring	Kapacitet	Skyddad krets
FA1	25A	Förardörrmodul (DDM)
FA2	25A	Passagerardörrmodul (DDM)
FA3	25A	Vänster bakdörrmodul (LDM)
FA4	25A	Höger bakdörrmodul (RDM)
FA5	-	Används ej
FA6	15A	Kylbox, 12 V uttag (i lastutrymmet)
FA7	30A	Relä (bakruteuppvärmning), bakruteuppvärmning
FA8	-	Används ej
FA9	15A	13-stifts uttag, dragkrokens släpvagnskabel
FA10	25A	Elsätesmodul (PSM)
FA11	40A	Släpvagnsmodul (TRM), Tillbehör
FA12	30A	Modul till elstyrd baklucka (POT)

(modeller från 2010)

Säkring	Kapacitet	Skyddad krets
FA1	30A	Parkeringsbromsmodul (PBM)
FA2	30A	Parkeringsbromsmodul (PBM)
FA3	30A	Relä, uppvärmd bakruta
FA4	-	Används ej
FA5	30A	Modul till elstyrd baklucka (POT)
FA6	-	Används ej
FA7	-	Används ej
FA8	-	Används ej
FA9	15A	13-stifts uttag, dragkrokens släpvagnskabel
FA10	-	Används ej
FA11	40A	Släpvagnsmodul (TRM), Tillbehör
FA12	-	Används ej

(modeller upp till 2010)

Säkring	Kapacitet	Skyddad krets
FB1	-	Används ej
FB2	15A	Hjulupphängningsmodul (SUM)
FB3	15A	Sätesvärmemodul (SHM), vänster
FB4	15A	Sätesvärmemodul (SHM), höger
FB5	15A	Styrmodul, höger baksätesvärmare
FB6	15A	Differential elektronikmodul (DEM)
FB7	15A	Styrmodul, vänster baksätesvärmare
FB8	-	Används ej
FB9	25A	Kontakt till elmanövrerat passagerarsäte
FB10	25A	Nyckellös bilmodul (KVM)
FB11	30A	Låsmotor, vänster bakbromsskiva
FB12	30A	Låsmotor, höger bakbromsskiva

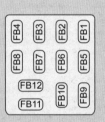

(modeller upp till 2010)

Säkring	Kapacitet	Skyddad krets
FD1	10A	Hög nivå display fram (HLDF), Multimediamodul (MMM)
FD2	-	Används ej
FD3	25A	Subwoofer modul (SUB)
FD4	5A	Fjärrstyrd digital ljudmottagare (RDAR)
FD5	25A	Audiomodul (AUD)
FD6	15A	Infotainment-styrmodul (ICM), Inbyggd ljudmodul (IAM), USB-port för tillbehör (AUU)
FD7	5A	Telefonmodul (PHM), Bluetooth-telefonmodul (BPM)
FD8	-	Används ej
FD9	-	Används ej
FD10	-	Används ej
FD11	-	Används ej
FD12	-	Används ej

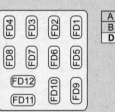

H47436

Färgkoder

W	Vit	**R**	Röd
Bl	Blå	**Gn**	Grön
Gr	Grå	**VO**	Violet
Y	Gul	**SB**	Svart
Bn	Brun	**Or**	Orange
P	Rosa		

Teckenförklaring

1 Batteri
6 Säkringsdosa motor
9 Central elektronisk styrmodul (CEM)
11 Rattens styrenhet
12 Rattens returfjädrar
41 Batteri säkringsdosa
142 Fartpilotkontakt
143 Fjärrkontroller till ljudanläggning
144 Ljudanläggning
146 Vänster bakdörrhögtalare

147 Vänster framdörrhögtalare
148 Vänster diskanthögtalare fram
149 Höger bakdörrhögtalare
150 Höger framdörrhögtalare
151 Höger diskanthögtalare fram
180 Mikrofon
181 Ingång för extrautrustning (AUX)
182 Infotainment styrmodul (ICM)
183 Fönsterantennförstärkare
184 Antenn till höger bakfönster

Schema 5

H47437

Vanligt ljudsystem – modeller upp till 2010

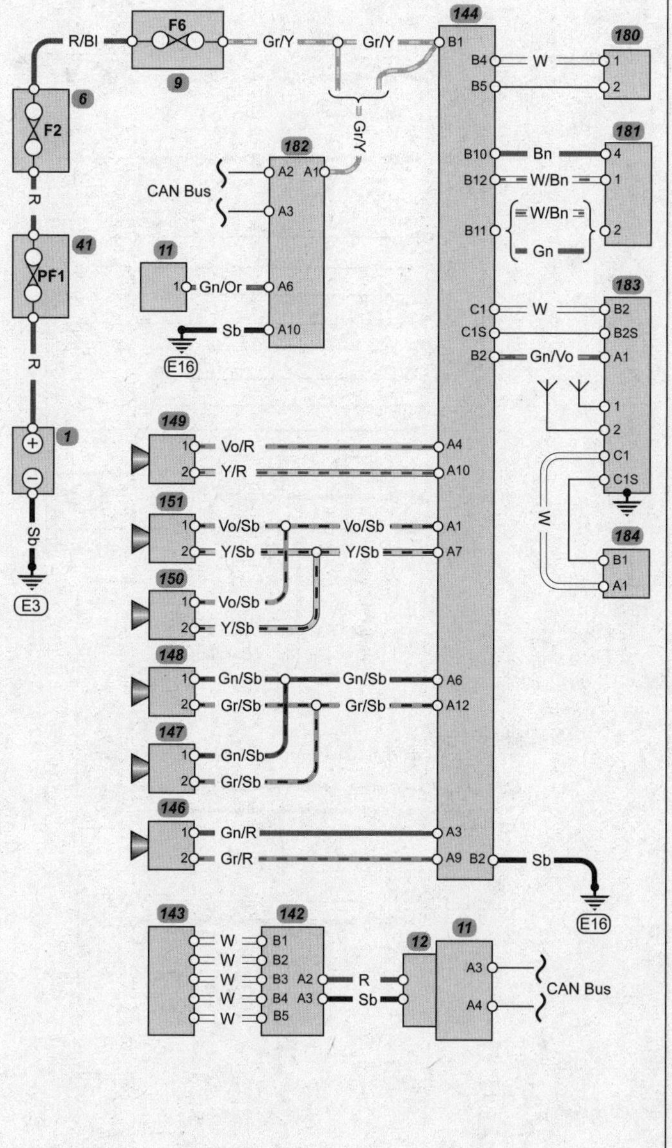

Vanligt ljudsystem – modeller från 2010

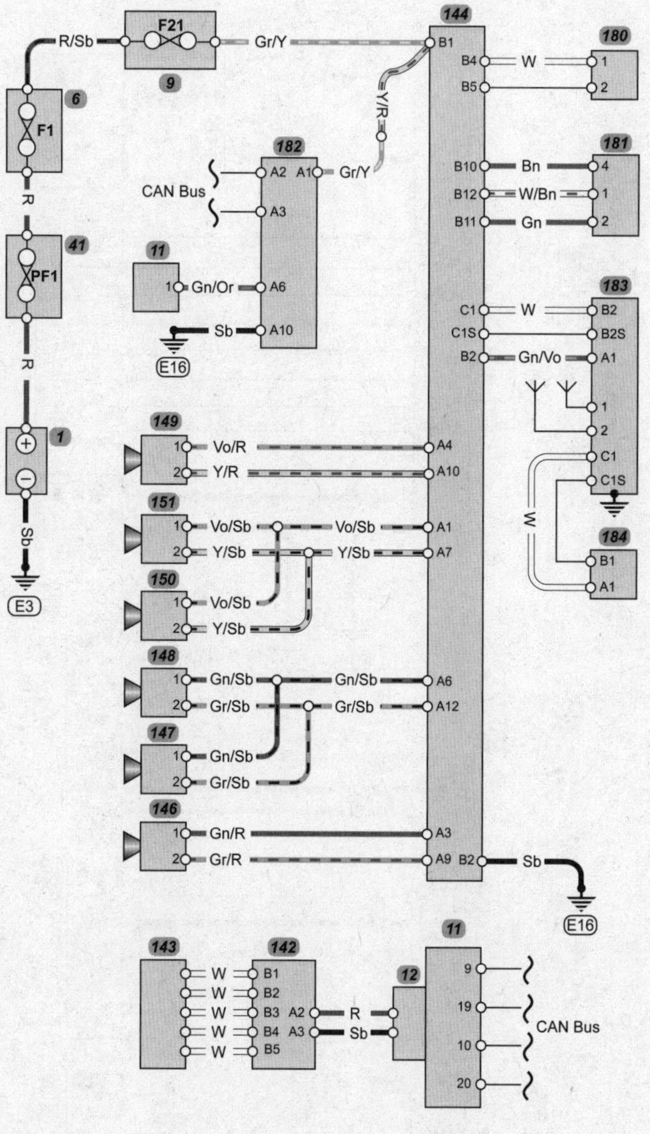

Färgkoder

W	Vit	R	Röd
Bl	Blå	Gn	Grön
Gr	Grå	VO	Violet
Y	Gul	SB	Svart
Bn	Brun	Or	Orange
P	Rosa		

Teckenförklaring

1 Batteri
6 Säkringsdosa motor
9 Central elektronisk styrenhet
11 Rattens styrenhet
41 Batteri säkringsdosa
58 Höger spegel
   h = yttertemperaturgivare
111 Klimatanläggningens styrenhet
125 Motorstyrningsenhet
126 Extravärmare
   b = glöd
   c = temperatur

e = överhettning
f = förvärmning av bränsle
127 Styrenhet till motorförvärmning
128 Kylvätskepump
130 Bränsletank
   a = bränslenivåsensor på insprutningssidan
   b = bränslenivåsensor på pumpsidan
185 Bränslepump, extravärmare

Schema 6

H47438

Vanlig extravärmare – modeller upp till 2010

Vanlig extravärmare – modeller från 2010

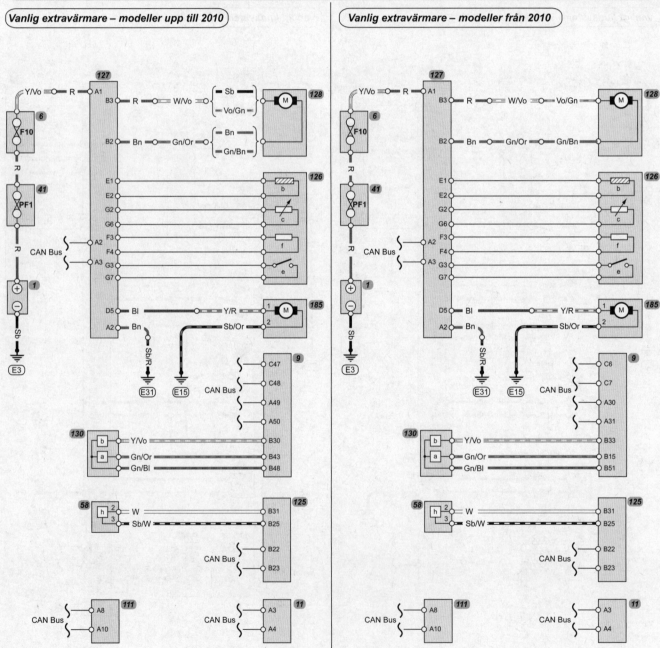

Färgkoder

W	Vit	**R**	Röd
Bl	Blå	**Gn**	Grön
Gr	Grå	**VO**	Violet
Y	Gul	**SB**	Svart
Bn	Brun	**Or**	Orange
P	Rosa		

Teckenförklaring

1 Batteri
6 Säkringsdosa motor
9 Central elektronisk styrmodul (CEM)
41 Batteri säkringsdosa
42 Säkringsdosa i bagageutrymmet
55 Vänster dörrstyrenhet
56 Höger dörrstyrenhet
57 Vänster spegel
  b = uppåt-/nedåtmotor
  c = vänster/högermotor
  d = motor spegelinfällning
  e = minne upp/ner
  f = minne vänster/höger
  g = spegeluppvärmning

58 Höger spegel
  b = uppåt-/nedåtmotor
  c = vänster/högermotor
  d = motor spegelinfällning
  e = minne upp/ner
  f = minne vänster/höger
  g = spegeluppvärmning
111 Klimatanläggningens styrmotor
116 Utökat D1-matningsrelä
179 Kontakt, framdörrens fönsterhiss

Schema 7

H47439

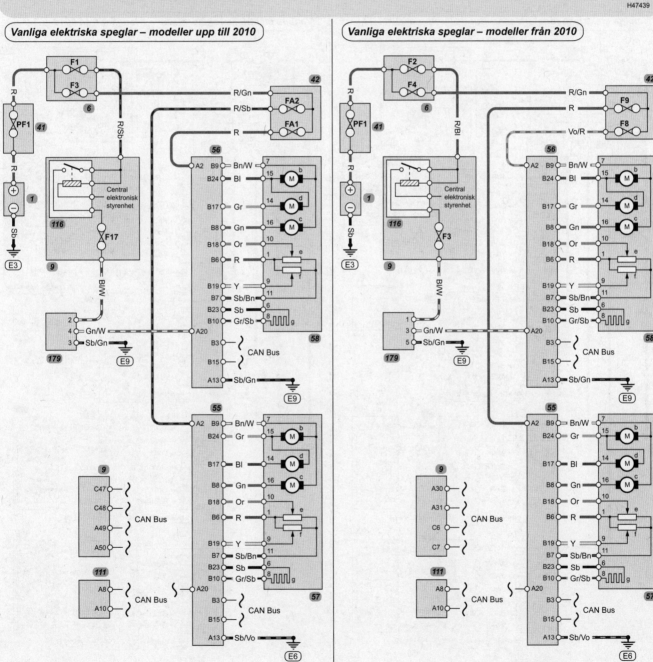

Vanliga elektriska speglar – modeller upp till 2010

Vanliga elektriska speglar – modeller från 2010

Färgkoder

W	Vit	R	Röd
Bl	Blå	Gn	Grön
Gr	Grå	VO	Violet
Y	Gul	SB	Svart
Bn	Brun	Or	Orange
P	Rosa		

Teckenförklaring

1 Batteri
5 Fördelningssäkringsdosa i passagerarutrymmet
6 Säkringsdosa motor
9 Central elektronisk styrmodul (CEM)
41 Batteri säkringsdosa
55 Vänster dörrstyrenhet
56 Höger dörrstyrenhet
116 Utökat D1-matningsrelä
152 Vänster fönstermotor fram
153 Höger fönstermotor fram

154 Vänster bakdörrskontakt
155 Högre bakdörrsbrytare
156 Vänster fönstermotor bak
157 Höger fönstermotor bak
179 Kontakt, framdörrens fönsterhiss
201 Kontakt, passagerardörrens fönsterhiss
202 Höger bakdörrmodul (RDM)
203 Vänster bakdörrmodul (LDM)

Schema 8

H47440

Vanliga elektriska fönsterhissar – modeller upp till 2010

Vanliga elektriska fönsterhissar – modeller från 2010

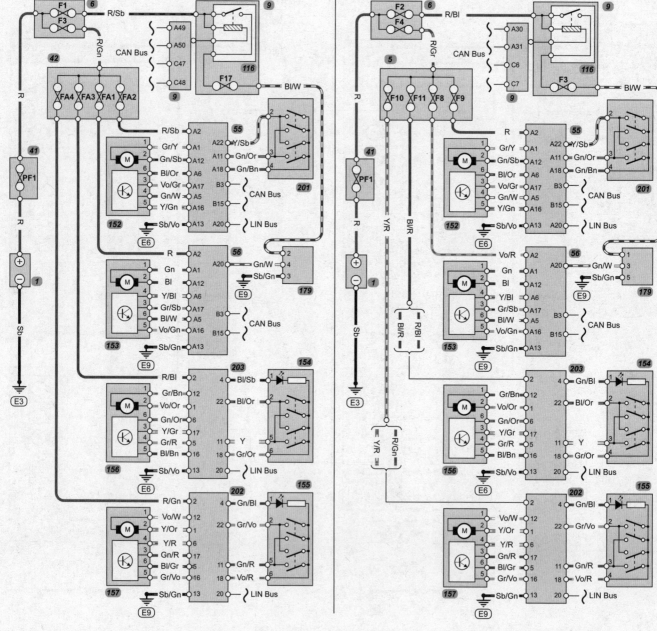

Färgkoder

W	Vit	**R**	Röd
Bl	Blå	**Gn**	Grön
Gr	Grå	**VO**	Violet
Y	Gul	**SB**	Svart
Bn	Brun	**Or**	Orange
P	Rosa		

Teckenförklaring

1 Batteri
6 Säkringsdosa motor
9 Central elektronisk styrmodul (CEM)
11 Rattens styrenhet
41 Batteri säkringsdosa
116 Utökat D1-matningsrelä
188 Regnsensormodul (RSM)
189 Torkarmotormodul (WMM)

192 Spolarrelä 1
193 Spolarrelä 2
195 Spolarmotor

Schema 9

H47441

Vanlig framspolare/torkare – modeller upp till 2010

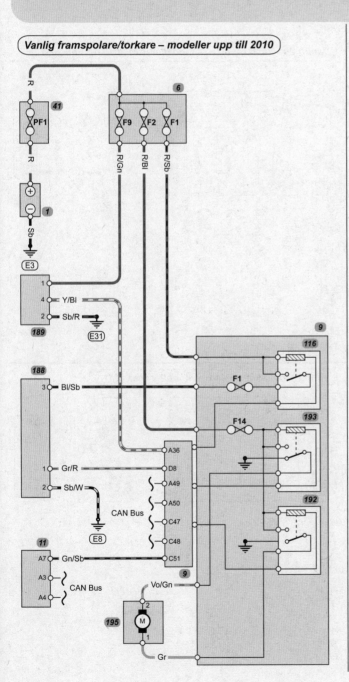

Vanlig framspolare/torkare – modeller från 2010

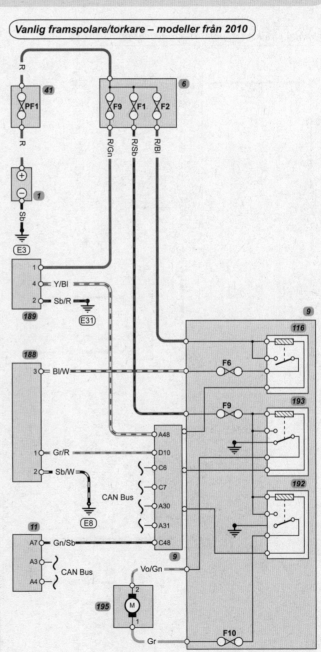

Färgkoder

W	Vit	**R**	Röd
Bl	Blå	**Gn**	Grön
Gr	Grå	**VO**	Violet
Y	Gul	**SB**	Svart
Bn	Brun	**Or**	Orange
P	Rosa		

Teckenförklaring

1 Batteri
6 Säkringsdosa motor
9 Central elektronisk styrmodul (CEM)
11 Rattens styrenhet
41 Batteri säkringsdosa
167 Vänster bakdörrslås
176 Barnlåskontakt
196 Teleskopmunstycke, vänster
198 Högtryckspolarmotor
199 Relä, strålkastarspolarmotor

Schema 10

H47442

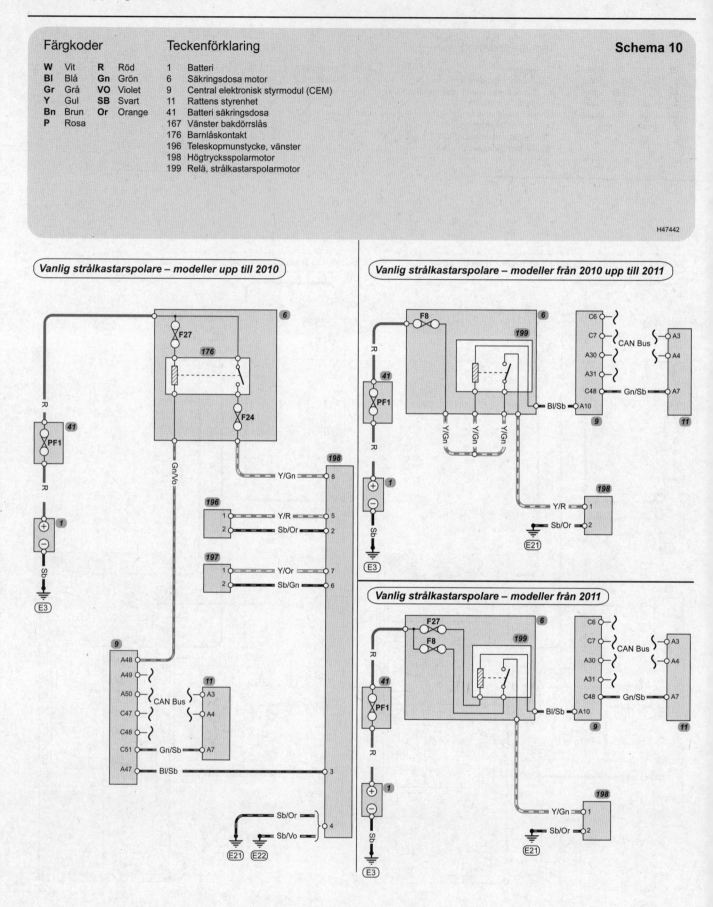

Vanlig strålkastarspolare – modeller upp till 2010

Vanlig strålkastarspolare – modeller från 2010 upp till 2011

Vanlig strålkastarspolare – modeller från 2011

Färgkoder

W	Vit	**R**	Röd
Bl	Blå	**Gn**	Grön
Gr	Grå	**VO**	Violet
Y	Gul	**SB**	Svart
Bn	Brun	**Or**	Orange
P	Rosa		

Teckenförklaring

1 Batteri
5 Fördelningssäkringsdosa i passagerarutrymmet
6 Säkringsdosa motor
9 Central elektronisk styrmodul (CEM)
41 Batteri säkringsdosa
111 Klimatanläggningens styrenhet
117 Fläktstyrenhet
118 Värmefläktmotor
119 Vänster temperaturspjällsmotor

120 Höger temperaturspjällsmotor
121 Cirkulationsspjällmotor
176 Relä, komfortfunktioner
186 Spjällmotormodul (DMM) fönsteruppvärmning
187 Spjällmotormodul (DMM) golv/ventilation

Schema 11

H47443

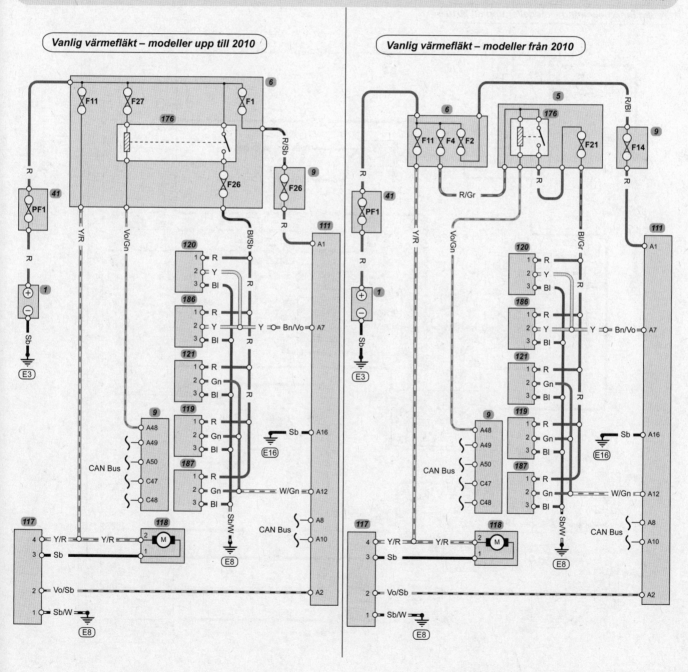

Vanlig värmefläkt – modeller upp till 2010

Vanlig värmefläkt – modeller från 2010

Färgkoder

W	Vit	**R**	Röd
Bl	Blå	**Gn**	Grön
Gr	Grå	**VO**	Violet
Y	Gul	**SB**	Svart
Bn	Brun	**Or**	Orange
P	Rosa		

Teckenförklaring

1 Batteri
6 Säkringsdosa motor
9 Central elektronisk styrmodul (CEM)
41 Batteri säkringsdosa
55 Vänster framdörrstyrenhet
56 Höger framdörrstyrenhet
77 Bagageutrymmesbelysning
78 Bakre läslampa
80 Vänster sminkspegelsbelysning
81 Höger sminkspegelsbelysning
82 Bakluckelås
85 Vänster framdörrslås

86 Vänster bakdörrslås
87 Höger framdörrslås
88 Höger bakdörrslås
91 Handskfacksbelysning
92 Belysning vänster fotutrymme
94 Belysning höger fotutrymme
116 Utökat D1-matningsrelä
176 Relä, komfortfunktioner
202 Höger bakdörrmodul (RDM)
203 Vänster bakdörrmodul (LDM)
204 Takljus
205 Kontakt, parkeringsbroms

Schema 12

206 Främre askkoppsbelysning
207 Uttag för hörlurar bak
208 Stängningskontakt till bagagelucka/bakdörr
210 Kontakt, centrallåssystem, förardörr
211 Kontakt, centrallåssystem, passagerardörr

H47444

Vanlig innerbelysning – modeller upp till 2010

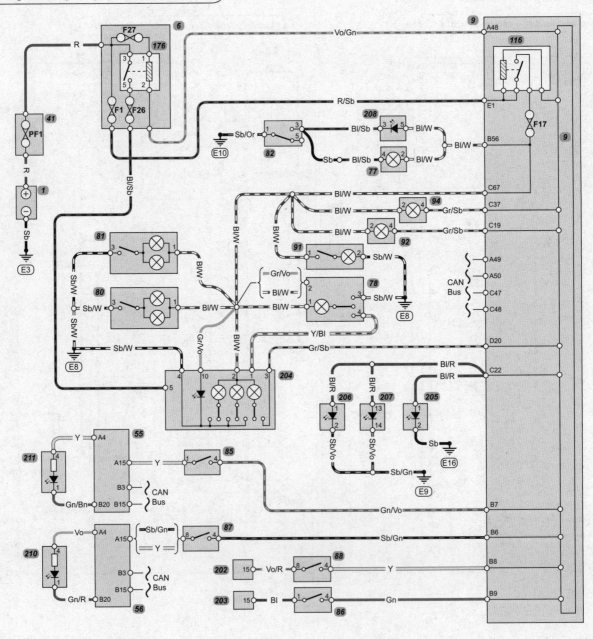

Färgkoder

W	Vit	R	Röd
Bl	Blå	Gn	Grön
Gr	Grå	VO	Violet
Y	Gul	SB	Svart
Bn	Brun	Or	Orange
P	Rosa		

Teckenförklaring

1 Batteri
5 Fördelningssäkringsdosa i passagerarutrymmet
6 Säkringsdosa motor
9 Central elektronisk styrmodul (CEM)
41 Batteri säkringsdosa
55 Vänster framdörrstyrenhet
56 Höger framdörrstyrenhet
77 Bagageutrymmesbelysning
78 Bakre läslampa
80 Vänster sminkspegelsbelysning
81 Höger sminkspegelsbelysning
82 Bakluckelås

85 Vänster framdörrslås
86 Vänster bakdörrslås
87 Höger framdörrslås
88 Höger bakdörrslås
91 Handskfacksbelysning
92 Belysning vänster fotutrymme
94 Belysning höger fotutrymme
116 Utökat D1-matningsrelä
176 Relä, komfortfunktioner
202 Höger bakdörrmodul (RDM)
203 Vänster bakdörrmodul (LDM)
204 Takljus
205 Kontakt, parkeringsbroms

206 Främre askkoppsbelysning
207 Uttag för hörlurar bak
208 Stängningskontakt till bagagelucka/bakdörr
210 Kontakt, centrallåssystem, förardörr
211 Kontakt, centrallåssystem, passagerardörr

Schema 13

H47445

Vanlig innerbelysning – modeller 2010

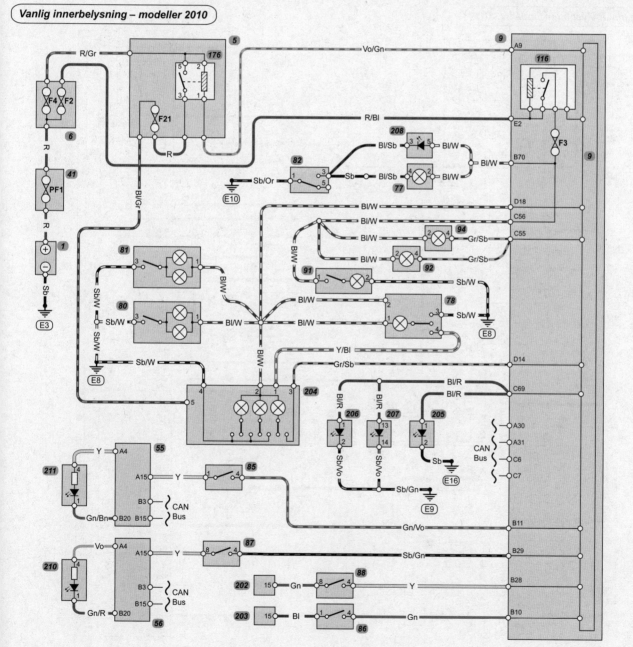

Färgkoder

W	Vit	**R**	Röd
Bl	Blå	**Gn**	Grön
Gr	Grå	**VO**	Violet
Y	Gul	**SB**	Svart
Bn	Brun	**Or**	Orange
P	Rosa		

Teckenförklaring

1 Batteri
5 Fördelningssäkringsdosa i passagerarutrymmet
6 Säkringsdosa motor
9 Central elektronisk styrmodul (CEM)
41 Batteri säkringsdosa
55 Vänster framdörrstyrenhet
56 Höger framdörrstyrenhet
77 Bagageutrymmesbelysning
78 Bakre läslampa
80 Vänster sminkspegelsbelysning
81 Höger sminkspegelsbelysning
82 Bakluckelås

85 Vänster framdörrslås
86 Vänster bakdörrslås
87 Höger framdörrslås
88 Höger bakdörrslås
91 Handskfacksbelysning
92 Belysning vänster fotutrymme
94 Belysning höger fotutrymme
116 Utökat D1-matningsrelä
176 Relä, komfortfunktioner
202 Höger bakdörrmodul (RDM)
203 Vänster bakdörrmodul (LDM)
204 Takljus
205 Kontakt, parkeringsbroms

206 Främre askkoppsbelysning
207 Uttag för hörlurar bak
208 Stängningskontakt till bagagelucka/bakdörr
210 Kontakt, centrallåssystem, förardörr
211 Kontakt, centrallåssystem, passagerardörr

Schema 14

H47446

Vanlig innerbelysning – modeller 2011

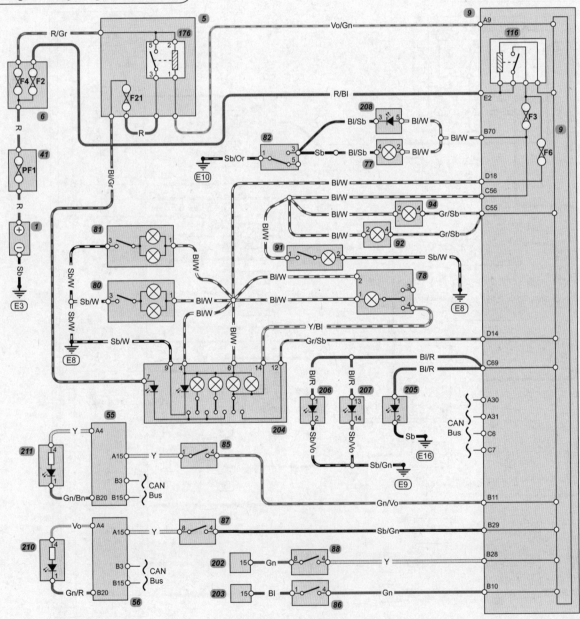

Färgkoder

W	Vit	**R**	Röd
Bl	Blå	**Gn**	Grön
Gr	Grå	**VO**	Violet
Y	Gul	**SB**	Svart
Bn	Brun	**Or**	Orange
P	Rosa		

Teckenförklaring

1 Batteri
6 Säkringsdosa motor
9 Central elektronisk styrmodul (CEM)
20 Styrenhet till ljuskontakt
24 Vänster strålkastarhus
25 Höger strålkastarhus

28 Nummerplåtsbelysning
29 Förarinformationsmodul (DIM)
38 Vänster övre bakljusenhet
39 Höger övre bakljusenhet
41 Batteri säkringsdosa

Schema 15

H47447

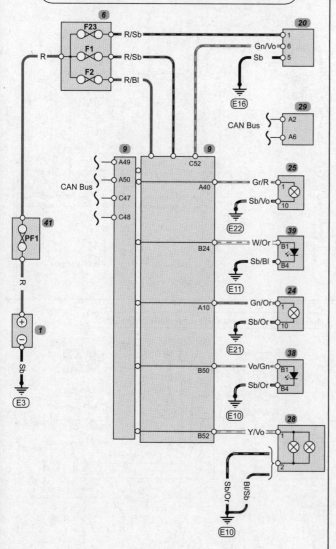

Vanliga sido- och baklyktor & nummerplåtsbelysning – modeller upp till 2010

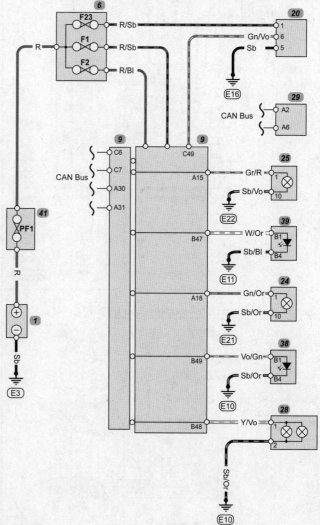

Vanliga sido- och baklyktor & nummerplåtsbelysning – modeller från 2010

Färgkoder

W	Vit	**R**	Röd
Bl	Blå	**Gn**	Grön
Gr	Grå	**VO**	Violet
Y	Gul	**SB**	Svart
Bn	Brun	**Or**	Orange
P	Rosa		

Teckenförklaring

1 Batteri
6 Säkringsdosa motor
9 Central elektronisk styrmodul (CEM)
11 Rattens styrenhet
20 Styrenhet till ljuskontakt
24 Vänster framljusenhet
  b = halvljus
  c = helljus

25 Höger framljusenhet
  b = halvljus
  c = helljus
29 Förarinformationsmodul (DIM)
30 Helljusrelä
41 Batteri säkringsdosa

Schema 16

H47448

Vanliga strålkastare (Xenon) – modeller upp till 2010

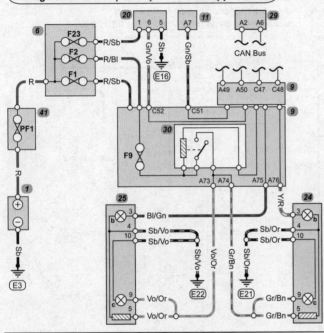

Vanliga strålkastare (Xenon) – modeller från 2010

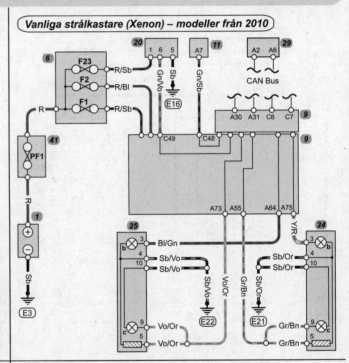

Vanliga strålkastare (H4) – modeller upp till 2010

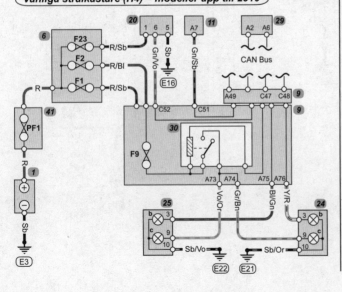

Vanliga strålkastare (H4) – modeller från 2010

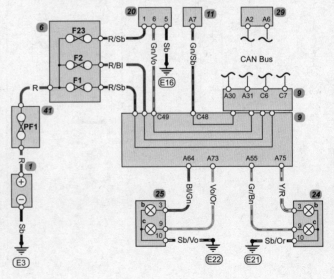

Färgkoder

W	Vit	**R**	Röd
Bl	Blå	**Gn**	Grön
Gr	Grå	**VO**	Violet
Y	Gul	**SB**	Svart
Bn	Brun	**Or**	Orange
P	Rosa		

Teckenförklaring

1 Batteri
5 Fördelningssäkringsdosa i passagerarutrymmet
6 Säkringsdosa motor
9 Central elektronisk styrmodul (CEM)
11 Rattens styrenhet
24 Vänster framljusenhet
  b = körriktningsvisare
25 Höger framljusenhet
  b = körriktningsvisare
29 Förarinformationsmodul (DIM)
38 Höger yttre bakljusenhet
  b = körriktningsvisare

39 Höger yttre bakljusenhet
  b = körriktningsvisare
41 Batteri säkringsdosa
42 Säkringsdosa i bagageutrymmet
55 Vänster framdörrstyrenhet
56 Höger framdörrstyrenhet
57 Vänster spegel
  h = körriktningsvisare
58 Höger spegel
  i = körriktningsvisare
62 Varningsblinkersbrytare

Schema 17

H47449

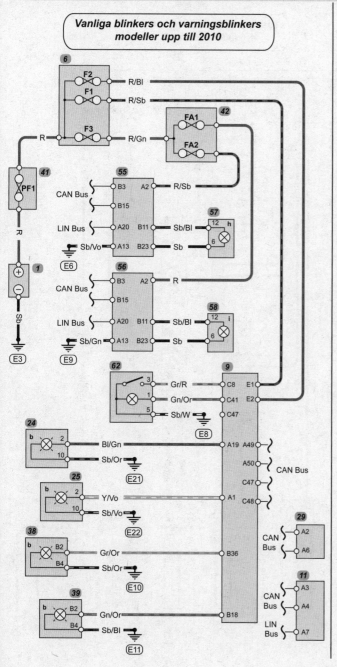

Vanliga blinkers och varningsblinkers modeller upp till 2010

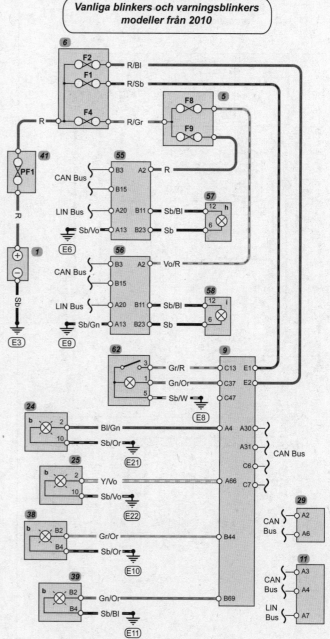

Vanliga blinkers och varningsblinkers modeller från 2010

Färgkoder

W	Vit	**R**	Röd
Bl	Blå	**Gn**	Grön
Gr	Grå	**VO**	Violet
Y	Gul	**SB**	Svart
Bn	Brun	**Or**	Orange
P	Rosa		

Teckenförklaring

1 Batteri
6 Säkringsdosa motor
9 Central elektronisk styrmodul (CEM)
20 Styrenhet till ljuskontakt
41 Batteri säkringsdosa
67 Vänster strålkastarinställningsmotor
68 Höger strålkastarinställningsmotor

223 Relä, 15 stift
224 Strålkastarnas styrmodul (HCM)
225 Höjdsensor, fjädring, höger fram
226 Höjdsensor, fjädring, höger bak

Schema 18

H47450

Vanlig strålkastarinställning
modeller upp till 2010

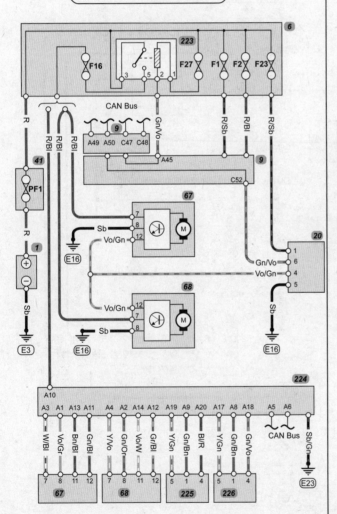

Vanlig strålkastarinställning
modeller från 2010

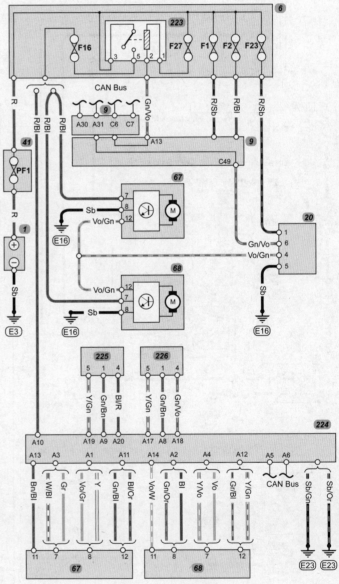

Färgkoder

W	Vit	**R**	Röd
Bl	Blå	**Gn**	Grön
Gr	Grå	**VO**	Violet
Y	Gul	**SB**	Svart
Bn	Brun	**Or**	Orange
P	Rosa		

Teckenförklaring

1 Batteri
6 Säkringsdosa motor
9 Central elektronisk styrmodul (CEM)
26 Höger inre bakljusenhet
27 Höger inre bakljusenhet
38 Höger yttre bakljusenhet
39 Höger yttre bakljusenhet
41 Batteri säkringsdosa
43 Högt bromsljus
44 Bromsljusbrytare

45 Backljuskontakt
214 Nyckellös bilmodul (KVM)
222 Växelväljare (GSM)

Schema 19

H47451

Vanliga bromsljus – modeller upp till 2010

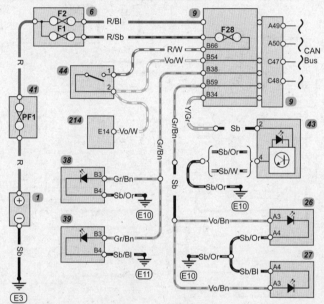

Vanliga bromsljus – modeller från 2010

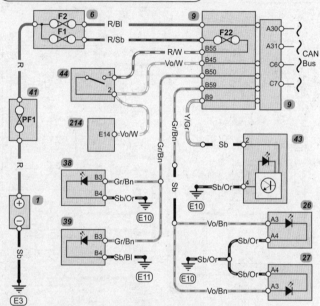

Vanliga backljus – modeller upp till 2010

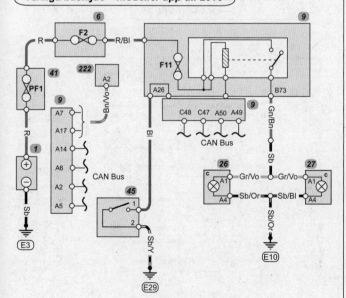

Vanliga backljus – modeller från 2010

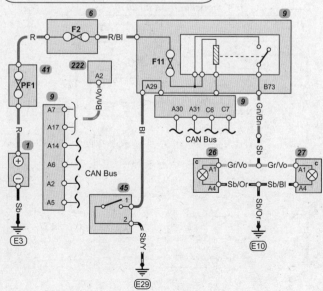

Färgkoder

W	Vit	**R**	Röd
Bl	Blå	**Gn**	Grön
Gr	Grå	**VO**	Violet
Y	Gul	**SB**	Svart
Bn	Brun	**Or**	Orange
P	Rosa		

Teckenförklaring

1 Batteri
5 Fördelningssäkringsdosa i passagerarutrymmet
6 Säkringsdosa motor
9 Central elektronisk styrmodul (CEM)
11 Rattens styrenhet
20 Styrenhet till ljuskontakt
26 Höger inre bakljusenhet
   b = dimljus
27 Höger inre bakljusenhet
   b = dimljus
29 Förarinformationsmodul (DIM)

41 Batteri säkringsdosa
42 Säkringsdosa i bagageutrymmet
52 Vänster dimstrålkastare fram
53 Höger dimstrålkastare fram
55 Vänster framdörrstyrenhet
56 Höger framdörrstyrenhet
57 Vänster spegel
58 Höger spegel

Schema 20

H47452

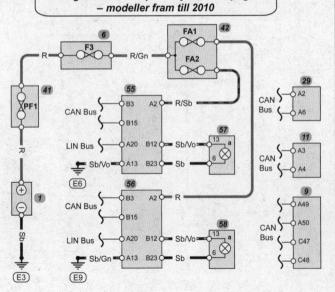

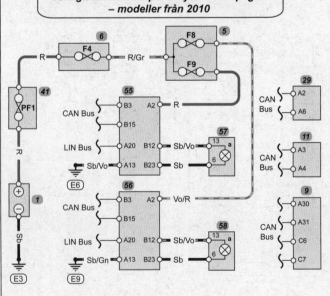

Färgkoder

W	Vit	**R**	Röd
Bl	Blå	**Gn**	Grön
Gr	Grå	**VO**	Violet
Y	Gul	**SB**	Svart
Bn	Brun	**Or**	Orange
P	Rosa		

Teckenförklaring

1 Batteri
5 Fördelningssäkringsdosa i passagerarutrymmet
6 Säkringsdosa motor
9 Central elektronisk styrmodul (CEM)
41 Batteri säkringsdosa
42 Säkringsdosa i bagageutrymmet
100 Släpvagnsuttag
178 Relä, 15 stift bak
200 Släpvagnsmodul

Schema 21

H47453

Vanligt släpvagnskablage – modeller fram till 2010

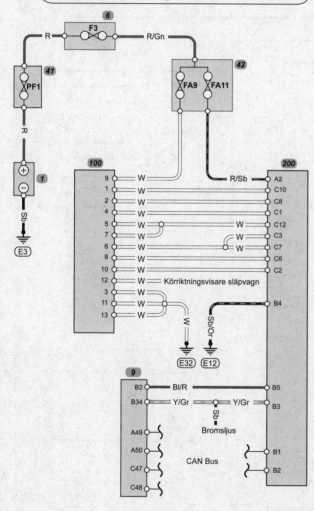

Vanligt släpvagnskablage – modeller från 2010

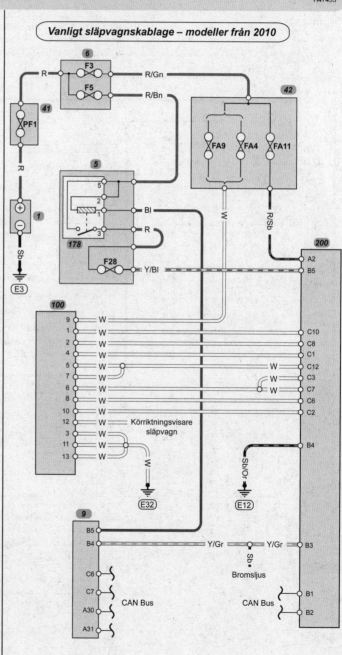

Färgkoder

W	Vit	**R**	Röd
Bl	Blå	**Gn**	Grön
Gr	Grå	**VO**	Violet
Y	Gul	**SB**	Svart
Bn	Brun	**Or**	Orange
P	Rosa		

Teckenförklaring

1 Batteri
6 Säkringsdosa motor
9 Central elektronisk styrmodul (CEM)
29 Förarinformationsmodul (DIM)
41 Batteri säkringsdosa
42 Säkringsdosa i bagageutrymmet
55 Vänster framdörrstyrenhet
56 Höger framdörrstyrenhet
82 Bakluckelås
85 Vänster framdörrslås
87 Höger framdörrslås
167 Vänster bakdörrslås

168 Höger bakdörrslås
173 Tanklocksluckans upplåsningsrelä
177 Tanklocksluckans motor
201 Kontakt, passagerardörrens fönsterhiss
202 Höger bakdörrmodul (RDM)
203 Vänster bakdörrmodul (LDM)
210 Kontakt, centrallåssystem, förardörr
211 Kontakt, centrallåssystem, passagerardörr
212 Mottagarmodul till fjärrkontroll (RRX)
215 Kontakt till bakluckans handtag
216 Modul till elstyrd baklucka (POT)

Schema 22

H47454

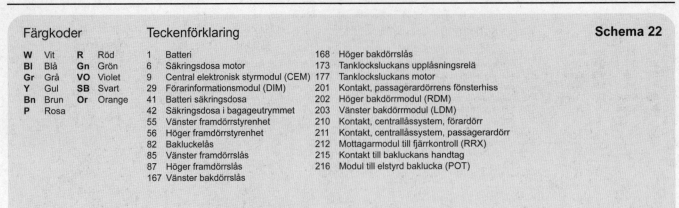

Vanligt centrallås – modeller upp till 2010

Färgkoder

W	Vit	R	Röd
Bl	Blå	Gn	Grön
Gr	Grå	VO	Violet
Y	Gul	SB	Svart
Bn	Brun	Or	Orange
P	Rosa		

Teckenförklaring

1 Batteri
5 Fördelningssäkringsdosa i passagerarutrymmet
6 Säkringsdosa motor
9 Central elektronisk styrmodul (CEM)
29 Förarinformationsmodul (DIM)
41 Batteri säkringsdosa
42 Säkringsdosa i bagageutrymmet
55 Vänster framdörrstyrenhet
56 Höger framdörrstyrenhet
82 Bakluckelås
85 Vänster framdörrslås
87 Höger framdörrslås
167 Vänster bakdörrslås

168 Höger bakdörrslås
173 Tanklocksluckans upplåsningsrelä
177 Tanklocksluckans motor
201 Kontakt, passagerardörrens fönsterhiss
202 Höger bakdörrmodul (RDM)
203 Vänster bakdörrmodul (LDM)
210 Kontakt, centrallåssystem, förardörr
211 Kontakt, centrallåssystem, passagerardörr
212 Mottagarmodul till fjärrkontroll (RRX)
215 Kontakt till bakluckans handtag
216 Modul till elstyrd baklucka (POT)

Schema 23

H47455

Vanligt centrallås – modeller från 2010

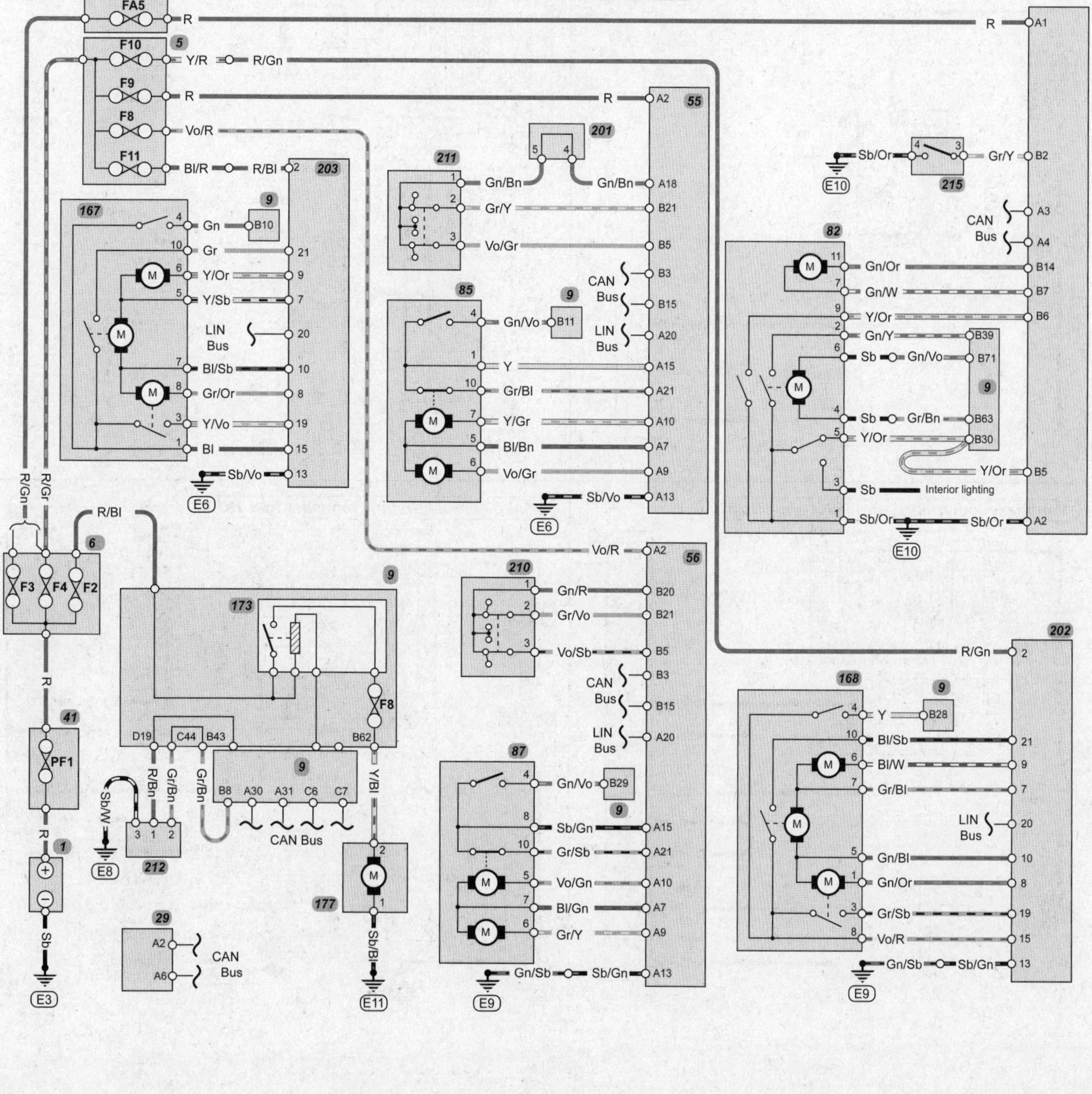

Färgkoder

W	Vit	R	Röd
Bl	Blå	Gn	Grön
Gr	Grå	VO	Violet
Y	Gul	SB	Svart
Bn	Brun	Or	Orange
P	Rosa		

Teckenförklaring

1 Batteri
3 Startmotor
4 Generator
6 Säkringsdosa motor
7 Styrenhet till motorns kylfläkt
9 Central elektronisk styrmodul (CEM)
15 Servostyrningens styrenhet
16 Servostyrningsventil
41 Batteri säkringsdosa
177 Tanklocksluckans motor
223 Relä, 15 stift

Schema 24

H47456

Vanlig motorkylfläkt

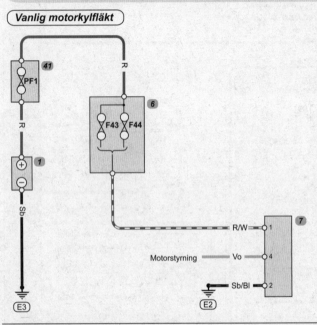

Vanligt system för start och laddning

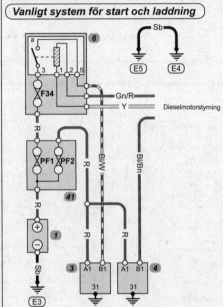

Vanlig servostyrning – modeller upp till 2010

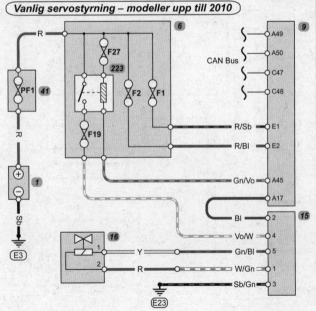

Vanlig servostyrning – modeller från 2010

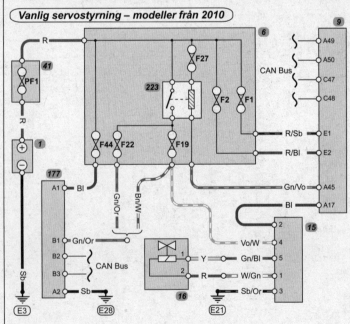

Färgkoder

W	Vit	**R**	Röd
Bl	Blå	**Gn**	Grön
Gr	Grå	**VO**	Violet
Y	Gul	**SB**	Svart
Bn	Brun	**Or**	Orange
P	Rosa		

Teckenförklaring

1 Batteri
6 Säkringsdosa motor
10 Signalhorn
11 Rattens styrenhet
12 Rattens returfjädrar
13 Signalhornskontakt
41 Batteri säkringsdosa
42 Säkringsdosa i bagageutrymmet

71 12V uttag i bagageutrymmet
72 12 V uttag fram
73 12 V uttag bak
176 Relä, komfortfunktioner

Schema 25

H47457

Vanligt signalhorn – modeller upp till 2010

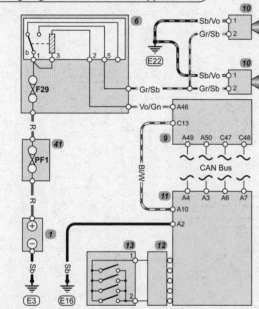

Vanligt signalhorn – modeller från 2010

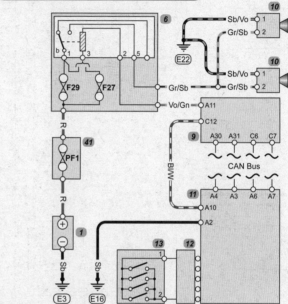

Vanlig 12 V uttag – modeller fram till 2010

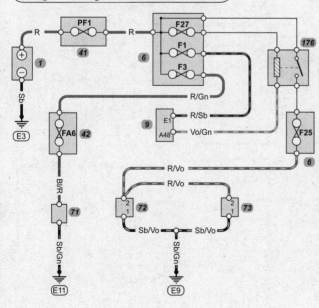

Vanlig 12 V uttag – modeller från 2010

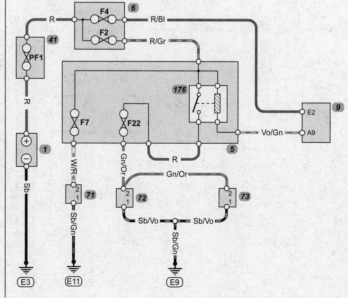

Färgkoder

W	Vit	R	Röd
Bl	Blå	Gn	Grön
Gr	Grå	VO	Violet
Y	Gul	SB	Svart
Bn	Brun	Or	Orange
P	Rosa		

Teckenförklaring

1 Batteri
6 Säkringsdosa motor
9 Central elektronisk styrmodul (CEM)
11 Rattens styrenhet
41 Batteri säkringsdosa
42 Säkringsdosa i bagageutrymmet
101 Spolarpump
106 Bakre torkarmotor
108 Bakre torkarrelä
109 Uppvärmd bakruta
110 Kontakt till uppvärmd bakruta/backspegel
111 Klimatanläggningens styrenhet
116 Utökat D1-matningsrelä

Schema 26

H47458

Vanlig bakspolare/torkare – modeller upp till 2010

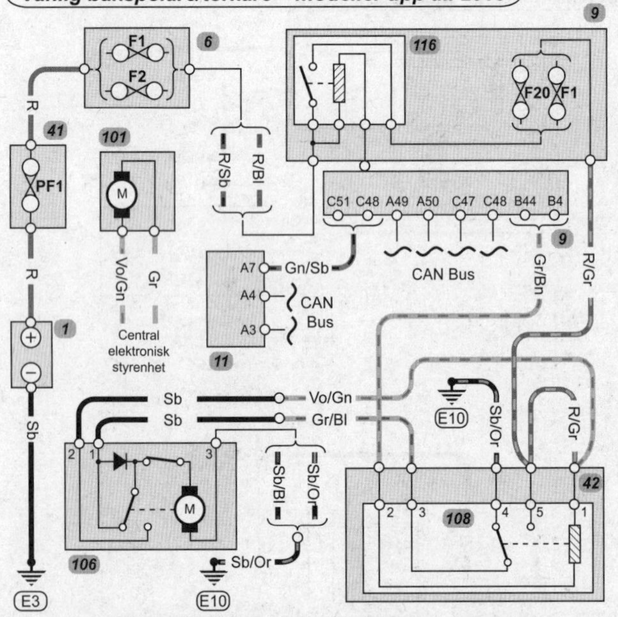

Vanlig bakspolare/torkare – modeller från 2010

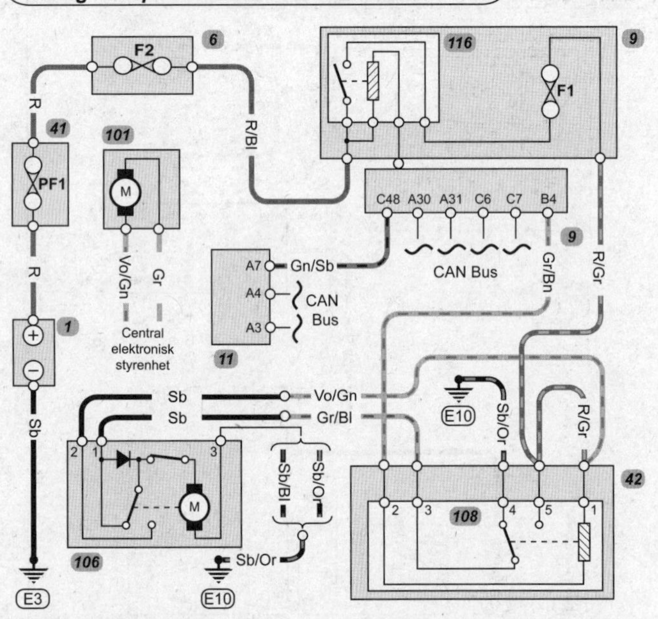

Vanlig bakruteuppvärmning – modeller fram till 2010

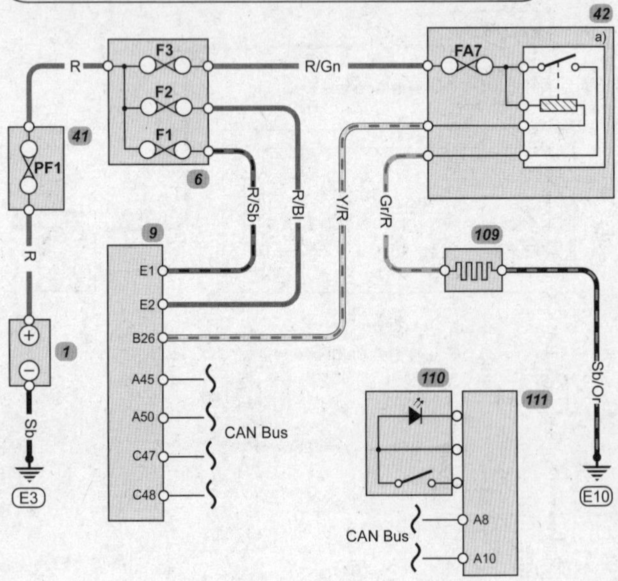

Vanlig bakruteuppvärmning – modeller från 2010

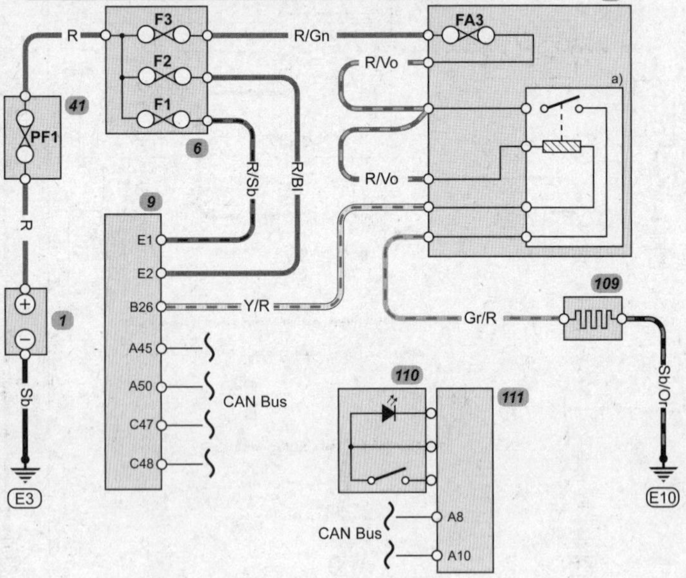

Färgkoder

W	Vit	**R**	Röd
Bl	Blå	**Gn**	Grön
Gr	Grå	**VO**	Violet
Y	Gul	**SB**	Svart
Bn	Brun	**Or**	Orange
P	Rosa		

Teckenförklaring

1 Batteri
5 Fördelningssäkringsdosa i passagerarutrymmet
6 Säkringsdosa motor
9 Central elektronisk styrmodul (CEM)
41 Batteri säkringsdosa
42 Säkringsdosa i bagageutrymmet
111 Klimatanläggningens styrenhet
116 Utökat D1-matningsrelä
131 Vänster uppvärmt säte
132 Höger uppvärmt säte
135 Vinkling av ryggstöd

136 Säte framåt/bakåt
137 Sätets bakkant upp/ner
138 Sätets framkant upp/ner
139 Förarsäteskontakt
178 Relä, 15 stift bak

Schema 27

H47459

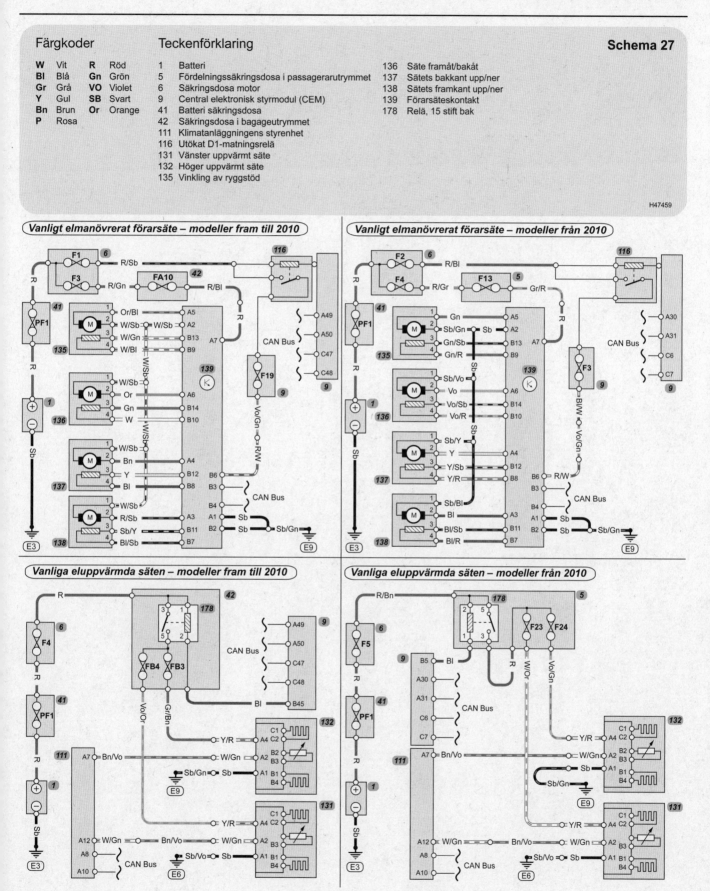

Vanligt elmanövrerat förarsäte – modeller fram till 2010

Vanligt elmanövrerat förarsäte – modeller från 2010

Vanliga eluppvärmda säten – modeller fram till 2010

Vanliga eluppvärmda säten – modeller från 2010

Mått och vikter	**REF•1**	Verktyg och arbetsutrymmen	**REF•6**
Alternativa bränslen	**REF•2**	Kontroller inför bilbesiktningen	**REF•8**
Inköp av reservdelar	**REF•3**	Felsökning	**REF•14**
Identifikationsnummer	**REF•3**	Teknisk ordlista	**REF•25**
Allmänna reparationsanvisningar	**REF•4**	Sakregister	**REF•30**
Lyftning och stödpunkter	**REF•5**		

Mått och vikter

Observera: *Alla siffror är ungefärliga och kan variera beroende på modell. Se tillverkarens uppgifter för exakta mått.*

Dimensioner

Total längd	4710 mm
Total bredd	1804 mm
Total höjd	1465 mm
Axelavstånd	2755 mm

Vikter

Fordonets vikt utan förare och last	Se identitetsskylt på den främre vänstra innerskärmen
Maximal taklast	100 kg
Maximal släpvagnsvikt (bromsad släpvagn)	Se bilens identitetsskylt

På grund av höga oljepriser, minskande reserver och ökat medvetande om avgasutsläpp har alternativa bränslen kommit i fokus de senaste åren. De tre huvudtyperna av alternativa bränslen i Europa är etanol, biodiesel och gasol (LPG). Etanol och biodiesel används vanligen i blandningar med bensin respektive konventionell diesel. Fordon som kan växla mellan alternativa och konventionella bränslen utan några modifieringar eller återställning från förarens sida kallas FFV (flexible fuel vehicle).

Etanol

Etanol (etylalkohol) är samma ämne som alkoholen i öl, vin och sprit. Precis som sprit framställs den oftast genom jäsning av vegetabiliska råvaror följt av destillation. Efter destillationen avlägsnas vattnet, och alkoholen blandas med bensin i förhållandet upp till 85 % (därför kallas bränslet E85). Blandningar med upp till 5 % etanol (10 % i USA) kan användas till alla bensindrivna fordon utan ändringar och har redan fått stor spridning eftersom etanolen höjer oktantalet. Blandningar med högre andel etanol kan endast användas i specialbyggda fordon.

Det går att göra motorer som går på 100 % etanol men det kräver mekaniska modifieringar och ökade kompressionstal. Sådana fordon finns i princip bara i länder som t.ex. Brasilien där man har beslutat att ersätta bensinen med etanol. I de flesta fall kan dessa fordon inte köras på bensin med gott resultat.

Etanol förgasas inte lika lätt som bensin under kalla förhållanden. Tidiga FFV-fordon var tvungna att ha en separat tank med ren bensin för kallstarter. I länder med kallt klimat som exempelvis Sverige, minskar man andelen etanol i E85-bränslet till 70 % eller 75 % på vintern. Med vinterblandningen måste man dock fortfarande använda motorblocksvärmare vid temperaturer under -10°C. En del insprutningssystem har en uppvärmd bränslefördelarskena för bättre resultat vid kallstart.

En annan nackdel med etanol är att den innehåller betydligt mindre energi än samma mängd bensin och därför ökar bränsleförbrukningen. Ofta vägs det upp av lägre skatt på etanol. Uteffekten påverkas dock inte nämnvärt eftersom motorstyrningssystemet kompenserar med ökad bränslemängd.

Modifiering av motorer

En FFV-motor går lika bra med E85, bensin eller en blandning av dessa. Den har ett motorstyrningssystem som känner av andelen alkohol i bränslet och justerar bränslemängden och tändläget därefter. Komponenter som kolvringar, oljetätningar på ventiler och andra delar som kommer i kontakt med bränsle, med start från bränsletanken, är gjorda av material som är beständiga mot alkoholens korrosiva verkan. Tändstift med högre värmetal kan också krävas.

För de flesta moderna bensinmotorer finns det ombyggnadssatser på eftermarknaden. Det bör dock påpekas att om man endast ändrar motorstyrningens mjukvara ('chipping')

kan det leda till problem om komponenterna i bränslesystemet inte är avsedda för alkohol.

Biodiesel

Biodiesel framställs från grödor som exempelvis raps och från kasserad vegetabilisk olja. Oljan modifieras kemiskt för att få liknande egenskaper som hos vanlig diesel. Allt dieselbränsle som säljs i EU kommer att innehålla 5 % biodiesel under 2010, och alla dieselbilar kommer att kunna använda denna blandning ('B5') utan problem.

En bränsleblandning med 30 % biodiesel ('B30') börjar dyka upp på tankställen även om den inte är allmänt spridd i skrivande stund. Detta bränsle har inte godkänts av alla fordonstillverkare och det är därför klokt att kontrollera med tillverkaren innan användning, särskilt om fordonets garanti fortfarande gäller. Äldre fordon med mekaniskt insprutningssystem påverkas troligen inte negativt. Men common rail-systemen som sitter i moderna fordon är känsliga och kan skadas redan vid mycket små förändringar i bränslets viskositet eller smörjegenskaper.

Det går att göra hemmagjord biodiesel av kasserad olja från restaurangkök; det finns många utrustningar på marknaden för detta

syfte. Bränsle som tillverkats på detta sätt är naturligtvis inte certifierat enligt någon norm och ska användas på egen risk. I en del länder beskattas sådant bränsle.

Ren vegetabilisk olja (SVO) kan inte användas i de flesta dieselmotorer utan modifiering av bränslesystemet.

Modifiering av motorer

Precis som med etanol kan biodiesel angripa gummislangar och packningar i bränslesystemet. Det är därför viktigt att dessa hålls i gott skick och att de är gjorda av rätt material. I övrigt behöver inga större ändringar göras. Det kan dock vara klokt att byta bränslefiltret oftare. Biodiesel är något trögflytande när den är kall, vilket gör att ett smutsigt filter kan vålla problem när det är kallt.

När man använder ren vegetabilisk olja (SVO) måste bränsleledningarna utrustas med en värmeväxlare och ett system för att kunna starta fordonet med konventionellt bränsle. Det finns ombyggnadssatser, men det är något för de verkliga entusiasterna. Precis som med hemmagjord biodiesel, kan användningen vara belagd med skatt.

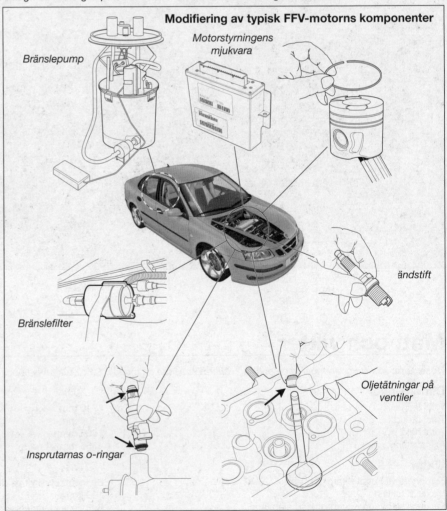

Modifiering av typisk FFV-motorns komponenter

Bränslepump

Motorstyrningens mjukvara

ändstift

Bränslefilter

Insprutarnas o-ringar

Oljetätningar på ventiler

Reservdelar finns att köpa från ett antal olika ställen, till exempel Volvo-verkstäder, till-behörsbutiker och grossister. Bilens olika identifikationsnummer måste uppges för att man garanterat ska få rätt delar. Ta om möjligt med den gamla delen för säker identifiering. Många delar, t.ex. startmotor och generator, finns att få som fabriksrenoverade utbytes-delar – delar som returneras ska naturligtvis alltid vara rena.

Våra råd när det gäller reservdelar är följande:

Auktoriserade verkstäder

Detta är det bästa inköpsstället för delar som är specifika för just din bil och inte allmänt tillgängliga (märken, klädsel etc.). Det är också det enda stället där man bör köpa reservdelar om bilen fortfarande täcks av en garanti.

Tillbehörsbutiker

Dessa är ofta bra ställen för inköp av underhållsmaterial (olje-, luft och bränslefilter,

glödlampor, drivremmar, fett, bromsklossar, bättringslack etc.). Tillbehör av detta slag som säljs av välkända butiker håller ofta samma standard som de som används av biltillverkaren.

Förutom reservdelar säljer dessa butiker också verktyg och allmänna tillbehör, de har ofta bra öppettider, tar mindre betalt och ligger ofta på bekvämt avstånd. Vissa tillbehörsbutiker säljer reservdelar rakt över disk

Grossister

Bra grossister lagerhåller alla viktigare komponenter som kan slitas ut relativt snabbt. De kan också ibland tillhandahålla enskilda komponenter som behövs för renovering av en större enhet (t.ex. bromstätningar och hydrauliska delar, lagerskålar, kolvar, ventiler). I vissa fall kan de ta hand om större arbeten som omborrning av motor-blocket, omslipning av vevaxlar etc.

Specialister på däck och avgassystem

Dessa kan vara oberoende återförsäljare eller ingå i större kedjor. De erbjuder ofta konkurrenskraftiga priser jämfört med märkesverkstäder, men det lönar sig att undersöka priser hos flera försäljare. Kontrollera även vad som ingår vid pris-kontrollen – ofta ingår t.ex. inte ventiler och balansering i priset vid köp av ett nytt däck.

Andra källor

Var mycket försiktig när det gäller delar som säljs på loppmarknader och liknande. De är inte alltid av usel kvalitet, men det är mycket svårt att reklamera köpet om delarna visar sig vara otillfredsställande. För säkerhetskritiska delar som bromsklossar finns det inte bara ekonomiska risker, utan även olycksrisker att ta hänsyn till. Begagnade delar eller delar från en bilskrot kan ibland vara prisvärda, men sådana inköp bör endast göras av mycket erfarna hemmamekaniker.

Identifikationsnummer

För biltillverkning sker modifieringar av modeller fortlöpande och det är endast de större modelländringarna som publiceras. Reservdelskataloger och listor sammanställs på numerisk bas, så bilens chassinummer är nödvändigt för att få rätt reservdel.

Lämna alltid så mycket information som möjligt vid beställning av reservdelar. Ange fordonstyp och årsmodell, VIN och motornummer.

Identitetsnumret (VIN) finns på flera olika platser inklusive på en plastflik som är fäst på passagerarsidan av instrumentbrädan

och syns genom vindrutan och i förarens fotutrymme (se bilder).

Motornumret är instansat på den högra änden av motorblocket.

Växellådans ID-nummer sitter på en platta som är fäst ovanpå växellådshuset eller ingjutet i själva huset.

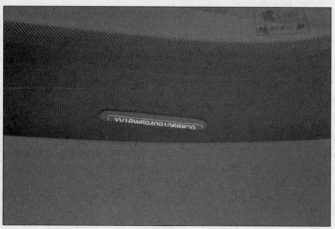

Identitetsnumret (VIN) längst ner på vindrutan

Identitetsnumret (VIN) under mattan i förarens fotutrymme

När service, reparationer och renoveringar utförs på en bil eller bildel bör följande beskrivningar och instruktioner följas. Detta för att reparationen ska utföras så effektivt och fackmannamässigt som möjligt.

Tätningsytor och packningar

Vid isärtagande av delar vid deras tätningsytor ska dessa aldrig bändas isär med skruvmejsel eller liknande. Detta kan orsaka allvarliga skador som resulterar i oljeläckage, kylvätskeläckage etc. efter montering. Delarna tas vanligen isär genom att man knackar längs fogen med en mjuk klubba. Lägg dock märke till att denna metod kanske inte är lämplig i de fall styrstift används för exakt placering av delar.

Där en packning används mellan två ytor måste den bytas vid ihopsättning. Såvida inte annat anges i den aktuella arbetsbeskrivningen ska den monteras torr. Se till att tätningsytorna är rena och torra och att alla spår av den gamla packningen är borttagna. Vid rengöring av en tätningsyta ska sådana verktyg användas som inte skadar den. Små grader och repor tas bort med bryne eller en finskuren fil.

Rensa gängade hål med piprensare och håll dem fria från tätningsmedel då sådant används, såvida inte annat direkt specificeras.

Se till att alla öppningar, hål och kanaler är rena och blås ur dem, helst med tryckluft.

Oljetätningar

Oljetätningar kan tas ut genom att de bänds ut med en bred spårskruvmejsel eller liknande. Alternativt kan ett antal självgängande skruvar dras in i tätningen och användas som dragpunkter för en tång, så att den kan dras rakt ut.

När en oljetätning tas bort från sin plats, ensam eller som en del av en enhet, ska den alltid kasseras och bytas ut mot en ny.

Tätningsläpparna är tunna och skadas lätt och de tätar inte annat än om kontaktytan är fullständigt ren och oskadad. Om den ursprungliga tätningsytan på delen inte kan återställas till perfekt skick och tillverkaren inte gett utrymme för en viss omplacering av tätningen på kontaktytan, måste delen i fråga bytas ut. Tätningarna bör alltid bytas ut när de har demonterats.

Skydda tätningsläpparna från ytor som kan skada dem under monteringen. Använd tejp eller konisk hylsa där så är möjligt. Smörj läpparna med olja innan monteringen. Om oljetätningen har dubbla läppar ska utrymmet mellan dessa fyllas med fett.

Såvida inte annat anges ska oljetätningar monteras med tätningsläpparna mot det smörjmedel som de ska täta för.

Använd en rörformad dorn eller en träbit i lämplig storlek till att knacka tätningarna på plats. Om sätet är försedd med skuldra, driv tätningen mot den. Om sätet saknar skuldra bör tätningen monteras så att den går jäms med sätets yta (såvida inte annat uttryckligen anges).

Skruvgängor och infästningar

Muttrar, bultar och skruvar som kärvar är ett vanligt förekommande problem när en komponent har börjat rosta. Bruk av rostupplösningsolja och andra krypsmörjmedel löser ofta detta om man dränker in delen som kärvar en stund innan man försöker lossa den. Slagskruvmejsel kan ibland lossa envist fastsittande infästningar när de används tillsammans med rätt mejselhuvud eller hylsa. Om inget av detta fungerar kan försiktig värmning eller i värsta fall bågfil eller mutterspräckare användas.

Pinnbultar tas vanligen ut genom att två muttrar låses vid varandra på den gängade delen och att en blocknyckel sedan vrider den undre muttern så att pinnbulten kan skruvas ut. Bultar som brutits av under fästytan kan ibland avlägsnas med en lämplig bultutdragare. Se alltid till att gängade bottenhål är helt fria från olja, fett, vatten eller andra vätskor innan bulten monteras. Underlåtenhet att göra detta kan spräcka den del som skruven dras in i, tack vare det hydrauliska tryck som uppstår när en bult dras in i ett vätskefyllt hål

Vid åtdragning av en kronmutter där en saxsprint ska monteras ska muttern dras till specificerat moment om sådant anges, och därefter dras till nästa sprinthål. Lossa inte muttern för att passa in saxsprinten, såvida inte detta förfarande särskilt anges i anvisningarna.

Vid kontroll eller omdragning av mutter eller bult till ett specificerat åtdragningsmoment, ska muttern eller bulten lossas ett kvarts varv och sedan dras åt till angivet moment. Detta ska dock inte göras när vinkelåtdragning använts.

För vissa gängade infästningar, speciellt topplocksbultar/muttrar anges inte åtdragningsmoment för de sista stegen. Istället anges en vinkel för åtdragning. Vanligtvis anges ett relativt lågt åtdragningsmoment för bultar/muttrar som dras i specificerad turordning. Detta följs sedan av ett eller flera steg åtdragning med specificerade vinklar.

Låsmuttrar, låsbleck och brickor

Varje infästning som kommer att rotera mot en komponent eller en kåpa under åtdragningen ska alltid ha en bricka mellan åtdragningsdelen och kontaktytan.

Fjäderbrickor ska alltid bytas ut när de använts till att låsa viktiga delar som exempelvis lageröverfall. Låsbleck som viks över för att låsa bult eller mutter ska alltid bytas ut vid ihopsättning.

Självlåsande muttrar kan återanvändas på mindre viktiga detaljer, under förutsättning att motstånd känns vid dragning över gängen. Kom dock ihåg att självlåsande muttrar förlorar låseffekt med tiden och därför alltid bör bytas ut som en rutinåtgärd.

Saxsprintar ska alltid bytas mot nya i rätt storlek för hålet.

När gänglåsmedel påträffas på gängor på en komponent som ska återanvändas bör man göra ren den med en stålborste och lösningsmedel. Applicera nytt gänglåsningsmedel vid montering.

Specialverktyg

Vissa arbeten i denna handbok förutsätter användning av specialverktyg som pressar, avdragare, fjäderkompressorer med mera. Där så är möjligt beskrivs lämpliga lättillgängliga alternativ till tillverkarens specialverktyg och hur dessa används. I vissa fall, där inga alternativ finns, har det varit nödvändigt att använda tillverkarens specialverktyg. Detta har gjorts av säkerhetsskäl, likväl som för att reparationerna ska utföras så effektivt och bra som möjligt. Såvida du inte är mycket kunnig och har stora kunskaper om det arbetsmoment som beskrivs, ska du aldrig försöka använda annat än specialverktyg när sådana anges i anvisningarna. Det föreligger inte bara stor risk för personskador, utan kostbara skador kan också uppstå på komponenterna.

Miljöhänsyn

Vid sluthantering av förbrukad motorolja, bromsvätska, frostskydd etc. ska all vederbörlig hänsyn tas för att skydda miljön. Ingen av ovan nämnda vätskor får hällas ut i avloppet eller direkt på marken. Kommunernas avfallshantering har kapacitet för hantering av miljöfarligt avfall liksom vissa verkstäder. Om inga av dessa finns tillgängliga i din närhet, fråga hälsoskyddskontoret i din kommun om råd.

I och med de allt strängare miljöskyddslagarna beträffande utsläpp av miljöfarliga ämnen från motorfordon har alltfler bilar numera justersäkringar monterade på de mest avgörande justeringspunkterna för bränslesystemet. Dessa är i första hand avsedda att förhindra okvalificerade personer från att justera bränsle/luftblandningen och därmed riskerar en ökning av giftiga utsläpp. Om sådana justersäkringar påträffas under service eller reparationsarbete ska de, närhelst möjligt, bytas eller sättas tillbaka i enlighet med tillverkarens rekommendationer eller aktuell lagstiftning.

Domkraften som följer med bilens verktygslåda bör **endast** användas för att byta hjul i nödfall – se *Hjulbyte* i början av den här handboken. Vid alla andra arbeten ska bilen lyftas med en kraftig hydraulisk domkraft (eller garagedomkraft), som alltid ska kompetteras med pallbockar under bilens stödpunkter. Om hjulen inte behöver demonteras kan hjulramper användas. Dessa placeras under hjulen när bilen har hissats upp med en hydraulisk domkraft och sedan sänks bilen ner på ramperna så att den vilar på hjulen.

Lyft bara upp bilen med domkraft när den står parkerad på ett stadigt plant underlag. Vid minsta lutning måste du vara mycket noga med att se till att bilen inte kan röra sig med hjulen ovan mark. Att lyfta med domkraft på ojämnt underlag eller grus rekommenderas inte eftersom bilens vikt inte kommer att fördelas jämnt och domkraften kan glida när bilen är upplyft.

Undvik i möjligaste mån att lämna bilen obevakad när den är upplyft, i synnerhet i närheten av barn.

Se till att handbromsen är ordentligt åtdragen innan bilens framvagn lyfts upp. Spärra framhjulen genom att lägga träklossar framför hjulen och lägg i ettans växel (eller P) innan bakvagnen lyfts upp.

Domkraften som medföljer bilen ska placeras på tröskelflänsarna, på de punkter som är markerade på bilens båda sidor **(se bild)**. Se till att domkraftens huvud sitter korrekt innan du börjar lyfta bilen.

När en hydraulisk domkraft eller pallbockar används måste domkraftshuvudet eller pallbockshuvudet placeras under en av de

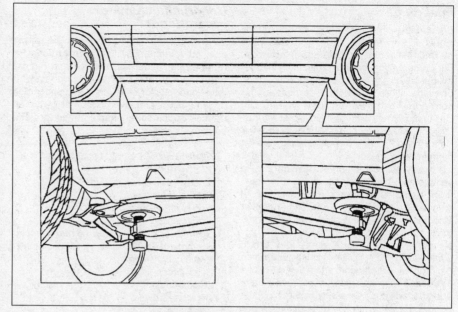

Främre och bakre stödpunkter

fyra stödpunkterna innanför dörrtrösklarna. När man lyfter eller stöder fordonet vid de här punkterna ska man alltid placera en träbit mellan domkraftshuvudet eller pallbocken och karossen. Det rekommenderas även att man använder en stor träbit när man lyfter under andra områden för att sprida belastningen över ett större område och minska risken för skador på bilens underrede (det hjälper även till att hindra att underredets lack skadas av domkraften eller pallbockarna). **Lyft inte** bilen med domkraften under någon annan del av karmunderstycket, motorn, sumpen, golvplåten, hjälpramen eller direkt under någon av styrningens eller fjädringens komponenter.

Arbeta aldrig under, runt eller i närheten av en lyft bil om den inte stöds ordentligt av pallbockar. Lita inte på att bilen kan hållas uppe med bara domkraftens stöd. Även hydrauliska domkrafter kan ge vika under belastning. Provisoriska metoder skall inte användas för att lyfta och stödja bilen under servicearbeten.

Inledning

En uppsättning bra verktyg är ett grundläggande krav för var och en som överväger att underhålla och reparera ett motorfordon. För de ägare som saknar sådana kan inköpet av dessa bli en märkbar utgift, som dock uppvägs till en viss del av de besparingar som görs i och med det egna arbetet. Om de anskaffade verktygen uppfyller grundläggande säkerhets- och kvalitetskrav kommer de att hålla i många år och visa sig vara en värdefull investering.

För att hjälpa bilägaren att avgöra vilka verktyg som behövs för att utföra de arbeten som beskrivs i denna handbok har vi sammanställt tre listor med följande rubriker: *Underhåll och mindre reparationer, Reparation och renovering* samt *Specialverktyg.* Ny-börjaren bör starta med det första sortimentet och begränsa sig till enklare arbeten på fordonet. Allt eftersom erfarenhet och självförtroende växer kan man sedan prova svårare uppgifter och köpa fler verktyg när och om det behövs. På detta sätt kan den grundläggande verktygssatsen med tiden utvidgas till en reparations- och renoverings-sats utan några större enskilda kontant-utlägg. Den erfarne hemmamekanikern har redan en verktygssats som räcker till de flesta reparationer och renoveringar och kommer att välja verktyg från specialkategorin när han känner att utgiften är berättigad för den användning verktyget kan ha.

Underhåll och mindre reparationer

Verktygen i den här listan ska betraktas som ett minimum av vad som behövs för rutinmässigt underhåll, service och mindre reparationsarbeten. Vi rekommenderar att man köper blocknycklar (ring i ena änden och öppen i den andra), även om de är dyrare än de med öppen ände, eftersom man får båda sorternas fördelar.

- ☐ *Blocknycklar - 8, 9, 10, 11, 12, 13, 14, 15, 17 och 19 mm*
- ☐ *Skiftnyckel - 35 mm gap (ca.)*
- ☐ *Sats med bladmått*
- ☐ *Nyckel för avluftning av bromsar*
- ☐ *Skruvmejsel:*
  Spårmejsel - 100 mm lång x 6 mm diameter
  Stjärnmejsel - 100 mm lång x 6 mm diameter
- ☐ *Kombinationstång*
- ☐ *Bågfil (liten)*
- ☐ *Däckpump*
- ☐ *Däcktrycksmätare*
- ☐ *Oljekanna*
- ☐ *Verktyg för demontering av oljefilter* **(se bild)**
- ☐ *Fin slipduk*
- ☐ *Stålborste (liten)*
- ☐ *Tratt (medelstor)*

Reparation och renovering

Dessa verktyg är ovärderliga för alla som utför större reparationer på ett motorfordon och

tillkommer till de som angivits för *Underhåll och mindre reparationer.* I denna lista ingår en grundläggande sats hylsor. Även om dessa är dyra, är de oumbärliga i och med sin mång-sidighet - speciellt om satsen innehåller olika typer av drivenheter. Vi rekommenderar 1/2-tums fattning på hylsorna eftersom de flesta momentnycklar har denna fattning.

Verktygen i denna lista kan ibland behöva kompletteras med verktyg från listan för *Specialverktyg.*

- ☐ *Hylsor, dimensioner enligt föregående lista* **(se bild)**
- ☐ *Spärrskaft med vändbar riktning (för användning med hylsor)*
- ☐ *Förlängare, 250 mm (för användning med hylsor)*
- ☐ *Universalknut (för användning med hylsor)*
- ☐ *Momentnyckel (för användning med hylsor)*
- ☐ *Självlåsande tänger*
- ☐ *Kulhammare*
- ☐ *Mjuk klubba (plast/aluminium eller gummi)*
- ☐ *Skruvmejslar:*
  Spårmejsel - en lång och kraftig, en kort (knubbig) och en smal (elektrikertyp)
  Stjärnmejsel - en lång och kraftig och en kort (knubbig)
- ☐ *Tänger:*
  Spetsnostång/plattång
  Sidavbitare (elektrikertyp)
  Låsringstång (inre och yttre)
- ☐ *Huggmejsel - 25 mm*
- ☐ *Ritspets*
- ☐ *Skrapa*
- ☐ *Körnare*
- ☐ *Purr*
- ☐ *Bågfil*
- ☐ *Bromsslangklämma* **(se bild)**
- ☐ *Avluftningssats för bromsar/koppling* **(se bild)**
- ☐ *Urval av borrar*
- ☐ *Stållinjal*
- ☐ *Insexnycklar (inkl Torxtyp/med splines)* **(se bild)**
- ☐ *Sats med filar*
- ☐ *Stor stålborste*
- ☐ *Pallbockar*
- ☐ *Domkraft (garagedomkraft eller en stabil pelarmodell)*
- ☐ *Arbetslampa med förlängningssladd*

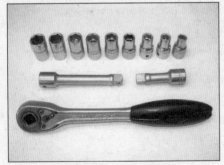

Hylsor och spärrskaft

Avluftningssats för bromsar/koppling

Torx nyckel, hylsor och bit

Bromsslangklämma

Vinkeldramätare

Specialverktyg

Verktygen i denna lista är de som inte används regelbundet, är dyra i inköp eller som måste användas enligt tillverkarens anvis-ningar. Det är bara om du relativt ofta kommer att utföra tämligen svåra jobb som många av dessa verktyg är lönsamma att köpa. Du kan också överväga att gå samman med någon vän (eller gå med i en motorklubb) och göra ett gemensamt inköp, hyra eller låna verktyg om så är möjligt.

Följande lista upptar endast verktyg och instrument som är allmänt tillgängliga och inte sådana som framställs av biltillverkaren speciellt för auktoriserade verkstäder. Ibland nämns dock sådana verktyg i texten. I allmänhet anges en alternativ metod att utföra arbetet utan specialverktyg. Ibland finns emellertid inget alternativ till tillverkarens specialverktyg. När så är fallet och relevant verktyg inte kan köpas, hyras eller lånas har du inget annat val än att lämna bilen till en auktoriserad verkstad.

- [ ] *Vinkeldramätare (se bild)*
- [ ] *Ventilfjäderkompressor*
- [ ] *Ventilslipningsverktyg*
- [ ] *Kolvringskompressor*
- [ ] *Verktyg för demontering/montering av kolvringar*
- [ ] *Honingsverktyg*
- [ ] *Kulledsavdragare*
- [ ] *Spiralfjäderkompressor (där tillämplig)*
- [ ] *Nav/lageravdragare, två/tre ben (se bild)*
- [ ] *Slagskruvmejsel*
- [ ] *Mikrometer och/eller skjutmått (se bild)*
- [ ] *Indikatorklocka (se bild)*
- [ ] *Kamvinkelmätare/varvräknare*
- [ ] *Multimeter*
- [ ] *Kompressionsmätare (se bild)*
- [ ] *Handmanövrerad vakuumpump och mätare*
- [ ] *Centreringsverktyg för koppling*
- [ ] *Verktyg för demontering av bromsbackarnas fjäderskålar*
- [ ] *Sats för montering/demontering av bussningar och lager*
- [ ] *Bultutdragare*
- [ ] *Gängningssats*
- [ ] *Lyftblock*
- [ ] *Garagedomkraft*

Inköp av verktyg

När det gäller inköp av verktyg är det i regel bättre att vända sig till en specialist som har ett större sortiment än t ex tillbehörsbutiker och bensinmackar. Tillbehörsbutiker och andra försöljningsställen kan dock erbjuda utmärkta verktyg till låga priser, så det kan löna sig att söka.

Det finns gott om bra verktyg till låga priser, men se till att verktygen uppfyller grund-läggande krav på funktion och säkerhet. Fråga gärna någon kunnig person om råd före inköpet.

Vård och underhåll av verktyg

Efter inköp av ett antal verktyg är det nöd-vändigt att hålla verktygen rena och i fullgott skick. Efter användning, rengör alltid verk-tygen innan de läggs undan. Låt dem inte ligga framme sedan de använts. En enkel upphängningsanordning på väggen för t ex skruvmejslar och tänger är en bra idé. Nycklar och hylsor bör förvaras i metallådor. Mät-instrument av skilda slag ska förvaras på platser där de inte kan komma till skada eller börja rosta.

Lägg ner lite omsorg på de verktyg som används. Hammarhuvuden får märken och skruvmejslar slits i spetsen med tiden. Lite polering med slippapper eller en fil återställer snabbt sådana verktyg till gott skick igen.

Arbetsutrymmen

När man diskuterar verktyg får man inte glömma själva arbetsplatsen. Om mer än rutinunderhåll ska utföras bör man skaffa en lämplig arbetsplats.

Vi är medvetna om att många bilägare/ hemmamekaniker av omständigheterna tvingas att lyfta ur motor eller liknande utan tillgång till garage eller verkstad. Men när detta är gjort ska fortsättningen av arbetet göras inomhus.

Närhelst möjligt ska isärtagning ske på en ren, plan arbetsbänk eller ett bord med passande arbetshöjd.

En arbetsbänk behöver ett skruvstycke. En käftöppning om 100-mm räcker väl till för de flesta arbeten. Som tidigare sagts, ett rent och torrt förvaringsutrymme krävs för verktyg liksom för smörjmedel, rengöringsmedel, bättringslack (som också måste förvaras frostfritt) och liknande.

Ett annat verktyg som kan behövas och som har en mycket bred användning är en elektrisk borrmaskin med en chuckstorlek om minst 8-mm. Denna, tillsammans med en sats spiralborrar, är i praktiken oumbärlig för mon-tering av tillbehör.

Sist, men inte minst, ha alltid ett förråd med gamla tidningar och rena luddfria trasor tillgängliga och håll arbetsplatsen så ren som möjligt.

Mikrometerset

Indikatorklocka med magnetstativ

Verktyg för demontering av oljefilter

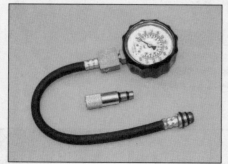

Kompressionsmätare

Navavdragare

Det här avsnittet är till för att hjälpa dig att klara bilbesiktningen. Det är naturligtvis inte möjligt att undersöka ditt fordon lika grundligt som en professionell besiktare, men genom att göra följande kontroller kan du identifiera problemområden och ha en möjlighet att korrigera eventuella fel innan du lämnar bilen till besiktning. Om bilen underhålls och servas regelbundet borde besiktningen inte innebära några större problem.

I besiktningsprogrammet ingår kontroll av nio huvudsystem – stommen, hjulsystemet, drivsystemet, bromssystemet, styrsystemet, karosseriet, kommunikationssystemet, instrumentering och slutligen övriga anordningar (släpvagnskoppling etc).

Kontrollerna som här beskrivs har baserats på Svensk Bilprovnings krav aktuella vid tiden för tryckning. Kraven ändras dock kontinuerligt och särskilt miljöbestämmelserna blir allt strängare.

Kontrollerna har delats in under följande fem rubriker:

1 Kontroller som utförs från förarsätet

2 Kontroller som utförs med bilen på marken

3 Kontroller som utförs med bilen upphissad och med fria hjul

4 Kontroller på bilens avgassystem

5 Körtest

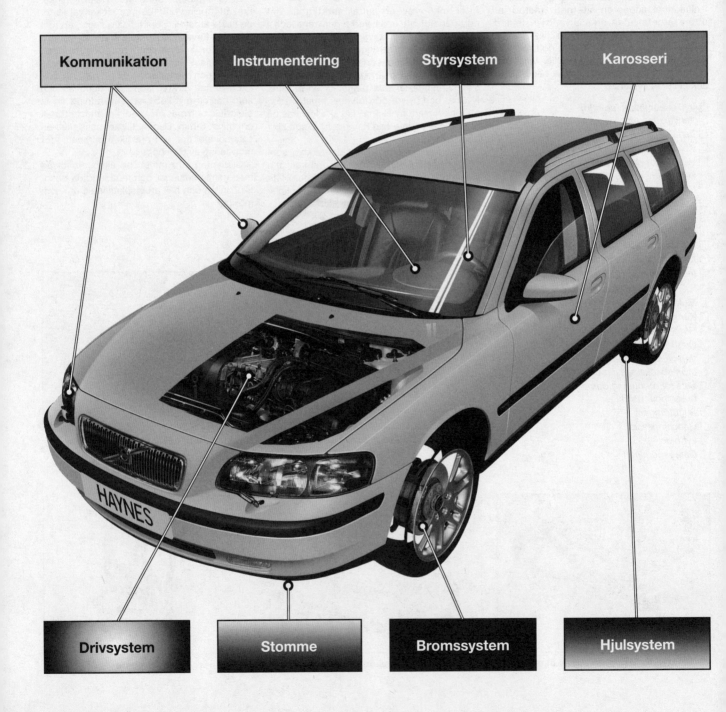

Kommunikation

Instrumentering

Styrsystem

Karosseri

Drivsystem

Stomme

Bromssystem

Hjulsystem

Besiktningsprogrammet

Vanliga personbilar kontrollbesiktigas första gången efter tre år, andra gången två år senare och därefter varje år. Åldern på bilen räknas från det att den tas i bruk, oberoende av årsmodell, och den måste genomgå besiktning inom fem månader.

Tiden på året då fordonet kallas till besiktning bestäms av sista siffran i registreringsnumret, enligt tabellen nedan.

Slutsiffra	Besiktningsperiod
1	*november t.o.m. mars*
2	*december t.o.m. april*
3	*januari t.o.m. maj*
4	*februari t.o.m. juni*
5	*maj t.o.m. september*
6	*juni t.o.m. oktober*
7	*juli t.o.m. november*
8	*augusti t.o.m. december*
9	*september t.o.m. januari*
0	*oktober t.o.m. februari*

Om fordonet har ändrats, byggts om eller om särskild utrustning har monterats eller demonterats, måste du som fordonsägare göra en registreringsbesiktning inom en månad. I vissa fall räcker det med en begränsad registreringsbesiktning, t.ex. för draganordning, taklucka, taxiutrustning etc.

Efter besiktningen

Nedan visas de system och komponenter som kontrolleras och bedöms av besiktaren på Svensk Bilprovning. Efter besiktningen erhåller du ett protokoll där eventuella anmärkningar noterats.

Har du fått en 2x i protokollet (man kan ha max 3 st 2x) behöver du inte ombesiktiga bilen, men är skyldig att själv åtgärda felet snarast möjligt. Om du inte åtgärdar felen utan återkommer till Svensk Bilprovning året därpå med samma fel, blir dessa automatiskt 2:or som då måste ombesiktigas. Har du en eller flera 2x som ej är åtgärdade och du blir intagen i en flygande besiktning av polisen, blir dessa automatiskt 2:or som måste ombesiktigas. I detta läge får du även böta.

Om du har fått en tvåa i protokollet är fordonet alltså inte godkänt. Felet ska åtgärdas och bilen ombesiktigas inom en månad.

En trea innebär att fordonet har så stora brister att det anses mycket trafikfarligt. Körförbud inträder omedelbart.

Kommunikation

- Vindrutetorkare
- Vindrutespolare
- Backspegel
- Strålkastarinställning
- Strålkastare
- Signalhorn
- Sidoblinkers
- Parkeringsljus fram
  bak
- Blinkers
- Bromsljus
- Reflex
- Nummerplåts-
  belysning
- Övrigt

Vanliga anmärkningar:
Felaktig ljusbild
Skadad strålkastare
Ej fungerande parkeringsljus
Ej fungerande bromsljus

Drivsystem

- Avgasrening, EGR-
  system (-88)
- Avgasrening
- Bränslesystem
- Avgassystem
- Avgaser (CO, HC)
- Kraftöverföring
- Drivknut
- Elförsörjning
- Batteri
- Övrigt

Vanliga anmärkningar:
Höga halter av CO
Höga halter av HC
Läckage i avgassystemet
Ej fungerande EGR-ventil
Skadade drivknutsdamasker
Löst batteri

Styrsystem

- Styrled
- Styrväxel
- Hjälpstyrarm
- Övrigt

Vanliga anmärkningar:
Glapp i styrleder
Skadade styrväxeldamasker

Instrumentering

- Hastighetsmätare
- Taxameter
- Varningslampor
- Övrigt

Karosseri

- Dörr
- Skärm
- Vindruta
- Säkerhetsbälten
- Lastutrymme
- Övrigt

Vanliga anmärkningar:
Skadad vindruta
Vassa kanter
Glappa gångjärn

Stomme

- Sidobalk
- Tvärbalk
- Golv
- Hjulhus
- Övrigt

Vanliga anmärkningar:
Rostskador i sidobalkar, golv och hjulhus

Hjulsystem

- Däck
- Stötdämpare
- Hjullager
- Spindelleder
- Länkarm fram
  bak
- Fjäder
- Fjädersäte
- Övrigt

Vanliga anmärkningar:
Glapp i spindelleder
Utslitna däck
Dåliga stötdämpare
Rostskadade fjädersäten
Brustna fjädrar
*Rostskadade länkarms-
  infästningar*

Bromssystem

- Fotbroms fram
  bak
  rörelseres.
- Bromsrör
- Bromsslang
- Handbroms
- Övrigt

Vanliga anmärkningar:
*Otillräcklig bromsverkan på
  handbromsen*
*Ojämn bromsverkan på
  fotbromsen*
*Anliggande bromsar på
  fotbromsen*
Rostskadade bromsrör
Skadade bromsslangar

1 Kontroller som utförs från förarsätet

Handbroms

☐ Kontrollera att handbromsen fungerar ordentligt utan för stort spel i spaken. För stort spel tyder på att bromsen eller bromsvajern är felaktigt justerad.

☐ Kontrollera att handbromsen inte kan läggas ur genom att spaken förs åt sidan. Kontrollera även att handbromsspaken är ordentligt monterad.

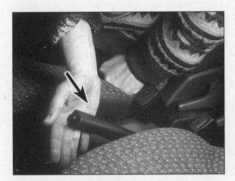

Fotbroms

☐ Tryck ner bromspedalen och håll den nedtryckt i ca 30 sek. Kontrollera att den inte sjunker ner mot golvet, vilket tyder på fel på huvudcylindern. Släpp pedalen, vänta ett par sekunder och tryck sedan ner den igen. Om pedalen tar långt ner måste broms-arna justeras eller repareras. Om pedalens rörelse känns "svampig" finns det luft i bromssystemet som då måste luftas.

☐ Kontrollera att bromspedalen sitter fast ordentligt och att den är i bra skick. Kontrollera även om det finns tecken på oljeläckage på bromspedalen, golvet eller mattan eftersom det kan betyda att packningen i huvudcylindern är trasig.

☐ Om bilen har bromsservo kontrolleras denna genom att man upprepade gånger trycker ner bromspedalen och sedan startar motorn med pedalen nertryckt. När motorn startar skall pedalen sjunka något. Om inte kan vakuumslangen eller själva servoenheten vara trasig.

Ratt och rattstäng

☐ Känn efter att ratten sitter fast. Undersök om det finns några sprickor i ratten eller om några delar på den sitter löst.

☐ Rör på ratten uppåt, nedåt och i sidled. Fortsätt att röra på ratten samtidigt som du vrider lite på den från vänster till höger.

☐ Kontrollera att ratten sitter fast ordentligt på rattstången, vilket annars kan tyda på slitage eller att fästmuttern sitter löst. Om ratten går att röra onaturligt kan det tyda på att rattstångens bärlager eller kopplingar är slitna.

Rutor och backspeglar

☐ Vindrutan måste vara fri från sprickor och andra skador som kan vara irriterande eller hindra sikten i förarens synfält. Sikten får inte heller hindras av t.ex. ett färgat eller reflekterande skikt. Samma regler gäller även för de främre sidorutorna.

☐ Backspeglarna måste sitta fast ordentligt och vara hela och ställbara.

Säkerhetsbälten och säten

Observera: *Kom ihåg att alla säkerhetsbälten måste kontrolleras - både fram och bak.*

☐ Kontrollera att säkerhetsbältena inte är slitna, fransiga eller trasiga i väven och att alla låsmekanismer och rullmekanismer fungerar obehindrat. Se även till att alla infästningar till säkerhetsbältena sitter säkert.

☐ Framsätena måste vara ordentligt fastsatta och om de är fällbara måste de vara låsbara i uppfällt läge.

Dörrar

☐ Framdörrarna måste gå att öppna och stänga från både ut- och insidan och de måste gå ordentligt i lås när de är stängda. Gångjärnen ska sitta säkert och inte glappa eller kärva onormalt.

2 Kontroller som utförs med bilen på marken

Registreringsskyltar

☐ Registreringsskyltarna måste vara väl synliga och lätta att läsa av, d v s om bilen är mycket smutsig kan det ge en anmärkning.

Elektrisk utrustning

☐ Slå på tändningen och kontrollera att signalhornet fungerar och att det avger en jämn ton.

☐ Kontrollera vindrutetorkarna och vindrutespolningen. Svephastigheten får inte vara extremt låg, svepytan får inte vara för liten och torkarnas viloläge ska inte vara inom förarens synfält. Byt ut gamla och skadade torkarblad.

☐ Kontrollera att strålkastarna fungerar och att de är rätt inställda. Reflektorerna får inte vara skadade, lampglasen måste vara hela och lamporna måste vara ordentligt fastsatta. Kontrollera även att bromsljusen fungerar och att det inte krävs högt pedaltryck för att tända dem. (Om du inte har någon medhjälpare kan du kontrollera bromsljusen genom att backa upp bilen mot en garageport, vägg eller liknande reflekterande yta.)

☐ Kontrollera att blinkers och varningsblinkers fungerar och att de blinkar i normal hastighet. Parkeringsljus och bromsljus får inte påverkas av blinkers. Om de påverkas beror detta oftast på jordfel. Se också till att alla övriga lampor på bilen är hela och fungerar som de ska och att t.ex. extraljus inte är placerade så att de skymmer föreskriven belysning.

☐ Se även till att batteri, elledningar, reläer och liknande sitter fast ordentligt och att det inte föreligger någon risk för kortslutning

Fotbroms

☐ Undersök huvudbromscylindern, bromsrören och servoenheten. Leta efter läckage, rost och andra skador.

Kontroller inför bilbesiktningen REF•11

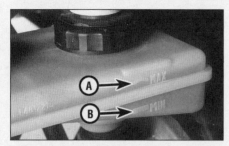

☐ Bromsvätskebehållaren måste sitta fast ordentligt och vätskenivån skall vara mellan max- (A) och min- (B) markeringarna.
☐ Undersök båda främre bromsslangarna efter sprickor och förslitningar. Vrid på ratten till fullt rattutslag och se till att bromsslangarna inte tar i någon del av styrningen eller upphängningen. Tryck sedan ner bromspedalen och se till att det inte finns några läckor eller blåsor på slangarna under tryck.

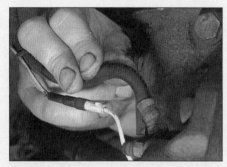

Styrning

☐ Be någon vrida på ratten så att hjulen vrids något. Kontrollera att det inte är för stort spel mellan rattutslaget och styrväxeln vilket kan tyda på att rattstångslederna, kopplingen mellan rattstången och styrväxeln eller själva styrväxeln är sliten eller glappar.
☐ Vrid sedan ratten kraftfullt åt båda hållen så att hjulen vrids något. Undersök då alla damasker, styrleder, länksystem, rörkopplingar och anslutningar/fästen. Byt ut alla delar som verkar utslitna eller skadade. På bilar med servostyrning skall servopumpen, drivremmen och slangarna kontrolleras.

Stötdämpare

☐ Tryck ned hörnen på bilen i tur och ordning och släpp upp. Bilen skall gunga upp och sedan gå tillbaka till ursprungsläget. Om bilen

fortsätter att gunga är stötdämparna dåliga. Stötdämpare som kärvar påtagligt gör också att bilen inte klarar besiktningen. (Observera att stötdämpare kan saknas på vissa fjädersystem.)
☐ Kontrollera också att bilen står rakt och ungefär i rätt höjd.

Avgassystem

☐ Starta motorn medan någon håller en trasa över avgasröret och kontrollera sedan att avgassystemet inte läcker. Reparera eller byt ut de delar som läcker.

Kaross

☐ Skador eller korrosion/rost som utgörs av vassa eller i övrigt farliga kanter med risk för personskada medför vanligtvis att bilen måste repareras och ombesiktas. Det får inte heller finnas delar som sitter påtagligt löst.
☐ Det är inte tillåtet att ha utskjutande detaljer och anordningar med olämplig utformning eller placering (prydnadsföremål, antennfästen, viltfångare och liknande).
☐ Kontrollera att huvlås och säkerhetsspärr fungerar och att gångjärnen inte sitter löst eller på något vis är skadade.
☐ Se också till att stänkskydden täcker hela däckets bredd.

3 Kontroller som utförs med bilen upphissad och med fria hjul

Lyft upp både fram- och bakvagnen och ställ bilen på pallbockar. Placera pallbockarna så att de inte tar i fjäderupphängningen. Se till att hjulen inte tar i marken och att de går att vrida till fullt rattutslag. Om du har begränsad utrustning går det naturligtvis bra att lyfta upp en ände i taget.

Styrsystem

☐ Be någon vrida på ratten till fullt rattutslag. Kontrollera att alla delar i styrningen går mjukt och att ingen del av styrsystemet tar i någonstans.
☐ Undersök kuggstångsdamaskerna så att de inte är skadade eller att metallklämmorna glappar. Om bilen är utrustad med servostyrning ska slangar, rör och kopplingar kontrolleras så att de inte är skadade eller

läcker. Kontrollera också att styrningen inte är onormalt trög eller kärvar. Undersök länkarmar, krängningshämmare, styrstag och styrleder och leta efter glapp och rost.
☐ Se även till att ingen saxpinne eller liknande låsmekanism saknas och att det inte finns gravrost i närheten av någon av styrmekanismens fästpunkter.

Upphängning och hjullager

☐ Börja vid höger framhjul. Ta tag på sidorna av hjulet och skaka det kraftigt. Se till att det inte glappar vid hjullager, spindelleder eller vid upphängningens infästningar och leder.
☐ Ta nu tag upptill och nedtill på hjulet och upprepa ovanstående. Snurra på hjulet och undersök hjullagret angående missljud och glapp.

☐ Om du misstänker att det är för stort spel vid en komponents led kan man kontrollera detta genom att använda en stor skruvmejsel eller liknande och bända mellan infästningen och komponentens fäste. Detta visar om det är bussningen, fästskruven eller själva infästningen som är sliten (bulthålen kan ofta bli uttänjda).
☐ Kontrollera alla fyra hjulen.

Fjädrar och stötdämpare

☐ Undersök fjäderbenen (där så är tillämpligt) angående större läckor, korrosion eller skador i godset. Kontrollera också att fästena sitter säkert.

☐ Om bilen har spiralfjädrar, kontrollera att dessa sitter korrekt i fjädersätena och att de inte är utmattade, rostiga, spruckna eller av.

☐ Om bilen har bladfjädrar, kontrollera att alla bladen är hela, att axeln är ordentligt fastsatt mot fjädrarna och att fjäderöglorna, bussningarna och upphängningarna inte är slitna.

☐ Liknande kontroll utförs på bilar som har annan typ av upphängning såsom torsionfjädrar, hydraulisk fjädring etc. Se till att alla infästningar och anslutningar är säkra och inte utslitna, rostiga eller skadade och att den hydrauliska fjädringen inte läcker olja eller på annat sätt är skadad.

☐ Kontrollera att stötdämparna inte läcker och att de är hela och oskadade i övrigt samt se till att bussningar och fästen inte är utslitna.

Drivning

☐ Snurra på varje hjul i tur och ordning. Kontrollera att driv-/kardanknutar inte är lösa, glappa, spruckna eller skadade. Kontrollera också att skyddsbälgarna är intakta och att driv-/kardanaxlar är ordentligt fastsatta, raka och oskadade. Se även till att inga andra detaljer i kraftöverföringen är glappa, lösa, skadade eller slitna.

Bromssystem

☐ Om det är möjligt utan isärtagning, kontrollera hur bromsklossar och bromsskivor ser ut. Se till att friktionsmaterialet på bromsbeläggen (A) inte är slitet under 2 mm och att bromsskivorna (B) inte är spruckna, gropiga, repiga eller utslitna.

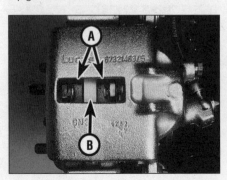

☐ Undersök alla bromsrör under bilen och bromsslangarna bak. Leta efter rost, skavning och övriga skador på ledningarna och efter tecken på blåsor under tryck, skavning, sprickor och förslitning på slangarna. (Det kan vara enklare att upptäcka eventuella sprickor på en slang om den böjs något.)

☐ Leta efter tecken på läckage vid bromsoken och på bromssköldarna. Reparera eller byt ut delar som läcker.

☐ Snurra sakta på varje hjul medan någon trycker ned och släpper upp bromspedalen. Se till att bromsen fungerar och inte ligger an när pedalen inte är nedtryckt.

☐ Undersök handbromsmekanismen och kontrollera att vajern inte har fransat sig, är av eller väldigt rostig eller att länksystemet är utslitet eller glappar. Se till att handbromsen fungerar på båda hjulen och inte ligger an när den läggs ur.

☐ Det är inte möjligt att prova bromsverkan utan specialutrustning, men man kan göra ett kortest och prova att bilen inte drar åt något håll vid en kraftig inbromsning.

Bränsle- och avgassystem

☐ Undersök bränsletanken (inklusive tanklock och påfyllningshals), fastsättning, bränsleledningar, slangar och anslutningar. Alla delar måste sitta fast ordentligt och får inte läcka.

☐ Granska avgassystemet i hela dess längd beträffande skadade, avbrutna eller saknade upphängningar. Kontrollera systemets skick beträffande rost och se till att rörklämmorna är säkert monterade. Svarta sotavlagringar på avgassystemet tyder på ett annalkande läckage.

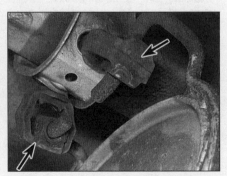

Hjul och däck

☐ Undersök i tur och ordning däcksidorna och slitbanorna på alla däcken. Kontrollera att det inte finns några skärskador, revor eller bulor och att korden inte syns p g a utslitning eller skador. Kontrollera att däcket är korrekt monterat på fälgen och att hjulet inte är deformerat eller skadat.

☐ Se till att det är rätt storlek på däcken för bilen, att det är samma storlek och däcktyp på samma axel och att det är rätt lufttryck i däcken. Se också till att inte ha dubbade och odubbade däck blandat. (Dubbade däck får användas under vinterhalvåret, från 1 oktober till första måndagen efter påsk.)

☐ Kontrollera mönsterdjupet på däcken – minsta tillåtna mönsterdjup är 1,6 mm. Onormalt däckslitage kan tyda på felaktig framhjulsinställning.

Korrosion

☐ Undersök alla bilens bärande delar efter rost. (Bärande delar innefattar underrede, tröskellådor, tvärbalkar, stolpar och all upphängning, styrsystemet, bromssystemet samt bältesinfästningarna.) Rost som avsevärt har reducerat tjockleken på en bärande yta medför troligtvis en tvåa i besiktningsprotokollet. Sådana skador kan ofta vara svåra att reparera själv.

☐ Var extra noga med att kontrollera att inte rost har gjort det möjligt för avgaser att tränga in i kupén. Om så är fallet kommer fordonet ovillkorligen inte att klara besiktningen och dessutom utgör det en stor trafik- och hälsofara för dig och dina passagerare.

4 Kontroller som utförs på bilens avgassystem

Bensindrivna modeller

☐ Starta motorn och låt den bli varm. Se till att tändningen är rätt inställd, att luftfiltret är rent och att motorn går bra i övrigt.

☐ Varva först upp motorn till ca 2500 varv/min och håll den där i ca 20 sekunder. Låt den sedan gå ner till tomgång och iaktta avgasutsläppen från avgasröret. Om tomgången är onaturligt hög eller om tät blå eller klart synlig svart rök kommer ut med avgaserna i mer än 5 sekunder så kommer bilen antagligen inte att klara besiktningen. I regel tyder blå rök på att motorn är sliten och förbränner olja medan svart rök tyder på att motorn inte förbränner bränslet ordentligt (smutsigt luftfilter eller annat förgasar- eller bränslesystemfel).

□ Vad som då behövs är ett instrument som kan mäta koloxid (CO) och kolväten (HC). Om du inte har möjlighet att låna eller hyra ett dylikt instrument kan du få hjälp med det på en verkstad för en mindre kostnad.

CO- och HC-utsläpp

□ För närvarande är högsta tillåtna gräns-värde för CO- och HC-utsläpp för bilar av års-modell 1989 och senare (d v s bilar med kata-lysator enligt lag) 0,5% CO och 100 ppm HC.

På tidigare årsmodeller testas endast CO-halten och följande gränsvärden gäller:

årsmodell 1985-88	3,5% CO
årsmodell 1971-84	4,5% CO
årsmodell -1970	5,5% CO.

Bilar av årsmodell 1987-88 med frivilligt monterad katalysator bedöms enligt 1989 års komponentkrav men 1985 års utsläppskrav.

□ Om CO-halten inte kan reduceras tillräckligt för att klara besiktningen (och bränsle- och tändningssystemet är i bra skick i övrigt) ligger problemet antagligen hos förgasaren/bränsle-insprutningsystemet eller katalysatorn (om monterad).

□ Höga halter av HC kan orsakas av att motorn förbränner olja men troligare är att motorn inte förbränner bränslet ordentligt.

Dieseldrivna modeller

□ Det enda testet för avgasutsläpp på diesel-drivna bilar är att man mäter röktätheten. Testet innebär att man varvar motorn kraftigt upprepade gånger.

Observera: *Det är oerhört viktigt att motorn är rätt inställd innan provet genomförs.*

□ Mycket rök kan orsakas av ett smutsigt luftfilter. Om luftfiltret inte är smutsigt men bilen ändå avger mycket rök kan det vara nödvändigt att söka experthjälp för att hitta orsaken.

5 Körtest

□ Slutligen, provkör bilen. Var extra upp-märksam på eventuella missljud, vibrationer och liknande.

□ Om bilen har automatväxellåda, kontrollera att den endast går att starta i lägena P och N. Om bilen går att starta i andra växellägen måste växelväljarmekanismen justeras.

□ Kontrollera också att hastighetsmätaren fungerar och inte är missvisande.

□ Se till att ingen extrautrustning i kupén, t ex biltelefon och liknande, är placerad så att den vid en eventuell kollision innebär ökad risk för personskada.

□ Bilen får inte dra åt något håll vid normal körning. Gör också en hastig inbromsning och kontrollera att bilen inte då drar åt något håll. Om kraftiga vibrationer känns vid inbromsning kan det tyda på att bromsskivorna är skeva och bör bytas eller fräsas om. (Inte att förväxlas med de låsningsfria bromsarnas karakteristiska vibrationer.)

□ Om vibrationer känns vid acceleration, hastighetsminskning, vid vissa hastigheter eller hela tiden, kan det tyda på att drivknutar eller drivaxlar är slitna eller defekta, att hjulen eller däcken är felaktiga eller skadade, att hjulen är obalanserade eller att styrleder, upphängningens leder, bussningar eller andra komponenter är slitna.

Motor

- [ ] Motorn går inte runt vid startförsök
- [ ] Motorn går runt, men startar inte
- [ ] Motorn är svårstartad när den är kall
- [ ] Motorn är svårstartad när den är varm
- [ ] Startmotorn ger oljud ifrån sig eller går väldigt ojämnt
- [ ] Motorn startar, men stannar omedelbart
- [ ] Ojämn tomgång
- [ ] Motorn feltänder vid tomgångsvarvtal
- [ ] Motorn feltänder vid alla varvtal
- [ ] Långsam acceleration
- [ ] Överstegring av motorn
- [ ] Låg motorkapacitet
- [ ] Motorn misständer
- [ ] Varningslampan för oljetryck lyser när motorn är igång
- [ ] Glödtändning
- [ ] Motorljud

Kylsystem

- [ ] Överhettning
- [ ] Alltför stark avkylning
- [ ] Yttre kylvätskeläckage
- [ ] Inre kylvätskeläckage
- [ ] Korrosion

Bränsle- och avgassystem

- [ ] Överdriven bränsleförbrukning
- [ ] Bränsleläckage och/eller bränslelukt
- [ ] Överdrivet oljud eller överdrivet mycket avgaser från avgassystemet

Koppling

- [ ] Pedalen går i golvet – inget tryck eller mycket lite motstånd
- [ ] Kopplingen tar inte (det går inte att lägga i växlar)
- [ ] Kopplingen slirar (motorvarvtalet ökar utan att hastigheten ökar)
- [ ] Skakningar vid frikoppling
- [ ] Missljud när kopplingspedalen trycks ner eller släpps upp

Manuell växellåda

- [ ] Missljud i friläge när motorn går
- [ ] Missljud när en viss växel ligger i
- [ ] Svårt att lägga i växlar
- [ ] Växeln hoppar ur
- [ ] Vibrationer
- [ ] Smörjmedelsläckage

Automatväxellåda

- [ ] Vätskeläckage
- [ ] Växellådsoljan är brun eller luktar bränt
- [ ] Allmänna problem med växlingen
- [ ] Växellådan växlar inte ner (kickdown) när gaspedalen är helt nedtryckt
- [ ] Motorn startar inte i någon växel, eller startar i andra växlar än Park eller Neutral
- [ ] Växellådan slirar, växlar trögt, låter illa eller är utan drift i framväxlarna eller backen

Drivaxlar

- [ ] Vibrationer vid acceleration eller inbromsning
- [ ] Klickande eller knackande ljud vid svängar (i låg fart med fullt rattutslag)

Bromssystem

- [ ] Bilen drar åt ena sidan vid inbromsning
- [ ] Oljud (slipljud eller högt gnisslande) vid inbromsning
- [ ] Överdriven pedalväg
- [ ] Bromspedalen känns svampig vid nedtryckning
- [ ] Överdriven pedalkraft krävs för att stanna bilen
- [ ] Skakningar i bromspedal eller ratt vid inbromsning
- [ ] Bromsarna kärvar
- [ ] Bakhjulen låser sig vid normal inbromsning

Fjädring och styrning

- [ ] Bilen drar åt ena sidan
- [ ] Hjulen vinglar och skakar
- [ ] Kraftiga skakningar och/eller krängningar vid kurvtagning eller inbromsning
- [ ] Vandrande eller allmän instabilitet
- [ ] Överdrivet stel styrning
- [ ] Överdrivet spel i styrningen
- [ ] Bristande servofunktion
- [ ] Överdrivet däckslitage

Elsystem

- [ ] Batteriet laddar ur på bara ett par dagar
- [ ] Tändningslampan fortsätter att lysa när motorn går
- [ ] Tändningslampan tänds inte
- [ ] Ljusen fungerar inte
- [ ] Instrumentavläsningarna missvisande eller ryckiga
- [ ] Signalhornet fungerar dåligt eller inte alls
- [ ] Vindrutetorkarna fungerar dåligt eller inte alls
- [ ] Vindrutespolarna fungerar dåligt eller inte alls
- [ ] De elektriska fönsterhissarna fungerar dåligt eller inte alls
- [ ] Centrallåset fungerar dåligt eller inte alls

Introduction

De fordonsägare som underhåller sina bilar med rekommenderad regelbundenhet kommer inte att behöva använda den här delen av handboken ofta. Idag är bilens delar så pålitliga att om de inspekteras eller byts med rekommenderade mellanrum är plötsliga haverier tämligen sällsynta. Fel uppstår vanligen inte plötsligt, de utvecklas med tiden. Speciellt större mekaniska haverier föregås vanligen av karakteristiska symptom under hundra- eller tusentals kilometer. De komponenter som ibland går sönder utan varning är ofta små och transporteras lätt i bilen.

Vid all felsökning är det första steget att bestämma var man ska börja söka. Ibland är detta uppenbart, men ibland behövs lite detektivarbete. En bilägare som gör ett halvdussin slumpvisa justeringar eller komponentbyten kan lyckas åtgärda ett fel (eller dess symptom), men han eller hon kommer inte veta vad felet beror på om det uppstår igen. Till sist kommer bilägaren att ha lagt ner mer tid eller pengar än vad som var nödvändigt. Ett lugnt och metodiskt tillvägagångssätt är bättre i det långa loppet. Försök alltid tänka på vilka varningstecken eller avvikelser från det normala som förekommit

tiden före felet – strömförlust, höga eller låga mätaravläsningar, ovanliga lukter etc. Kom ihåg att defekta komponenter som säkringar eller tändstift kanske bara är tecken på ett bakomliggande fel.

Följande sidor fungerar som en enkel guide till de vanligaste problemen som kan uppstå med bilen. Problemen och deras möjliga orsaker grupperas under rubriker för olika komponenter eller system som Motorn, Kylsystemet etc. Kapitel och/eller avsnitt som tar upp detta problem visas inom parentes. Se den aktuella delen i kapitlet för systemspecifik information. Oavsett fel finns vissa grundläggande principer. Dessa är:

Bekräfta felet. Detta görs helt enkelt för att kontrollera att symptomen är kända innan arbetet påbörjas. Detta är extra viktigt om du undersöker ett fel åt någon annan som kanske inte har beskrivit problemet korrekt.

Förbise inte det självklara. Om bilen t.ex. inte startar, finns det verkligen bensin i tanken? (Ta inte någon annans ord för givet på denna punkt och lita inte heller på bränslemätaren!) Om ett elektriskt fel indikeras, leta efter lösa eller brutna ledningar innan testutrustningen tas fram.

Bota sjukdomen, inte symptomen. Att byta

ett urladdat batteri mot ett fulladdat tar dig från vägkanten, men om orsaken inte åtgärdas kommer det nya batteriet snart att vara urladdat. Byts nedoljade tändstift ut mot nya rullar bilen, men orsaken till nedsmutsningen måste fortfarande fastställas och åtgärdas (om den inte berodde att tändstiften hade fel värmetal).

Ta inte någonting för givet. Glöm inte att även "nya" delar kan vara defekta (särskilt om de skakat runt i bagageutrymmet månader i sträck). Utelämna inte några komponenter vid en felsökning bara för att de är nya eller nymonterade. När felet slutligen upptäcks inser du antagligen att det fanns tecken på felet från början.

Tänk över om några åtgärder utförts nyligen, och i så fall vilka. Många fel uppstår på grund av slarvigt eller hastigt utförda arbeten. Om något arbete utförts under motorhuven kanske en del av kablaget lossnat eller dragits felaktigt, eller kanske en slang har hamnat i kläm? Har alla hållare dragits åt ordentligt? Användes nya originaldelar och nya packningar? Det krävs ofta en del detektivarbete för att komma tillrätta med problemet eftersom en till synes ovidkommande åtgärd kan få stora konsekvenser.

Motor

Motorn går inte runt vid startförsök

- [ ] Batterianslutningarna sitter löst eller är korroderade (se *Veckokontroller*)
- [ ] Batteriet urladdat eller defekt (kapitel 5A)
- [ ] Brutna, lösa eller urkopplade ledningar i startmotorkretsen (kapitel 5A)
- [ ] Defekt solenoid eller tändningsbrytare (kapitel 5A eller 12)
- [ ] Defekt startmotor (kapitel 5A)
- [ ] Lösa eller skadade kuggar på startdrevet eller svänghjulets krondrev (kapitel 2A, 2B, 2C eller 5A)
- [ ] Motorns jordfläta trasig eller losskopplad (kapitel 5A)
- [ ] Motorn har hydraul spärr (t.ex. på grund av att det kommit in vatten efter körning på en översvämmad väg, eller på grund av en allvarlig intern kylvätskeläcka) – kontakta en Volvo-verkstad eller en specialist för att få råd
- [ ] Automatväxellådan står inte i läge P eller N (kapitel 7B)

Motorn går runt, men startar inte

- [ ] Bensintanken tom
- [ ] Batteriet urladdat (motorn roterar långsamt) (kapitel 5A)
- [ ] Batterianslutningarna sitter löst eller är korroderade (se *Veckokontroller*)
- [ ] Fel på motorlåsningssystemet eller en okodad fjärrkontroll används (kapitel 12 eller *Reparationer vid vägkanten*)
- [ ] Fel på vevaxelgivaren (kapitel 4A)
- [ ] Felaktigt förvärmningssystem (kapitel 5B)
- [ ] Fel på bränsleinsprutningssystemet (kapitel 4A)
- [ ] Luft i bränslesystemet (kapitel 4B)
- [ ] Större mekaniskt fel (t.ex. kamremmen har gått av) (kapitel 2A, 2B eller 2C)

Motorn är svårstartad när den är kall

- [ ] Batteriet urladdat (kapitel 5A)
- [ ] Batterianslutningarna sitter löst eller är korroderade (se *Veckokontroller*)
- [ ] Felaktigt förvärmningssystem (kapitel 5B)
- [ ] Fel på bränsleinsprutningssystemet (kapitel 4A)
- [ ] Motorolja av fel klass används(*Veckokontroller*, kapitel 1)
- [ ] Låg cylinderkompression (kapitel 2A, 2B eller 2C)

Motorn svårstartad när den är varm

- [ ] Luftfilterinsatsen smutsig eller tilltäppt (kapitel 1)
- [ ] Fel på bränsleinsprutningssystemet (kapitel 4A)
- [ ] Låg cylinderkompression (kapitel 2A, 2B eller 2C)

Startmotorn ger oljud ifrån sig eller går väldigt ojämnt

- [ ] Lösa eller skadade kuggar på startdrevet eller svänghjulets krondrev (kapitel 2A, 2B, 2C eller 5A)
- [ ] Startmotorns fästbultar lösa eller saknas (kapitel 5A)
- [ ] Startmotorns interna delar slitna eller skadade (kapitel 5A)

Motor startar, men stannar omedelbart

- [ ] Vakuumläckage i gasspjällshuset eller insugningsgrenröret (kapitel 4A)
- [ ] Tilltäppta insprutningsventiler/fel på bränsleinsprutningssystemet (kapitel 4A)
- [ ] Luft i bränslet, möjligen på grund av en lös bränsleledningsanslutning (kapitel 4A)

Ojämn tomgång

- [ ] Tilltäppt luftfilterinsats (kapitel 1)
- [ ] Vakuumläckage i gasspjällshuset, insugsgrenröret eller tillhörande slangar (kapitel 4A)
- [ ] Låg cylinderkompression (kapitel 2A, 2B eller 2C)
- [ ] Kamloberna slitna (kapitel 2A, 2B eller 2C)
- [ ] Kamremmen felaktigt monterad (kapitel 2A, 2B eller 2C)
- [ ] Tilltäppta insprutningsventiler/fel på bränsleinsprutningssystemet (kapitel 4A)
- [ ] Luft i bränslet, möjligen på grund av en lös bränsleledningsanslutning (kapitel 4A)

Feltändning vid tomgång

- [ ] Vakuumläckage i gasspjällshuset, insugsgrenröret eller tillhörande slangar (kapitel 4A)
- [ ] Tilltäppta insprutningsventiler/fel på bränsleinsprutningssystemet (kapitel 4A)
- [ ] Felaktig insprutningsventil(er) (kapitel 4A)
- [ ] Låg cylinderkompression (kapitel 2A, 2B eller 2C)
- [ ] Lösa, läckande eller skadade slangar i vevhusventilationen (kapitel 4C)

Motor (forts.)

Feltändning vid alla varvtal

☐ Bränslefiltret tilltäppt (kapitel 1)
☐ Defekt bränslepump eller lågt matningstryck (kapitel 4A)
☐ Blockerad bränsletanksventil eller igentäppta bränslerör (kapitel 4A)
☐ Vakuumläckage i gasspjällshuset, insugsgrenröret eller tillhörande slangar (kapitel 4A)
☐ Felaktig insprutningsventil(er) (kapitel 4A)
☐ Låg cylinderkompression (kapitel 2A, 2B eller 2C)
☐ Tilltäppt insprutningsventil/fel på bränsleinsprutningssystemet (kapitel 4A)
☐ Tilltäppt katalysator (kapitel 4B)
☐ Överhettad motor (kapitel 3)
☐ Låg nivå i bränsletanken (kapitel 4A)

Långsam acceleration

☐ Vakuumläckage i gasspjällshuset, insugsgrenröret eller tillhörande slangar (kapitel 4A)
☐ Tilltäppta insprutningsventiler/fel på bränsleinsprutningssystemet (kapitel 4A)
☐ Felaktig insprutningsventil(er) (kapitel 4A)
☐ Defekt kopplingspedalkontakt (kapitel 6)

Överstegring av motorn

☐ Vakuumläckage i gasspjällshuset, insugsgrenröret eller tillhörande slangar (kapitel 4A)
☐ Bränslefiltret tilltäppt (kapitel 1)
☐ Defekt bränslepump eller lågt matningstryck (kapitel 4A)
☐ Blockerad bränsletanksventil eller igentäppta bränslerör (kapitel 4A)
☐ Tilltäppta insprutningsventil/fel på bränsleinsprutningssystemet (kapitel 4A)
☐ Felaktig insprutningsventil(er) (kapitel 4A)

Låg motorkapacitet

☐ Tilltäppt luftfilterinsats (kapitel 1)
☐ Bränslefiltret tilltäppt (kapitel 1)
☐ Bränslerör tilltäppta eller delvis tilltäppta (kapitel 4A)
☐ Överhettad motor (kapitel 3)
☐ Låg nivå i bränsletanken (kapitel 4A)
☐ Defekt gaslägesgivare (kapitel 4A)
☐ Vakuumläckage i gasspjällshuset, insugsgrenröret eller tillhörande slangar (kapitel 4A)
☐ Tilltäppta insprutningsventiler/fel på bränsleinsprutningssystemet (kapitel 4A)
☐ Felaktig insprutningsventil(er) (kapitel 4A)
☐ Kamremmen felaktigt monterad (kapitel 2A, 2B eller 2C)
☐ Defekt bränslepump eller lågt matningstryck (kapitel 4A)
☐ Låg cylinderkompression (kapitel 2A, 2B eller 2C)
☐ Tilltäppt katalysator (kapitel 4B)
☐ Bromsarna kärvar (kapitel 9)
☐ Kopplingen slirar (kapitel 6)

Motorn misständer

☐ Kamremmen felaktigt monterad (kapitel 2A, 2B eller 2C)
☐ Vakuumläckage i gasspjällshuset, insugsgrenröret eller tillhörande slangar (kapitel 4A)
☐ Tilltäppta insprutningsventiler/fel på bränsleinsprutningssystemet (kapitel 4A)
☐ Tilltäppt katalysator (kapitel 4B)

Varningslampan för oljetryck lyser när motorn är igång

☐ Låg oljenivå eller felaktig oljegrad (se Veckokontroller)
☐ Defekt oljetryckgivare, eller skadade kablar (kapitel 12)
☐ Slitna motorlager och/eller sliten oljepump (kapitel 2A, 2B eller 2C)
☐ Motorns arbetstemperatur hög (kapitel 3)
☐ Oljepumpens övertrycksventil defekt (kapitel 2A, 2B eller 2C)
☐ Oljepumpens pickupfilter igensatt (kapitel 2A, 2B eller 2C).

Glödtändning

☐ För mycket sotavlagringar i motorn (kapitel 2A, 2B eller 2C)
☐ Motorns arbetstemperatur hög (kapitel 3)
☐ Fel på bränsleinsprutningssystemet (kapitel 4A)

Motorljud

Förtändning (spikning) eller knackning under acceleration eller belastning

☐ Vakuumläckage i gasspjällshuset, insugsgrenröret eller tillhörande slangar (kapitel 4A)
☐ För mycket sotavlagringar i motorn (kapitel 2A, 2B eller 2C)
☐ Tilltäppt insprutningsventil/fel på bränsleinsprutningssystemet (kapitel 4A)
☐ Felaktig(a) insprutningsventil(er) (kapitel 4A)

Visslande eller väsande ljud

☐ Läckande insugsgrenrör eller gasspjällhuset (kapitel 4A)
☐ Läckande avgasgrenrörspackning eller skarv mellan rör och grenrör (kapitel 4A eller 4B)
☐ Läckande vakuumslang (kapitel 4A eller 9)
☐ Läckande topplockspackning (kapitel 2A, 2B eller 2C)
☐ Delvis igensatt eller läckande vevhusventilationssystem (kapitel 4B)

Knackande eller skallrande ljud

☐ Sliten ventilstyrning eller kamaxel (kapitel 2A, 2B eller 2C)
☐ Defekt hjälpaggregat (kylvätskepump, generator etc.) (kapitel 3, 5A etc.)

Knackande ljud eller slag

☐ Slitna vevstakslager (regelbundna hårda knackningar som eventuellt minskar vid belastning) (kapitel 2D)
☐ Slitna ramlager (muller och knackningar som eventuellt tilltar vid belastning) (kapitel 2D)
☐ Kolvslammer – mest märkbart när motorn är kall, orsakat av slitna kolvar/cylinderlopp (kapitel 2D)
☐ Defekt hjälpaggregat (kylvätskepump, generator etc.) (kapitel 3, 5A etc.)
☐ Slitna eller defekta motorfästen (kapitel 2C)
☐ Slitna komponenter i styrning eller fjädring (kapitel 10)

Kylsystem

Överhettning

- [ ] För lite kylvätska i systemet (se *Veckokontroller*)
- [ ] Defekt termostat (kapitel 3)
- [ ] Igensatt kylare eller grill (kapitel 3)
- [ ] Defekt kylfläkt eller styrmodulfel (kapitel 3)
- [ ] Defekt temperaturgivare för kylvätska (kapitel 3)
- [ ] Luftbubbla i kylsystemet (kapitel 3)
- [ ] Defekt expansionskärlslock (kapitel 3)
- [ ] Defekt motorstyrningssystem (kapitel 4A)

För stark avkylning

- [ ] Defekt termostat (kapitel 3)
- [ ] Defekt temperaturgivare för kylvätska (kapitel 3)
- [ ] Kylfläkten defekt (kapitel 3)
- [ ] Defekt motorstyrningssystem (kapitel 4A)

Yttre kylvätskeläckage

- [ ] Åldrade eller skadade slangar eller slangklämmor (kapitel 1)
- [ ] Läckage i kylare eller värmeelement (kapitel 3)
- [ ] Defekt expansionskärlslock (kapitel 1)
- [ ] Kylvätskepumpens inre tätning läcker (kapitel 3)
- [ ] Kylvätskepumpens tätning läcker (kapitel 3)
- [ ] Kokning på grund av överhettning (kapitel 3)
- [ ] Motorblockets hylsplugg läcker (kapitel 2D)

Inre kylvätskeläckage

- [ ] Läckande topplockspackning (kapitel 2A, 2B eller 2C)
- [ ] Sprucket topplock eller motorblock (kapitel 2)

Korrosion

- [ ] Urtappning och spolning för sällan (kapitel 1)
- [ ] Felaktig kylvätskeblandning eller fel typ av kylvätska (se *Veckokontroller*)

Bränsle- och avgassystem

Överdriven bränsleförbrukning

- [ ] Luftfilterinsatsen smutsig eller tilltäppt (kapitel 1)
- [ ] Fel på bränsleinsprutningssystemet (kapitel 4A)
- [ ] Defekt motorstyrningssystem (kapitel 4A)
- [ ] Vevhusventilationssystemet igensatt (kapitel 4B)
- [ ] För lite luft i däcken (se *Veckokontroller*)
- [ ] Bromsarna kärvar (kapitel 9)
- [ ] Bränsleläckage som orsakar tydligt hög förbrukning (kapitel 1 eller 4A)

Bränsleläckage och/eller bränslelukt

- [ ] Skadad eller korroderad bränsletank, rör eller anslutningar (kapitel 4A)

Överdriven ljudnivå eller för mycket avgaser från avgassystemet

- [ ] Läckande avgassystem eller grenrörsanslutningar (kapitel 4A eller 4B)
- [ ] Läckande, korroderade eller skadade ljuddämpare eller rör (kapitel 4A eller 4B)
- [ ] Trasiga fästen som orsakar kontakt med karossen eller fjädringen (kapitel 1, 4A eller 4B)

Koppling

Pedalen går i golvet – inget tryck eller mycket lite motstånd

- ☐ Luft i hydraulsystemet/defekt huvud- eller slavcylinder (kapitel 6)
- ☐ Defekt hydraul urkopplingssystem (kapitel 6)
- ☐ Kopplingspedalens returfjäder lös eller trasig (kapitel 6)
- ☐ Defekt urtrampningslager eller gaffel (kapitel 6)
- ☐ Trasig tallriksfjäder i kopplingens tryckplatta (kapitel 6)

Frikopplar inte (går ej att lägga i växlar)

- ☐ Luft i hydraulsystemet/defekt huvud- eller slavcylinder (kapitel 6)
- ☐ Defekt hydraul urkopplingssystem (kapitel 6)
- ☐ Lamellen fastnar på räfflorna på växellådans ingående axel (kapitel 6)
- ☐ Lamellen fastnar på svänghjul eller tryckplatta (kapitel 6)
- ☐ Defekt tryckplatta (kapitel 6)
- ☐ Urkopplingsmekanismen sliten eller felaktigt ihopsatt (kapitel 6)

Kopplingen slirar (motorns varvtal ökar men inte bilens hastighet)

- ☐ Defekt hydraul urkopplingssystem (kapitel 6)

- ☐ Lamellbeläggen slitna (kapitel 6)
- ☐ Lamellbeläggen förorenade med olja eller fett (kapitel 6)
- ☐ Defekt tryckplatta eller svag tallriksfjäder (kapitel 6)

Skakningar vid frikoppling

- ☐ Lamellbeläggen förorenade med olja eller fett (kapitel 6)
- ☐ Lamellbeläggen slitna (kapitel 6)
- ☐ Defekt eller skev tryckplatta eller tallriksfjäder (kapitel 6).
- ☐ Slitna eller lösa motor- eller växellådsfästen (kapitel 2C)
- ☐ Lamellnavet eller räfflorna på växellådans ingående axel slitna (kapitel 6)

Missljud när kopplingspedalen trycks ner eller släpps upp

- ☐ Slitet urkopplingslager (kapitel 6)
- ☐ Slitna eller torra pedalbussningar (kapitel 6)
- ☐ Sliten eller torr kolv i kopplingens huvudcylinder (kapitel 6).
- ☐ Defekt tryckplatta (kapitel 6)
- ☐ Tryckplattans tallriksfjäder trasig (kapitel 6)
- ☐ Lamellens dämpfjädrar defekta (kapitel 6)

Manuell växellåda

Missljud i friläge när motorn går

- ☐ För lite olja (kapitel 1)
- ☐ Slitage i ingående axelns lager (missljud med uppsläppt men inte med nedtryckt kopplingspedal) (kapitel 7A)*
- ☐ Slitet urkopplingslager (missljud med nedtryckt pedal som möjligen minskar när pedalen släpps upp) (kapitel 6)

Missljud när en specifik växel ligger i

- ☐ Slitna eller skadade kuggar på växellådsdreven (kapitel 7A)*

Svårt att lägga i växlar

- ☐ Defekt koppling (kapitel 6)
- ☐ Växlingvajrar slitet eller skadat (kapitel 7A)
- ☐ För lite olja (kapitel 7A)
- ☐ Slitna synkroniseringsenheter (kapitel 7A)*

Växeln hoppar ur

- ☐ Växlingvajrar slitet eller skadat (kapitel 7A)
- ☐ Slitna synkroniseringsenheter (kapitel 7A)*
- ☐ Slitna väljargafflar (kapitel 7A)*

Vibrationer

- ☐ För lite olja (kapitel 7A)
- ☐ Slitna lager (kapitel 7A)*

Smörjmedelsläckage

- ☐ Läckage i drivaxelns eller omkopplaraxelns oljetätning (kapitel 7A)
- ☐ Läckande husfog (kapitel 7A)*
- ☐ Läckage i ingående axelns oljetätning (kapitel 7A)*

*Även om de åtgärder som krävs för att åtgärda symptomen är för svåra för en hemmamekaniker kan den ovanstående informationen vara till hjälp när orsaken till felet ska fastställas, så att ägaren kan uttrycka sig klart vid samråd med en professionell mekaniker.

Automatväxellåda

Observera: *På grund av automatväxelns komplicerade sammansättning är det svårt för hemmamekanikerna att ställa riktiga diagnoser och serva enheten. Om andra problem än följande uppstår ska bilen tas till en verkstad eller till en specialist på växellådor. Var inte för snabb med att demontera växellådan om ett fel misstänks, eftersom de flesta tester ska utföras med växellådan monterad. Kom ihåg att förutom de sensorer som är specifika för växellådan är många av motorstyrningssystemets sensorer som beskrivs i kapitel 4 väsentliga för att växellådan ska fungera korrekt.*

Oljeläckage

☐ Automatväxelolja är oftast mörkröd till färgen. Vätskeläckage ska inte blandas ihop med motorolja, som lätt kan stänka på växellådan av luftflödet.

☐ För att hitta läckan, använd avfettningsmedel eller en ångtvätt och rengör växelhuset och områdena runt omkring från smuts och avlagringar. Kör bilen långsamt så att inte luftflödet blåser den läckande oljan långt från källan. Hissa upp bilen och stöd den på pallbockar, och fastställ varifrån läckan kommer. Läckor uppstår ofta i följande områden:

a) Vätsketråg
b) Oljemätstickans rör
c) Anslutningarna mellan växellådan och oljekylaren (kapitel 7B)

Växellådsoljan är brun eller luktar bränt

☐ Växellådans oljenivå är låg (kapitel 1)

Allmänna problem med att växla

☐ I kapitel 7B behandlas kontroll av växelvajern på automatväxellådor. Följande problem är vanliga och kan orsakas av felaktiga kablar eller sensorer:

a) Motorn startar i andra växlar än Park eller Neutral.
b) Indikatorpanelen anger en annan växel än den som faktiskt används.
c) Bilen rör sig när växlarna Park eller Neutral ligger i.
d) Dålig eller felaktig utväxling.

Växellådan växlar inte ner (kickdown) när gaspedalen är helt nedtryckt

☐ Växellådans oljenivå är låg (kapitel 1)
☐ Defekt motorstyrningssystem (kapitel 4A)
☐ Defekt växellådssensor eller kablage (kapitel 7B)
☐ Defekt växelvajer (kapitel 7B)

Motorn startar inte i någon växel, eller startar i andra växlar än Park eller Neutral

☐ Defekt växellådssensor eller kablage (kapitel 7B)
☐ Defekt motorstyrningssystem (kapitel 4A)
☐ Defekt växelvajer (kapitel 7B)

Växellådan slirar, växlar trögt, låter illa eller är utan drift i framväxlarna eller backen

☐ Växellådans oljenivå är låg (kapitel 1)
☐ Defekt växellådssensor eller kablage (kapitel 7B)
☐ Defekt motorstyrningssystem (kapitel 4A)

Observera: *Det finns många troliga orsaker till ovanstående problem, men felsökning och åtgärdande av dem ligger utanför den här handbokens område. Om vätskenivån och alla kablar har kontrollerats så långt det är möjligt och problemet kvarstår ska en verkstad eller växellådsspecialist kontaktas.*

Drivaxlar

Vibrationer vid acceleration eller inbromsning

☐ Sliten inre drivknut (kapitel 8)
☐ Böjd eller skev drivaxel (kapitel 8)
☐ Slitet mellanlager (kapitel 8)

Klickande eller knackande ljud vid svängar (i låg fart med fullt rattutslag)

☐ Sliten yttre drivknut (kapitel 8)
☐ Brist på smörjning i knuten, eventuellt på grund av defekt damask (kapitel 8)
☐ Slitet mellanlager (kapitel 8)

Bromssystem

Observera: *Kontrollera däckens skick och lufttryck, framvagnens inställning samt att bilen inte är ojämnt belastad innan bromsarna antas vara defekta. Alla fel och åtgärder i ABS-systemet, utom kontroll av anslutningar för rör och slangar, ska överlåtas till en Volvo-verkstad eller specialist.*

Bilen drar åt ena sidan vid inbromsning

☐ Slitna, defekta, skadade eller förorenade bromsklossar/ bromsbackar på en sida (kapitel 9)
☐ Anfrätt eller delvis anfrätt bromsoks kolv (kapitel 9)
☐ En blandning av friktionsmaterial från bromsklossar mellan sidorna (kapitel 9)
☐ Bromsokets fästbultar lösa (kapitel 9)
☐ Slitna eller skadade komponenter i styrning eller fjädring (kapitel 1 eller 10)

Oljud (slipljud eller högt gnisslande) vid inbromsning

☐ Bromsklossarnas friktionsbelägg nedslitet till metallen (kapitel 9)
☐ Kraftig korrosion på bromsskivan (kan visa sig efter att bilen har stått oanvänd en längre tid (kapitel 9)
☐ Främmande föremål (grus etc.) fast mellan bromsskivan och bromssköldsplåten (kapitel 9)

Överdriven pedalväg

☐ Defekt huvudcylinder (kapitel 9)
☐ Luft i hydraulsystemet (kapitel 6 eller 9)
☐ Defekt vakuumservo (kapitel 9)

Bromspedalen känns svampig vid nedtryckning

☐ Luft i hydraulsystemet (kapitel 6 eller 9)
☐ Åldrade gummibromsslangar (kapitel 1 eller 9)
☐ Huvudcylinderns fästmuttrar lösa (kapitel 9)
☐ Defekt huvudcylinder (kapitel 9)

Överdriven pedalkraft krävs för att stanna bilen

☐ Defekt vakuumservo (kapitel 9)
☐ Defekt vakuumpump – dieselmodeller (kapitel 9)
☐ Bromsservons vakuumslang urkopplad, skadad eller otillräckligt fastsatt (kapitel 9)
☐ Defekt primär- eller sekundärkrets (kapitel 9)
☐ Anfrätt bromsoks kolv (kapitel 9)
☐ Bromsklossarna felmonterade (kapitel 9)
☐ Fel typ av klossar monterade (kapitel 9)
☐ Bromsbelägg förorenade (kapitel 9)

Skakningar i bromspedal eller ratt vid inbromsning

Observera: *Vid kraftig bromsning på modeller med ABS-system kan vibrationer kännas i bromspedalen. Det här är normalt vid användning av ABS-systemet och är inte ett fel*

☐ Skivor eller trummor kraftigt skeva (kapitel 9)
☐ Bromsklossbeläggen slitna (kapitel 1or 9)
☐ Bromsokets fästbultar lösa (kapitel 9)
☐ Slitage i fjädringens eller styrningens komponenter eller fästen (kapitel 1or 10)
☐ Obalanserade framhjul (se *Veckokontroller*)

Bromsarna kärvar

☐ Anfrätt bromsoks kolv (kapitel 9)
☐ Defekt handbroms mekanism (kapitel 9)
☐ Defekt huvudcylinder (kapitel 9)

Bakhjulen låser sig vid normal inbromsning

☐ De bakre bromsklossbeläggen förorenade eller skadade (kapitel 9)
☐ De bakre bromsskivorna är skeva (kapitel 9)

Fjädring och styrning

Observera: *Kontrollera att felet inte beror på fel lufttryck i däcken, blandade däcktyper eller kärvande bromsar innan fjädringen eller styrningen diagnosticeras som defekta.*

Bilen drar åt ena sidan

- [ ] Defekt däck (se *Veckokontroller*)
- [ ] För mycket slitage i fjädringens eller styrningens komponenter (kapitel 1 eller 10)
- [ ] Felaktig framhjulsinställning (kapitel 10)
- [ ] Olycksskador på styrnings- eller fjädringskomponenter

Hjulen vinglar och skakar

- [ ] Framhjulen obalanserade (vibration känns huvudsakligen i ratten) (se *Veckokontroller*)
- [ ] Bakhjulen obalanserade (vibration känns i hela bilen) (se *Veckokontroller*)
- [ ] Hjulen skadade eller skeva (se *Veckokontroller*)
- [ ] Defekt eller skadat däck (se *Veckokontroller*)
- [ ] Slitna komponenter i styrning eller fjädring (kapitel 1 eller 10)
- [ ] Hjulbultar lösa (kapitel 1)

Kraftiga skakningar och/eller krängningar vid kurvtagning eller inbromsning

- [ ] Defekta stötdämpare (kapitel 10)
- [ ] Skadad eller svag fjäder- och/eller fjädringskomponent (kapitel 10)
- [ ] Slitna eller skadade krängningshämmare eller fästen (kapitel 10)

Vandrande eller allmän instabilitet

- [ ] Felaktig framhjulsinställning (kapitel 10)
- [ ] Slitna kulleder, bussningar eller komponenter i styrning eller fjädring (kapitel 1 eller 10)
- [ ] Hjulen obalanserade (se *Veckokontroller*)
- [ ] Defekt eller skadat däck (se *Veckokontroller*)
- [ ] Hjulbultar lösa (kapitel 1)
- [ ] Defekta stötdämpare (kapitel 10)

Överdrivet stel styrning

- [ ] Fastkärvad spindelled i styrning eller fjädring (kapitel 1 eller 10)
- [ ] Trasig eller felaktigt justerad multirem (kapitel 1)
- [ ] Felaktig framhjulsinställning (kapitel 10)
- [ ] Defekt styrinrättning (kapitel 10)

Överdrivet spel i styrningen

- [ ] Slitage i kardanknuten till rattstångens mellanaxel (kapitel 10)
- [ ] Slitna parallellstagskulleder (kapitel 1 eller 10)
- [ ] Sliten styrväxel (kapitel 10)
- [ ] Slitna kulleder, bussningar eller komponenter i styrning eller fjädring (kapitel 1 eller 10)

Bristande servoeffekt

- [ ] Skadad eller felaktigt justerad multirem (kapitel 1)
- [ ] För hög eller låg nivå av styrservoolja (se *Veckokontroller*)
- [ ] Igensatt slang till styrservon (kapitel 1)
- [ ] Defekt servostyrningspump (kapitel 10)
- [ ] Defekt styrväxel (kapitel 10)

Överdrivet däckslitage

Däcken slitna på inner- eller ytterkanten

- [ ] För lite luft i däcken (slitage på båda kanterna) (se *Veckokontroller*)
- [ ] Felaktiga camber- eller castor- vinklar (slitage på en kant) (kapitel 10)
- [ ] Slitna komponenter i styrning eller fjädring (kapitel 1 eller 10)
- [ ] Överdrivet hård kurvtagning eller inbromsning
- [ ] Skada efter olycka

Däckmönster har fransiga kanter

- [ ] Felaktig toe-inställning (kapitel 10)

Slitage i mitten av däckmönstret

- [ ] För mycket luft i däcken (se *Veckokontroller*)

Däcken slitna på inner- och ytterkanten

- [ ] För lite luft i däcken (se *Veckokontroller*)

Ojämnt däckslitage

- [ ] Obalanserade hjul (se *Veckokontroller*)
- [ ] Överdrivet skeva däck/hjul
- [ ] Slitna stötdämpare (kapitel 10)
- [ ] Defekt däck (se *Veckokontroller*)

Elsystem

Observera: *Vid problem med start, se felen under Motor tidigare i detta avsnitt.*

Batteriet laddar ur på bara ett par dagar

- [ ] Batteriet defekt invändigt (kapitel 5A)
- [ ] Batterianslutningarna sitter löst eller är korroderade (se *Veckokontroller*)
- [ ] Sliten eller felaktigt justerad multirem (kapitel 1)
- [ ] Generatorn laddar inte vid korrekt effekt (kapitel 5A)
- [ ] Generatorn eller spänningsregulatorn defekt (kapitel 5A)
- [ ] Kortslutning ger kontinuerlig urladdning av batteriet (kapitel 5A eller 12)

Tändningslampan fortsätter att lysa när motorn går

- [ ] Skadad, sliten eller felaktigt justerad multirem (kapitel 1)
- [ ] Internt fel i generatorn eller spänningsregulatorn (kapitel 5A)
- [ ] Trasigt, bortkopplat eller löst sittande kablage i laddningskretsen (kapitel 5A eller 12)

Tändningslampan tänds inte

- [ ] Varningslampans glödlampa trasig (kapitel 12)
- [ ] Trasigt, frånkopplat eller löst kablage i varningslampornas krets (kapitel 5A eller 12)
- [ ] Defekt växelströmsgenerator (kapitel 5A)

Elsystem (forts.)

Ljusen fungerar inte

- [ ] Trasig glödlampa (kapitel 12)
- [ ] Korrosion på glödlampa eller sockel (kapitel 12)
- [ ] Trasig säkring (kapitel 12)
- [ ] Defekt relä (kapitel 12)
- [ ] Trasigt, löst eller urkopplat kablage (kapitel 12)
- [ ] Defekt omkopplare (kapitel 12)

Instrumentavläsningarna missvisande eller ryckiga

Bränsle- eller temperaturmätaren ger inget utslag

- [ ] Defekt givarenhet (kapitel 3 eller 4A)
- [ ] Kretsavbrott (kapitel 12)
- [ ] Defekt instrumentkluster (kapitel 12)

Bränsle- eller temperaturmätaren ger kontinuerligt maximalt utslag

- [ ] Defekt givarenhet (kapitel 3 eller 4A)
- [ ] Kortslutning (kapitel 12)
- [ ] Defekt instrumentkluster (kapitel 12)

Signalhornet fungerar dåligt eller inte alls

Signalhornet tjuter hela tiden

- [ ] Signalhornets brytare är jordad eller har fastnat (kapitel 12)
- [ ] Jordning mellan signalhornsvajern och signalhornsbrytaren (kapitel 12)

Signalhornet fungerar inte

- [ ] Trasig säkring (kapitel 12)
- [ ] Vajer eller vajeranslutningar lösa, trasiga eller urkopplade (kapitel 12)
- [ ] Defekt signalhorn (kapitel 12)

Signalhornet avger ryckigt eller otillfredsställande ljud

- [ ] Lösa vajeranslutningar (kapitel 12)
- [ ] Signalhornets fästen sitter löst (kapitel 12)
- [ ] Defekt signalhorn (kapitel 12)

Vindrutetorkarna fungerar dåligt eller inte alls

Torkarna fungerar inte eller går mycket långsamt

- [ ] Torkarbladen har fastnat på rutan eller länkaget är skuret eller kärvar (kapitel 12)
- [ ] Trasig säkring (kapitel 12)
- [ ] Batteriet urladdat (kapitel 5A)
- [ ] Vajer eller vajeranslutningar lösa, trasiga eller urkopplade (kapitel 12)
- [ ] Defekt torkarmotor (kapitel 12)

Torkarbladen sveper över för stor eller för liten yta av rutan

- [ ] Torkarbladen felaktigt monterade eller fel storlek används (se Veckokontroller)
- [ ] Torkararmarna felaktigt placerade i spindlarna (kapitel 12)
- [ ] Överdrivet slitage i torkarnas länksystem (kapitel 12)
- [ ] Torkarmotorns eller länksystemets fästen sitter löst (kapitel 12)

Torkarbladen rengör inte rutan effektivt

- [ ] Torkarbladens gummilister smutsiga, slitna eller bortnötta (se Veckokontroller)
- [ ] Torkarbladen felaktigt monterade eller fel storlek används (se Veckokontroller)
- [ ] Trasig torkarfjäder eller skurna armtappar (kapitel 12)
- [ ] Spolarvätskan har för låg koncentration för att beläggningen ska kunna tvättas bort (se Veckokontroller)

Vindrutespolarna fungerar dåligt eller inte alls

Ett eller flera spolarmunstycken sprutar inte

- [ ] Blockerat spolarmunstycke
- [ ] Urkopplad, veckad eller igensatt spolarslang (kapitel 12)
- [ ] För lite spolarvätska i spolarvätskebehållaren (se Veckokontroller)

Spolarpumpen fungerar inte

- [ ] Trasiga eller lösa kablar eller anslutningar (kapitel 12)
- [ ] Trasig säkring (kapitel 12)
- [ ] Defekt spolarbrytare (kapitel 12)
- [ ] Defekt spolarpump (kapitel 12)

Spolarpumpen går ett tag innan vätskan sprutas ut från munstyckena

- [ ] Defekt envägsventil i vätskematarslangen (kapitel 12)

De elektriska fönsterhissarna fungerar dåligt eller inte alls

Fönsterrutan rör sig bara i en riktning

- [ ] Defekt omkopplare (kapitel 12)

Fönsterrutan rör sig långsamt

- [ ] Batteriet urladdat (kapitel 5A)
- [ ] Fönsterhissen har kärvat fast, är skadad, eller behöver smörjas (kapitel 11)
- [ ] Dörrens inre komponenter eller klädsel hindrar fönsterhissen (kapitel 11)
- [ ] Defekt motor (kapitel 11)

Fönsterrutan rör sig inte

- [ ] Trasig säkring (kapitel 12)
- [ ] Defekt relä (kapitel 12)
- [ ] Trasiga eller lösa kablar eller anslutningar (kapitel 12)
- [ ] Defekt motor (kapitel 11)
- [ ] Defekt styrmodul (kapitel 11)

Centrallåset fungerar dåligt eller inte alls

Totalt systemhaveri

- [ ] Fjärrkontrollens batteri urladdat, om tillämpligt
- [ ] Trasig säkring (kapitel 12)
- [ ] Defekt styrmodul (kapitel 12)
- [ ] Trasiga eller lösa kablar eller anslutningar (kapitel 12)
- [ ] Defekt motor (kapitel 11)

Regeln låser men låser inte upp, eller låser upp men låser inte

- [ ] Fjärrkontrollens batteri urladdat, om tillämpligt
- [ ] Defekt huvudbrytare (kapitel 12)
- [ ] Reglagespakar eller reglagestag är trasiga eller losskopplade (kapitel 11)
- [ ] Defekt styrmodul (kapitel 12)
- [ ] Defekt motor (kapitel 11)

En solenoid/motor arbetar inte

- [ ] Trasiga eller lösa kablar eller anslutningar (kapitel 12)
- [ ] Defekt enhet (kapitel 11)
- [ ] Regelns reglagespakar eller reglagestag kärvar, är trasiga eller urkopplade (kapitel 11)
- [ ] Defekt dörrlås (kapitel 11)

A

ABS (Anti-lock brake system) Låsningsfria bromsar. Ett system, vanligen elektroniskt styrt, som känner av påbörjande låsning av hjul vid inbromsning och lättar på hydraultrycket på hjul som ska till att låsa.

Air bag (krockkudde) En uppblåsbar kudde dold i ratten (på förarsidan) eller instrumentbrädan eller handskfacket (på passagerarsidan) Vid kollision blåses kuddarna upp vilket hindrar att förare och framsätespassagerare kastas in i ratt eller vindruta.

Ampere (A) En måttenhet för elektrisk ström. 1 A är den ström som produceras av 1 volt gående genom ett motstånd om 1 ohm.

Anaerobisk tätning En massa som används som gänglås. Anaerobisk innebär att den inte kräver syre för att fungera.

Antikärvningsmedel En pasta som minskar risk för kärvning i infästningar som utsätts för höga temperaturer, som t.ex. skruvar och muttrar till avgasrenrör. Kallas även gängskydd.

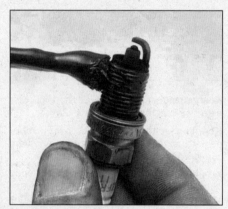

Antikärvningsmedel

Asbest Ett naturligt fibröst material med stor värmetolerans som vanligen används i bromsbelägg. Asbest är en hälsorisk och damm som alstras i bromsar ska aldrig inandas eller sväljas.

Avgasgrenrör En del med flera passager genom vilka avgaserna lämnar förbränningskamrarna och går in i avgasröret.

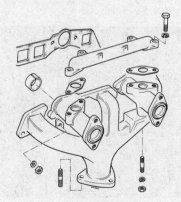

Avgasgrenrör

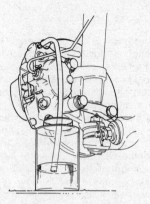

Avluftning av bromsarna

Avluftning av bromsar Avlägsnande av luft från hydrauliskt bromssystem.

Avluftningsnippel En ventil på ett bromsok, hydraulcylinder eller annan hydraulisk del som öppnas för att tappa ur luften i systemet.

Axel En stång som ett hjul roterar på, eller som roterar inuti ett hjul. Även en massiv balk som håller samman två hjul i bilens ena ände. En axel som även överför kraft till hjul kallas drivaxel.

Axialspel Rörelse i längdled mellan två delar. För vevaxeln är det den distans den kan röra sig framåt och bakåt i motorblocket.

B

Belastningskänslig fördelningsventil En styrventil i bromshydrauliken som fördelar bromseffekten, med hänsyn till bakaxelbelastningen.

Bladmått Ett tunt blad av härdat stål, slipat till exakt tjocklek, som används till att mäta spel mellan delar.

Bladmått

Bromsback Halvmåneformad hållare med fastsatt bromsbelägg som tvingar ut beläggen i kontakt med den roterande bromstrumman under inbromsning.

Bromsbelägg Det friktionsmaterial som kommer i kontakt med bromsskiva eller bromstrumma för att minska bilens hastighet. Beläggen är limmade eller nitade på bromsklossar eller bromsbackar.

Bromsklossar Utbytbara friktionsklossar som nyper i bromsskivan när pedalen trycks ned. Bromsklossar består av bromsbelägg som limmats eller nitats på en styv bottenplatta.

Bromsok Den icke roterande delen av en skivbromsanordning. Det grenslar skivan och håller bromsklossarna. Oket innehåller även de hydrauliska delar som tvingar klossarna att nypa skivan när pedalen trycks ned.

Bromsskiva Den del i en skivbromsanordning som roterar med hjulet.

Bromstrumma Den del i en trumbromsanordning som roterar med hjulet.

C

Caster I samband med hjulinställning, lutningen framåt eller bakåt av styrningens axialled. Caster är positiv när styrningens axialled lutar bakåt i överkanten.

CV-knut En typ av universalknut som upphäver vibrationer orsakade av att drivkraft förmedlas genom en vinkel.

D

Diagnostikkod Kodsiffror som kan tas fram genom att gå till diagnosläget i motorstyrningens centralenhet. Koden kan användas till att bestämma i vilken del av systemet en felfunktion kan förekomma.

Draghammare Ett speciellt verktyg som skruvas in i eller på annat sätt fästes vid en del som ska dras ut, exempelvis en axel. Ett tungt glidande handtag dras utmed verktygsaxeln mot ett stopp i änden vilket rycker avsedd del fri.

Drivaxel En roterande axel på endera sidan differentialen som ger kraft från slutväxeln till drivhjulen. Även varje axel som används att överföra rörelse.

Drivrem(mar) Rem(mar) som används till att driva tillbehörsutrustning som generator, vattenpump, servostyrning, luftkonditioneringskompressor mm, från vevaxelns remskiva.

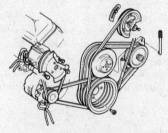

Drivremmar till extrautrustning

Dubbla överliggande kamaxlar (DOHC) En motor försedd med två överliggande kamaxlar, vanligen en för insugsventilerna och en för avgasventilerna.

E

EGR-ventil Avgasåtercirkulationsventil. En ventil som för in avgaser i insugsluften.

Elektrodavstånd Den distans en gnista har att överbrygga från centrumelektroden till sidoelektroden i ett tändstift.

Justering av elektrodavståndet

Elektronisk bränsleinsprutning (EFI) Ett datorstyrt system som fördelar bränsle till förbränningskamrarna via insprutare i varje insugsport i motorn.

Elektronisk styrenhet En dator som exempelvis styr tändning, bränsleinsprutning eller låsningsfria bromsar.

F

Finjustering En process där noggranna justeringar och byten av delar optimerar en motors prestanda.

Fjäderben Se MacPherson-ben.

Fläktkoppling En viskös drivkoppling som medger variabel kylarfläkthastighet i förhållande till motorhastigheten.

Frostplugg En skiv- eller koppformad metallbricka som monterats i ett hål i en gjutning där kärnan avlägsnats.

Frostskydd Ett ämne, vanligen etylenglykol, som blandas med vatten och fylls i bilens kylsystem för att förhindra att kylvätskan fryser vintertid. Frostskyddet innehåller även kemikalier som förhindrar korrosion och rost och andra avlagringar som skulle kunna blockera kylare och kylkanaler och därmed minska effektiviteten.

Fördelningsventil En hydraulisk styrventil som begränsar trycket till bakbromsarna vid panikbromsning så att hjulen inte låser sig.

Förgasare En enhet som blandar bränsle med luft till korrekta proportioner för önskad effekt från en gnistantänd förbränningsmotor.

G

Generator En del i det elektriska systemet som förvandlar mekanisk energi från drivremmen till elektrisk energi som laddar batteriet, som i sin tur driver startsystem, tändning och elektrisk utrustning.

Glidlager Den krökta ytan på en axel eller i ett lopp, eller den del monterad i endera, som medger rörelse mellan dem med ett minimum av slitage och friktion.

Gängskydd Ett täckmedel som minskar risken för gängskärning i bultförband som utsätts för stor hetta, exempelvis grenrörets bultar och muttrar. Kallas även antikärvningsmedel.

H

Handbroms Ett bromssystem som är oberoende av huvudbromsarnas hydraulikkrets. Kan användas till att stoppa bilen om huvudbromsarna slås ut, eller till att hålla bilen stilla utan att bromspedalen trycks ned. Den består vanligen av en spak som aktiverar främre eller bakre bromsar mekaniskt via vajrar och länkar. Kallas även parkeringsbroms.

Harmonibalanserare En enhet avsedd att minska fjädring eller vridande vibrationer i vevaxeln. Kan vara integrerad i vevaxelns remskiva. Även kallad vibrationsdämpare.

Hjälpstart Start av motorn på en bil med urladdat eller svagt batteri genom koppling av startkablar mellan det svaga batteriet och ett laddat hjälpbatteri.

Honare Ett slipverktyg för korrigering av smärre ojämnheter eller diameterskillnader i ett cylinderlopp.

Hydraulisk ventiltryckare En mekanism som använder hydrauliskt tryck från motorns smörjsystem till att upprätthålla noll ventilspel (konstant kontakt med både kamlob och ventilskaft). Justeras automatiskt för variation i ventilskaftslängder. Minskar även ventilljudet.

I

Insexnyckel En sexkantig nyckel som passar i ett försänkt sexkantigt hål.

Insugsrör Rör eller kåpa med kanaler genom vilka bränsle/luftblandningen leds till insugsportarna.

K

Kamaxel En roterande axel på vilken en serie lober trycker ned ventilerna. En kamaxel kan drivas med drev, kedja eller tandrem med kugghjul.

Kamkedja En kedja som driver kamaxeln.

Kamrem En tandrem som driver kamaxeln. Allvarliga motorskador kan uppstå om kamremmen brister vid körning.

Kanister En behållare i avdunstningsbegränsningen, innehåller aktivt kol för att fånga upp bensinångor från bränslesystemet.

Kanister

Kardanaxel Ett långt rör med universalknutar i bägge ändar som överför kraft från växellådan till differentialen på bilar med motorn fram och drivande bakhjul.

Kast Hur mycket ett hjul eller drev slår i sidled vid rotering. Det spel en axel roterar med. Orundhet i en roterande del.

Katalysator En ljuddämparliknande enhet i avgassystemet som omvandlar vissa föroreningar till mindre hälsovådliga substanser.

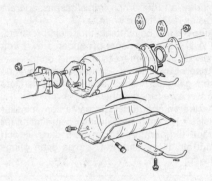

Katalysator

Kompression Minskning i volym och ökning av tryck och värme hos en gas, orsakas av att den kläms in i ett mindre utrymme.

Kompressionsförhållande Skillnaden i cylinderns volymer mellan kolvens ändlägen.

Kopplingsschema En ritning över komponenter och ledningar i ett fordons elsystem som använder standardiserade symboler.

Krockkudde (Airbag) En uppblåsbar kudde dold i ratten (på förarsidan) eller instrumentbrädan eller handskfacket (på passagerarsidan) Vid kollision blåses kuddarna upp vilket hindrar att förare och framsätespassagerare kastas in i ratt eller vindruta.

Krokodilklämma Ett långkäftat fjäderbelastat clips med ingreppande tänder som används till tillfälliga elektriska kopplingar.

Kronmutter En mutter som vagt liknar kreneleringen på en slottsmur. Används tillsammans med saxsprint för att låsa bultförband extra väl.

Krysskruv Se Phillips-skruv

Kronmutter

Kugghjul Ett hjul med tänder eller utskott på omkretsen, formade för att greppa in i en kedja eller rem.

Kuggstångsstyrning Ett styrsystem där en pinjong i rattstångens ände går i ingrepp med en kuggstång. När ratten vrids, vrids även pinjongen vilket flyttar kuggstången till höger eller vänster. Denna rörelse överförs via styrstagen till hjulets styrleder.

Kullager Ett friktionsmotverkande lager som består av härdade inner- och ytterbanor och har härdade stålkulor mellan banorna.

Kylare En värmeväxlare som använder flytande kylmedium, kylt av fartvinden/fläkten till att minska temperaturen på kylvätskan i en förbränningsmotors kylsystem.

Kylmedia Varje substans som används till värmeöverföring i en anläggning för luftkonditionering. R-12 har länge varit det huvudsakliga kylmediet men tillverkare har nyligen börjat använda R-134a, en CFC-fri substans som anses vara mindre skadlig för ozonet i den övre atmosfären.

L

Lager Den böjda ytan på en axel eller i ett lopp, eller den del som monterad i någon av dessa tillåter rörelse mellan dem med minimal slitage och friktion.

Lager

Lambdasond En enhet i motorns grenrör som känner av syrehalten i avgaserna och omvandlar denna information till elektricitet som bär information till styrelektroniken. Även kalla syresensor.

Luftfilter Filtret i luftrenaren, vanligen tillverkat av veckat papper. Kräver byte med regelbundna intervaller.

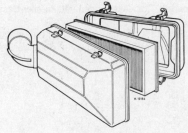

Luftfilter

Luftrenare En kåpa av plast eller metall, innehållande ett filter som tar undan damm och smuts från luft som sugs in i motorn.

Låsbricka En typ av bricka konstruerad för att förhindra att en ansluten mutter lossnar.

Låsmutter En mutter som låser en justermutter, eller annan gängad del, på plats. Exempelvis används låsmutter till att hålla justermuttern på vipparmen i läge.

Låsring Ett ringformat clips som förhindrar längsgående rörelser av cylindriska delar och axlar. En invändig låsring monteras i en skåra i ett hölje, en yttre låsring monteras i en utvändig skåra på en cylindrisk del som exempelvis en axel eller tapp.

M

MacPherson-ben Ett system för framhjulsfjädring uppfunnet av Earle MacPherson vid Ford i England. I sin ursprungliga version skapas den nedre bärarmen av en enkel lateral länk till krängningshämmaren. Ett fjäderben - en integrerad spiralfjäder och stötdämpare - finns monterad mellan karossen och styrknogen. Många moderna MacPherson-ben använder en vanlig nedre A-arm och inte krängningshämmaren som nedre fäste.

Markör En remsa med en andra färg i en ledningsisolering för att skilja ledningar åt.

Motor med överliggande kamaxel (OHC) En motor där kamaxeln finns i topplocket.

Motorstyrning Ett datorstyrt system som integrerat styr bränsle och tändning.

Multimätare Ett elektriskt testinstrument som mäter spänning, strömstyrka och motstånd.

Mätare En instrumentpanelvisare som används till att ange motortillstånd. En mätare med en rörlig pekare på en tavla eller skala är analog. En mätare som visar siffror är digital.

N

NOx Kväveoxider. En vanlig giftig förorening utsläppt av förbränningsmotorer vid högre temperaturer.

O

O-ring En typ av tätningsring gjord av ett speciellt gummiliknande material. O-ringen fungerar så att den trycks ihop i en skåra och därmed utgör tätningen.

O-ring

Ohm Enhet för elektriskt motstånd. 1 volt genom ett motstånd av 1 ohm ger en strömstyrka om 1 ampere.

Ohmmätare Ett instrument för uppmätning av elektriskt motstånd.

P

Packning Mjukt material - vanligen kork, papp, asbest eller mjuk metall - som monteras mellan två metallytor för att erhålla god tätning. Exempelvis tätar topplockspackningen fogen mellan motorblocket och topplocket.

Packning

Phillips-skruv En typ av skruv med ett korsspår, istället för ett rakt, för motsvarande skruvmejsel. Vanligen kallad krysskruv.

Plastigage En tunn plasttråd, tillgänglig i olika storlekar, som används till att mäta toleranser. Exempelvis så läggs en remsa Plastigage tvärs över en lagertapp. Delarna sätts ihop och tas isär. Bredden på den klämda remsan anger spelrummet mellan lager och tapp.

Plastigage

R

Rotor I en fördelare, den roterande enhet inuti fördelardosan som kopplar samman centrumelektroden med de yttre kontakterna vartefter den roterar, så att högspänningen från tändspolens sekundärlindning leds till rätt tändstift. Även den del av generatorn som roterar inuti statorn. Även de roterande delarna av ett turboaggregat, inkluderande kompressorhjulet, axeln och turbinhjulet.

S

Sealed-beam strålkastare En äldre typ av strålkastare som integrerar reflektor, lins och glödtrådar till en hermetiskt försluten enhet. När glödtråden går av eller linsen spricker byts hela enheten.

Shims Tunn distansbricka, vanligen använd till att justera inbördes lägen mellan två delar. Exempelvis sticks shims in i eller under ventil-tryckarhylsor för att justera ventilspelet. Spelet justeras genom byte till shims av annan tjocklek.

Skivbroms En bromskonstruktion med en roterande skiva som kläms mellan broms-klossar. Den friktion som uppstår omvandlar bilens rörelseenergi till värme.

Skjutmått Ett precisionsmätinstrument som mäter inre och yttre dimensioner. Inte riktigt lika exakt som en mikrometer men lättare att använda.

Smältsäkring Ett kretsskydd som består av en ledare omgiven av värmetålig isolering. Ledaren är tunnare än den ledning den skyddar och är därmed den svagaste länken i kretsen. Till skillnad från en bränd säkring måste vanligen en smältsäkring skäras bort från ledningen vid byte.

Spel Den sträcka en del färdas innan något inträffar. "Luften" i ett länksystem eller ett montage mellan första ansatsen av kraft och verklig rörelse. Exempel, den sträcka broms-pedalen färdas innan kolvarna i huvud-cylindern rör på sig. Även utrymmet mellan två delar, exempelvis kolv och cylinderlopp.

Spiralfjäder En spiral av elastiskt stål som förekommer i olika storlekar på många platser i en bil, bland annat i fjädringen och ventilerna i topplocket.

Startspärr På bilar med automatväxellåda förhindrar denna kontakt att motorn startas annat än om växelväljaren är i N eller P.

Storändslager Lagret i den ände av vev-staken som är kopplad till vevaxeln.

Svetsning Olika processer som används för att sammanfoga metallföremål genom att hetta upp dem till smältning och sammanföra dem.

Svänghjul Ett tungt roterande hjul vars energi tas upp och sparas via moment. På bilar finns svänghjulet monterat på vevaxeln för att utjämna kraftpulserna från arbetstakterna.

Syresensor En enhet i motorns grenrör som känner av syrehalten i avgaserna och om-vandlar denna information till elektricitet som bär information till styrelektroniken. Även kalla Lambdasond.

Säkring En elektrisk enhet som skyddar en krets mot överbelastning. En typisk säkring innehåller en mjuk metallbit kalibrerad att smälta vid en förbestämd strömstyrka, angiven i ampere, och därmed bryta kretsen.

T

Termostat En värmestyrd ventil som reglerar kylvätskans flöde mellan blocket och kylaren vilket håller motorn vid optimal arbetstem-peratur. En termostat används även i vissa luftrenare där temperaturen är reglerad.

Toe-in Den distans som framhjulens fram-kanter är närmare varandra än bak-kanterna. På bakhjulsdrivna bilar specificeras vanligen ett litet toe-in för att hålla framhjulen parallella på vägen, genom att motverka de krafter som annars tenderar att vilja dra isär framhjulen.

Toe-ut Den distans som framhjulens bak-kanter är närmare varandra än framkanterna. På bilar med framhjulsdrift specificeras vanligen ett litet toe-ut.

Toppventilsmotor (OHV) En motortyp där ventilerna finns i topplocket medan kamaxeln finns i motorblocket.

Torpedplåten Den isolerade avbalkningen mellan motorn och passagerarutrymmet.

Trumbroms En bromsanordning där en trumformad metallcylinder monteras inuti ett hjul. När bromspedalen trycks ned pressas böjda bromsbackar försedda med broms-belägg mot trummans insida så att bilen saktar in eller stannar.

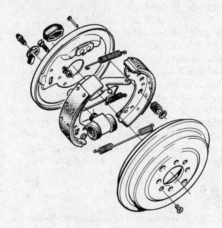

Trumbroms, montage

Turboaggregat En roterande enhet, driven av avgastrycket, som komprimerar insugsluften. Används vanligen till att öka motoreffekten från en given cylindervolym, men kan även primäranvändas till att minska avgasutsläpp.

Tändföljd Turordning i vilken cylindrarnas arbetstakter sker, börjar med nr 1.

Tändläge Det ögonblick då tändstiftet ger gnista. Anges vanligen som antalet vevaxel-grader för kolvens övre dödpunkt.

Tätningsmassa Vätska eller pasta som används att täta fogar. Används ibland tillsammans med en packning.

U

Universalknut En koppling med dubbla pivåer som överför kraft från en drivande till en driven axel genom en vinkel. En universal-knut består av två Y-formade ok och en korsformig del kallad spindeln.

Urtrampningslager Det lager i kopplingen som flyttas inåt till frigöringsarmen när kopp-lingspedalen trycks ned för frikoppling.

V

Ventil En enhet som startar, stoppar eller styr ett flöde av vätska, gas, vakuum eller löst material via en rörlig del som öppnas, stängs eller delvis maskerar en eller flera portar eller kanaler. En ventil är även den rörliga delen av en sådan anordning.

Ventilspel Spelet mellan ventilskaftets övre ände och ventiltryckaren. Spelet mäts med stängd ventil.

Ventiltryckare En cylindrisk del som överför rörelsen från kammen till ventilskaftet, antingen direkt eller via stötstång och vipp-arm. Även kallad kamsläpa eller kamföljare.

Vevaxel Den roterande axel som går längs med vevhuset och är försedd med utstick-ande vevtappar på vilka vevstakarna är mon-terade.

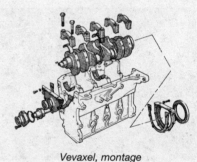

Vevaxel, montage

Vevhus Den nedre delen av ett motorblock där vevaxeln roterar.

Vibrationsdämpare En enhet som är avsedd att minska fjädring eller vridande vibrationer i vevaxeln. Enheten kan vara integrerad i vevaxelns remskiva. Kallas även harmoni-balanserare.

Vipparm En arm som gungar på en axel eller tapp. I en toppventilsmotor överför vipparmen stötstångens uppåtgående rörelse till en nedåtgående rörelse som öppnar ventilen.

Viskositet Tjockleken av en vätska eller dess flödesmotstånd.

Volt Enhet för elektrisk spänning i en krets 1 volt genom ett motstånd av 1 ohm ger en strömstyrka om 1 ampere.

Observera: *Hänvisningarna i sakregistret är i formen "Kapitelnummer" • "Sidnummer".*

A

Absolut tryckgivare – 4A•11
Adaptiv strålkastare ställdon – 12•13
Air temperaturgivare – 3•13, 4A•11
Allmänna reparationsanvisningar – REF•4
Alternativa bränslen – REF•2
Arbetsförhållanden – REF•6
Armstöd – 11•24
A-stolpe trim – 11•16
Automatisk klimatanläggning – 3•7
Automatisk växellåda – 7B•1 ff.
   felsökning – 7B•6, REF•20
   olja – 0•18, 1•13
   väljare belysning – 12•10
Automatväxellåda styrenhet (TCM) – 7B•3
Avgasrening system – 4B•1 ff.
Avgassystem – 1•10, 4A•15
Avgasåterföring (EGR) system – 4B•2

B

Backljus kontakt – 7A•3
Backluckans stödben – 11•11
Bagageutrymmet
   belysning – 12•11
   golvskenorna – 11•18
   sidopanel – 11•17
   tröskelpanelen – 11•18
Bakljus kluster – 12•9, 12•11
Baklucka – 11•11
   dekorpanelen – 11•10
   låskomponenter – 11•11
   smörjning – 1•11
   stängningsmotor – 11•11
   stödben – 11•11
   svängningsdämparen – 11•12
   torkarmotor – 12•17
Bakre länkarm – 10•9
Bashögtalare – 12•18
Batteri – 0•16, 5A•2, 5A•3
   elektrolyt – 1•10
   fjärrkontroll – 1•12
Bi-xenon strålkastare – 12•8
Bogsering – 0•9
Bromsklossor – 1•7, 9•6
Bromsljus – 12•9, 12•12
   kontakt – 4A•11, 9•11
Bromsskivor – 9•8

Bromssystem – 1•11, 9•1 ff.
   felsökning – REF•22
   huvudcylinderns trycksensor – 12•7
   klossar – 1•7, 9•5,
Bromsvätska – 0•13, 0•18, 1•15
   nivågivare – 12•6
Brytare – 12•4
   backljus – 7A•3
   bromsljus – 4A•11, 9•11
   handbroms – 9•10
   oljetryck – 2A•15, 2B•14
Bränsle temperaturgivare – 4A•13
Bränslefilter – 1•14
   vatten rinner – 1•12
Bränsleinsprutningssystemet – 4A•5, 4A•7
Bränslemätare givarenhet – 4A•6
Bränsle-och avgassystem – 4A•1 ff.
   felsökning – REF•19
Bränslepump – 4A•6, 4A•7
   drev – 2A•7
Bränsleslang läcker – 1•8, 1•10
Bränsletank – 4A•3
Bränsletryckgivare – 4A•11
Bränsletrycksstyrventil – 4A•12
B-stolpe trim – 11•16
Bucklor – 11•2

C

Camber – 10•16
Castor – 10•16
Central elektronisk modul (CEM) – 12•7
C-stolpe trim – 11•17
Cylinderblock / vevhus – 2D•10

D

Damasker
   drivaxlar – 1•9, 8•2, 8•3
   styrväxel – 10•14
Defrosterklaffen – 3•9
   motor – 3•9
Diesel styrsystem komponenter – 4A•10
Dieselmotor felsökning – REF•16
Dimljus – 12•8, 12•11
Drivaxlar – 8•1 ff.
   damasker – 1•9, 8•2, 8•3
   felsökning – REF•22
   tätningar – 7A•2

Drivlina – 1•11
Drivplatta – 2C•11
Drivremmen – 1•14
Drivremmen – 1•14
D-stolpen trim – 11•17
Däck – 0•8, 0•14, 0•18
Döda vinkeln varningssystem – 11•13
Dörrar – 11•4
   bärare – 11•7
   dekorpanelen – 11•5
   fönsterglas, motor och regulator – 11•8
   handtag – 11•6
   lås – 11•6
   panel växlar – 12•4
   panelbrytare modul – 12•5
   smörjning – 1•11

E

EGR-ventil / kylare – 4B•3
Elektrisk utrustning – 0•17, 1•12
   felsökning – 12•2, REF•22, REF•23
Elektrolyt (batteri) – 1•10
Elektronisk diesel (EDC) system – 4A•10
Elektronisk styrmodul (ECM)
   bränslesystem – 4A•11
   central elektronisk (CEM) – 12•7
Expansionsventil – 3•13

F

Fasta glasrutor – 11•12
Felsökning – REF•15 ff.
   automatväxellåda – 7B•6
   bromssystem – 9•12
   elsystem – 12•2
Filter
   bränsle – 1•12, 1•14
   luft – 1•13, 4A•3
   olja – 1•6
   partiklar – 4B•2, 4B•4
   pollen – 1•9
Fjäder – 10•9
Fjäderben – 10•4
Fjädring och styrning – 1•8, 1•11, 10•1 ff.
   felsökning – REF•22
Fjärrkontroll batteri – 1•12
Fläktmotor – 3•7
   motstånd – 3•8

Observera: Hänvisningarna i sakregistret är i formen "Kapitelnummer" • "Sidnummer".

Fordon identifikationsnummer – REF•3
Fordonets hastighetssensor – 12•6
Fordons stödpunkter – REF•5
Fotutrymmet ljus – 12•11
Framgrill – 11•14
Frostskyddsmedel – 0•11, 0•18, 1•11, 1•16, 3•2
Främre styrarm och kulled – 10•6
Fuktighetsgivare – 3•14
Fyllning – 11•3
Fönsterglas (dörrar) – 11•8
Förstärkare – 12•17
Förvärmningssystemet – 5B•1 ff.
Förångare – 3•11
  temperaturgivare – 3•14

G

Gaspedal – 4A•5
  lägesgivare – 4A•11
Generator och remskiva – 5A•3
  borsthållare / regulator modul – 5A•4
Gir / sidoaccelerationssensor – 12•7
Glas
  dörrar – 11•8
  vindrutan och fasta – 11•12
Glödstift – 5B•2
Grenrör – 2A•4, 2B•4, 2C•7, 4A•15
Grenrörets trycksensor – 4A•11

H

Halogen halvljus och helljus lampa – 12•7
Handbroms – 1•11
  kontakt – 9•10
  modul – 9•10
  ställdon – 9•10
  varningslampa – 12•5
Handskfack – 11•18
  ljus – 12•10
Handtag – 11•19
Handtag – 11•6, 11•19
Hastighetssensor – 12•6
Helljus lampa – 12•7
Hjul
  byte – 0•8
  inställning – 10•16
  lager – 10•3, 10•8

Hjulsensor (ABS) – 9•11
Hjälpram – 10•7, 10•10
Huvudcylinder
  broms – 9•9, 12•7
  koppling – 6•1
Hydraulisk modulator (ABS) – 9•11
Hög nivå bromsljus – 12•9, 12•12
Högtalare – 12•17

I

Identifiera läckor – 0•10
Ingående axel oljetätning – 7A•3, 7B•4
Inledning – 0•4
Innerbelysning – 12•10
  mikrobrytare – 12•5
Innercirkulation flik motor – 3•8
Inre dekor – 11•16
Insprutare – 4A•8
Insprutningsventiler – 4A•9
Instrument utrustning – 1•12
Instrumentbräda – 11•24
Instrumentpanel – 12•5
  glödlampor – 12•10
Inställningshål – 2A•4
Insugsgrenrör – 2A•4, 2B•4, 2C•7
Insugsluftens temperatursensor – 4A•11

J

Jord glödlampa – 12•9
Jordfel – 12•3

K

Kablar
  motorhuvlås – 11•4
  väljare – 7A•2, 7B•2
Kamaxlar – 2A•8, 2B•8, 2C•10
  drev – 2A•7, 2C•6
  oljetätningar – 2A•15, 2B•11, 2C•8
  sensor – 4A•12
Kamkedjan och sträckaren – 2B•7
Kamrem – 2A•6, 2B•5, 2C•4
  drev och spännare – 2A•7, 2C•5
  kåpa – 2A•5, 2B•5, 2C•4

Kaross och inredning – 11•1 ff.
Karossens elsystem – 12•1 ff.
Katalysator – 4B•2
Klimatanläggning – 3•7
Klädsel – 11•2
Kolvar – 2D•8, 2D•14
Kompressionstest – 2A•3, 2B•3, 2C•4
Kompressor – 3•13
Kondensor – 3•12
Konsol – 11•21
  växlar – 12•4
Kontroller inför bilbesiktningen – REF•8 ff.
Kontrollpanel (klimatanläggning) – 3•7
Kontrollpunkter i motorrummet – 0•11
Koppling – 1•9, 1•11, 6•1 ff.
  felsökning – REF•19
  vätska – 0•13, 0•18
Kopplingsscheman – 12•23 ff.
Kortslutning – 12•3
Kretsbrott – 12•2
Krockkuddar – 12•18, 12•19, 12•21
Krocksensorer – 12•21
Krängningshämmare – 10•6, 10•10
Kupé / läslampor – 12•10
  mikrobrytare – 12•5
Kyl-, värme- och luftkonditioneringssystem – 3•1 ff.
  felsökning – REF•19
Kylare – 3•3
  fläkt – 3•2
  framgrill – 11•14
Kylarfläkt – 3•2
Kylvätska – 0•11, 0•18, 1•11, 1•16
  nivågivare – 12•6
  temperaturgivare – 3•5
Kylvätskepump – 3•5
  drev – 2A•8
Köpa reservdelar – REF•3
Körhöjdgivare – 10•17
Körriktningsvisare – 12•8
Körriktningsvisare – 12•8
  glas – 12•12
Körriktningsvisare glas – 12•12

L

Laddluftkylare – 4A•15
Laddningsystem – 5A•2, 5A•3
Lambdasonde – 4B•2

Observera: *Hänvisningarna i sakregistret är i formen "Kapitelnummer" • "Sidnummer".*

Lampor – 12•7, 12•9
Landsvägsprov – 1•11
Larm – 12•18
Ljuddämpare – 4A•16
Ljudenheten – 12•17
Ljusenheter – 12•11
Luftfilter – 1•13, 4A•3
Luftflöde temperaturgivare – 4A•11
Luftflödes temperaturgivare – 4A•11
Luftkonditionering – 1•12, 3•7
Luftkvalitetssensor – 3•14
Luftmunstycken – 3•9
Luftning
　bromsar – 9•2
　bränslesystem – 4A•6
　koppling – 6•3
　styrväxel – 10•15
Lyftning och stödpunkter – REF•5
Lås
　baklucka – 11•11
　dörrar – 11•6
　motorhuven – 11•4
　styrning – 10•14
　tanklucka – 12•22
Låsningsfria bromsar (ABS) – 9•11
　felsökning – 9•12
Läckage – 0•10, 1•7
Läcktest – 2A•3, 2B•4, 2C•4
Länkarmar – 10•9
Läslampor – 12•10

M

Manuell klimatanläggning – 3•7
Manuell växellåda – 7A•1 ff.
　felsökning – REF•20
　olja – 0•18, 7A•3
Mellandel/ramlageröverfall – 2D•7
Metalledningar läcker – 1•8, 1•10
Mittkonsol – 11•21
　växlar – 12•4
Modulator (ABS) – 9•11
Momentomvandlare tätning – 7B•4
Momentstag – 2C•13
Motor borttagning och förfaranden
　översyn – 2D•1 ff.

Motor felsökning – REF•17, REF•18
Motor i bilen reparation förfaranden
　1,6 liter – 2A•1 ff.
　2,0 liters 4-cylindrig – 2B•1 ff.
　5-cylindrig – 2C•1 ff.
Motorfästen – 2C•12
Motorhuv – 11•4
　smörjning – 1•11
Motorinställningshål – 2A•4
Motorlåsningsystem – 12•18
Motorolja – 0•12, 0•18, 1•6
Mottagare / tork – 3•13
Mått – REF•1

N

Nav bärare och lager – 10•3, 10•8

O

Olja
　manuell växellåda – 0•18, 7A•3
　motor – 0•12, 0•18, 1•6
Oljeavskiljare – 4B•2
Oljefilter – 1•6
Oljekylare
　motor – 2A•14, 2B•15, 2C•15
　styrning – 10•15
Oljenivågivare – 12•6
Oljepump – 2A•13, 2B•13, 2C•14
Oljetrycksbrytare – 2A•15, 2B•14
Oljetätningar – 2A•14, 2B•11, 2B•15, 2C•8, 7A•2, 7B•4

P

Paneler – 11•5, 11•10, 11•16
Parkeringshjälp system – 12•21

Partikelfilter – 4B•2, 4B•4
　differenstryckgivare – 4B•4
Passagerarutrymmet sensorer – 3•13
Pedaler
　accelerator – 4A•5, 4A•11
　broms – 9•10, 9•12
　koppling – 6•1, 6•4
Plastkomponenter – 11•3
Pollenfilter – 1•9

R

Ramlageröverfall – 2D•7, 2D•11
Ratt – 10•12
　brytare – 12•5
Rattstång – 10•13
　lås – 10•14
　multifunktionsbrytare – 12•4
Registreringsskyltsbelysning
　ljus – 12•9, 12•12
Regulator
　dörrens fönsterglas – 11•8
　generator – 5A•4
Reläer – 12•3
　glödstift – 5B•2
Reparationer vid vägkanten – 0•6 ff.
Reparationsanvisningar – REF•4
Repor – 11•2
Reservdelar – REF•3
Rosthål – 11•3
Rutinunderhåll – kaross och
　underrede – 11•2
Rutinunderhåll – klädsel och mattor – 11•2
Rutinunderhåll och service – 1•1 ff.
Rör – 1•10, 9•3

S

Serviceintervall display – 1•4, 1•11
Servoenhet – 9•10
Sidokrockkuddar – 12•21
Signalhorn – 12•13

Observera: *Hänvisningarna i sakregistret är i formen "Kapitelnummer" • "Sidnummer".*

Skjutmått – 9•9
Slangar – 1•7, 3•2, 9•3
Slavcylinder – 6•2
Smink-spegel lampor – 12•9
Smörjmedel och vätskor – 0•18
Snapsning och luftning av
 bränslesystem – 4A•6
Solsensor – 3•13
Solskydd – 11•19
Speglar – 11•12
 glödlampa – 12•9
Spiralfjäder – 10•9
Spjällhus – 4A•13
Spolarsystem – 12•13
Spolarvätska – 0•15
 nivågivare – 12•6
Sprutning – 11•3
Spännare – 2B•5, 2B•7, 2C•5
 remskiva – 2A•8
Start- och laddningssystem – 5A•1 ff.
 startlåset – 12•4
Starthjälp – 0•7
Strålkastare – 12•7, 12•11
 adaptivt ställdon – 12•13
 inställning – 1•11, 12•13
 kontakt – 12•4
 spolarmunstycken – 12•15
 styrmodul – 12•13
Styrning – 1•8, 1•11
 vinklar – 10•16
Styrservoolja – 0•15, 0•18
Styrstagsände – 10•15
Styrväxel – 10•14
 damasker – 10•14
 luftning – 10•15
 oljekylare – 10•15
 pump – 10•15
Stöldlarmsbatteriet – 12•18
Stötdämpare – 10•9
Stötfångare – 11•13
Sump – 2A•12, 2B•13, 2C•13
Svänghjul – 2A•15, 2B•16, 2C•11
Säkerheten först! – 0•5, 0•13
Säkerhetsbälte – 1•11, 11•19
Säkringar – 12•3
Säten – 11•14, 11•15

T

Taklucka – 11•26
 kontakt – 12•5
 motor – 12•13
Tanklucka låsning motor – 12•22
Teknisk ordlista – REF•25 ff.
Temperaturgivare – 3•5, 3•13, 3•14, 4A•11,
 4A•13, 12•7
Termostat – 3•5
Tillbehör butiker – REF•3
Tillsatsvärme – 3•14
Toe – 10•16
Tomgångsremskiva – 2A•8, 2C•7
Topplock – 2A•10, 2B•11, 2C•9, 2D•5
 ventilkåpa – 2A•4, 2B•4, 2C•7
Torkararmarna – 12•15
Torkarblad – 0•17
Torkarmotor – 12•16, 12•17
Turbo laddningsstyrmotor – 4A•13
Turbo laddningstrycksensor – 4A•11
Turboaggregat – 4A•13, 4A•14, 4A•15
 laddningsstyrmotor – 4A•13
 trycksensor – 4A•11
Tändningslås / Startlås – 12•4

U

Underrede – 11•2
Uppstart efter översyn och montering –
 2D•15
Urtrampningslagret (koppling) – 6•4
Utetemperaturgivare – 12•7

V

Vakuum servoenhet – 9•10
Vakuumläcker – 1•8
Vakuumpump – 9•13
Varningsblinkers kontakt – 12•4
Varselljus – 12•8
Veckokontroller – 0•11 ff.
Ventilationsmunstycken – 3•9
Ventilationssystem – 3•7
 klaffens motor – 3•8
 luftmunstycke – 3•9

Ventiler – 2D•7
Ventillyftare – 2A•8, 2B•8, 2C•10
Verktyg och arbetsutrymmen – REF•6 ff.
Vevaxel – 2D•10, 2D•12
 drev – 2A•7, 2C•7
 oljetätningar – 2A•14, 2B•15, 2C•8
 remskiva – 2A•5, 2B•5
 ställning / hastighetsmätare – 4A•10
Vevhus – 2D•10
Vevhus avgasrening – 4B•2
Vevstakar – 2D•8, 2D•14
Vikter – REF•1
Vindruta – 11•12
 defroster munstycke – 3•9
 spolarmunstycke – 12•14
 torkarmotor och länkage – 12•16
Vipparmar – 2A•8, 2B•8, 2C•10
Virvelkanal – 4A•16
Virvelventil / motor – 4A•13
Väljare
 kablar – 7A•2, 7B•2
 nödlossning – 7B•6
 spakhus – 7B•3
Värmesystem – 3•7
 fläktmotor resistor – 3•8
 fläktmotorn – 3•7
 kontroll belysning – 12•10
 tillsatsvärme – 3•14
 växlare – 3•9
Värmeväxlare – 3•8
Vätskor – 0•18
 läckage – 1•7
Växel
 länkstångenstätning – 7B•5
 bakljuskontakt – 7B•3
Växelspakshus – 7A•2

X

Xenon lampa – 12•8

Y

Ytterbelysning glödlampa – 12•7